Praxishandbuch
Kreativ drucken

Praxishandbuch
Kreativ drucken

- **Visitenkarten**
- **Briefpapier**
- **Etiketten**
- **CD- & DVD-Labels**
- **Einladungen**
- **Glückwünsche**
- **Gutscheine**
- **Geldgeschenke**
- **Fotokalender**
- **Fotobuch**

Inhaltsverzeichnis

Vorwort 6

Der richtige Start: Einstieg und Grundlagen 10
Wichtiges zu den Themen Drucker, Papier, Gestaltung und zur Programmbedienung

Drucker – Welcher ist der richtige für Sie? 12
Was Sie beim Papierkauf beachten sollten 18
Die perfekte Gestaltung – Das sollten Sie wissen 20
Grundlegende Hinweise zum ADAC Druckstudio 30
    Workshop: Den Drucker perfekt justieren 36
Das Druckstudio-Paket: Weitere Programme und CDs 38

Kreativ drucken: 30 Workshop-Projekte 42
Schritt für Schritt im großen Praxisteil erklärt

Persönliche Drucksachen
Eine private Visitenkarte gestalten 44
    Workshop 1: Die klassische Visitenkarte – schlicht und elegant 48
    Workshop 2: Eine Visitenkarte mit grafischen Elementen effektvoll gestalten ... 54
    Workshop 3: Die farbige Visitenkarte – mit individueller Note 60
    Praxisratgeber: Das richtige Visitenkartenpapier 66
    Workshop 4: Namensschilder für Feste 68
Der eigene Briefbogen – Eine perfekte Form wählen 72
    Workshop 5: Briefbogen selber drucken 76
    Praxisratgeber: Mustertexte in Word nutzen 85

Ordnen und Beschriften
Ordnung mit System – Rückenschilder für Ordner 86
    Workshop 6: Einfache Ordnerrückenschilder drucken 88
    Workshop 7: Ordnerrücken mit einem fortlaufenden Bildmotiv 90
Wie damals: Stilvolle Etiketten für den Haushalt 94
    Workshop 8: Nostalgische Etiketten 96
    Workshop 9: Einen Bogen mit runden Etiketten bedrucken 102
CD-Labels und CD-Einleger mit Methode beschriften 106
    Workshop 10: Eine Foto-CD mit CD-Label und Hülle gestalten 108
    Workshop 11: Die perfekte Backup-Kopie eines Musikalbums 112
    Praxisratgeber: CDs brennen mit iTunes 115

Einladungen und Glückwünsche
Gruß- und Glückwunschkarten selbst gestalten 116
    Workshop 12: Eine Glückwunschkarte mit passendem Umschlag 118
Lustige Fax-Vorlagen für spontane Grüße 126
    Workshop 13: Fertige Fax-Vorlagen verwenden 128
Feste perfekt gestalten: Accessoires für jeden Anlass 130
    Workshop 14: Alles für die Feier zur Silbernen Hochzeit 136
    Workshop 15: Spontane Einladung zur Grillparty per E-Mail 144
    Workshop 16: Kunterbunter Bastelspaß für die Geburtstagsparty 148

Geschenke selbst gemacht
Kreative Verpackungen für Geldgeschenke **156**
   Workshop 17: Geldgeschenk zum bestandenen Führerschein 158
Originelle Gutscheine für jede Gelegenheit **164**
   Workshop 18: Ein Gutschein für tatkräftige Hilfe beim Renovieren 166
Päckchen voller Erinnerungen: CDs und DVDs verschenken **170**
   Workshop 19: Ein CD-Geschenkset gestalten 172
Eine Hochzeitszeitung planen und gestalten **176**
   Workshop 20: Eine Hochzeitszeitung für Cindy und Bert 182
   Praxisratgeber: Der echte Zeitungslook 189

Fotokalender und Fotobuch
Der Fotokalender – Blickfang mit mehrerlei Funktionen **190**
   Workshop 21: Ein Fotokalender für die ganze Familie 192
   Praxisratgeber: Den Kalender perfekt binden 204
Ein Fotobuch für die schönsten Momente **206**
   Workshop 22: Das Fotobuch vom Urlaub am Meer 210

Drucken für Verein und Hobby
Selbst gedruckte Urkunden für Sport und Spiel **226**
   Workshop 23: Urkunden für das Fußballtunier 228
   Praxisratgeber: Urkunden mit echtem Siegel verzieren 233
Hereinspaziert mit Eintrittskarten im bunten Farbenmix **234**
   Workshop 24: Eintrittskarten mit fortlaufenden Nummern 236

Kaufen und Verkaufen
Aushänge und Anzeigen gekonnt präsentieren **242**
   Workshop 25: Verkaufsaushang mit Abreißzettelchen 246
   Workshop 26: Selbst gedrucktes Werbeposter im Großformat 252
   Workshop 27: Eine Bildcollage für die Internetanzeige 258

Basteln und Spielen
Vielerlei Bastel- und Spielideen zum Selbermachen **262**
   Workshop 28: Eine Laterne mit Winterlandschaft basteln 264
   Workshop 29: Mit eigenen Spielkarten auftrumpfen 270
   Workshop 30: Foto-Schneekugel mit individuellem Text 276

Tipps und Tricks: Die schnelle Lösung für Ihre Probleme 280
Fragen- und Antwortkatalog zu Anwendungen des Druckstudios

Installation und Start 282
Vorlagen auswählen und drucken 285
Vorlagen bearbeiten 294
Bilder einfügen und bearbeiten 301
Vorlagen speichern und konvertieren 307
Weitere Funktionen 310

Anhang
Glossar 314
Index 330
Bildnachweis 336

Die Welt des Druckens

Willkommen in der Welt des Druckens!

Sie werden staunen, was Sie alles aus Ihrem PC zaubern! Dazu brauchen Sie nicht mehr als Ihren Computer, einen Drucker und das ADAC Druckstudio. Alle im „Praxishandbuch Kreativ drucken" beschriebenen Workshops können eins zu eins mit der Software umgesetzt werden. Das gelingt leicht, denn das Druckstudio liefert Ihnen die Hilfsmittel, das Zubehör, die Anleitungen und das Bildmaterial, um viele erstaunliche Ideen zu verwirklichen. „Das habe ich selbst gemacht!" können Sie dann mit Stolz behaupten.

Nutzen Sie Ihren Computer, um sich selbst und anderen eine Freude zu bereiten. Sie müssen dafür kein Experte sein: Was gibt es Schöneres als ein persönliches Geschenk? Mit dem ADAC Druckstudio-Programm gestalten Sie einzigartige Glückwunschkarten, Karten für Geldgeschenke und sogar Geschenkhüllen für CDs, aber auch praktische Dinge wie Ausstattungen für Ihre Unterlagen oder Etiketten für den Haushalt und vieles mehr.

Feierliche Feste und Partys werden mit einer ganzheitlich gestalteten Ausstattung zum besonderen Ereignis: Von der Einladung über die Tischdekoration bis zum Dankesgruß ist alles aus einem Guss perfekt auf den Anlass abgestimmt. Auch für den Kindergeburtstag lassen sich mit dem Druckstudio viele Attraktionen verwirklichen, wie beispielsweise selbst bedruckte T-Shirts oder lustige Partyhüte.

Mit Ihren schönsten Schnappschüssen und Reiseerinnerungen gestalten Sie persönliche Geschenke und Andenken – zum Beispiel Kalender, Fotobücher und sogar eine Schneekugel mit Foto.

Das ADAC Druckstudio

Das kann die Druckstudio-Software

Die Druckstudio-Software enthält eine nahezu unerschöpfliche Fülle an fertig gestalteten Vorlagen. Komplett mit Texten und Bildern ausgestattet sind Grußkarten, Bastelvorlagen, CD-Geschenkhüllen sofort bereit zum Drucken.

Eigene Gestaltungsideen verwirklichen

Sie können selbstverständlich alle Vorlagen im Druckstudio individuell verändern wie zum Beispiel die im Programm vorhandenen Fotos durch eigene ersetzen, einen persönlichen Gruß hinzufügen oder Farben nach Ihren Vorlieben austauschen – Ihrer Kreativität sind hier keine Grenzen gesetzt! Mit den Gestaltungs- und Bildbearbeitungsfunktionen des Druckstudios können Sie Ihre Entwürfe problemlos umsetzen, denn das wertvolle Arbeitsmaterial macht die Gestaltung von Ausdrucken jeder Art zum Kinderspiel. Auf den beigelegten CDs finden Sie außerdem 50 000 Clipart-Grafiken, 5 000 Fotos und 1 800 Schriften, die Sie für Ihre Gestaltungen übernehmen können.

Viele Spezialfunktionen für rundum sorgloses Arbeiten

In der ADAC Druckstudio-Software sind viele Spezialfunktionen integriert, für die Sie ansonsten weitere Programme benötigen. Als echtes Komplett-Paket nimmt es Ihnen alle mühevollen Vorarbeiten ab und stellt besondere Funktionen zur Verfügung wie: Horoskope erstellen, Kreuzworträtsel mit individuellen Fragen generieren, den Rote-Augen-Effekt bei Digitalfotos korrigieren, Audio-CDs automatisch beschriften oder auch großformatige Poster drucken und mit Grafiken gestaltete E-Mails direkt aus dem Programm verschicken. Die zusätzlichen Bild- und Schriftenbrowser erleichtern zudem das Betrachten und Verwalten von Bildern und Schriften.

Der perfekte Ausdruck

Sobald Ihr Entwurf steht, geht es an den Ausdruck. Hier macht es Ihnen das Druckstudio ganz leicht: Ein großes Plakat auf mehrere A4-Blätter verteilt ausdrucken? Vorgestanzte Spezialpapiere und Etiketten ohne großes Messen und Probieren perfekt passend bedrucken? Mit dem Druckstudio-Programm ist das alles kein Problem. Und wenn Sie erst einmal einen Probedruck starten möchten, ohne unnötig Tinte zu verbrauchen, gibt es auch eine Lösung: Setzen Sie hierfür die Tintensparsoftware Inkjet Tuning Pro ein.

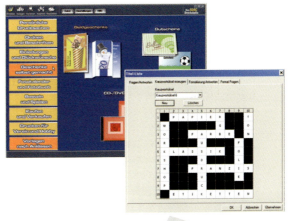

Ob für ein Geld-Geschenk zum bestandenen Führerschein oder für einen Beitrag in der Hochzeitszeitung mit selbst erstelltem Kreuzworträtsel – die Druckstudio-Software bietet Ihnen eine Fülle von Möglichkeiten, maßgeschneiderte Ideen umzusetzen.

Die Welt des Druckens

Was dieses Buch zu bieten hat

Das *Praxishandbuch Kreativ drucken* erleichtert Ihnen den Einstieg in die Welt des Druckens. Es dient sowohl als praktischer Ratgeber wie auch als Handbuch zu Fragen rund um das ADAC Druckstudio.

Der richtige Start – Einstieg & Grundlagen

Das *erste Kapitel* vermittelt allgemeine Grundlagen zu den verschiedenen Druckertypen und Papiersorten: Finden Sie heraus, welcher Drucker der richtige für Sie ist und welche Papiere sich für Ihre Ausdrucke eignen, denn nur so gehen Sie sicher, die besten Ergebnisse zu erzielen. Desweiteren erhalten Sie eine Einführung zur Gestaltung mit Farben und Schriften sowie einen Kurzüberblick zur Bedienung des Programms.

Kreativ drucken – 30 Workshops Schritt für Schritt erklärt

Der Schwerpunkt des Buches liegt auf dem großen Praxisteil im *zweiten Kapitel*. Ausgewählte Workshop-Projekte zeigen hier exemplarisch die wichtigsten und beliebtesten Einsatzmöglichkeiten des Druckstudios. In den voneinander unabhängigen Workshops lernen Sie beispielsweise, wie Sie eigene Fotokalender herstellen, unkompliziert professionelle Visitenkarten drucken oder mit einer selbst gestalteten Hochzeitszeitung Ihre Leser begeistern. Jedes Projekt ist in einzelne, leicht nachvollziehbare Schritte mit detaillierten Bildschirmansichten unterteilt, die Sie mithilfe der Software nacharbeiten oder einfach als Anregung für Ihre eigenen Gestaltungsideen nutzen können. Fachbegriffe werden dort erklärt, wo Sie in der Schritt-für-Schritt-Anleitung zur Anwendung kommen. Viele Zusatztipps und Hinweise geben dabei wichtige Hilfestellung.

Schnelle Hilfe mit dem Druckstudio Fragen- und Antworten-Katalog

Falls Sie bei einem Problem einmal nicht weiter wissen, finden Sie im *dritten Kapitel* des Praxishandbuches eine schnelle Lösung. Die häufigsten Fragen zum Druckstudio-Programm werden an dieser Stelle beantwortet. Ein übersichtlicher Fragen- und Antworten-Katalog zu den Anwendungen erleichtert das Auffinden bei Bedarf. Weitere Erklärungen finden Sie auch im detaillierten Glossar.

Selbst gemachte Dinge kommen immer gut an! Mithilfe der Schritt-für-Schritt-Anleitung drucken Sie nostalgische Etiketten oder Glückwunschkarten aus. Mehr Kreativ-Ideen wie dieser Kalenderwürfel liegen auf der Daten-CD bereit.

Das ADAC Druckstudio

Kreativ sein macht Spaß – Hand in Hand mit Buch und Software

Mit dem ADAC Druckstudio besitzen Sie alles, was Sie brauchen, um eigene Drucksachen zu gestalten, so wie Sie es sich immer vorgestellt haben – für jede Gelegenheit und jeden Gebrauch. Sie finden eine vielversprechende Auswahl im Praxishandbuch beschrieben und noch weit mehr interessante Workshops auf der Daten-CD, wo Sie nach Belieben neue auswählen können.

Sie suchen nach passenden Grafiken? Schlagen Sie dafür einfach im großen Clipart-Katalog nach. 50 000 Cliparts verschiedenster Art sind hier übersichtlich nach Themen und Nummern geordnet, die Sie für die Verwendung nach dem gleichen Suchsystem nur noch auf den Clipart-CDs 1-3 heraussuchen müssen.

Praxishandbuch und Vorlagen-CD

Alle im Praxisteil vorgestellten Themen sind mit den Vorlagen und Grafiken auf der Daten-CD zu realisieren. Das Kapitel *Basteln und Spielen* des Buches erläutert Workshops aus dem Themenbereich *Basteln und Spielen* der Software und stellt exemplarisch ausgewählte Projekte daraus vor. Insgesamt sind es acht Bereiche, die auf diese Weise die Vielfalt des Druckstudios präsentieren. Die Software bietet darüber hinaus weit mehr Vorlagen, wie auch eine gesonderte Rubrik mit Themen nach Anlässen. Für einen schnelleren Zugriff sind die Motive auch unter *Vorlagen nach Anlässen* wie Ostern und Weihnachten sowie Umzug oder Taufe sortiert.

Alle im Buch beschriebenen Workshops können unabhängig voneinander bearbeitet werden. Mit ein wenig Übung lernen Sie sämtliche Funktionen der Software besser kennen und können Ihre Fähigkeiten entfalten, um bald schon einzigartige Entwürfe ganz nach Ihren Vorstellungen zu kreieren.

Die Rubrik *Basteln und Spielen* im Buch wie auch in der Software hält eine Vielzahl von spannenden Themen bereit. Im Workshop *Papier kreativ* finden Sie etwa Vorlagen für eine fertige Laterne – wählen Sie nur noch ein passendes Motiv aus!

Der richtige Start: Einstieg und Grundlagen

› **Die Welt des Druckens**
   Drucker – Welcher ist der richtige für Sie? 12
   Was Sie beim Papierkauf beachten sollten 18
   Die perfekte Gestaltung – Das sollten Sie wissen 20

› **Erste Schritte mit dem Druckstudio**
   Grundlegende Hinweise zum ADAC Druckstudio 30
   Workshop: Den Drucker perfekt justieren 36
   Das Druckstudio-Paket: Weitere Programme und CDs 38

Die Welt des Druckens

Drucker – Welcher ist der richtige für Sie?

Das Angebot an Druckern umfasst zurzeit drei wesentliche Druckertypen: Tintenstrahl-, Laser-Drucker und Fotodrucker. Diese Arten von Druckern werden im Folgenden kurz vorgestellt. Sie unterscheiden sich durch ihre grundsätzliche Funktionsweise und haben jeweils ihre eigenen Stärken und Schwächen.

Die Kaufentscheidung für einen ganz bestimmten Druckertyp hängt in erster Linie von der geplanten Anwendung ab. Was wollen Sie mit dem Gerät drucken? Benötigen Sie den Drucker vorwiegend für Texte, für Drucksachen mit Bildern oder als Drucker für Digitalfotos? Wie stark wird der Drucker beansprucht? Steht er im Vereinsbüro und druckt täglich Dutzende von Seiten oder wird er nur mit ein paar Seiten täglich oder wöchentlich belastet? In einem größeren Haushalt mit mehreren Rechnern und Benutzern kann es sogar sinnvoll sein, zwei unterschiedliche Drucker anzuschaffen, deren Stärken einander ergänzen. So kann ein Schwarzweiß-Laserdrucker im Heimbüro seine Leistungsfähigkeit beim schnellen Druck großer Mengen zeigen. Der Tintenstrahldrucker am PC der Kinder druckt dagegen wenige Seiten in Farbe, beispielsweise Seiten für Hausaufgaben oder auf starkem Papier, auch Bastelvorlagen. Eine andere Kombination ist ein Farblaserdrucker mit einem Fotodrucker. Welche Stärken und Schwächen die einzelnen Druckertechnologien typischerweise besitzen und welche Technik dahintersteht, erfahren Sie auf den folgenden Seiten.

Tintenstrahldrucker

Tintenstrahldrucker sind der beliebteste Druckertyp in Privathaushalten. Sie bieten eine sehr gute Druckqualität bei Texten und bei Grafiken in Farbe. Insbesondere die Technologie dieser Tintenstrahldrucker hat sich in den letzten Jahren in riesigen Sprüngen weiterentwickelt und spezialisiert. Einige Modelle sind Allround-Geräte mit integriertem Scanner und Fax, andere haben ihre Stärke in der Geschwindigkeit oder im komfortablen Duplexdruck. Wieder andere sind für den Ausdruck von Fotos optimiert oder können viele spezielle Materialien wie CD-Rohlinge oder sehr starken Karton bedrucken.

Tintenstrahldrucker haben ein kompaktes Format. Das Papier wird beim Durchziehen nur wenig gebogen.

Der richtige Drucker

So funktionieren Tintenstrahldrucker

Im Gerät befinden sich 3 bis 6 Farbpatronen mit flüssiger Tinte. Aus den unterschiedlichen Farben wird die gewünschte Farbe auf dem Papier gemischt. Je mehr Farbpatronen das Modell besitzt, desto besser ist die Farbqualität des Ausdrucks. Standard sind 4 Patronen. Beim Druck tritt ein haarfeiner Tintenstrahl über eine Düse aus dem Druckkopf aus. Dieser Strahl wird in einzelne Tropfen aufgeteilt und gelangt auf das Papier. Es gibt unterschiedliche Verfahren, um die Tinte aus der Düse zu treiben.

Bubble-Jet-Drucker erhitzen die Tinte in der Düse, sodass sich durch das verdampfende Wasser in Bruchteilen einer Sekunde eine winzige Blase bildet. Diese drückt einen Tintentropfen aus der Düse, der buchstäblich auf das Papier geschossen wird. Die Düse kann bis zu 10.000 Mal pro Sekunde feuern. Das Bubble-Jet-Verfahren ist preiswert in der Herstellung, die Druckköpfe verschleißen jedoch sehr schnell. Deshalb sind die Druckköpfe meist in die Tintenpatrone integriert und werden so immer wieder gewechselt.

Piezo-Drucker besitzen in der Düse spezielle Industriekristalle – sogenannte Piezo-Kristalle, die die Eigenschaft haben, sich bei einer angelegten elektrischen Spannung zu verformen. Dies wird ausgenutzt, um den Fluss der Tinte sehr schnell und präzise zu steuern. Über 20.000 Mal pro Sekunde spritzt Tinte aus der Düse. Dies ermöglicht sehr feine Tropfengrößen und damit sehr hohe Druckauflösungen. Die Düsen von Piezo-Druckern sind fest im Drucker montiert und werden nicht – wie bei anderen Verfahren – zusammen mit der Tintenpatrone ausgetauscht.

Stärken und Schwächen von Tintenstrahldruckern

Tintenstrahldrucker zeichnen sich vor allem durch eine hohe Druckqualität aus, sowohl bei Texten als auch bei Bildern. Eine Mindestauflösung von 300 dpi, was der Druckauflösung in Hochglanzmagazinen entspricht, bietet heute jeder moderne Tintenstrahldrucker. Insbesondere für Vorlagen zum Basteln und Falten bieten Tintenstrahler den Vorteil, sehr unterschiedliche Materialien bedrucken zu können. Von feinen Papieren mit glatter Oberfläche bis hin zu millimeterstarkem Karton oder sogar CD-Rohlingen. Durchschnittliche, moderne Geräte ziehen festen Karton bis zu 180 g/qm Stärke problemlos ein. Achten Sie beim Kauf auch auf das Merkmal „Randlosdruck". Diese Geräte können eine A4-Seite komplett bedrucken, ohne einen weißen Rand frei zu lassen.

Ein weiterer Vorteil sind die zum Teil extrem niedrigen Anschaffungskosten. Aber Vorsicht! Bei Geräten zu Billigpreisen von 30 Euro müssen Sie mit hohen Folgekosten für Tinte und Reparaturen rechnen. Einstiegsgeräte mit vernünftiger Qualität und Lebensdauer erhalten Sie ab 100 Euro.

Im Vergleich zu Laserdruckern sind die Kosten bei Tintenstrahlern pro bedruckter Seite wegen der teuren Tintenpatronen relativ hoch. Prüfen Sie daher beim Kauf die für das jeweilige Gerät veranschlagten Preise pro Text- und Fotoseite. Hier kann ein geringfügig höherer Anschaffungspreis schnell wieder eingebracht werden.

Alle Tintenstrahldrucker haben außerdem ein gemeinsames Problem: Wenn sie nicht genutzt werden, trocknet die Tinte mit der Zeit ein und verstopft die Düsenkanäle. Das hat zur Folge, dass der Ausdruck streifig wird und die Tintenpatronen gewechselt werden müssen, auch wenn sie noch nicht leer sind. Drucker und Farbpatronen sollten Sie daher regelmäßig benutzen oder die automatische Selbstreinigungsprozedur des Druckers aufrufen. Bei dieser Reinigung wird allerdings viel Tinte verbraucht – je nach Druckermodell kann die Patrone nach 40 bis 100 Reinigungen leer sein. Wer seinen Drucker nur selten, also

Die Welt des Druckens

weniger als zweimal pro Monat, einsetzt, sollte deshalb nicht unbedingt zu einem Tintenstrahldrucker greifen.
Für den Dauerbetrieb mit vielen Seiten pro Tag sind sie weniger geeignet, denn sie laufen relativ langsam und die Größe der Tintenpatronen ist nicht auf hunderte von farbigen Druckseiten ausgelegt.

Tinte sparen und Kosten reduzieren

Die Betriebskosten von Tintenstrahldruckern lassen sich auf zwei Wegen erheblich reduzieren:
a) Tintenpatronen nachfüllen lassen und
b) spezielle Tintenspar-Software verwenden.
Inzwischen gibt es Läden, die als „Tintentankstelle" oder als Service leere Tintenpatronen nachfüllen. Das ist deutlich günstiger als der Kauf neuer Patronen und im Hinblick auf die Druckqualität macht es keinen Unterschied aus. Mit der mehrfachen Benutzung der Patronen helfen Sie außerdem, Müll zu vermeiden.
Der einfachste Weg, Tinte zu sparen, ist, sie in voller Menge nur da einzusetzen, wo sie benötigt wird – eine entsprechende Software regelt den Verbrauch. Die Software „Inkjet Tuning pro" hilft Ihnen, Tinte zu sparen, indem sie je nach Druckauftrag nur genauso viel Tinte aufbringt wie notwendig ist. E-Mails zur Archivierung müssen nicht mit 100 % Tinte gedruckt werden. Gleiches gilt für Testausdrucke oder Entwürfe. Oftmals reichen hier 50 oder 25 % der Tintenmenge aus. Mit „Inkjet Tuning pro" drucken Sie aus jedem Windows-Programm heraus tintensparend. Im Druckstudio selbst ist außerdem eine Tintensparfunktion integriert. Sie können damit für jeden Ausdruck die Tintenmenge individuell einstellen.

Zahlen und Fakten

Mit folgenden Zahlen und Preisen können Sie bei Tintenstrahldruckern rechnen. (Stand: August 2006)
› Preis/Seite Text: 3 – 10 Cent
› Preis/Seite Farbfoto: 1 – 2 Euro (inklusive Spezialpapier)
› Anschaffungskosten: 100 – 300 Euro
› Geschwindigkeit Text: 15 – 25 Seiten/Minute
› Geschwindigkeit Farbfoto:
  5 – 20 Seiten/Minute
› Gewicht: 5 – 10 kg

Laserdrucker

Der Laserdrucker, bis vor Kurzem nur professionellen Anwendern vorbehalten, ist nun auch für den privaten Gebrauch erschwinglich geworden. Der Preisverfall in den letzten Jahren war so erheblich, dass einfache Farblaserdrucker nur noch unwesentlich teurer sind als Tintenstrahldrucker.
Schwarzweiß-Laserdrucker sind noch günstiger und lohnen sich durch ihre geringen Betriebskosten insbesondere für den Einsatz überall dort, wo hauptsächlich Texte, Tabellen und Ähnliches gedruckt werden wie für das Studium oder in Vereinen. Für die kreativen Anwendungen mit dem ADAC Druckstudio sind Farblaserdrucker deutlich besser geeignet.

So funktionieren Farblaserdrucker

Die Farbe befindet sich in Pulverform in 4 sogenannten Tonerkartuschen. Ein Laserstrahl

Beim Druck mit 50 % Tinte ist der Text heller, aber immer noch gut lesbar. Die Tintenpatrone reicht doppelt so lang.

Der richtige Drucker

Farblaserdrucker sind deutlich größer und schwerer als Tintenstrahldrucker. Das Papier wird beim Durchziehen erhitzt und teilweise stark gebogen.

projiziert nun das zu druckende Bild auf die Druckwalze (Trommel) und lädt dadurch die Farbpartikel negativ statisch auf. Jetzt wird das Papier positiv geladen. Wenn nun das Papier an der Trommel „vorbeiläuft", bleiben die Tonerpartikel auf dem Papier haften. Beim Weitertransport über eine erhitzte Walze schmelzen dann die auf dem Papier liegenden Tonerpartikel, und verbinden sich fest mit der Oberfläche des Papiers. Sie werden bemerken, dass das Papier heiß ist, wenn es aus dem Gerät kommt. Aus diesem Grund können Laserdrucker Spezialpapiere wie zum Beispiel T-Shirt-Transferfolien nicht verarbeiten, da diese beim Druck nicht erhitzt werden dürfen.

Stärken und Schwächen von Laserdruckern
Laserdrucker sind trotz ihrer höheren Anschaffungskosten auf Dauer im Unterhalt günstiger als Tintenstrahler. Sie besitzen weiterhin eine größere Ausdauer und Geschwindigkeit und sind daher überall dort am Platz, wo in großen Mengen gedruckt wird. Die Druckqualität ist insbesondere bei Texten sehr gut, aber auch flächige Grafiken wie Cliparts oder Diagramme werden präzise ausgegeben.
Fotos werden dagegen keineswegs so perfekt gedruckt, wie es mit Tintenstrahldruckern oder speziellen Fotodruckern möglich ist. Spezialpapiere für Laserdrucker findet man seltener und feste Papiere können nicht immer problemlos eingezogen werden. Die Papierqualität sollte auf keinen Fall eine Stärke von 150 g/qm überschreiten.

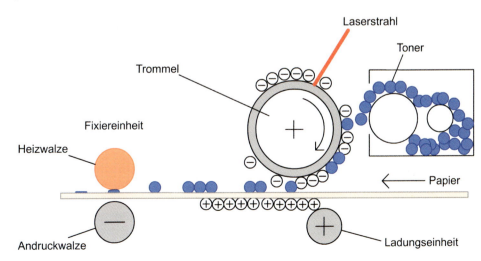

Funktionsweise eines Laserdruckers

Die Welt des Druckens

Laserdrucker nehmen aufgrund ihrer Bauweise deutlich mehr Platz in Anspruch als Tintenstrahldrucker und sind während des Betriebs oft etwas lauter.

Zahlen und Fakten
Mit folgenden Zahlen und Preisen können Sie bei Farblaserdruckern rechnen.
(Stand: August 2006)
- Preis/Seite Text: 2 – 10 Cent
- Preis/Seite Farbe: 8 – 30 Cent
- Anschaffungskosten: ab 320 Euro
- Geschwindigkeit Text: 15 – 30 Seiten/Minute
- Geschwindigkeit Farbe: 5 – 10 Seiten/Minute
- Gewicht: 20 – 30 kg

Schwarzweiß-Laserdrucker
Laserdrucker, die nur mit einer schwarzen Tonerkartusche arbeiten, sind erheblich günstiger in der Anschaffung. Sie sind nur wenig teurer als durchschnittliche Tintenstrahldrucker. Ihre Stärke besteht im sehr schnellen und kostengünstigen Ausdruck großer Datenmengen. Sie werden oft im Büro oder am Heimarbeitsplatz eingesetzt, wo keine farbigen Ausdrucke notwendig sind.

Ein Schwarzweiß-Laserdrucker ist ideal, wenn nur Texte und Tabellen gedruckt werden sollen.

Fotodrucker

Mit einem Fotodrucker haben Sie quasi gleich Ihr eigenes Fotolabor für zu Hause. Spezialisierte Fotodrucker sind klein und handlich, verarbeiten meist nur kleine Formate (Postkartenformat, Panoramafoto) und zeichnen sich durch brillante Farben, hohe Auflösung und unkomplizierte Handhabung aus. Sie werden oft als Zweitdrucker in Ergänzung zu einem Laserdrucker eingesetzt, aber auch im Urlaub, um die dort geschossenen Motive gleich als Ansichtskarten zu verschicken.

Fotodrucker weisen Ergebnisse auf, die mit bloßem Auge von belichtetem Fotopapier aus dem Labor nicht zu unterscheiden sind. Da Digitalfotos auf das Genaueste nachbearbeitet und in Farbtemperatur, Sättigung, Schärfe und Grauwerte abgestimmt werden können, sind die Ergebnisse aus diesen spezialisierten Druckern in aller Regel Abzügen aus dem Labor sogar überlegen.

Zwei Technologien werden in Fotodruckern eingesetzt: einerseits spezialisierte Tintenstrahlertechnik, die durch eine große Anzahl von Farbpatronen und den Einsatz von genau abgestimmten Spezialpapieren besonders qualitative Fotodrucke erreicht; andererseits gibt es eine besondere Technik für den Fotodruck – das Thermosublimationsverfahren.

So funktionieren Thermosublimationsdrucker
Die Farbe liegt in Form von Wachs vor. Beim Drucken wird das Farbwachs von einer Kunststofffolie auf das Papier aufgebracht. Es werden dabei besonders hohe Temperaturen (300 bis 400 Grad) benutzt, wodurch das Wachs in einen gasförmigen Zustand versetzt und dann aufgedampft wird, was sehr feine Punkte und damit eine hohe Qualität ermöglicht. Das Papier wird beim Druck mehrmals durch das Gerät geführt; bei jedem Durchgang wird eine neue Farbschicht aufgebracht, bis das Bild vollständig ist. Den Abschluss bildet eine

Der richtige Drucker

transparente Schutzschicht, die das Foto wasser- und schmutzresistent werden lässt. Verwendbar sind dabei nur die Originalpapiere des Herstellers. Sie werden jeweils zusammen mit einer neuen Wachsfolieneinheit geliefert.

Stärken und Schwächen von Fotodruckern
Fotodrucker sind ideale Zweitdrucker mit günstigen Betriebskosten beim Fotodruck. Sie sind unkompliziert in der Handhabung und können oft – ohne den Umweg über den Computer – direkt von der digitalen Kamera drucken. Wenige Augenblicke nach Betätigen des Auslösers hält man das fertige Bild in der Hand. Das kleine, leichte Format macht es möglich, den Drucker auf Reisen mitzunehmen, sogar der Akkubetrieb ist bei einigen Geräten möglich. Der wichtigste Vorteil ist selbstverständlich die außergewöhnliche Qualität der Fotos. Maximale Farbtiefe, Brillanz und Auflösung bringen Ihre Fotos optimal zur Geltung.

Als Ersatz für einen normalen Drucker sind Fotodrucker nicht geeignet. Sie verarbeiten nur spezielle Papiere mit kleinen Formaten. Für Texte oder einfache „Gebrauchsdrucke" ist ihre hohe Druckqualität nicht angemessen und schlicht zu teuer. Das Papier kann zudem nur einseitig bedruckt werden.

Zahlen und Fakten
Mit folgenden Zahlen und Preisen können Sie bei Fotodruckern rechnen.
(Stand: August 2006)
› Preis/Seite Text: entfällt
› Preis/Seite Foto: 30 Cent (Postkartenformat)
› Anschaffungskosten: ab 70 Euro
› Geschwindigkeit Text: entfällt
› Geschwindigkeit Foto: 1 Seite/Minute
› Gewicht: 0,8 – 2,5 kg

Fotodrucker sind sehr klein und handlich und können oft direkt an die Kamera angeschlossen werden.

Die Welt des Druckens

Was Sie beim Papierkauf beachten sollten

Für eine Urkunde benötigen Sie anderes Papier als für ein Fotobuch. Bei jedem, der gern schöne Sachen druckt, sammelt sich mit der Zeit eine große Auswahl an Papieren an, die jeweils für einen ganz bestimmten Zweck gekauft wurden. Dieses Kapitel gibt Ihnen eine Übersicht über die wichtigsten Papiersorten und was beim Kauf zu beachten ist.

Stärke oder Gewicht

Ein wichtiges Kriterium bei der Auswahl von Papier ist das Gewicht. Es wird angegeben in Gramm pro Quadratmeter (g/qm).

Unter 80 g/qm:
Dünnes, durchscheinendes Papier, wie beispielsweise Transparent- oder Seidenpapier, kann nur einseitig bedruckt werden und knittert leicht. Papiere ohne Hinweise zur Druckereignung können oft nur in Laserdruckern eingesetzt werden, da sie für Tinte nicht saugfähig genug sind.

80 g/qm:
Typisches Schreibmaschinenpapier oder Kopierpapier. Es wellt sich, wenn durch große Farbflächen viel Tinte aufgedruckt wird. Bilder und Texte auf der Rückseite scheinen durch.

120 – 140 g/qm:
Festes Papier, das sich auch bei großflächigem Druck nicht wellt. Als Tonpapier in verschiedenen Farben erhältlich. Tonpapiere eignen sich gut für Faltarbeiten.

200 g/qm:
Stabiler Karton, der beispielsweise für Visitenkarten und Grußkarten verwendet wird. Als Fotokarton in verschiedenen Farben erhältlich. Benötigt etwas Kraftaufwand zum Falten. Mit einem Falzbein lassen sich Kanten und Knicke sauber falten.

250 g/qm:
Karton bis zu dieser Stärke kann von den meisten Tintenstrahldruckern noch problemlos verarbeitet werden. Stärkere Materialien sind nur in Druckern mit geradem Papiereinzug zu verwenden, die den Karton beim Bedrucken nicht biegen.

Durchgefärbtes Tonpapier kann mit dem Schwarzweiß-Laserdrucker hervorragend bedruckt werden. Wählen Sie helle Farbtöne für eine gute Lesbarkeit der Schrift.

Papiersorten

Rauheit der Oberfläche

Die Oberflächenstruktur ist insbesondere bei Tintenstrahldruckern wichtig. Die Qualität des Druckergebnisses hängt stark davon ab.

Raues Papier
Jedes Papier mit unbehandelter Oberfläche ist sehr saugfähig und nimmt die Tinte schnell auf. Sie dringt dabei tief in das Papier ein und verläuft nach den Seiten. Das hat ein blasses und verschwommenes Druckergebnis zur Folge. Beispiele für raues Papier sind Ökopapier und Zeitungspapier.

Glattes Papier und Spezialbeschichtung
Alle glänzenden Papiere haben eine glatte Oberfläche, die bewirkt, dass die Tinte nicht einsinkt. Die Farben im Druckergebnis wirken dadurch intensiver. Es sollten aber nur solche glatten Papiere verwendet werden, die ausdrücklich für Tintenstrahl- oder Laserdrucker geeignet sind. Andernfalls kann die Tinte nach dem Druck verwischen.
Spezielle Papiere für Fotodruck (typische Handelsbezeichnung: Photo Glossy) sind so beschichtet, dass ein besonders scharfer und kontrastreicher Ausdruck gelingt, ideal beispielsweise für Fotobücher. Fotodruckpapiere sind oft nur einseitig bedruckbar.

Gestanztes Papier, Etiketten und Transferfolien

Spezialpapiere gibt es für jeden erdenklichen Einsatzzweck, von Visitenkarten über Puzzle, CD-Labels, Bierdeckel, Postkarten, Kalender und natürlich als Aufkleber jeder Art und Größe. Dazu kommen Transferfolien für T-Shirts, Tassen und sogar Tattoos.
Spezialpapiere und Etiketten sind fast alle darauf ausgelegt, in Tintenstrahldruckern verwendet zu werden. Achten Sie dennoch beim Kauf auf entsprechende Angaben auf der Verpackung. Selbstverständlich können Sie all diese Papiere im Druckstudio einsetzen.

Diese Papiere sind ungeeignet

Einige Papiere sind grundsätzlich nicht für den Einsatz im Drucker geeignet. Bitte vermeiden Sie den Einsatz der folgenden:

Buntpapier mit gummierter Rückseite
Die Tinte bringt Feuchtigkeit an die Gummierung, sodass die Druckwalze verklebt.

Glänzendes Papier ohne Angabe zur Druckereignung
Die Tinte kann schon während des Drucks verwischen und die Druckköpfe bzw. das Druckerinnere verschmutzen.

Papier mit sehr unebener Oberfläche
Papiere wie Büttenpapier, gewellter Karton oder zerknittertes Papier können empfindliche Druckköpfe beschädigen oder sich im Gerät verklemmen.

> **Achtung**
> Glänzende Papiere sind nicht zum Falten geeignet. An den Knickrändern entstehen unschöne weiße Risse, da die Farbe nur in einer sehr dünnen Schicht an der Oberfläche liegt.

Derselbe Drucker mit denselben Einstellungen – nur das Papier ist unterschiedlich. Auf Fotopapier ist der Ausdruck brillanter und die Farben sind leuchtender.

Die Welt des Druckens

Die perfekte Gestaltung – Das sollten Sie wissen

Was zeichnet eine gute Gestaltung aus? Wie erzielt man besondere Effekte oder ein rundum harmonisches Design? Das Geheimnis daran ist das Wissen um die vielfältigen Möglichkeiten der Gestaltung und deren Wirkungen auf den Betrachter. Die Kreativität, diese Möglichkeiten einzusetzen, liegt bei Ihnen selbst und macht das Persönliche aus. Die Grundlagen dafür – die Kenntnis über den optimalen Einsatz von Farbe, Grafiktypen, Schriften und Layoutgestaltung – vermittelt dieses Kapitel.

Farbe – von Harmonie und Licht

Farbe ist keine „absolute" Eigenschaft eines Objekts. Die wahrgenommene Farbe variiert mit dem Umgebungslicht, mit anderen Farben in der Gestaltung, ja sogar mit dem kulturellen Hintergrund des Betrachters. Eine wirklich exakte Farbe herzustellen, gelingt nur Experten. Wie eine Farbe definiert werden kann, wird in sogenannten Farbmodellen beschrieben. Davon gibt es mehrere. Eines der wichtigsten ist HSB – das Farbmodell der Wahrnehmung. Käufer assoziieren beispielsweise mit einem ganz bestimmten Violett-Ton eine bekannte Schokoladenmarke. Schon mit einer leicht veränderten Nuance dieses Farbtons werden eventuell andere Vorstellungen verbunden – wie er zum Beispiel als Kennzeichnung für Emanzipation oder die religiöse Fastenzeit steht. Verständlich, dass Markenexperten da genau den gewünschten Farbton treffen wollen.

Das Farbmodell der Wahrnehmung: Farbton, Sättigung und Helligkeit

Jede Farbe kann entlang der drei Dimensionen Farbton, Sättigung und Helligkeit definiert werden. HSB steht für Hue, Saturation, Brightness. Der Farbton ist das, was in der Umgangssprache als Farbe bezeichnet wird: Rot, Gelb, Grün, Blau und alle Zwischenstufen. Sättigung bezeichnet, wie viel Grau der Farbe beigemischt ist. Eine hohe Sättigung bedeutet eine reine, leuchtende Farbe. Niedrige Sättigung führt zu gedeckten Farben. Helligkeit führt beispielsweise für den Farbton Rot von Schwarz über Dunkelrot, Mittelrot, Hellrot, Rosa bis zu Weiß.

Anschaulich werden diese drei Dimensionen im Farbmischer des Druckstudios.

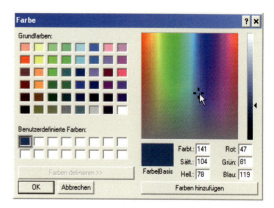

Der Farbmischer arbeitet mit dem HSB-Farbmodell. Ein dunkles Graublau wird durch den Farbton Blau, geringe Sättigung und geringe Helligkeit erzielt.

Einführung in die Gestaltung

An der oberen Kante des Farbfeldes befinden sich die reinen Farbtöne von Rot über Gelb, Grün, Blau bis wieder zu Rot. Von oben nach unten erstreckt sich die Sättigung mit unterschiedlichen Grauanteilen. Die Helligkeit lässt sich über den Schieberegler an der rechten Seite einstellen.

Der Farbmischer ist das Werkzeug, mit dem Sie eigene Farbharmonien für Ihre Gestaltung zusammenstellen. Beim Finden einer harmonischen Farbkombination helfen außerdem der Farbkreis und ein kleiner Trick.

Farbharmonien finden

Als harmonisch bezeichnet man eine Kombination von Farben, die beim Betrachter Wohlgefallen hervorruft. Farbharmonien benötigen Sie beispielsweise, wenn Sie einer fertig gestalteten Vorlage einen Text in einer harmonisch passenden Schriftfarbe hinzufügen, oder die Farben der Vorlage an ein eigenes, neu eingefügtes Foto anpassen möchten.

Die Gestaltung in nur einem Farbton zu halten, erzeugt eine seriöse, zurückhaltende Wirkung. Möchten Sie eine lebendigere Farbgestaltung, brauchen Sie einen effektvollen „Kontrapunkt", der Aufmerksamkeit auf sich zieht.

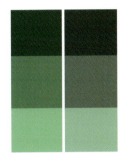

Einfache Farbharmonie mit schrittweise veränderter Helligkeit (links) und mit verringerter Sättigung (rechts).

Dazu benötigen Sie einen passenden, kontrastierenden Farbton.

Stellt man sich die Reihe der Farbtöne als zusammengeknüpftes Band vor, so ergibt sich der Farbkreis. Einander gegenüberliegende Farbtöne bezeichnet man als Komplementärfarben. Diese bilden einen einfachen, aber wirkungsvollen Kontrast für die Farbharmonie.

Harmonische Farbkombination

Disharmonische Farben

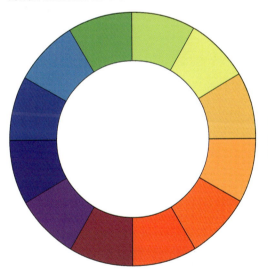

Im Farbkreis bilden einander gegenüberliegende Farben wirkungsvolle Kontraste.

Die einfachste Farbharmonie wird erzeugt, indem für einen gleichbleibenden Farbton unterschiedliche Helligkeitsstufen gewählt werden. Im Farbmischer bedeutet das, nur den rechten Schieberegler zu verändern und immer wieder auf *Farben hinzufügen* zu klicken. Eine Abwandlung dieses Vorgehens ist, den Farbton beizubehalten und nur die Sättigung oder sowohl Sättigung als auch Helligkeit schrittweise zu verändern.

Wird die obere Farbkombination durch die Komplementärfarbe Rot ergänzt, ergibt sich ein interessanter Kontrast. In diesem Beispiel wurde ein gedecktes Rot gewählt, das zu den ebenfalls gedeckten Grüntönen passt. Zu einer Kombination leuchtender Blautöne passt ein leuchtendes Orange. Nicht das direkte Gegenüber, sondern zwei benachbarte Farben des

Die Welt des Druckens

Die Komplementärfarbe Rot bringt Abwechslung in die grüne Farbkombination.

Gegenübers zu wählen, ist eine weitere effektvolle Zusammenstellung. Doch bedenken Sie: Je mehr Farbtöne Sie verwenden, desto schwieriger ist es, eine harmonische Farbkombination zu erhalten.

Es gibt noch eine ganz andere Möglichkeit, ohne komplizierte Farbmodelle zu schönen Farbharmonien zu kommen. Fotos, die spontan gefallen, folgen meist harmonischen Farbmustern. Insbesondere Fotos von Pflanzen, Tieren oder Landschaften bieten wunderbare Vorlagen. Mithilfe des *Pipettenwerkzeugs* im Druckstudio entnehmen Sie einzelne Farben direkt aus dem Bild und verwenden Sie dann an anderer Stelle wieder.

Die Farben dieses Schmetterlingsflügels dienen als Vorlage für eine harmonische Farbkombination.

Lesbarkeit bei Kontrasten in Farbton, Sättigung und Helligkeit

Jeder Text muss sich vom Untergrund abheben, um lesbar zu sein – er benötigt einen Kontrast zum Hintergrund. Kontraste gibt es in unterschiedlichen Arten mit unterschiedlichen Wirkungen auf den Betrachter.

Kontraste allein in Farbton oder Sättigung ergeben eine schlechtere Lesbarkeit als Helligkeitskontraste. Die Buchstaben scheinen bei längerer Betrachtung zu flimmern.

Sie sehen allerdings, dass ein starker Farbtonkontrast sofort Aufmerksamkeit auf sich zieht. Die rote Schrift auf grünem Grund fällt als

Kontraste nur in Farbton und Sättigung sind unangenehm beim Lesen von Texten.

Erstes ins Auge. Diesen Effekt können Sie positiv ausnutzen, wenn Sie auf einzelne Bereiche eines Layouts besondere Aufmerksamkeit lenken möchten.

Besonders gut lesbar ist ein starker Helligkeitskontrast. Er wird in jedem Buch eingesetzt. Beachten Sie, dass auch von den schwachen Kontrasten der Helligkeitskontrast vergleichsweise am besten lesbar ist.

Ein starker Helligkeitskontrast ist gut zu erkennen.

Farbmodelle für Monitor (RGB) und für Druck (CMYK)

Wie schon erwähnt, gibt es unterschiedliche Möglichkeiten, eine Farbe zu definieren und kaum eine sichere Möglichkeit, eine Farbe wirklich zu definieren. Am Monitor werden Farben erzeugt, indem Leuchtpunkte drei verschiedener Farben in der Helligkeit variieren. Eine Gruppe aus je einem roten, grünen und blauen Punkt bildet einen Pixel. Durch Veränderung der Helligkeit der einzelnen Lichtpunkte kann ein Pixel in allen Farben dargestellt werden. Das menschliche Auge nimmt die einzelnen Punkte nicht wahr, sondern mischt sie zu einer Farbe zusammen. Volle Lichtstärke aller drei Farben wird dabei zu Weiß, eine Mischung aus Grün und Rot wird zu Gelb, und so weiter.

Dementsprechend werden Farben auf dem Bildschirm danach beschrieben, welche Helligkeit jeder der drei Lichtpunkte eines Pixels hat. Dieses Farbmodell nennt man RGB – für Rot, Grün, Blau.

Eine grüne Farbfläche wird auf dem Papier beispielsweise hauptsächlich aus türkisblauen und gelben Punkten gemischt. Diese Punkte liegen aber so eng beieinander, dass sie mit dem bloßen Auge nicht erkennbar sind.

Beim Druck werden alle Farben aus vier Grundfarben – Türkisblau, Pink, Gelb und Schwarz – gemischt.

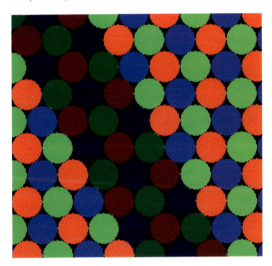

Schematische Darstellung eines vergrößerten Bildschirmausschnitts.

Eine Farbe, die am Monitor perfekt aussieht, kann gedruckt ganz anders wirken. Insbesondere leuchtende, satte Farben sind nur schwer zu drucken. Auf der Suche nach einer schönen Farbharmonie sollten Sie zwischendurch Probeausdrucke erstellen, um schon vorab die Wirkung nach dem Druck zu testen.

Emotionen und Gewicht von Farben

Unabhängig von den technischen Raffinessen der Herstellung haben Farben eine unmittelbare Wirkung auf den Betrachter. Lassen Sie sich bei der Wahl der Farben auch davon leiten, welche Assoziationen geweckt werden.

Von praktischer Bedeutung für Sie ist lediglich, zu wissen, dass für den Druck immer ein anderes Farbmodell gilt – und dass es bei der Umrechnung immer kleine Ungenauigkeiten gibt.

Ein typischer Tintenstrahl- oder ein Laserdrucker verwendet vier verschiedene Pigmente, um alle gewünschten Farben zu mischen: Türkisblau, Pink, Gelb und Schwarz. Dieses Farbmodell heißt CMYK – für Cyan, Magenta, Yellow, Black.

- Rot: Liebe, Energie, Feuer, Kraft, Alarm, Gewalt, Hitze, Blut, Erotik, Leidenschaft, Dynamik
- Grün: Natur, Entspannung, Gesundheit, Hoffnung, Leben, Frische, Ruhe

Die Welt des Druckens

■ Blau: Ruhe, Ferne, Ernsthaftigkeit, Sympathie, Sehnsucht, Kälte, Vertrauen, Technik, Harmonie

■ Gelb: Sonne, Licht, Lachen, Aktivität, Gefahr, Neid, Sommer, Wärme

■ Rosa: Jugend, Kitsch, Weiblichkeit, Romantik, Süße

■ Violett: Magie, Geheimnis, Emanzipation, Zweideutigkeit, Religion, Wissenschaft

□ Weiß: Klarheit, Sauberkeit, Unschuld, Offenheit, Vollkommenheit, Ehrlichkeit, Sachlichkeit

■ Schwarz: Trauer, Einsamkeit, Eleganz, Seriosität, Nacht

Ein Experiment beweist die besondere Wirkung von Farben: Für einen Versuch wurden drei Kugeln von exakt identischem Gewicht hergestellt. Sie unterschieden sich nur durch die Farbe: schwarz, grün und weiß. Man ließ Versuchspersonen die Kugeln in die Hand nehmen und das Gewicht schätzen – die Mehrheit glaubte, dass die schwarze Kugel die schwerste sei.
Grundsätzlich gilt: Helle Farben und Pastelltöne werden subjektiv als leicht wahrgenommen, dunkle Farben als schwer.
Auch andere Sinnesempfindungen sind mit Farben verbunden. Schon die Bezeichnung „Farbton" deutet auf eine Verbindung zum Hören hin. Farben mit sehr hoher Sättigung wirken „laut" und erregen Aufmerksamkeit. Man spricht beispielsweise von „Quietschgrün" oder „Knallblau". Gedeckte, dezente Farben dagegen, wirken leise und zurückhaltend. Sie enthalten einen gewissen Grau- oder Weiß-Anteil; der Farbanteil ist geringer.

Grafiktypen – von Pixeln und Vektoren

Haben Sie schon einmal probiert, ein kleines Bild aus dem Internet vergrößert auszudrucken? Wenn ja, kennen Sie den „Pixeleffekt" – Bilder, die am Monitor gut aussehen, wirken im größeren Ausdruck sehr unschön. Man erkennt dann, dass sie aus vielen kleinen Bildpunkten bestehen – den Pixeln. Andere Gestaltungselemente lassen sich dagegen problemlos vergrößern und ausdrucken. Schrift, Cliparts, Linien, Rechtecke und Kreise. Der Unterschied: Sie sind aus „Vektoren" aufgebaut. Bei allen großformatigen Drucksachen, von Briefbogen bis Poster, ist es hilfreich, diesen Unterschied zu kennen.

Pixelbilder

Jedes digitale Foto, jedes gescannte Bild und jede Grafik aus dem Internet besteht aus Pixeln. Das Bild ist aus einem Raster von Punkten aufgebaut, jeder Punkt hat eine Farbe. So entsteht – bei einem hinreichend dichten Raster von Punkten – für den Betrachter ein zusammenhängendes Bild.

Das Problem: Beim Vergrößern bleibt die Anzahl der Bildpunkte gleich, das Raster der Punkte wird gleichzeitig aber weniger dicht. Der Betrachter kann die einzelnen Bildpunkte voneinander unterscheiden und der Eindruck eines zusammenhängenden Bildes wird vermindert.
Die Dichte des Rasters ist die „Auflösung" des Bildes. Die Auflösung wird üblicherweise in dpi angegeben, für dots per inch (engl. Bild-

Einführung in die Gestaltung

punkte pro 2,54 cm). 300 dpi sind optimal für ein glattes Erscheinungsbild. Die Auflösung ist davon abhängig, wie groß ein Bild im Druck dargestellt wird. Ein Foto aus einer durchschnittlichen Digitalkamera kann im Kleinbildformat (Breite 13 cm) in guten 300 dpi gedruckt werden. Vergrößert man dieses Bild auf die doppelte Breite, also fast auf A4-Format, ist das Raster der Bildpunkte nur noch halb so dicht. Bei den resultierenden 150 dpi kann der Betrachter einzelne Bildpunkte erkennen und das Foto wirkt nicht mehr optimal, eben pixelig.

Vektorgrafiken
Fast alle Grafiken, die am PC gezeichnet wurden, bestehen aus Vektoren. Vektoren sind geometrische Beschreibungen eines Bildes. Das Bild eines Kreises besteht also beispielsweise aus den Angaben: Mittelpunkt, Radius, Füllfarbe, Randfarbe, Randstärke, Transparenz. Die Kombination vieler Vektoren ergibt das Bild eines Marienkäfers, farbige Balken in einem Layout oder sogar einen Buchstaben.
Die meisten Cliparts sind Vektorgrafiken, ebenso wie alle Schriften. Und wenn Sie im Druckstudio freie Zeichnungselemente wie Kreise, Linien oder Rechtecke einfügen, erstellen Sie ebenfalls Vektorgrafiken.
Das Besondere dabei: Eine Vektorgrafik lässt sich beliebig vergrößern, ohne an Qualität zu verlieren. Alle Ränder bleiben gestochen scharf, der „Pixeleffekt" bleibt aus.

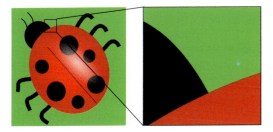

Typografie – von Schriften und Sätzen

Typografie ist die Gestaltung mit Schriftzeichen. Gute Typografie ist eine Kunst. Allerdings eine, die dann am besten ist, wenn sie sich rar macht hinter ihrer Aufgabe, zwischen Autor und Leser zu vermitteln. Das war zu Gutenbergs Zeiten nicht anders als heute in der Ära des digitalen Schriftsatzes.

Merkmale von Schriftarten
Die Entscheidung für eine bestimmte Schriftart setzt eine große Kenntnis der verschiedenen Möglichkeiten voraus. Schriften werden vor allem durch zwei Merkmale klassifiziert. Das erste Merkmal ist das Fehlen oder Vorhandensein von Serifen, den „kleinen Füßchen", mit denen die Buchstaben besonders fest auf der Zeile zu stehen scheinen. Das zweite Merkmal ist das Fehlen oder Vorhandensein von Unterschieden der Strichdicke in den einzelnen Buchstaben. Schriften ohne Serifen und mit gleich bleibender Strichstärke, z. B. Arial, wirken modern und klar, sind aber für lange Lesetexte nicht so gut geeignet wie Schriften mit Serifen und unterschiedlicher Strichstärke, z. B. Times.

Arial
Serifenlos, gleichbleibende Strichstärke

Times
Serifen, unterschiedliche Strichstärke

Als Faustregel sollten Sie für ein einfaches Layout zwei verschiedene Schriftarten verwenden. Eine gut lesbare für die längeren Texte und eine ausdrucksvolle für Überschriften.

> ⚠ **Achtung**
>
> Eine Vektorgrafik lässt sich in eine Pixelgrafik beliebig hoher Auflösung umrechnen. Von einer Pixelgrafik kommt man aber nie zurück zu den ursprünglichen Vektoren.

Die Welt des Druckens

Bereiche eines Textes hervorheben

Eine Schrift ist meist Teil einer Schriftfamilie. Zu einer Schriftfamilie gehören außer der normalen Variante auch noch fette, feine, schmale und kursive Varianten. Diese sogenannten Schriftschnitte erlauben Differenzierungen im Text. Andere Mittel zur Auszeichnung einzelner Buchstaben, Worte oder Passagen sind unterschiedliche Farben und Größen, Unterstreichungen, Hinterlegungen und Rahmen.

▶ **Blocksatz**
Beim Blocksatz sind rechter und linker Rand des Textes bündig, die Abstände zwischen den Worten variieren.

Seite mit unstrukturiertem Text und einem Bild

Einsatz von Schriftfarbe und -größe, Positionierung und farblicher Hinterlegung

Gerade längere Texte sollten deutlich gegliedert sein. Der Leser verliert sonst die Übersicht und damit die Lust am Lesen. Die Hierarchie von Kapiteln und Abschnitten muss ebenso wie die Bedeutung von Einschüben und Verweisen eindeutig erkennbar sein.
Blättern Sie verschiedene Bücher und Broschüren durch, und betrachten Sie die Hervorhebungen und Strukturierungen, die jeweils eingesetzt sind, beispielsweise durch Unterstreichungen oder farbig hinterlegte Abschnitte. Zu viele unterschiedliche Arten von Hervorhebungen stören jedoch beim Lesen. Beschränken Sie sich auf drei bis vier unterschiedliche Hervorhebungen. Bei kleinen Drucksachen wie Visitenkarten sind ein oder zwei Arten von Hervorhebungen ausreichend.

Lesegewohnheiten berücksichtigen

Für das menschliche Auge ist es mühevoll, einer Zeile zu folgen und den Anfang der nächsten zu finden. Daher sind kurze Zeilen mit 40 bis 60 Zeichen deutlich leichter zu lesen als lange Zeilen von mehr als 100 Zeichen. Spalten bieten eine Lösung für große Textseiten, eine andere Möglichkeit sind dagegen vergrößerte Zeilenabstände.
Eine ungewöhnliche Ausrichtung des Textes, beispielsweise zentriert oder rechtsbündig, kann für kurze Texte sehr ansprechend wirken, ist aber für längere Texte ungeeignet. Das Auge ist an linksbündige Ausrichtung oder ▶ **Blocksatz** gewöhnt.

Die Schönheit der Buchstaben nutzen

Schriften werden mit Sorgfalt und viel Liebe zum Detail entworfen. In der üblichen, kleinen Darstellung der Buchstaben bei 10 oder 12 Punkt kommen diese Details meist nicht zur Geltung. Die Gestaltung Ihrer Seite kann von der schönen Gestaltung einzelner Buchstaben profitieren, wenn diese ausdrucksvoll in Szene gesetzt werden. Stellen Sie vor den Beginn eines Absatzes den Anfangsbuchstaben – ganz groß und in einer anderen Schriftart. Als Initiale bekommen so auch ausgefallene Schriften, die sonst wegen ihrer schlechten Lesbarkeit wenig verwendet werden, eine an-

Einführung in die Gestaltung

gemessene Bedeutung. Oder setzen Sie eine Textzeile auf ein Podest – ein einfaches Rechteck, das direkt darunter steht, hat wortwörtlich eine tragende Funktion.

Das Layout – Gestaltungselemente variieren und hervorheben

Alle Gestaltungselemente eines Layouts besitzen ein optisches Gewicht, egal ob es sich um Texte, Bilder oder Formen handelt. Die Aufgabe einer ausgewogenen Gestaltung ist es, diese Gewichte miteinander in eine ausgeglichene Balance zu bringen. In der Praxis erfolgt das zumeist intuitiv. Mit einigen Grundregeln im Hinterkopf fällt es jedoch leichter, im Layout die richtigen Entscheidungen zu treffen.

Die Balance halten

Betrachten Sie zunächst die Aufteilung Ihrer Seite und wie ausgewogen die Elemente im Zusammenhang wirken. Ob ein Gestaltungselement schwer oder leicht wirkt, wird von der Größe, der Farbe (Dunkelheit), dem Farbton (Grauwert, kalte Farben) und der Strichdicke bestimmt. Schwere Elemente scheinen nach unten zu drücken, besonders leichte Elemente nach oben zu streben.

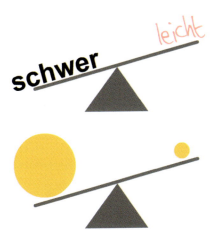

Die Anordnung der Elemente auf der Seite soll, wie bei einem wirklichen Gebilde, in Balance sein. Steht ein großes „schweres" Foto über einem kleinen Foto, so „erdrückt" es dieses. Mehrere kleine Fotos in einer Reihe können dagegen ein schweres „tragen".

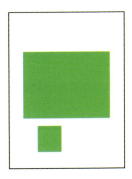 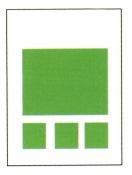

Das große Foto ist dominant und erdrückt das kleinere.

Die kleinen Fotos tragen das große Bild und halten es in Balance.

Linien schaffen eine Verbindung zwischen Elementen und bringen Ausgleich in die Verteilung der Gewichte. Linien und Balken scheinen eher auf ihrem Platz zu stehen, als nach unten oder oben zu streben. Sie geben anderen Elementen Halt. Auch hier ist es wie in der realen Welt – dünne Linien bieten wenig Halt, dickere Balken tragen auch schwere Elemente.

 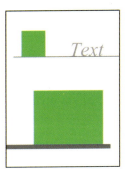

Die Elemente im Layout bekommen durch Linien und Balken mehr Halt.

27

Die Welt des Druckens

Ruhe oder Spannung erzeugen

Die Einheit des Layouts muss nicht unbedingt harmonisch im Gleichgewicht stehen. Aufmerksamkeit erregen Sie insbesondere mit dynamischen, in Bewegung erscheinenden Kompositionen. Als Mittel dienen geschwungene Linien sowie gedrehte Texte und Bilder. Bewusst „instabile" Anordnungen lassen sich kreativ nutzen.

Alles, was Sie für dynamische Balancen benötigen, ist Experimentierfreude. Nach einer Weile entwickeln Sie ein sicheres Gespür für spannungsvolle Kontraste.

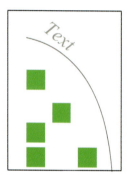

In einem nach unten verlaufenden Bogen scheint der Text auszureißen. Die geschickte Anordnung der Bild-Quadrate darunter sorgt jedoch für ausgleichende Stabilität.

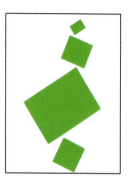

Die Bilder sind entlang einer Mittelachse in unterschiedlicher Größe angeordnet. Sie stützen sich gegenseitig und geben der eigentlich „wackeligen" Konstruktion etwas Leichtes und Spielerisches.

Der weiße Raum als Bühne

Der Hintergrund – der Weißraum – ist ein ebenso wesentliches Gestaltungselement, das in die Anordnung des Layouts einbezogen werden sollte. Die Texte, Bilder und Formen auf dem Blatt werden in dieser Betrachtungsweise nicht nach der optischen Schwere beurteilt, sondern als Schauspieler auf einer Bühne gesehen. Zwei Merkmale sind bei diesem Vergleich wichtig: der Raum um ein Element herum (Weißraum) und die Beziehungen der Elemente untereinander.

Layout-Anfänger sorgen sich oft darum, wie sie den weißen Platz des Blattes am besten ausfüllen können. Leere Stellen sehen sie als „Löcher". Der weiße Raum hat aber hierbei eine tragende Rolle. Er hebt die Elemente auf eine Bühne, macht sie wichtig und hebt sie von anderen ab. Nicht zuletzt ist es ein Zeichen von Großzügigkeit, dem Text viel Platz zu lassen.

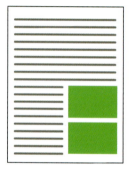

Die Seite wirkt überladen und unübersichtlich, da sie komplett ausgefüllt und der Rand schmal ist.

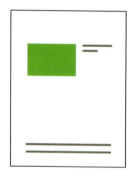

Genügend weiße Fläche unterstützt die Wirkung der Gestaltungselemente.

Im Zusammenspiel mehrerer Gestaltungselemente miteinander geht es grundsätzlich um die Frage, ob zwei Elemente zusammengehören oder nicht. Stehen sie nah beieinander, besitzen sie eine ähnliche Farbe oder Form, sind sie durch Linien miteinander verbunden? All diese Dinge bringen Elemente logisch zusammen. Treffen sich Elemente unterschiedlicher Gruppen, kann dies störend wirken wie ein „Gerangel". Am Ende einer gelungenen Gestaltung steht alles wie selbstverständlich am richtigen Platz.

Einführung in die Gestaltung

Zwei Gestaltungen im Vergleich

Zum italienischen Abend ist ein großes Buffet mit typischen Speisen und Getränken geplant. Viele Freunde und Gäste werden mit selbst gemachten Köstlichkeiten dazu beitragen. Mit einer eigenen Buffetkarte listen Sie diese für alle Gäste im Überblick auf. Welche Gestaltung ist ansprechender?

Erste Gestaltungsvariante

So sieht der erste Entwurf aus: Bei der ersten Betrachtung fallen die beiden Fotos auf. Zur Illustration der Speisen sind sie eine gute Idee, doch ist die Aufteilung ungünstig gewählt. Die beiden zu großen Layoutelemente drücken den wichtigen Text an den Rand. Die serifenlose Schriftart Arial ist einfach und gut lesbar, bietet aber keinen besonderen Blickfang. Durch den weißen Hintergrund mit der einfachen, schwarzen Schrift wirkt die Gestaltung insgesamt sehr nüchtern. Als einzige Hervorhebungen zum restlichen Text dienen die Überschriften in etwas größerer Schrift bei „Buffetkarte" in Rot und den Speisefolgen. Die Hauptüberschrift zum italienischen Abend ist von zwei Flaggen gerahmt, die den symmetrischen und starren Aufbau des Layouts unterstreichen.

Zweite Gestaltungvariante

Zum Vergleich sehen Sie hier einen verbesserten Entwurf: Dieselben Inhalte werden hier nun durch ein spannungsreicheres Layout optimal dargestellt. Das farbenfrohe Foto mit den Früchten wurde hier als Hintergrundbild über der kompletten Seite eingefügt. Das darüber gelegte schmale Rechteck in dezentem Grau bietet nun Platz für Text und andere Schmuckelemente – durch die mittige Anordnung wirkt die Gestaltung wesentlich interessanter. Farbige Balken gliedern die Gestaltungsfläche in einzelne Bereiche und heben gleichzeitig die Überschriften hervor. Sie passen außerdem farblich zum Hintergrundbild und zur Überschrift „Buffetkarte". Die größeren Texte wurden in der rundlichen Schrift Barbara formatiert, die freundlich und modern wirkt. Um die Breite der Fläche auszunutzen, wurden als „Gegengewicht" zu den Speisen die Namen der Köche hinzugefügt.

Die Überschrift „Buffetkarte" wurde hier als Blickfang in einer gebogenen Form angelegt. Die schräge Anordnung und die Abbildung der Flaggen in verschiedenen Größen wirkt als auflockerndes Gestaltungselement zur übrigen Textfläche.

Grundlegende Hinweise zum ADAC Druckstudio

In diesem Kapitel erhalten Sie Hinweise zur Installation und zum erstmaligen Einsatz des Programms: Start des Programms, die wichtigsten Elemente der Benutzeroberfläche und das Justieren des Druckers.

Das ADAC Druckstudio installieren

Legen Sie die Installations-CD des ADAC Druckstudios ins Laufwerk ein. Das CD-Menü startet und bietet eine Auswahl der Programme. Klicken Sie auf *ADAC Druckstudio*.
Das Installationsprogramm startet und zeigt das abgebildete Dialogfeld. Klicken Sie auf *Weiter*, bis die Installation beginnt. Folgen Sie den Anweisungen auf dem Bildschirm. Nach einigen Minuten ist der Inhalt der CD kopiert, und Sie können die Installation mit einem Klick auf *Fertigstellen* beenden. Das CD-Menü schließen, bevor die Installations-CD entnommen wird. Nach der Installation den Rechner neu starten.

Das ADAC Druckstudio starten

Legen Sie nun die Daten-CD des Druckstudios in das Laufwerk ein. Falls der PC über mehrere Laufwerke verfügt, verwenden Sie bitte jenes, aus dem Sie das Programm installiert haben. Klicken Sie auf *Start* in der Windows-Symbolleiste, und wählen Sie dann *Programme*, *ADAC Software* und anschließend *ADAC Druckstudio*. Nun öffnet sich ein Menü, in dem Ihnen mehrere Auswahlmöglichkeiten angeboten werden. Wählen Sie ADAC Druckstudio *Ausführen*, um das Programm zu starten.

Hinweise zur Installation und Vorlagenauswahl

Beim ersten Start des Programms erscheint die Aufforderung, Ihre persönlichen Daten einzugeben. Diese Angaben werden bei zahlreichen Vorlagen, wie beispielsweise den Visitenkarten, automatisch verwendet.

Klicken Sie bei dieser Meldung auf *OK,* und geben Sie anschließend Ihre private und eventuell Ihre geschäftliche Anschrift ein.

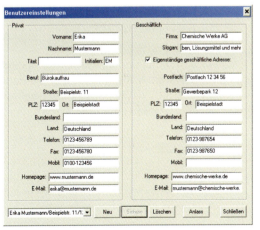

Klicken Sie auf *Sichern,* und beenden Sie das Dialogfeld mit einem Klick auf *Schließen.* Damit gelangen Sie zum Startbildschirm des Programms.

Vorlagenauswahl auswählen

Das Programm präsentiert alle auf der CD mitgelieferten Vorlagen. Diese sind in Workshops aufgeteilt, die nach verschiedenen Themen wie auch nach Anlässen sortiert sind. Zu jedem Thema finden Sie Workshops, in denen Vorlagen für ein bestimmtes Vorhaben zusammengestellt sind – zum Beispiel Visitenkarten, CD/DVD-Labels, Fotobücher oder Grußkarten. Jeder Workshop enthält nur für den Einsatzzweck geeignete Vorlagen.

> **⚠ Achtung**
>
> Es kann vorkommen, dass die Schriften, die zusammen mit dem Druckstudio installiert werden, nicht sofort im System registriert sind. Aufgrund der Schriftenregistrierung unter Windows stehen die installierten Schriften möglicherweise erst nach einem Neustart des Computers zur Verfügung!

Aktuell ausgewähltes Thema: Ordnen und Beschriften

Workshops mit Vorlagen zum jeweiligen Einsatzzweck

Erste Schritte mit dem Druckstudio

Sie wählen den Workshop aus, indem Sie doppelt auf die jeweilige Abbildung klicken. Wenn Sie auf *CD-/DVD-Labels und Einleger* klicken, erscheint die Vorlagenauswahl für Vorlagen dieses Typs.

Hier wählen Sie aus der Übersicht der verschiedenen Vorlagen die gewünschte Vorlage aus. Der Aufbau dieses Programmfensters ist für alle Vorlagentypen gleich, egal ob es sich um CD-Labels oder Grußkarten handelt.

Wählen Sie im Menü oben links den Vorlagentyp aus und dann in der Liste darunter die Art der Gestaltung. Sie können zum Beispiel erst *Visitenkarte quer 1-seitig* und dann *Typografisch* wählen. Daraufhin erscheinen sofort die entsprechenden Visitenkarten im Arbeitsbereich des Programms.

Wenn Sie eine Vorlage anklicken, wird sie mit einem roten Rahmen markiert. Diese Vorlage ist nun ausgewählt und kann weiter verarbeitet werden. Einige Beispiele:

Die Schaltfläche *Varianten* öffnet die Varianten zu dieser Vorlage. Dies sind ähnlich gestaltete Vorlagen, bei denen nur ein bestimmtes Element verändert wurde. Beispielsweise die Anzahl der Textfelder auf der Visitenkarte.

Die Schaltfläche *Bearbeiten* öffnet die Vorlage im Vorlageneditor. Hier können Sie die Vorlage bearbeiten, also beispielsweise die Texte ändern, das Foto auf der Vorlage austauschen oder die Farben anpassen. Alternativ klicken Sie doppelt auf die Vorlage.

Die Schaltfläche *Drucken* startet den Ausdruck der markierten Vorlage.

Die Schaltfläche *Als E-Mail senden* erzeugt eine E-Mail mit der markierten Vorlage als Anhang.

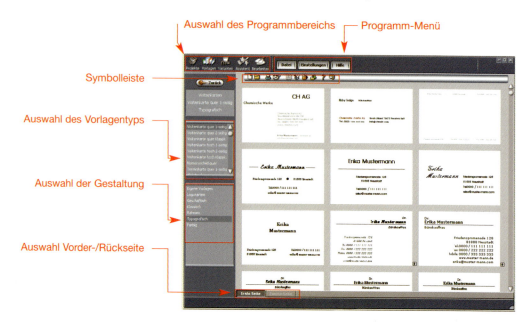

Hinweise zu Vorlagenauswahl und Editor

Der Vorlageneditor (Editor)

Mit dem Editor nehmen Sie Änderungen am Layout vor, fügen Texte und Grafiken ein oder bearbeiten die einzelnen Objekte mit zahlreichen Werkzeugen. Klicken Sie doppelt auf eine Vorlage, um sie in den Editor zu laden. Die unten stehende Abbildung zeigt den Aufbau dieses Programmfensters.
Der Editor besteht aus den folgenden Werkzeugen und Bildschirmbereichen:

› Die *Gestaltungsmittel* (im Menü oben links), die im Programm zur Verfügung stehen. Dies sind etwa Fotos, Clipart-Bilder, Fotorahmen und anderes.

› Die Liste der *Unterkategorien* (auch Rubriken genannt) und *Speicherquellen* (unten links). Zu allen Gestaltungsmitteln finden Sie mehrere Kategorien. Fotos sind beispielsweise nach Motiven wie *Landschaft* oder *Essen* sortiert. Als Speicherquellen finden Sie außerdem Einträge für Scanner, Kamera und Festplatte, um neue Grafiken einlesen zu können.

› Die Miniaturen in der Vorschauleiste der einzufügenden Gestaltungsmittel (breite Leiste ganz unten). Je nachdem, welche Kategorie links ausgewählt wurde, sehen Sie in dieser Liste eine Vorschau des Gestaltungsmittels – zum Beispiel Vorschaubilder der Fotos.

› Die *Werkzeugleiste* (auch: *Zeichnen*-Symbolleiste) enthält Werkzeuge, mit denen Sie neue Objekte auf der Seite einfügen und zum Beispiel Text oder Farben verändern können.

› Die *Ausrichten*-Symbolleiste enthält Werkzeuge, mit denen Sie die Objekte auf der Seite ausrichten und bearbeiten können.

!**Hinweis**

Bitte beachten Sie, dass bei umfangreichen Kategorien nicht alle Miniaturen angezeigt werden. Mit den Navigationssymbolen der Miniaturenleiste können Sie sich innerhalb der Liste bewegen und andere Miniaturen anzeigen.
Klicken Sie auf ◄, um in der Miniaturenliste rückwärts zu blättern.
Klicken Sie auf ◄◄, um an den Anfang der Miniaturenliste zu gehen.
Klicken Sie auf ►, um in der Miniaturenliste vorwärts zu blättern.
Klicken Sie auf ►►, um an das Ende der Miniaturenliste zu gehen.

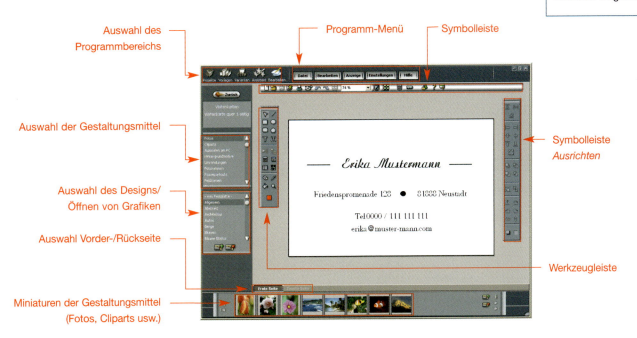

Erste Schritte mit dem Druckstudio

Vorlagen mit zwei Seiten

Einige Vorlagen sind beidseitig gestaltet. Mit einem Klick auf die Schaltflächen *Erste Seite* und *Zweite Seite* können Sie zwischen Vorder- und Rückseite wechseln.

Beim Druck von zweiseitigen Vorlagen muss das mit der Vorderseite bedruckte Blatt erneut andersherum in den Drucker eingelegt werden. Entsprechende Anweisungen erhalten Sie immer durch den Druckdialog des Programms.

Gitternetz und Lineal

Um Objekte auf der Seite genau positionieren zu können, sollten Sie das Gitternetz und das Lineal einschalten: Klicken Sie in der Symbolleiste auf die Symbole *Lineal ein/aus* und *Gitternetz ein/aus*.

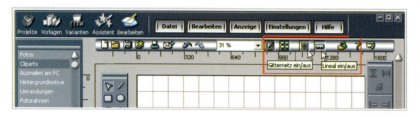

Das Gitternetz kann beliebige Linienabstände zwischen 0,1 mm und 10 cm einnehmen. Diese Angaben werden im Menü unter *Einstellungen* mit dem Befehl *Einstellungen*, Registerkarte *Projektmodus* festgelegt.

> **Hinweis**
>
> Lineal und Gitternetz benutzen Zehntelmillimeter als Einheit. Das heißt: Die Angabe 600 bedeutet 600 Zehntelmillimeter = 60 Millimeter = 6 Zentimeter.

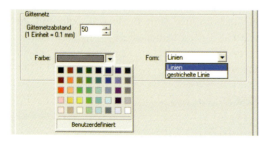

Geben Sie bei *Gitternetzabstand* einen Wert zwischen 1 (0,1 mm) und 1000 (10 cm) ein. Ein praktischer Linienabstand für feine Positionierung ist der Wert *50*, bei dem Sie ein Gitternetz mit einem Abstand von 5 mm erzeugen. Die Farbe des Rasters kann ebenfalls verändert werden. Das ist günstig bei Vorlagen mit grauem Hintergrund.

Zoom

Mit Hilfe der Zoom-Auswahlliste in der Symbolleiste des Programms haben Sie die Möglichkeit, die Anzeige der Seite zu vergrößern und zu verkleinern.

Wählen Sie einen Prozentwert aus oder die Einstellung *Beste Ansicht* für eine Darstellung, bei der die Seite vollständig im Arbeitsbereich abgebildet wird.

Die Werkzeugleiste

Die Werkzeugleiste, auch *Zeichnen*-Symbolleiste genannt, enthält die wichtigsten Werkzeuge des Programms. Sie hilft beim Einfügen von Objekten (z. B. Linie, Rechteck oder Kreis) und bietet Befehle zum Bearbeiten dieser Objekte an. Falls Sie die Palette nicht sehen können, müssen Sie sie zunächst durch einen Klick auf das entsprechende Symbol anzeigen.

Hinweise zum Vorlageneditor

Die wichtigsten Befehle der Werkzeugleiste – die Symbole und ihre Funktionen:

 Auswahl: Umschalten in den Auswahl-Modus. Nach Wahl dieses Symbols können Sie Objekte markieren.

 Radierer: Löscht das angeklickte Objekt.

 Pipette: Nimmt eine Farbe aus dem Dokument auf.

 Farbtopf: Füllt das angeklickte Objekt mit der eingestellten Farbe.

 Zoom: Vergrößert und verkleinert die Bildschirmdarstellung.

Die Ausrichten-Symbolleiste

Die *Ausrichten*-Symbolleiste hilft beim Ausrichten und Bearbeiten der Objekte auf der Seite. Falls Sie die Leiste nicht sehen können, müssen Sie sie zunächst durch einen Klick auf das entsprechende Symbol anzeigen: Nicht alle dieser Werkzeuge sind jederzeit auswählbar, da einige nur in bestimmten Situationen gelten. Ein wählbares Werkzeug erkennen Sie daran, dass es deutlich dargestellt wird. Nicht wählbare Werkzeuge werden grau dargestellt.

Die Gestaltungsmittel

Das Programm besitzt eine große Auswahl an Gestaltungsmitteln wie zum Beispiel Fotos oder Rahmen, die Sie mithilfe der beiden Listen am linken Rand des Programmfensters auswählen können.

Die obere der beiden Listen zeigt die verschiedenen Arten von Gestaltungsmitteln. Dies sind *Fotos*, *Cliparts*, *Ausmalen am PC* (Grafiken zum Ausmalen), *Hintergrundmotive*, *Umrandungen* (Rahmen um das Dokument), *Fotorahmen*, *Passepartouts* (Masken, die nur bestimmte Bereiche eines Fotos frei lassen), *Feldnamen* (automatische Textfelder für Anschriften und Namen) sowie *Textbausteine* (Mustertexte).

Die untere Liste zeigt jeweils die vorhandenen Kategorien sowie Einträge für das Laden von der Festplatte oder (bei Fotos) zum Scannen und Laden von der DigiCam.

Sie fügen ein solches Gestaltungsmittel auf die folgende Weise in die Vorlage ein:

Klicken Sie in der oberen Liste auf die Kategorie – zum Beispiel *Fotos*. Klicken Sie dann in der unteren Liste auf die Art der Vorlagen – zum Beispiel auf *Architektur*.

Am unteren Rand des Programmfensters erscheint eine Leiste mit Miniaturen aller vorhandenen Fotos. Mithilfe der dreieckigen Pfeile links und rechts der Leiste können Sie weitere Miniaturen derselben Kategorie anzeigen.

Klicken Sie die Miniatur des Fotos an, sodass es markiert ist. Ziehen Sie das Foto mit gedrückter linker Maustaste aus der Miniaturenleiste heraus. Auf dem Bildschirm sehen Sie einen gestrichelten Rahmen, der sich mit der Maus bewegt.

Verschieben Sie den gestrichelten Rahmen bei weiterhin gedrückter linker Maustaste auf eine Position auf der Seite, und lassen Sie die Maustaste los. Das Foto erscheint nun an dieser Stelle.

Workshop — Erste Schritte mit dem Druckstudio

▶ **Step-by-Step-Anleitung**

Den Drucker perfekt justieren

Die meisten Drucker können aus technischen Gründen die Ränder des Blattes nicht bedrucken. Die Angaben über diese nicht bedruckbaren Bereiche sollten dem Druckstudio zur Verfügung stehen. Diese Aufgabe erledigt üblicherweise der Windows-Druckertreiber.
Leider ist die dort gespeicherte Angabe nicht immer exakt, sodass Sie den Drucker sicherheitshalber manuell auf die nicht bedruckbaren Bereiche einstellen sollten. Diese Aufgabe wird als „Drucker justieren" bezeichnet.
Das Justieren des Druckers muss nur einmal erledigt werden; die Einstellung gilt danach bis zur Deinstallation des Programms. Sie sollten den Drucker justieren, bevor Sie mit dem eigentlichen Drucken von Vorlagen beginnen.

Eine Vorlage auswählen und die Druckfunktion wählen

Schritt 1 – Eine Vorlage auswählen

Zunächst müssen Sie eine beliebige Vorlage öffnen, um die Druckfunktion aufrufen zu können. Wählen Sie beispielsweise unter *Persönliche Drucksachen* den Workshop *Visitenkarten und Namensschilder*.
Anschließend erscheint die Vorlagenübersicht. Da die Druckfunktion nur aufgerufen werden kann, wenn eine Vorlage zum Druck ausgewählt wurde, markieren Sie eine beliebige Visitenkarte der Auswahl. Damit kann der Druckdialog geöffnet werden.

Schritt 2 – Die Druckfunktion wählen

Klicken Sie in der Symbolleiste auf das Symbol *Drucken*. Das Programm zeigt nun den Druckdialog an, wo alle Einstellungen für den Druck vorgenommen werden können.

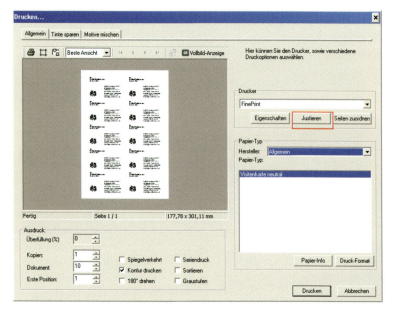

Drucker justieren — Workshop

Den Drucker justieren

Schritt 1 – Testausdruck erzeugen
Klicken Sie im Druckdialog auf *Justieren*. Nun öffnet sich das Fenster *Drucker Justieren*.

Erzeugen Sie einen Testausdruck, indem Sie auf *Test* klicken.
Das Programm gibt nun eine spezielle Seite auf dem Drucker aus, bei der in der oberen linken Ecke Linien bis zum Rand des Papiers reichen. Da die meisten Drucker nicht bis zum Rand drucken können, werden die Linien exakt auf der Position des nicht bedruckbaren Randes abgeschnitten. Sie müssen nun nur noch den nicht bedruckten Bereich ausmessen.

Schritt 2 – Testausdruck ausmessen
Messen Sie auf diesem Testausdruck die Abstände der gedruckten Linien zum linken Rand des bedruckten Blattes und zum oberen Rand. Die Papierränder sind in der Abbildung durch dicke schwarze Linien dargestellt.

Schritt 3 – Daten übertragen
Übertragen Sie die ermittelten Werte (*X-Abstand* und *Y-Abstand*) in die entsprechenden Felder des oben abgebildeten Fensters. Diese Werte in Millimetern eingeben.

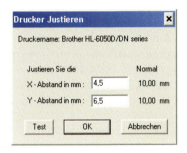

Klicken Sie auf *OK*, damit wird das Programm auf die tatsächlichen Druckbereiche Ihres Druckers eingestellt und berücksichtigt sie bei allen folgenden Ausdrucken.
Beim Randlosdruck, den einige Drucker bieten, kann es zu Verschiebungen beim Papiereinzug kommen, er ist aber nicht immer notwendig. Sie können daher oftmals für einen Ausdruck individuell bestimmen, ob er im Randlosmodus oder normal mit weißem Rand gedruckt werden soll. Sie erreichen diese Einstellung gegebenenfalls über die Schaltfläche *Eigenschaften*. Beachten Sie, dass Sie nach dem Wechseln dieser Druckereinstellung auch unter *Justieren* die entsprechenden Werte ändern sollten.

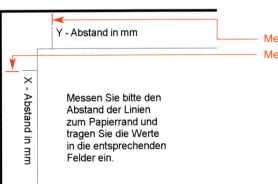

Das Druckstudio-Paket: Weitere Programme und CDs

Im Komplett-Paket sind zusätzlich zur Druckstudio-Software weitere Programme sowie Arbeitsmaterial in Form von Cliparts, Schriften und Fotos enthalten. Diese Dinge können Sie unabhängig vom Druckstudio verwenden, beispielsweise Cliparts in einem Word-Dokument. Auf der Installations-CD finden Sie alle Programme: Das Druckstudio, den Bildbrowser *ABC of Pics*, den Schriftenbrowser *ABC Fontviewer*, die Tintensparsoftware *Inkjet Tuning Pro*. Sobald Sie die CD ins Laufwerk einlegen, startet das Dialogfeld zur Auswahl einer Software.

Sollte dieses Dialogfeld nicht automatisch erscheinen, starten Sie die CD manuell: Gehen Sie im Windows-Explorer auf das Symbol für Ihr CD-Laufwerk. Doppelklicken Sie jetzt auf *ADAC_start.exe*. Mit den Schaltflächen auf der linken Seite des Dialogfeldes starten Sie die jeweiligen Installationsassistenten und mit dem Menüpunkt „ADAC im Internet" öffnen Sie die Homepage des ADAC.

Informationen zu Urheber und Hotline rufen Sie aus der Startoberfläche auf. Sie öffnen diese Dokumente mit dem Adobe Reader. Sollten Sie die Dateien nicht öffnen können, finden Sie den Adobe Reader ebenfalls auf der CD. Schließen Sie die Installationsauswahl, bevor Sie die CD aus dem Laufwerk entnehmen.

Inkjet Tuning Pro – Bei jedem Druck Tinte sparen

Mit der Tintensparsoftware *Inkjet Tuning Pro* reduzieren Sie den Tintenverbrauch Ihres Druckers – und damit die durchschnittlichen Druckkosten pro bedruckte Seite – und verlängern die Lebensdauer der Tintenpatronen.
Nach Wahl der Schaltfläche *Inkjet Tuning Pro* in der Installationsauswahl führt Sie der Assistent durch die Installation des Programms. Die vorgegebenen Einstellungen können beibehalten werden.
Zum Schluss wird das Dialogfenster *Drucker-Verwaltungs-Assistent* angezeigt. Wählen Sie erst in der Spalte *verfügbare Drucker* ihren Tintenstrahldrucker aus und gehen anschließend auf die Schaltfläche *Hinzufügen*. Klicken Sie auf *OK*, um die Einstellungen zu übernehmen. Der ausgewählte Drucker wird nun im Tintensparmodus betrieben.
Geben Sie für den ausgewählten Drucker an, wie stark die Einsparung bei jedem Druck sein soll. Stellen Sie mit dem Schieberegler einen Wert von z. B. *25 %*, und gehen Sie auf eine *Testseite drucken*. Möchten Sie den Tintensparwert bei jedem Druck individuell einstellen,

Weitere Programme und CDs

setzen Sie das Häkchen bei *Abfrage vor jedem Druckauftrag*.

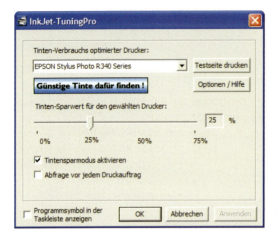

Alle Einstellungen erreichen Sie auch schnell über das Symbol in der Taskleiste. Klicken Sie mit der rechten Maustaste darauf, um die Tintenspareinstellungen direkt zu verändern oder den Tintensparmodus zu deaktivieren.

ABC Bildbrowser – Cliparts und Bilder betrachten und verwalten

Mit einem Klick auf *ABC Bildbrowser* startet der Installationsassistent. Klicken Sie auf *Weiter*, und folgen Sie den Anweisungen auf dem Bildschirm. Nach erfolgreicher Installation starten Sie das Programm über *Start, Programme, ADAC-Software, ABC of Pics*.
Die Software dient der komfortablen Betrachtung und Verwaltung von Bildern sowie Cliparts auf CD, Festplatte oder etwa einer Digitalkamera. Im Ordnerbaum den gewünschten Ordner auswählen. Im großen Vorschaufenster in der Mitte sehen Sie alle Bilder, die sich im aktuell gewählten Ordner befinden. Beenden Sie das Dialogfeld zur Installationsauswahl, falls es noch offen ist, und legen Sie eine CD ein, die Fotos oder Cliparts enthält. Wählen Sie den gewünschten Ordner auf der CD aus. Haben Sie ein Motiv gefunden, das Sie im Druckstudio verwenden möchten, wählen Sie es aus, und gehen in der Symbolleiste oben auf *Kopieren*.

Der Installationsassistent startet mit diesem Dialogfeld.

Die Programmoberfläche des Bildbrowsers *ABC of Pics*.

Erste Schritte mit dem Druckstudio

 Wechseln Sie zu einem Ordner auf Ihrem Rechner, beispielsweise *Eigene Dateien*. Klicken Sie auf *Einfügen*. Nun können Sie jederzeit auf das Bild zugreifen.

Im Bereich *CD-Brennen* in der unteren linken Ecke der Programmoberfläche können Sie Bilder zum Brennen auf CD sammeln. Ziehen Sie die gewünschten Bilder einfach per Drag & Drop hinein.

 Klicken Sie auf das Symbol *CD-Brennen*, um den Assistent zu starten. Klicken Sie auf *Weiter* und folgen den Anweisungen auf dem Bildschirm.

> **Hinweis**
>
> Initialen sind reich verzierte Großbuchstaben, die den Anfang eines langen Textes dekorieren. Sie sind auf der CD nicht als Schriftdatei, sondern als einzelne Bilder gespeichert. Da sie aus historischen Quellen stammen, sind leider nicht alle Buchstaben vorhanden.

Wird die fertig gebrannte CD auf einem anderen Rechner eingelegt, zeigt Windows die folgende Auswahl:
Wählen Sie den *Eintrag Diashow der Bilder anzeigen,* und klicken Sie auf *OK*.

Welche Möglichkeiten Ihnen ABC of Pics noch bietet, erfahren Sie im ausführlichen Programm-Handbuch im PDF-Format. Gehen Sie auf *Start, Programme, ADAC-Software, ABC of Pics, PDF-Handbuch*.

Clipart-Grafiken, Fotos und Initialen – Bildmaterial für Ihre Gestaltungen

Legen Sie eine CD in das Laufwerk ein, die Cliparts, Fotos oder Initialen enthält. Windows zeigt automatisch einen Auswahldialog an. Schließen Sie diesen mit *Abbrechen*.
Möchten Sie die Bilddateien zunächst einfach auf die Festplatte kopieren, um sie später zu verwenden, starten Sie den Bildbrowser *ABC of Pics*. Wählen Sie die gewünschten Bilder aus, und klicken Sie auf *Kopieren*. Mit *Einfügen* speichern Sie die Bilder in einem Ordner auf der Festplatte.
Möchten Sie die Bilddateien direkt im Druckstudio einsetzen, starten Sie zunächst das Druckstudio-Programm. Öffnen Sie die Vorlage, in der Sie das Clipart, das Foto oder die Initiale einfügen möchten. Legen Sie die passende CD ein, und schließen Sie den Auswahldialog von Windows mit *Abbrechen*. Sofern Ihr

Weitere Programme und CDs

Rechner nur über ein Laufwerk verfügt, nehmen Sie die Daten-CD des Druckstudios aus dem Laufwerk. Das Programm ist weiterhin benutzbar, Sie haben nur keinen Zugriff auf die Vorlagen und Bilder von der Daten-CD des Druckstudios.

Im linken, oberen Menü wählen Sie den Eintrag *Cliparts* oder *Fotos*. Für Initialen wählen Sie *Fotos*.

Es erscheint das Dialogfeld *Bild einfügen*. Wählen Sie im Ordnerbaum links das CD-Laufwerk aus, und klicken Sie gegebenenfalls den gewünschten Ordner an. Der Vorschaubereich in der Mitte zeigt die im Ordner enthaltenen Bilddateien. Ein Klick auf *Öffnen* fügt das markierte Bild in die Vorlage ein. Möchten Sie ein weiteres Bild einfügen, achten Sie darauf, dass das erste Bild nicht mehr markiert ist. Es wird sonst durch das neue ersetzt.

Sind alle gewünschten Bilder eingefügt, legen Sie wieder die Daten-CD des Druckstudios ein.

ABC Schriftenbrowser – Schriften verwalten und installieren

Mit dem Schriftenbrowser verschaffen Sie sich einen Überblick über die auf ihrem Computer installierten Schriften und fügen neue Schriften von der CD hinzu. Die installierten Schriften können Sie dann in jedem Windows-Programm verwenden.

Gehen Sie in der Installationsauswahl auf *ABC Schriftenbrowser*, um den Installationsassistenten zu starten. Folgen Sie den Anweisungen auf dem Bildschirm. Die vorgegebenen Einstellungen beibehalten.

Nach der Installation starten Sie den Schriftenbrowser mit *Start, Programme, ADAC-Software, ABC FontViewer, ABC FontViewer Ausführen*.

Das Programm zeigt beim ersten Start die Liste der auf Ihrem Computer installierten Schriften an. Durch die großen Vorschaubilder können Sie hier sehr bequem die richtige Schrift für Ihren Gestaltungszweck, beispielsweise für eine Vorlage des Druckstudios, auswählen.

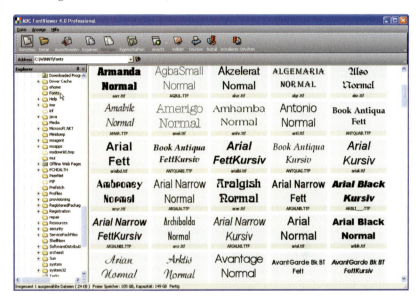

Die Programmoberfläche des Schriftenbrowsers *ABC FontViewer*.

Legen Sie die CD mit den zusätzlichen Schriften ein, die Sie mit dem ADAC Druckstudio erhalten haben. Im Ordnerbaum auf der linken Seite des ABC Schriftenbrowsers wählen Sie das CD-Laufwerk aus und darin den Ordner *Schriften*. In den fünf Unterordnern finden Sie Schriften unterschiedlicher Stile: von historischen bis zu modernen Schriften. Wählen Sie eine Schriftart aus. Mehrere Schriften können Sie durch Anklicken mit gedrückt gehaltener [Strg]-Taste auswählen.

Klicken Sie auf das Symbol *Install* in der Symbolleiste.

Bestätigen Sie durch einen Klick auf *Ja*, dass die gewählten Schriftarten installiert werden sollen.

> ⚠ **Achtung**
>
> Aufgrund der Schriftenregistrierung unter Windows stehen die installierten Schriften möglicherweise erst nach einem Neustart des Computers zur Verfügung!

Kreativ drucken:
30 Workshop-Projekte

> **Persönliche Drucksachen**
  Visitenkarten 44
  Namensschilder 68
  Briefbogen selber drucken 76

> **Ordnen und Beschriften**
  Ordnerrückenschilder 86
  Etiketten für den Haushalt 94
  CD-Label und CD-Einleger 106

> **Einladungen und Glückwünsche**
  Glückwunschkarte 116
  Fax-Vorlagen 126
  Feste perfekt gestalten 130
  Einladung per E-Mail 144
  Bastelspaß für die Geburtstagsparty 148

> **Geschenke selbst gemacht**
  Geldgeschenke verpacken 156
  Gutscheine 164
  CD-Geschenkset 170
  Hochzeitszeitung 176

> **Fotokalender und Fotobuch**
  Fotokalender 190
  Fotobuch 206

> **Drucken für Verein und Hobby**
  Urkunden 226
  Eintrittskarten 234

> **Kaufen und Verkaufen**
  Verkaufsaushang 242
  Werbeposter im Großformat 252
  Bildcollage für die Internetanzeige 258

> **Basteln und Spielen**
  Laternen 264
  Spielkarten 270
  Foto-Schneekugel 276

Persönliche Drucksachen

Eine private Visitenkarte gestalten

Visitenkarten werden beim Kennenlernen von Menschen ausgetauscht, um die Daten nicht per Hand aufschreiben zu müssen. Individuell gestaltet erhalten sie eine ganz persönliche Note, ob für private Zwecke, wie der Vereinstätigkeit oder berufliche, beispielsweise wenn Sie selbstständig sind. Die Gestaltung ist das A und O einer wirkungsvollen Visitenkarte. Mit einigen einfachen Regeln gelingt Ihnen eine individuelle Karte, die Ihre Persönlichkeit widerspiegelt und beim Austauschen mit Ihren Gesprächspartnern immer den besten Eindruck hinterlässt.

Dieses Kapitel vermittelt mehr über mögliche Stile wie die klassische, die grafisch gestaltete und die farbige Visitenkarte. Erfahren Sie, worauf es bei einer guten Aufmachung ankommt – in den Workshops setzen Sie dann Schritt für Schritt Ihre Ideen um.

Papierauswahl und Format

Das übliche Papiergewicht für Visitenkarten beträgt 150 bis 300 g/m², wobei gelten kann: je fester und stärker, desto hochwertiger. Ein weiteres wichtiges Kriterium bei der Auswahl der richtigen Papiersorte ist die Oberfläche, die von samtig matt über hochglänzend bis hin zu Leinen- und Büttenstrukturen reichen kann. Achten Sie auch auf die Färbung des Papiers. Sie kann von reinweißen Papieren über pergamentartige Farbschattierungen bis hin zu Marmorstrukturen reichen. Wählen Sie eine nicht zu dominante Untergrundfarbe, um die Gestaltung möglichst wirkungsvoll zu präsentieren.

Als Format für Visitenkarten hat sich die Scheckkartengröße als Standard bewährt. Dies entspricht einer Kantenlänge von 85 mm x 55 mm oder 86 mm x 54 mm; weitere gängige Formate sind DIN A8 (74 mm x 52 mm) und DIN C8 (81 mm x 57 mm).

Einige Beispiele unterschiedlicher Papiersorten mit Marmormaserung oder Leinenstruktur

Visitenkarten

Eine klassische Visitenkarte gestalten

Für eine schlichte, aber elegant und seriös wirkende Visitenkarte verwenden Sie am besten reinweißes Papier mit einer edlen samtweichen oder leinenartigen Struktur. Das Gewicht soll mit bis zu 300 g/m den hochwertigen Gesamteindruck verstärken.

> DR. HUBERT MEYER
>
> Amalienstrasse 14
> 12247 Berlin
> Tel.: (030) 1 23 45 67
> H.Meyer@online.de

Eine klassisch gestaltete Visitenkarte beschränkt sich auf typografische Gestaltungsmittel wie Schriftarten, Textauszeichnungen und den dezenten Einsatz von Linien.

Als Schriftarten empfehlen sich einfache, klare Schriften wie z. B. Arial oder Times New Roman. Um einzelne Aspekte hervorzuheben, können Sie, wie im Beispiel gezeigt, mit KAPITÄLCHEN arbeiten oder auch GROSSBUCHSTABEN verwenden. Die Farben sollen dezent und unaufdringlich wirken. Blau- und Grautöne sind besonders empfehlenswert.

Eine denkbare Farbkombination für eine Visitenkarte in klassischer Gestaltung.

Für die Darstellung längerer Zahlenreihen in Telefonnummern werden von hinten beginnend Zweiergruppen gebildet und durch Abstände getrennt. Vorwahl und Rufnummer werden getrennt voneinander geschrieben.
Beispiel: (01 23) 4 56 78 90

Bei Kontonummern werden von hinten beginnend mit Abständen Dreiergruppen gebildet, während dagegen bei Bankleitzahlen von vorne Dreiergruppen gebildet werden.
Beispiel: Konto   01 234 567
             BLZ   012 345 67

Eine Visitenkarte mit einer besonderen Grafik verzieren

Wenn Sie es etwas auffälliger mögen, setzen Sie verstärkt grafische Elemente in Farbe ein. Bei dieser Gestaltungsform sollten Sie ein einfarbiges Papier verwenden. Auch die Oberflächenstruktur des Papiers darf nicht von der Farbgestaltung ablenken.
Sie können Grafiken einsetzen, größere Farbflächen in den Hintergrund einfügen oder

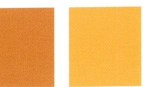

✓ Tipp

Mit *Kapitälchen* bewirken Sie immer einen gediegenen Eindruck. Alle kleinen Buchstaben werden dazu als Großbuchstaben geschrieben, dabei aber in einer kleineren Schriftgröße gesetzt. Das ADAC Druckstudio-Programm enthält außerdem eine spezielle Kapitälchenschrift: Tatjana normal.

Beim Einsatz von Farben ist es wichtig, dass die Grafik wie auch die Hintergrund- und Schriftfarbe miteinander harmonieren.

Persönliche Drucksachen

auch mit farbigen Schriftelementen arbeiten. Achten Sie bei der Gestaltung darauf, dass die gewählten Farben mit vorhandenen Logos oder Grafiken gut zusammenwirken. Eine mögliche harmonische Farbkombination sehen Sie unten.
Möchten Sie Grafiken oder Fotos auf Ihrer Visitenkarte abbilden, können Sie ▶ **Hilfslinien** benutzen, um die Text- und Bildbestandteile auf gleicher Höhe einzurichten. So erzeugen Sie ein ausgeglichenes Erscheinungsbild. Unregelmäßig angeordnete Elemente und ungleiche Zeilenhöhen bewirken dagegen einen unruhigen Gesamteindruck.

Eine farbige Visitenkarte mit verspielten Elementen

Eine kontrastreiche Hintergrundfarbe in Kombination mit geschwungenen Formen und verspielten Schriften – dies sind die Gestaltungselemente, die den besonderen künstlerischen Stil dieser Visitenkarte ausmachen.

Als weiterer Effekt ist auch die Rückseite in die Gestaltung mit einbezogen: Sie ist in der gleichen Farbe wie die Vorderseite angelegt und bietet Platz für einen kleinen Text oder auch einen Spruch. Bei der Verwendung mehrerer Farben sollten Sie darauf achten, dass diese miteinander harmonieren.

Farben haben immer auch symbolische Bedeutungen und sollten gut gewählt sein. Dies kann für farbig gestaltete Visitenkarten wichtig sein. Welche Farbe für was steht, verrät die folgende Übersicht:

▶ **Hilfslinien nutzen**
Hilfslinien sind „gedachte" Linien, an denen Gestaltungselemente positioniert werden. Oft verwendet man ein Raster aus mehreren Linien. Im Druck sind Hilfslinien nicht sichtbar.

 Achtung

Die Farbwiedergabe am Monitor kann von dem Druckergebnis erheblich abweichen. Dies kann von Monitoreinstellungen, vom Drucker oder auch vom verwendeten Papier abhängen. Fertigen Sie vor dem endgültigen Durchlauf einige Ausdrucke zur Probe, um die Farben zu prüfen.

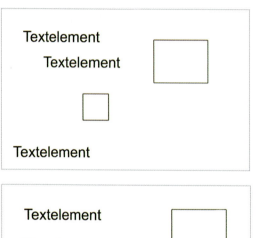

Sind Grafik- und Textelemente aneinander ausgerichtet, erzielt man ein ausgewogenes Gesamtbild.

■ **Blau:** Sympathie, Harmonie, Vertrauen, Ruhe

■ **Rot:** Feuer, Liebe, Leidenschaft, Hitze, Dynamik

■ **Grün:** Natur, Hoffnung, Gesundheit, Frühling

□ **Weiß:** Unschuld, Sachlichkeit, Klarheit, Vollkommenheit, Reinheit

■ **Gelb:** Sonne, Licht, Wärme

Visitenkarten

Sie können zur weiteren Gestaltung Digitalfotos oder Zeichnungen einbinden, wie auch Zitate oder Sprüche nutzen. Es ist jedoch ratsam, nicht zu viele Elemente auf der Visitenkarte unterzubringen.

Die Anordnung der Formen, Flächen und Texte auf Ihrer Karte entscheidet über Harmonie und Disharmonie. So wird Ordnung vom menschlichen Auge als angenehm empfunden, Unordnung hingegen als disharmonisch. Vergleichen Sie selbst die Beispiele:

Chaotisch oder klar geordnet – die Anordnung der Gestaltungselemente bestimmt die Gesamtwirkung.

Besondere Schriften

Auch bei der Auswahl der Schriften können Sie Individualität zeigen. Lediglich das Kriterium der Lesbarkeit sollte erfüllt sein. Wie wäre es mit:
einer `Schreibmaschinenschrift`,
einer Comicschrift
oder einer *Schreibschrift*?
Ausgefallene Schriften rufen unterschiedliche Assoziationen beim Leser hervor. Geschwungene Schriften wirken weiblich und verspielt, eine Schreibmaschinenschrift bringt man vielleicht mit Schriftstellern in Verbindung und eine Pixelschrift mit Computern und Technik. Um eine ausreichende Lesbarkeit zu gewährleisten, muss die Schriftfarbe in starkem Kontrast zur Hintergrundfarbe stehen. Weiß und Schwarz eignen sich sehr gut.

Möchten Sie Schrift über Fotos platzieren, achten Sie auf einen ruhigen Hintergrund ohne starke Kontraste.

Ist ein Text über einem Foto platziert, wird er schnell unlesbar oder verliert an Ausdruckskraft. In diesem Fall wählen Sie einen ruhigen Bildbereich als Hintergrund für die Schrift, oder verändern Sie den gewünschten Bildbereich selbst. Mit dem Fotoeditor im ADAC Druckstudio können Sie Bildbereiche beispielsweise dunkler oder unscharf darstellen, damit die Schrift darüber besser zur Geltung kommt. So wirkt eine auffällig gestaltete Karte übersichtlich und ist gut lesbar.

Weitere Verwendungen von Visitenkartenpapieren

Nutzen Sie die praktischen, perforierten Visitenkartenpapiere im Format 85 mm x 55 mm auch für andere Anlässe: als Namensschilder beispielsweise für Partygäste, Eintrittskarten für den Faschingsball oder als Getränkecoupons für das Vereinsfest. Sogar als Lose für die Tombola lassen sich diese Vorlagen zweckentfremden und kommen so zum professionellen Einsatz.

> **Tipp**
>
> Wie wäre es einmal mit einer persönlichen Unterschrift auf Ihrer Visitenkarte? Ihre eingescannte Unterschrift vermittelt auf der Visitenkarte den Eindruck von Individualität und Persönlichkeit.

Workshop 1 — Persönliche Drucksachen

▶ **Step-by-Step-Anleitung**

Die klassische Visitenkarte – schlicht und elegant

Die Gestaltung einer klassischen Visitenkarte mit rein typografischen Mitteln gilt als besonders anspruchsvoll. Einzig die Schriftgestaltung erfüllt die Aufgabe, den persönlichen Stil des Besitzers zu übermitteln.

In diesem Workshop erfahren Sie, wie Sie die typografischen Mittel im ADAC Druckstudio verwenden, um zu Ihrer eigenen klassischen Visitenkarte zu gelangen:

› Schriftart
› Schriftgröße
› Positionierung von Textelementen
› Hervorhebungen
› Schriftfarbe

Eine Vorlage auswählen und eigene Daten einfügen

Schritt 1 – Die Vorlagenansicht öffnen

Wählen Sie unter *Persönliche Drucksachen* den Workshop *Visitenkarten und Namensschilder*.

Mit einem Doppelklick auf die Schaltfläche gelangen Sie zur Übersicht der Vorlagen.

Beachten Sie das Menü am linken Rand: Im oberen Auswahlfenster finden Sie Formate für Visitenkarten – von *Visitenkarte quer 1-seitig* bis *Visitenkarte hoch Klappkarte* – sowie weitere Verwendungsmöglichkeiten für Visitenkartenpapier. Im unteren Auswahlfenster finden Sie zu den oberen Kategorien jeweils eine weitere Auswahl, zum Beispiel Karten mit Logo oder Karten im geschäftlichen Stil.

Im Untermenü *Typografisch* finden Sie Vorlagen, in denen nur mit Schriften und dezenten Linien gearbeitet wird.

> ✓ **Tipp**
>
> Eine weitere Auswahl klassischer Gestaltungsvorlagen finden Sie in der Unterkategorie *Klassisch*.

Schritt 2 – Die passende Vorlage öffnen

Klicken Sie auf die Kategorie *Visitenkarte quer 1-seitig* im oberen Menü und danach auf die Unterkategorie *Typografisch* im unteren Menü.

In diesem Workshop verwenden wir eine Vorlage, in der alle Elemente mittig angeordnet sind. Wählen Sie die in der Abbildung gezeigte Vorlage. Mit Doppelklick auf die Vorlage öffnen Sie sie im Editor, um dort die weitere Bearbeitung vorzunehmen.

Schritt 3 – Musterdaten durch eigene Daten ersetzen

Das ADAC Druckstudio verwaltet Benutzerdaten an zentraler Stelle. Das hat den Vorteil, dass Sie Ihre persönlichen Daten, wie Name, Adresse und Telefonnummer, nur einmal eingeben müssen. Das Programm verwendet diese Daten dann in jeder Vorlage automatisch an der richtigen Stelle.

Nach dem ersten Start des Programms sind Musterdaten („Erika Mustermann") angelegt. Diese Daten müssen Sie durch Ihre eigenen Angaben ersetzen.

Klicken Sie im Menü auf *Einstellungen* und dann auf *Meine Daten*. Das Dialogfeld *Benutzereinstellungen* erscheint.

Hier geben Sie Ihre persönlichen Daten ein.

Füllen Sie die Felder aus und bestätigen Sie mit *Sichern*, bevor Sie das Dialogfeld schließen. Jetzt wird die Visitenkarte mit Ihren neuen Daten angezeigt.

Schritt 4 – Nicht benötigte Elemente löschen

Entfernen Sie alle Elemente, die Sie nicht benötigen, von der Karte. Wählen Sie per Mausklick ein Objekt aus, und drücken Sie die [Entf]-Taste. Bestätigen Sie die Sicherheitsabfrage mit *OK*.

Die Visitenkarte ist vollständig mit den korrekten Inhalten beschriftet.

Alle notwendigen Informationen sind jetzt auf der Karte vorhanden. Im Folgenden werden die angelegten Textelemente schrittweise so verändert, dass sich eine ansprechende Gesamtwirkung ergibt.

> **Hinweis**
>
> Lässt sich ein Objekt nicht auswählen und die Auswahl springt stattdessen auf ein anderes Objekt, liegt es daran, dass das andere Objekt in der Reihenfolge darüber liegt. Abhilfe schaffen Sie so: Bringen Sie das störende Objekt durch Anklicken mit der rechten Maustaste in den Hintergrund. Wählen Sie *Ganz nach hinten stellen*. Nun lässt sich das gewünschte Objekt auswählen.

Workshop 1 — Persönliche Drucksachen

Gestaltung der Textelemente

 Achtung

Jetzt werden automatisch Ihre zuvor eingegebenen Daten verwendet. Deshalb können Sie hier den Inhalt des Textes, also den Namen, nicht verändern. Verwenden Sie dazu stattdessen das Dialogfeld *Benutzereinstellungen*.

Schritt 1 – Das Dialogfeld für Texteigenschaften

Schriftart, Größe, Farbe und weitere Eigenschaften von Texten können frei verändert werden. Klicken Sie doppelt auf ein Textelement, um das Dialogfeld *Attribut Info* zu öffnen.

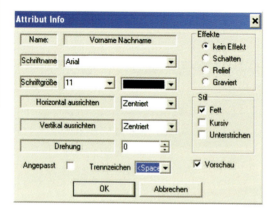

Der Name hat bisher die Schriftart *Arial* in der Größe *11*, schwarze Farbe und den Stil *Fett*.

Schritt 2 – Schriftart und Größe verändern

Wählen Sie aus der Liste der Schriften die Schriftart *Tatjana*. Erhöhen Sie die *Schriftgröße* auf *14*.

Bestätigen Sie die Änderungen mit *OK*.
Durch das Vergrößern des Textes wird dieser jetzt innerhalb seines Kastens umbrochen, da der Textkasten nunmehr zu klein ist. Der Name erscheint nicht vollständig auf dem Bildschirm:

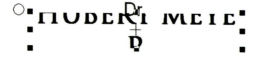

Verbreitern Sie mit den viereckigen Anfassern den Textkasten so, dass der Name vollständig angezeigt wird.

Sie können den Zeilenumbruch verhindern, indem Sie die Option *Angepasst* aktivieren. Dadurch wird automatisch eine für den Textkasten passende Schriftgröße gewählt.
Verfahren Sie nach demselben Muster, um alle Textelemente entsprechend anzupassen. Verwenden Sie für die Kontaktinformationen die Schriftart *Garamond* in der *Größe 12*. Diese harmoniert sehr gut mit der dominanteren Schrift *Tatjana*.

Schritt 3 – Textelemente positionieren

Das wichtigste Element der Karte – der Name – wird etwas oberhalb der Mitte positioniert. Leerer Raum um ein Element verstärkt dessen Wichtigkeit. Zusammengehörige Objekte müssen immer näher beieinander sein als nicht zusammengehörige Objekte.

> DR.
> **HUBERT MEYER**
>
> Amalienstr. 39
> 31234 Berlin
> Tel. (030) 123 234 5
>
> H.Meyer@online.com

Titel und Name haben Raum und bekommen dadurch Aufmerksamkeit. Die Adressdaten stehen gemeinsam in einem Block.

Klassische Visitenkarten — Workshop 1

Sie können einzelne Objekte auf der Karte einfach mit der Maus frei verschieben. Wenn Sie dabei jedoch die gemeinsame Anordnung mehrerer Objekte beibehalten möchten, sollten sie diese Objekte auch gemeinsam verschieben.
Ziehen Sie mit gedrückter Maustaste ein Auswahlfenster auf die gewünschte Gruppe von Objekten:
Jetzt können Sie alle Objekte gemeinsam bewegen.

Bei einer mittig zentrierten Karte verändert man die Position am besten nur mit den Pfeil-Tasten ↑ und ↓. So bleiben die Textelemente immer zentral angeordnet.

Schritt 4 – Hervorhebungen einsetzen

Zur Hervorhebung einzelner Textelemente stehen Ihnen eine Reihe von Effekten und Stilen zur Verfügung. Experimentieren Sie selbst mit den Möglichkeiten, und entscheiden Sie, welche Informationen auf Ihrer Karte besonders wichtig sind.
Bei einer klassischen Visitenkarte sollten Sie mit solchen Hervorhebungen zurückhaltend sein. Am besten geeignet ist *Kursiv*, da dieser Stil Aufmerksamkeit erregt, ohne das Gesamtbild der Karte zu stören. Setzen Sie beispielsweise für die E-Mail-Adresse den *Stil Kursiv*.
Doppelklicken Sie auf den Namen. Bisher ist er noch in *Fett* und *Schriftgröße 14* gesetzt. Verändern Sie das, indem Sie den Haken bei *Fett* entfernen und die *Größe* auf *16* erhöhen. Die Gestaltung wirkt leichter und eleganter.

Schritt 5 – Einen Farbakzent setzen

Mit der Wahl einer einzelnen, dezenten Farbe geben Sie Ihrer Karte den letzten Schliff. Klicken Sie wieder doppelt auf den Namen, um das Dialogfeld *Attribut Info* zu öffnen. Wählen Sie aus der Palette eine passende Farbe, zum Beispiel *Dunkelblau*.
Bestätigen Sie Ihre Änderungen anschließend mit *OK*.

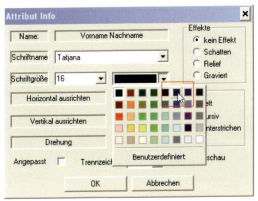

Auch hier gilt: weniger ist mehr. Für eine klassische Gestaltung färben Sie nicht mehr als zwei Elemente der Karte ein. Vermeiden Sie möglichst den Einsatz mehrerer Farben, denn ein einzelner Farbakzent ist hier weitaus wirkungsvoller als Farbkombination.

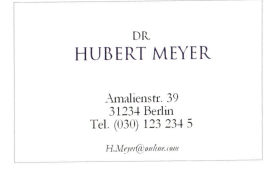

Die Karte ist fertig gestaltet und bereit zum Drucken.

> **Achtung**
>
> Jede Farbe wirkt, auf Schriften oder Linien angewendet, heller als wenn sie auf einer ganzen Fläche erscheinen. Wählen Sie eine etwas dunklere *Farbe*, um diesen Effekt auszugleichen und um gute Lesbarkeit zu gewährleisten.

Workshop 1 — Persönliche Drucksachen

Der perfekte Ausdruck

Schritt 1 – Die Karte sichern

Klicken Sie im Menü auf *Datei* und dann auf *Speichern*, um Ihre Visitenkarte zu sichern.

> **Tipp**
>
> Wenn Sie Ihre Karte vorher schon gespeichert hatten, genügt ein Klick auf das Symbol *Speichern* in der Menüleiste.

Vergeben Sie unter *Dateiname* einen Titel, und klicken Sie auf *Speichern*.

Schritt 2 – Den Druck starten

Klicken Sie im Menü auf *Datei* und dann auf *Drucken*. Danach öffnet sich das Dialogfeld *Drucken*.

Wählen Sie aus der Liste der Hersteller und deren Papieren den für Sie passenden Eintrag aus. Für unser Beispiel ist es das Papier *LP 790/791 Sigel*. Die benötigten Angaben finden Sie in der Regel auf dem Rand Ihres Visitenkartenpapiers aufgedruckt oder auf der Verpackung.

Verwenden Sie zuerst ein normales Blatt Papier für den Probeausdruck. Diesen Ausdruck halten Sie dann zusammen mit einem Blatt Ihres unbedruckten Visitenkartenpapiers gegen eine Lichtquelle. So erkennen Sie sofort, ob die Positionierung stimmt. Wenn die Positionierung für Ihr Papierformat perfekt passt, legen Sie das Visitenkartenpapier ein und starten den Druck wie gewohnt mit einem Klick auf *Drucken*.

Für diese Art der Gestaltung – einseitig und ohne bis zum Rand reichende Gestaltungselemente – ist jede Art von Visitenkartenpapier grundsätzlich geeignet.

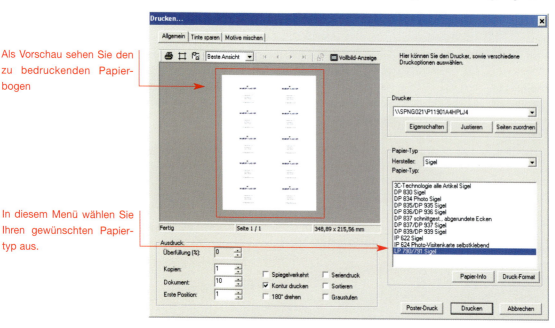

Als Vorschau sehen Sie den zu bedruckenden Papierbogen.

In diesem Menü wählen Sie Ihren gewünschten Papiertyp aus.

52

Schritt 3 – Den Drucker justieren

Kommt es zu Abweichungen im Druck, obwohl das korrekte Papierformat angegeben ist, wurde der Drucker möglicherweise noch nicht justiert.

Klicken Sie im Druckdialog auf *Justieren*. Falls mehrere Drucker am PC verwendet werden, vergewissern Sie sich, dass der gewünschte Drucker ausgewählt ist.

Das Dialogfeld *Drucker Justieren* öffnet sich. Klicken Sie auf die Schaltfläche *Test*. Es wird nun eine Testseite ausgedruckt, anhand derer Sie sehen können, wie breit der Rand ist, den Ihr Gerät nicht bedrucken kann. Messen Sie den genauen Abstand der auf der Testseite bezeichneten Linien zum Papierrand. Tragen Sie die Werte in das Dialogfeld ein. Für einen ▸ **Randlosdrucker** wären es beispielsweise *0 mm*, typische Werte für Tintenstrahldrucker sind *3 mm – 8 mm*. Bestätigen Sie die Eingaben mit *OK*, und versuchen Sie einen neuen Probeausdruck.

Schritt 4 – Ein neues Papierformat eingeben

Kommt es zu Abweichungen im Druck, obwohl der Drucker korrekt justiert ist, wurde möglicherweise das falsche Papierformat angegeben.

Wählen Sie unter *Papier-Typ* den Hersteller und die Artikelbezeichnung Ihres Visitenkartenpapiers. Ist Ihr Papier noch nicht im Programm vorhanden, können Sie es manuell als neues Format eingeben und speichern. Gehen Sie dazu auf *Druck-Format* unterhalb der Papierauswahl.

Es erscheint das Dialogfeld *Papierformat*, in dem die genauen Abmessungen des zuletzt ausgewählten Papiers aufgeführt sind. Klicken Sie auf die Schaltfläche *Neues*, um eigene Werte anzugeben. Messen Sie auf Ihrem Papier die gefragten Längen, und tragen Sie sie in die Eingabefelder auf der rechten Seite ein. Nach einem Klick auf *OK* befindet sich das neue Papier in der Liste mit allen anderen Papieren. Wählen Sie es zum Druck aus.

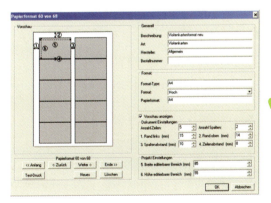

▸ **Randlosdrucker** verfügen über eine besondere Mechanik, die es erlaubt, das Blatt bis zum Rand vollständig zu bedrucken.

✓ Tipp

Die Zahlen links neben den Eingabefeldern entsprechen den Zahlen im Vorschaubild. Sie helfen beim Ausfüllen der Werte.

Workshop 2   **Persönliche Drucksachen**

▶ Step-by-Step-Anleitung

Eine Visitenkarte mit grafischen Elementen effektvoll gestalten

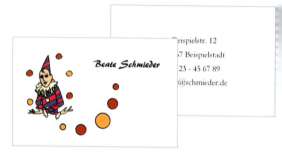

Ganz gleich, ob Sie verschiedene Schriftarten und Schriftgrößen verwenden, mit effektvollen Grafiken setzen Sie weitere Akzente. Diese zweiseitige Visitenkarte beispielsweise bietet genügend Platz für Grafik und Text. Das Hobby von Beate Schmieder ist Jonglieren. Das Bild eines jonglierenden Clowns wurde auf der Vorderseite eingefügt und durch eine gebogene Linie mit farbigen Kreisen ergänzt. Alle restlichen Details finden auf der Rückseite Platz. Individuell gestaltete Karten machen stets einen besonderen Eindruck.

In diesem Workshop erfahren Sie, wie Sie die folgenden Gestaltungsmittel im ADAC Druckstudio einsetzen:

> **Grafiken und Clipart**
> **Frei gezeichnete Objekte (Kreise)**
> **Positionierung von Grafiken**
> **Zweiseitige Gestaltung**

Eine Vorlage auswählen und eigene Daten einfügen

Schritt 1 – Eine Vorlage auswählen
Wählen Sie unter Projekttypen den Bereich *Visitenkarten und Namensschilder*.

Klicken Sie im Menü oben links auf die Kategorie Visitenkarte quer 2-seitig. Wählen Sie in der unteren Auswahlliste *Logokarten*. Bei *Logokarten* finden Sie Vorlagen, in die schon eine Grafik eingearbeitet ist. Diese lässt sich dann ganz leicht durch eine andere Clipart-Grafik austauschen. Als Layout-Muster klicken Sie auf die Vorlage mit dem Bleistift. Mit

Grafisch gestaltete Visitenkarten — Workshop 2

einem Doppelklick öffnen Sie die Vorlage im Editor.

Schritt 2 – Benutzerdaten aktivieren

Ihre eigenen Benutzerdaten haben Sie bereits eingegeben. Zur Sicherheit sollten Sie die Angaben kontrollieren: Klicken Sie im Menü auf *Einstellungen* und dann auf *Meine Daten*.

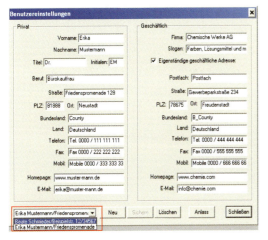

Wählen Sie aus dem ▶ **Datenbestand** Ihre Angaben aus, indem Sie die Liste unten links im Dialogfeld öffnen. Klicken Sie auf den Eintrag mit Ihrem Namen, und schließen Sie das Dialogfeld.

Schritt 3 – Nicht benötigte Elemente löschen

Entfernen Sie Elemente, die Sie nicht benötigen, beispielsweise den Titel oder den Beruf. Wählen Sie per Mausklick ein Objekt aus, und drücken Sie die *Entf*-Taste. Bestätigen Sie die Sicherheitsabfrage mit *OK*.

Schritt 4 – Rückseite anzeigen

Nun soll zunächst die Rückseite der Grafik mit zentriertem Text gestaltet werden. Zeigen Sie die Rückseite der Visitenkarte mit einem Klick auf die Schaltfläche *Zweite Seite* an.

Schritt 5 – Die Gestaltung der Rückseite

Für die Rückseite der Visitenkarte ist die Schriftart *Garamond* in *12 Punkt* Größe gut geeignet, da sie in ruhigem Kontrast zur Vorderseite steht. Ordnen Sie die Textzeilen vertikal und horizontal zentriert an.

> Beispielstr. 12
> 34567 Beispielstadt
> 01 23 - 45 67 89
> beate@schmieder.de

Sie ordnen die Textzeilen an, indem Sie diese zunächst markieren. Klicken Sie dann in der Ausrichtungsleiste auf *Horizontal zentrieren*. Nun fügen Sie die Zeilen mit einem Klick auf *Gruppieren* zu einer Gruppe zusammen, die wie ein Einzelobjekt behandelt wird. Klicken Sie dann auf *Vertikal zentrieren*.

✓ Tipp

Sie können mehrere Datensätze in die Benutzereinstellungen eingeben – zum Beispiel für Freunde und Verwandte, um zum nächsten Geburtstag hübsch gestaltete Visitenkarten zu verschenken.

▶ **Datenbestand**

Die gesamten Adressdaten, die im Druckstudio gespeichert sind. Umfasst die Benutzerdaten von bis zu 50 Personen.

Workshop 2 — Persönliche Drucksachen

Clipart-Bild ersetzen und Schrift ändern

Schritt 1 – Clipart-Grafik auswählen

Das Druckstudio enthält zahlreiche Grafiken für eine Vielzahl an Themen und Zwecken. Sie finden diese Grafiken in der Auswahlliste oben links im Fenster in der Kategorie *Cliparts*. Die untere Auswahlliste zeigt zu dieser Kategorie viele weitere Rubriken an.

Vorlage, indem Sie diese anklicken. Das Objekt wird von schwarzen Punkten umgeben. Die Grafik ist nun für die weitere Bearbeitung markiert. Klicken Sie dann in der Miniaturenleiste einfach die gewünschte Clipart-Grafik an. Das in der Vorlage markierte Objekt wird nun automatisch durch das ausgewählte Objekt ersetzt.

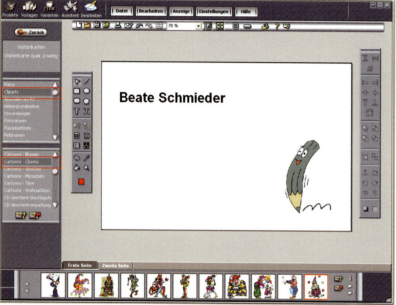

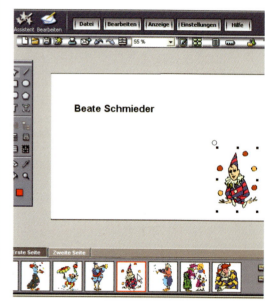

> **Hinweis**
>
> Die Miniaturenleiste zeigt meist nicht alle Miniaturen an. Mit den dreieckigen Navigationssymbolen links und rechts der Miniaturenleiste können Sie andere Miniaturen anzeigen.
>
> ◀ blättert rückwärts
> ◀| zeigt erste Miniatur
> ▶ blättert vorwärts
> ▶| zeigt letzte Miniatur

Die Grafik des jonglierenden Clowns finden Sie im Druckstudio in der Rubrik *Cartoons-Clowns*. Das Angebot an Cliparts umfasst klassische Zeichnungen, Cartoons, Symbole und Logos. Weitere Cliparts finden Sie auf den zusätzlichen Clipart-CDs.

Schritt 2 – Die vorhandene Grafik ersetzen

Die Grafik auf der Visitenkarte soll nun durch die ausgewählte Clipart-Grafik ersetzt werden. Markieren Sie dafür die Grafik in der

Schritt 3 – Die Grafik vergrößern

Eine markierte Grafik hat quadratische Anfasser an den vier Ecken und den vier Seiten. Wenn Sie mit der Maus an den Anfassern ziehen, lässt sich die Grafik vergrößern oder verkleinern. Benutzen Sie den Anfasser in der oberen linken Ecke, um die Grafik etwa um ein Drittel zu vergrößern.

Grafisch gestaltete Visitenkarten — Workshop 2

Schritt 4 – Die Objekte verschieben

Die Grafik wird nun in den linken oberen Bereich der Visitenkarte verschoben, sodass der Text rechts oben positioniert werden kann. Der Name wird gleich rechts stehend besser wahrgenommen. Verschieben Sie die Grafik und den Text wie hier gezeigt.

Schritt 5 – Schriftart ändern

Die bisherige Schriftart des Namens passt nicht zu dem dynamisch wirkenden Bildmotiv des Clowns und wird deshalb durch eine etwas stärker geschwungene Schriftart ersetzt. Doppelklicken Sie auf den Schriftzug, sodass sich das Dialogfeld *Attribut Info* öffnet. Formatieren Sie hier den Text mit der Schriftart *Patrick* in *Schriftgröße 14*. Mit *OK* bestätigen.

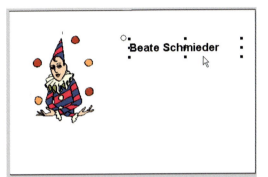

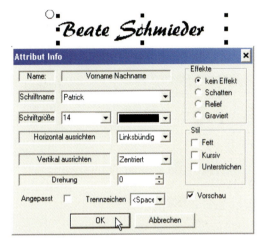

Grafische Elemente ergänzen

Schritt 1 – Kreise zeichnen

Um einen harmonischen Übergang zwischen Grafik und Text zu erreichen, werden mit Hilfe einer freien Zeichnung weitere Jonglierkugeln hinzugefügt. Kleinere und größere Kreise in einer schwungvollen Linie aufgereiht lenken den Blick auf den Namen.

Wählen Sie dafür in der Werkzeugleiste das Symbol *Ellipse*. Klicken Sie dann auf die Karte, und halten Sie die linke Maustaste gedrückt. Ziehen Sie nun mit gedrückter Maustaste, um einen gestrichelten Kreis aufzuziehen. Wenn Sie die Maustaste loslassen, wird der Kreis in der gewünschten Größe ausgegeben.

Zeichnen Sie anschließend zwei kleinere und zwei ganz kleine Kreise, und ordnen Sie sie wie in der Abbildung an.

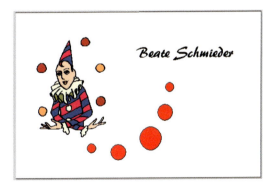

Schritt 2 – Kreise einfärben

Die erzeugten Kreise sollen so eingefärbt werden, dass sie gut zur Zeichnung passen. Kopieren Sie dazu die Farbe direkt aus dem

Tipp

Wenn Sie beim Zeichnen die Taste ⇧ drücken, wird ein exakter Kreis ausgegeben. Ohne ⇧ ist es eine Ellipse, die Sie nach Augenmaß in die genaue Kreisform bringen müssen.

Workshop 2 — Persönliche Drucksachen

Clipart-Bild. Klicken Sie in der Werkzeugleiste auf die *Pipette* zur Farbauswahl.

Der Mauszeiger erscheint als Pipette. Klicken Sie damit in einen Kreis, dessen Farbe Sie übernehmen möchten. Das Farbfeld in der Werkzeugleiste zeigt unmittelbar die gewählte Farbe an.

Der Mauszeiger wird nun zu einem Farbtopf. Damit symbolisiert das Programm, dass ein Klick auf ein Objekt die aktuelle Farbe vergibt. Klicken Sie auf einen Kreis, um ihn einzufärben.

Klicken Sie auf einen zweiten Kreis, um ihm dieselbe Farbe zu geben. Wiederholen Sie dann das Aufnehmen der Farbe mit der *Pipette* bei einem anders eingefärbten Kreis, und übertragen Sie diese Farbe auf die restlichen Kreise.

> **Achtung**
>
> Wenn Sie irrtümlich den Seitenhintergrund eingefärbt haben, können Sie mit einem Druck auf ⇧+Z oder Wahl des Symbols *Rückgängig* den Vorgang wieder aufheben.

Schritt 3 – Konturen anpassen

Die Kreise in der Grafik haben eine etwas stärkere Kontur (Randlinie) als die neu gezeichneten Kreise. Doppelklicken Sie nacheinander auf jeden der gezeichneten Kreise, um das Dialogfeld *Eigenschaften* anzuzeigen.

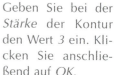

Geben Sie bei der *Stärke* der Kontur den Wert *3* ein. Klicken Sie anschließend auf *OK*.

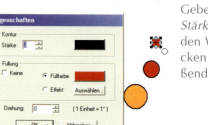

Zweiseitig ausdrucken

Schritt 1 – Die Karte sichern

Klicken Sie auf *Datei* und dann auf *Speichern*; geben Sie dem Dokument einen Namen und klicken Sie erneut auf *Speichern*.

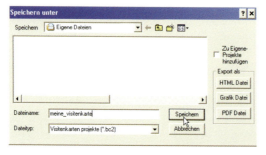

Schritt 2 – Die Karte drucken

Gehen Sie im Menü auf *Datei* und klicken Sie auf *Drucken*. Das Dialogfeld *Drucken* öffnet sich. Wählen Sie aus der Liste der Hersteller und deren Papiere den für Sie passenden Eintrag aus. Für unser Projekt ist es das Papier L7415 Avery. Legen Sie für einen Probeausdruck einfaches Papier in den Drucker ein, und klicken Sie auf *Drucken*. Markieren Sie gegebenenfalls eine Ecke des Papiers, um festzustellen, wie es im Drucker eingezogen und bedruckt wird. Dann klappt es später mit dem Visitenkartenpapier auf Anhieb.

Grafisch gestaltete Visitenkarten — Workshop 2

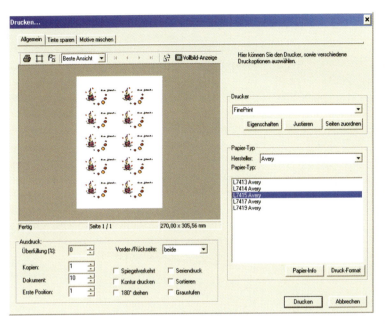

Warten Sie, bis der Drucker die Vorderseite ausgedruckt hat. Legen Sie dann das selbe Papier erneut in den Drucker ein, und klicken Sie auf OK. Erst dann startet der Druck der Rückseite. Achten Sie darauf, dass Sie das Papier richtig in den Drucker einlegen, damit die Rückseite nicht doppelt oder verkehrt herum bedruckt wird. Das abgebildete Dialogfeld gibt Ihnen für verschiedene Druckermodelle wichtige Hinweise zum richtigen Einlegen des Papiers.

✓ **Tipp**

Das beste Papier für zweiseitige Visitenkarten ist Karton mit Mikroperforation. Diesen Karton können Sie durch mehrfaches Knicken der Stanzlinien sehr leicht an den Rändern zerteilen.

Zuerst druckt das Programm die Vorderseite und zeigt dann das abgebildete Dialogfeld an.

Falls Sie einen Duplexdrucker besitzen, der das Papier selbstständig wendet, klicken Sie einfach auf OK.

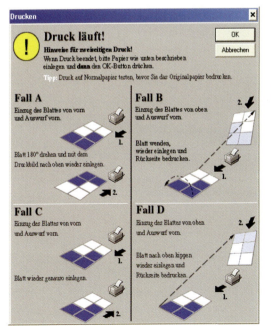

59

Workshop 3 — Persönliche Drucksachen

▶ **Step-by-Step-Anleitung**

Die farbige Visitenkarte – mit individueller Note

Bereits mit ein wenig mehr Farbe wird Ihre Visitenkarte zum richtigen Hingucker! Ob Sie sie für einen vollflächigen Hintergrund oder als Akzent für stilvolle Grafikelemente oder Streifen verwenden, erst die Kombination kontrastreicher Farben erzielt die nötige Wirkung. Das Besondere hier: Ein hübsches Zitat ziert die Rückseite der Visitenkarte. Schrifttyp und -farbe sind der Vorderseite angepasst und runden die Gestaltung ab.

In diesem Workshop erfahren Sie, wie Sie die folgenden Gestaltungsmittel im ADAC Druckstudio einsetzen:

› **Farbige Hintergründe**
› **Mehrzeilige Texte**
› **Zweiseitige Gestaltung**

Eine Vorlage auswählen und die Daten auf die Vorderseite kopieren

Schritt 1 – Eine Vorlage auswählen

Wählen Sie unter *Persönliche Drucksachen* den Workshop *Visitenkarten*. Klicken Sie in der Vorlagenübersicht oben links auf die Kategorie *Visitenkarte hoch 2-seitig*. Wählen Sie in

der unteren Auswahlliste *Rahmen*. Hier haben Sie Vorlagen mit verschieden gestalteten Schmuckrahmen zur Auswahl. Für diesen Workshop klicken Sie die Vorlage mit dem rosa Hintergrund an. Mit einem Doppelklick öffnet sich die Vorlage zum Bearbeiten im Editor.

Schritt 2 – Rückseite anzeigen

Klicken Sie auf die Schaltfläche *Zweite Seite*, um sich die Rückseite der Karte anzeigen zu lassen. Die 2-seitigen Visitenkarten sind folgendermaßen aufgeteilt: Auf der Vorderseite steht der Name, auf der Rückseite die Anschrift sowie weitere persönliche An-

Farbige Visitenkarten — Workshop 3

gaben. Falls nicht Ihre Daten, sondern die Musterdaten angezeigt werden, können Sie dies über das Menü *Einstellungen, Benutzerdaten* korrigieren.

Für unser Beispiel wird der Text der Rückseite auf die Vorderseite verschoben, damit auf der Rückseite Platz für das Zitat ist. Klicken Sie auf die Schaltfläche *Zweite Seite*, um die Rückseite der Karte anzuzeigen.

Schritt 3 – Text löschen
Klicken Sie die Zeile „kreatives Gestalten" an, sodass sie markiert ist. Drücken Sie dann auf [Entf], und bestätigen Sie das Löschen im Dialogfeld *Entfernen*. Verfahren Sie ebenso mit der Webadresse. Alle restlichen Angaben zur Adresse bleiben bestehen.

Schritt 4 – Den Text der Rückseite auf die Vorderseite kopieren
Die Adress-Zeilen auf die Vorderseite kopieren. Ziehen Sie dafür um den Text ein Markierungsrechteck auf, um alle Textzeilen zu markieren. Sobald alle Textzeilen mit Anfassern umgeben sind, drücken Sie [Strg]+[X]. Das Programm entfernt nun den Text und verschiebt ihn in die Zwischenablage. Klicken Sie jetzt auf die Schaltfläche *Erste Seite*, um auf die Vorderseite zu gelangen.

Fügen Sie den Text auf der Vorderseite wieder ein: Klicken Sie einmal auf die Visitenkarte, um sie zu aktivieren, und drücken Sie dann [Strg]+[V]. Das ADAC Druckstudio fügt die Textzeile in der Mitte der Visitenkarte ein.

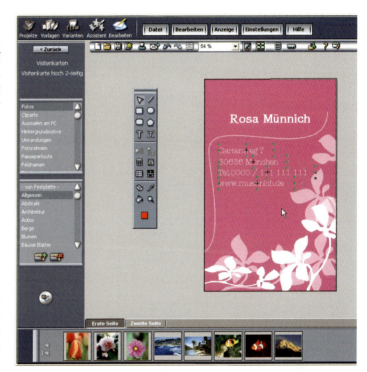

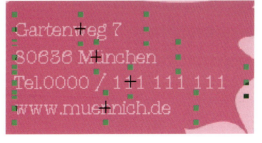

Workshop 3 — Persönliche Drucksachen

Die Vorderseite gestalten

Schritt 1 – Gitternetz einrichten und anzeigen

Für eine genauere Positionierung der Textzeilen richten Sie das Gitternetz aus Hilfslinien ein. Wählen Sie hier ein feinmaschiges Netz mit einem Linienabstand von 5 mm.

> ✓ **Tipp**
>
> Tipp: Sie können markierte Objekte mit den Pfeiltasten (←→↑↓) in Zehntelmillimeter-Schritten verschieben und dadurch präzise ausrichten.

Wählen Sie im Menü *Einstellungen* den Befehl *Einstellungen*, und zeigen Sie die Registerkarte *Projekt-Modus* an. Geben Sie dort in das Textfeld Gitternetzabstand den Wert *50* ein. Dies entspricht genau 5 mm. Klicken Sie anschließend auf *OK*.
Sie zeigen das Gitternetz mit einem Klick auf der Symbolleiste an. Markieren Sie dann die drei Textzeilen.

Schritt 2 – Text verschieben

Damit der Name auf den ersten Blick erkennbar ist, verschieben Sie den übrigen Text mit der Maus etwas nach unten. Richten Sie die Oberkante des Textes an dem Blatt aus, das in der Abbildung mit einem Pfeil gekennzeichnet ist. Orientieren Sie sich dabei an der Hilfslinie am oberen Rand dieses Blattes.

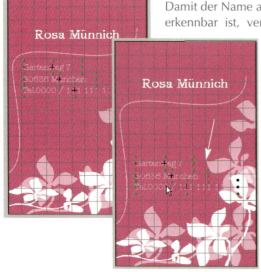

Schritt 3 – Textausrichtung ändern

Für ein harmonisches Gesamtbild den Namen und die unteren Textzeilen links auf gleicher Höhe anordnen. Zunächst erhält die obere Textzeile die Absatzausrichtung *Linksbündig*: Doppelklicken Sie auf die Namenszeile, und wählen Sie bei *Horizontal ausrichten* die gewünschte Einstellung. Nach einem Klick auf *OK* orientiert sich der Text innerhalb seines Rahmens am linken Rand.

Schritt 4 – Text links ausrichten

Markieren Sie nun alle Textrahmen, und klicken Sie in der Ausrichtungsleiste auf das Symbol für *linksbündige Anordnung*.

Dadurch werden alle markierten Elemente nach links auf einer gedachten Linie angeordnet. Die Gestaltung der Vorderseite ist abgeschlossen.

Farbige Visitenkarten | Workshop 3

Text auf der Rückseite einfügen

Schritt 1 – Rückseite anzeigen
Klicken Sie auf *Zweite Seite*, um die Rückseite der Karte anzuzeigen. Die Gitternetzlinien mit einem Klick auf das entsprechende Symbol ausschalten. Auf der Rückseite der Visitenkarte ist nur die Grafik der Blumenranken zu sehen. Entfernen Sie nun auch diese, um dann das Zitat einzufügen.

Schritt 2 – Hintergrundfarbe mit Pipette aufnehmen
Klicken Sie auf das Pipettensymbol und dann auf den rosa gefärbten Hintergrundbereich. Das Farbsymbol in der Werkzeugleiste zeigt die aufgenommene Farbe an. Klicken Sie anschließend wieder auf das *Auswahlwerkzeug*, um die normale Markierungsfunktion zu aktivieren.

Schritt 3 – Hintergrundmotiv löschen
Klicken Sie auf die Visitenkarte, um sie zu aktivieren, und drücken Sie anschließend [Entf]. Bestätigen Sie mit *OK*, um den Hintergrund zu löschen.

Schritt 4 – Hintergrundfarbe ändern
Ohne die Hintergrundgrafik erscheint die Rückseite der Visitenkarte in Weiß. Die zuvor mit der Pipette aufgenommene Farbe kommt nun zum Einsatz: Klicken Sie in der Werkzeugleiste auf den *Farbtopf*. Der Mauszeiger verwandelt sich ebenfalls in einen Farbtopf.

Klicken Sie damit auf die Visitenkarte. Sie wird im gewünschten Farbton eingefärbt. Klicken Sie anschließend wieder auf das *Auswahlwerkzeug*, um die normale Markierungsfunktion zu aktivieren.

Schritt 5 – Textrahmen zeichnen
Einen neuen Text geben Sie nicht direkt auf der Seite ein. Zeichnen Sie einen Textrahmen, um diesen einzugeben. Klicken Sie in der Werkzeugleiste auf das Textsymbol, und ziehen Sie mit gedrückter Maustaste einen Textrahmen auf, der die gewünschte Größe und Position des Textes bestimmt.

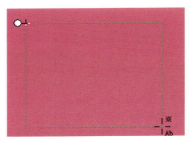

Schritt 6 – Text eingeben und formatieren
Sobald der Rahmen fertig gezeichnet ist, öffnet sich das Dialogfeld Text-Eigenschaften. Geben Sie dort den Text ein. Formatieren Sie dann das Zitat. Unter *Schriftname* wählen Sie *Bacci*, und bei *Schriftgröße* stellen Sie *9 Punkt* ein. Entfernen Sie außerdem das Häkchen bei *Fett*. Wählen Sie bei *Vertikal Ausrichten* die Option *Zentriert*, und setzen Sie außerdem noch die Schriftfarbe auf *Weiß*.

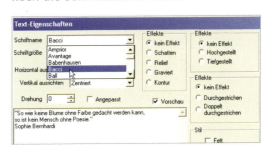

✓ Tipp

Klassische Zitate zu verschiedenen Themen finden Sie im Internet unter **http://de.wikiquote.org** sowie unter der Adresse **http://gutenberg.spiegel.de**.

Workshop 3 — Persönliche Drucksachen

Schritt 7 – Textumbrüche festlegen
Bei einer Visitenkarte im Hochformat sind meist viele Zeilenumbrüche erforderlich, damit der Text optisch attraktiv wirkt und nicht an den Rand gedrängt wird. Verschieben Sie das Dialogfeld *Text-Eigenschaften* so, dass Sie den Text sehen können.

Mit Überfüllung drucken

Schritt 1 – Speichern und Druckvorbereitung
Wählen Sie im Menü *Datei* den Befehl *Speichern*, und geben Sie dem Dokument einen Namen. Klicken Sie dann auf *Speichern*. Anschließend klicken Sie im Menü *Datei* auf *Drucken*. Nun öffnet sich das Dialogfeld *Drucken*.

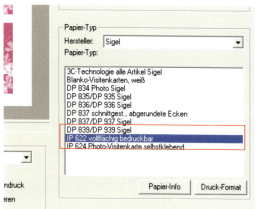

Fügen Sie an passenden Stellen die Zeilenumbrüche mit der Returntaste ein (⏎). Schließen Sie das Dialogfeld mit OK, wenn das Ergebnis Ihren Wünschen entspricht.

Schritt 8 – Textrahmen ausrichten
Zum Schluss richten Sie den Textrahmen mit den beiden Ausrichtungswerkzeugen *Horizontal zentrieren* sowie *Vertikal zentrieren* mittig auf der Seite aus.

Wählen Sie aus der Liste der Hersteller und deren Papieren den für Sie passenden Eintrag aus. Für diesen Workshop wird das Papier Sigel IP 622 verwendet. Dabei handelt es sich um ein Papier mit Mikroperforation und Stegen zwischen den Visitenkarten.

Schritt 2 – Überfüllung bestimmen
Die Stege dieses Visitenkartenpapiers helfen beim formatfüllenden Ausdruck von Farben oder Bildern auf einer Visitenkarte. Das Druckergebnis ist aber nur zufriedenstellend, wenn Sie den farbigen Hintergrund ein wenig vergrößern. Dadurch wird er etwas über den Rand gedruckt, sodass leichte Ungenauigkeiten beim Papiereinzug nicht mehr auffallen. Im ADAC Druckstudio können Sie diese Vergrößerung – die *Überfüllung* – direkt im Drucken-Dialogfeld aktivieren.

Sie geben dort ei-

Farbige Visitenkarten — Workshop 3

nen Prozentwert zwischen *0* (keine Überfüllung) und *9* (9 % Überfüllung) ein. Der Wert gibt an, um wieviel Prozent das Motiv beim Druck vergrößert wird. 1 % Überfüllung bedeutet zum Beispiel, dass eine Visitenkarte um 1 % vergrößert und somit an jedem der vier Ränder wenige Millimeter über die Perforation hinaus gedruckt wird.

Achten Sie darauf, dass Sie das Papier wieder richtig in den Drucker einlegen. Das abgebildete Dialogfeld gibt Ihnen für verschiedene Druckermodelle wichtige Hinweise.

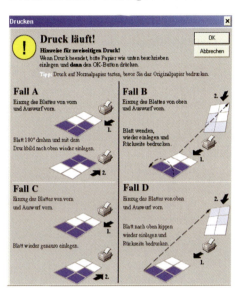

Bitte beachten Sie: Da es sich um Prozentwerte handelt, ergibt 1 % bei einem großen Dokument sehr viel mehr Überfüllung als beispielsweise bei einer Visitenkarte.

Schritt 3 – Doppelseitig drucken

Klicken Sie im Dialogfeld *Drucken* auf die Schaltfläche *Drucken*. Zuerst gibt das Programm die Vorderseite aus und zeigt dann das abgebildete Dialogfeld an.
Warten Sie, bis der Drucker die Vorderseite ausgedruckt hat. Legen Sie dann das selbe Papier erneut in den Drucker ein, und klicken Sie im Dialogfeld auf *OK*. Jetzt wird der Druck der Rückseite gestartet.

Die fertige Karte mit Vorder- und Rückseite

Praxisratgeber — Persönliche Drucksachen

Das richtige Visitenkartenpapier: So hinterlassen Sie den besten Eindruck

Erst auf dem Papier wird aus einer digital gestalteten Visitenkarte eine korrekte Visitenkarte. Neben der Gestaltung bestimmen das Anfassgefühl und die optische Qualität des Papiers den Eindruck nachhaltig.

Visitenkarten benötigen ein festes und schweres Papier. In Druckereien werden Visitenkarten üblicherweise auf etwa 280 bis 350 g/qm schweren Kartonbögen gedruckt. Die Visitenkarten werden anschließend mit einem Messer maschinell geschnitten oder mit einem Stanzwerkzeug ausgestanzt. Der Druckbogen kann vor Schnitt oder Stanzung von beiden Seiten bedruckt werden, was der Gestaltung oder der Information entsprechenden Raum gibt.

Für den Druck zuhause bieten fast alle namhaften Hersteller sogenannte Visitenkartenpapiere an, die eigene Visitenkarten in professioneller Qualität erlauben. Je nach Format und Hersteller erhalten Sie so 8 bis 10 Visitenkarten, die einfach von einem Trägerbogen abgezogen oder abgeknickt werden.

Visitenkartenpapiere unterscheiden sich grundsätzlich durch zwei Herstellungsverfahren:
› Mikroperforierte Visitenkartenpapiere
› Schnittgestanzte Visitenkartenpapiere

Mikroperforierte Papiere
Perforierte Visitenkartenpapiere zeichnen sich dadurch aus, dass der Bogen Karton, aus dem einzelne Visitenkarten entstehen, mit feinster Nadel gelocht worden ist, sodass lauter etwa 85 mm x 55 mm große Flächen entstehen. Diese Flächen lassen sich durch ein einfaches Knicken voneinander abtrennen. Moderne und hochwertige perforierte Papiere weisen in aller Regel über 25 Perforationsschnitte je Zentimeter auf. Das Ergebnis ist, dass sich der Karton an den Kanten fast glatt anfühlt. Aber eben nur fast – nie ganz glatt, so wie Sie es von der Druckerei gewohnt sind.

Schnittgestanzte Papiere
Für wirklich glatte Kanten benötigen Sie Visitenkartenpapiere, die schnittgestanzt sind. Hierbei besteht das Visitenkartenpapier eigentlich aus zwei Bögen: der späteren Visitenkarte und einem Trägerpapier. Der Visitenkar-

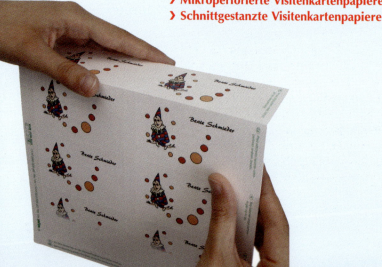

tenbogen wird maschinell mit einer Messerstanze in lauter Visitenkarten geschnitten. Der gesamte Bogen wird dann auf ein Trägerpapier aufgebracht und lässt sich nur einseitig bedrucken. Das Verfahren ist aufwendiger und daher sind diese Papiere entsprechend teurer als perforiertes Papier. Der wesentliche Vorteil dabei ist, dass das Visitenkartenpapier wie von einer professionellen Druckerei aussieht.

Papiere mit Zwischenstegen

Ein wichtiges Kriterium beim Kauf ist, ob die einzelnen Karten auf dem Kartenbogen durch Zwischenstege getrennt sind, oder ob die Karten direkt aneinander hängen. Papiere, bei denen die Karten direkt aneinander hängen, weisen eine höhere Kartenanzahl je Bogen auf. Hier sind 10 Karten je DIN-A4-Bogen die Regel. DIN-A4-Bögen mit Zwischenstegen weisen dagegen nur 8 Karten auf. Für welches Papier Sie sich entscheiden, hängt aber in erster Linie von der Gestaltung der Karten ab. Papiere mit Zwischenstegen erlauben mehr Gestaltungsmöglichkeiten. Sobald flächige Farben oder Gestaltungselemente bis zum Rand reichen, sind Papiere mit Mittelstegen notwendig. Andernfalls werden angrenzende Karten mitbedruckt, oder es erscheinen unschöne, „weiße Blitzer" am Rand einer farbigen Karte. Selbst kleinste Abweichungen sind deutlich zu sehen.

Bei Papieren mit Zwischenstegen werden Druckflächen, die bis an den Rand der Stanzung gehen, „überdruckt". Das bedeutet, dass die bedruckte Fläche etwas vergrößert wird und dadurch leicht über den gestanzten Rand hinausreicht – man druckt also auch auf den Stegen zwischen den Karten. So ist immer gewährleistet, dass die Karte bis zum Rand einwandfrei bedruckt ist. Wichtige Gestaltungselemente, wie ein Foto oder Texte, sollten deshalb nicht zu weit an den Rand gesetzt werden, da sonst wesentliche Teile abgeschnitten werden könnten.

Spezialpapiere

Die Hersteller von fertigen Visitenkartenpapieren bieten eine Vielzahl von Papieren an, die weit über einfache vorgestanzte Papier hinausgehen: Papiere mit Leinen- oder Gewebestruktur haben eine fühlbare Oberflächenprägung und geben der Karte etwas Edles. Berücksichtigen Sie bei diesen Papieren besonders die Druckereignung, und beachten Sie dazu die Herstellerangaben. Papiere mit fertig vorgedruckten Motiven oder farbigen Hintergründen sind für den Einsatz im ADAC Druckstudio weniger gut geeignet. Drucken Sie Motive und Hintergründe direkt mit dem Programm auf weißes Visitenkartenpapier. Nur für sehr spezielle Zwecke eignen sich selbstklebende und magnetische Papiere. Magnetische Visitenkarten haften auf magnetisierbaren Oberflächen wie auf Blech oder am Kühlschrank. Karten mit Schutzlaminat sind ideal für Ausweise oder Clubkarten – sogar Plastikkarten können bedruckt werden.

Durch Abweichungen im Druck entstehen „weiße Blitzer", wie an der Karte oben zu sehen.

Workshop 4 — Persönliche Drucksachen

▶ **Step-by-Step-Anleitung**

Namensschilder für Feste

Aus Visitenkartenpapieren lässt sich mehr machen als nur Visitenkarten – zum Beispiel Namensschilder zum Anstecken. Ein Jubiläum oder ein runder Geburtstag, den man im großen Kreis feiert, will gut organisiert sein, besonders wenn sich auf einem solchen Fest die Gäste untereinander nicht kennen. Mit lustigen Namensschildern ist das Eis schnell gebrochen. Wenn Sie außer Namen und Foto noch ein Farbschema wiedergeben, sind die Gesprächsthemen auch gleich gefunden – dabei stehen verschiedene Farben für Familie, Freunde, Kollegen oder Bekannte aus dem Sportverein.

In diesem Workshop erfahren Sie, wie Sie die folgenden Gestaltungsmittel im ADAC Druckstudio einsetzen:

› **Fotos**
› **Farben**
› **Farbcodierungen**

Eine Vorlage auswählen und ändern

Schritt 1 – Vorlage auswählen
Wählen Sie unter *Persönliche Drucksachen* den Workshop *Visitenkarten und Namensschilder*. Klicken Sie in der Vorlagenübersicht oben links auf die Kategorie *Namensschild quer*. Wählen Sie die Vorlage mit den bunten Kreisen und dem Namen „Heinz König" aus. Mit einem Doppelklick öffnen Sie die Vorlage im Editor.

Schritt 2 – Name ändern

Im Gegensatz zu den Visitenkarten-Vorlagen wird bei Namenschildern der Name nicht automatisch aus den Benutzerdaten eingefügt. Daher steht hier nicht Ihr Name oder „Erika Mustermann" (die Voreinstellung in den Benutzerdaten), sondern „Heinz König". Sie ändern diesen Text, indem Sie auf das Textfeld des Namens doppelklicken.

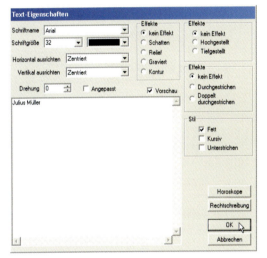

Überschreiben Sie den Namen. Die Formatierung des Textes bleibt hier unverändert – der Name in Größe *32 Punkt* und *Fett*, *Schriftart Arial*. Bedenken Sie, dass ein Namensschild in zwei Metern Entfernung gut lesbar sein sollte.

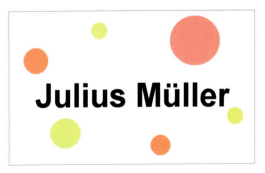

Schritt 3 – Foto einfügen

Ein Namensschild mit Foto wirkt gleich viel persönlicher. Bitten Sie als Gastgeber einfach Ihre Gäste vorab um Zusendung eines passenden Schnappschusses oder eines gescannten Passfotos.

Fügen Sie ein auf der Festplatte gespeichertes Foto ein, indem Sie die Kategorie *Fotos* wählen und dann auf *Von Festplatte* klicken. Anschließend öffnet sich ein Dialogfeld, das alle Bilder aus dem Ordner *Eigene Bilder* anzeigt. Eine Aufnahme im Querformat lässt sich auf einem querformatigen Namensschild leichter positionieren, als eine hochformatige Aufnahme. Achten Sie bei der Auswahl des Bildes darauf. Wählen Sie ein Bild mit der Maus aus, und klicken Sie auf *Öffnen*, um es auf dem Namensschild einzufügen.

Verschieben und verkleinern Sie das Bild mit der Maus so lange, bis es sich harmonisch zur Namenszeile und Grafik einfügt. Es sollte nicht zu groß dargestellt und nicht zu stark in eine Ecke gerückt werden.

✓ Tipp

Drucken Sie pro Person mehrere Namensschilder aus. Dann kann jeder einem neuen Bekannten ein Schild als „Visitenkarte" mitgeben.

Workshop 4 — Persönliche Drucksachen

Schritt 4 – Namensschild speichern und drucken

Zunächst speichern Sie das Namensschild, damit Sie es jederzeit wieder benutzen können. Wählen Sie den Befehl *Speichern* oder *Speichern unter* aus der Symbolleiste. Geben Sie dem Namensschild einen Dateinamen, und klicken Sie auf *Speichern*.

Klicken Sie anschließend auf *Drucken*, und wählen Sie Ihr Papierformat. Drucken Sie dann wie gewohnt zuerst einen Probeausdruck, bevor Sie das Visitenkartenpapier verwenden.

Ein Bogen Visitenkartenpapier entspricht in der Regel 10 Karten bzw. Namensschildern. Möchten Sie pro Gast nicht einen ganzen Bogen bedrucken, sondern nur ein oder zwei Schilder, so geben Sie die Anzahl im Eingabefeld *Dokument* des Dialogfelds *Drucken* an. Die Position der zu bedruckenden Schilder auf dem Blatt bestimmen Sie mit *Startposition*. So nutzen Sie einen Bogen optimal aus.

Namensschilder mit Farbcodierung

Schritt 1 – Kreise umfärben

Durch Namenschilder mit unterschiedlich gefärbten Kreisen werden Gäste unterschiedlichen Gruppen zugeordnet. Rot-/Gelb-Töne stehen beispielsweise für Familienmitglieder sowie Blau– und Grüntöne für Freunde.

Doppelklicken Sie auf einen der Kreise, um das Dialogfeld *Eigenschaften* zu öffnen. Klicken Sie nun auf das Feld neben *Füllfarbe*. Wählen Sie für den größten Kreis einen dunklen Blauton aus, die anderen Kreise färben Sie in Hellblau und in Hellgrün ein.

Sie können auf diese Weise leicht bis zu vier Personengruppen farbig kennzeichnen: Wählen Sie für den größten Kreis jeweils ein kräftiges Gelb, Rot, Blau und Grün sowie für die kleineren Kreise die entsprechenden Pastelltöne. Für feinere Farbabstufungen, als in der Palette vorgesehen sind, auf *Farben definieren* klicken.

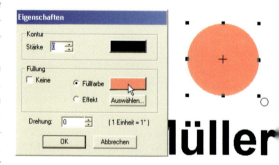

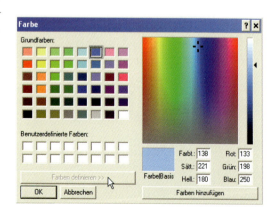

Namensschilder — Workshop 4

Schritt 2 – Name und Foto ändern

Mit einem Doppelklick auf das Textfeld des Namens ändern Sie den Namen. Nach der Änderung des Namens auf die Größe des Textrahmens achten. Eventuell müssen sie ihn verbreitern oder die Schriftgröße verringern, damit ein längerer Name hineinpasst.

Klicken Sie das Foto an, sodass es markiert ist. Nur wenn die Anfasser um das Foto zu sehen sind, wird das Bild direkt ausgetauscht und behält die gleiche Größe wie das alte Bild – der Bildrahmen bleibt gleich groß, das Bild wird so skaliert, dass es unverzerrt ist. Wählen Sie wieder *Fotos* und dann *von Festplatte*, um ein neues Foto auszuwählen.

Nach einem Klick auf *OK* erscheint das neue Foto an der Stelle des alten.

Schritt 3 – Namensschild speichern

Wählen Sie nun den Befehl *Speichern unter* aus der Symbolleiste, und geben Sie dem neuen Namensschild einen anderen Dateinamen. Klicken Sie auf das Symbol *Drucken*, um das Namensschild auszudrucken.

Für Gäste, von denen kein Foto zur Verfügung steht, erstellen Sie Namensschilder ohne Bild. Entfernen Sie das Foto, indem Sie es anwählen und dann [Entf] drücken. Für eine ausgewogene Gestaltung die entstandene Leerstelle mit einem zusätzlichen Kreis füllen.

Ansteckschilder aus transparentem Kunststoff bekommen Sie günstig in jedem Geschäft für Bürobedarf. Sie sind in der Regel auf die Standardgröße für Visitenkarten ausgelegt, sodass sie für Ihre auf Visitenkartenpapier gedruckten Namensschilder gut verwendbar sind. Sie sind außerdem ein schönes Andenken zum Mitnehmen für die Gäste.

Der eigene Briefbogen – Eine perfekte Form wählen

Briefe wie diese haben Sie sicherlich auch schon erhalten – mit dem PC geschrieben, in einer Standard-Schrift auf weißem Standard-Papier. Sie wirken dadurch langweilig und sind wenig ansprechend zusammengestellt. Dabei gibt es viele Möglichkeiten, die private wie auch die geschäftliche Korrespondenz individuell zu gestalten. Sie können Briefe direkt am PC oder auf eine ausgedruckte Vorlage mit der Hand schreiben.

Mit dem ADAC Druckstudio gestalten Sie einen eigenen, ansprechenden Briefbogen – ebenso passend zu Ihrer Visitenkarte. Und mit einem Klick exportieren Sie die Gestaltung nach Microsoft Word, wo dann der eigentliche Brief geschrieben wird. Alternativ erstellen Sie eine PDF-Datei, mit der Sie das Briefpapier in der Druckerei drucken lassen.

Maße für Seitenrand, Faltmarken und Adressfeld

Die den Text umgebenden Ränder geben ihm den notwendigen Raum und machen ihn lesbarer. Ein Rand erleichtert zudem das Lochen des Briefes und ermöglicht den einwandfreien Ausdruck auf einem normalen Drucker (ohne Randlosdruck).

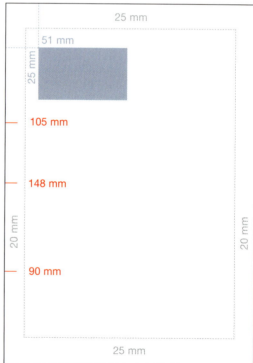

Für den oberen und unteren Rand verwenden Sie ca. 25 mm. Den linken und rechten Rand legen Sie mit 20 mm an. Faltmarken erleich-

Briefbogen

tern das korrekte Falten eines Briefs für ein Fensterkuvert.
Die erste Faltmarke muss bei 105 mm vom oberen Blattrand positioniert sein. Die zweite Marke setzen Sie bei 90 mm von unten. Zusätzlich können Sie eine sogenannte Mittelmarke zum Anlegen des Lochers setzen. Sie wird bei 148,5 mm positioniert.
Markieren Sie diese Positionen mit einem dünnen Strich, der waagerecht am linken Blattrand positioniert wird. Geben Sie ihm einen hellen Grauwert, sodass Sie ihn gerade noch erkennen können.
Damit die Adresse gut lesbar ist, muss sie korrekt platziert sein. Die Position und Größe des Adressfeldes ist sehr wichtig, wenn Sie ein Briefkuvert mit Fenster verwenden. Die Größe des Adressfeldes beträgt ca. 40 mm x 80 mm. Bringen Sie jeweils an den Ecken eine kleine Orientierungsmarke an. Von oben setzen Sie den ersten Punkt auf 51 mm. Dann von links auf 25 mm. Kontrollieren Sie die Markierungen am besten anhand eines Probeausdrucks.

Einen privaten Briefbogen gestalten

Jede Gestaltung berücksichtigt zuerst die notwendigen Inhalte. Auf einen privaten Briefbogen gehören Name, Anschrift und Telefonnummer sowie gegebenenfalls Faxnummer, E-Mail- und Homepage-Adresse.
Mit der Positionierung der einzelnen Text-Elemente schaffen Sie bereits eine aussagekräftige Struktur. Dafür gibt es mehr Möglichkeiten, als man denkt.
Hier finden Sie drei Beispiele für eine ausgewogene Anordnung von Gestaltungselementen auf dem Blatt:

Alle Elemente stehen gemeinsam in einem Block rechts oben. Diese klassische Anordnung wird durch eine Grafik aufgelockert.

Der Name ist oben positioniert, alle weiteren Angaben erscheinen unten. Dem Brieftext wird dadurch viel Platz geboten. Die mittige Anordnung gibt der Gestaltung eine elegante Anmutung.

Auch hier wurden die Elemente auf der Seite auseinandergezogen. Durch eine diagonale Aufteilung vermittelt die Gestaltung einen modernen, dynamischen Gesamteindruck.

Persönliche Drucksachen

Nur den Namen sollten Sie immer im oberen Bereich positionieren, da er das wichtigste Element auf dem Briefbogen ist. Beachten Sie, dass zusammengehörige Informationen auch in einen gemeinsamen Textblock gehören. Beispielsweise bleiben Straße und Ort in einem Block, ebenso Telefon- und Faxnummer.

Schriften und Farben

Schriften sollten Sie sparsam verwenden – nach dem Motto, weniger ist mehr! Für eine bessere Lesbarkeit sollten Sie höchstens zwei unterschiedliche Schriften auswählen. Vermeiden Sie extravagante Schriften, die zwar originell aussehen, aber meist nicht lesbar sind. Verwenden Sie eher einfache und stilvolle Schriften statt verspielter Schriftschnitte. Die Schriftgröße wählen Sie nicht größer als 8 bis 10 Punkt. Bedenken Sie, dass eine große Schrift meist schwerer zu lesen ist.

Wenn Sie etwas Abwechslung in Ihr Schriftbild bringen möchten, legen Sie einige Textblöcke in Graustufen oder Farben an. Das belebt das Schriftbild, ohne zu sehr zu verwirren. Setzen Sie dabei beispielsweise nur den Namen farbig, um ihn hervorzuheben. Die restlichen Angaben belassen Sie in Schwarz, ergänzen sie aber durch eine farblich abgestimmte Grafik.

Mit einem farbigen Hintergrund setzen Sie ebenfalls wirkungsvoll Akzente. Achten Sie aber darauf, eine nicht zu dunkle Farbe auszuwählen, denn der Brieftext muss noch gut zu lesen sein.

Grafiken und Linien

Grafische Elemente sind schmuckvolle Details, mit denen man einen Briefbogen individuell gestalten kann, wie hier mit einer roten Farbfläche als Streifen und Cliparts. Die Verwendung des Kuverts als transparentes Motiv füllt die untere weiße Bogenfläche dezent aus. Denken Sie daran, dass die Grafik im Textbereich nicht zu dominant oder zu dunkel erscheint, damit der Brieftext lesbar bleibt.
Für die Gestaltung des Briefbogens ist es ratsam, bei einem abstrakten Motiv zu bleiben, damit sie nicht zu überladen wirkt.

>
>
> Nicht jeder Drucker schafft es, die Farbflächen gleichmäßig auszudrucken. Bei verschmutzten oder eingetrockneten Tintenpatronen erhalten Sie unschöne Streifen. Gut geeignet sind Laserdrucker. Alternativ können Sie die Daten auch zur Druckerei geben.

Briefbogen

Durch feine, horizontale Linien wirkt die Gestaltung des Briefbogens edel und ruhig.

Wenn Sie keine Farbe verwenden möchten, beispielsweise für den Ausdruck auf einem Schwarzweiß-Laserdrucker, sind einfache Linien ebenfalls ein schönes Gestaltungselement. Sie strukturieren und veredeln den Briefbogen. Horizontale Linien stören die Leserichtung des Textes nicht.

Einen geschäftlichen Briefbogen für den Verein oder die Firma entwerfen

Geschäftsbriefbögen folgen zumeist einem typischen Schema: Alle Angaben stehen in einem Block rechts oben, darüber oder auf der linken Seite das Logo. Unten finden sich zusätzliche Kontaktinformationen und die Bankverbindung.

Gegenüber einem privaten Briefbogen müssen hier mehr Angaben gemacht werden: Firmenname und die Gesellschaftsform wie z. B. GmbH oder AG, Handels- oder Vereinsregisternummer, Sitz des Registergerichts, USt/-Steuernummer und die Bankverbindung.

Da geschäftliche Briefbögen in größeren Mengen benötigt werden, ist die Herstellung zumeist Sache der Druckerei. Dadurch gewinnt man zum einen Druckqualität, es ergeben sich aber auch zusätzliche Gestaltungsmöglichkeiten. Sie können Flächen und Linien bis zum Rand drucken. Bei den meisten Druckern in Privathaushalten ist das nicht möglich – den sogenannten „Greiferrand" braucht der Drucker, um das Papier für den Einzug festzuhalten. Außerdem sind große, gleichmäßige Farbflächen möglich, die ein herkömmlicher PC-Drucker nicht schafft.

Mit dem ADAC Druckstudio haben Sie nun die Möglichkeit, Ihren Briefbogen gleich im ▶ **PDF-Format** zu exportieren, sodass er in einer Druckerei professionell gedruckt werden kann.

Die Mindestmenge für einen Auftrag bei der Druckerei beträgt zumeist 500 bis 1.000 Blatt. Sie erhalten eine bessere Druckqualität, die allerdings auch etwas mehr kostet. Kalkulieren Sie deshalb vorher genau, wie viele Briefbögen Sie drucken möchten. Eventuell können Sie eine geringere Anzahl auf Ihrem eigenen Drucker herstellen.

✓ Tipp

Ein gutes Angebot haben Sie, wenn Sie weniger als 100 € für 1.000 Briefbögen bezahlen. Es lohnt sich oft, im Internet nach Anbietern zu suchen.

▶ **PDF-Format**
Universelles Dateiformat für gestaltete Seiten. Inhalte können nicht verändert werden.

Workshop 5 — Persönliche Drucksachen

▶ **Step-by-Step-Anleitung**

Briefbogen selber drucken

Vielleicht haben Sie eine eigene Visitenkarte mit Hilfe des ADAC Druckstudios gestaltet? Ihre persönlichen Drucksachen können Sie durch einen passenden Briefbogen hervorragend ergänzen. Wenn Sie die Gestaltungselementen der Visitenkarte wieder aufgreifen und für den Briefbogen verwenden, wird daraus eine hübsche Briefausstattung, bei der alle Teile aufeinander abgestimmt sind.

Als Grundlage für diesen Workshop dient eine fertige Visitenkartenvorlage. Auch wenn Sie noch keine Visitenkarte gestaltet haben, können Sie trotzdem sofort loslegen.
In diesem Workshop erfahren Sie, wie Sie die folgenden Gestaltungsmittel im ADAC Druckstudio einsetzen:

› **Objekte kopieren und einfügen**
› **Linien und Punkte einfügen und präzise platzieren**
› **Feldnamen**
› **Elemente gruppieren**
› **Vorlage als Word-Dokument exportieren**
› **Farbige Balken einfügen**
› **PDF erzeugen**

| **Briefbogen anlegen**

Schritt 1 – Visitenkarte öffnen und speichern
Wählen Sie unter *Persönliche Drucksachen* den Workshop *Visitenkarten*. Klicken Sie in der Vorlagenauswahl auf *Visitenkarte quer 1-seitig*, anschließend auf die Unterkategorie *Geschäftlich*. Ein Doppelklick auf die rechts abgebildete Vorlage öffnet sie im Vorlageneditor.
Geben Sie im Menü *Einstellungen, Meine Daten* Ihre persönlichen Daten wie Name und Adresse ein. Bestätigen Sie die Änderungen mit *Speichern*. Die Visitenkarte wird nun mit Ihren Daten angezeigt.
Speichern Sie die Vorlage mit einem Klick auf *Speichern unter* auf der Festplatte. Im Speichern-Dialog die Option *Zu eigene Projekte hinzufügen* auswählen, damit Sie immer wieder auf die Visitenkarte zugreifen können.

Briefbogen gestalten — Workshop 5

Schritt 2 – Briefbogen anlegen und speichern
Mit einem Klick auf *Projekte* kehren Sie zum Startbildschirm des Programms zurück. Wählen Sie hier den Workshop *Briefbögen*, und klicken Sie in der Vorlagenauswahl auf das Symbol *Neu*. Damit erzeugen Sie einen neuen Briefbogen im Format A4. Dieses leere Blatt wird in den folgenden Schritten mit dem Design der Visitenkarte gefüllt. Speichern Sie auch diese Vorlage mit dem Symbol *Speichern unter* auf der Festplatte, und wählen Sie die Option *Zu eigene Projekte hinzufügen* aus, um auch diese Vorlage zur späteren Verwendung abzulegen.

Briefbogen gestalten

Schritt 1 – Grafik einfügen und positionieren
Übernehmen Sie die Grafik aus der Visitenkarte. Wählen Sie zunächst den Workshop *Visitenkarten*, dann die Kategorie *Visitenkarte quer 1-seitig* und die Unterkategorie *Eigene Vorlagen*. Die Karte mit Doppelklick öffnen.

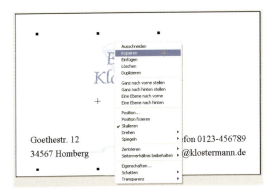

Nach einem Rechtsklick auf die Grafik wählen Sie im Kontextmenü den Befehl *Kopieren*. Anschließend öffnen Sie den *Briefbogen*. Wählen Sie dafür den Workshop Briefbogen, die Kategorie *Briefpapier A4-hoch* und die Unterkategorie *Eigene Vorlagen*. Öffnen Sie den Briefbogen mit einem Doppelklick. Stellen Sie in der Zoomliste einen Wert ein, bei dem die Seite auf Ihrem Bildschirm in der Breite des Arbeitsbereichs angezeigt wird, wie z. B. 33 %. Aktivieren Sie anschließend mit einem Klick auf die entsprechenden Symbole das *Gitternetz* und das *Lineal*. Anschließend klicken Sie wieder mit der rechten Maustaste auf *Einfügen*. Die Grafik wird im Briefbogen eingefügt.

Positionieren Sie die Zeichnung etwa 1 cm unter den oberen Seitenrand. Orientieren Sie sich dabei an den Gitternetzlinien, die in der Standardeinstellung in genauen Zentimeterabständen angeordnet sind. Skalieren Sie die Grafik mithilfe der Anfasser in den Ecken auf eine Breite von etwa 8 cm. Klicken Sie anschließend in der Ausrichtungsleiste auf das Symbol *Zentrieren*, um die Grafik in der Mitte zwischen den Seitenrändern exakt anzuordnen.

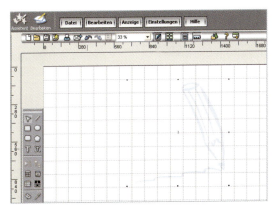

Schritt 2 – Namenszeile einfügen
Um die Namenszeile aus der Visitenkarte zu übernehmen, müssen Sie wieder die Visitenkarte öffnen, nach einem Rechtsklick auf den Vornamen *Kopieren* wählen, den Briefbogen öffnen und dort nach einem Rechtsklick *Einfügen* wählen. Es erscheint der Vorname auf der Seite. Es handelt sich hierbei um einen Feldnamen, der als Platzhalter steht und mit

77

Workshop 5 — Persönliche Drucksachen

dem jeweiligen Inhalt aus den Benutzerdaten gefüllt wird.

Anstatt das Vorgehen für den Nachnamen zu wiederholen, wird der Platzhalter „Vorname" durch den Platzhalter „Vorname Nachname" ausgetauscht. Die Formatierung des Textes bleibt dabei erhalten. Markieren Sie den Vornamen, wählen Sie im linken, oberen Menü die Kategorie *Feldnamen* und in der Liste darunter den Eintrag *Privat*. Die Miniaturenleiste zeigt nun eine Reihe von Feldnamen. Mit den Pfeilsymbolen blättern Sie noch weiter bis zu den roten kombinierten Feldnamen und klicken auf das Feld *Vorname Nachname*. Anstelle Ihres Vornamens werden nun Vorname und Nachname gemeinsam in der Textzeile angezeigt.

Doppelklicken Sie dann auf die Namenszeile, und erhöhen Sie die Schriftgröße nun auf *24 Punkt*. Verschieben Sie den Textrahmen anschließend so, dass sein oberer Rand etwa 3 cm vom oberen Seitenrand entfernt ist. Orientieren Sie sich dabei am Gitternetz. Positionieren Sie danach den Textrahmen mit einem Klick auf *Zentrieren* in der Ausrichtungsleiste mittig zwischen dem linken und rechten Rand.

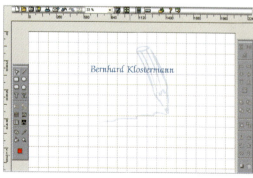

Schritt 3 – Absenderangaben einfügen

Ergänzen Sie weitere Daten wie Adresse, Telefon, E-Mail-Adresse am unteren Rand des Blattes. Speichern Sie zunächst den bisherigen Briefbogen, und wechseln Sie zu Ihrer Visitenkarte.

Kopieren Sie dann nach einem Rechtsklick die Straßenangabe; öffnen Sie den Briefbogen, und fügen Sie die Zeile mit einem Rechtsklick auf *Einfügen* ein. Gehen Sie auf dieselbe Weise vor, um die anderen Felder aus der Visitenkarte zu kopieren.

Für die Darstellung im Briefbogen sollten die Textzeilen etwas größer sein als auf der Visitenkarte. Doppelklicken Sie auf die einzelnen Textzeilen, und wählen Sie jeweils die *Schriftgröße 12 Punkt*. Die Zeile mit der Telefonnummer besteht allerdings aus zwei gruppierten Feldern. Hier müssen Sie wie folgt vorgehen: Beide Teile der Gruppe mit einem Klick auf das Symbol *Gruppierung aufheben* in der Ausrichtungsleiste trennen. Markieren Sie dann die Angabe *Telefon* und die eigentliche Telefonnummer wieder, und klicken Sie auf das Symbol *Gruppierung*, um die Zeile zusammenzufügen.

Die beiden Felder *Straße* und *PLZ Ort* erhalten die Ausrichtung *linksbündig* und werden am linken Rand angeordnet. Die beiden anderen Felder *Telefon* und *E-Mail* erhalten die Ausrichtung *rechtsbündig* und werden am rechten Rand angeordnet. Halten Sie rechts und links einen Abstand von etwa 2 cm zum Seitenrand, die untere Zeile etwa 1,7 cm vom unteren Rand entfernt.

Schritt 4 – Fenstermarkierung einfügen

Der Briefbogenvordruck erhält zur besseren Positionierung Markierungen für das Anschriftenfenster. Hierfür werden kleine Punkte in die Ecken gesetzt. Als Vorbereitung sollte zuerst der Zoom auf 60 % oder einen höheren Wert eingestellt werden, damit Sie den Fensterbereich besser im Blick haben. Aktivieren Sie außerdem in der Symbolleiste das *Lineal*.
Wählen Sie in der Werkzeugleiste *Kreis/Ellipse*, und zeichnen Sie freihand einen nicht zu großen Kreis. Doppelklicken Sie auf den neu gezeichneten Kreis, um das Dialogfeld *Eigenschaften* zu öffnen. Wählen Sie hier eine graue Füllfarbe, und geben Sie bei *Kontur* eine Null ein. Bestätigen Sie mit *OK*. Klicken Sie dann mit rechts auf dem Kreis, und wählen Sie *Position*.

Hier werden gleichzeitig die Position und Größe des Kreises angegeben. Der Kreis wird 25 mm vom linken und 50 mm vom oberen Rand entfernt positioniert. Geben Sie bei *Breite* und *Höhe* jeweils den Wert *10* ein. Damit erhalten Sie einen Kreis mit 1 mm Durchmesser. Eingaben mit *OK* bestätigen.
Erzeugen Sie dann drei Kopien dieses neuen Punkts, indem Sie erst Strg+C und dann dreimal Strg+V drücken. Vergeben Sie an diese drei Punkte nacheinander die Positionswerte:
Links 250, Oben 900 – Links 1050, Oben 500 – Links 1050, Oben 900.
Zur Sicherheit sollten Sie nach einem Rechtsklick auf jeden Punkt jeweils die Option *Position fixieren* wählen.

Schritt 5 – Absenderzeile im Fensterbereich einfügen

Zum Versand in einem Fensterbriefumschlag gehört idealerweise auch eine Absenderzeile, die klein am oberen Rand des Fensters positioniert wird. Nach der DIN-Norm für Umschläge muss die Fensterzeile 5 cm vom oberen Rand der Seite entfernt sein.
Aktivieren Sie zum Einfügen der Absenderzeile im oberen linken Menü die Kategorie *Feldnamen* und in der Liste darunter den Eintrag *Privat*. Fügen Sie dann nacheinander die drei Feldnamen *Vorname Name*, *Straße* und *PLZ Ort* ein. Doppelklicken Sie anschließend jeweils auf jedes Textfeld, und vergeben Sie die *Schriftgröße 6 Punkt*. Schalten Sie außerdem die Fettung aus.

Workshop 5 — Persönliche Drucksachen

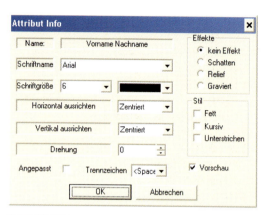

Benutzen Sie die Zoomliste und stellen Sie die Zoomstufe *100 %* ein. Verkleinern Sie nun die Rahmen der Textfelder, damit Sie besser damit arbeiten können, und verschieben Sie sie nebeneinander. Lassen Sie dabei ausreichend Platz zwischen den Feldern.

Anschließend werden die Felder zusammengefügt: Markieren Sie alle Felder, und klicken Sie in der Ausrichtungsleiste zuerst auf *Gleiche Rahmenhöhe* . Dadurch sind nun alle Felder gleich hoch und können genauer ausgerichtet werden. Dies geschieht mit einem Klick auf *Oben ausrichten* . Ein letzter Klick auf *Gruppieren* fügt die Felder zusammen. Positionieren Sie die Felder nun mittig zwischen den oberen Punkten des Fensterbereichs.

Klicken Sie auf *Speichern*, um die Datei abschließend zu sichern.

Briefbogen in Word speichern

Schritt 1 – Briefbogen nach Word exportieren
Sie könnten Ihre Briefe direkt im Druckstudio schreiben und drucken, besser geeignet sind dafür jedoch Textverarbeitungsprogramme wie Microsoft Word. Im Folgenden erfahren Sie, wie Sie Ihren Briefbogen nach Word exportieren und dort als DOC-Datei verwenden. Voraussetzung ist, dass Microsoft Word auf Ihrem Rechner installiert ist.

Sie befinden sich im Programm des Druckstudios. Der neu gestaltete Briefbogen ist geöffnet. Er enthält nur solche Gestaltungselemente, die auf jedem Brief auftauchen sollen – also kein Datum, keine Empfängeradresse, keinen Brieftext.

Wählen Sie im Menü *Datei* und den Befehl *Export als*. Gehen Sie dann auf *Word-Datei*. Es öffnet sich ein Dialogfeld, in dem das Exportverzeichnis angezeigt wird und verändert werden kann. Eine Änderung des Exportverzeichnisses ist in der Regel nicht nötig, da Sie den Briefbogen später neu speichern werden, beispielsweise unter *Eigene Dateien*. Starten Sie den eigentlichen Exportvorgang mit einem Klick auf *Word Export*.

Nun wird automatisch Word geöffnet und die Word-Vorlage erzeugt. In den meisten Fällen sehen Sie zunächst allerdings eine Sicherheitswarnung, da das erzeugte Word-Dokument Makros enthält, die aber unbedingt ausgeführt werden müssen. Damit die Konvertierung so funktioniert wie erwartet, müssen Sie auf *Makros aktivieren* klicken.

Sollte gar nichts passieren und weder die Sicherheitswarnung noch der Briefbogen in Word erscheinen, wählen Sie in Word im Menü

Briefbogen gestalten — Workshop 5

Extras den Befehl *Makros, Sicherheit*. Aktivieren Sie dort die mittlere Sicherheitsstufe. Mit *OK* bestätigen und Word schließen. Kehren Sie zum Druckstudio zurück, und wiederholen Sie den Exportvorgang. Jetzt sollte die Sicherheitswarnung von Word erscheinen, in der Sie auf *Makros aktivieren* klicken.

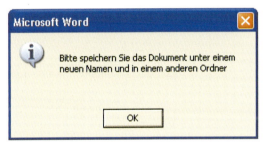

Sie sehen den im Druckstudio gestalteten Briefbogen in Word als Seitenhintergrund eingefügt. Speichern Sie den Briefbogen in Word unter einem anderen Namen: Wählen Sie im Menü *Datei* von Word den Befehl *Speichern als*, stellen Sie *Eigene Dateien* als Zielordner ein, geben Sie der Datei einen Namen, und klicken Sie auf *Speichern*. Damit wird das exportierte Dokument unter einem neuen Namen im Ordner *Eigene Dateien* gespeichert. Von dort können Sie wie gewohnt auf das Word-Dokument zugreifen.

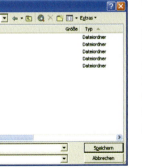

Schritt 2 – Briefbogen in Word verwenden

Das ▶ **Makro** der Exportfunktion fügt den fertigen Briefbogen aus dem Druckstudio in Form einer Grafik in die Kopfzeile des Dokuments ein, sodass sie im Hintergrund der Seite auftaucht. Sie wird ein wenig grau und verschwommen dargestellt, aber in der größtmöglichen Qualität gedruckt. Der Text beginnt automatisch unterhalb der Absenderzeile für Fensterbriefumschläge. Sie können dort einfach damit beginnen, die Anschrift einzugeben. Den eigentlichen Beginn des Brieftextes erkennen Sie an den Markierungen.

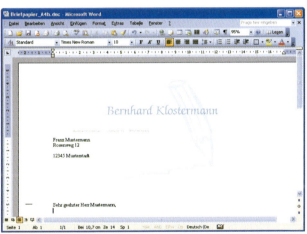

Greifen Sie für den Brieftext eine Schriftart auf, die im Druckstudio schon bei der Gestaltung des Briefbogens verwendet wurde, beispielsweise die Schriftart *Arial* der Absenderangaben im Briefbogen. Ein Mix aus unterschiedlichen Schriften in deren Gesamtgestaltung wirkt unruhig und ist nicht gut lesbar.

▶ **Makros**

Makros sind kleine Programme, die direkt in Word-Dokumenten gespeichert sind und dort ausgeführt werden.

81

Workshop 5 — Persönliche Drucksachen

Briefpapier für randlosen Druck

Schritt 1 – Unteren Balken einfügen

Wenn Sie einen Drucker mit Randlosdruck-Funktion besitzen, oder wenn Sie sich entschieden haben, Ihr Briefpapier in der Druckerei drucken zu lassen, ergeben sich weitere Gestaltungsmöglichkeiten. Sie können beispielsweise Grafiken und farbige Balken direkt am Rand einfügen, oder Knickmarken am linken Rand anbringen. Im Folgenden werden einige Möglichkeiten beispielhaft vorgestellt.

Grundlage dafür ist der bisher gestaltete Briefbogen. Gehen Sie zum Druckstudio, und öffnen Sie den Briefbogen. Speichern Sie ihn mit einem Klick auf *Speichern als* unter einem anderen Namen auf der Festplatte. Wählen Sie dabei die Option *Zu eigene Projekte hinzufügen*.

Klicken Sie das Symbol *Rechteck* in der Ausrichtungsleiste an, und zeichnen Sie einen Balken über die volle Breite der Seite. Er sollte etwas höher als 1 cm sein, damit er den Text komplett verdeckt.

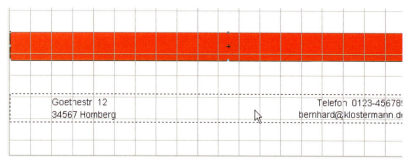

Bestimmen Sie als Nächstes die exakte Position und Größe des Balkens. Wählen Sie nach einem Rechtsklick den Befehl *Position*, und geben Sie die folgenden Werte ein:
Links 0, *Breite 2100* und *Höhe 140*. Bestätigen Sie die Angaben mit *OK*, und positionieren Sie den Balken anschließend mit den Pfeiltasten ↑ und ↓, bis der Balken über dem Textrahmen liegt.

Schritt 2 – Balken einfärben und positionieren

Gehen Sie auf das Symbol *Pipette* in der Werkzeugleiste. Klicken Sie dann auf die hellblaue Farbe der Clipart-Grafik am oberen Rand. Das Farbfeld der Werkzeugleiste zeigt diese Farbe sofort, und der Mauszeiger verwandelt sich in einen Farbtopf. Klicken Sie den Balken an, um ihm die hellblaue Farbe zu geben. Klicken Sie doppelt darauf, sodass das Dialogfeld *Eigenschaften* erscheint. Deaktivieren Sie hier die Anzeige der schwarzen Randlinien des Balkens, indem Sie bei *Stärke 0* eingeben.

Klicken Sie auf das Symbol *Ganz nach hinten stellen* in der Ausrichtungsleiste, um den

Balken hinter die Textrahmen zu bringen. Markieren Sie dann alle Textrahmen und den Balken, indem Sie ein Markierungsrechteck darum zeichnen, und gruppieren Sie diese Objekte mit dem Gruppierungssymbol . Verschieben Sie die Gruppe anschließend nach unten an den unteren Seitenrand. Dazu sollen Sie die Gruppe mit ⇧+↓ in größeren Schritten nach unten bewegen und dann mit ↑ und ↓ genau positionieren.

Schritt 3 – Schmalen Balken am oberen Rand einfügen

Von dem neu erstellten Balken wird nun eine Kopie erstellt und an den oberen Rand verschoben. Dafür muss zunächst die Gruppierung der Elemente (Balken und Textzeilen) aufgehoben werden. Wählen Sie das Symbol *Gruppierung aufheben* in der Ausrichtungsleiste. Klicken Sie auf einen freien Bereich der Seite und anschließend auf den blauen Balken, sodass nur dieser markiert ist. Erzeugen Sie nun die Kopie, indem Sie zuerst auf Strg+C und dann auf Strg+V drücken. Ein zweiter identischer Balken wird eingefügt. Klicken Sie mit der rechten Maustaste auf den neuen Balken, und wählen Sie den Befehl *Position*. Geben Sie die folgenden Werte ein: *Links* 0, *Oben* 0, *Breite* 2100 und *Höhe* 75. Der Balken wird dadurch etwas schmaler und exakt am oberen Rand positioniert. Bestätigen Sie die Angaben mit *OK*.

Schritt 4 – Falz- und Lochmarkierungen einfügen

Die Falz- und Lochmarkierungen bestehen aus kurzen, waagerechten Strichen, die direkt am Rand positioniert werden. Sie helfen beim Falten des Briefes und bieten eine Orientierungslinie für die Lochung. Fügen Sie mit dem Werkzeug *Linie zeichnen* zuerst eine beliebige Linie ein, klicken Sie mit der rechten Maustaste darauf, und wählen Sie *Eigenschaften*. Als Farbe der Kontur wählen Sie im Dialogfeld ein helles Grau, damit die Linien im Gesamtbild möglichst unauffällig erscheinen.

Die beiden Falzmarkierungen sind jeweils 2,5 mm breit und werden im Abstand von 10,5 und 20,7 cm von oben ausgegeben. Wählen Sie nach einem Rechtsklick jeweils *Position*, und füllen Sie die Dialogfelder wie in der Abbildung aus:

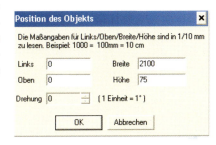

Workshop 5 — Persönliche Drucksachen

Links 0, Oben 1050, Breite 25, Höhe 0 (erste Falzmarkierung).
Links 0, Oben 2070, Breite 25, Höhe 0 (zweite Falzmarkierung).
Die Lochmarkierung ist etwas breiter (5 mm) und wird genau in der Mitte bei 14,85 cm positioniert.
Geben Sie im Dialogfeld *Position* folgende Daten ein: *Links 0, Oben 1485, Breite 50, Höhe 0*.

Sichern Sie die neue Gestaltung mit einem Klick auf *Speichern*. Für den Export nach Word genau wie oben verfahren.

Schritt 5 – Zusatzseiten gestalten

Bei einem Brief, der aus mehreren Seiten besteht, macht es einen sehr professionellen Eindruck, wenn die zweite und alle weiteren Briefseiten eine reduzierte Gestaltung haben, die den Stil des Deckblattes wieder aufnimmt. Wählen Sie im Menü *Datei* den Befehl *Speichern als,* und sichern Sie die Datei unter einem neuen Namen. Entfernen Sie alle Gestaltungselemente des Briefbogens bis auf den hellblauen Balken am oberen Rand, indem Sie sie markieren und auf [Entf] drücken. Bestätigen Sie die Sicherheitsabfrage mit *OK*.

Schritt 6 – Briefbogen als satzfähiges PDF ausgeben

Wollen Sie bei ausgesuchtem Papier eine besonders hohe Druckqualität erreichen, erstellen Sie am besten ein satzfertiges PDF, das Sie in der Druckerei abgeben. Eine PDF-Datei ist immer Voraussetzung, wenn Sie Ihre Gestaltung in der Druckerei drucken lassen wollen. Öffnen Sie den Briefbogen, den Sie drucken lassen möchten. Wählen Sie im Menü *Datei* den Befehl *Export als* und dann *PDF-Export*. Klicken Sie auf die Schaltfläche bei *Export-Verzeichnis wählen*, und geben Sie den Ordner an, in dem die PDF-Datei gespeichert werden soll, beispielsweise *Eigene Dateien*. Wählen Sie bei *Bildgröße* die gewünschte Größe in Prozent. Hier sollte der Wert *100 %* eingestellt sein. Gegebenenfalls informiert Sie die Druckerei darüber, ob das PDF etwas vergrößert werden soll. Sie starten den Exportvorgang mit der Schaltfläche *PDF-Export*.
Nun erzeugt das ADAC Druckstudio eine PDF-Datei, die Sie per E-Mail oder auf CD-ROM an eine Druckerei senden können. Mit eventuellen Zusatzseiten verfahren Sie ebenso.

Mustertexte für Briefe — Praxisratgeber

Mustertexte in Word nutzen

Offizielle Briefe an Behörden oder Firmen sind nicht leicht zu formulieren. Das Druckstudio bietet in der Kategorie *Textbausteine* viele ausformulierte Beispiele für solche Briefe, an denen Sie sich orientieren können. Diese Textbausteine können in jede Vorlage des ADAC Druckstudios eingefügt werden, es ist aber auch möglich, sie in Word einzusetzen.

Geben Sie in das Feld *Suchen nach* einen Suchbegriff ein, beispielsweise Schule, und klicken Sie auf *Suche starten*. Das Programm sucht nach allen Texten, in denen der Suchbegriff vorkommt, und zeigt dann in der Liste *Suchergebnisse* die gefundenen Mustertexte. Die Texte werden geordnet nach Rubriken angezeigt. Sollten Sie zu viele Suchergebnisse erhalten haben, wiederholen Sie die Suche und wählen bei *in Rubrik* einen passenden Eintrag aus. Die Rubrik *Behörden* enthält beispielsweise nur Briefe an öffentliche Einrichtungen. Gehen Sie auf einen Eintrag in der Liste der *Suchergebnisse*, um unten den vollständigen Inhalt des jeweiligen Briefs zu lesen.

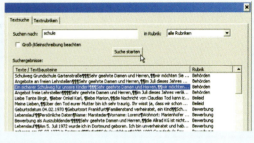

Das Menü Textbausteine
Öffnen Sie eine Briefvorlage im Editor. Wählen Sie die Kategorie *Textbausteine* im Menü oben links; sie enthält zahlreiche Unterkategorien wie *Adressenänderung*, *Behörden* oder *Dank*. In der Miniaturenleiste unten sehen Sie die ersten Worte der ersten fünf Textbausteine der Unterkategorie.

Klicken Sie in der Miniaturenleiste auf das Symbol *Textsuche*, um die komfortablere Suchfunktion zu starten. Ein Dialogfeld zur Suche in den Mustertexten öffnet sich.

Den richtigen Text finden
Es gibt zwei Möglichkeiten zum Finden des passenden Textes: Im Register *Textsuche* eine Stichwortsuche in allen Textbausteinen ausführen oder im Register *Textrubriken* die Textbausteine übersichtlich nach Kategorien sortiert auswählen. Gehen Sie auf das Register *Textsuche*.

Text nach Word kopieren
Markieren Sie den gewünschten Text im Feld *vollständiger Inhalt* mit der Maus, und klicken Sie mit der rechten Maustaste darauf. Den Befehl *Kopieren* wählen. Wechseln Sie zum Programm Word, und öffnen Sie ein neues Dokument oder Ihren gestalteten Briefbogen. Auf [Strg]+[V] drücken, um den vollständigen Text einzufügen.

Ordnen und Beschriften

Ordnung mit System – Rückenschilder für Ordner

Unter dem Motto „Ordnung ist das halbe Leben" bringen Sie mit selbst gestalteten Etiketten mehr Übersicht in Ihren Ordnerschrank. Gut beschriftet ist alles griffbereit zur Stelle und übersichtlich präsentiert. Mit dem ADAC Druckstudio macht das Ordnen und Beschriften Spaß, denn viele der vorbereiteten Vorlagen regen zum Ausprobieren an. Zudem machen für den Drucker fertig justierte Etikettenpapiere das perfekte Ausdrucken zum Kinderspiel. Ganz gleich, ob Sie lieber eine schlichte und klare Beschriftung mögen oder Ihre Ordnerrücken mit einem eindrucksvollen Digitalfoto vom letzten Urlaub versehen möchten, dieses Kapitel vermittelt Ihnen Schritt für Schritt, wie es geht.

Im ersten Workshop beschriften Sie einfache Schilder für Ordnerrücken und drucken sie papiersparend aus. Gedrehte Textfelder bieten dabei viel Platz für Texte, sodass der Ordner ausführlich beschriftet werden kann. Unterschiedliche Farbbalken lockern die Gestaltung auf und helfen bei der schnellen Zuordnung zu einer Kategorie wie „Gesundheit", „Wohnen" oder „Finanzen".

Eine weitaus dekorativere Variante bietet der zweite Workshop. Für diese Rückenschilder läuft ein durchgehendes Bild über mehrere Ordner hinweg. Der Effekt ist besonders für Bilder im Querformat geeignet, beispielsweise Ansichten von Landschaften, die über vier Ordnerrücken reichen. Sie werden begeistert sein, wie einfach es ist, mehr Farbe in einen sonst nüchternen Ordnerschrank zu bringen.

Ordnerrücken

Ein Ordnerschrank verwandelt sich

Ein typisches Regalfach sieht meistens so aus: Etiketten der Ordner werden unleserlich per Hand beschriftet, später ergänzt, durchgestrichen und neu überschrieben. Da fällt es schwer, auf Anhieb den richtigen Ordner herauszusuchen.

Mit nur wenig Aufwand und mit Hilfe der Software bietet sich gleich ein anderer Anblick. Unterschiedliche Farben markieren nun die verschiedenen Themenbereiche und zeigen zusammengehörige Ordner an. Die Schrift läuft entlang des Ordnerrückens, also hochkant. So lässt sich der verfügbare Platz gut ausnutzen und kann eine große Schriftart verwenden. Durch die große Schrift ist alles gut lesbar und der richtige Ordner ist sofort zur Hand.

- *Ordner, kurz, schmal*: 19 cm x 4 cm
- *Ordner, lang, breit:* 28,5 cm x 6 cm – Rückenschild läuft über Griffloch, vorgestanzte Etiketten verwenden
- *Ordner, lang, schmal*: 28,5 cm x 4 cm – schmale Ordner besitzen oft kein Griffloch.

Gedruckte Etiketten mit einem Farbschema sorgen für mehr Übersichtlichkeit im Regalfach

Ein Regalfach mit unleserlichen Rückenschildern

Die wichtigsten Formate

Ordnerrückenschilder gibt es in zwei verschiedenen Längen, 19 cm oder 28,5 cm, und in zwei verschiedenen Breiten, 4 cm oder 6 cm. Diese Standardformate sind im Druckstudio angelegt:

- *Ordner, kurz, breit*: 19 cm x 6 cm – das üblichste Format, Rückenschild liegt oberhalb des Grifflochs

Alle Formate können auf einfachem DIN A4-Papier ausgedruckt und mit Klebestift über das alte Etikett geklebt werden. Einfacher geht es mit vorgestanzten, selbstklebenden Etiketten, die Sie in gut sortierten Fachgeschäften erhalten. Für lange Ordnerrücken ist dabei das Loch bereits ausgestanzt. Achten Sie beim Beschriften darauf, dass der Text nicht über dem Loch liegt, da er sonst abgeschnitten wird.

Leere Zeilen zum späteren Ergänzen

Manchmal steht noch nicht fest, welche Inhalte einen Ordner mit der Zeit füllen werden. Fügen Sie der Gestaltung einfach einige leere Zeilen hinzu, in die später handschriftlich Ergänzungen eingetragen werden können. Für einfaches und lesbares Beschriften verwenden Sie dabei mindestens 1 cm Zeilenabstand.

Workshop 6 — Ordnen und Beschriften

▸ **Step-by-Step-Anleitung**

Einfache Ordnerrückenschilder drucken

Rückenschilder für Ordner gibt es in zwei gängigen Varianten: zum Aufkleben oder zum Einstecken in eine Folientasche. Mit dem Druckstudio-Programm lassen sich beide Arten leicht herstellen – zum formatgerechten Ausdrucken auf einem Bogen Klebeetiketten oder zum Ausschneiden auf Papier.

In diesem Workshop erfahren Sie, wie Sie die folgenden Gestaltungsmittel in dem ADAC Druckstudio einsetzen:

❯ **Texte und Farben ändern**
❯ **Motive mischen**

Ordnerrückenschilder drucken

Schritt 1 – Vorlage auswählen

Wählen Sie unter *Ordnen und Beschriften* den Workshop *Etiketten Ordnerrücken*.

Klicken Sie in der Vorlagenübersicht oben links auf die Kategorie *Ordner, kurz, breit*. In der unteren Auswahlliste ist der Eintrag *Alle Anlässe* bereits markiert. Sie finden hier Ordnerrückenschilder für breite Ordner, die in der Mitte des Ordnerrückens aufgeklebt werden. Mit einem Doppelklick öffnen Sie die erste Vorlage im Editor.

Schritt 2 – Vorlage bearbeiten

Die Vorlage für ein Ordnerrückenschild besitzt einige Vorgabetexte, die Sie nach Belieben anpassen können. Doppelklicken Sie auf jeder Textzeile, und ändern Sie den Text und die Formatierung nach Ihren Wünschen. Gegebenenfalls müssen Sie die Schriftgröße verringern, wenn ein neuer Text nicht in den vorgegebenen Rahmen hineinpasst.

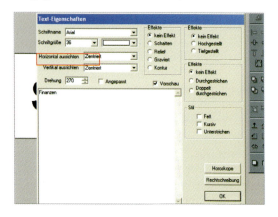

88

Einfache Ordnerrücken — Workshop 6

Neben dem Ändern der Texte können Sie den Aufkleber auch in anderen Farben darstellen. Klicken Sie in der Werkzeugleiste auf die Farbauswahl, und wählen Sie eine beliebige andere Farbe – zum Beispiel *Blau*. Nach einem Klick auf *OK* im Dialogfeld *Farbe* zeigt das Symbol für die Farbauswahl die gewählte Farbe an. Wählen Sie nun das Werkzeug *Farbtopf*, und klicken Sie alle Objekte an, die Sie einfärben möchten. Die farbige Fläche befindet sich unterhalb des Textrahmens. Um sie zu erreichen, müssen Sie zuerst den Rahmen des Textes verkleinern oder etwas verschieben. Das Einfärben mit einem Klick auf das Symbol *Objekt auswählen* beenden.

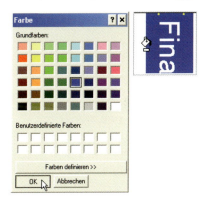

Schritt 3 – Mehrere Rückenschilder drucken

Sie können die Rückenschilder auf festem Papier (100 – 120 g/qm) ausdrucken, wenn Sie Ordner mit Einsteckfächern für die Rückenschilder haben. Für Standard-Ordner gibt es von verschiedenen Herstellern spezielle Aufkleberbögen, die pro Seite vier Schilder anbieten.

Das Programm druckt das Motiv viermal auf einen Bogen Papier, wenn Sie im Druckdialog keine weiteren Einstellungen vornehmen. In den meisten Fällen möchten Sie jedoch eher vier unterschiedliche Ordner beschriften. Um das Papier optimal auszunutzen und mehrere unterschiedliche Schilder auf eine Seite zu drucken, verwenden Sie die Funktion *Motive mischen*. Sie starten dafür den Druck wie gewohnt mit dem entsprechenden Symbol. Klicken Sie anschließend im Druckerdialog auf die Registerkarte *Motive mischen*, und setzen Sie das Häkchen bei *Motive mischen*. Das Programm zeigt nun ein einzelnes Schild auf der Druckseite an. Fügen Sie ein weiteres Rückenschild mit anderer Beschriftung ein, indem Sie die Schaltfläche *Neues Motiv* wählen. Das Programm beendet den Druckdialog und zeigt wieder den Vorlageneditor an. Ändern Sie jetzt erneut die Texte und die Farben des angezeigten Rückenschildes.

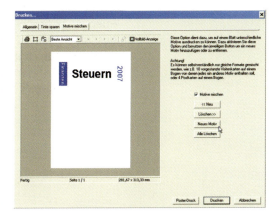

Gehen Sie auf das Symbol, um den Druckdialog anzuzeigen. In der Vorschau erscheint nun das neue Rückenschild unter dem ursprünglichen Schild.

Um noch zwei weitere Rückenschilder einzufügen, wählen Sie im Register *Motive mischen* dann erneut die Schaltfläche *Neues Motiv*. Bearbeiten Sie das Rückenschild, und klicken Sie wieder auf *Drucken*. Fahren Sie auf diese Weise fort, bis das Papier mit 4 Etiketten ausgefüllt ist. Im Register *Motive mischen* auf *Drucken* gehen und die gesammelten Etiketten auf einem Bogen Papier ausdrucken.

Workshop 7 — Ordnen und Beschriften

▶ **Step-by-Step-Anleitung**

Ordnerrücken mit einem fortlaufenden Bildmotiv

Wie Sie am laufenden Meter Ordnung in Ihre Bestände bringen und sie spannend präsentieren, zeigt dieser Workshop: Ein schönes Landschaftsmotiv oder ein ganz persönliches Lieblingsfoto wird über mehrere Ordnerrücken hinweg gedruckt. Stehen die Ordner im Schrank nebeneinander, ergibt sich dadurch ein attraktiver Blickfang.
In diesem Workshop erfahren Sie, wie Sie mit dem folgenden Gestaltungsmittel im ADAC Druckstudio Ordnerrücken mit einem fortlaufenden Motiv zusammenstellen:

› **Bilder einfügen**
› **Textfelder anlegen**
› **Motive mischen**

Die Gestaltung anlegen

Schritt 1 – Eine leere Vorlage öffnen
Wählen Sie im Bereich *Ordnen und Beschriften* den Workshop *Etiketten Ordnerrücken*.
Die Vorlagenauswahl öffnet sich und zeigt verschiedene Etiketten. Scrollen Sie im oberen, linken Menü nach unten. Dort finden Sie den Eintrag *Ordner, kurz, breit*. Wählen Sie ihn aus und gehen dann auf *Neu* in der Symbolleiste. Ein leeres Ordnerrückenschild wird erzeugt und in den Editor geladen.

> ✓ **Tipp**
>
> Solange das Bild markiert ist, wird es durch einen Klick auf ein anderes Motiv direkt ersetzt. So können Sie schnell verschiedene Motive durchprobieren.

Schritt 2 – Bild einfügen und vergrößern
Das obere Menü auf der linken Seite zeigt die verschiedenen Gestaltungsmittel. Klicken Sie auf den Eintrag *Fotos*. Die Kategorien im Menü darunter enthalten unterschiedliche Fotografien, sortiert nach Themen wie *Berge*, *Blumen*, *Landschaft*, *Reisen* und *Küsten*. In der Miniaturenleiste am unteren Bildschirmrand finden Sie die kleinen Vorschaubilder. Wählen Sie die Unterkategorie *Berge*, und ziehen Sie mit der Maus ein querformatiges Motiv auf die Vorlage.

Dekorative Ordnerrücken — Workshop 7

Den Ordnerrücken beschriften

Gehen Sie in der *Ausrichten*-Symbolleiste auf *Um 90 Grad nach rechts drehen*, sodass das Bild gedreht wird.

Ziehen Sie an den Anfassern an der oberen und unteren Seite, um das Bild auf die gesamte Höhe des Ordnerrückens zu vergrößern. Damit wird zunächst nur der ▸ **Objektrahmen** des Bildes vergrößert, noch nicht das Bild. Die Größe des Objektrahmens erkennen Sie an der gestrichelten Linie.

Mit der rechten Maustaste auf das Bild klicken und den Befehl *Seitenverhältnis beibehalten* wählen und dann *Höhe beibehalten*. Das Bild wird nun passend zum Objektrahmen vergrößert und reicht deutlich über den Ordnerrücken hinaus. Positionieren Sie es mit der Maus so, dass der linke Rand des Bildes genau auf dem linken Rand der Vorlage liegt.

Schritt 1 – Halbtransparentes Rechteck einfügen

Wählen Sie in der *Werkzeugleiste* das Symbol *Rechteck*, und ziehen Sie mit gedrückter Maustaste über dem Bild einen großen Balken auf. Er dient der besseren Lesbarkeit der Beschriftung.

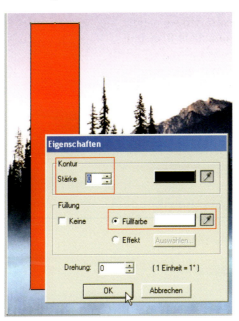

In der Standardeinstellung hat ein neu gezeichnetes Objekt die Farbe Rot mit einer schwarzen Kontur. Doppelklicken Sie auf den Balken, um das Dialogfeld *Eigenschaften* zu öffnen. Die *Füllfarbe* auf *Weiß* setzen und die *Kontur* auf den Wert *0*. Bestätigen Sie die Änderungen mit *OK*.

In der *Ausrichten*-Symbolleiste nacheinander auf *Horizontal zentrieren* und *Vertikal zentrieren* klicken. Dadurch wird der weiße Balken mittig auf der Vorlage positioniert.

Zum Abschluss weisen Sie dem Balken eine Transparenz zu, sodass das darunterliegende Motiv durchscheint. Klicken Sie in der *Aus-*

> ✓ **Tipp**
> Falls der Rand des Ordnerrückens nicht mehr erkennbar ist, aktivieren Sie das Gitternetz als Hilfestellung.

▸ **Objektrahmen**
Jedes Objekt befindet sich innerhalb eines Rahmens. Dieser wird nun beim Markieren sichtbar. Der Objektrahmen bestimmt die Größe und Position des Objekts.

Workshop 7 — Ordnen und Beschriften

richten-Symbolleiste auf *Transparenz*, aktivieren Sie das Häkchen bei *Transparenz*, und stellen Sie die *Deckkraft* ☐ auf den Wert *60*. Mit *OK* bestätigen.

Schritt 2 – Beschriftungstext eingeben
Wählen Sie das *Textwerkzeug* aus der *Werkzeugleiste,* und ziehen Sie über dem transparenten Balken mit gedrückter Maustaste einen Textrahmen auf.

Nach Loslassen der Maustaste öffnet sich das Dialogfeld *Text-Eigenschaften*. Geben Sie hier den Text für den Ordnerrücken ein, und ändern Sie folgende Formatierungen: *Schriftgröße 36*, *Farbe Dunkelblau*. Geben Sie bei *Drehung* den Wert *90°* ein, und bestätigen Sie die Angaben mit *OK*.

Der Text passt nicht ganz in den Textrahmen. Vergrößern Sie den Textrahmen mithilfe der Anfasser auf die Größe des Balkens. Der Text wird automatisch mittig positioniert.
Wählen Sie im Menü *Datei* den Befehl *Speichern*, um die Gestaltung zu sichern.

Drucken mehrerer Rückenschilder

Schritt 1 – Den Druck vorbereiten
Gehen Sie im Menü *Datei* auf *Drucken*. Das Dialogfeld *Drucken* öffnet sich. Sie sehen, dass das Programm in der Standardeinstellung 4 identische Rückenschilder auf ein Blatt drucken würde. In diesem Beispiel soll das Blatt aber mit 4 unterschiedlichen Schildern bedruckt werden.

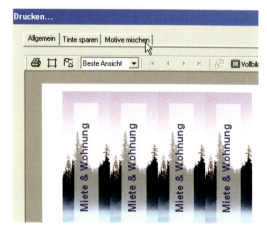

Klicken Sie auf das Register *Motive mischen,* und setzen Sie anschließend das Häkchen bei *Motive mischen*. In der Vorschau erscheint nun nur noch ein einziges Ordnerrückenschild. Klicken Sie auf *Neues Motiv*. Das Dialogfeld *Drucken* schließt sich.

Schritt 2 – Bild verschieben und Text ändern
Sie befinden sich wieder im Editor und legen das nächste Rückenschild an. Verschieben Sie das Landschaftsbild mit der Maus nach links. Am einfachsten geht das, wenn Sie genau am rechten Rand der Vorlage mit der Maus klicken, das Bild mit festgehaltener Maustaste nach links ziehen und dann am linken Rand der Vorlage wieder loslassen. Kleine Unregelmäßigkeiten sind unproblematisch, denn sie fallen im Druck nicht auf.

Dekorative Ordnerrücken Workshop 7

Klicken Sie doppelt auf den Text, um seinen Inhalt für den zweiten Ordner zu ändern. Bei größeren Textmengen die Schriftgröße verringern, damit der Text in den vorgegebenen Rahmen passt.

Schritt 3 – Mehrere Schilder ausdrucken

Gehen Sie erneut auf *Drucken*, um auch das zweite Rückenschild für den Druck zu speichern. Es erscheint im Register *Motive mischen* neben dem ersten Rückenschild. Klicken Sie wieder auf *Neues Motiv*, verändern Sie die Bildposition und den Text des dritten Schildes, und verfahren Sie entsprechend. Wenn alle 4 Motive auf dem Blatt erscheinen, wählen Sie anschließend das Register *Allgemein* des Druckdialogs.

Wenn Sie spezielles Etikettenpapier für Ordnerrücken verwenden, wählen Sie unter *Papier-Typ* den *Hersteller* und Ihr Papier. Sollten Sie ein Papier gekauft haben, dessen Hersteller oder Artikelnummer nicht im Programm angelegt sind, geben Sie die Daten dieses Papiers über die Schaltfläche *Druck-Format* manuell ein. Möchten Sie auf einfaches A4-Papier drucken, belassen Sie alle Einstellungen, wie sie sind. Schneiden Sie die Schilder mit der Hand aus und stecken sie in die Einstecktaschen der Ordner oder kleben Sie mit einem Klebestift auf.

Starten Sie dann den Druckvorgang mit einem Klick auf *Drucken*.

 Tipp

Festes Papier mit einer Stärke von 120 g/qm ist gut geeignet, wenn frühere Ordnerbeschriftungen nicht durchscheinen sollen.

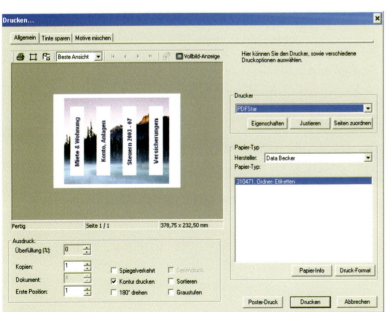

Ordnen und Beschriften

Wie damals: Stilvolle Etiketten für den Haushalt

Selbst gemachte Köstlichkeiten, die nach traditionellem Familienrezept zubereitet wurden, schmecken immer noch am besten. Mit schön gestalteten Etiketten erhalten Ihre fertigen Marmeladen und Säfte, Plätzchen und Liköre die Aufmachung, die der liebevollen und aufwendigen Handarbeit gerecht wird. Hübsch beschriftet sind sie außerdem ein ideales Geschenk für liebe Freunde und Bekannte. Das ADAC Druckstudio bietet hierzu eine Vielzahl von Gestaltungsmöglichkeiten. Die Auswahl reicht von an Großmutters Küche erinnernde Etiketten mit nostalgischen Motiven und Schriften bis zu schlichten Etiketten in runder Form. Probieren Sie es aus, und entwerfen Sie Etiketten ganz nach Ihren persönlichen Wünschen.

Haushaltsetiketten

Nostalgische Motive

In der Kategorie *Cliparts* des Druckstudios befinden sich die Kategorien *History* und *Nostalgie*. Dort finden Sie eine Sammlung ausgewählter Illustrationen aus alten Büchern und Zeitschriften. Achten Sie darauf, für Schriften und Hintergründe nur Farben zu verwenden, die auch in der Illustration vorkommen. Die Gestaltung wirkt dadurch harmonischer.

Alte Schriften

Kombinieren Sie zu alten Illustrationen und Bildern, möglichst keine modernen Schriften, denn diese wirken fremd und kühl. Viel besser ist es, historische Schriften zu verwenden, die im Stil zu den verspielten Motiven passen.
Auch ein ganz einfaches, rundes Etikett ohne Bilder wird mit einer klassischen Schriftart etwas Besonderes. Es wirkt schlicht, aber dennoch elegant.

Diese Schriften eignen sich sehr gut:

Also - Frakturschrift

Wilson - Frakturschrift

Beinet – Elegante Schrift

Weise Antiqua - Elegante Schrift

ALGEMARIA - KLASSIK

Kuomo One – Schreibschrift

TATJANA - KAPITÄLCHEN

✓ Tipp

Während man heute üblicherweise nur ein oder zwei Schriftarten gleichzeitig in einer Drucksache verwendet, können Sie für ein nostalgisches Design drei bis vier unterschiedliche Schriftarten benutzen. In Drucksachen früherer Zeiten war die Verwendung von verschiedenen Schriften viel üblicher als heute.

Workshop 8 — Ordnen und Beschriften

▶ **Step-by-Step-Anleitung**

Nostalgische Etiketten

Es sind die Details, die ein Geschenk zu etwas Besonderem machen. Mit wenigen Mitteln zaubern Sie ein tolles Mitbringsel wie hier mit einer schmucken Gestaltung für eine Flasche selbst gemachten Eierlikörs. Entwerfen Sie neben dem Flaschenetikett auch eines für die Rückseite mit dem Rezept sowie einem passenden Geschenkanhänger.

In diesem Workshop erfahren Sie, wie Sie die folgenden Gestaltungsmittel im ADAC Druckstudio einsetzen:

› Nostalgische Schriftarten
› Trennlinien
› Gestaltungselemente in eine neue Vorlage übernehmen

Etikett auswählen und gestalten

Schritt 1 – Vorlage auswählen

Wählen Sie den Workshop *Etiketten Ordnerrücken*. Klicken Sie in der Vorlagenübersicht oben links auf die Kategorie *Flaschenetikett hoch*. Wählen Sie in der Symbolleiste das Symbol *Neu* . Damit erzeugen Sie ein leeres Flaschenetikett in der Größe 12 cm x 8 cm.

Bedruckbare Flaschenetiketten dieses Formats erhalten Sie in gut sortierten Fachgeschäften. Alternativ verwenden Sie ein großes Etikett im Format A4, aus dem die Flaschenetiketten mit der Hand ausgeschnitten werden.

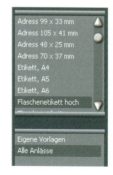

Schritt 2 – Vorlage speichern

Das gewählte Flaschenetikett wird für die Vorderseite der Flasche benutzt, ein zweites später für die Rückseite. Speichern Sie das Etikett unter einem Dateinamen ab, um es später wieder zu öffnen. Gehen Sie in der Symbolleiste auf *Speichern* . Dann geben Sie der Datei einen Namen, und aktivieren Sie die Option *Zu Eigene Projekte hinzufügen*. Nach einem Klick auf *Speichern* wird diese Datei als Vorlage der Rubrik *Eigene Vorlagen* in der Kategorie *Flaschenetiketten hoch* hinzugefügt.

96

Schritt 3 – Text für das Flaschenetikett eingeben

Zuerst geben Sie den Text für die Vorderseite ein. Er wird mit Hilfe von drei Textrahmen erzeugt. Wählen Sie das T*extwerkzeug* T , und zeichnen Sie im oberen Bereich einen Textrahmen. Er sollte fast die ganze Breite des Etiketts überdecken. Geben Sie dann den Text des Etiketts ein und formatieren ihn in der Schriftart *Weise Antiqua* und *Schriftgröße 10*. Schalten Sie außerdem die Option *Fett* aus, die standardmäßig aktiviert ist.

Zeichnen Sie dann darunter einen weiteren Textrahmen, und geben Sie den zweiten Teil der Beschriftung ein. Er wird in der Schriftart *Algemaria* in *24 Punkt* Größe in dunkelroter Farbe und ohne Fettung formatiert. Der dritte Textrahmen hat dieselbe Formatierung wie der erste: *Weise Antiqua*, *10 Punkt*, nicht fett.

Lassen Sie in der unteren Hälfte des Etiketts Platz für die Illustration.

Schritt 4 – Trennlinien einfügen

Ein klassisches gestalterisches Mittel sind kurze Trennlinien, die dem Textaufbau mehr Struktur geben. In diesem Fall kann die Hauptzeile „Lydias Eierlikör" durch Striche vom Rest des Etiketts hervorgehoben werden. Wählen Sie in der Werkzeugleiste das Symbol *Linie* / , und zeichnen Sie über dem Textrahmen eine kurze Linie. Wählen Sie dann das Werkzeug erneut, und zeichnen Sie eine weitere Linie unter dem Text.

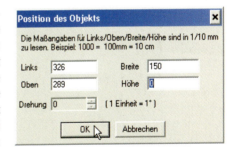

Wählen Sie nach einem rechten Mausklick auf jeder Linie den Befehl *Position*, und geben Sie jeweils bei Breite den Wert *150* ein. Damit wird die Linie genau 1,5 cm breit. Achten Sie darauf, dass bei *Höhe* der Wert *0* steht. Andernfalls wird die Linie nicht genau gerade gezeichnet.

Schritt 5 – Grafik einfügen

Bevor die Position der Texte und Linien genauer bestimmt wird, fügen Sie zunächst noch als letztes Objekt eine Grafik ein. Wählen Sie die Kategorie *Clipart*, und suchen Sie nach einer passenden Grafik. Sie finden in verschiedenen Rubriken, die mit *History* und *Nostalgie* beginnen, eine große Zahl an passenden Cliparts – in

Workshop 8 — Ordnen und Beschriften

History – Tiere zum Beispiel eine Grafik mit Hühnern. Blättern Sie mit den kleinen Pfeilsymbolen rechts und links der Miniaturenleiste, um alle Cliparts einer Unterkategorie betrachten zu können. Ziehen Sie die Grafik aus der Miniaturenleiste in die Arbeitsfläche, um sie in das Etikett einzufügen. Benutzen Sie anschließend den Anfasser unten rechts, um die Grafik passend zu vergrößern.

Schritt 6 – Objekte positionieren

Um die Objekte besser positionieren zu können, sollten Sie zunächst mit einem Klick auf das Symbol *Gitternetz* die Gitternetzlinien einschalten. Wählen Sie dann im Menü *Einstellungen* den Befehl *Einstellungen*, und stellen Sie im Register *Projekt-Modus* bei *Gitternetzabstand* den Wert *50* ein. Nach einem Klick auf *OK* wird das Gitternetz mit Abständen von 5 mm angezeigt.

Wenn Sie außerdem das Häkchen bei *am Raster ausrichten* setzen, „schnappt" der Rahmen eines Objekts immer genau an die nächste Gitternetzlinie.

Positionieren Sie die Objekte in vertikaler Richtung mit der Maus oder in kleinen Schritten mit den Pfeiltasten ↑ und ↓. In horizontaler Richtung sollen alle Objekte exakt zentriert werden. Um dies zu erreichen, markieren Sie jedes Objekt und klicken dann in der Ausrichtungsleiste auf das Werkzeug *Horizontal zentrieren*.

Nun ist das Etikett für die vordere Flaschenseite fertiggestellt. Gehen Sie auf *Speichern*, um alle Änderungen zu sichern.

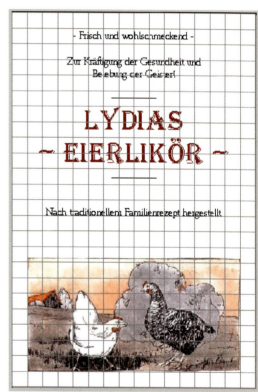

Nostalgische Etiketten — Workshop 8

Etikett mit Rezept gestalten

Schritt 1 – Etikett für Flaschenrückseite neu speichern

Grundlage für das Etikett der Rückseite ist das Vorderseitenetikett. Es sollte zunächst unter einem anderen Namen gesichert werden. Wählen Sie dafür in der Symbolleiste den Befehl *Speichern unter*. Geben Sie der Datei einen anderen Namen, und aktivieren Sie auch hier die Option *Zu eigene Projekte hinzufügen*. Nach einem Klick auf *Speichern* wird auch die Rückseite als Vorlage in der Rubrik *Eigene Vorlagen* (Kategorie *Flaschenetiketten hoch*) angezeigt.

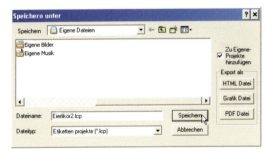

Schritt 2 – Elemente löschen und umformatieren

Vom alten Etikett bleiben nur die Zeile „Lydias Eierlikör" sowie die beiden Linien stehen. Löschen Sie alle anderen Elemente, indem Sie sie mit der Maus anklicken und [Entf] drücken. Der Schriftzug soll ein wenig kleiner und in schwarz ausgegeben werden, damit sofort deutlich wird, dass es sich bei diesem Etikett um die Rückseite der Flasche handelt. Doppelklicken Sie deshalb auf den Textrahmen, und vergeben Sie die Schriftgröße *20 Punkt* und die Schriftfarbe *Schwarz*. Anschließend positionieren Sie die Elemente. Verschieben Sie die beiden Linien nach Augenmaß etwas näher an die Textzeile. Markieren Sie dann nacheinander alle Objekte, und klicken Sie auf das Werkzeug *Horizontal zentrieren*. Zum Schluss gruppieren Sie alle Elemente, um sie besser verschieben zu können. Markieren Sie die Objekte, und wählen Sie in der Ausrichtungsleiste das Symbol *Gruppieren*. Verschieben Sie die Gruppe dann an den oberen Rand.

Schritt 3 – Rezept einfügen

Unter dem Schriftzug „Lydias Eierlikör" wird nun das Rezept eingefügt. Es besteht aus drei Textrahmen. Ziehen Sie für jeden der drei Textteile einen Textrahmen auf, und fügen Sie die Texte in der folgenden Formatierung ein: Der obere Rahmen hat den Inhalt „Man nehme" und hat die Schriftart *Also 16 Punkt, Fett*. Der Rahmen darunter nennt die Zutaten. Diesen in *Weise Antiqua 9 Punkt*, nicht fett, formatieren. Die eigentliche Anleitung des Rezepts ist in *Also* formatiert, Schriftgröße *10 Punkt*, nicht Fett. Den Text der Anleitung danach *linksbündig* formatieren.

Workshop 8 — Ordnen und Beschriften

Schritt 4 – Clipart einfügen

Als letztes Objekt fügen Sie für die Flaschenrückseite eine Grafik ein. Wählen Sie die Kategorie *Clipart,* und suchen Sie nach einer passenden Grafik – zum Beispiel in *Nostalgie – Personen*. Ziehen Sie die Grafik aus der Miniaturenleiste in das Etikett. Benutzen Sie anschließend den Anfasser unten rechts, um die Grafik passend zu vergrößern. Sie sollte links angeordnet werden, damit Sie rechts neben der Grafik noch den kurzen Gruß beispielsweise „Prost!" in *Also 10 Punkt* hinzufügen können. Speichern Sie abschließend das Etikett für die Rückseite mit einem Klick auf *Speichern*.

Schritt 5 – Beide Etiketten auf einem Bogen drucken

Gedruckt wird auf einen Bogen spezieller Flaschenetiketten. Sie können alternativ aber auch ein normales A4-Etikett verwenden, das Sie nach dem Druck passend zuschneiden. Standardmäßig werden Flaschenetiketten jeweils zu vier Exemplaren auf einem Aufkleberbogen im Format DIN A4 ausgedruckt. Dies ist sehr praktisch, wenn Sie vier oder sogar acht Flaschen mit einem Etikett zu versehen haben.

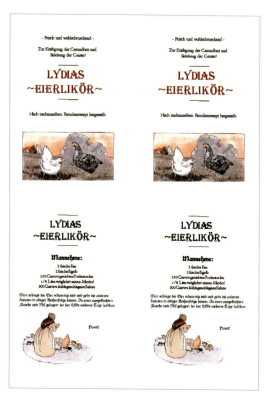

Benötigen Sie jedoch nur Etiketten für zwei Flaschen statt für vier, verwenden Sie die Funktion *Motive mischen*. Damit geben Sie genau an, welches Motiv wie oft auf den Bogen gedruckt werden soll. Zum Beispiel können Vorder- und Rücketikett jeweils zweimal ausgedruckt werden. Aktivieren Sie im Register *Motive mischen* das Häkchen bei *Motive Mischen*. Sie sehen nun, dass auf dem Blatt nur ein Etikett angezeigt wird. Klicken Sie auf *Neu*, um das selbe Motiv ein zweites Mal hinzuzufügen.

Nostalgische Etiketten Workshop 8

Um jetzt das andere Etikett auf dem selben Bogen mitzudrucken, klicken Sie auf *Neues Motiv*. Das Dialogfeld *Drucken* wird geschlossen, und Sie befinden sich wieder im Editor. Schließen Sie das aktuelle Etikett und öffnen das andere. Es ist egal, ob Sie zuerst das Etikett für die Vorderseite oder das für die Rückseite drucken. Gehen Sie nun wieder auf *Drucken* und wählen das Register *Motive mischen*. An der dritten Position des Blattes erscheint das neue Motiv. Mit einem Klick auf *Neu* wird das zweite Etikett nochmals auf dem Bogen eingefügt, sodass das Blatt gefüllt ist. Mit einem weiteren Klick auf *Drucken* wird diese Zusammenstellung ausgedruckt.

Einen Geschenkanhänger entwerfen

Schritt 1 – Geschenkanhänger auswählen
Wählen Sie im Startbildschirm des Programms unter *Basteln und Spielen* den Workshop *Papier Kreativ*. Klicken Sie in der Vorlagenübersicht oben links auf die Kategorie *Geschenk Anhänger 2*. Wählen Sie in der Symbolleiste den Befehl *Neu*, um einen leeren Geschenkanhänger in den Editor zu laden. Damit gestalten Sie einen eigenen Geschenkanhänger, passend zum Etikett der Flasche.

Schritt 2 – Clipart einfügen
Der Geschenkanhänger soll dasselbe Motiv wie das Etikett auf der Flaschenvorderseite zeigen.
Wählen Sie die Kategorie *Clipart* und suchen in *History – Tiere* nach der Grafik mit den Hühnern. Ziehen Sie die Grafik aus der Miniaturenleiste in Ihren Geschenkanhänger. Wählen Sie anschließend in der Ausrichtungsleiste das Werkzeug *90° nach links drehen*. Klicken Sie einmal darauf, sodass die Grafik wie in der Abbildung gedreht wird.

Die Proportionen der Grafik stimmen nicht genau mit dem Format des Anhängers überein. Klicken Sie deshalb mit der rechten Maustaste auf die Grafik und entfernen das Häkchen vor *Skalieren*, um die Grafik passend vergrößern zu können. Dadurch werden beim Vergrößern der Grafik die Proportionen nicht automatisch beibehalten. Benutzen Sie jetzt die Anfasser, um die Grafik zu skalieren.

Schritt 3 – Geschenkanhänger drucken und beschriften
Den Geschenkanhänger auf etwas stärkeres Papier, beispielsweise 120 g/qm ausdrucken. Aktivieren Sie beim Druck die Option *Kontur drucken*, um den Anhänger besser auszuschneiden. Drucken Sie den Anhänger aus, und falzen Sie ihn an der Schmalseite, sodass die beiden Kreise für die Lochung übereinanderliegen. Stanzen Sie diese mit einem Bürolocher aus, und ziehen Sie ein Geschenkband durch die Löcher. Zum Schluss den Anhänger beschriften.

101

Workshop 9 — Ordnen und Beschriften

▶ **Step-by-Step-Anleitung**

Einen Bogen mit runden Etiketten bedrucken

Mit dem PC haben Sie einen Etikettenbogen sehr viel schneller beschriftet als von Hand. Übersichtlich und sauber drucken Sie alle benötigten Etiketten auf einmal aus. Diese Situation kennen Sie sicher auch: Sie wollen sieben Gläser Johannisbeergelee und zehn Gläser Apfelmus kennzeichnen. Außerdem ist der Etikettenbogen mit runden Etiketten bereits angefangen. Der Versuch, die Beschriftung mit einem Textverarbeitungsprogramm wie Word bringt keine Erleichterung, da die exakte Positionierung der Texte nicht auf Anhieb gelingt und die Ränder überdruckt werden. Mit dem Druckstudio ist dies kein Problem! Damit können Sie eigene Etikettenformate definieren, verschiedene Etiketten auf einem Bogen anlegen und ausdrucken. Alles wird perfekt positioniert.

In diesem Workshop erfahren Sie, wie Sie die folgenden Gestaltungsmittel im ADAC Druckstudio einsetzen:

› **Etikettenbogen teilweise bedrucken**
› **Etikettenbogen mit unterschiedlichen Etiketten bedrucken**
› **Maße eigener Etikettenbögen angeben**

Runde Etiketten — Workshop 9

Rundes Etikett auswählen und beschriften

Schritt 1 – Vorlage auswählen

Wählen Sie unter *Ordnen und Beschriften* den Workshop Etiketten Ordnerrücken. In der Vorlagenübersicht oben links auf die Kategorie *Rund 40 mm* klicken. Wählen Sie nun in der Symbolleiste den Befehl *Neu*. Damit erzeugen Sie ein leeres Etikett mit 40 mm Durchmesser.

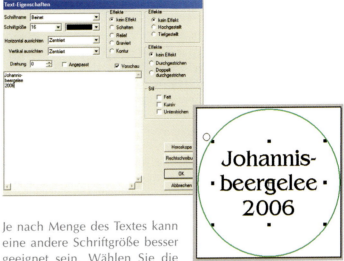

Schritt 2 – Vorlage gestalten

Zuerst geben Sie den Text für das Etikett ein. Wählen Sie das Textwerkzeug, und zeichnen Sie einen Textrahmen. Er sollte fast die ganze Breite und Höhe des Etiketts überdecken. Geben Sie dann den Text des Etiketts ein und formatieren ihn in der Schriftart *Beinet* in *16 Punkt* Größe. Schalten Sie außerdem die Option *Fett* ab. Bestätigen Sie die Änderungen mit *OK*.

Je nach Menge des Textes kann eine andere Schriftgröße besser geeignet sein. Wählen Sie die Schriftart so groß wie möglich, lassen Sie aber etwas Platz zum Rand des Etiketts.
Richten Sie den Textrahmen anschließend durch Wahl der Symbole *Horizontal zentrieren* und *Vertikal zentrieren* in der Ausrichtungsleiste mittig aus.

Mehrere Etiketten auf einem Bogen drucken

Schritt 1 – Einen teilweise gebrauchten Bogen bedrucken

Mit dem Druckstudio können Sie auch einen Etikettenbogen bedrucken, der bereits gebraucht wurde. Achten Sie jedoch darauf, dass die Etiketten vorher bereits von links nach rechts, beginnend mit der ersten Zeile, verbraucht wurden.
In diesem Fall müssen Sie beim Druck nur angeben, auf welcher Etikettenposition Sie mit dem Druck beginnen. Wählen Sie den Druckbefehl mit dem Symbol aus. Das Etikett wird nun entsprechend der Bogengestaltung ausgegeben – in diesem Workshop 24-mal auf einer Seite. Wählen Sie dann mit dem Optionsfeld *Erste Position* den Beginn des Drucks. Beispiel: Wenn Sie bereits drei Etiketten verbraucht haben, wählen Sie als *Erste Position* den Wert 4.

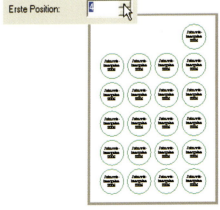

Workshop 9 — Ordnen und Beschriften

Schritt 2 – Den Bogen nicht vollständig bedrucken

Es sollen nun nicht 21 Etiketten mit der Aufschrift „Johannisbeergelee" gedruckt werden, sondern nur 7. Dafür müssen Sie mit dem Optionsfeld *Dokument* die Anzahl der Etiketten vorgeben – für diesen Workshop geben Sie einfach eine *7* ein. Diese Angabe können Sie problemlos mit der Option *Erste Position* kombinieren, um einen Etikettenbogen nach und nach aufzubrauchen. Es ist sogar möglich, nur einzelne Etiketten auszudrucken.

chenden Symbol . Klicken Sie im Druckerdialog auf die Registerkarte *Motive mischen*, und setzen Sie das Häkchen bei *Motive mischen*. Das Programm zeigt nun eine einzige Vorlage auf der Druckseite an. Außerdem aktiviert es weitere Bedienelemente.

Wenn Sie die ersten drei Etiketten überspringen möchten, müssen Sie nun noch die Registerkarte *Allgemein* aktivieren und mit der Option *Erste Position* den Beginn des Drucks zum Beispiel auf den Wert *4* (Viertes Etikett) einstellen.

Klicken Sie mehrmals auf die Schaltfläche *Neu* . Jeder Klick setzt dem aktuellen Etikett ein weiteres neben dem zuletzt eingefügten hinzu. Wählen Sie die Schaltfläche viermal, um die notwendigen fünf Etiketten anzulegen. Falls Sie zu viele Etiketten eingefügt haben, hilft ein Klick auf *Löschen*. Diese Schaltfläche entfernt die zuletzt ausgewählte Vorlage.

Nun wird ein Etikett mit einer anderen Beschriftung eingefügt, indem Sie die Schaltfläche *Neues Motiv* 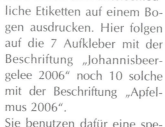 wählen. Das Programm beendet den Druckdialog und zeigt wieder den Editor an. Sie können die Beschriftung des angezeigten Etiketts ändern.

Schritt 3 – Mehrere Etiketten auf einem Bogen drucken

Mit dem Druckstudio lassen sich unterschiedliche Etiketten auf einem Bogen ausdrucken. Hier folgen auf die 7 Aufkleber mit der Beschriftung „Johannisbeergelee 2006" noch 10 solche mit der Beschriftung „Apfelmus 2006".

Sie benutzen dafür eine spezielle Funktion, mit der Sie mehrere Motive auf einer Seite mischen. Sie starten dafür den Druck mit dem entspre-

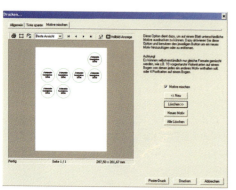

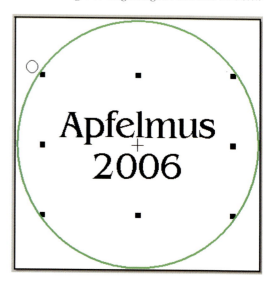

Runde Etiketten — Workshop 9

Wählen Sie dann erneut den Druckbefehl. Sie sehen neben den fünf Etiketten mit der Beschriftung „Johannisbeergelee 2006" ein Etikett mit der Beschriftung „Apfelmus 2006". Davon sollen nun insgesamt zehn Exemplare angelegt werden: Klicken Sie 9-mal auf die Schaltfläche Neu «Neu . Jeder Klick fügt das Etikett ein weiteres Mal ein. Wenn alle Vorlagen vollständig sind, starten Sie den Ausdruck mit einem Klick auf Drucken.

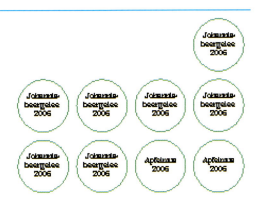

Eigenen Etikettenbogen anlegen

Schritt 1 – Die Maße eigener Etikettenbögen feststellen

Sollten Sie einen Etikettenbogen besitzen, der nicht im Programm vorhanden ist, so können Sie mit der Schaltfläche Druckformat im Druckdialog (Register Allgemein) entweder ein vorhandenes Standardformat entsprechend anpassen oder auch ein neues definieren. Durch Eingabe einiger Maße stellen Sie sicher, dass die Beschriftungen exakt auf dem Etikettenpapier positioniert werden.

Die Abbildung zeigt die Definition eines Bogens runder Aufkleber mit dem Durchmesser 20 mm, die in 7 Spalten und 11 Zeilen angeordnet sind.

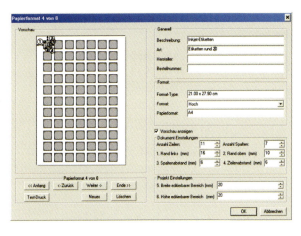

Schritt 2 – Den Etikettenbogen drucken

Klicken Sie im Dialogfeld Drucken auf die Schaltfläche Druck-Format. Klicken Sie dort auf Neues, um ein neues Papierformat einzugeben. Die entsprechenden Angaben für das Papier machen Sie dann im Einzelnen auf der linken Seite. Die Eingabefelder unter Generell beschreiben das Papier, sodass Sie es später unter den anderen Papierformaten wieder finden. Geben Sie die Daten Ihres Papiers ein. Die Eingabefelder unter Format beziehen sich auf die Größe des Papiers, also des gesamten Etikettenbogens. Für Etiketten ist dies üblicherweise A4, damit Sie hier nichts ändern müssen. Die Eingabefelder unter Dokument Einstellungen definieren die Anordnung der Etiketten auf dem Papier. Messen Sie das Papier aus, und tragen Sie alle Daten entsprechend ein. Sie sehen sofort, wie sich die Vorschau des Bogens auf der linken Seite entsprechend der neuen Angaben verändert. Die Eingabefelder unter Projekt Einstellungen definieren die Größe der einzelnen Aufkleber. Wenn alles angelegt ist, bestätigen Sie mit OK. Das Dialogfeld schließt sich und das neue Papier ist jetzt zum Druck ausgewählt.

Ordnen und Beschriften

CD-Labels und CD-Einleger mit Methode beschriften

**In erster Linie sind selbst gebrannte CDs und DVDs für die persönliche Archivierung von Daten unentbehrlich. Mit der richtigen Beschriftung und einer pfiffigen Gestaltung sorgen Sie nicht nur im Regal für perfekte Ordnung Ihrer CDs, sondern auch für unvergessliche und individuelle Geschenke.
Erfahren Sie hier, wie Sie mit dem ADAC Druckstudio einen schönen Einleger und das Label für eine Foto-CD gestalten oder die Sicherungskopie eines Musikalbums mit dem Original-Coverbild und automatisch erzeugter Titelliste professionell ausstatten.**

Foto-CD passend zum Inhalt beschriften

Statt CDs einfach nur auf einen Stapel zu legen, erhalten sie mit der richtigen Beschriftung einen eigenen Platz im Regal. Übersichtlich beschriftet und sortiert hat man gleich die passende CD zur Hand. Eigene digitale Fotos gibt man aber auch gerne an Freunde und Verwandte als Geschenk weiter. Mit passend gestalteten Einlegern und Etiketten machen Sie mehr aus Ihrer CD oder DVD.
Tolle Effekte können Sie bereits mit einigen wenigen Gestaltungselementen erzielen:
› Platzieren Sie ein auffälliges Bildmotiv, das zum Thema und dem Label auf der Vorderseite passt.
› Verwenden Sie eine dekorative Schrift, die zur Grafik passt.
› Stimmen Sie die Farben der Schrift und der Bilder aufeinander ab, bevorzugen Sie frische und leuchtende Farben.

Eine detaillierte Beschriftung der Hülle erleichtert das schnelle Auffinden und Einsortieren der CDs. Stellen Sie deshalb beispielsweise diese Informationen zusammen:
› Anlass, Zeit und Ort auf der Vorderseite und auf der Schmalseite des Einlegers eintragen oder die Angaben auf Schmalseite platzieren.
› Zusätzliche Angaben zu Personen, der Unterbringung oder dem Anlass finden auf der Rückseite Platz.
› Eine Auswahl markanter Bilder der Reise oder des Ereignisses können die Informationen auf der Rückseite ergänzen.

CDs beschriften

Ordnung und Sicherheit für Ihre Archive und Backups

Im Gegensatz zu Foto- und Video-Dateien sind andere Daten wie Software, Texte und Systemdateien viel gefährdeter, wenn der Datenträger beschädigt wird. Die Dateien können dann nicht mehr vom Computer gelesen werden. Für die Gestaltung von Archiv-CDs müssen Sie also neben der vollständigen Beschriftung auch den Schutz des Datenträgers bedenken.
Folgende Hinweise und Tipps sollten Sie beachten:

- Bekleben Sie Ihre Archiv-CDs nicht mit Etiketten, da auch gute Spezial-Leime über die Zeit die CD angreifen. Beschriften Sie sie stattdessen mit lösungsmittelfreien Faserschreibern.
- Drucken Sie die Liste der Inhalte auf einen CD-Einleger. Dieser schützt die CD außerdem vor dem UV-Licht der Sonne.
- Für ein schnelles Wiederfinden der CDs im Regal beschriften Sie die Schmalseite eindeutig, z. B. bei Backups mit dem Computernamen und dem Sicherungsdatum.
- Drucken Sie bei Software-Backups auch die Seriennummer auf den CD-Einleger, falls der Originalkarton verloren geht.
- Verwenden Sie bei Musik-Sicherungskopien das Original-Coverbild, um die CD schnell wiederzufinden und fügen Sie eine Titelliste auf der Rückseite ein.

Die wichtigsten Formate

CD-Labels – die Aufkleber direkt auf dem Datenträger – erhalten Sie in zwei verschiedenen Formaten: mit 17 mm oder mit 40 mm Innenlochdurchmesser. Empfehlenswert, besonders für Foto-CDs, sind Labels mit kleinem Innenloch. CD-Labels sind auch zum Bekleben von DVDs geeignet.

CD-Verpackungen gibt es in vielen unterschiedlichen Ausführungen, die üblichsten sind Jewel-Cases. Diese sind 1 cm dick und bieten die meisten Gestaltungsmöglichkeiten. Sowohl Rückseite als auch Vorderseite der CD können mit bedruckten Einlegern gestaltet werden. In den folgenden beiden Workshops werden diese gebräuchlichen CD-Jewel-Cases verwendet.
Slimline-Cases sind nur etwa 0,5 cm dick und bieten nur auf der Vorderseite Platz für einen Einleger. DVD-Cases sind größer als CD-Verpackungen, obwohl die Datenträger die gleiche Größe haben. Mit Einlegern für DVD-Cases und einem Booklet können Sie professionelle DVD-Verpackungen gestalten. Für alle diese Formate finden Sie im ADAC Druckstudio passende Vorlagen, die Sie entweder auf vorgestanztem Spezialpapier oder auf einfachem A4-Papier ausdrucken können.

Achtung

Bilder aus dem Internet
Die Gesetzgebung zum Schutz von Bildrechten ist sehr kompliziert. Nicht immer lässt sich eindeutig klären, ob ein fremdes Bild – auch zur privaten Nutzung – reproduziert werden darf oder nicht. Wie etwa Bilder, die Sie im Internet finden. Bleiben Sie im Zweifelsfall bei eigenen Fotos oder nutzen Sie das Bildmaterial, das im ADAC Druckstudio mitgeliefert wird. Es ist explizit für die Nutzung im privaten Bereich freigegeben.

Zu Musik-CDs: Coverbilder, die Sie bei iTunes zusammen mit dem Musikkauf bekommen, dürfen für eine private Sicherungskopie ausgedruckt werden (Stand: August 2006).

Tipp

Die häufigsten Gefahrenquellen für CDs und DVDs sind Kratzer, UV-Licht (Sonnenlicht), Luftfeuchtigkeit sowie Temperaturschwankungen. Achten Sie beim Verstauen Ihrer CDs und DVDs darauf.

Workshop 10 — Ordnen und Beschriften

▶ **Step-by-Step-Anleitung**

Reiseerinnerungen schön in Form: Eine Foto-CD „Berlin 2006" mit CD-Label und Hülle gestalten

Eine CD mit digitalen Fotos wurde gebrannt und soll rundum ansprechend gestaltet werden. Das CD-Label sowie die Einleger für die Vorder- und Rückseite des Jewel-Case werden mit schönen Fotos illustriert. Zusätzlich werden passende Textzeilen zur Beschriftung eingefügt.

In diesem Workshop erfahren Sie, wie Sie zur Gestaltung einer Foto-CD die folgenden Gestaltungsmittel einsetzen:

› **Beschneiden von Fotos**
› **Anordnen von Fotos**
› **Auffällige Schriftzüge**
› **Schriftzüge über Fotos setzen**

Die Gestaltung des CD-Labels

Schritt 1 – Ein leeres CD-Label anlegen
Öffnen Sie im Bereich *Ordnen und Beschriften* den Workshop *CD-/DVD-Label und Einleger*. Wählen Sie dort die Kategorie CD-Label.
Klicken Sie in der Symbolleiste auf *Neu*. Ein leeres CD-Label-Dokument erscheint, das Sie selbst gestalten können.

Schritt 2 – Ein Foto einfügen und vergrößern
Suchen Sie ein passendes Bild heraus. Klicken Sie dazu im linken Menü auf *Fotos* und anschließend *Von Festplatte*. Wählen Sie ein Foto aus, und bestätigen Sie mit *Öffnen*. Beachten Sie, dass für ein gutes Druckergebnis das Foto in Höhe und Breite mindestens 600 Pixel groß sein sollte. Die Angaben zu Höhe und Breite eines Bildes finden Sie in der unteren linken *Ecke* des Dialogfeldes *Bild Einfügen*.

In diesem Beispiel wird jetzt ein Bild des Fernsehturms so weit vergrößert, bis der Ausschnitt mit der „Kugel-Form" über dem Mittelloch der CD liegt. Es gibt zwei Möglichkeiten, um ein Bild zu vergrößern:

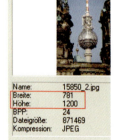

108

Sie können das Bild wie gewohnt mithilfe der Anfasser an den Ecken schrittweise vergrößern. Schneller geht es aber mit der folgenden Vorgehensweise: Klicken Sie zum Vergrößern mit der rechten Maustaste auf das Bild, und wählen Sie *Position*. Bei *Breite* geben Sie den Wert *1400* ein – dies entspricht 14 cm. Für querformatige Bilder geben Sie den Wert entsprechend bei *Höhe* ein. Nach einem Klick auf *OK* wird zunächst der Rahmen des Bildes vergrößert, aber nicht das Bild selbst. Klicken Sie wieder mit der rechten Maustaste auf das Bild und wählen Sie *Seitenverhältnis beibehalten* und dann *Breite beibehalten* entsprechend auch *Höhe beibehalten*, beim Querformat markieren.

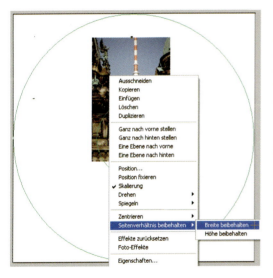

Um den Schriftzug besser hervorzuheben, muss nun der Bildbereich dahinter unscharf dargestellt werden. Verwenden Sie den Bildeffekt *Verschwimmen*. Doppelklicken Sie auf das Bild, sodass der Bildeditor erscheint. Markieren Sie den Bildbereich unterhalb der „Kugel", und wählen Sie im linken Menü *Verschwimmen*. Stellen Sie die Stärke des Effekts mit dem Schieberegler ein. Nach einem Klick auf *Anwenden* und anschließend auf *Zurück* wird der Effekt ausgeführt.

Jetzt ist der Schriftzug besser lesbar, da der Bildbereich dahinter weniger störende Kontraste hat als zuvor.

!**Hinweis**

Bei einem CD-Label ist nur der runde, bedruckbare Bereich sichtbar. Das Foto wird automatisch passend abgeschnitten.

!**Hinweis**

Die grünen Linien markieren unterschiedliche Innenränder der vorgestanzten CD-Aufkleber. So ist bei CD-Labels mit großem Innenloch nur der äußere Rand der „Kugel" sichtbar. Deaktivieren Sie im Druckdialog die Option **Kontur drucken**, damit die grünen Linien nicht mitgedruckt werden.

Das Bild wird in die optimale Größe gebracht. Verschieben Sie das Foto mit der Maus an die gewünschte Position.

Schritt 3 – Titel „Berlin 2006" einfügen
Wählen Sie das *Textwerkzeug*, und ziehen Sie in der unteren Hälfte des Labels einen Textrahmen auf. Verwenden Sie die Schriftart *Lappland*, in weißer Farbe, *48 Punkt* Größe und nicht Fett.

Workshop 10 — Ordnen und Beschriften

Die Gestaltung des CD-Einlegers

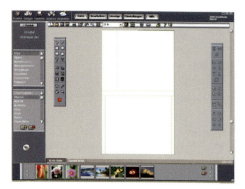

Schritt 1 – Den Einleger anzeigen

Sie finden den CD-Einleger bei den CD-/DVD-Projekten in der Kategorie *CD-Einleger-Set*. Für diese Vorlagen gibt es speziell vorgestanzte Papiere. Genauso gut können Sie Ihre CD-Hülle einfach auf normales Papier drucken und selbst ausschneiden. Klicken Sie in der Symbolleiste auf *Neu*, um eine leere Vorlage zu erhalten.

Schritt 2 – Foto auf der Vorderseite der CD-Hülle einfügen

Der obere Teil des Einleger-Sets entspricht der Vorderseite der CD-Hülle, die für den Klappdeckel gedacht ist. Das Foto muss allerdings auf das Format der Hülle angepasst werden. Fügen Sie ein Foto von Festplatte ein, skalieren Sie es passend, und doppelklicken Sie darauf, um den *Fotoeditor* zu öffnen. Klicken Sie auf das *Beschneidungswerkzeug*, und markieren Sie einen etwa quadratischen Bildbereich. Hier wird das Motiv der Statue genau in der Mitte des Bildes platziert. Nach einem Klick auf *Anwenden* und anschließend auf *Zurück* wird das Bild in der neuen Größe im Dokument angezeigt.

Schritt 3 – Farbigen Hintergrund und Schriftzug hinzufügen

Um die Hintergrundfarbe selber zu mischen, doppelklicken Sie auf einen freien Bereich des Hintergrunds, dann auf *Farben definieren*. Experimentieren Sie mit den Einstellungen im Farbfeld und über dem Schieberegler, bis Sie einen Farbton gefunden haben, der Ihnen gefällt. Klicken Sie dann auf *Farben hinzufügen*. Die gewählte Farbe erscheint im Bereich der benutzerdefinierten Farben und kann nun ausgewählt werden. In diesem Beispiel bildet das Orange einen schönen Kontrast zum Blau des Fotos.

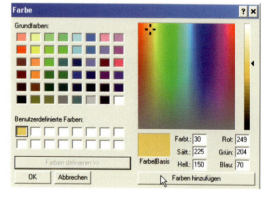

Der Schriftzug wird wie auf dem CD-Label formatiert: *Schriftart Lappland, 48 Punkt* Größe, in weißer Farbe und nicht fett.

Foto-CD-ROM Workshop 10

Schritt 4 – Die Rückseite der CD-Hülle gestalten

Die Rückseite ist im unteren Bereich der Vorlage angelegt. Für die Gestaltung sind hier mehrere nebeneinander geordnete Bilder vorgesehen. Fügen Sie zunächst die drei Bilder ein.

Im Kontextmenü richten Sie jedes Bild zunächst auf eine einheitliche Größe aus: Wählen Sie zuerst Skalierung, um das Häkchen neben diesem Befehl zu entfernen. Unter Position, geben Sie bei Breite den Wert *680* und bei Höhe den Wert *600* ein. Damit wird jedes Bild passend zur Höhe skaliert.

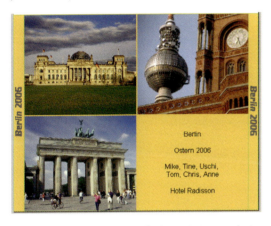

Abhängig vom ursprünglichen Seitenverhältnis des Bildes wird es möglicherweise etwas verzerrt dargestellt. Doppelklicken Sie in diesem Fall auf das Bild, um es in den Bildeditor zu laden. Bestimmen Sie hier den passenden Bildausschnitt, und bestätigen Sie abschließend mit Anwenden.
Wiederholen Sie dies nach Bedarf für alle Bilder. Wenn alle Bilder ohne Verzerrung dargestellt werden, verschieben Sie sie wie abgebildet neben- und untereinander.

Lassen Sie ein Feld für eine Beschriftung frei. Die Umrandung der einzelnen Bildfelder zeichnen Sie nachträglich mit Linien darüber. Dies hat den Vorteil, dass die Positionierung der Bilder nicht ganz exakt sein muss.
Wählen Sie das *Linienwerkzeug* aus der Werkzeugleiste, und zeichnen Sie die beiden Linien. Wenn diese nicht ganz gerade gelingen, klicken Sie mit der rechten Maustaste auf eine Linie und wählen Sie *Position*. Geben Sie dort bei *Höhe* bzw. *Breite* den Wert *0* ein. Dadurch werden die Linien exakt horizontal oder vertikal.
Mit Doppelklick auf eine Linie öffnet sich das Dialogfeld *Eigenschaften*. Geben Sie dort *Stärke 8* an und klicken Sie auf das Farbfeld. Hier finden Sie auch die orange Farbe wieder, die Sie zuvor definiert hatten. Bestätigen Sie die Änderungen mit *OK*.
Fügen Sie mithilfe des *Textwerkzeugs* entsprechende Textrahmen ein, und ergänzen Sie so die Textzeilen an den Seiten und die Hinweise zum Inhalt der CD. Die Texte an den Schmalseiten werden gedreht, indem Sie im Dialogfeld *Text Eigenschaften* bei der Option *Drehung* die passende Winkelangabe machen: 90° oder 270°.

Starten Sie den Ausdruck nun mit *Datei, Drucken*.

111

Workshop 11　Ordnen und Beschriften

▶ **Step-by-Step-Anleitung**

Die perfekte Backup-Kopie eines Musikalbums

Musik kauft man heute im Internet, zum Beispiel im iTunes Music Store. Die Musikdateien werden direkt auf den Rechner herunter geladen und online bezahlt. Empfehlenswert ist es, dann eine Audio-CD als Sicherungskopie zu brennen, da die teuer gekaufte Musik bei PC-Problemen schnell verloren geht.

Für diesen Workshop sollten Sie bereits ein Album gekauft und als Audio-CD gebrannt haben. Genaueres dazu erfahren Sie im Praxisratgeber und in den Hilfetexten von iTunes. Sie erfahren hier, wie Sie mit dem ADAC Druckstudio ein Musikalbum erstellen:

❯ **Original-Albumcover aus iTunes einfügen**
❯ **Automatisch eine Titelliste in den CD-Einleger einfügen**

Das offizielle Cover nutzen

! Hinweis

Die Nutzungsbestimmungen von iTunes erlauben den Ausdruck der Covermotive für private Zwecke. Wenn Sie Bilder aus anderen Quellen verwenden, vergewissern Sie sich bitte über die entsprechenden Bildrechte.

Schritt 1 – Cover mit iTunes holen
iTunes kopiert zusammen mit der Musik auch das entsprechende CD-Cover auf den PC. Sie können das CD-Titelblatt nur in der iTunes-Anwendung anzeigen. Klicken Sie zunächst mit der rechten Maustaste auf ein Musikstück des gewünschten Albums, und wählen Sie dann *Information*. Nun erscheint ein Dialogfeld mit Informationen zu diesem Stück. Wählen Sie das Register *Cover*, um das zugehörige Albumcover anzuzeigen. Klicken Sie jetzt mit der rechten Maustaste auf die Abbildung, und wählen Sie *Kopieren*. Dies kopiert das Cover in die Windows-Zwischenablage.

Schritt 2 – Cover mit Paint speichern
Starten Sie das Windows-Programm *Paint*, um das Cover aus der Zwischenablage zunächst als Grafikdatei abzuspeichern. Sie finden das

Audio-CD Workshop 11

Programm im Startmenü unter *Alle Programme* und dann *Zubehör*. Sobald Paint auf dem Bildschirm erscheint, drücken Sie [Strg]+[V], um das Cover-Bild einzufügen. Wählen Sie direkt danach den Befehl *Kopieren nach* im Menü *Bearbeiten*, und speichern Sie das Cover als Grafikdatei auf der Festplatte im Ordner *Eigene Bilder*.

Schritt 3 – Cover in Druckstudio einfügen
Öffnen Sie das ADAC Druckstudio und wählen *Ordnen und Beschriften, CD-/DVD-Labels und Einleger, CD-Einleger-Sets*. Klicken Sie in der Symbolleiste auf *Neu*, um eine leere Einleger-Vorlage zu erzeugen. Das gespeicherte Cover wird nun in den Editor eingefügt: Über *Fotos, Von Festplatte* öffnen Sie die eben gespeicherte Grafik im Druckstudio. Bringen Sie mit Hilfe der Anfasser an den Ecken das Cover auf die richtige Größe – wenn es nicht genau quadratisch ist. Dies liegt daran, dass nicht alle Originalcover für Einleger in CD-Hüllen gestaltet wurden, sondern für die etwas breiteren CD-Verpackungen aus Karton. Sie müssen also ein wenig ausprobieren, bis Sie ein zufriedenstellendes Ergebnis haben.

> **Tipp**
>
> Damit das Cover möglichst scharf im Druck erscheint, sollte es wenigstens 800 Pixel breit sein.

Titelliste automatisch einfügen

Schritt 1 – Titelliste einfügen
Das Druckstudio besitzt speziell für Audio-CDs eine nützliche Funktion, die alle Titel einer CD anzeigen kann. Dabei handelt es sich um ein spezielles Textobjekt, das Sie in CD- und DVD-Vorlagen einfügen können. Es funktioniert bei allen vollständigen Alben.
Legen Sie die Audio-CD in das Laufwerk Ihres Rechners ein. Falls Ihr Rechner nur über ein einziges CD-Laufwerk verfügt, entnehmen Sie die Programm-CD, und legen Sie stattdessen die Musik-CD ein.
Klicken Sie dann in der Werkzeugleiste auf das Symbol für die *Titelliste*. Ziehen Sie mit gedrückter Maustaste ein Rechteck auf, das die gewünschte Größe und Position der Titelliste bestimmt. Daraufhin erscheint das folgende Dialogfeld:

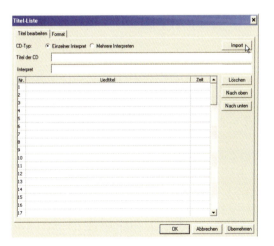

Klicken Sie auf *Importn*, und wählen Sie anschließend *FREE-DB-Datenbank*. Damit fordern Sie die Titel der Audio-CD von der Free-DB an. Dies ist ein kostenloser Service, der

Workshop 11 — Ordnen und Beschriften

CD-Informationen im Internet bereitstellt: Das Druckstudio berechnet ein Kurzprofil der Audio-CD und schickt es an die Datenbank. Von dort kommen passend zu diesem Kurzprofil die Angaben über Titel der CD und der einzelnen Lieder, Name des Interpreten und Laufzeiten der einzelnen Lieder. Diese Angaben werden dann im Druckstudio direkt eingefügt, um die Rückseite des CD-Einlegers zu gestalten. Klicken Sie auf *Weiter*, um das Einlesen der CD zu beginnen.

Folgen Sie den Dialogfeldern des Free-DB-Assistenten. Sobald Sie das Kopieren der Daten bestätigt haben, erscheinen die CD-Angaben im Dialogfeld *Titel-Liste*.

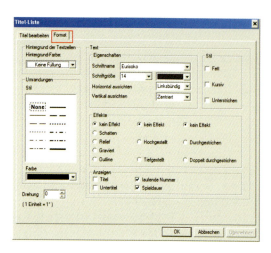

Die Kontrollkästchen bei *Anzeigen* legen fest, welche Angaben in der Titelliste zu sehen sind. Die Optionen *Titel* und *Untertitel* entsprechen *Albumnamen* und *Interpret*.

> **Tipp**
>
> Wenn Sie Titel und Untertitel nicht automatisch anzeigen lassen, sondern in ein eigenes, freies Textfeld schreiben, haben Sie noch mehr Gestaltungsmöglichkeiten.

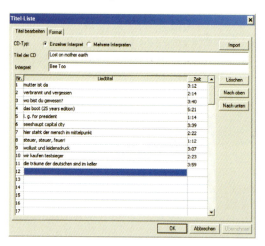

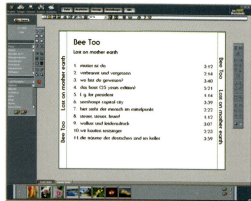

Schritt 2 – Die Titelliste formatieren
Bleiben Sie im Dialogfeld *Titel-Liste*, und klicken Sie oben auf das Register *Format*, um die Titelliste nach Ihren Wünschen zu gestalten. Sie haben hier ähnliche Möglichkeiten wie bei einem Textrahmen. Die Ausrichtung betrifft in diesem Fall nur die eigentlichen Titel. Laufende Nummer und Abspielzeit werden immer links bzw. rechts ausgerichtet.

Für eine Sicherungskopie sollten Sie die CD selbst nicht mit einem Label bekleben, da selbst Spezialleime mit der Zeit den Datenträger schädigen können. Geeigneter ist die Beschriftung mit einem lösungsmittelfreien Faserschreiber.

CDs brennen mit iTunes

Im Internet gibt es für Musikliebhaber oft schon eine größere Auswahl von Musik als in den einschlägigen Ladengeschäften. Mit wenigen Klicks ist sie gekauft und landet über eine schnelle Internetverbindung in Minuten auf dem eigenen Rechner. Wer die Musik nicht nur am PC hören möchte, sondern auch im Auto und im Wohnzimmer, brennt sie sich als CD. Am Beispiel von iTunes erfahren Sie hier, wie einfach das geht. Musik aus dem iTunes Music Store darf bis zu sieben Mal auf CD gebrannt werden. Das Sichern auf CD ist auch deshalb empfehlenswert, da bei Computerproblemen und Festplattenabsturz die wertvollen Musikdateien verloren gehen können.

Kauf im iTunes-Store

Öffnen Sie das Programm iTunes, und melden Sie sich mit einem Klick auf Anmelden im iTunes Music Store an. Wenn Sie noch kein Benutzerkonto (Account) besitzen, also sich zum ersten Mal anmelden möchten, werden Sie nach Adress- und Rechnungsdaten gefragt. Folgen Sie den Anweisungen des Registrierungsdialogs, und geben Sie die erforderlichen Daten an. Beim nächsten Anmelden sind dann nur noch Ihr Benutzerkonto und Passwort einzugeben.
Geben Sie im Feld Suche oben rechts einen Musiker, einen Musiktitel oder den Namen eines Albums ein. Wählen Sie aus den Suchergebnissen das gewünschte Album aus, und klicken Sie auf Album kaufen.

Die Lieder werden nun auf Ihren Rechner geladen und unter Einkäufe in iTunes angezeigt.

CD brennen

Zum Brennen von Musik benötigen Sie einen CD-Rohling und einen Rechner mit CD-RW-Laufwerk, also mit der Fähigkeit, CDs zu brennen. Wählen Sie in iTunes den Eintrag Einkäufe und markieren Sie alle Lieder, die auf CD gebrannt werden sollen. Gehen Sie dann auf Brennen, ganz oben rechts in der Programmoberfläche.

Das Programm fordert Sie nun auf, einen CD-Rohling in das Laufwerk einzulegen. Tun Sie das, und schließen Sie das Laufwerk. Sofort startet iTunes mit der Überprüfung des Rohlings und dem Brennen der CD. Dabei wird die verbleibende Dauer des Brennvorgangs in der Informationsleiste oben angezeigt.
Wenn die CD fertig gebrannt ist, entnehmen Sie sie aus dem Laufwerk und beschriften sie mit einem lösungsmittelfreien Faserschreiber. Die gebrannte CD kann in jeder Stereoanlage und auch auf anderen Rechnern abgespielt werden.

Einladungen und Glückwünsche

Gruß- und Glückwunschkarten selbst gestalten

„Ich denk an Dich!" bringen Sie zum Ausdruck, wenn Sie eine Karte an Ihre Lieben schicken – als Einladung, Glückwunsch, Dank oder einfach nur so. Mit dem Druckstudio stellen Sie die schönsten Grußkarten selber her. Für alle Anlässe finden Sie eine reiche Auswahl an Vorlagen, die, mit eigenen Fotos geschmückt und persönlichen Grüßen versehen, schnell zu Unikaten werden. Einfach ausdrucken und die Karte ist fertig zum Verschicken oder dient als Ergänzung zu einem Geschenk. Der Workshop erläutert nun Schritt für Schritt, wie Sie eine Glückwunschkarte auswählen, davon automatisch Varianten erstellen lassen und auf der Innenseite der Klappkarte ein Foto und einen längeren Text hinzufügen. So wird die Karte perfekt auf das Geschenk abgestimmt – wie hier im Beispiel, zeigt sie innen ein Urlaubsfoto mit spanischer Architektur, da das Geburtstagskind ein Buch über Spanien geschenkt bekommt.

Denken Sie bei der Auswahl der Karte daran, welche Farben und welcher Stil den Empfänger der Karte besonders anspricht. Sonnige Blumen, romantische Schmetterlinge oder luftige Wolken? Ein schöner Schriftzug, vielleicht mit dem Namen des Beschenkten, einem Spruch oder Glückwunsch, rundet die Gestaltung der Karte ab. Wählen Sie am besten eine Schriftfarbe, die zum übrigen Design der Klappkarte passt, das wirkt sehr stilvoll. Auf diese Weise können Sie Karten zu jedem Anlass beliebig abwandeln.

Gruß- und Glückwunschkarten

Schönes Papier für Ihre Grüße

Hochwertige Papiere wirken sehr edel. Im Fachhandel erhalten Sie spezielle, vorgestanzte Grußkartenpapiere. Diese Karten lösen Sie nach dem Bedrucken einfach aus dem Trägerpapier im A4-Format heraus. Einfache A4-Papiere ohne Stanzung müssen zwar per Hand ausgeschnitten werden, dafür sind sie aber in vielen Varianten und Stärken erhältlich. Achten Sie beim Kauf darauf, dass das Papier für Ihren Drucker geeignet ist. Entsprechende Hinweise finden Sie auf der Verpackung. Wenn Sie einen Drucker mit Umschlageinzug besitzen, bedrucken Sie passend gestaltete Umschläge für Ihre Karte. Auch Umschläge sind in hochwertigen Papiersorten erhältlich.

Schöne Varianten sind farbige oder dezent gemusterte Papiere. Helle Farben kommen darauf aber nicht immer gut zur Geltung, verwenden Sie daher bei der Gestaltung besser dunklere Farben, um einen schönen Kontrast zu erhalten. Eine tolle Wirkung erzielen Sie mit weißem Transparentpapier, das bedruckt und gefaltet in eine Klappkarte aus dunklem Papier gelegt wird.

Eine besondere Karte zur Geburt

Um nach dem freudigen Ereignis Familie und Freunde zu benachrichtigen, sind Grußkarten als Geburtsanzeigen wunderbar geeignet. Mit den Vorlagen aus dem Programm ist die Karte auch im Trubel nach der Geburt schnell und unkompliziert gemacht. Fügen Sie auf der Vorderseite der Karte ein Foto des Neugeborenen oder der ganzen Familie ein. Dazu gehören üblicherweise Name und Geburtstag und vielleicht ein kleiner Gruß. Drucken Sie auf die Rückseite einen kurzen Text sowie die Antworten auf die typischen Fragen: Geburtszeit und Geburtsort, Gewicht und Größe. Bei einer Klappkarte haben Sie außerdem noch Platz, sie mit lustigen Cliparts, einem Lieblingsgedicht oder dem Taufspruch zu verzieren. Drucken Sie die Karte dann in der benötigten Anzahl aus. Anschließend müssen Sie die Geburtsanzeigen nur noch unterschreiben und verschicken.

Weitere Effekte: Glanzpunkte setzen

Mit Gold- oder Silberstiften erzielen Sie eine zusätzliche Wirkung. Auf dunklen Farbflächen können Sie mit einem gut deckenden Stift von Hand einen Text schreiben oder beispielsweise einen aufgedruckten Gruß sauber nachziehen. Bei einem Kartendesign mit hellen Farben sieht es sehr wirkungsvoll aus, wenn Sie auch die Konturen einiger Motive mit dem Glitzerstift umfahren. Im Licht blitzen die Linien auf und verleihen der Karten so einen hübschen Glanzeffekt.

Größere glitzernde Flächen erzeugen Sie entweder durch viele kleine, mit dem Stift gesetzte Punkte oder mit Glitterpulver. Im Bastelladen oder Schreibwarengeschäft erhalten Sie entsprechendes Material. Bestreichen Sie die gewünschte Fläche gleichmäßig mit dem Klebestift, und streuen Sie dann das Glitterpulver auf, damit es haften bleibt. Das Pulver mit dem Finger gegebenenfalls leicht festdrücken und die Karte vorsichtig abklopfen.

> **Tipp**
>
> Mit einem Zierrand verleihen Sie Gruß- oder Glückwunschkarten eine besondere Note: Stanzen Sie mit einem Motivlocher beliebige Motive am Rand entlang aus.

Workshop 12 — Einladungen und Glückwünsche

▸ **Step-by-Step-Anleitung**

Eine Glückwunschkarte mit passendem Umschlag

Schöne Glückwunschkarten sind eine der beliebtesten Einsatzmöglichkeiten des ADAC Druckstudios: Unter der großen Zahl attraktiver Karten-Designs ist für jeden Geschmack etwas dabei.

In wenigen Arbeitsschritten verwandeln Sie eine neutrale Vorlage in eine individuell gestaltete Glückwunschkarte. Dazu passt ein schöner Geschenkumschlag in abgestimmten Farben. Gestalten Sie am PC gleich die Innenseiten der Karte mit: Ein geeignetes Foto und ein Text, der in einer besonderen Schrift gesetzt ist, gehen auf das Geschenk ein, dem die Karte beiliegt.

In diesem Workshop erfahren Sie, wie Sie die folgenden Gestaltungsmittel im ADAC Druckstudio einsetzen:

› Vorlagengenerator
› Angepasster Text
› Papierformate ändern
› Umschlag drucken

Eine Karte auswählen und Varianten erzeugen

Schritt 1 – Vorlage auswählen

Wählen Sie in dem Bereich *Einladungen und Glückwünsche* den Workshop *Grußkarten Glückwünsche*. Klicken Sie in der Vorlagenübersicht oben links auf die Kategorie *DIN A6 hoch* und darunter dann auf den weiteren Eintrag *Geburtstag*. Sie finden hier Karten für Geburtstage. Es sind Faltkarten, die aufgeklappt eine Größe von DIN A5, in der gefalteten Form aber von A6 (Postkarte) haben. Klicken Sie auf die Vorlage mit dem Hintergrund in Altrosa und Tiefblau, sie erscheint daraufhin mit einem roten Rahmen markiert.

Schritt 2 – Vorlagengenerator wählen

Klicken Sie in der Auswahl der Programmbereiche auf die Schaltfläche *Assistent*. Mit diesem Befehl öffnen Sie den Vorlagengenerator. Das Programm erzeugt mit diesem Vorlagengenerator automatisch verschiedene Gestaltungsvorschläge. Sie können damit einfach entscheiden, welcher Hintergrund Ihnen am besten gefällt, welche Schrift mit den übrigen Gestaltungselementen harmoniert, welche Farbe attraktiver wirkt und vieles mehr.

Glückwunschkarte | Workshop 12

Die vorhin in der Auswahl markierte Vorlage wird als sogenannte *Master-Vorlage* gekennzeichnet. Sie ist die Basis für alle Varianten, die der Vorlagengenerator erzeugt.

Schritt 3 – Vorlagengenerator einstellen
Klicken Sie auf die Kategorie *Cliparts*. Damit geben Sie dem Vorlagengenerator an, welches Element Sie verändern wollen. Der Vorlagengenerator kann alle Elemente in der Vorlage automatisch variieren. Dies sind in diesem Fall neben Cliparts auch Umrandungen oder Hintergrundmotive. Welches Element auf der Karte verändert wird, erkennen Sie an der gestrichelten Linie, die um das jeweilige Element erscheint.

Wählen Sie anschließend in der Liste unter den Kategorien die gewünschte Clipart-Gruppe. In diesem Fall wird *Leonardo Geburtstag* eingestellt. Sie finden dort Illustrationen im A6-Hochformat, die als fertige Grußkarten gestaltet sind.

Suchen Sie in der Miniaturenleiste, bis Sie interessante Motive finden. Der Vorlagengenerator verwendet jeweils die aktuell sichtbaren Elemente, um Varianten zu erzeugen.

Schritt 4 – Vorlagengenerator starten
Klicken Sie auf *Varianten erzeugen*, um den Vorlagengenerator zu starten. Der Generator erzeugt nun die gewünschten Vorlagen. Nach kurzer Wartezeit eine gewünschte Vorlage markieren und mit der Schaltfläche *Vorlage bearbeiten* in den Editor laden. In diesem Beispiel wird die Vorlage mit Herz und Marienkäfer verwendet.

Aus den Hintergrundmotiven, die in der Miniaturenleiste zu sehen sind, werden automatisch Varianten der Karte erzeugt.

Workshop 12 — Einladungen und Glückwünsche

Die Kartenrückseite gestalten

Schritt 1 – Rückseite anzeigen

Die Grußkarte ist in zwei Seiten angelegt: Seite eins entspricht der Außenseite der Karte, Seite zwei der Innenseite, die zunächst weiß erscheinen.

Eine der Varianten wurde in den Editor geladen und kann jetzt weiter bearbeitet werden.

Die Außenseiten der Karte wurden aus dem Vorlagengenerator übernommen und bleiben in diesem Beispiel, wie sie sind, bestehen. Die Schaltfläche *Zweite Seite* anklicken, um die Innenseite zu gestalten. Diese ist bisher noch ohne Gestaltungselemente.

Schritt 2 – Foto einfügen und positionieren

Zunächst wird ein passendes Urlaubsfoto von der Festplatte geöffnet. Wählen Sie dafür die Kategorie *Fotos* im linken Menü. Wählen Sie dann in der Liste darunter den Eintrag *von Festplatte*.

Das Dialogfeld *Bild einfügen* erscheint, mit dem Sie auf Ihrer Festplatte nach Grafiken suchen können. Wählen Sie im Ordnerbaum den Ordner mit den gesuchten Bildern aus und klicken Sie im Auswahlfenster rechts auf das gewünschte Bild. Links unten sehen Sie einen Infobereich mit Vorschaubild und Dateiinformationen zum ausgewählten Bild. Klicken Sie auf *Öffnen*, um das Bild einzufügen.

Das Bild wird vom Programm oben links auf der dargestellten Seite eingefügt. Diese automatische Position muss nun korrigiert werden: Ziehen Sie das Foto mit der Maus so auf die Seite, dass es links und rechts etwa gleiche Abstände hat und oben genügend Weißraum lässt, damit ein harmonischer Gesamteindruck entsteht.

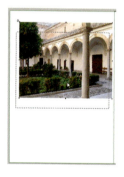

Schritt 3 – Foto mit Passepartout ausstatten

Passepartouts sind Masken, die nur bestimmte Teile eines Fotos sichtbar lassen, andere dagegen abdecken. Sie dienen dazu, ein Foto weicher mit dem Hintergrund zu verbinden.

Glückwunschkarte — Workshop 12

Klicken Sie das Bild an, und wählen Sie im Menü oben links die Kategorie *Passepartouts* und unten die Gestaltung – in diesem Fall *Fotorahmen*.
Kicken Sie dann auf die Miniatur mit dem gewünschten Effekt. Das Bild erscheint nun mit einem aufgelockerten Rand, wie es die Miniaturansicht des Passepartouts anzeigt.

Das Dialogfeld *Text-Eigenschaften* öffnet sich. Geben Sie den Text „Spanien entdecken …" ein. Als Schriftart wählen Sie *Pepper* in *24 Punkt* Größe und mit dem Format *Fett*. Als Schriftfarbe *Seegrün* wählen. Diese Farbe harmoniert besonders gut mit den Grüntönen im Foto.

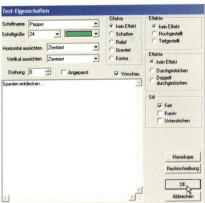

Schritt 4 – Textzeile unter Foto einfügen
Nun soll unter dem Bild des spanischen Klosters eine kurze Textzeile ausgegeben werden. Wählen Sie dafür in der Werkzeugleiste das Symbol *Text* , und ziehen Sie mit gedrückter Maustaste unter dem Bild einen Textrahmen auf.

Schritt 5 – Einen Grußtext eingeben
In die rechte Innenseite der Karte einen etwas längeren Text einfügen. Wählen Sie das Textsymbol **T** in der Werkzeugleiste und zeichnen Sie einen Textrahmen über die volle Größe der rechten Seite.

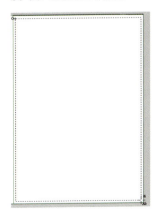

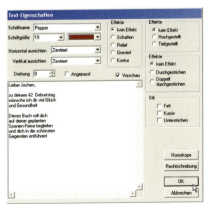

✓ **Tipp**

Klicken Sie nach Eingabe des Textes auf *Rechtschreibung*, um die integrierte Korrekturfunktion des Druckstudios aufzurufen.

121

Workshop 12 — Einladungen und Glückwünsche

> **Tipp**
>
> Bei längeren Texten ist es sinnvoll, die Zeilenumbrüche mit Drücken von ⏎ selbst einzugeben. Das Textbild ist schöner als bei automatischen Umbrüchen.

Geben Sie dann den Text in das Dialogfeld *Text-Eigenschaften* ein, und formatieren Sie ihn in der Schriftart *Pepper* in *19 Punkt* Größe. Entfernen Sie das Häkchen vor *Fett*, und wählen Sie als Schriftfarbe *Braun*. Diese Farbe passt gut zur Gestaltung der Vorderseite der Karte und zur Farbgebung des Fotos. Die Unterschrift wird nicht als Teil des Grußtextes mitgedruckt, sondern nach den Druck der Karte handschriftlich hinzugefügt.

Einen Umschlag gestalten

Schritt 1 – Einen Umschlag auswählen
Klicken Sie in der Vorlagenübersicht oben links auf die Kategorie *Umschlag C6*. Dieser Umschlag wird mit einer Leonardo-Grafik umgestaltet – das wirkt besser, wenn Sie den Umschlag persönlich überreichen. Wählen Sie deshalb keine Vorlage aus, sondern klicken Sie auf das Symbol *Neu* . Der Editor öffnet sich und zeigt eine Umschlagvorlage ohne Texte und Gestaltungselemente.

Schritt 2 – Passende Cliparts einfügen
Für den Briefumschlag soll eine passende Gestaltung mit Hilfe der Leonardo-Cliparts ausgesucht werden. Klicken Sie dafür oben links die Kategorie *Cliparts* und unten die Gestaltung – in diesem Fall *Leonardo Allgemein*. Die Leonardo-Grafik sollte etwa die Farbgebung der Karte widerspiegeln. Suchen Sie in der Miniaturenleiste eine passende Grafik aus.

Schritt 6 – Glückwunschkarte speichern
Klicken Sie auf das Symbol *Speichern als* , und geben Sie der Karte im Dialogfeld *Speichern unter* einen Dateinamen. Kehren Sie dann mit einem Klick auf *Vorlagen* zur Vorlagenauswahl zurück, um noch einen passenden Umschlag zu gestalten.

Schritt 3 – Clipart drehen und skalieren
Die Clipart-Grafik ist im Hochformat und muss deshalb in das Querformat gedreht werden. Klicken Sie dafür in der Ausrichtungsleiste auf das Werkzeug *Um 90° nach links drehen* . Die Grafik hat jetzt die richtige Ausrichtung.

Vergrößern Sie die Grafik mithilfe der Anfasser an den Ecken, ohne sie jedoch bis zum Rand zu ziehen. Der weiße Rand ist für den Druck notwendig – und wirkt auch als Gestaltungselement nicht schlecht.

Schritt 4 – Glückwünsche anzeigen

Die helle Fläche des Musters eignet sich sehr gut für einen Schriftzug. Wählen Sie das Textsymbol T in der *Werkzeugleiste,* und zeichnen Sie einen Textrahmen in diesen Bereich. Tippen Sie im Dialogfeld *Text-Eigenschaften* die Zeile „Herzlichen Glückwunsch" ein, und formatieren Sie sie in der Schriftart *Pepper.* Schalten Sie das Häkchen vor *Fett* aus, und aktivieren Sie die Option *Angepasst.* Beenden Sie das Dialogfeld mit OK.

Die Option *Angepasst* bewirkt, dass sich die Größe des Textes an der Größe des Rahmens orientiert. Nun können Sie den Textrahmen mit der Maus vergrößern, verkleinern und verschieben, bis Sie eine optimale Kombination aus Textgröße und -position gefunden haben.

Zum Schluss wird der Text in der Farbe des rotbraunen Zickzack-Rahmens eingefärbt. Wählen Sie in der Werkzeugleiste die *Pipette*, klicken Sie auf den Zickzack-Rahmen und dann auf die Schrift. Sie wird nun in dem gewünschten Farbton angezeigt.

Gehen Sie auf *Speichern* in der Symbolleiste, um auch den Umschlag auf der Festplatte zu speichern.

> **Tipp**
>
> Wählen Sie für Umschläge nur solche Grafiken oder Cliparts aus, die auch im Querformat wirkungsvoll aussehen.

Workshop 12 — Einladungen und Glückwünsche

Umschlag und Karte drucken

Schritt 1 – Umschlag drucken

Der Umschlag ist noch im Editor geöffnet und wird zuerst gedruckt. Wählen Sie im Menü *Datei* den Befehl *Drucken*. Beim Druck von Sonderformaten wie Briefumschlägen erscheint erst einmal das Dialogfeld *Drucker Papierformat*. Es hilft bei der Zuordnung des Umschlags zu den Papierformaten Ihres Druckers. Wählen Sie hier ein Umschlagformat, das Sie auf Ihrem Drucker einsetzen können. Informationen hierzu entnehmen Sie dem Handbuch Ihres Druckers.

> ⚠️ **Achtung**
>
> Das genaue Vorgehen beim Druck von Umschlägen müssen Sie im Druckerhandbuch nachlesen.

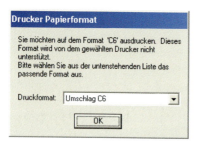

Bei einem Drucker mit einem speziellen Umschlageinzug sollten Sie diesen für den Druck auswählen. Klicken Sie dafür im Druckdialog auf *Eigenschaften*. Wählen Sie nun bei *Papierquelle* den Einzug für Umschläge aus.

Das Dialogfeld sieht bei jedem Drucker ein wenig anders aus, da die Hersteller es an die Funktionen ihrer Modelle anpassen. Das Eigenschaften-Dialogfeld mit *OK* schließen und den Druckvorgang mit einem Klick auf *Drucken* starten.

Schritt 2 – Stärke des Kartons für die Karte wählen

Gehen Sie im Menü *Datei* auf *Speichern* und danach auf *Öffnen*. Wählen Sie die Grußkarte aus, die zuvor erstellt und gespeichert wurde. Die Karte erscheint im Editor. Wählen Sie wieder den Befehl *Drucken*. Die beste Wirkung bei dieser Art von Karte erreichen Sie, wenn Sie festes Papier mit mattglänzender Oberfläche verwenden. Karton mit 160 g/qm kann von den meisten Druckern problemlos eingezogen und bedruckt werden. Sie sollten den Druck mit dieser Stärke einfach ausprobieren; in vielen Fällen klappt das ohne Schwierigkeiten. Achten Sie beim Kauf von glänzenden Papieren darauf, dass sie für den Einsatz mit Ihrem Drucker geeignet sind. Andernfalls kann die Tinte leicht verwischen.

Schritt 3 – Papierformat bestimmen

In der Standardeinstellung des Druckdialogs wird eine Karte auf ein A5-Blatt gedruckt oder zwei Karten auf ein A4-Blatt.

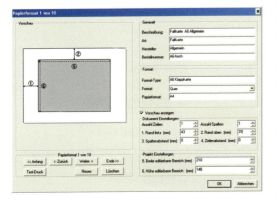

Für den Druck einer einzelnen Karte ist es jedoch günstiger, wenn sie einzeln und quer auf dem A4-Blatt positioniert wird.

Klicken Sie im Druckdialog auf die Schaltfläche *Druck-Format*. Nun erscheint ein Dialogfeld, in dem Sie die Abmessungen des bedruckten Papiers bestimmen können. Tragen Sie zuerst bei *Papierformat* den Wert *A4* ein. Geben Sie dann bei *Rand links 43* und bei *Rand oben 31* ein. Damit zentrieren Sie die A5-Seite auf dem A4-Papier. Das hat den Vorteil, dass Sie einen A4-Karton problemlos doppelseitig bedrucken können. Nach einem Klick auf *OK* wird die Karte entsprechend im Druckdialog umformatiert.

Schritt 4 – Glückwunschkarte doppelseitig drucken

Schalten Sie im Dialogfeld *Drucken* die Option *Kontur drucken* aus, damit die grünen Randlinien nicht mitgedruckt werden, und klicken Sie auf *Drucken*. Zuerst gibt das Programm die Vorderseite aus und zeigt dann das abgebildete Dialogfeld an. Warten Sie, bis der Drucker die Vorderseite ausgedruckt hat: Legen Sie dann das selbe Papier erneut in den Drucker ein, und klicken Sie im Dialogfeld auf *OK*. Jetzt wird der Druck der Rückseite gestartet. Achten Sie darauf, dass Sie das Papier wieder richtig in den Drucker einlegen. Das abgebildete Dialogfeld gibt Ihnen für verschiedene Druckermodelle wichtige Hinweise.

Möchten Sie zunächst einen Probeausdruck machen, um die korrekte Ausrichtung des Papiers zu testen, gehen Sie zum Register *Tinte sparen*, und stellen Sie den niedrigsten Wert ein. Einfaches Papier verwenden. Für den richtigen Ausdruck setzen Sie den Wert dann wieder zurück auf 100 %. Außerdem über die Schaltfläche *Eigenschaften* die beste Druckqualität aktivieren.

 Tipp

Orientieren Sie sich bei dem Ausschneiden der Karte an den Außenlinien der Vorderseite.

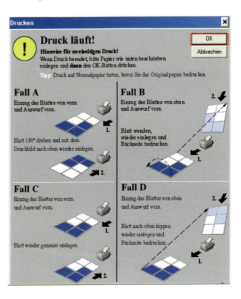

Einladungen und Glückwünsche

Lustige Fax-Vorlagen für spontane Grüße

Das kommt schon einmal vor: Um ein Haar hätten Sie den Geburtstag eines lieben Menschen vergessen! Bereits heute ist der Geburtstag, und Sie haben vergessen, eine Glückwunschkarte abzuschicken.
Trotzdem bereiten Sie dem Geburtstagskind eine gelungene Überraschung – und das noch zur rechten Zeit! Ein witziger und persönlicher Gruß aus dem Faxgerät kommt unerwartet und verbreitet gute Laune.

Das sind die besten Anlässe für Grüße per Fax:
› Kurzfristige Einladungen
› Glückwünsche zum Geburtstag, zu Feiertagen, zur Beförderung, zur Geburt
› Besserungswünsche für kranke Daheimgebliebene
› Dankschreiben oder
› einfach ein Gruß als Überraschung nach Hause oder ins Büro

Mit den Fax-Cartoons aus dem ADAC Druckstudio landen Sie garantiert immer einen Treffer. Über 100 Fax-Vorlagen sind fertig gestaltet. Sie müssen diese nur noch aussuchen, ausdrucken, Ihren Namen ergänzen – und dann abschicken. Alternativ können Sie das Glückwunsch-Fax auch ohne Umwege direkt aus der Software an den Empfänger schicken.

Faxgrüße

Faxen ohne Faxgerät

Viele Softwareanbieter bieten günstige Faxprogramme an, mit denen Faxe direkt vom PC aus versandt werden können. Sie werden wie ein „virtueller Drucker" benutzt, das bedeutet, Sie können aus jedem Windows-Programm heraus auf das Faxgerät „drucken". Sie wählen im Druckdialog aus der Liste der Drucker den Eintrag für die Faxsoftware aus, und starten den Druck. Dann erscheint ein Dialogfeld, in dem die Faxnummer des Empfängers eingegeben wird und weitere Einstellungen vorgenommen werden können. Voraussetzung ist, dass der PC mit dem Internet verbunden ist.

Einrichtung mit Modem oder ISDN

Recht unkompliziert ist die Einrichtung solcher Faxprogramme, wenn der Zugang zum Internet über Modem oder ISDN erfolgt. Dann ist der Rechner schon am Telefonnetz und der PC kann mit dem Programm die Rolle eines Faxgeräts übernehmen. Sie benötigen lediglich eine entsprechende Software. Bei vielen ISDN-Modems ist bereits eine Faxsoftware enthalten. Genaue Anweisungen zur Einrichtung erhalten Sie in der Anleitung zu Ihrem Gerät oder Ihrer Software. Die Software erscheint als Drucker in der Druckerliste. Sie erstellen das Fax in einem beliebigen Programm und „drucken" das Blatt in die Faxsoftware. Die Software fragt Sie nach der Faxnummer und schickt das Fax los.

Die Faxsoftware erscheint in der Liste der installierten Drucker.

Einrichtung mit DSL

Etwas schwieriger ist es, wenn Sie DSL als Internetzugang benutzen. Mit DSL ist der Rechner zwar im Internet, aber nicht am Telefonnetz. Er kann daher nicht selbst als Fax arbeiten. Die Lösung dafür sind Dienstleister im Internet, die gegen eine geringe Gebühr das Fax aus dem Internet ins Telefonnetz weiterleiten. Diese Dienstleister stellen (zumeist kostenlos) eigene Faxprogramme zur Verfügung, die Sie installieren müssen, um den Dienst zu nutzen.

Die Software erscheint ebenfalls als Drucker in der Druckerliste und leitet das gedruckte Dokument als Fax weiter. Ein solcher Anbieter in Deutschland ist www.fax.de.

Andere Dienstleister nehmen Dokumente per E-Mail entgegen und leiten sie als Fax an den gewünschten Empfänger weiter. Ein solcher Anbieter ist beispielsweise www.efax.com. Welches Dateiformat der Dienstleister verarbeiten kann, entnehmen Sie bitte dessen Produktinformationen. Über die Exportfunktion des Druckstudios bringen Sie Ihren Faxgruß in alle gängigen Formate wie beispielsweise PDF, DOC, TIF oder JPG.

Eigene Texte auf dem Fax

Die fertig gestalteten Faxvorlagen im Druckstudio lassen viel Platz für eigene Notizen und Grüße sowie natürlich für die Namen von Sender und Empfänger. Wenn Sie die Vorlage ausdrucken und mit einem Faxgerät versenden, ergänzen Sie es nach dem Druck handschriftlich. Versenden Sie es aber direkt vom PC aus über spezielle Faxsoftware, dann sollten Sie Ihren persönlichen Gruß schon im Druckstudio als Textzeilen einfügen. Verwenden Sie dazu eine Schrift, die wie eine Handschrift wirkt. Geeignet sind beispielsweise die Schriftarten Brutus, Patrick oder Pepper.

Brutus
Patrick
Pepper

Diese Schriftarten sind Handschriften nachempfunden und vermitteln einen persönlichen Eindruck.

Workshop 13 — Einladungen und Glückwünsche

▶ **Step-by-Step-Anleitung**

Fertige Fax-Vorlagen verwenden

Als spontaner Geburtstagsgruß soll ein Fax versendet werden. In diesem Workshop werden zwei Vorgehensweisen dafür beschrieben: der einfache Ausdruck einer Vorlage zum Versand über ein Faxgerät und das Vorgehen beim Versand direkt vom PC – hierfür müssen Sie allerdings über eine Möglichkeit verfügen, Dokumente direkt über eine Faxsoftware zu versenden.

In diesem Workshop lernen Sie die folgenden Funktionen des ADAC Druckstudios kennen:

> **Faxvorlagen drucken**
> **Zusätzliche Texte einfügen**
> **Druckerauswahl**

Ein Fax auf Papier ausdrucken

Schritt 1 – Eine Vorlage öffnen
Öffnen Sie im Bereich *Persönliche Drucksachen* den Workshop *Fax-Vorlagen.* Hier finden Sie eine große Auswahl sowohl neutraler als auch humorvoller Faxvorlagen.

Im Menü links oben befinden sich mehrere Kategorien, sortiert nach Anlässen. Scrollen Sie in der Liste nach unten und klicken Sie auf *Pmaus-Glückwünsche.*
Wählen Sie die Vorlage mit dem Titel „Herzlichen Glückwunsch" aus, und öffnen Sie sie mit einem Doppelklick im Editor.
Falls Sie lieber eine andere Vorlage auswählen möchten, kehren Sie mit der Schaltfläche *Zurück* in die Vorlagenauswahl zurück.

Schritt 2 – Die Vorlage ausdrucken
Gehen Sie in der Symbolleiste auf *Drucken*. Das Programm zeigt nun den Druckdialog an. Das Format *DIN A4 hoch* wird automatisch verwendet. Ein Einfaches Kopierpapier oder Schreibmaschinenpapier ist für diesen Zweck vollkommen ausreichend. Klicken nun Sie auf Drucken, um den Ausdruck zu starten.

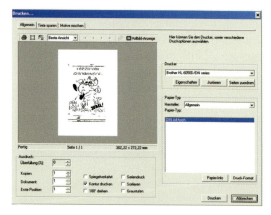

Faxgrüße — Workshop 13

Eine Vorlage auswählen und eigene Daten einfügen

Schritt 1 – Vorlage mit eigenen Texten ergänzen

Die Vorlage ist im Editor geöffnet. Sie enthält noch keine Textelemente wie Namen, persönliche Grüße und Telefonnummern.
Klicken Sie in der *Werkzeugleiste* auf das *Textwerkzeug*, und ziehen Sie neben dem Text „An" mit gedrückter Maustaste einen Rahmen auf.

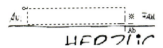

Sobald Sie die Maustaste loslassen, erscheint das Dialogfeld *Text-Eigenschaften*. Geben Sie hier den Namen des Empfängers ein, und verändern Sie die folgenden Formatierungsoptionen: Schriftart *Patrick* in der Farbe *Dunkelblau* und *Schriftgröße 26*. Bestätigen Sie die Änderungen mit *OK*. Gegebenenfalls den Textrahmen mithilfe der Anfasser vergrößern, damit der Text vollständig angezeigt wird.

Fügen Sie auf dieselbe Weise weitere Textrahmen ein. Bei längeren Texten das Häkchen bei der Option *Fett* entfernen, damit sie besser lesbar sind.

Schritt 2 – Bildbereiche abdecken

Im unteren Bereich der Vorlage befindet sich eine Fußzeile. Sie ist Teil der Grafik und kann daher nicht einzeln entfernt werden. Ist an ihrer Stelle ein Text einzufügen, so können Sie sie einfach durch einen weißen Balken abdecken.

Klicken Sie in der Werkzeugleiste auf das Symbol *Rechteck zeichnen*, und ziehen Sie mit gedrückter Maustaste einen großen Balken über der Fußzeile auf. In der Standardeinstellung erscheint er in Rot mit einer schwarzen Konturlinie. Mit einem Doppelklick auf den Balken öffnet sich das Dialogfeld *Eigenschaften*. Setzen Sie bei *Kontur* den Wert für *Stärke* auf *0*, und wählen Sie bei *Füllfarbe Weiß* aus. So wird die Fußzeile unauffällig abgedeckt. Darüber dann einen weiteren Text einfügen.

Schritt 3 – Faxprogramm einsetzen

Voraussetzung ist, dass auf Ihrem Rechner eine Software zum direkten Versand von Faxen installiert und der Rechner mit dem Internet verbunden ist.
Gehen Sie auf das Symbol *Drucken*. Fast jede Fax-Software verhält sich wie ein Drucker: Sie schicken damit Ihr Fax direkt über das Druckstudio. Im Dialogfeld *Drucken* wählen Sie statt des Druckers den *Faxtreiber* aus. Der genaue Name in der Liste der Drucker ist unterschiedlich, je nachdem welche Software Sie verwenden.

Starten Sie das Faxen mit *Drucken*. Anschließend erscheint ein Dialogfeld des Faxprogramms. Dieses Dialogfeld sieht bei jeder Software etwas anders aus. Geben Sie die Faxnummer ein, und starten Sie das Senden. Das Faxprogramm konvertiert das Dokument ins Faxformat und verschickt es sofort im Anschluss.

> **Hinweis**
>
> Einige Dienstleister bieten an, Dokumente per E-Mail in Empfang zu nehmen und als Fax weiterzusenden. Wählen Sie dafür im Menü *Datei* den Befehl *Export als PDF-Datei*. Die erzeugte PDF-Datei anschließend an den Dienstleister versenden.

Einladungen und Glückwünsche

Feste perfekt gestalten: Accessoires für jeden Anlass

Wenn Sie ein Fest oder eine Party rundum selbst ausstatten, dann sind gute Ideen gefragt. Denn zu jeder Party möchte man etwas ganz Besonderes machen – das kann ein außergewöhnlicher Veranstaltungsort, ein besonderes Datum oder auch ein originelles Party-Motto sein. Einen bleibenden Eindruck hinterlassen Sie jedoch mit einer ansprechenden und aufeinander abgestimmten Dekoration. Dieses Kapitel zeigt verschiedene Vorschläge, wie Sie mit einfachen Mitteln und mithilfe des Druckstudios Feste vom Kindergeburtstag bis zum Jubiläum ausrichten.

Erste Vorbereitungen für das Fest treffen

Zuerst sollten Sie überlegen, welche Form Sie Ihrer Feier geben möchten. Ist es ein lustig bunter Kindergeburtstag oder eine romantisch verträumte Hochzeit? Erwarten Sie 10 Gäste oder 150? Machen Sie sich am besten eine Aufstellung für die Vorbereitungen: Welcher Termin eignet sich, wie viele Gäste werden erwartet, wer bewirtet die Gäste und wie aufwendig soll dekoriert werden, vielleicht auch zu einem bestimmten Thema?

Wenn Sie den groben Rahmen für Ihre Feier abgesteckt und einen Termin gefunden haben, sollten Sie die verbleibende Zeit gut planen. Überlegen Sie, wann Sie notwendige Besorgungen erledigen, wie zeitaufwendig die Dekoration sein wird und welche Speisen vorbereitet, andere eventuell frisch zubereitet werden müssen. Darüber hinaus ist es ebenso wichtig zu überlegen, wer Ihnen hilfreich zur Seite stehen und Sie mit Erledigungen unterstützen kann. Bei allerlei Dingen wie Einladungskarten, Tischkarten und Dekoration hilft Ihnen das ADAC Druckstudio. Für Attraktio-

Feste perfekt gestalten

nen auf einem Kindergeburtstag kann das Programm direkt zum Einsatz kommen. Partyhüte basteln oder T-Shirts bedrucken – eine spannende Party-Idee, bei der jedes Kind seine Lieblings-Vorlage aussuchen darf.

Checkliste für die Räumlichkeiten

Was benötigen Sie für Ihre Feier, was ist vorhanden, was muss noch organisiert werden? Die folgende Liste hilft Ihnen beim Planen.

Bei gemieteten Räumen:
› Bühne oder zentraler Platz
› Tanzfläche
› Musik
› Tische oder Stehtische
› Stühle, Bänke, Sitzkissen
› Geschirr, Besteck, Gläser
› Toiletten
› Parkmöglichkeiten oder guter Anschluss an öffentliche Verkehrsmittel
› Rechtzeitiger Zugang zum Raum für Dekoration und Vorbereitung
› Licht
› Heizung
› Steckdosen
› Kühlschränke, Wärmeplatten
› Kaffeeautomat, Teewasser

In eigenen Räumen:
› Tanzfläche
› Musik
› Tische
› Stühle und andere Sitzgelegenheiten
› Geschirr, Besteck und Gläser in ausreichenden Mengen
› Verlängerungskabel
› Licht
› Kühlmöglichkeiten für Getränke
› Rückzugsmöglichkeit für Mütter mit kleinen Kindern

Das Thema der Feier festlegen

Eine schöne Idee für Feiern aller Art ist ein Motto, unter dem die Veranstaltung gestellt wird. Für eine Silberhochzeit im April könnte es lauten: „25 Jahre Frühling!" Passend dazu gestalten Sie die Einladung mit blühenden Apfelzweigen. Eine Leitidee zu finden, ist nicht schwer. Wählen Sie beispielsweise einen Anlass der Jahreszeit gemäß aus. Die Lieblingsfarbe wie auch Filmklassiker können anregende Themen sein. Wie wäre es z. B. mit einem Mittsommernachtstraum ganz in Weiß oder einer schaurigen Vampirnacht?

Um Ihre Gäste richtig einzustimmen, wird bereits beim Verschicken der Einladungskarten der thematische rote Faden aufgegriffen. Von der Raum- und Tischdekoration bis zum Dankesgruß wird jedes Element mit identischen Motiven verziert.

✓ **Tipp**

Bitten Sie einen Hobbyfotografen aus Ihrem Bekanntenkreis, Erinnerungsfotos zu machen. So haben Sie auf der Feier mehr Zeit für Ihre Gäste.

✓ **Tipp**

Für eine Gestaltung, die punktgenau zum Thema der Party passt, benötigt man oft ganz spezielles Bildmaterial.
Unter der Webadresse finden Sie z. B. unter **www.pixelquelle.de** viele Bilder zum kostenlosen Download.

Farben, Motive und das Motto sind in dieser Einladungskarte aufeinander abgestimmt.

131

Einladungen zum Fest

Ihr Fest beginnt bereits mit der Einladung. Wenn Sie diese fantasievoll und ansprechend gestalten, machen Sie Ihre Gäste schon im Vorfeld neugierig auf den großen Tag.
Laden Sie sie mit einem Vorlauf von etwa 3 Wochen ein, damit ausreichend Zeit ist, sich den Termin freizuhalten. Informieren Sie in der Einladung über Uhrzeit, Ort und Datum der Veranstaltung sowie das Motto.

✓ Tipp

Denken Sie daran, Ihre Nachbarn rechtzeitig über Ihre Feierlichkeit zu informieren. So beugen Sie Ärger und Unfrieden vor!

Bei sehr festlichen Anlässen ist zusätzlich ein Hinweis auf die Kleiderordnung z. B. Abendgarderobe angebracht. Wenn Sie eine Rückantwort der Gäste wünschen, so legen Sie eine Rückantwortkarte bei oder geben Sie eine Telefonnummer zur Anmeldung an. Dies erleichtert den Gästen die Antwort, und Sie behalten besser den Überblick. Müssen Ihre Gäste von außerhalb anreisen, so können Sie ihnen zusätzlich eine Wegbeschreibung zukommen lassen. Legen Sie diesen Gästen in die Einladungskarte beispielsweise noch ein zusätzliches Blatt mit einer Anfahrtsskizze.

Auswahl der Gestaltungselemente

Greifen Sie das Party-Motto für die Gestaltung Ihrer Einladung auf. Wählen Sie ein markantes Bildmotiv oder ein eigenes Foto, das Sie in die Vorlage einfügen. Mit besonderen Schriftarten und auf das Arrangement abgestimmten Farben unterstreichen Sie den Charakter des Festes – eine geschwungene und klassische Schrift in zartem Rosa eignet sich beispielsweise sehr gut für eine Hochzeitseinladung.

Sommerparty

Die Buchstaben der Schriftart Pepper scheinen fröhlich auf der Zeile zu tanzen. In sonnigem Orange ist diese Schrift perfekt für eine Sommerparty.

Hochzeit

Zart und romantisch wirkt die Schrift Arian mit ihren feinen, geschwungenen Linien – in sanftem Rosa ist sie ideal für die Hochzeit.

Kindergeburtstag

Einfach zu lesen, freundlich und wie selbst gemalt wirken die Buchstaben der Schrift Comic. Ein kunterbunter Buchstabenmix passt sind toll für Einladungen.

Einladungen per E-Mail

Mit genügend Vorlaufzeit können Sie die Einladungen per Post verschicken oder persönlich überreichen. Spontane Einladungen, wenn es einmal schnell gehen soll, verschicken Sie per E-Mail. Auf diese Weise erreichen Sie gleich einen großen Freundeskreis, vorausge-

Feste perfekt gestalten

setzt, es gibt genügend E-Mail-Nutzer. Planen Sie jedoch auch hier etwas Zeit ein, bis Sie eine Antwort auf die E-Mail erhalten.
Eine E-Mail-Karte aus dem Druckstudio fällt im Postfach gleich auf, denn die Vorlagen unterscheiden sich nicht von den ausgedruckten Entwürfen. Sie sind ebenso repräsentativ und lassen sich individuell gestalten.

Einladungen für Kinder

Für Kinder können Sie richtig kreativ werden. Legen Sie Ihrer selbst entworfenen Einladungskarte einen lustig beschrifteten Luftballon bei (hierfür den Ballon aufblasen und mit einem Filzer beschriften, nach dem Trocknen die Luft ablassen und dann der Post beilegen). Oder Sie gestalten eine bunte Karte, die Sie in kleine Puzzle-Teile zerschneiden. Groß und Klein müssen dann erst das Rätsel lösen!
Eine Einladung mit Geheimbotschaft lässt Entdeckerherzen höher schlagen: Drucken Sie eine Klappkarte mit dem Druckstudio aus und lassen Sie die Rückseite zunächst leer. Schreiben Sie den Einladungstext mit einer weißen Kerze auf das weiße Papier der Innenseite. Geben Sie Ihren Gästen den Tipp, der Karte das Geheimnis mit Wasserfarbe und Pinsel zu entlocken.

Fertige Vorlagen aus dem Druckstudio, speziell gestaltet für Einladungen zum Kindergeburtstag.

Tischkarten entwerfen

Damit Ihre Gäste den richtigen Platz am Tisch finden, können Sie auf die Dekoration abgestimmte Tischkärtchen basteln. Das Druckstudio bietet eine große Auswahl an passenden Vorlagen in unterschiedlicher Gestaltung. Selbstverständlich lassen sich auch eigene Motive einfügen. Wählen Sie eine große Schrift, damit der Name auch aus einiger Entfernung gut lesbar ist. Mit dem Druckstudio-Programm lassen sich gleich alle Tischkarten auf einmal ausdrucken.
Oder doch etwas ganz anderes? Tischkarten müssen nicht immer aus Papier sein: Schreiben Sie die Namen mit Silber- oder Goldstift auf frische oder getrocknete Herbstblätter, die Sie auf dem Teller platzieren.

Menükarten für feierliche Anlässe

Auf einer festlich dekorierten Tafel darf natürlich auch die passende Menükarte nicht fehlen. Übernehmen Sie Farben und Gestaltungselemente aus der Einladung oder von den Tischkarten für Ihre Menükarte. So wirkt die gesamte Dekoration einheitlich wie aus einem Guss. Stilisierte Motive der vorhanden Blumen, die Sie auf der Menükarte einfügen, runden die Gestaltung ab. Wenn Sie Ihr Blumenarrangement farblich auf die Tischdeko abstimmen, wird daraus ein perfektes Ensemble.

Einladungen und Glückwünsche

Tipp

Die Menükarten-Vorlagen können Sie auch für andere Zwecke abwandeln. Das Programm für den Abend bringen Sie darauf ebenso gut unter wie Liedtexte für die kirchliche Trauung. Ändern Sie einfach den Titeltext auf der Vorderseite entsprechend, und bringen Sie innen die gewünschten Inhalte unter. Bleiben Sie bei den vorgegebenen Farben, Motiven und Schriften, um eine einheitliche Gestaltung aller Drucksachen zu erreichen.

Dekoration und Beleuchtung

Die letzten Vorbereitungen für das Fest stehen an: Alle Accessoires werden nun auf das Motto des Festes abgestimmt – von der Blumenwahl bis zur Tisch- und Raumdekoration.

Als Tischdekoration sind Blumen immer ein hübscher Blickfang. Für ein Sommerfest bietet sich eine Margeritendeko an, wenn Sie mit Blumen der Saison dekorieren. Verteilen Sie die weiß-gelben Blüten locker ausgestreut auf der Tischdecke, eventuell auch an Tellerrändern und um Kerzenständer. So zaubern Sie eine luftige Sommerfrische auf die Tafel. Für eine stilvoll gedeckte Hochzeits- oder Festtafel wählen Sie einen entsprechenden festlichen Blumenschmuck, beispielsweise ein Gesteck mit Rosen der Lieblingssorte des Paares. Das Wichtigste dabei ist, die Einladungsidee, die dahinter steckt, wieder aufzugreifen. Auf jeden Fall sollten Sie die Farbauswahl und Blumensorte auf die Gestaltungselemente Ihrer Drucksachen abstimmen. Ihren Gästen wird es auffallen, wenn Sie sich Mühe machen.

Blumen-Deko – raffiniert und klein

Es müssen nicht immer Kristallvasen sein. Wenn Sie mit Blumen dekorieren, verwenden Sie zur Abwechslung einfach Bechertassen statt großer Vasen und stellen Sie damit so viele kleine Blumensträußchen wie möglich auf. Dabei gilt: Je mehr, desto besser! Und wenn Sie nicht so viele Tassen zur Verfügung haben, verschönern Sie einfache Partybecher aus Kunststoff mit den Druckvorlagen aus der Software. So erhalten auch die Blumenvasen eine Gestaltung, die zur Dekoration Ihres Festes passt. Wählen Sie für die Vorlagen Farben, die mit den Blütenfarben harmonieren. Kleine Blüteninseln mit in Eiswürfeln gefrorenen Sommerblüten lassen sich schnell herstellen und auf Glasschalen arrangieren.

Bunte Girlanden und Wandschmuck

Girlanden, die einfach aus einer aufgehängten Wäscheleine und daran befestigten Luftballons und Bildern bestehen, sind eine kostengünstige Alternative. Drucken Sie Fotos und Grafiken dafür einfach mit dem Druckstudio in der gewünschten Größe aus. Mit der Posterdruck-Funktion des Programms bringen Sie beispielsweise ein Strandfoto oder auch ein Liebesgedicht zur Hochzeit, das Sie in eine leere A4-Vorlage einfügen, auf Großformat – und das mit dem eigenen Drucker! Verwenden Sie eine beliebige Vorlage, und wählen Sie beim Druck die Option *Poster-Druck*. Tücher oder Netze verwandeln – mit lustigem Dekomaterial bestückt, Gummispinnen zur Halloween- oder Papierblumen zur Hawaii-Party – jeden Raum im Handumdrehen.

Party-Picker mit lustigen Fähnchen

Das Druckstudio hilft Ihnen mit weiteren Ideen beim Dekorieren: Basteln Sie aus Zahnstochern und Vorlagen aus dem Druckstudio eigene Party-Picker für eine Grusel- oder Einweihungsparty. Stimmen Sie die Motive auf Ihren individuellen Anlass ab. Sie können sie

Feste perfekt gestalten

Monogramme sehr dekorativ und stilvoll aus. Sie benötigen lediglich Bechergläser, Transparentpapier, etwas Sand und Teelichter. Das Papier bedrucken Sie möglichst mit einer gedeckten Hintergrundfarbe. Mit leicht durchscheinendem Papier oder sogar spezieller, bedruckbarer Folie erzielen Sie wunderschöne Ergebnisse. Die Größe der zu bedruckenden Fläche richtet sich nach der Größe Ihrer Gläser. Messen Sie die Papiermanschette aus, indem Sie das Glas einfach einmal über ein A4-Blatt rollen. An allen Seiten etwa 2 cm zugeben. Verwenden Sie eine leere Vorlage der Größe A4 aus dem Druckstudio, und kopieren Sie beispielsweise die Motive der Einladungskarte oder Tischkarte hinein. Das fertig bedruckte Papier ausschneiden, um das Glas legen und mit einem Klebestreifen fixieren.

sehr gut auch durch eigene Bilder ersetzen. Mit etwas Alleskleber fixieren Sie die Fähnchen um die Zahnstocher.

Windlichter mit Papiermanschette
Eine romantische Stimmung entsteht mit der richtigen Beleuchtung wie von selbst. Aus Gläsern mit einer hübschen Papiermanschette lassen sich attraktive Windlichter in beliebiger Anzahl preiswert herstellen. Wählen Sie aus der Fülle von Vorlagen aus dem Druckstudio, um diese entsprechend zu dekorieren. Neben Bildmotiven sehen auch Schriftzeichen und

Dankschreiben

Mit einer Danksagungskarte an die Gäste runden Sie die Feierlichkeiten ab. Sie bietet Ihnen die Gelegenheit, sich nochmals bei Ihren Gästen zu bedanken. Greifen Sie auf die Gestaltung der Einladungskarte zurück, und machen Sie daraus eine Postkarte für Ihren Dankesgruß. Neben einem Standardtext sollten Sie sich immer auch die Zeit nehmen, um ein paar persönliche Worte zu finden. Als kleines Dankeschön für das Kommen der Gäste können Sie auch ein aktuelles Foto – einen Schnappschuss oder ein anderes passendes Motiv des Festes – in die Kartengestaltung integrieren.

> **Tipp**
> Schwimmkerzen zaubern im Dunkeln eine stimmungsvolle Atmosphäre. Für einen ebenso geheimnisvollen Duft geben Sie einige Tropfen Duftöl ins Wasser.

Workshop 14 — Einladungen und Glückwünsche

▸ **Step-by-Step-Anleitung**

Alles für die Feier zur Silbernen Hochzeit

Nicht so groß wie eine Hochzeit und nicht so feierlich, dafür viel entspannter und gelassener ist meist die Feier zur Silbernen Hochzeit nach 25 Jahren! Abwechslungsreiche und glückliche Ehejahre werden gefeiert, Familie und Freunde treffen sich vielleicht nach langer Zeit wieder einmal. Die Vorbereitungen für ein schönes Fest sollen ohne Stress verlaufen – dabei hilft Ihnen das ADAC Druckstudio. Drucken Sie wunderschöne Einladungskarten, Tischkärtchen und Menükarten selbst aus – alles in einem einheitlichen Stil, passend zum festlichen Anlass. Nach der Feier verschicken Sie außerdem noch einen Dankesgruß, der auch auf die Gesamtgestaltung abgestimmt ist.

In diesem Workshop erfahren Sie, wie Sie die folgenden Gestaltungsmittel im ADAC Druckstudio einsetzen:

❯ **Vorlagenauswahl nach Anlass**
❯ **Einheitliche Gestaltungselemente**
❯ **Texte einfügen**
❯ **Doppelseitiger Druck**
❯ **Unterschiedliche Motive auf ein Blatt drucken**
❯ **Seriendruck**

Eine Einladung auswählen und anpassen

Schritt 1 – Vorlage auswählen

Wenn Sie für einen bestimmten Zweck eine Gruppe aus zusammenhängenden Vorlagen mit einem einheitlichen Design gestalten wollen, sollten Sie die Sortierung nach *Anlässen* nutzen. Klicken Sie im Startbildschirm des Programms auf die Schaltfläche *Vorlagen nach Anlässen*.

Wählen Sie den Anlass Hochzeit. Die Vorlagen unter diesem Workshop sind auch für Anlässe wie die Silberne Hochzeit geeignet.

Es öffnet sich die Vorlagenübersicht, wie sie Ihnen vielleicht schon aus anderen Workshops bekannt ist. Es gibt jedoch einen entscheidenden Unterschied: Die Kategorien im Menü oben links sind die verschiedenen Vorlagenarten, die sonst unterschiedlichen Workshops entsprechen, beispielsweise *Einladungskarten* oder *CD-Label*. In der Liste darunter wählen Sie danach das Format.

Klicken Sie auf *Einladungskarten,* und wählen Sie das Format *DIN A6 hoch*. Nun zeigt das Programm die verschiedenen Vorlagen dieser Kategorie an. Wählen Sie die Einladungskarte mit den Apfelblüten, und öffnen Sie sie mit einem Doppelklick im Editor.

Alles für die Silberhochzeit — Workshop 14

Schritt 2 – Vorlage mit eigenen Texten füllen
Sie sehen die Vorderseite der Einladungskarte. Sie zeigt links den Titel und rechts die Rückseite, die beide nach dem Falten die Außenseiten der Klappkarte bilden. Die Innenseiten sind entsprechend der gewählten Gestaltung grün eingefärbt. Gehen Sie auf die Schaltflächen *Erste Seite* und *Zweite Seite* am unteren Rand, um zwischen Vorder- und Rückseite der Karte zu wechseln.

Der Einladungstext im Inneren der Karte wird durch Kopieren des weißen Textes auf der Vorderseite erzeugt: Markieren Sie den Textrahmen, und drücken Sie [Strg]+[C]. Damit wird der Text in die Zwischenablage kopiert. Wechseln Sie nun zur Innenseite der Karte, indem Sie auf *Zweite Seite* klicken. Drücken Sie dann [Strg]+[V], um eine Kopie des Textrahmens einzufügen. Vergrößern Sie den Textrahmen mithilfe der Anfasser so, dass er fast die ganze rechte Seite der Karte einnimmt.

Doppelklicken Sie auf den Textrahmen, um Ihren Einladungstext einzugeben. Je nach Umfang des eingegebenen Textes verringern Sie die *Schriftgröße* etwas, beispielsweise auf *26 Punkt*. Verändern Sie außerdem folgende Formatierungsoptionen: in der Liste *Horizontal ausrichten* die Option *Zentriert* wählen und in der Liste *Vertikal ausrichten* die Option *Oben*.

> ✓ **Tipp**
>
> Mögliche Inhalte für die linke Seite oder die äußere Rückseite sind: Rufnummer für Rückmeldung, Infos zu Parkplatz, Übernachtung etc.

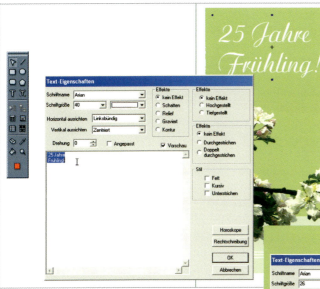

Klicken Sie doppelt auf den Text „Wir heiraten!" auf der Vorderseite der Karte. Es erscheint das Dialogfeld *Text-Eigenschaften*. Ändern Sie hier den Text nach Ihren Wünschen, entfernen Sie das Häkchen bei *Fett* und bestätigen Sie mit *OK*. Gegebenenfalls muss danach der Textrahmen etwas vergrößert werden, sodass auch ein längerer Text vollständig angezeigt wird. Ziehen Sie an dem Anfasser an der rechten Seite des Textrahmens, um ihn entsprechend zu vergrößern. Nicht benötigte Texte mit der [Entf]-Taste löschen.

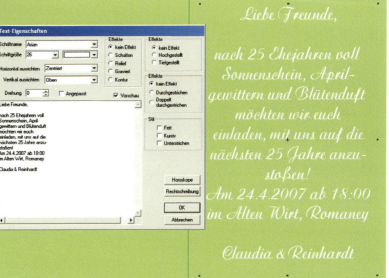

137

Workshop 14 — Einladungen und Glückwünsche

Gehen Sie im Menü auf *Datei* und wählen den Befehl *Speichern*. Sichern Sie die neu gestaltete Einladungskarte unter einem Namen.

Schritt 3 – Zwei Karten auf ein Blatt drucken
Der Ausdruck dieser A6-Faltkarte ist einfach: Wählen Sie unter *Datei* den Befehl *Drucken*, und stellen Sie dort in der Liste *Papier-Typ* den Eintrag *Faltkarte 2x auf A4* ein. Außerdem sollten Sie die Option *Kontur drucken* ausschalten.

Klicken Sie auf *Eigenschaften* unterhalb des Druckernamens, um zum Dialogfeld für die Einstellungen der Druckqualität zu gelangen. Dieses Dialogfeld ist für jedes Druckermodell verschieden. Bei vielen Druckermodellen haben Sie die Möglichkeit, eine besonders hohe Qualität einzustellen. Bei Duplexdruckern haben Sie weiterhin die Möglichkeit, *doppelseitigen Druck* zu aktivieren. Tun Sie dies, falls Ihr Drucker über diese Funktion verfügt.

Verwenden Sie ein festes Papier von mindestens 150 g/qm. Starten Sie den Druckvorgang mit einem Klick auf *Drucken*. Nach dem Druck der Vorderseite fordert Sie das Programm auf, das Papier erneut andersherum in den Drucker einzulegen. Klicken Sie auf *OK*, um die Rückseite drucken zu lassen. Bei Duplexdruckern hingegen gehen Sie nur auf *OK* .

Schneiden Sie das Blatt in der Mitte durch. Nach Geschmack können auch die druckbedingten weißen Ränder noch abgeschnitten werden.

Schritt 4 – Einleger mit Anfahrtsplan
Ein besonderer Service für Ihre Gäste ist ein eingescannter Anfahrtsplan, den Sie in der Größe einer Postkarte ausdrucken und in die Klappkarte einlegen. Dazu benötigen Sie einen Scanner und eine Zeichnung oder Abbildung der Anfahrtskarte.

Verlassen Sie den Editor mit einem Klick auf die Schaltfläche *Vorlagen*. Wählen Sie den Bereich *Einladungskarten* und darunter die Kategorie *Postkarte hoch*.

Gehen Sie für eine leere Postkarte im Hochformat in der Symbolleiste auf den Befehl *Neu* .

Wählen Sie im linken Menü den Eintrag *Fotos* und unten den Eintrag *von Scanner*. Daraufhin öffnet sich ein Dialogfeld, das Sie Schritt für Schritt durch den Scanvorgang führt. Folgen Sie den Anweisungen auf dem Bildschirm. Positionieren Sie die so eingefügte Grafik mittig auf dem Blatt.

Klicken Sie das *Textwerkzeug* in der Werkzeugleiste an, und ziehen Sie mit gedrückter Maustaste einen Rahmen auf. Geben Sie eine Überschrift ein, und bestätigen Sie mit *OK*. Auf der Rückseite des Blattes können Sie auf dieselbe Weise auch eine schriftliche Wegbeschreibung hinzufügen.

> **Tipp**
> Besonders leicht und exakt geht das Schneiden mit einem Cutter. Mit einem Metalllineal erhalten Sie eine gerade Schnittkante.

> **Tipp**
> Als ADAC-Mitglied können Sie den Routenplaner auf www.adac.de nutzen. Klicken Sie mit der rechten Maustaste auf eine Grafik im Internet, um sie als Datei auf dem PC zu speichern.

Alles für die Silberhochzeit   Workshop 14

Eine passende Menükarte gestalten

Schritt 1 – Vorlage auswählen

Zu einer schönen Tischdekoration gehört auch eine passend gestaltete Menükarte mit der Speisenfolge oder mit den Hauptspeisen auf dem Buffet. Wählen Sie den Bereich *Vorlagen nach Anlässen* und dann den Anlass *Hochzeit*.

Im linken oberen Menü finden Sie eine passende Vorlage in der Kategorie *Speisekarten*. Wählen Sie die Unterkategorie *A5 Klapp hoch* aus. Diese Rubrik enthält Menükarten, die auf ein A4-Blatt gedruckt und dann einmal gefaltet werden. Klicken Sie auf das Pluszeichen unten rechts neben der Vorlage mit dem Blumenmuster und wählen Sie anschließend aus den Varianten das grüne Design aus.

Schritt 2 – Texte anpassen

Die Texte der Innenseiten müssen selbstverständlich angepasst werden, da hier sogenannter Blindtext steht: ein Beispieltext, den Sie durch die Speisenfolge Ihrer Feier ersetzen. Die Karte sieht insgesamt vier Textblöcke vor. Jeder Textblock besteht aus einer Überschrift wie zum Beispiel „Hauptgang" und aus einigen Zeilen Text, die den jeweiligen Gang näher beschreiben. Klicken Sie doppelt auf einen der Texte, um die Inhalte zu ändern. Behalten Sie die Formatierungsoptionen bei, und bestätigen Sie mit *OK*. Wenn Sie deutlich mehr Text einfügen als der Beispieltext, so wird der neue Text unter Umständen nicht vollständig angezeigt. Vergrößern Sie den Textrahmen mithilfe der Anfasser auf ein ausreichendes Format.

Die Vorlage hat zwei Seiten, die ähnlich wie bei der Einladungskarte die vier Seiten der fertigen Speisekarte bilden. Auf der Vorderseite der Vorlage finden Sie die Seiten 1 und 4 (außen), auf der Rückseite 2 und 3 (innen). Die beiden Außenseiten der Karte bleiben so wie abgebildet und werden nicht verändert.

Benutzen Sie die Schaltflächen *Erste Seite* und *Zweite Seite* am unteren Bildschirmrand, um zwischen den beiden Seiten der Menükarte zu wechseln.

139

Workshop 14   Einladungen und Glückwünsche

Zur besseren Gestaltung bietet es sich an, die Speisenfolge in vier Blöcke einzuteilen. Falls Sie nur einen Gang anbieten, können Sie im vierten Block auch die Getränke oder Weinsorten nennen. Bei einem Buffet ist eine Einteilung in „Suppen", „Kalte Speisen", „Warme Speisen" und „Nachspeisen" vorteilhaft für eine übersichtliche Darstellung.

Möchten Sie dennoch Texte komplett entfernen oder neue hinzufügen, gehen Sie so vor: Zum Entfernen eines Textes, diesen markieren und [Entf] drücken. Zum Hinzufügen eines Textes einen ähnlichen Textrahmen markieren, dann [Strg]+[C] drücken und dann [Strg]+[V]. Den kopierten Text nach Wunsch ändern und verschieben.

Schritt 3 – Die Menükarte speichern und drucken

Wählen Sie im Menü *Datei* den Befehl *Speichern,* und sichern Sie die Menükarte. Gehen Sie dann in der Symbolleiste auf *Drucken*. Im Dialogfeld *Drucken* die Option *Kontur drucken* deaktivieren. Die Speisekarte wird auf einem A4-Blatt ausgedruckt. Sie sollten dafür einen festen Karton von mindestens 150 g/qm benutzen, damit die Karte aufrecht auf dem Tisch stehen kann. Starten Sie den Druckvorgang mit einem weiteren Klick auf *Drucken.* Befolgen Sie anschließend nach dem Druck der Vorderseite die Aufforderung, das Papier neu einzulegen, und bestätigen Sie mit *OK,* damit der Druck der Rückseite startet. Das Blatt danach in der Mitte falten.

> **⚠ Achtung**
>
> Falten Sie die Menükarte erst, wenn die Druckertinte vollständig getrocknet ist. Sie könnte sonst verwischen.

Eine Tischkarte für jeden Gast

Schritt 1 – Vorlage auswählen und anpassen

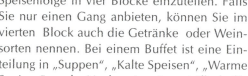
Verlassen Sie den Editor mit einem Klick auf *Vorlagen*. Sie befinden sich nun wieder in der Vorlagenauswahl zum Anlass *Hochzeit*. Vorlagen für Tischkarten finden Sie im linken Menü in der Kategorie *Basteln*, Unterkategorie *Tischkarten*. Wählen Sie die Vorlage mit den Apfelblüten.

Die Tischkarte zeigt den Namen 2-mal: für den Gast, der seinen Platz sucht, und für die gegenübersitzenden Gäste, falls man sich noch nicht kennt. Klicken Sie doppelt auf den Namen, um das Dialogfeld *Text-Eigenschaften* zu öffnen. Geben Sie dort den Namen ein. Die Drehung eines Textes wird mit der Option *Drehung* eingestellt: Geben Sie für den oberen Namen dort *180* ein. Bestätigen Sie die Änderungen mit *OK*.

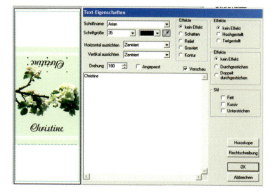

Schritt 2 – Tischkarten ausdrucken und falten

Der Ausdruck der Tischkarten ist etwas aufwendiger, da sie ja die Karten für eine große Personzahl ausdrucken wollen. Dies geht am besten, wenn Sie die Funktion *Motive mischen* nutzen. Es erscheinen dann im Druck drei verschiedene Tischkarten auf einer Seite DIN A4. Verwenden Sie ein festes Papier von 150 – 180 g/qm.

Gehen Sie in der Symbolleiste auf *Drucken*. Es erscheinen in der Vorschau des Dialogfelds

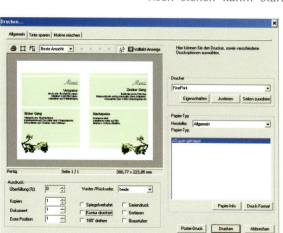

140

Alles für die Silberhochzeit — Workshop 14

Drucken zunächst drei Tischkarten mit demselben Namen auf einem A4-Blatt. Aktivieren Sie nun das Register *Motive mischen,* und setzen Sie das Häkchen vor der Option *Motive mischen.* Dadurch verschwinden zwei der Tischkarten, sodass nur ein Exemplar mit dem zuerst eingegebenen Namen bleibt. Klicken Sie dann auf *Neues Motiv.*

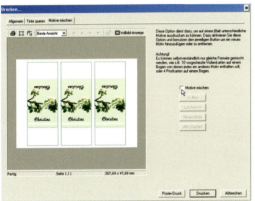

Das Dialogfeld *Drucken* schließt sich, und Sie sehen wieder den Vorlageneditor mit der Tischkarte. Geben Sie in die beiden Textrahmen einen anderen Namen ein und klicken Sie erneut auf das Symbol *Drucken.* Das Dialogfeld *Drucken* erscheint und zeigt nun unter dem Register *Motive mischen* zwei Tischkarten mit verschiedenen Namen.
Klicken Sie wieder auf *Neues Motiv,* ändern Sie den Namen, und wählen Sie den Druckbefehl. Es erscheint das dritte Tischkärtchen in der Druckvorschau.
Diesen Vorgang so lange wiederholen, bis alle Namen in die Tischkärtchen eingegeben sind. Das Programm erzeugt alle notwendigen Seiten. Wenn Sie beispielsweise für 42 Gäste Tischkärtchen angelegt haben, erhalten Sie genau 14 Druckseiten mit je 3 Karten darauf. Sie können diese Seiten in der Druckvorschau anzeigen, indem Sie die Navigationssymbole am oberen Rand der Vorschau benutzen.

Klicken Sie im Dialogfeld *Drucken* wieder auf das Register *Allgemein.* Setzen Sie das Häkchen bei *Kontur drucken,* und starten Sie den Druckvorgang mit *Drucken.*
Die Tischkarten entlang der Konturlinie ausschneiden und an allen drei Querlinien nach hinten falten. Die beiden weißen Teile übereinanderlegen und mit Klebstoff fixieren. So entsteht ein stabiles Dreieck zum Aufstellen des Tischkärtchens.

Achtung

Vermeiden Sie Tippfehler, da die angelegten Einzelseiten nicht mehr bearbeitet werden können. Nur die jeweils zuletzt hinzugefügte Karte kann mit einem Klick auf *Löschen* entfernt werden.

Workshop 14 — Einladungen und Glückwünsche

Eine Grußkarte mit Danksagung

Schritt 1 – Vorlage auswählen und anpassen

Einige Tage nach dem Fest möchten Sie Ihren Gästen für die schöne Feier danken. Es soll eine Postkarte in der passenden Gestaltung an alle Gäste geschickt werden. Besonders praktisch ist dafür die Serienduck-Funktion.

Gehen Sie auf *Vorlagen nach Anlässen* und wählen Sie den Workshop *Hochzeit*. Hier finden Sie in der Kategorie *Einladungskarten*, Rubrik *Postkarte*, die passende Vorlage mit den Apfelblüten.

Doppelklicken Sie auf den oberen Textrahmen, um den Inhalt zu ändern. Behalten Sie die Formatierungen bei.

Verschieben Sie die Textzeile mit den beiden Namen an den unteren Rand, und doppelklicken Sie darauf, um den Text zu ändern. Wählen Sie bei *Horizontal ausrichten* die Option *Rechtsbündig*. Bestätigen Sie die Änderungen mit *OK*. Den Textrahmen mithilfe der Anfasser passend vergrößern und an den rechten Rand verschieben. Achten Sie dabei darauf, dass die Textzeile von oben, unten und rechts jeweils ausreichend Abstand zum Seitenrand und zu den anderen Gestaltungselementen hat.

Schritt 2 – Adressen für Seriendruck einfügen

Klicken Sie auf die Schaltfläche *Zweite Seite*, um die Rückseite der Postkarte anzuzeigen. Sie enthält ein Anschriftenfeld. Die Karte wird im Folgenden so verändert, dass im Seriendruck die Anschrift bei jedem gedruckten Exemplar automatisch durch eine Anschrift aus Ihrer Gästeliste ersetzt wird.

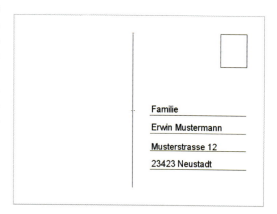

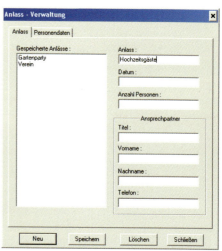

Die Daten für die Anschriften werden aus einer Anschriftenliste der Anlass-Verwaltung genommen. Starten Sie diese *Anlass-Verwaltung* im Menü *Einstellungen* mit dem Befehl *Meine Daten*. Klicken Sie auf *Anlass*, und

Alles für die Silberhochzeit — Workshop 14

wählen Sie im Register *Anlass* die Schaltfläche *Neu*. Geben Sie den Titel für den Anlass ein, zum Beispiel *Hochzeitsgäste*. Mit einem Klick auf *Speichern* erscheint der neue Anlass links in der Liste der bereits gespeicherten Anlässe.

Wechseln Sie zum Register *Personendaten*. Dort werden die Namen und Adressen zum aktiven Anlass eingegeben. Die einzelnen Felder für die Adresse mit den üblichen Angaben ausfüllen und auf *Speichern* klicken. Gehen Sie auf *Neu*, um die Daten einer weiteren Person einzutragen. Geben Sie die Daten der Person ein, und klicken Sie wieder auf *Speichern*. Dies so lange wiederholen, bis alle Personen erfasst sind. Beenden Sie die Anlassverwaltung mit der Schaltfläche *Schließen*.

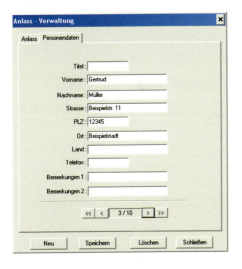

Entfernen Sie die Textfelder der Anschrift, indem Sie sie markieren und auf [Entf] drücken. Sie werden durch automatische Feldnamen ersetzt, die die Adressangaben für alle Empfänger eintragen. Klicken Sie im Menü links oben auf *Feldnamen*, und wählen Sie darunter den Eintrag *Teilnehmer*. Mit der Maus die entsprechenden Felder für die Anschriftenangabe aus der Miniaturenleiste heraus auf die Postkarte ziehen. Mit dem Pfeilsymbol rechts neben der Miniaturenleiste können weitere Feldnamen ausgewählt werden. Nach jedem eingefügten Feld in der Ausrichtungsleiste auf das Symbol *Um 90° nach links drehen* klicken, damit die Felder richtig ausgerichtet sind.

Füllen Sie die linke Seite der Karte mit Inhalten – mit Text wie auch mit Bildern: Texte mit dem *Textwerkzeug* in der Werkzeugleiste einfügen. Bilder fügen Sie über *Fotos* im linken oberen Menü und den Eintrag *von Festplatte* ein. Diese neu eingefügten Bilder und Texte ebenfalls *um 90° nach links drehen*.

Schritt 3 – Seriendruck starten

Der Seriendruck wird genau wie der normale Druck mit dem *Drucken*-Symbol gestartet. Im Druckdialog aktivieren Sie die Option *Seriendruck* und klicken auf *Drucken*. Ihr Dokument wird nun mit den zuvor eingegebenen Teilnehmerdaten zusammengeführt und für jeden erfassten Teilnehmer einmal ausgedruckt. Das bedeutet, dass das Programm je vier Postkarten mit vier unterschiedlichen Adressen auf einer Seite ausgibt. Wenn Sie also 40 Adressen eingegeben haben, druckt das Programm 10 Seiten mit je 4 Karten.

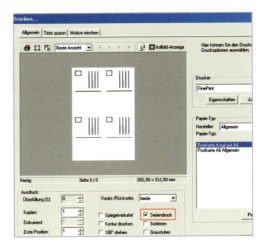

Workshop 15   Einladungen und Glückwünsche

▸ **Step-by-Step-Anleitung**

Spontane Einladung zur Grillparty per E-Mail

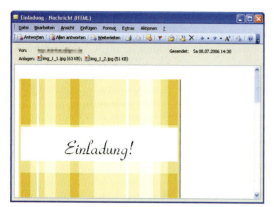

Sicher haben Sie schon immer zu einer Grillparty einladen wollen, doch hat Ihnen das Wetter, wie so häufig, einen Strich durch die Rechnung gemacht, und Sie müssen nach langer Vorbereitung die Party abblasen. Nutzen Sie beim nächsten Mal die Gelegenheit für eine spontane Einladung per E-Mail: Der Wetterbericht zeigt strahlenden Sonnenschein für den morgigen Tag, und Sie wollen die Gelegenheit nutzen. Verschicken Sie eine elektronische Postkarte (E-Card) direkt aus dem ADAC Druckstudio. Sie landet sofort bei allen Freunden im E-Mail-Postfach und macht Sie neugierig auf das Grillfest.

In diesem Workshop erfahren Sie, wie Sie die folgenden Funktionen des Druckstudios einsetzen:

> **E-Mail-Funktion konfigurieren**
> **Dokument per E-Mail versenden**

Eine Vorlage auswählen und anpassen

Schritt 1 – Vorlage auswählen

Wählen Sie unter *Einladungen und Glückwünsche* den Workshop *Einladungen*. Klicken Sie in der Vorlagenübersicht oben links auf die Kategorie *Postkarte*. Wählen Sie dann in der unteren Liste die Rubrik *Sonstige Anlässe*. Dort finden Sie eine Reihe von Einladungskarten ohne spezielle Zuordnung zu einem bestimmten Anlass. Passend zur Grillparty wählen Sie die Postkarte mit dem sonnig gelben Steifenmuster.

Schritt 2 – Vorlage anpassen

Die Vorderseite der Karte wird nicht verändert. Aktivieren Sie deshalb die Rückseite, indem Sie auf die Schaltfläche *Zweite Seite* klicken.

Da die Einladung nicht per Post verschickt wird, sollten Sie auf der zweiten Seite zunächst alle Elemente entfernen: Ziehen Sie mit der Maus einen Auswahlrahmen um alle Objekte auf der Seite, sodass alle markiert sind. Drücken Sie [Entf], und bestätigen Sie das Löschen mit *Ja*.

Jetzt haben Sie einen freien Postkartenbereich zur Verfügung. Wählen Sie das *Textwerkzeug* T aus der Werkzeugleiste, und ziehen Sie mit gedrückter Maustaste über die ganze Fläche

Einladung per E-Mail Workshop 15

Einladung per E-Mail verschicken

einen Textrahmen auf. Nach Loslassen der Maustaste öffnet sich das Dialogfeld *Text-Eigenschaften*.

Schreiben Sie nun einen kurzen Einladungstext, und benutzen Sie die Schriftart *Paola* in *20 Punkt* Größe, nicht Fett. Bestätigen Sie die Änderungen mit *OK*. Damit ist die Einladung bereits fertig.

Schritt 1 – E-Mail-Versand starten und konfigurieren

Da es hier um eine eilige Einladung geht, soll sie per E-Mail verschickt werden. Gehen Sie auf *E-Mail* in der Symbolleiste. Es erscheint das Dialogfeld *E-Mail versenden*.

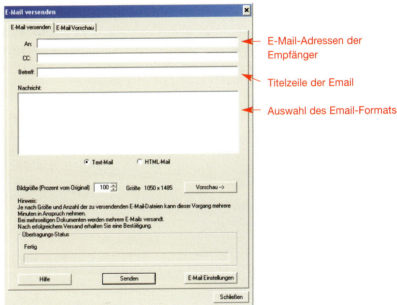

- E-Mail-Adressen der Empfänger
- Titelzeile der Email
- Auswahl des Email-Formats

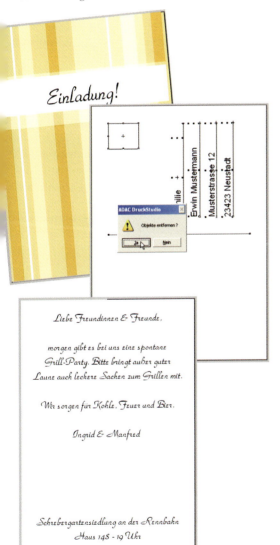

Vor dem ersten Senden einer E-Mail aus dem Druckstudio müssen Sie zunächst einige Angaben machen, damit E-Mails richtig versendet werden können. Klicken Sie auf die Schaltfläche *E-Mail-Einstellungen*. Das Dialogfeld *Mail Settings* öffnet sich.

- Ihre E-Mail-Adresse
- Ihr Mailserver
- Ihre E-Mail-Anmeldedaten

Workshop 15 — Einladungen und Glückwünsche

▸ **Mailserver**

Mailserver sind Großrechner im Internet, die den E-Mail-Verkehr abwickeln, sozusagen digitale Postämter. Beispiele: mailto.t-online.de, smtp.web.de, mail.gmx.net.

Geben Sie bei *E-Mail-Adresse* Ihre eigene E-Mail-Adresse ein. Diese Adresse erscheint beim Empfänger als Absender-E-Mail.
Nun geben Sie den ▸ **Mailserver** für den *Postausgang* an. Die Daten dafür erfahren Sie in der Regel über die Webseite Ihres E-Mail-Anbieters. Setzen Sie das Häkchen bei der Option *SMTP-Mailserver erfordert Authentifizierung*, und geben Sie bei *Kontoname* und *Kennwort* Ihre persönlichen Anmeldedaten für den Mail-Server an. Diese Option ist für die allermeisten E-Mail-Adressen notwendig, da aus Sicherheitsgründen immer die Zugangsdaten abgefragt werden. Die Angaben zu Kontoname und Kennwort sollten Sie bei der Anmeldung Ihrer E-Mail-Adresse vom Internetanbieter erhalten haben.
Sie können den Servernamen auch aus dem E-Mail-Programm Outlook abschreiben, wenn Sie Ihre E-Mails sonst mit diesem Programm schreiben:

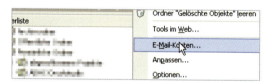

Wählen Sie in *Microsoft Outlook* im Menü *Extras* den Befehl *E-Mail-Konten*, und wählen Sie die Option *Vorhandene E-Mail-Konten anzeigen*. Markieren Sie nach einem Klick auf *Weiter* das gewünschte Mailkonto, und wählen Sie *Ändern*. Die Angabe im Feld *Postausgangsserver* müssen Sie in das Feld *Postausgang* des Einstellungsdialogs im Druckstudio eingeben.
Nutzer von *Outlook Express* erfahren den Servernamen im Menü *Extras* mit dem Befehl *Konten*. Markieren Sie das gewünschte Mailkonto, und klicken Sie auf *Eigenschaften*. Aktivieren Sie im nun erscheinenden Dialogfeld das Register *Server*. Der Name des SMTP-Servers steht im Feld *Postausgang* (*SMTP*).

Schließen Sie das Dialogfeld *Mail Settings* mit einem Klick auf *OK*. Die Grundeinstellungen für den E-Mailversand bleiben im Programm gespeichert und stehen auch für spätere E-Mails wieder zur Verfügung.

Schritt 2 – E-Mail eingeben und senden

Nach dem Speichern der Einstellungen befinden Sie sich nun wieder im Dialogfeld *E-Mail versenden*. Geben Sie die E-Mail-Adresse des Empfängers im Feld *An* ein. Wenn Sie die Mail an mehrere Empfänger gleichzeitig verschicken möchten, trennen Sie die einzelnen E-Mail-Adressen durch Semikola. Wenn das Feld *An* nicht ausreicht, können Sie weitere Adressen bei *CC* eintragen.
Falls Sie alle Empfänger im Adressbuch von Outlook oder Outlook Express erfasst haben, können Sie alternativ auch so vorgehen: Öffnen Sie in Outlook eine neue Mail, und fügen Sie alle E-Mail-Adressen der gewünschten Empfänger ein. Markieren Sie dann den gesamten Inhalt des Feldes mit den Adressen, und kopieren Sie den Inhalt mit [Strg]+[C] in die Zwischenablage. Klicken Sie nun in das Feld *An* im Dialogfeld *E-Mail versenden* des Druckstudios, und drücken Sie auf [Strg]+[V], um die Adressen einzufügen. Sie werden im richtigen Format eingefügt. Die Angaben in spitzen Klammern müssen nicht entfernt werden.

Mit zwei weiteren Optionen bestimmen Sie die Art des Mailversands:
› Text-Mail: Es wird eine Text-Mail versandt und die Grafik wird angehängt.
› HTML-Mail: Es wird eine HTML-Mail mit eingebetteter Grafik verschickt.

Einladung per E-Mail — Workshop 15

Wählen Sie die Option *HTML-Mail*. Bei einer ▸ **HTML**-Mail sieht der Empfänger sofort die Bilder mit der Einladungskarte. Bei einer Text-Mail werden die Bilder nur als Dateianhang verschickt und müssen vom Empfänger extra geöffnet werden. Dieses Format ist dafür auch mit älteren E-Mail-Programmen anzeigbar. Es ist empfehlenswert, beim Text-Format eine kurze Notiz wie „Siehe Bilder im Anhang" oder „Bitte die Bilder öffnen" in das Feld *Nachricht* zu schreiben.

Die Karte wird in Form zweier Bilder im JPG-Format versandt – pro Seite ein Bild. Sie sollten die Größe verringern, um keine übergroße Mail zu versenden. Bei Empfängern mit langsamer Internetverbindung dauert der E-Mail-Empfang sonst sehr lange. Die Bildgröße verringern Sie durch Eingabe eines Prozentwertes in das Feld *Bildgröße*. Rechts daneben wird die *Größe* in Pixeln angezeigt. Eine Größe von etwa 400 bis 500 Pixeln ist völlig ausreichend, um ein Bild am Monitor zu betrachten. Geben Sie den Wert *50 %* ein.

Nach einem Klick auf die Schaltfläche *Vorschau* können Sie die verkleinerte Grafik betrachten.

Stellen Sie in der Zoomliste mit den Prozentangaben den Wert *Aktuelle Ansicht* ein, um die veränderte Datei in der Größe zu sehen, wie sie auch beim Empfänger angezeigt wird. Sie können hier beurteilen, ob die Grafik noch gut sichtbar ist. Gehen Sie auf die Schaltfläche *Vorderseite/Rückseite*, um die Rückseite mit dem Text zu beurteilen. Er sollte nicht zu klein oder pixelig sein, damit ihn jeder Empfänger lesen kann. Verändern Sie gegebenenfalls die Einstellungen im Feld *Bildgröße*, sodass der Text gut lesbar ist. Gehen Sie auf die Schaltfläche *Zurück*.

Klicken Sie nun auf *Senden*. Das Programm zeigt einen Fortschrittsbalken an, während die E-Mail gesendet wird. Nach dem Ende des Sendevorgangs wird ein kleines Bestätigungsfenster angezeigt, in dem Sie einfach auf *OK* klicken.

Die E-Mail erscheint beim Empfänger im Posteingang und wird sofort angezeigt. Wenn Sie sich selbst ebenfalls auf die Liste der Empfänger gesetzt haben, können Sie jetzt überprüfen, ob die Mail richtig ankommt.

Antwortet der Eingeladene auf diese E-Mail, so wird seine Antwort direkt an Ihre normale E-Mail-Adresse geschickt.

▸ **HTML**
Internet-Dateiformat, das Texte, Bilder und Links kombiniert. Zu betrachten mit Webbrowsern oder modernen E-Mail-Programmen.

147

Workshop 16 | **Einladungen und Glückwünsche**

▶ Step-by-Step-Anleitung

Kunterbunter Bastelspaß für die Geburtstagsparty

Kindergeburtstage machen Spaß, den Eltern ebenso wie dem Geburtstagskind mit seinen Partygästen. Und damit der Tag unvergesslich bleibt, bedarf es einiger Vorbereitungen von der Dekoration bis zur Unterhaltung. Stellen Sie Ihre Mitmach-Spiele, Party- oder Tischdekoration und Gastgeschenke dafür einfach selber her. Mit fertigen Vorlagen aus dem Druckstudio ist das im Handumdrehen gemacht. Damit bereiten Sie tolle Sachen vor, die alle kleinen Geburtstagsgäste begeistern werden.

In diesem Workshop erfahren Sie, wie Sie mit den fertigen Vorlagen aus dem ADAC Druckstudio die folgenden Dinge selbst herstellen:

› **Malvorlagen**
› **Bunte Papierflieger**
› **Partyhüte**
› **Schirmkappen**
› **Bonbontüten**
› **Bedruckte T-Shirts**

Malvorlagen ausdrucken

Schritt 1 – Malvorlage auswählen

Wählen Sie im Bereich *Basteln und Spielen* den Workshop *Papier Kreativ*. Klicken Sie im linken oberen Menü auf *Ausmalseiten*.

Die Vorlagen dieser Kategorie besitzen zusätzliche Varianten. Klicken Sie auf das Pluszeichen unten rechts neben einem Vorschaubild, um die Varianten anzuzeigen. Über die Schaltfläche *Zurück* kehren Sie zur Vorlagenauswahl zurück.

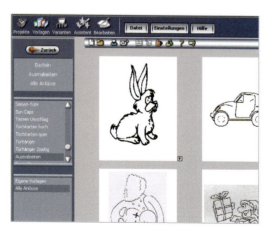

Bei Ansicht der Varianten ist das linke Menü ausgeblendet.

Malvorlagen und Papierflieger — Workshop 16

Papierflieger mit aufgedruckten Motiven

Schritt 2 – Malvorlagen mehrfach ausdrucken

Markieren Sie eine der Malvorlagen, und gehen Sie auf das Druckersymbol 🖨. Das Dialogfeld *Drucken* erscheint. Geben Sie unter *Kopien* den Wert *5* ein, um 5 Ausdrucke der Malvorlage zu erstellen. Drucken Sie gleich jedes Motiv in mehreren Exemplaren aus, damit Sie eine größere Auswahl zur Verfügung stellen können. Sinnvoll ist ein Ausdruck auf etwas stärkerem Papier. Eine Papierstärke von zum Beispiel 100 g/qm ist zum Ausmalen besser, da es nicht so leicht reißt. Klicken Sie auf *Drucken*, um den Druckvorgang zu starten.

Schritt 1 – Papierflieger ausdrucken

Bei einem Kindergeburtstag, den Sie im Freien feiern, kommen bunte Papierflieger immer an.
Klicken Sie im Programm auf die Rubrik *Papier kreativ* und im linken, oberen Menü auf *Papierflieger*, und wählen Sie eine der Vorlagen aus. Gehen Sie auf *Drucken* 🖨, und geben Sie gegebenenfalls bei *Kopien* die gewünschte Anzahl der Ausdrucke an.

Mit einem Klick auf *Drucken* startet der Druckvorgang. Sie können normales Kopierpapier von 80 g/qm verwenden.

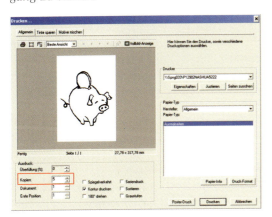

Workshop 16 — Einladungen und Glückwünsche

Schritt 2 – Papierflieger falten

Die ausgedruckte Vorlage für den Düsenflieger (Bogen DIN-A4-Papier) falten Sie so:

1. Legen Sie das Blatt quer mit der bedruckten Seite nach unten. Falten Sie das Papier längs in der Mitte zu einem Rechteck. Die Unterkante und Oberkante liegen nun aufeinander. Entfalten Sie das Blatt wieder.

2. Für die Spitze des Fliegers klappen Sie die obere und untere Ecke der linken Schmalseite zur Mitte genau auf die Falz. Falten Sie möglichst exakt, und ziehen Sie die Falz bei jedem Schritt nach.

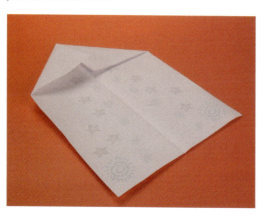

3. Das entstandene obere und untere Dreieck von der Spitze ausgehend erneut zur Mitte falten und die Kanten glatt streichen.

4. Die obere und untere Kante ein drittes Mal zur Mittellinie falten, damit eine noch schmalere Spitze entsteht. Die Kanten sorgfältig glatt streichen.

5. Den Papierflieger mit der bedruckten Seite nach oben drehen. Beide Hälften nach oben klappen, dass sie aufeinanderliegen. Um die Flügel zu falten, den Papierflieger quer auf eine Seite legen. Die obere Flügelhälfte nach unten knicken, sodass die obere Kante auf der unteren liegt. Knicke sorgfältig falzen. Den Flieger auf die andere Seite drehen. Den anderen Flügel ebenso falten.

6. Zum Schluss die Flügel leicht auseinanderziehen und waagerecht stellen. Das gedruckte Muster sollte nun so erscheinen wie hier in der Abbildung zu sehen.

✓ **Tipp**

Es ist gut, wenn ein Erwachsener beim Falten und Basteln mithilft. Probieren Sie auch selber eigene Faltungen aus, bei denen das Muster schön zur Geltung kommt.

Partyhüte drucken und basteln

Schritt 1 – Partyhut auswählen und anpassen
Wählen Sie die Kategorie *Partyhüte* des linken oberen Menüs. Dort finden Sie Partyhut-Vorlagen für den Ausdruck auf dem Farbdrucker. Bei Vorlagen mit einem Pluszeichen unten rechts sind zusätzliche Varianten mit ähnlichen Motiven verfügbar. Doppelklicken Sie auf eine der Vorlagen, um sie im Editor zu öffnen.
Manche Vorlagen haben weiße Ecken, da das Motiv nicht bis dorthin reicht. Bei Vergrößerung des Bildes würde das eigentliche Motiv – in diesem Beispiel die Maus – nicht mehr auf die Vorlage passen. Die weißen Ecken befinden sich nach dem Basteln auf der Rückseite des Hutes und stören nicht weiter. Möchten

Workshop 16 — Einladungen und Glückwünsche

Schirmkappen selber machen

Sie sie dennoch unauffälliger machen, gehen Sie so vor: Wählen Sie in der Werkzeugleiste das Symbol *Pipette*, und klicken Sie auf den blauen Hintergrund des Motivs. Die Farbauswahl zeigt die neue Farbe an. Klicken Sie dann mit dem *Farbtopf*-Werkzeug in die Ecke, um den Hintergrund der Vorlage blau einzufärben.

Schritt 1 – Schirmkappe auswählen
Sie befinden sich in der Vorlagenübersicht des Bereichs *Papier kreativ*. Gehen Sie im linken oberen Menü auf *Sun Caps*. Dort finden Sie eine große Auswahl an Schirmkappen in unterschiedlicher Gestaltung. Mit einem Klick auf das Pluszeichen neben den Vorlagen finden Sie noch mehr Gestaltungsvarianten. Öffnen Sie eine Vorlage mit Doppelklick im Editor. Für den Ausdruck können Sie jede Art von Karton im A4-Format benutzen. Es gibt aber auch vorgestanzte Spezial-Papiere, die Sie im Fachhandel oder in Kaufhäusern unter der Bezeichnung Sun Caps erhalten.

> ✓ **Tipp**
>
> Lassen Sie die Gäste gleich zu Beginn aus dem Clipartkatalog ein Lieblingsbild für ihre eigene Schirmkappe aussuchen. Dies ist eine tolle Party-Attraktion!

Schritt 2 – Partyhut ausdrucken und basteln
Gehen Sie auf *Drucken*, und drucken Sie den Partyhut auf einem nicht zu festen Karton aus. Achten Sie darauf, dass das Häkchen bei *Kontur drucken* gesetzt ist. Schneiden Sie das Papier entlang der Kante aus. Die eingezeichneten Löcher mit einer Lochzange oder Prickelnadel bohren oder mit einem Bürolocher ausstanzen. Der von einer gestrichelten Linie abgetrennte schmale Randstreifen ist ein Klebestreifen. Bringen Sie darauf Papierkleber an, und kleben Sie den Streifen an der anderen Seite des Hutes fest. Klebestreifen an der Innenseite des Hutes geben zusätzliche Stabilität. Ein Gummiband oder eine Kordel als Hutschnur durch die beiden Löcher ziehen.

Auch eine tolle Bastelidee für größere Kinder sind Schirmkappen mit dem eigenen Namen darauf. Vorschulkinder freuen sich über die fröhlichen Bilder, auch wenn sie noch nicht lesen können.

Schritt 2 – Schirmkappe individuell anpassen
Auf das *Textfeld* doppelklicken und den Namen des Gastes eintragen. Ändern Sie die Schriftart zu *Zack*, und bestätigen Sie mit *OK*. Eine nicht so stark verschnörkelte Schrift wie Zack kann auch von Leseanfängern leicht entziffert werden.

Bonbontüten — Workshop 16

Bonbontüte als Gastgeschenk

Schritt 1 – Vorlage auswählen und anpassen
Als kleines Geschenk für die Kinder kommen bunte Bonbontüten mit süßem Inhalt immer gut an. Und mit dem eigenen Namen darauf fällt das Aussuchen nicht schwer.

Legen Sie die Clipart-CD ein, auf der sich das gewünschte Bild befindet. Wenn Ihr Rechner nur über ein Laufwerk verfügt, entnehmen Sie einfach die Daten-CD des Druckstudios, und legen Sie sie nach dem Einfügen der Cliparts wieder ein. Wählen Sie im Druckstudio im linken oberen Menü *Cliparts* und unten den Eintrag *von Festplatte*. Es erscheint das Dialogfeld *Bild einfügen*. Im Ordnerbaum wählen Sie die Clipart-CD und den entsprechenden Ordner aus. Das gesuchte Bild markieren und auf *OK* klicken. Das neue Clipart wird auf der Vorlage platziert und kann mit der Maus verschoben und vergrößert werden.
Starten Sie den Druck mit *Datei, Drucken*. Für den Ausdruck festen Karton von mindestens 140 g/qm verwenden. Schneiden Sie die Kappe aus und stanzen Sie anschließend die Löcher für das Gummiband aus.

Wählen Sie in der Vorlagenauswahl den Workshops *Papier kreativ* und dann die Kategorie *Bonbon Tüten*. Öffnen Sie mit einem Doppelklick die Vorlage mit dem Marienkäfer. Klicken Sie doppelt auf den Schriftzug „Bonbons", und ändern Sie den Text nach Ihren Wünschen. Verändern Sie folgende Formatierungen: Setzen Sie als Effekt *Relief*, als Schriftfarbe *Gelb*, und vergeben Sie die Schriftgröße *20*. Angabe mit *OK* bestätigen.

> ✓ **Tipp**
>
> Eine nicht so stark verschnörkelte Schrift wie *Zack* kann auch von Anfängern leicht gelesen werden.

153

Workshop 16 — Einladungen und Glückwünsche

Möglicherweise ist nach dem Einfügen eines längeren Textes der Textrahmen zu klein und zeigt nicht den gesamten Inhalt. Vergrößern Sie den Textrahmen mithilfe der Anfasser an den Ecken, sodass der Text vollständig angezeigt wird.

Schritt 2 – Bonbontüte ausdrucken

Klicken Sie auf das *Drucken*-Symbol, und drucken Sie die Bastelvorlage auf A4-Papier aus. Es sollte nicht zu stark sein, damit es leicht gefaltet werden kann. 120 g/qm sind ideal. Aktivieren Sie im Druckdialog die Option *Kontur drucken*. Dadurch werden die Hilfslinien mitgedruckt und erleichtern das Falten.

Schritt 3 – Bonbontüte basteln

Zum Ausschneiden der Tüte ist ein Cutter am besten geeignet. Legen Sie die Vorlage dafür auf eine Schneideunterlage, und kleben Sie die Laschen mit Klebstoff fest.

Falten und schneiden Sie die Tüte so:

1. Schneiden Sie die Tüte entlang der äußeren Randlinie aus. Schneiden Sie die einzeln stehende Linie *H* mit einem Messer ein.
Legen Sie das Papier quer vor sich mit der bedruckten Seite nach oben. Falten Sie alle mit *A* gekennzeichneten gestrichelten Linien nach vorn („Bergfaltung").

2. Falten Sie die mit *B* gekennzeichneten gestrichelten Linien vorsichtig nach hinten („Talfaltung"), und biegen Sie die Seitenteile anschließend wieder gerade.
Falten Sie die unteren Klebelaschen (*G*, *D*, *E*, *C*) nach hinten weg.

3. Nun können Sie die Tüte zusammenfügen: Falten Sie die Tüte so, dass Klebelasche *C* auf Klebelasche *E* aufliegt, und kleben Sie die Lasche fest. Kleben Sie dann die Lasche *D* auf die Klebelasche *E*.
Die Lasche *F* kleben Sie dann von hinten am gegenüberliegenden Seitenteil fest.
Kleben Sie die große Bodenlasche *G* über den Boden der Tüte, der dadurch mehr Festigkeit erhält.

4. Klappen Sie die dreieckige Lasche nach unten, und stecken sie die Spitze ein, um die Tüte zu verschließen.

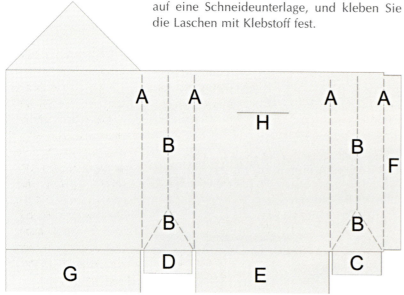

T-Shirt bedrucken — Workshop 16

Party-Attraktion: T-Shirts bedrucken

Schritt 1 – Vorlage auswählen und anpassen

Ganz besondere Partyattrakttaktionen für die Gäste sind T-Shirts mit dem eigenen Namen. Wählen Sie unter *Drucken für Verein und Hobby* den Bereich *Buttons T-Shirts*. Wählen Sie im linken oberen Menü das Format. Für kleine

T-Shirts reicht das *A5-Format*. Große werden mit einer A4-Vorlage besser ausgefüllt. Klicken Sie auf *A5 hoch* und öffnen Sie die Vorlage mit der Schildkröte und dem Biber.

Das Bild besteht aus zwei Cliparts, die übereinander positioniert sind. Verkleinern Sie die Grafik des Bibers, indem Sie an einem der Anfasser in der Ecke ziehen. Es soll eine Zeile Text darüber passen. Die neue Textzeile soll die selben Formatierungen erhalten wie der Text unter dem Bild. Um sich die Formatierungsarbeit zu ersparen, kopieren Sie den vorhandenen Text: Klicken Sie den Textrahmen an, und drücken Sie erst [Strg]+[C] und dann [Strg]+[V]. Sofort erscheint auf dem Bildschirm eine Kopie des Textrahmens. Doppelklicken Sie auf den Rahmen, um den Inhalt zu ändern. Tragen Sie den Namen des Kindes und eine Anrede ein. Schließen Sie dann das Dialogfeld *Text-Eigenschaften* mit Klick auf *OK*, und positionieren Sie den Text über der Grafik.

Schritt 2 – Transferfolie bedrucken

Bitte beachten Sie die jeweiligen Herstellerhinweise der T-Shirt-Transferfolie: Bei einigen Herstellern müssen Sie spiegelverkehrt, bei anderen seitenrichtig (nicht gespiegelt) drucken. Spiegelverkehrtes Drucken ist mit dem ADAC Druckstudio kinderleicht: Aktivieren Sie nach Wahl des Symbols *Drucken* einfach die Option *Spiegelverkehrt*.

Schritt 3 – Transferfolie aufbügeln

Schneiden Sie das Motiv aus, sodass etwa ein 3–4 mm Rand bleibt. Ziehen Sie dann das Trägerpapier ab, und legen Sie die Transferfolie glatt auf das T-Shirt. Das T-Shirt selbst sollte weiß sein oder eine helle Farbe haben, dann kommen die gedruckten Farben schön zur Geltung. Nach dem Bügeln die Transferfolie vorsichtig vom Stoff abziehen. Beachten Sie auch hier wieder die Herstellerhinweise!

! Hinweis

So bügeln Sie das T-Shirt-Motiv am besten mit Transferfolie auf:
Bügeln Sie immer ohne Dampf und auf fester Unterlage. Probieren Sie das Aufbügeln zuerst mit einem alten T-Shirt aus. Sie müssen auf jeden Fall mit hoher Temperatur bei sehr hohem Druck eine längere Zeit bügeln, da sich sonst die Transferfolie lockert. Legen Sie nach dem Abziehen der Folie ein Blatt Backpapier über das Motiv, und bügeln Sie ein weiteres Mal kräftig darüber.

So bleibt das T-Shirt länger schön:
Waschen Sie das T-Shirt zuerst von links. Für alle weitere Pflege wählen Sie den Schonwaschgang, oder waschen Sie es von Hand. Zum Bügeln Backpapier auf den Aufdruck legen und mit der Baumwollstufe bügeln. Das hilft auch, wenn sich die Folie nach dem Waschen an den Ecken lösen sollte.

Kreative Verpackungen für Geldgeschenke

Tipp

Bei Abschiedsfeiern kann Geld auch in Form von Telefonkarten oder Briefmarken geschenkt werden. Damit zeigen Sie, dass Sie in Kontakt bleiben wollen. Legen Sie diese der Karte bei.

Wer kennt das nicht: Ein Geburtstag naht und die Suche nach dem passenden Geschenk beginnt. Schenken ist nicht immer einfach, erst recht nicht, wenn Sie keine Vorstellung davon haben, was sich das Geburtstagskind genau wünscht. Geldgeschenke sind in solchen Situationen das ideale Geschenk, denn sie geben dem Beschenkten Gelegenheit, sich selber einen besonderen Wunsch zu erfüllen. Dabei muss es nicht beim schlichten Umschlag mit Geldschein bleiben; viel schöner ist eine individuell gestaltete Karte, der man kleine oder große Scheine beifügt. Anlässe für Geldgeschenke gibt es viele: Geburtstage, Hochzeiten, Geburten, Konfirmation oder zum Schulabschluss.

Gelegenheiten für Geldgeschenke – immer eine passende Idee

Auch wenn Sie Bargeld schenken, verbinden Sie Ihr Geschenk möglichst mit einem bestimmten Verwendungszweck, etwa wenn Sie von geplanten Anschaffungen oder Hobbys des Beschenkten wissen: ein schicker Anzug für das kommende Berufsleben, ein Auto oder Konzertkarten. Oder machen Sie sich Gedanken darüber, was der Beschenkte sich vielleicht nicht für sich selbst kaufen würde: einen Wellness-Tag, eine Bootstour mit den Kindern, eine Weinprobe – Erlebnisse, an die man sich gerne noch lange erinnert.

Praktisch für den Beschenkten ist es, wenn Sie auf der Karte neben einigen freundlichen Worten auch Ihren Namen und den Betrag angeben. Für den Empfänger wird dann gerade bei größeren Festlichkeiten die Zuordnung des Geschenkes erleichtert.

Das richtige Papier

Verwenden Sie für die Geldgeschenk-Karte möglichst festes Papier. Es sollte mindestens 150 g/qm schwer sein, damit die Karte gefaltet aufrecht stehen kann und dem eingesteckten Geldschein genug Halt bietet. Festes Papier reißt außerdem beim Schneiden des Schlitzes nicht so schnell ein wie dünneres Papier. Schlagen Sie im Handbuch Ihres Druckers unbedingt vorher nach, welche Papierstärken das Gerät verarbeiten kann.

Kreative Geldgeschenke

Für jeden Anlass: Geld in raffinierter Verkleidung überreichen

Geldgeschenk-Karten aus dem Druckstudio

Der Vorteil einer selbst gestaltete Karte ist, dass Sie sie individuell und dem Anlass entsprechend entwerfen können. Im Programm finden Sie eine große Anzahl von dekorativen Karten, die ganz speziell für den Einsatz als Geldgeschenk gestaltet sind. Fügen Sie den fröhlich-bunten Motiven Ihre ganz persönlichen Wünsche hinzu. Diese Vorlagen sind so angelegt, dass die Karte an einer Stelle eingeschlitzt werden kann, um die gefalteten Geldscheine darin zu fixieren.

Die fertige Karte wird so gefaltet, dass sie aufrecht auf dem Tisch stehen kann. Vorlagen wie die Karte mit dem Schneemann finden Sie im Druckstudio unter der Kategorie *Altarfalz*, Klappkarten wie die mit dem Sparschwein sind unter *A6 Klapp* zusammengestellt.

Eine Karte mit außergewöhnlicher Wäsche

Ergänzen Sie Ihre Glückwunschkarte einmal mit diesem originellen Detail: Beim Aufklappen springen Ihnen kunstvoll gefaltete Hemden auf der Wäscheleine entgegen! Befestigen Sie eine kleine Schnur auf der Karteninnenseite, um die Scheine mit Mini-Klammern aufzuhängen.

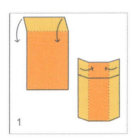
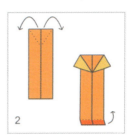
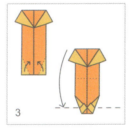

So falten Sie die Geldscheine zu Hemden:
Zum Falten eigenen sich am besten kleine wie große neue Geldscheine.

1. Etwa das obere Viertel des Geldscheins nach unten falten und danach die rechte und linke Kante zur Mitte falten.
2. Von oben zwei Dreiecke nach außen falten, sie bilden später die Ärmel.
3. Einen schmalen Streifen von der unteren Kante nach hinten klappen und falzen. Die unteren Ecken an die Mittellinie falten, sodass ein Kragen entsteht.
4. Das Ganze in der Mitte zusammenklappen und die Oberkante unter dem Kragen feststecken. Alle Kanten falzen und das fertige Hemd umdrehen.

Kleines Sparbuch

Haben Sie viele kleine Scheine, können Sie daraus ein Sparbuch machen. Gestalten Sie einen Einband mithilfe des Druckstudios. Die Größe ergibt sich anhand der Geldscheine. Auf weißen oder roten Karton ausdrucken und zuschneiden. Falten Sie den Einband und die Scheine in der Mitte, und fixieren Sie alles mit einem roten Gummi- oder Geschenkband.

Workshop 17 — Geschenke selbst gemacht

▶ **Step-by-Step-Anleitung**

Geldgeschenk zum bestandenen Führerschein

Ein unschlagbares Doppel bildet hier die Gestaltung und das Geschenk, denn nichts ist freudloser als Geldscheine einfach nur in einen Briefumschlag gelegt, zu überreichen. Übergeben Sie das Bargeld für den Führerschein in einer eigens dafür gestalteten Karte mit Auto-Motiv. So überraschen Sie den Beschenkten einmal mehr und machen deutlich, welchen Wunsch er sich mit dem Geldgeschenk erfüllen kann.

In diesem Workshop erfahren Sie, wie Sie die folgenden Gestaltungsmittel im ADAC Druckstudio einsetzen:

❯ **Text und Fotos drehen**
❯ **Fotos beschneiden**
❯ **Bildqualität verbessern**
❯ **Fotos skalieren**

Eine Geldgeschenkkarte auswählen und Texte anpassen

Schritt 1 – Geldgeschenke anzeigen
Wählen Sie unter *Geschenke selbst gemacht* den Workshop *Geldgeschenke*. Sie finden hier zahlreiche Karten, die speziell für Geldgeschenke ausgerichtet sind.

Solche Geldgeschenkkarten gibt es in zwei Varianten: Altarfalz und Klappkarten. Die Vorlagen mit Altarfalz werden so gefaltet, dass sie auf dem Tisch aufgestellt werden können. Sie eignen sich besonders, wenn Geschenke auf einem Tisch angeordnet werden. Die Klappkarten, werden einfach zusammengefaltet und per Post verschickt oder persönlich überreicht.

Jede Vorlage besitzt eine vorgedruckte Stanzlinie, die eine Einschnittkante markiert, in die Sie Geldscheine einschieben können. In der Vorlage sehen Sie dort einen Geldschein, der auch nur am Bildschirm sichtbar ist, nicht aber im Ausdruck.

Drucken Sie diese Karten auf einem A4-Bogen aus Karton mit Fotobeschichtung aus. Jeder Tintenstrahldrucker ist dafür geeignet.

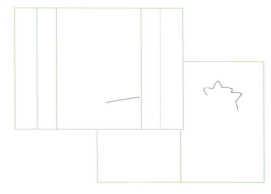

Geldgeschenk zum Führerschein — Workshop 17

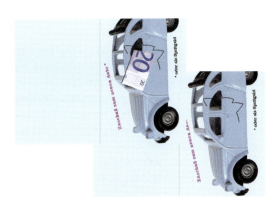

Es ist auch möglich, diesen Geldschein auszublenden. Am unteren Rand des Arbeitsbereichs sehen Sie die Schaltfläche *Geld ausblenden* . Ein Klick darauf lässt den auf der Vorlage angezeigten Geldschein verschwinden. Die Schaltfläche verändert ihre Aufschrift zu *Geld anzeigen* . Wenn Sie nun darauf klicken, wird der Geldschein wieder angezeigt.

Schritt 2 – Vorlage für eine Klappkarte auswählen

Für diesen Workshop wählen wir eine Klappkarte. Klicken Sie in der Vorlagenübersicht oben links auf die Kategorie *A6 klapp hoch II*. Wählen Sie anschließend die Vorlage mit dem hochkant stehenden Citroën 2CV4.

Schritt 3 – Text der Vorderseite ändern und formatieren

Die Vorlage besitzt bereits zwei vorgefertigte Textzeilen, die jetzt nach Ihren Wünschen angepasst werden. Doppelklicken Sie dafür zunächst auf die linke Zeile in Magenta. Ändern Sie den Text in „Ein kleiner Beitrag zum Traumauto", und formatieren Sie ihn in der Schrift *Archibalda*, Größe *20 Punkt, Fett*.

Die Textzeile darf nicht zu lang werden, damit sie nicht über den Falz hinausragt. Oft hilft es, wenn Sie die Zeile etwas verschieben und unter Umständen den Drehwinkel verändern. Der Winkel wird am leichtesten mit der Maus geändert: Markieren Sie die Textzeile, und ziehen Sie an dem runden Drehsymbol in der linken oberen Ecke des Textrahmens.

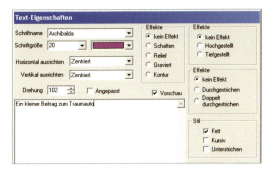

Nach einem Klick auf *OK* geht es um die zweite Textzeile rechts neben dem Auto. Doppelklicken Sie darauf, und ersetzen Sie den vorgegebenen Text durch eine Grußformel. Formatieren Sie die Zeile in *Arial 14 Punkt*, entfernen Sie das Häkchen vor *Fett*, und schließen Sie das Dialogfeld mit einem Klick auf *OK*.

Workshop 17 — Geschenke selbst gemacht

Die Innenseite mit Text und Bild gestalten

▸ **Skalieren**
Die Veränderung der Größe eines Bildes, wobei die Seitenverhältnisse (Proportionen) beibehalten werden. Das Bild wird beim Vergrößern nicht verzerrt.

Schritt 1 – Bild auf der Innenseite einfügen
Die Außenseite der Karte entspricht der ersten Seite, die Karteninnenseiten werden hier auf der zweiten Seite bearbeitet. Klicken Sie auf die Schaltfläche *Zweite Seite* `Zweite Seite`, um die Karte zu drehen. Auf der Innenseite wird ein zusätzliches Bild eingefügt. Wählen Sie im Menü oben links die Kategorie *Foto* und dann in der Liste darunter den Eintrag *von Festplatte*.

Nun erscheint das Dialogfeld *Bild einfügen*, mit dem Sie auf Ihrer Festplatte nach Grafiken suchen können. Wählen Sie im Ordnerbaum links den Ordner mit den gesuchten Bildern. Wählen Sie rechts das gewünschte Bild aus. Links unten sehen Sie eine Vorschau des ausgewählten Bildes mit Informationen zur Datei. Klicken Sie auf *Öffnen*, um das Bild in die Vorlage einzufügen.
Das Bild wird vom Programm oben links auf der dargestellten Seite eingefügt. Diese automatische Position wird nun korrigiert: Ziehen Sie das Foto mit der Maus auf den rechten Bereich der Karte, und klicken Sie in der Ausrichtungsleiste auf das Symbol *90° nach links drehen* .

Schritt 2 – Bild richtig skalieren
Klicken Sie rechts mit der Maustaste auf das Foto, um das Häkchen bei ▸ **Skalieren** zu entfernen. Damit schalten Sie die automatische Größenanpassung aus. Verschieben Sie das Bild in die linke obere Ecke der rechten Hälfte der Innenseiten. Anschließend können Sie das Foto durch Ziehen an den Anfassern seitenfüllend vergrößern.

Eine Fotografie hat ein etwas anderes Seitenverhältnis als eine Karte im DIN-Format. Aus diesem Grund ist das Bild nach der Skalierung nicht mehr im richtigen Seitenverhältnis. Um die leichte Verzerrung des Motivs zu beseitigen, muss das Bild ein wenig beschnitten werden: Doppelklicken Sie auf das Bild, um den Bildeditor zu öffnen. Wählen Sie in der Werkzeugleiste des Bildeditors das *Freistel-*

lungswerkzeug , und ziehen Sie den Ausschnittrahmen so auf, dass das Bild etwas schmaler wird. Orientieren Sie sich dabei am Seitenverhältnis der Karte.

Achten Sie darauf, das eigentliche Motiv nicht zu beschneiden. In der Beispielabbildung sollte das Auto noch vollständig zu sehen sein. Sie können auch bereits bei der Wahl oder sogar der Aufnahme eines Bildes darauf achten, an den Rändern etwas Himmel und Boden zu zeigen, sodass das Bild anschließend noch gut beschnitten werden kann. Verfallen Sie beim Fotografieren aber nicht in das gegenteilige Extrem, bei dem das Motiv nur sehr klein in der Mitte abgebildet wird – dies führt zu Qualitätsverlusten beim Vergrößern. Sieht das Bild vorteilhaft aus, klicken Sie *Anwenden* und *Zurück* . Sie müssen anschließend noch die Speichermeldung bestätigen, damit das Bild wirklich durch die beschnittene Variante ersetzt wird.

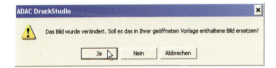

Schritt 3 – Bildqualität verbessern

Im Bildeditor können Sie nicht nur einen geeigneten Bildausschnitt bestimmen, sondern auch spezielle Verbesserungen des Fotos vornehmen. In Farbsättigung, Helligkeit und Kontrast sind – gerade bei Schnappschüssen – hier oft wirkungsvolle Verbesserungen möglich.

Klicken Sie doppelt auf das Foto, um wieder in den Bildbearbeitungsmodus zurückzukehren. Im Menü links finden Sie verschiedene Effekte. Wählen Sie *Farbsättigung*, und stellen Sie mit dem Schieberegler oder über die Vorschaubilder in der Miniaturenleiste eine höhere Farbsättigung für Ihr Bild ein. Die Farben treten nun stärker hervor.

Klicken Sie auf *Anwenden,* und verändern Sie gegebenenfalls auch die Einstellungen bei den Effekten *Helligkeit* und *Kontrast*. Mit *Zurück* kehren Sie zum Vorlageneditor zurück.

Schritt 4 – Eine Textzeile für die Innenseiten

Gehen Sie in der *Werkzeugleiste* auf das *Textwerkzeug*. Zeichnen Sie mit gedrückter Maustaste einen Textrahmen, geben Sie einen kurzen Text und formatieren ihn in *Archibalda 48 Punkt*. Denken Sie daran, das Häkchen vor *Fett* zu entfernen. Schließen Sie das Dialogfeld mit *OK*, und wählen Sie in der *Ausrichten*-Symbolleiste das Symbol *90° nach links drehen* . Dadurch wird der Text nach links gedreht, der Textrahmen kommt ins Hochformat. Anschließend positionieren Sie den Textrahmen so wie in der Abbildung gezeigt.

> **✓ Tipp**
>
> Beachten Sie, dass diese Seite der Karte eingeschnitten wird, damit der Geldschein eingesteckt werden kann. Der Textrahmen sollte möglichst nicht über der Schnittlinie liegen!

Workshop 17 — Geschenke selbst gemacht

Die Karte ausdrucken

Schritt 1 – Druckereinstellungen verändern
Klicken Sie in der Symbolleiste auf das Symbol *Drucken*. Es öffnet sich das Dialogfeld *Drucken*, in dem Einstellungen für den Ausdruck vorgenommen werden können. Damit Sie die Stanzlinie für den Geldschein und die Falzlinien besser erkennen können, ist die Option *Kontur drucken* aktiv. Dadurch werden diese Hilfslinien ebenfalls ausgedruckt. Sie dienen als Einschub für einen gefalteten Geldschein. Wenn Sie den Geldschein in die gefaltete Karte einlegen oder die Karte an einer anderen Stelle einschneiden möchten, müssen Sie Konturen ausschalten. Für dieses Beispiel deaktivieren Sie die Option *Kontur drucken*.

☐ Kontur drucken

Das beste Papier für die Geschenkkarte ist ein Karton mit matt glänzender Oberfläche. Die meisten Drucker verarbeiten Karton der Stärke 120 g/qm problemlos. Auch Karton mit 150 g/qm kann von vielen Druckern ohne Schwierigkeiten eingezogen und bedruckt werden. Sie sollten es einfach ausprobieren, um den Drucker auf Eignung für starken Karton zu testen. Je fester das Papier ist, desto hochwertiger wirkt die Karte.

Schritt 2 – Papierformat bestimmen
Die Geschenkkarte ist so gestaltet, dass der farbige Hintergrund bis an den Rand der Karte geht. Wenn Sie einen Randlosdrucker besitzen, können Sie einfach einen A4-Karton einlegen und drucken – er wird zur Hälfte bedruckt, die verbleibende leere Hälfte schneiden Sie einfach ab.
Ohne Randlosdrucker behelfen Sie sich so: Positionieren Sie die Karte in der Mitte eines A4-Kartons im Querformat, und schneiden Sie anhand des Hintergrunds die Vorderseite aus.

Klicken Sie dazu im Druckdialog auf *Druck-Format*. Es erscheint ein Dialogfeld, in dem Sie die Abmessungen des bedruckten Papiers bestimmen können. Tragen Sie zuerst bei *Papierformat* den Wert *A4* ein. Geben Sie dann bei *Rand links 43* und *Rand oben 31* ein. Damit zentrieren Sie die A5-Seite der Karte auf dem A4-Papier. So können Sie einen A4-Karton problemlos doppelseitig bedrucken. Nach einem Klick auf *OK* wird die Karte entsprechend im Druckdialog umformatiert. Klicken Sie auf *Drucken*, um den Druckvorgang zu starten.

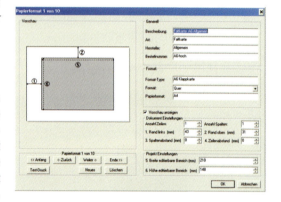

Schritt 3 – Doppelseitig drucken

Sie drucken die Karte doppelseitig aus. Zuerst gibt das Programm die Vorderseite aus und zeigt dann das abgebildete Dialogfeld an. Warten Sie, bis der Drucker die Vorderseite ausgedruckt hat. Legen Sie dann das selbe Papier erneut in den Drucker ein, und klicken Sie im obigen Dialogfeld auf OK. Jetzt wird der Druck der Rückseite gestartet. Achten Sie darauf, dass Sie das Papier wieder richtig in den Drucker einlegen. Das abgebildete Dialogfeld gibt Ihnen für verschiedene Druckermodelle wichtige Hinweise.

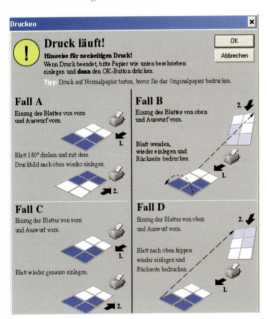

Schritt 4 – Karte einschneiden

Legen Sie die ausgedruckte und ausgeschnittene Karte auf eine schnittfeste Unterlage. Schneiden Sie mit einem Cutter oder Tapetenmesser einen Schlitz in die Karte. Verwenden Sie dazu Linien, die im Motiv der Vorderseite vorkommen, beispielsweise das Autodach oder die Tür.

Die Schnittlinie kann gebogen oder gezackt sein, je nachdem wie die Linien im Bild verlaufen. Halten Sie beim Schneiden immer einen Abstand von mindestens 2 cm zwischen Schlitz und Papierrand, damit er nicht einreißt. Die Geldscheine zusammenfalten und einstecken, je nach Faltung und Anzahl der Scheine den Schnitt etwas vergrößern.

Geschenke selbst gemacht

Originelle Gutscheine für jede Gelegenheit

Diese Gutscheine können sich sehen lassen, denn sie sind weit mehr als nur ein Verlegenheitsgeschenk! Wer außergewöhnliche Ideen für ein Geschenk an Freunde und Bekannte sucht, hat mit dem Druckstudio viele Gestaltungsmöglichkeiten. Beinahe zu jedem Anlass können Sie Gutscheine verschenken – Sie brauchen zuerst nur eine zündende Idee, um daraus ein originelles Präsent zu machen. Sie möchten sich bei Ihrem Nachbarn für das spontane Babysitting bedanken? Wie wäre es mit einem Grillabend-Gutschein. Gerade für die kleinen Aufmerksamkeiten im Alltag schenken Sie mit Gutscheinen viel Freude.

Was kann man mit einem Gutschein verschenken?

Die Möglichkeiten für Gutscheine sind unbegrenzt. Sie können ins Theater, in den Zoo oder zum gemeinsamen Frühstück einladen, oder Sie bieten die Möglichkeit, sich in einem Shoppingcenter oder Kaufhaus einen Herzenswunsch zu erfüllen. Ein spezielles Highlight unter den Gutscheinen sind besondere Erlebnisse wie z. B. Ballonfahrten, Wellness-Wochenenden oder Kochkurse. Wägen Sie genau ab, zu welchem Anlass Sie einen Gutschein verschenken möchten, ob zur Hochzeit, zum

Gutscheine

Geburtstag oder einfach nur so als kleine Anerkennung. Bedenken Sie auch, welche Hobbys der Beschenkte liebt und an wen sich der Gutschein richten soll – an Groß oder Klein, Alt oder Jung, an eine Frau, einen Mann oder an Kinder. Nehmen Sie sich in jedem Fall die Zeit, das Außergewöhnliche zu finden. Wenn Sie sich zwischen den vielen Möglichkeiten nicht entscheiden können, weihen Sie den Beschenkten in Ihr Vorhaben ein, um eine richtige Wahl zu treffen. Viele Anbieter von Reisen, Schmuck oder Wellness halten Wertgutscheine zur Einlösung bereit.

Die richtige Farbwahl

Nutzen Sie bei der Gestaltung des Gutscheins die Aussagekraft der Farben: Rot, Orange und Gelb wirken warm und fröhlich. Ein Gutschein für ein Candle-Light-Dinner stimmen Sie in zarten Farben mit Gold ab. Pastelltöne wirken elegant, während die Farben Grün, Blau und Weiß ein Layout frisch und kühl aussehen lassen – diese Farbkombination eignet sich für eine Einladungen, z. B. für einen Golfkurs oder Segeltörn. Intensiv leuchtende, reine Farben sprechen besonders Kinder an.

Bei dem Gutschein für eine Golfstunde weiß man auf den ersten Blick, worum es geht – Farben und Motive sind optimal aufeinander abgestimmt.

Kleine Extras mit großer Wirkung

Als Set – Gutschein und Umschlag

Je ausgefallener Ihre Idee ist, desto mehr sollten Sie auch über die Übergabe des Gutscheines nachdenken. Mit dem Druckstudio haben Sie auch die Möglichkeit, einen passenden Umschlag zu drucken – eins zu eins auf das Design des Gutscheins abgestimmt.

Countdown bis zum großen Ereignis

Sie verschenken Konzertkarten für die Lieblingsband? Wie wäre es mit einem kleinen Kalendarium auf der Gutscheinkarte, auf der der Beschenkte die Tage bis zum Konzert abkreuzen kann? Das Kalendarium für einen beliebigen Monat lässt sich im Druckstudio mit einem Klick einfügen. Diese kleine Zutat ist ideal, wenn der Termin im Auge behalten werden muss – für eine Reise, Kurse, Theater- oder Kinokarten.

Gutschein in der Flasche

Die Flaschenpost ist geheimnisvoll und macht Lust auf Abenteuer – vielleicht verschenken Sie eine Kreuzfahrt? Oder verbirgt sich darin eine Schatzkarte, die zum Geschenk führt? Wenn Sie einen Gutschein als Flaschenpost gestalten möchten, wählen Sie eine Vorlage aus dem *Workshop Urkunden* und ändern Sie die Texte für Ihren Zweck. Auf Marmorpapier gedruckt, wird es zu einer Piratenbotschaft aus der Südsee. Das zusammengerollte Blatt mit Siegellack oder einem Band verschließen. Das macht einen beinahe authentischen Eindruck und die Post lässt sich später leichter aus der Flasche holen.

> ✓ **Tipp**
>
> Wenn Sie einen fertig gestalteten Wertgutschein von Kaufhäusern oder Veranstaltern verschenken, überreichen Sie ihn immer zusammen mit einer eigenen Karte im Umschlag.

Workshop 18 — Geschenke selbst gemacht

▸ **Step-by-Step-Anleitung**

Ein Gutschein für tatkräftige Hilfe beim Renovieren

Gutscheine sind immer willkommene Geschenke, mit denen man auf vielfältige Art Freude bereiten kann, ob für eine romantische Ballonfahrt, ein Essen zu Zweit oder zur Unterstützung im Haushalt – zum Fenster putzen oder auch zum Renovieren. Mit einer passenden Clipart-Grafik, einem originellen Schriftzug und persönlichen Details erhält jeder Gutschein eine besondere Note. In einem einheitlich gestalteten Umschlag können Sie den Gutschein außerdem noch stilvoll überreichen.

In diesem Workshop erfahren Sie, wie Sie die folgenden Gestaltungsmittel im ADAC Druckstudio einsetzen:

› Farben übernehmen
› Hintergrund-Clipart
› Druck von einzelnen Postkarten
› Druck von Umschlägen

Vorlage auswählen und einfärben

Schritt 1 – Vorlage auswählen

Wählen Sie unter *Geschenke selbst gemacht* den Workshop *Gutscheine*. Die Vorlagenauswahl öffnet sich.

Klicken Sie im Menü oben links auf die Kategorie *Postkarte quer*, anschließend auf die Vorlage mit dem Pinsel. Mit einem Doppelklick öffnen Sie die Vorlage im Editor.

Schritt 2 – Rückseite anzeigen und einfärben

Die Vorderseite des Gutscheins ist bereits fertig gestaltet. Die Rückseite dagegen ist weiß und besitzt keine Gestaltungselemente. Zunächst soll der Hintergrund der zweiten Seite des Gutscheins in der selben Farbe wie die Vorderseite eingefärbt werden.

Klicken Sie dafür in der Werkzeugleiste auf die *Pipette* . Anschließend mit der Maus auf die Farbfläche des Hintergrunds klicken, um die Farbe aufzunehmen. Das Farbfeld der Werkzeugleiste zeigt diese Farbe sofort an. Wählen Sie die Schaltfläche *Zweite Seite*. Sie gelangen zur Rückseite. In der Werkzeugleiste den *Farbtopf* wählen und die Seite in der gewünschten Farbe einfärben.

Schritt 3 – Gruß auf Rückseite einfügen

Wählen Sie in der *Werkzeugleiste* das *Textwerkzeug* und zeichnen mit der gedrückten Maustaste im oberen Bereich der Rückseite einen Textrahmen über die volle Breite des Gutscheins.

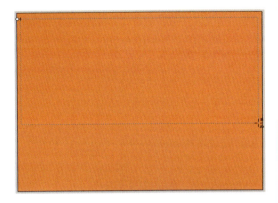

Nach dem Loslassen der Maustaste öffnet sich das Dialogfeld *Text-Eigenschaften*. Geben Sie Ihre Grüße ein, und achten Sie besonders auf optisch ausgeglichene Zeilenumbrüche. Die Schriftart ist *Chamelion* in *20 Punkt* Größe und Schriftfarbe *Weiß*. Das Kontrollkästchen *Fett* ist automatisch aktiviert. Entfernen Sie es, denn eine fette Schreibschrift sieht nicht gut aus und ist schwer lesbar, da die Linien der Buchstaben ineinanderlaufen. Bestätigen Sie die Änderungen mit *OK*.

Den Textrahmen mit der Maus gegebenenfalls in den oberen Bereich der Karte verschieben. So bleibt unten Platz für Unterschriften.

Gehen Sie im Menü *Datei* auf den Befehl *Speichern*, um den fertig gestalteten Gutschein zu sichern. Er wird später zum Drucken wieder geöffnet.

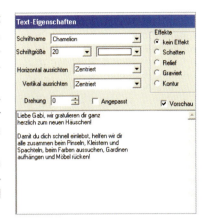

Umschlag auswählen und ändern

Schritt 1 – Vorlage auswählen

Klicken Sie im Editor auf die Schaltfläche *Zurück* oder auf die Schaltfläche *Vorlagen*. In beiden Fällen erreichen Sie wieder die Vorlagenauswahl. Klicken Sie oben links auf die Kategorie *Umschlag C6*. Klicken Sie auf die zum Gutschein passende Vorlage mit dem Pinsel. Mit einem Doppelklick öffnen Sie den Umschlag im Editor.

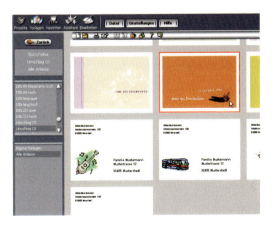

Workshop 18 — Geschenke selbst gemacht

Gutschein und Umschlag drucken

Schritt 2 – Namen eingeben

Klicken Sie doppelt auf die Textzeile mit dem Platzhalter „Name des Beschenkten" und geben Sie den Namen ein. Formatieren Sie anschließend den Namen in der Schriftart *Chamelion*, Größe *20 Punkt*, und denken Sie auch hier daran, die Option *Fett* auszuschalten.

Schritt 1 – Gutschein drucken

Gehen Sie im Menü *Datei* auf den Befehl *Öffnen*, um den gespeicherten Gutschein für den Druck zu öffnen.
Da er die Größe einer normalen Postkarte hat, gibt es hier zwei Möglichkeiten für den Ausdruck:
Erstens können Sie vier Gutscheine auf einmal auf einem A4-Karton ausdrucken. Damit kann jeder Freund des Beschenkten einen eigenen Gutschein überreichen. Wählen Sie dazu unter *Papier-Typ* den Eintrag *Postkarte viermal auf A4,* und gehen Sie auf Drucken.

Schritt 3 – Namen ausrichten

Verschieben Sie dann mit der Maus den Namen unter die Schriftzeile „Gutschein für". Stellen Sie nach einem Doppelklick auf die Textzeile im Feld *Drehung* den Wert *3* ein, um den Textrahmen schräg zu stellen.

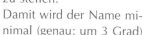

Damit wird der Name minimal (genau: um 3 Grad) nach links gedreht, sodass er nun genau wie die Zeile „Gutschein für" ein wenig schräg ausgerichtet ist.
Speichern Sie den Umschlag mit einem Klick auf *Speichern*. Er wird später für den Druck wieder geöffnet.

Zweitens können Sie eine einzelne Karte im Format DIN A6 ausdrucken. Dies gelingt aber nur, wenn Ihr Drucker problemlos kleinere Formate durch den Einzelblatteinzug oder den Einzug für Briefumschläge aufnehmen kann. Wenn der Drucker einen speziellen Einzug für Umschläge oder der Einzelblatteinzug spezielle Ansatzkanten für Umschläge hat (siehe Druckerhandbuch), sollten Sie einen einzelnen Gutschein wie einen Umschlag drucken. Wählen Sie unter *Papier-Typ* den Eintrag *Postkarte A6 allgemein*, legen Sie Papier dieser Größe in den Drucker ein, und klicken Sie auf Drucken.
Der Gutschein wird doppelseitig ausgedruckt. Nachdem die Vorderseite bedruckt wurde,

Gutschein zum Renovieren — Workshop 18

fordert das Programm Sie auf, das Papier zu wenden und anschließend wieder in den Einzug des Druckers zu schieben.

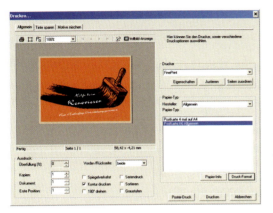

Schritt 2 – Umschlag drucken

Gehen Sie im Menü *Datei* auf *Öffnen*, und öffnen Sie nun den Umschlag. Wählen Sie wieder den Druckbefehl. Sie sehen nun das Dialogfeld *Drucker Papierformat*. Es hilft bei der Zuordnung des Umschlags zu den Papierformaten des aktuellen Druckermodells. Wählen Sie hier ein passendes Papierformat; jeder Drucker bietet das Umschlagformat unter anderen Namen an. Mit *OK* bestätigen.

Das Dialogfeld *Drucken* öffnet sich. Wenn Ihr Drucker einen speziellen Umschlageinzug besitzt, sollten Sie diesen für den Druck auswählen. Klicken Sie dafür auf die Schaltfläche *Eigenschaften* . Wählen Sie bei *Papierquelle* den Einzug für Umschläge aus. Das Dialogfeld sieht bei jedem Drucker ein wenig anders aus, da die Hersteller es an die Funktionen ihrer Modelle anpassen. Das entsprechende Menü kann beispielsweise auch *Papierformat* oder *Einzug* heißen. Anschließend können Sie den Umschlag mit einem Klick auf *Drucken* ausdrucken.

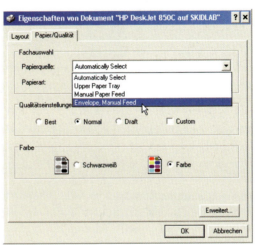

Das genaue Vorgehen beim Druck von Umschlägen sollten Sie im Druckerhandbuch nachlesen. Falls Ihr Drucker keine spezielle Vorrichtung für Umschläge hat, können Sie meistens auch den Einzelblatteinzug verwenden. In der Regel müssen Sie dazu den Umschlag am linken Rand des Papiereinzugs ansetzen.

Damit die Unterschriften auf der farbigen Gutscheinrückseite deutlich erkennbar sind, sollte ein gut deckender Lackstift für goldene oder silberne Schrift benutzt werden.

✓ Tipp

Karton mit einer Stärke von 150 g/qm ist für den Ausdruck hervorragend geeignet. Er ist ausreichend stabil und wird von jedem Drucker problemlos verarbeitet.

Päckchen voller Erinnerungen. CDs und DVDs verschenken

> **Hinweis**
>
> Bevor Sie eine selbst erstellte CD verschenken, sollten Sie sie immer testen. Insbesondere ältere Geräte haben manchmal Probleme mit gebrannten Rohlingen. Brennen Sie eine Probe-CD mit ein bis zwei Musikstücken oder Videos und testen diese in einem älteren CD- oder DVD-Player.

Sie suchen nach einem persönlichen Geschenk für eine ganz besondere Person – vielleicht zu einem runden Geburtstag oder Jubiläum? Stöbern Sie doch einmal in alten Fotos oder auch Videos nach gemeinsamen Erlebnissen. Vielleicht finden Sie auch schöne Texte von Briefen oder Einladungen. All diese Dinge lassen sich heute einfach auf CD oder DVD zusammenstellen und ansprechend präsentieren. Eine solche CD ist ein ideales Geschenk zu vielen Gelegenheiten. Beispielsweise kann das Brautpaar als Dankeschön an die Gäste eine aktuelle CD der schönsten Hochzeitsfotos oder eine DVD des Hochzeitsvideos verschenken. Haben Sie auch daran gedacht, Ihre schönsten Momente in einem kleinen Archiv immer wieder verfügbar aufzubewahren?

Eine gelungene Ergänzung zur eigenen CD sind mit dem Mikrofon aufgesprochene Geschichten von früher: „Weißt du noch ...?" Der Beschenkte nimmt die Sammlung dann immer wieder gerne zur Hand und denkt so an die gemeinsamen Erlebnisse.

Je nachdem welche Inhalte Sie brennen möchten, sind folgende Programme hilfreich zum Erstellen von CDs und DVDs:

› Sprachaufnahme und Bearbeitung von Audiodateien: beispielsweise Audacity (kostenlos im Internet erhältlich)
› Videoimport und -bearbeitung, Brennen von Video-DVDs mit Menü: beispielsweise Ulead MediaStudio
› Bildbearbeitung: beispielsweise PaintShop Pro oder das Druckstudio
› Brennen von Dateien allgemein: direkt über Windows
› Brennen von automatisch startenden Bilder-CDs: beispielsweise ABC of Pics (im Druckstudio enthalten)
› Gestalten und Drucken von CD-Label und Hülle: das ADAC Druckstudio

Musik und Videos verwenden

Wenn Sie selbst auf Ihrer Festplatte über keinen großen Fundus an passenden Musik- oder Videostücken verfügen, so können Sie Ihr privates Archiv mit Musik aus der Bibliothek ergänzen. Die meisten Bibliotheken bieten heute einen großen Fundus an klassischer und moderner Musik auf CD an, welche Sie für den privaten Gebrauch kopieren dürfen.

CD- und DVD-Geschenke

Verpackungen selber machen

Mit dem Brennen der CD oder DVD sollte Ihre Arbeit jedoch noch nicht beendet sein. Mit einer Verpackung, bei der CD-Aufkleber und Hülle aufeinander abgestimmt sind, runden Sie das Geschenk perfekt ab. Im ADAC Druckstudio finden Sie eine Auswahl der schönsten Verpackungssets zum individuellen Beschriften und Ausdrucken. Label, Einleger sowie verschiedene Geschenkverpackungen liegen in mehreren Ausführungen vor – so geben Sie Ihrem Geschenk den letzten Schliff.

CD-Labels

Die Aufkleber für die CD oder DVD drucken Sie auf spezielles Etikettenpapier, das schon fertig vorgestanzt ist und einfach auf den Datenträger aufgeklebt wird. Für Geschenk-CDs, bei denen es besonders auf eine perfekte Präsentation ankommt, verwenden Sie Etiketten mit kleinem Innenloch, 17 mm. Darauf kommt das Motiv deutlich besser zur Geltung als auf Etiketten mit großem Innenloch, 34 mm.

Um die Etiketten sauber auf der CD zu platzieren, werden von den meisten Etiketten-Herstellern Zentrierhilfen angeboten, die das Bekleben der CD erleichtern. Streichen Sie die Etiketten immer von der Mitte aus nach außen fest, damit keine Blasen entstehen. Unsauber aufgeklebte Etiketten können zu leichtem Schleudern im Gerät und damit zu Fehlern beim Abspielen führen.

CD-Einleger

Die üblichen CD-Hüllen aus durchsichtigem Kunststoff (Jewel-Case) bieten auf Vorder- und Rückseite Platz für selbst gestaltete Einleger. Die Standardgrößen sind 11,9 cm x 12,1 cm für die Vorderseite und 12 cm x 15 cm für die Rückseite. Drucken Sie die Vorlagen des Druckstudios auf einfaches Papier oder auf vorgestanzte Spezialpapiere. Schmuckmotive wirken auf glänzendem Fotodruckpapier am schönsten, da es die Farben besonders leuchten lässt.

Geschenk-Hüllen

Wer gern bastelt, kann sich mit dem Druckstudio Stecktaschen und CD-Hüllen auf A4-Papier ausdrucken, die Vorlage ausschneiden und zu einer eigenen Verpackung falten und kleben. Stecktaschen beinhalten nur die CD selbst, CD-Hüllen nehmen ein ganzes Jewel-Case auf.

Die Verpackung können Sie einfach auf stärkerem Papier ausdrucken. Glänzend beschichtetes Fotopapier ist zum Basteln ungeeignet, denn beim Falten entstehen unschöne weiße Stellen.

Planen Sie noch eine besondere Überraschung ein: Schreiben Sie keine ausführliche Inhaltsangabe auf die Verpackung. Der Beschenkte soll die Inhalte Stück für Stück selbst entdecken!

⚠ Achtung

Im privaten Bereich erlaubt der Gesetzgeber das Kopieren und Weitergeben auch urheberrechtlich geschützter Lieder oder Filme. Eine solche Privatkopie darf jedoch nicht öffentlich gemacht oder verkauft werden. Dies gilt nur für CDs und DVDs ohne speziellen Kopierschutz.

Geschenk-Stecktaschen sind flach und eignen sich besonders für den Postversand von CDs.

Workshop 19 — Geschenke selbst gemacht

▸ **Step-by-Step-Anleitung**

Ein CD-Geschenkset gestalten

Sicher haben auch Sie, wie viele Menschen, zahlreiche Fotos auf der Festplatte liegen – von der Geburtstagsparty, dem Urlaub mit Freunden oder dem letzten Familientreffen. Warum also nicht mal eine Foto-CD verschenken? Für die Geburtstage von engen Freunden oder Geschwistern ist eine Foto-CD das perfekte Geschenk – erst recht, wenn Sie sie mit einer lustigen Illustration verzieren und passend verpacken. Die CD-Geschenkverpackungen im ADAC Druckstudio sind aufeinander abgestimmte Sets von CD-Aufkleber (Label) und Einleger zum Selberdrucken und Basteln.

In diesem Workshop erfahren Sie, wie Sie die folgenden Gestaltungsmittel im ADAC Druckstudio einsetzen:

❯ Passendes CD-Label und -Verpackung
❯ Schreibschrift
❯ Faltlinien drucken

Label für Geschenk-CD auswählen

Schritt 1 – Vorlage auswählen
Wählen Sie unter *Geschenke selbst gemacht* den Workshop *CD/DVD-Geschenksets*. Die Vorlagenauswahl öffnet sich.

Zu jeder Gestaltungsvariante finden Sie ein passendes Set, bestehend aus: *CD-Label* (der Aufkleber), *CoverCard* (Einleger für CD-Hüllen), *Inlay* (hinterer Einleger für CD-Hüllen), *Geschenkverpackung* (Schmuckverpackung für CD-Hüllen) und *Geschenk-Stecktasche* (Papierhülle für CDs).

Klicken Sie im Menü oben links auf die Kategorie *CD-Label*. In der unteren Auswahlliste ist der Eintrag *CD-Geschenkset* bereits markiert. Klicken Sie auf die Vorlage mit den beiden Hunden. Mit einem Doppelklick öffnen Sie die Vorlage im Editor.

Schritt 2 – Text eingeben
Eine Geschenk-CD sollte in jedem Fall mit den Namen der Adressaten beschriftet werden. Klicken Sie dafür in der *Werkzeugleiste* auf das *Textwerkzeug* T, und zeichnen Sie im unteren Bereich des Labels einen Textrahmen links neben der Blüte. Das Dialogfeld *Text-Eigenschaften* öffnet sich.

CD- und DVD-Geschenkset — Workshop 19

Tippen Sie den Text ein, und formatieren Sie ihn, indem Sie Schriftart und -größe einstellen. Wählen Sie die Schriftart *Pepper* passend zur Schrift in der Grafik. Als Farbe wählen Sie ein Blaugrün mit dem Namen *Teal*. Passen Sie die Schriftgröße der Länge des verwendeten Schriftzugs an – in diesem Fall reichen *18* oder *19* Punkt Größe aus.

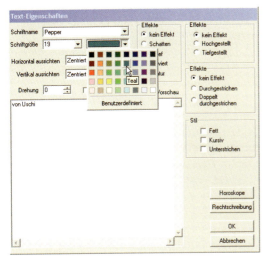

Erstellen Sie dann rechts neben der Blüte einen weiteren Schriftzug mit den selben Formatierungsmerkmalen wie im ersten Textrahmen. Anschließend die Textrahmen zueinander ausrichten. Die Taste ⇧ gedrückt halten und nacheinander die beiden Textrahmen anklicken. Dann in der Ausrichtungsleiste auf das Symbol für *Oben ausrichten* gehen.

Schritt 3 – Vorlage drucken

Speichern Sie im Menü *Datei* nun die Vorlage mit einem Klick auf *Speichern,* und drucken Sie die Vorlage mit einem Klick auf das Symbol *Drucken* aus. Im Druckdialog wählen Sie im Abschnitt *Papier-Typ* den *Hersteller* und die Artikelnummer Ihres CD-Etiketten-Papiers aus. Für dieses Geschenketikett sollten Sie spezielle CD/DVD-Etiketten mit einem 17-mm-Loch verwenden, weil das Motiv bis in die Mitte reicht. Normale Aufkleber haben eine zu große Öffnung für diese Labels – Teile der Grafik würden abgeschnitten.

Deaktivieren Sie die Option *Kontur drucken,* damit die grünen Randlinien nicht gedruckt werden. Mit den Optionen *Dokument* und *Erste Position* bestimmen Sie, welches Etikett des Blatts bedruckt wird. Die Option *Überfüllung* hilft, wenn nach dem Ausdruck noch weiße Ränder zu sehen sind. Geben Sie in diesem Fall hier einen Wert von *2* oder *3* % an. Klicken Sie auf *Drucken,* um den Ausdruck zu starten.

Schritt 4 – Textrahmen für Verpackung kopieren

Beide Textrahmen markieren und in der Ausrichtungsleiste auf das *Gruppierungssymbol* klicken, um beide Rahmen zusammenzufügen. Drücken Sie dann Strg+C.

> **Hinweis**
> Die Schrift auf dem Label kann nicht verändert werden, sie ist Bestandteil der Grafik.

> **Achtung**
> Denken Sie daran, vorerst kein weiteres Objekt zu kopieren – der Schriftzug in der Zwischenablage des Programms würde sonst vom neu kopierten Objekt ersetzt.

Workshop 19 — Geschenke selbst gemacht

Geschenkverpackung für CD auswählen

Schritt 1 – Vorlage auswählen

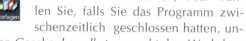

Klicken Sie auf *Vorlagen*, um zur Vorlagenauswahl zurückzukehren, oder wählen Sie, falls Sie das Programm zwischenzeitlich geschlossen hatten, unter *Geschenke selbst gemacht* den Workshop *CD/DVD-Geschenksets*.

In der Vorlagenübersicht oben links auf Kategorie *Geschenkverpackung* klicken. Sie finden hier CD-Verpackungen zum Selberfalten, deren Gestaltung mit den Labels übereinstimmt. Wählen Sie die Vorlage mit den beiden Hunden, die zum Label passt. Mit einem Doppelklick öffnen Sie die Vorlage im Editor.

Falls Sie das Programm zwischendurch geschlossen hatten, befindet sich der Text nicht mehr in der Zwischenablage. Fügen Sie mit dem Textwerkzeug einen neuen Textrahmen ein, und formatieren Sie ihn für die *Schriftart Pepper, 19* Punkt.

Schritt 3 – Vorlage drucken

Gehen Sie im Menü *Datei* auf *Speichern*, um die Vorlage zu sichern. Auf *Drucken* gehen, um den Entwurf auf festem Karton von etwa 140 g/qm auszudrucken. Bitte im Handbuch überprüfen, welche Kartondicke für ihren Drucker geeignet ist. Wenn Sie beim Ausdruck die Option *Kontur drucken* wählen,

Schritt 2 – Kopierten Text einfügen

Den kopierten Textrahmen mit der Tastenkombination [Strg]+[V] oder mit dem Befehl *Einfügen* im Menü *Bearbeiten* einfügen. Bringen Sie hier die gruppierten Textrahmen in die gleiche Position wie auf dem CD-Label.

CD- und DVD-Geschenkset — Workshop 19

werden die Falzlinien sichtbar, sodass die Verpackung leichter gefaltet werden kann.

Schritt 4 – Geschenkverpackung falten

Diese Geschenkverpackung ist auf das Maß eines sogenannten Jewel-Cases abgestimmt. Das sind transparente Kunststoffhüllen für CDs; die Außenmaße sind etwa 12,5 cm x 14,2 cm x 1,0 cm. Legen Sie ein Lineal an den Linien an, und falten Sie die Verpackung an diesem Lineal hoch. So erhalten Sie gerade Kanten. Biegen Sie die gefalzten Teile um, sodass die unbedruckte Seite innen liegt. Legen Sie als Hilfe eine alte CD-Hülle in die Geschenkverpackung und biegen Sie die Laschen herum. Die horizontalen Konturlinien an der Schmalseite der Hülle etwa 1 cm einschneiden, damit alles glatt zusammengefaltet werden kann. Die breiten Laschen an den Seiten vorsichtig mit Klebstoff bestreichen und die Verpackung festdrücken. Die Verschlusslasche wird in den Spalt zwischen CD und Verpackung eingeschoben. Sollte es etwas klemmen, schneiden Sie die Lasche an den Seiten schräg an. Schieben Sie die CD-Hülle in die CD-Schachtel – fertig ist das Geschenk!

Schritt 5 – Geschenk-Stecktasche falten

Möchten Sie eine CD mit der Post versenden, bietet es sich an, eine besonders schmale Verpackungsvariante zu wählen. Die Geschenk-Stecktasche wird so gefaltet, dass genau eine CD hineinpasst. Sie ist also auch gut geeignet, wenn Sie keine Jewel-Case-Hüllen zur Verfügung haben.

Wählen Sie in der Vorlagenauswahl im Menü links oben die Kategorie *Geschenk-Stecktasche*, um Vorlagen dieser Art anzuzeigen. Auch hier finden Sie wieder die bekannten Gestaltungen und Motive und können der gewünschten Vorlage eigene Texte hinzufügen.

Mit einem Klick auf *Drucken* die Faltvorlage ausdrucken. Die gesamte bedruckte Fläche ausschneiden und den Schlitz mit einem Cutter oder Tapetenmesser einschneiden. Er dient zum Einstecken der Lasche.

Die Stecktasche wird allein durch die Faltung und die Lasche zusammengehalten. Zur Erhöhung der Stabilität können Sie zusätzlich die seitlichen Laschen dünn mit Klebstoff bestreichen und die Verpackung leicht andrücken.

> **✓ Tipp**
>
> Sie können die Verpackung auch direkt um eine CD-Hülle herum falten, ohne beim Druck die Option **Kontur drucken** zu wählen. Die grünen Falzlinien sind dann nicht sichtbar.

Geschenke selbst gemacht

Eine Hochzeitszeitung planen und gestalten

Eine Hochzeit vorzubereiten erfordert eine sorgfältige und langfristige Planung. Die Vorbereitungen dafür werden meist vom Hochzeitspaar selber getroffen. Wenn aber ein erlesener Kreis guter Freunde und Verwandter eine Hochzeitszeitung entwerfen, entsteht daraus eine ganz besondere Überraschung nur für das Brautpaar.

Am schönsten Tag im Leben erinnert sie auf humorvolle Weise an die zurückliegende Zeit des Brautpaares, erzählt Geschichten, wie alles anfing, erheitert mit witzigen Sprüchen und gibt wohlmeinende Ratschläge für die Zukunft. Wie auch bei der echten Zeitungsausgabe runden Rätsel, Zitate, Horoskope und auch Witze dieses Extrablatt ab.

Mit dem ADAC Druckstudio erstellen Sie eine solche Zeitung einfach und schnell. Tipps zur perfekten Vorbereitung und Gestaltung erhalten Sie auf den folgenden Seiten.

Eine eigene Zeitungsredaktion zusammenstellen

Suchen Sie sich ein paar kreative Köpfe unter den Gästen, und setzen Sie sich rechtzeitig vor der Hochzeit zusammen. Legen Sie fest, wer als Textchef den Überblick über alle Texte hat, als Bildchef das Bildmaterial sammelt und digitalisiert, als Layouter die Arbeit am Druckstudio übernimmt und wer als Koordinator Zeitplan und Etat im Griff hat. Ehemalige Klassenkameraden sind hervorragende Quellen für Ereignisse aus der Schulzeit von Braut und Bräutigam. Bei den Eltern, Freunden sowie eventuell auch Arbeits- oder Sportkollegen lassen sich einige Fotos und auch ungewöhnliche Geschichten über das Brautpaar ausfindig machen. Damit gehen Sie sicher, ausreichendes Material für Ihre Zeitungsgeschichte zu erhalten.

Hochzeitszeitung planen

Der Zeitplan

Trotz aller Planung wird die Zeitung erfahrungsgemäß erst ganz knapp vor dem Tag der Hochzeit fertig. Aber je mehr Zeit Sie einplanen, desto mehr Spaß macht die Arbeit und desto besser wird das Ergebnis sein, das Sie dem Brautpaar und den Lesern präsentieren. Nehmen Sie folgende Angaben als Richtlinie bei Ihren Planungen. So könnte der Zeitplan aussehen:

3 Monate vor der Hochzeit
Die Redaktion trifft sich das erste Mal und legt Format und Umfang der Zeitung fest. Im Brainstorming werden Ideen für Texte und Bilder gesammelt und überlegt, wer diese liefern kann. Verantwortlichkeiten und Aufgaben werden verteilt.

2 Monate vor der Hochzeit
Die bisher gesammelten Texte und Bilder werden gemeinsam durchgesehen; eventuell wird aussortiert oder neue Themen kommen hinzu. Probelayout durchsprechen und die Art des Drucks und der Bindung festlegen.

4 Wochen vor der Hochzeit
Texte und Bilder werden auf einzelne Seiten aufgeteilt: Der Seitenplan entsteht. Noch fehlende Beiträge anfordern. Informationen zu Programmablauf, Menü oder Tischordnung auf der Hochzeit können von den Organisatoren erfragt werden.

2 Wochen vor der Hochzeit
Alle Inhalte sind in das Layout eingearbeitet und ein Probeausdruck ist gemacht. Das Redaktionsteam bespricht letzte Korrekturen. Für fehlende Beiträge einen Ersatz finden.

1 Woche vor der Hochzeit
Die Zeitung ist fertig gedruckt und liegt für den großen Tag bereit.

Hochglanzmagazin oder Anzeiger?

Entscheiden Sie sich rechtzeitig über die Art des Drucks, denn je nach Verfahren müssen Sie mehr Zeit einplanen. Je nach Auflage und Budget haben Sie folgende Möglichkeiten.
› Mit dem eigenen Drucker drucken, in einem Copyshop kopieren oder in der Druckerei drucken
› Schwarzweiß oder Farbe
› Format A5 oder A4

Der Druck in der Druckerei muss gar nicht so teuer sein, lohnt sich aber vor allem bei größeren Auflagen. Bei der Entscheidung für eine Druckerei holen Sie frühzeitig Angebote ein. Auch im Internet finden Sie oft günstige Angebote. Informieren Sie sich dabei auch über das zum Druck notwendige Datenformat und den Zeitpunkt der Abgabe.

In der Druckerei haben Sie die Möglichkeit, ein beinahe echtes Hochglanzmagazin in Farbe herzustellen. Der Druck zu Hause oder die Vervielfältigung im Copyshop ist kostengünstiger, aber oft nur in Schwarzweiß möglich. Ein farbiges Deckblatt, eventuell mit einer zusätzlichen Schutzfolie, peppt in diesem Fall die Ausgabe auf. Oder Sie ahmen eine Zeitung nach, die wie die typischen Lokalblätter und Anzeiger aussieht: Mit Ökopapier und bewusst verringerter Druckqualität lassen sich tolle Effekte erreichen.

Überlegen Sie gut, welches Format Sie wählen – A4 oder A5? Das hat entscheidenden Einfluss auf die Textmenge und die Anzahl der Bilder. Für beide Formate bietet das Druckstudio passende Vorlagen.

Nicht nur der Druck, sondern auch die Gestaltung der Zeitung bestimmen über die Anmutung als Magazin oder als Lokalblatt. Wählen Sie eine passende Vorlage im Druckstudio aus, und besorgen Sie sich zusätzlich eine Auswahl unterschiedlicher Zeitungen vom Kiosk. Welche Schriften sind typisch? Wie

> **Tipp**
>
> Sammeln Sie alle Bilder für die Hochzeitszeitung in einem Ordner auf dem PC. So behalten Sie immer die Übersicht. Mit dem Druckstudio können sie später noch beschnitten und bearbeitet werden.

Geschenke selbst gemacht

groß sind die Bilder? Reichen sie bis zum Seitenrand? Wie viele Spalten werden eingesetzt? Sind Überschriften und Textblöcke farbig gestaltet oder schwarzweiß? Je mehr Stilmittel Sie übernehmen, desto realistischer wirkt Ihr eigenes Layout.

Für die optische Gestaltung Ihrer Hochzeitszeitung haben Sie die Wahl zwischen Zeitungslayouts oder einer romantischen Gestaltung nach eigenen Wünschen.

Bildmaterial sichten und scannen

Für die Vorbereitungen des Zeitungslayouts sichten Sie zuerst das zur Verfügung stehende Bildmaterial. Darunter befinden sich möglicherweise neben Digitalfotos Schwarzweiß- und Farbfotos, Dias wie auch Zeitungsschnipsel oder andere dekorative Vorlagen. Lesen Sie Ihre Bildauswahl mit dem Scanner ein.

Die beste Qualität beim Einscannen erhalten Sie, wenn die richtigen Einstellungen für das jeweilige Bild gewählt sind. Das Treiberprogramm, das bei einem Scanner mitgeliefert wird, erlaubt es meist, unterschiedliche Erfassungsmethoden für Schwarzweiß-, Bunt- oder Rastervorlagen (Zeitung) zu wählen. Stellen Sie außerdem die Auflösung der Scans auf 300 dpi. Wollen Sie ein kleines Bild einscannen und im Layout vergrößern, sollte die Auflösung höher sein. Wählen Sie in diesem Fall 600 dpi. Für die Dias benötigen Sie entweder eine Durchlichteinheit für den Scanner, oder Sie bringen sie zum Fotografen, der die Bilder für Sie digitalisiert. Bei Dias gilt ebenfalls, dass die Auflösung höher sein muss, da die Vorlage kleiner ist als der Ausdruck. Wählen Sie mindestens 600 dpi oder höher.

Spannende Beiträge und Texte finden

Eine originelle Hochzeitszeitung steht und fällt mit den Beiträgen, die sie präsentiert. Manchmal bereitet es jedoch Kopfzerbrechen, die richtigen Ideen für abwechslungsreiche Inhalte zu finden. Am besten geht das bei einem „Brainstorming" des Redaktionsteams: Zuerst werden alle Gedanken in die Runde geworfen und sofort aufgeschrieben. Danach werden die besten Ideen ausgesucht und gleich Verantwortliche festgelegt, die die jeweiligen Inhalte umsetzen. Beim Nachfragen bei den Eltern und Geschwistern, Freunden und Kollegen des Brautpaars werden ganz sicher noch weitere schöne Einfälle zutage treten.

Besondere Zitate, Gedichte und witzige Sprüche finden Sie in vielen Sachbüchern zum Thema Hochzeitsvorbereitungen. Das Internet bietet ebenfalls viele nützliche Adressen zu diesem Thema und ist für Recherchen ideal.

> **✓ Tipp**
>
> Hier finden Sie Texte und Anregungen für die Hochzeitszeitung:
> **www.text-welt.de**
> **www.online-hochzeits-zeitung.de**
> **www.unsertag.de**

Hochzeitszeitung planen

Einige Beispiele für die Inhalte einer Hochzeitszeitung:
- Einladungstexte und Begrüßung
- Danksagungen
- Die Festordnung
- Über das Brautpaar
- Über die Eltern
- Spiele
- Kreuzworträtsel
- Lustige Sprüche und Witze
- Ehe-Ratgeber
- Horoskope
- Lieder
- Sitten und Bräuche

Symbolik der Pflanzen
Sagen Sie etwas durch die Blume, so geben Sie acht, das Richtige zu sagen: Auch Blumen haben eine symbolische Bedeutung. So sind weiße Rosen typische Hochzeitsblumen. Sie werden mit Reinheit und Liebe verbunden.

Es gibt jedoch noch mehr Pflanzen, die Sie nutzen können. Im Folgenden eine kurze Auswahl: Die *Myrthe* steht für Reinheit und Liebe, Leidenschaft und Beständigkeit, Schönheit und Dauer: die besten Voraussetzungen für eine glückliche Ehe.
Die *Lilie* ist im christlichen Glauben Sinnbild für die Jungfräulichkeit. In der Ikonographie steht Sie als Synonym für die unbefleckte Empfängnis und strahlende Reinheit. Das *Vergissmeinnicht* soll den Bräutigam für immer in Gedanken an seine Frau binden. Es steht als Sinnbild für gegenseitigen Respekt und Aufmerksamkeit füreinander in der Ehe. Nimmt man diese Symbolik ernst, so meiden Sie:
Tulpen, sie werden mit Gefühlskälte verbunden, *weiße Nelken*, diese sagen: ich bin noch zu haben und *Flieder*, welcher mit Untreue in Verbindung gebracht wird.

Spielideen für die Unterhaltungsseite
Wie bei der echten Tageszeitung finden Sie auch hier lustige, auf das Thema Hochzeit abgestimmte Kreuzworträtsel oder Suchbilder. Das Druckstudio bietet viele Vorlagen.
Bei diesem Suchspiel können Sie Paare-Finden spielen. Für einen höheren Schwierigkeitsgrad lassen Sie alte Babyfotos den richtigen Familienmitgliedern zuordnen.

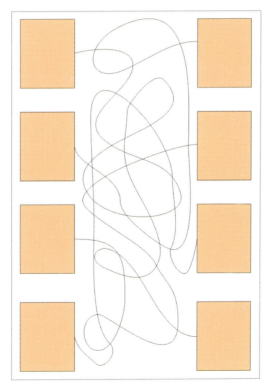

Geschenke selbst gemacht

Beim Kreuzworträtsel können Sie Fragen nach allgemeinen Hochzeitsbegriffen und zu Namen und Details der Familienmitglieder stellen. Ein solches Kreuzworträtsel mit eigenen Fragen und Antworten generieren Sie direkt mit dem Druckstudio.

Auf das Brautpaar abgestimmte Anzeigen

Der Anzeigenteil bietet Platz für lustige Annoncen. Sammeln Sie im Vorfeld gute Wünsche und Anekdoten der anderen Gäste, und erstellen Sie aus diesen einen Anzeigenteil. Wenn Sie möchten, können Sie für jede Annonce einen kleinen Obolus erheben und diesen in Form eines Geschenkes an das Brautpaar zurückgeben.

Die Ausgabe binden

Nach dem Druck stellt sich die Frage nach der Bindung. Eine Zeitung im A4-Format wirkt besonders hochwertig mit einer Spiralbindung oder Klebebindung. Ein entsprechendes Bindegerät bzw. der Binde-Service findet sich in Copyshops. Weitere Möglichkeiten sind Klemm- oder Haftschienen aus dem Schreibwarenhandel. Dabei werden die Blätter am linken Rand in eine Plastikschiene eingeklemmt und festgehalten. Für eine bessere Stabilität können Sie für das letzte Blatt festen Karton, für das Deckblatt starke Folie wählen. Eine Zeitung im A5-Format wird auf A4 doppelseitig gedruckt, sodass aus einem Blatt A4-Papier vier Zeitungsseiten werden. So kann die Zeitung in der Mitte gefaltet und mit einem großen Heftklammergerät aus dem Copyshop geheftet werden. Das geht schnell und ist stabil. Kompliziert ist nur die Anordnung der Inhalte auf den A4-Blättern.

Im Druckstudio finden Sie A5-Vorlagen, in denen die Seiten von 1 bis 16 schon so angelegt sind, dass direkt gedruckt und gebunden werden kann. Für A5-Zeitungen mit einem größeren Umfang planen Sie die Seiten so:

› Die Anzahl der gewünschten Seiten durch 4 teilen, das Ergebnis ist die Anzahl der benötigten A4-Blätter.
› Diese Menge leerer A4-Blätter übereinander legen und in der Mitte falten, eventuell auch zusammenheften.
› Die leere „Zeitung" durchblättern und alle Seiten nummerieren.
› Die Inhalte und Bilder auf jeder Seite möglichst genau planen und vermerken.
› Wenn wirklich alles stimmt, die Blätter wieder auseinander nehmen.
› Die einzelnen A4-Blätter als Vorlage bei der Gestaltung der einzelnen Zeitungsseiten verwenden, dabei unbedingt die richtigen Seitenzahlen einfügen.

Hochzeitszeitung planen

Nach dem Druck die Seiten anhand der Seitenzahlen zusammenlegen, falten und binden. Ob Sie ihre Hochzeitszeitung an die Gäste verschenken oder gegen ein kleines Entgelt verkaufen, sollten Sie selbst entscheiden. Planen Sie bei der Anzahl der Exemplare immer eine kleine Reserve ein, damit keiner der Hochzeitsgäste leer ausgeht.

Als Variante – Zeitungen für Ruhestand, Geburtstag und mehr

Mit dem Druckstudio erstellen Sie selbstverständlich nicht nur Hochzeitszeitungen. Auch für viele andere Gelegenheiten drucken Sie das Extrablatt des Tages! Die Zeitung zum Schul- oder Universitätsabschluss kann mit der Software ebenso einfach gestaltet werden, wie das Vereinsmagazin. Zum runden Geburtstag ist eine Jubiläumszeitung eine außergewöhnliche Überraschung. Und der Kollege, der in den Ruhestand geht, freut sich garantiert über eine Sonderausgabe mit den besten Geschichten und Bildern aus vielen Jahren Arbeitsleben.

Im Druckstudio finden Sie viele Zeitungsvorlagen, die vom Anlass her neutral gestaltet sind. Sie sind angelehnt an die Layouts bekannter Zeitungen oder Magazine und wirken dadurch mit eigenem Titel und Texten umso ausgefallener. Drucken Sie die Titelseite möglichst auf glänzendes Papier, damit Ihre Zeitung auf den ersten Blick täuschend echt wirkt wie das bei den meisten Magazinen der Fall ist. Ihre Leser werden staunen.

Workshop 20 — Geschenke selbst gemacht

▶ **Step-by-Step-Anleitung**

Eine Hochzeitszeitung für Cindy und Bert

Nach allen Vorarbeiten erhält die Zeitung nun ihr Gesicht: Die Auswahl der Bilder ist getroffen, die Themen und Texte sind zusammengestellt und die Verteilung auf den Seiten ist festgelegt. Das Redaktionsteam hat sich entschieden, die Zeitung im A5-Format herzustellen und in Farbe zu drucken. Jetzt gilt es, das richtige Layout zu finden, die Inhalte einzufügen und die Zeitung schließlich zu drucken.
Im diesem Workshop lernen Sie, wie Sie mit dem ADAC Druckstudio:

> Eine Hochzeitszeitung anlegen
> Texte einfügen
> Dekorative Initialen einsetzen
> Bilder einfügen und bearbeiten
> Doppelseitig drucken

Vorlage auswählen und öffnen

Schritt 1 – Die Gestaltung auswählen
Wählen Sie unter *Drucken für Verein und Hobby* den Bereich *Zeitungen*. Hier finden Sie Zeitungsvorlagen zu unterschiedlichsten Anlässen, unter anderem Hochzeitszeitungen. Klicken Sie im linken oberen Menü auf *A5 hoch geklappt*. Mit den Vorlagen dieser Kategorie erhalten Sie ein 16-seitiges Heft im A5-Format. Doppelklicken Sie auf die zweite Vorlage mit der Rose im Titel.
Sie befinden sich nun im Editor und können die erste A4-Seite bearbeiten, bestehend aus den Heftseiten 1, 2, 15 und 16. Das erste Blatt einer solchen Zeitung zeigt immer genau diese vier Seiten. Zwischen Vorder- und Rückseite des Blatts mit den Schaltflächen *Erste Seite* und *Zweite Seite* links unten im Bearbeitungsfenster umschalten.

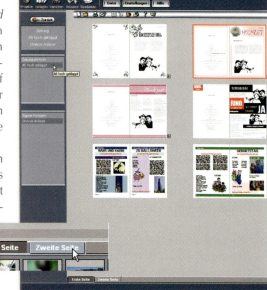

Hochzeitszeitung gestalten — Workshop 20

Schritt 2 – Weitere Blätter anzeigen

Verändern Sie zunächst noch nichts, sondern machen Sie sich nur mit der Vorlage vertraut. Klicken Sie dann auf *Zurück*, um in die Vorlagenauswahl für Zeitungen zurückzukehren. Klicken Sie auf das Pluszeichen rechts neben der Vorlage. Es erscheint eine Übersicht über sämtliche Blätter der Hochzeitszeitung. Sie enthalten Themenvorschläge und sind alle im gleichen Design gehalten. Anhand der mit Seitenzahlen nummerierten Blätter behalten Sie den Überblick.

Sobald ein A4-Blatt doppelseitig fertig gestaltet und abgespeichert wurde, wählen Sie in dieser Übersicht ein anderes der vier Blätter, die das Heft ausmachen, und setzen da die Bearbeitung fort. Für eine vollständige Zeitung benötigen Sie jedes dieser 4-seitigen Blätter. Jedes wird nach der Bearbeitung gesondert gespeichert.

Texte und Bilder einfügen

Schritt 1 – Texte einfügen

Doppelklicken Sie auf das erste Blatt der Übersicht und zeigen Sie die *Erste Seite* an. Die Vorlage zeigt die Seiten 1 und 16 des Heftes.

Hier werden zuerst die Fülltexte durch die eigenen der Zeitungsredaktion ersetzt. Mit Doppelklick auf die bestehenden Überschriften und Absätze können Sie die Texte verändern. Um einen neuen Absatz hinzuzufügen, wählen Sie das *Textwerkzeug* in der Werkzeugleiste.

Ziehen Sie dafür mit gedrückter Maustaste oberhalb des Impressums einen Rahmen, der die Größe und Position des neuen Textes bestimmt. Eine präzise Platzierung und Größeneinstellung ist hierbei nicht nötig. Diese gleichen Sie in einem späteren Schritt mit Hilfe der Anfasser an.

Nach dem Loslassen der Maustaste öffnet sich das Dialogfeld *Text-Eigenschaften*, in dem der Inhalt des Textrahmens eingegeben wird und Formatierungen wie Schrift, Farbe und Schriftgröße eingestellt werden. Setzen Sie den Text in der Schriftart *Arian* oder einer anderen geschwungenen Schrift, Schriftgröße *16 Punkt* und in horizontaler Ausrichtung *zentriert*. Bestätigen Sie mit *OK*.

Vergrößern oder verschieben Sie mithilfe der Anfasser den Textrahmen, falls der Text nicht hineinpasst oder an der falschen Stelle sitzt.

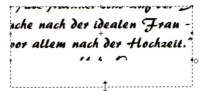

> ✓ **Tipp**
>
> Bei mehrzeiligen Texten ist es sinnvoll, die Zeilenumbrüche nicht automatisch machen zu lassen, sondern schon bei der Eingabe des Textes zu setzen. So erhalten Sie ein schöneres Erscheinungsbild.

183

Workshop 20 — Geschenke selbst gemacht

Schritt 2 – Dekorative Initialen hinzufügen

Absätze lassen sich optisch besser unterteilen, indem der erste Buchstabe groß hervorgehoben wird. Erstellen Sie einen neuen, kleinen Textrahmen, geben Sie den gewünschten Buchstaben ein, und wählen Sie eine dekorative Schriftart und eine große Schriftgröße. Zu einer serifenlosen Schrift des Absatzes bildet eine auffällig geschwungene Initiale, beispielsweise in der Schriftart *Arian*, einen schönen Kontrast. Vergeben Sie die Farbe *Rosa*, damit sich der Buchstabe deutlich vom restlichen Text abhebt. Klicken Sie auf *OK*.

Wählen Sie dann die *Transparenz*-Funktion in der *Ausrichten*-Werkzeugpalette. Setzen Sie das Häkchen bei *Transparenz nutzen*, und stellen Sie den Schieberegler auf *50 %*. So wird der Buchstabe durchscheinend.

Jetzt kann er auf den Anfang des Absatzes gezogen werden. Achten Sie dabei darauf, dass der Text lesbar bleibt.

Schritt 3 – Bilder einfügen und bearbeiten

Sicher liegen Ihnen nicht alle Fotos oder Vorlagen von Anfang an digital vor. Zur Verwendung im Zeitungslayout sollten Sie diese bereits gescannt auf Ihrem PC zur Verfügung stehen haben. Halten Sie sich an Ihre festgelegte Seitenaufteilung, um die Bilder optimal zu platzieren. Denken Sie daran, nicht zu viele Bilder gedrängt auf eine Seite zu bringen. Mit weniger Bildern erhalten Sie oftmals eine deutlich bessere Wirkung. Probieren Sie ruhig mehrere Varianten aus.

Klicken Sie auf *Zweite Seite*, um die Rückseite des Blatts anzuzeigen. Hier wird ein Bild für den Hintergrund eingefügt. Wählen Sie im oberen linken Menü den Eintrag *Fotos* und dann im unteren Menü *von Festplatte*, um in die Bildauswahl zu gelangen.

Es öffnet sich nun das Dialogfeld Bild einfügen. Hier durchsuchen Sie die Festplatte nach Bilddateien. Kleine Vorschaubilder und die wichtigsten Informationen zur Bilddatei werden angezeigt. Wählen Sie ein Bild aus, und bestätigen Sie mit *Öffnen*.

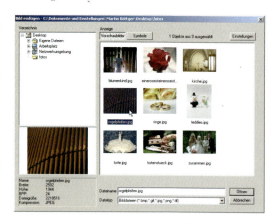

Ändern Sie das Bild bei Bedarf mithilfe der Anfasser in der Größe. Mit den Pfeiltasten oder mit der Maus kann es verschoben werden.

Ein Doppelklick auf das Bild bringt Sie in den Bildbearbeitungsmodus, den *Bildeffekte-Editor*. Hier kann das Bild beschnitten und auf verschiedene Weise verändert werden: Mit den Effektfiltern lassen sich beispielsweise Bilder hervorheben, die Farben verändern, oder Korrekturen vornehmen.

✓ **Tipp**

Im Bildeditor sind Anpassungen an die Gesamtgestaltung der Zeitungsseite möglich: Ein Bild entfärben, wenn es eine schwarzweiße Zeitung werden soll, oder die Kontraste eines Bildes verringern, wenn es hinter einem Text stehen soll.

Hochzeitszeitung gestalten — Workshop 20

den. Klicken Sie auf *Anwenden*, um das Beschneiden auszuführen.

Übernehmen Sie das Bild nach der Bearbeitung mit einem Klick auf *Zurück* in die Gestaltung der Zeitung. Sie werden gefragt, ob diese Veränderungen am Bild wirklich übernommen werden sollen. Bestätigen Sie diese Sicherheitsabfrage mit *Ja*.

Damit der Text deutlicher zu lesen ist, werden die Orgelpfeifen etwas entfärbt. Wählen Sie im linken Menü die Filter *Farbsättigung* mit einem Klick aus.

Am unteren Rand des Bildschirms erscheint daraufhin eine Reihe von Vorschaubildern. Sie veranschaulichen unterschiedliche Stärken des Effekts. Die Skala von links nach rechts reicht von stark entfärbt bis zu übersättigt. Wählen Sie in der Leiste das zweite Bild von links.

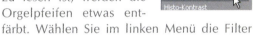

Schritt 4 – Text und Bild anordnen

Das Bild bildet hier den Hintergrund der Hochzeitsordnung. Alle Elemente auf der Seite sind in einer Ebenen-Reihenfolge sortiert und werden beim Einfügen ganz oben eingeordnet. Das neue Bild liegt daher über dem älteren Text und verdeckt ihn, wenn Sie es darüber schieben. Markieren Sie den Text mit einem Mausklick, und klicken Sie dann auf das Symbol *Ganz nach vorne stellen* in der *Ausrichten*-Symbolleiste.

Damit rücken Sie den Text in den Vordergrund.

Klicken Sie auf den *Anwenden*-Knopf links im Menü. Damit wird der Effekt auf das Bild angewendet und gespeichert.

Wählen Sie in der Werkzeugpalette das *Beschneiden*-Werkzeug, um das Bild für ein Hochformat anzupassen. Damit einen Rahmen ziehen, der einen hochformatigen Ausschnitt des Bildes umfasst. Dieser Rahmen kann durch Ziehen an den Anfassern anschließend noch in seiner Form genau angepasst und verschoben wer-

Markieren Sie das Bild, und wählen Sie im linken oberen Menü *Passepartouts* sowie das Untermenü *Rahmen*. Hier finden Sie eine Vielzahl an unterschiedlichen Möglichkeiten, die Ränder oder Struktur Ihrer Bilder zu verändern. Wählen Sie eine der Miniaturen, um sich den Effekt vorab anzeigen zu lassen.

Workshop 20: Geschenke selbst gemacht

Kreuzworträtsel und Horoskope als Extraseite

Schritt 1 – Kreuzworträtsel einfügen

Wählen Sie aus der Werkzeugleiste das *Kreuzworträtselwerkzeug*. Ziehen Sie einen Rahmen auf eine freie Seite der Zeitung. Damit legen Sie die Größe des Rätsels fest.

Nach Loslassen der Maustaste erscheint ein Dialogfenster, in dem Sie Ihre eigenen Fragen passend zum Fest eingeben. Klicken Sie auf *Hinzufügen*, um ein neues Frage-Antwort-Paar anzulegen. Wählen Sie immer mindestens so viele Fragen, wie das Rätsel Zeilen und Spalten hat, so kann der Kreuzworträtselgenerator richtig arbeiten. Für ein Rätsel mit 10 Zeilen und Spalten sind also mindestens 20 Frage-Antwort-Paare notwendig. Klicken Sie auf das Register *Kreuzworträtsel erzeugen*, um ein mögliches Ergebnis des Generators zu sehen.

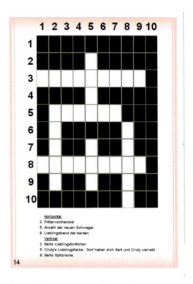

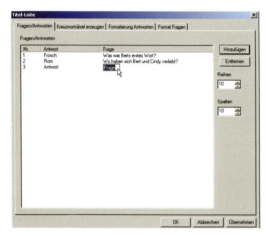

Das Erscheinungsbild des Kreuzworträtsels kann mit den Registern *Formatierung Antworten* und *Formatierung Fragen* am oberen Rand des Dialogfeldes muss noch genauer eingestellt werden. Es empfiehlt sich, die Schriftgröße der Fragen zu verringern. Setzen Sie sie auf *12 Punkt*. Klicken Sie auf *Übernehmen*, um das Ergebnis der Formatierungsänderungen zu sehen. Sind Sie mit allem zufrieden, bestätigen Sie mit *OK*.

Die Fragen werden als Textrahmen angelegt, den Sie frei verschieben können. Position und Größe des Rätsels lassen sich durch Ziehen an den Anfassern bestimmen.

Schritt 2 – Horoskope einfügen

Astrologisch berechnete Horoskope lassen sich sehr einfach über die normale Textfunktion des Druckstudios erzeugen. Ziehen Sie mit dem *Textwerkzeug* einen Rahmen auf, der die Größe und Position des Horoskops bestimmt. Im sich anschließend öffnenden Dialogfeld *Text-Eigenschaften* klicken Sie danach auf die Schaltfläche *Horoskope*.

Geben Sie die Geburtsdaten der Braut ein. Falls Sie die genaue *Geburtszeit* nicht kennen, tragen Sie *12* ein. Klicken Sie auf *Tageshoroskop*, und geben Sie dann das *Datum für das Horoskop* ein – das kann das Datum der Hochzeit sein, der Start der Flitterwochen oder auch, als Datum des Kennenlernens der Brautleute, in der Vergangenheit liegen. Starten Sie den Horoskopgenerator mit *OK*.

Hochzeitszeitung gestalten — Workshop 20

Die Zeitung fertigstellen

Schritt 1 – Das Blatt sichern

Nachdem in der geöffneten Vorlage alle geplanten Inhalte erfolgreich untergebracht sind, sichern Sie sie im Menü *Datei* mit dem Befehl *Speichern*. Vergeben Sie einen Dateinamen, und klicken Sie auf *Speichern*.

Der Text des Horoskops wird in die Zwischenablage kopiert. Drücken Sie [Strg]+[V], um ihn in das Textfeld einzufügen. Entfernen Sie nach eigenem Gutdünken negative Passagen, die vielleicht nicht zur Hochzeitsstimmung passen oder einfach zu lang sind. Formatieren Sie den Text mit *12 Punkt* und *Arial*. Das Häkchen bei *Fett* entfernen. Bestätigen Sie mit *OK,* und passen Sie die Größe des Textrahmens dem neuen Inhalt an.

Fügen Sie in den Horoskoptext noch eine Illustration ein. Wählen Sie dafür *Cliparts* aus dem linken Menü aus. Die Miniaturenleiste am unteren Bildschirmrand zeigt eine Auswahl von Zeichnungen. Im unteren linken Menü finden Sie verschiedene Themen – in der Kategorie *Sterne* sehen Sie die Grafik mit den bunten Sternen. Ziehen Sie diese mit *Drag & Drop* auf die Vorlage.

Markieren Sie den Text, und wählen Sie *Ganz nach vorne bringen* in der Ausrichten-Symbolleiste. So liegt der Horoskoptext gut lesbar über dem Bild.

Mit einem Klick auf *Zurück* gelangen Sie zur Übersicht der Blätter für die Zeitung. Öffnen Sie das nächste Blatt. Bearbeiten und speichern Sie auf diese Weise alle Blätter der Zeitung.

Schritt 2 – Einen Probeausdruck erstellen

Öffnen Sie eines der bearbeiteten Blätter. Erstellen Sie einen Probeausdruck mit dem Befehl *Drucken* im Menü *Datei*. Es reicht, wenn Sie zunächst einfaches Papier verwenden. Starten Sie den Vorgang mit einem Klick auf *Drucken*. Nach dem Druck der Vorderseite fordert das Programm dazu auf, das Blatt zu wenden und umgekehrt in den Drucker einzulegen. Klicken Sie auf *OK*, wenn das geschehen ist. Der Druck der Rückseite startet. Öffnen Sie das nächste Blatt, und verfahren Sie ebenso.

Überprüfen Sie im Ausdruck alle Texte sowie die Positionierung, Druckränder und wie die Farben ausfallen. Meist lässt sich auch erst dann feststellen, ob alle Seiten nach dem Falten richtig positioniert sind.

> **! Hinweis**
>
> Möchten Sie eine Zeitung mit mehr als 16 Seiten erstellen, wählen Sie *Speichern als*. So wird auf Grundlage der bisher geöffneten Seite eine neue erstellt. Seitenzahlen manuell anpassen.

187

Workshop 20 — Geschenke selbst gemacht

Achtung

Drucken Sie Vorlagen für den Farbkopierer nicht doppelseitig, da die Farbe der Rückseite durchscheinen kann. Das Papier nach dem Druck der Vorderseite einfach entnehmen und auf *OK* klicken.

Schritt 3 – Vorlagen für den Farbkopierer erstellen

Für die Vervielfältigung der Zeitung mit dem Farbkopierer benötigen Sie sehr gute Drucke als Vorlage aus Ihrem eigenen Drucker.
Gehen Sie im *Drucken*-Dialog auf *Eigenschaften*, direkt unter dem Namen Ihres Druckers. Das sich öffnende Dialogfeld unterscheidet sich je nach Modell und Hersteller des Geräts. In den meisten Fällen finden Sie hier Optionen zur Druckqualität. Wählen Sie die höchste Stufe, und verwenden Sie hochwertiges Fotopapier. So erhalten Sie den bestmöglichen Ausdruck, auch wenn das Drucken dann unter Umständen sehr lange dauert.

Schritt 4 – PDF-Dateien für die Druckerei erstellen

Möchten Sie Ihre Zeitung in einer großen Auflage und in sehr guter Qualität drucken, so bietet sich der Druck in einer Druckerei an. Zum Übergeben der fertigen Druckdaten wird das PDF-Format genutzt. Es beinhaltet alle Informationen zu Papiergröße, Texten, Bildern und Schriften, lässt jedoch keine Änderungen des Inhalts zu.
Wählen Sie im Menü *Datei* den Befehl *Export als PDF-Datei*. Das Dialogfeld *PDF-Export* öffnet sich.

Klicken Sie bei *Export-Verzeichnis wählen* auf die Schaltfläche mit den drei Punkten. Geben Sie den Ordner an, in dem die erzeugte PDF-Datei gespeichert werden soll, und gehen Sie auf *Speichern*. Klicken Sie auf *PDF-Export*, um den Exportvorgang zu starten. Vorder- und Rückseite der aktuell geöffneten Zeitungsseite werden gemeinsam in der PDF-Datei gespeichert. Wiederholen Sie den Vorgang für die anderen Blätter. Die Dateien per E-Mail oder auf CD an die Druckerei schicken.

Schritt 5 – Sortieren, Heften und Falten

Das Binden der fertigen Blätter geht am besten und schnellsten im Team. Legen Sie die Blätter in eine Reihe: Blätter sortieren, Heften, Falten. Besondere Aufmerksamkeit ist beim Sortieren geboten. Eine Person sollte hier die Qualitätskontrolle übernehmen. Für das Heften verwenden Sie am besten einen Heftklammerer mit einem besonders langen Arm und heften die Zeitung 2- bis 3-mal an der mittigen Falz. Legen Sie die Ausgaben der Zeitung sauber auf Stapel, und verpacken Sie sie sorgfältig für den Transport.

Der echte Zeitungslook

Mit ein paar kleineren Tricks erhält Ihre Zeitungsausgabe den Eindruck eines echten Lokalblatts: Der Filter-Effekt, die Fotobearbeitung in Schwarzweiß und holzhaltigeres Papier reichen bereits dafür aus.

Doppelklicken Sie auf ein Bild, und wählen Sie den *Sättigung*-Filter aus der Effekteliste. Stellen Sie damit das Bild ganz auf Schwarzweiß ein. Alternativ wählen Sie im Druck bei den Druckoptionen *Graustufen*. So wird das gesamte Layout in Schwarzweiß ausgegeben. Wählen Sie aus den *Passepartouts* die Kategorie *Struktur*. Klicken Sie dort auf ein schraffiertes Passepartout. Damit wird das Foto vergröbert und wirkt gerastert, wie es auch in einer richtigen Zeitungsdruckmaschine passiert.

Dort legen Sie fest, wie stark die Deckung reduziert wird. Ein Vorschaubild zeigt den voraussichtlichen Effekt auf den Ausdruck. Experimentieren Sie ein bisschen mit verschiedenen Werten. Damit der Effekt richtig deutlich wird, gehen Sie mit dem Schieberegler für das Tintesparen auf etwa *50 %*.

Wenn Sie dann die fertigen Ausdrucke nicht ganz pfleglich behandeln, oder sogar noch leicht zerknittern und wieder glatt streichen, steht dem eigenen Zeitungsimitat nichts mehr im Wege.

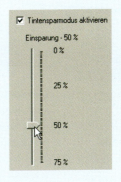

Auf Recycling-Papier ausgedruckt, ist die Wirkung so gut wie perfekt. Kleine Holzfasern und die raue Oberfläche des Papiers geben den Eindruck einer regulären Tageszeitung gekonnt wieder. Mit einer blasseren Druckfarbe erreichen Sie einen weiteren Effekt: Gehen Sie auf das Register *Tinte sparen* im Dialogfeld *Drucken*.

Fotokalender und Fotobuch

Fotokalender – Blickfang mit mehrerlei Funktionen

Die schönsten Fotos einmal ganz anders verschenken: Mit einem Fotokalender, der Monat für Monat die beste Auswahl präsentiert, ob als Kunstkalender oder praktischer Familienplaner mit Platz für Notizen, dafür nimmt man sich gerne Zeit. Das Druckstudio hilft Ihnen dabei, die perfekte Gestaltung mühelos zu finden. Als fertige Vorlagen stehen vielfältige Kalenderdesigns von zweckmäßig bis extravagant zur Auswahl. Der Workshop erklärt Schritt für Schritt, wie Sie sich die einzelnen Kalenderfunktionen des Programms zunutze machen. Je nach Belieben ändern Sie das Monatskalendarium oder setzen mit Passepartouts an Ihren Fotos besondere Akzente.

Ein Kalender erfüllt immer zwei Aufgaben: Er schmückt den Raum durch ansprechende Gestaltung und dient gleichzeitig als Hilfe zum Nachschlagen von Feiertagen oder zum Festhalten von Terminen und Notizen. Bevor Sie mit der Gestaltung Ihres Kalenders beginnen, überlegen Sie sich, ob es eher ein optisch ansprechender Kalender werden soll, der Ihre Fotos schön zur Schau stellt, oder ob Sie einen eher praktischen Kalender mit Raum für Notizen und andere Angaben drucken möchten. Je nachdem, welche Verwendung der Kalender haben soll, tritt entweder das Foto oder das Kalendarium in den Vordergrund.

Beachten Sie, dass Ihre Fotos eine hohe Auflösung benötigen, um in größerem Format gut druckbar zu sein. Beim Einscannen oder bei der Aufnahme mit der Digitalkamera muss eine entsprechend hohe Auflösung eingestellt werden. Ideal sind in diesem Fall Bilddateien ab 1600 x 2 000 Pixel. Wenn Sie Bilder mit geringerer Auflösung verwenden möchten, sind Collagen aus mehreren Fotos eine gute Alternative. Stellen Sie eine Collage mithilfe von Passepartouts zusammen, und wählen Sie verschiedene Bildausschnitte, um Ihre Fotos trotzdem sehr wirkungsvoll abzubilden. Das ist eine von vielen Möglichkeiten, um die Darstellung der Bilder aufzubereiten, die die Software bietet.

Grandiose Aufnahmen führen beim Fotokalender Regie

Die Gestaltung eines Fotokalenders beginnt bei der Auswahl der Fotos. Qualitätvolle Auf-

Fotokalender gestalten

nahmen von Landschaftsbildern oder außergewöhnlichen Natur-Impressionen und Stadtszenen wie auch gelungene Familienbilder bieten einen besonderen Blickfang. Wählen Sie die Motive sorgfältig aus, um 12 querformatige oder 12 hochformatige Bilder zusammenzustellen. Bei Bildern unterschiedlicher Größe ist der Zuschnitt auf ein einheitliches quadratisches Format anzuraten, um die beste Wirkung zu erzielen. Größe und Farbauswahl des Kalendariums ist ein ebenfalls wichtiges Gestaltungselement. Ein Bild für ein Hochformat kann bis zur Hälfte des Blattes einnehmen, während es im Querformat idealerweise am unteren Rand des Kalenderblatts stehen sollte.

Das Kalendarium tritt hier in der Wirkung gegenüber dem Foto zurück, denn die dezente und unauffällige Gestaltung ist für den Aufbau des Kalenderblatts wichtig: Eine feine Linie zwischen Wochentagen und Ziffern wirkt elegant, einfache Schriften und eine kleine Schriftgröße unterstreichen die Opulenz des Bildformates.

In den Vorlagen des Druckstudios bleibt die Hintergrundgestaltung der Kalenderblätter neutral. Sie können diese aber auch nach Belieben verändern. Vermeiden Sie jedoch zu farbige oder strukturierte Hintergründe, da diese möglicherweise zu dominant erscheinen und vom Foto ablenken.

Ein Kalender für Küche und Familie

Ein Kalender in Küche oder Flur soll vor allem praktisch sein und viel Platz für Termine und Notizen im Kalendarium bieten. Hier nimmt das Foto die Hälfte der Seite oder auch weniger Platz ein. Besonders pfiffige Fotos von Tieren oder Pflanzen in spannungreichen Bildausschnitten, wie auch Küchenrezepte mit Fotos, machen einen dekorativen Kalender daraus.

Wichtig ist, dass jeder Tag sein eigenes Feld zum Beschriften hat. Es muss deutlich von den Feldern der anderen Tage getrennt sein. Eine Möglichkeit sind Linien, die Spalten und Reihen voneinander trennen. Für einen Familienplaner mit einer Spalte für jedes Familienmitglied ist diese Gestaltung äußerst nützlich. Eine weitere Variante ist beispielsweise ein Kalendarium im Schachbrettmuster: Die helle Abstufung von zwei verschiedenen Grautönen für die Tagesübersicht wirkt ansprechend. Die Zahlen der Tagesdaten sind in die Ecke eines Kästchens gerückt, sodass darin noch genügend Platz für Eintragungen bleibt.

> **✓ Tipp**
>
> Mit eigenen Lieblingsrezepten und schön arrangierten Fotos machen Sie aus einem praktischen Küchenkalender ein ganz persönliches Geschenk.

Workshop 21 — Fotokalender und Fotobuch

▸ **Step-by-Step-Anleitung**

Ein Fotokalender für die ganze Familie

Im ADAC Druckstudio finden Sie viele verschiedene Kalender-Vorlagen. Sie können alle vorgegebenen Fotos sehr leicht durch Ihre eigenen ersetzen. Darüber hinaus bietet das Programm noch viele Möglichkeiten, den Kalender individuell anzupassen und sowohl die Gestaltung als auch die Inhalte nach eigenen Wünschen zusammenzustellen.

In diesem Workshop erfahren Sie, wie Sie die folgenden Gestaltungsmittel im ADAC Druckstudio einsetzen:

> Kalender erzeugen und formatieren
> Feiertagsnamen ausgeben
> Geburtstage und Feste anzeigen
> Bilder mit Passepartouts
> Kalender drucken und binden

| Kalendervorlage auswählen und erste Einstellungen vornehmen

Schritt 1 – Vorlage auswählen

Wählen Sie unter *Fotokalender und Fotobuch* den Workshop *Fotokalender*. Klicken Sie in der Vorlagenübersicht oben links auf die Kategorie *A4 hoch 1 Monat*. Das Druckstudio zeigt verschiedene Vorlagen für DIN A4-Jahreskalender mit insgesamt zwölf Blättern an. Sie sind sowohl für den Ausdruck auf einem einfachen A4-Papier als auch auf vorgefertigten Kalenderblättern mit Perforation geeignet. Markieren Sie eines der Kalenderblätter, und öffnen Sie es mit einem Doppelklick.

Familien-Fotokalender — Workshop 21

Schritt 2 – Variante auswählen

Der Arbeitsbereich *Varianten* wird mit weiteren Kalenderblättern in der gleichen Gestaltung angezeigt. Zu jedem Kalenderblatt aus der Kategorie *A4 hoch 1 Monat* gibt es 12 Varianten. Jede Variante entspricht einem Kalenderblatt für einen bestimmten Monat von Januar bis Dezember. Die Kalenderblätter unterscheiden sich nur durch den im Kalendarium aktivierten Monat und das Beispielbild.

Wählen Sie mit einem Doppelklick das Kalenderblatt für den gewünschten Monat aus. Es wird in den Vorlageneditor geladen. Wenn Sie ein Kalenderblatt für einen anderen Monat öffnen wollen, kehren Sie mit einem Klick auf die Schaltfläche *Varianten* in der Auswahl der Programmbereiche oben links zur Variantenauswahl zurück.

Schritt 3 – Jahr und Bundesland festlegen

Mit einigen zentralen Einstellungen legen Sie fest, für welches Jahr Ihr Kalender gelten soll und für welches Bundesland die Feiertage und Ferien angezeigt werden. Diese Einstellungen müssen nur einmal vorgenommen werden und sind dann für alle weiteren Kalenderprojekte gespeichert. Sie können aber später jederzeit die Jahreszahl ändern, um Kalender für andere Jahre zu erzeugen.

Klicken Sie im Menü *Einstellungen* auf *Einstellungen*. Gehen Sie auf das Register *Kalender*. Im Feld *Jahr* die gewünschte Jahreszahl für den Kalender angeben und bei *Gebiet* das gewünschte Bundesland. Bestätigen Sie die Angaben mit *OK*.

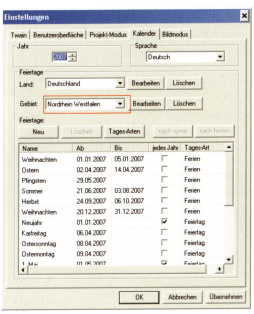

Schritt 4 – Kalenderposition korrigieren

Bevor es mit der eigentlichen Gestaltung losgeht, müssen Sie unter Umständen zunächst noch die Position der Kalendermatrix korrigieren. Aus technischen Gründen kann es bei jedem Kalenderblatt zu leichten Ungenauigkeiten bei der Position der Zahlen innerhalb der Kalenderlinien kommen. Dies liegt daran, dass ein Monat je nach dem Wochentag des Monatsersten über vier, fünf oder sogar sechs Wochen reichen kann. Das Programm kann die Position des Kalenders deshalb automatisch nicht genau bestimmen.

Falls die Zahlen der Tage nicht genau in den Kästchen des Gitters positioniert sind, markieren Sie das Kalendarium mit einem Klick. Zie-

✓ Tipp

Kalender für Schulkinder können beispielsweise von August 2007 bis Juli 2008 reichen. Durch Verändern der Jahreszahl für einzelne Kalenderblätter fällt die Gestaltung solcher Kalender sehr leicht.

Workshop 21 — Fotokalender und Fotobuch

hen Sie an dem unteren Anfasser, bis das Kalendarium groß genug ist, sodass die Positionen stimmen.

Bei einigen Monaten können die Zahlen aus technischen Gründen verschoben sein.

Durch einfaches Ziehen an den Anfassern der *Kalendermatrix* werden die Zahlen korrekt positioniert.

Benutzen Sie die Pfeiltasten ←→↑↓, um die Position des Kalendariums auf dem Blatt passend zu verändern. Sie sehen dabei, dass sich die Zahlen der Tage, die Namen der Wochentage und der Name des Monats gemeinsam mitbewegen. Alle genannten Elemente gehören zu einem Objekt – der sogenannten *Kalendermatrix*.

Kalendermatrix formatieren

Schritt 1 – Das Dialogfeld Eigenschaften-Monat öffnen

Klicken Sie doppelt auf das Kalendarium. Das Dialogfeld *Eigenschaften-Monat* der Kalendermatrix öffnet sich. Sie können hier die Anzeige des Kalendariums vielfältig und individuell beeinflussen. Unter anderem ist es möglich, die Größe und Ausrichtung der Monats- und Wochentagsangaben sowie aller Kalenderziffern zu verändern.

Register *Objekt-Layout*: Allgemeine Struktur, angezeigter Monat und Inhalte des Kalendariums

Register *Layout-Tagesmatrix*: Aussehen der Ziffern und Wochentagsnamen im Kalendarium

Register *Sondertage-Namen*: Aussehen der Beschriftungen einzelner Tage, beispielsweise Feiertage

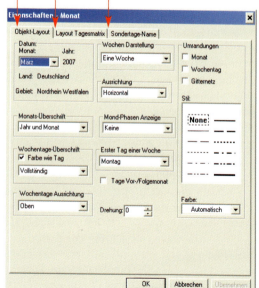

Familien-Fotokalender — Workshop 21

Schritt 2 – Allgemeine Kalenderanzeige verändern

Sie befinden sich im Dialogfeld *Eigenschaften-Monat*. Aktivieren Sie das Register *Objekt-Layout*. Die Liste im Abschnitt *Monats-Überschrift* bietet die Anzeige von Jahr und Monat, Monat allein und den Verzicht auf die Anzeige einer Überschrift. In dieser Vorlage ist bisher die Option *Jahr und Monat* aktiviert. Ändern Sie die Einstellung zu *Monat*. Die Jahreszahl wird auf dem Kalenderblatt nicht mehr angezeigt.

Die Liste im Abschnitt *Wochentage-Überschrift* betrifft die Anzeige der Wochentagsnamen im Kalendarium. Es gibt vier Optionen: Keine Anzeige der Wochentagsnamen (*Keine*), Anzeige vollständig ausgeschriebener Wochentagsnamen Montag, Dienstag usw. (*Vollständig*), Darstellung mit *1 Buchstaben* (M, D, M usw.) und Darstellung mit *2 Buchstaben* (Mo, Di, Mi usw.).
In diesem Beispiel ist bisher die Option *Vollständig* gewählt, verändern Sie demnach die Einstellung zu *2 Buchstaben*.

Setzen Sie das Häkchen bei *Tage Vor-/Folgemonat*. Dadurch werden zusätzlich zu den Tagen des aktuellen Monats auch die zu der ersten und letzten Woche gehörigen Tage aus dem Vor- und dem Folgemonat angezeigt. In vielen Kalendern ist die Anzeige dieser Tage üblich. Sie werden im Druckstudio standardmäßig in hellgrauer Schrift angezeigt.

Selbstverständlich können Sie nun auch die weiteren Optionen im Dialogfeld ausprobieren. Mit einem Klick auf *Übernehmen* sehen Sie sofort den jeweiligen Effekt. Bei manchen Einstellungen wird das Gitter der Vorlage allerdings nicht mehr passen, verwenden Sie daher hier möglichst nur die vorgeschlagenen Einstellungen. Bestätigen Sie die Änderungen mit einem Klick auf *OK*. Das Dialogfeld schließt sich.

Schritt 3 – Formatierungen verändern

Sie werden bemerken, dass die Darstellung der Wochentage (Mo, Di, ...) noch zu klein ist, da die Schriftgrößen an die vollständigen Wochentagsnamen angepasst sind.
Klicken Sie wieder doppelt auf das Kalendarium, und wählen Sie nun das Register *Layout-Tagesmatrix*. Hier lassen sich die Formatierungen und die Ausrichtung der einzelnen Teile der Kalendermatrix verändern. Die Liste im Abschnitt *zu formatierendes Objekt* zeigt alle Elemente des Kalendariums. Sie werden unabhängig voneinander verändert. Klicken Sie auf *Überschrift Wochentage*. Die ▶ **Formatierungen** dieses Elements werden angezeigt. Erhöhen Sie die Schriftgröße auf *20 Punkt*, und wählen Sie den Stil *Fett*.

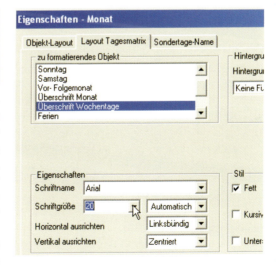

Die Anzeige *Automatisch* im Farbauswahlfeld bedeutet, dass die Farbe verwendet wird, die den jeweiligen Wochentagen zugeordnet ist. Samstage werden beispielsweise grau darge-

▶ **Formatierung**
Die Gestaltung von Texten und Zahlen durch das Festlegen von Schriftart, Schriftgröße, Farbe, Hervorhebung und Effekten.

195

Workshop 21 — Fotokalender und Fotobuch

> **Hinweis**
>
> Das standardmäßige Aussehen der Kalendermatrix kann im Menü unter *Einstellungen*, Register *Kalender*, Schaltfläche *Tages-Arten* zentral definiert werden. Neue Kalendarien mit dem Werkzeug *Kalender* erzeugen. Kalendarien aus den Vorlagen sowie bereits erzeugte Kalender behalten ihre bisherige Formatierung.

stellt. Diese Farbeinstellung verändern Sie, nachdem Sie in der Liste zu *formatierendes Objekt* den Eintrag *Samstag* wählen. Setzen Sie die Schriftfarben für *Samstag* und *Ferien* auf Schwarz, um eine möglichst neutrale Kalendergestaltung zu erreichen.

Schritt 4 – Ausrichten von Wochentagen und Zahlen

Die Optionen für *Horizontal ausrichten* und *Vertikal ausrichten* beziehen sich immer auf die jeweilige „Kalenderzelle", das gedachte Rechteck innerhalb des Kalendariums, das von einer Tageszahl oder einem Text belegt wird.

Sie befinden sich immer noch im Register *Layout-Tagesmatrix*. Wählen Sie nacheinander alle Einträge der Liste *zu formatierendes Objekt* aus, also von *Normal* bis *Geburtstag*. Bei jedem Eintrag aktivieren Sie unter *Vertikal ausrichten* die Option *zentriert*.

Damit werden alle Elemente des Kalenders mittig in ihrer Zelle ausgerichtet und stehen schön untereinander. Mit *OK* bestätigen und die Position der Kalendermatrix über den Linien gegebenenfalls abschließend mit der Maus korrigieren.

Schritt 5 – Namen der Feiertage anzeigen

In der Standardeinstellung zeigt ein Kalendarium die Feiertage ebenso wie die Sonntage in roten Ziffern an. Es ist auch möglich, die Feiertage zusätzlich zu beschriften. Sie werden dann mit Bezeichnungen wie „Christi Himmelfahrt" oder „3. Advent" ausgestattet. Klicken Sie doppelt auf das Kalendarium und wählen Sie das Register *Sondertage-Name*. Die Liste im Abschnitt *zu formatierendes Objekt* zeigt alle Sondertage des Kalendariums an, die eine Bezeichnung haben können wie: Ferien, Feiertage und Geburtstage. Nach Auswahl eines Eintrags werden die Formatierungen für den Beschriftungstext des jeweiligen Elements angezeigt.

Gehen Sie auf *Feiertag*, und aktivieren Sie das Kontrollkästchen *Namen der Sonder-Tage anzeigen*, damit die Beschriftung überhaupt im Kalender angezeigt wird. Anschließend werden die vorher grau dargestellten Formatierungsoptionen normal angezeigt und können benutzt werden. Wichtig ist vor allem, dass Sie wegen des geringen Platzangebots in einem Kalendarium eine möglichst kleine Schriftgröße einstellen – etwa *6 Punkt* genügt. Außerdem ist es sinnvoll, das Häkchen vor der Option *Fett* zu entfernen. Bei *Vertikal ausrichten* wählen Sie *Oben*. Der Beschriftungstext wird dadurch oberhalb der zugehörigen Tageszahl angezeigt. Möchten Sie die Ferientermine ebenfalls im Kalender anzeigen, wählen Sie den Eintrag *Ferien* und vergeben dieselben Einstellungen. Bestätigen Sie mit *OK*. Einen Effekt sehen Sie nur, wenn im aktuellen Monat ein Feiertag oder ein Ferientermin liegt. Verschieben Sie das Kalendarium gegebenenfalls so, dass Zahlen und Beschriftungen korrekt positioniert sind.

Eigene Geburtstage im Kalender anzeigen einfügen

Schritt 1 – Neuen Termin anlegen

Die Kalenderfunktion sieht eine Möglichkeit zur Anzeige von Geburtstagen vor. Sie müssen nur noch die Geburtstagstermine Ihrer Familienmitglieder und Freunde eingeben. Klicken Sie dazu im Menü auf *Einstellungen* und dann wieder auf *Einstellungen*. Wählen Sie im Dialogfeld das Register *Kalender*.
Der untere Bereich dieses Registers enthält eine große tabellarische Übersicht aller im Programm definierten Termine – zum Beispiel die Ferientermine des aktuellen Bundeslandes und die Termine der Feiertage. In diese Tabelle können Sie beliebige weitere Termine eintragen.
Klicken Sie auf die Schaltfläche *Neu*. Das Programm fügt am Ende der Liste eine neue Zeile ein.

Der neu angelegte „Feiertag" wird auch in weiteren Kalendern, die Sie gestalten, automatisch zur Verfügung stehen.

Schritt 2 – Geburtstagsdaten eingeben

In der ersten Spalte der Tabelle geben Sie dem neuen Eintrag einen Namen, nämlich die Bezeichnung, die im Kalender angezeigt werden soll. Geben Sie hier den Namen der Person ein, die Geburtstag hat, zum Beispiel „Antje".
In der zweiten Spalte das Datum des Termins festlegen. Mit einem Mausklick darauf zeigt das Programm einen Minikalender an, aus dem Sie das Datum des Geburtstages auswählen.

Die nächste Spalte wird für einen Geburtstag nicht benötigt: In der Spalte *Bis* wählen Sie das letzte Datum des Datumsbereichs. Dies ist nötig bei mehrtägigen Terminen wie zum Beispiel Ferien. Die darauf folgende Spalte ist dann wieder für Geburtstage notwendig. Aktivieren Sie das Kontrollkästchen *Jedes Jahr*. Damit geben Sie an, dass es sich um einen jährlich wiederkehrenden Termin handelt. In der letzten Spalte wählen Sie die Tagesart. Wählen Sie *Geburtstag*.
Für einen weiteren Geburtstagstermin klicken Sie erneut auf die Schaltfläche

Workshop 21 Fotokalender und Fotobuch

Neu. Wenn Sie die Daten für die Geburtstage vollständig eingegeben haben und das Dialogfeld mit *OK* schließen, werden die neuen Termine sofort im aktuellen Kalender angezeigt, sofern das Kalenderblatt den Monat mit einem Geburtstag zeigt.

Die Formatierung der Geburtstage wurde allerdings in den vorigen Schritten noch nicht verändert und passt nun nicht ganz zur sonstigen Gestaltung. Die gelbe Farbe ist etwas zu hell und der Name steht noch unterhalb der Tageszahl.

Schritt 3 – Geburtstage formatieren

Klicken Sie doppelt auf das Kalendarium. Aktivieren Sie das Register *Layout Tagesmatrix*, und wählen Sie aus der Liste der Tagesarten den Eintrag *Geburtstag*. Hier finden Sie die Optionen für die Formatierung der Tageszahl des Geburtstages. Ändern Sie die Farbe *Gelb* in ein dunkleres *Orange*.

Wechseln Sie nun zum Register *Sondertage-Name*. Klicken Sie in der Liste *zu formatierendes Objekt* auf *Geburtstag*. Es werden die Formatierungen für die Beschriftungstexte der Geburtstage angezeigt. Aktivieren Sie das Kontrollkästchen *Namen der Sonder-Tage anzeigen*, damit die Beschriftung angezeigt wird. Stellen Sie eine kleine Schriftgröße wie *6 Punkt* ein, und entfernen Sie das Häkchen vor der Option *Fett*. Die Farbe in *Orange* ändern und bei *Vertikal ausrichten* die Option *Oben* auswählen.

Der Geburtstag passt nun in der Gestaltung gut zu den anderen Feiertagen, hebt sich aber durch die eigene Farbe noch sichtbar von ihnen ab.

Familien-Fotokalender Workshop 21

Feste, Gedenktage und andere Termine anzeigen

Schritt 1 – Tagesart „Fest" anlegen

Zusätzlich zu Geburtstagen, Ferien und Feiertagen können Sie mit dem Druckstudio noch weitere Tagesarten selbst definieren – zum Beispiel für Termine wie Hochzeitstag, Geburtstage prominenter Personen oder das Sommerfestival der Stadt. In diesem Beispiel sollen alle Feste des Jahres in einer einheitlichen Formatierung im Kalender dargestellt werden. Dafür wird eine neue Tagesart angelegt. Die neue Tagesart „Fest" wird in Grün dargestellt und im Kalender mit der jeweiligen Beschriftung angezeigt.

Wählen Sie im Programm-Menü *Einstellungen* den Befehl *Einstellungen* und im Dialogfeld dieses Befehls das Register *Kalender*. Gehen Sie auf die Schaltfläche *Tages-Arten*, um das Dialogfeld *Eigenschaften der Sondertage* anzuzeigen.

Um eine neue Art von „Sondertagen" zu definieren, klicken Sie im Register *Layout Tagesmatrix* auf die Schaltfläche *Neu*. Das Programm zeigt ein Dialogfeld an, in dem Sie den Namen der Tagesart festlegen. Dieser Name erscheint nicht im Kalender selbst, sondern dient nur zur Verwaltung der Termine. Geben Sie „Fest" ein, und klicken Sie auf *OK*.

Die neue Tagesart erscheint als Eintrag *Fest* in der Liste *zu formatierendes Objekt*.

Schritt 2 – Standardformate für Feste eingeben

Anschließend bestimmen Sie die Standardformatierung für diese Tagesart. Das Register *Layout Tagesmatrix* ist bereits aktiviert. Markieren Sie hier, wie die Tageszahl für Feste aussehen soll. Geben Sie *Schriftgröße 19* und *Dunkelgrün* an.

Wechseln Sie im Dialogfeld zum Register *Formatierung Sondertage-Namen*. Wählen Sie den neuen Eintrag *Fest*, und setzen Sie das Häkchen bei *Namen der Sonder-Tage anzeigen*. Vermerken Sie in den Formatierungsoptionen, dass der Beschriftungstext eines Festes in *Schriftgröße 6 Punkt*, nicht *Fett*, und ebenfalls *Dunkelgrün* angezeigt werden soll. Bei *Vertikal ausrichten* die Option *Oben* wählen.

Bestätigen Sie die Änderungen mit *OK*. Damit kehren Sie zum Dialogfeld *Einstellungen* zurück.

Schritt 3 – Termin für ein Fest angeben

Die neuen Formatierungen können Sie vorläufig nicht im Kalender sehen, da noch kein Termin für ein Fest im Programm angegeben ist. Sie befinden sich im Dialogfeld *Einstellungen* – wenn nicht, wählen Sie im Menü Einstellungen den Befehl *Einstellungen,* und aktivieren Sie das Register *Kalender*. Sie sehen die Liste aller bereits im Programm angegebenen Termine wie Feiertage und den neu eingegebenen Geburtstag. Klicken Sie auf die Schaltfläche *Neu* oberhalb der Liste der Termine. Das Programm fügt am Ende der Liste eine neue Zeile ein. Hier geben Sie die Termine für das Fest ein. Alte Termine werden zentral im Programm gespeichert, sodass sie auch für weitere Kalenderprojekte wieder zur Verfügung stehen.

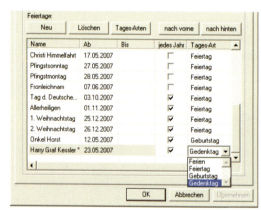

In der ersten Spalte *Name* der neuen Zeile geben Sie dem Eintrag eine Bezeichnung, die im Kalender angezeigt wird. Das ist natürlich der Name des Festes, beispielsweise „Straßentheaterfest". Die zweite Spalte *Ab* ist für das Datum des Termins. Ein kleiner Kalender erscheint und hilft Ihnen beim Eintragen des Datums. Handelt es sich um ein mehrtägiges Fest, geben Sie in der nächsten Spalte *Bis* das Ende des Termins an. Deaktivieren Sie das Kontrollkästchen *Jedes Jahr*, wenn es ein Fest ist, das nicht jedes Jahr genau auf demselben Datum liegt. In der letzten Spalte wählen Sie die neue Tagesart *Fest*.

Nach einem Klick auf *OK* zeigt das Kalenderblatt das Fest an, sofern es im aktuellen Monat liegt.

Sollten Sie nun bemerken, dass einige Formatierungsoptionen noch nicht korrekt sind, beispielsweise, dass der Beschriftungstext unterhalb statt oberhalb der Tageszahl liegt, doppelklicken Sie einfach auf das Kalendarium. In den Registern *Layout-Tagesmatrix* und *Sondertage-Name* die Formatierungen korrigieren und mit *OK* speichern.

Familien-Fotokalender — Workshop 21

Das Kalenderblatt gestalten

Schritt 1 – Foto austauschen

Jedes Kalenderblatt zeigt automatisch ein Foto aus bestehenden Vorlagen des Druckstudios. Sie können genauso gut auch eigene, auf der Festplatte gespeicherte Fotos verwenden. Für diese oder neue Fotos sollten Sie darauf achten, dass sie mit der höchsten Auflösung der Digitalkamera aufgenommen sind, um eine maximale Qualität zu erreichen.

Um das bestehende Bild zu ersetzen, klicken Sie es zunächst an, sodass es markiert ist. Wählen Sie die Kategorie *Fotos* im linken oberen Menü. Wählen Sie dann unten den Eintrag *von Festplatte*. Es erscheint das Dialogfeld *Bild einfügen*, mit dem Sie auf Ihrer Festplatte nach Grafiken suchen können.

Öffnen Sie den Ordner mit den Bildern für den Kalender. Wählen Sie rechts das gewünschte Bild aus. Der Infobereich links unten erlaubt eine Vorschau des ausgewählten Bildes und gibt Informationen zur Bildgröße und zum Format. Klicken Sie auf *Öffnen*, um das Bild einzufügen.

Schritt 2 – Passepartout anwenden

Passepartouts sind Masken, die nur bestimmte Teile eines Fotos sichtbar lassen, andere dagegen abdecken. Mithilfe von Passepartouts können Sie Fotos weiche Ränder geben oder beispielsweise ein rundes Bild erstellen. Klicken Sie das Bild an, wählen Sie im linken Menü *Passepartouts* und unten die Unterkategorie *Fotorahmen*. Klicken Sie auf die Miniatur des gewünschten Passepartouts. Der Effekt des Passepartouts wird sofort im Bild sichtbar.

Schritt 3 – Kalenderblatt speichern

Gehen Sie im Menü *Datei* auf *Speichern*. Geben Sie der Datei einen Namen, und wählen Sie einen geeigneten Ordner zum Speichern. Da im Folgenden für jedes Kalenderblatt eine eigene Datei gespeichert wird, bietet es sich an, einen eigenen Ordner für den Kalender anzulegen. Klicken Sie auf *Neuen Ordner anlegen*, um einen Dateiordner zu erzeugen.

> **Hinweis**
>
> Möchten Sie einen Kalender mit einer Perforation herstellen, sollten Sie eine Hilfslinie in die Vorlage einfügen. Mit dem *Linienwerkzeug* einen Strich quer über das Blatt ziehen und die ⇧-Taste gedrückt halten.

Workshop 21 — Fotokalender und Fotobuch

Blätter für weitere Monate und das Titelblatt gestalten

Schritt 1 – Monat verändern

Der Monat des Kalendariums wird zusammen mit dem jeweils geöffneten Kalenderblatt gespeichert.

Klicken Sie doppelt auf das Kalendarium. Es öffnet sich das Dialogfeld *Eigenschaften-Monat*, in dem Sie bereits viele Einstellungen und Formatierungsänderungen vorgenommen haben. Gehen Sie auf das Register *Objekt-Layout*. Den Monat des Kalendariums bei *Datum* mit der Liste *Monat* einstellen. Nach einem Klick auf *OK* wird das Dialogfeld geschlossen und das Kalenderblatt mit dem neuen Monat angezeigt. Die Position des Kalendariums gegebenenfalls korrigieren: Verändern Sie die Größe durch Ziehen an den Anfassern, bis die Zahlen richtig in den Kästchen liegen. Positionieren Sie abschließend das gesamte Kalendarium mithilfe der Pfeiltasten.

> **Hinweis**
>
> Für Kalender, in denen Sie nur das Foto, nicht aber das Aussehen des Kalendariums verändern, ist der Weg über die *Varianten* günstiger. Klicken Sie auf *Varianten* und wählen dort den gewünschten Monat aus.

Schritt 2 – Foto erneut austauschen

Das Foto markieren und im Menü unten links den Eintrag *von Festplatte* wählen. Ein anderes Foto auswählen und auf *OK* klicken. Das aktuelle Foto wird durch das neue ersetzt.

Möchten Sie mehrere Fotos auf einem Blatt anordnen, klicken Sie zuerst auf den Hintergrund der Vorlage. Das Foto ist nicht mehr markiert. Wählen Sie wieder *von Festplatte*, und wählen Sie ein weiteres Bild aus. Das neu ausgewählte Foto wird zusätzlich auf der Vorlage eingefügt, anstatt das vorige zu ersetzen. Im linken Menü unter *Passepartouts* wieder passende Ränder für die Fotos aussuchen.

Schritt 3 – Kalenderblatt als neue Datei speichern

Gehen Sie im Menü *Datei* auf *Speichern als*, damit das neue Kalenderblatt als neue Datei gespeichert wird. Andernfalls würde das vorher gespeicherte Kalenderblatt überschrieben. Geben Sie der Datei einen anderen Namen, und klicken Sie auf *Speichern*.

Auf diese Weise nacheinander die Kalenderblätter für alle Monate anlegen und speichern.

Schritt 4 – Ein Titelblatt gestalten

Zusätzlich zu den 12 Blättern für jeden Monat bekommt der Kalender ein Titelblatt mit einem Foto und der Jahreszahl.

Nachdem alle Monate gespeichert sind, löschen Sie das Kalendarium und die Linien, indem Sie sie markieren und [Entf] drücken. Statt des Kalendariums soll die Jahreszahl groß auf dem Titelblatt erscheinen. Hierfür gibt es ein eigenes Objekt in der *Werkzeugleiste*. Klicken Sie auf das Symbol *Jahreszahl*, und zeichnen Sie mit gedrückter Maustaste einen Rahmen unterhalb des Fotos.

Nach Loslassen der Maustaste erscheint ein Dialogfeld zur Formatierung der Jahreszahl. Wählen Sie eine große *Schriftgröße*, zum Beispiel *72 Punkt*, und die Schriftfarbe *Orange*. Die anderen Formatierungsoptionen beibehalten und mit *OK* bestätigen.

Familien-Fotokalender   Workshop 21

Den Kalender drucken und binden

Für das Titelblatt bietet es sich an, einen besonders schönen Bildausschnitt aus einem der Kalenderfotos auszuwählen. Klicken Sie doppelt auf das Foto. Der Programmbereich *Fotoeffekte-Editor* öffnet sich.
Gehen Sie auf das Freistellungswerkzeug, und markieren sie den gewünschten Bildausschnitt. Klicken Sie auf *Anwenden* und dann auf *Zurück*. Das Foto wird nun entsprechend beschnitten im Kalenderblatt angezeigt.

Schritt 1 – Den Kalender vollständig drucken
Gehen sie auf das Symbol *Drucken*, um den Druck des aktuell geöffneten Blatts zu starten. Das Dialogfeld *Drucken* öffnet sich. Wenn Sie die Option *Kontur drucken* aktivieren, werden die grünen Kreise am oberen Rand mitgedruckt, und Sie können die Kalenderblätter leichter und genauer lochen und binden. Falls Sie fertige Kalendersets mit vorgestanzten Löchern verwenden, entfernen Sie das Häkchen bei *Kontur drucken*. Für einen Fotokalender empfiehlt sich eine besonders hohe Druckqualität. Bei vielen Druckern lässt sich diese manuell steuern. Gehen Sie auf die Schaltfläche *Eigenschaften*. Das Dialogfeld Ihres Druckers öffnet sich. Stellen Sie eine hohe Druckqualität ein, und geben Sie das verwendete Papier an, wenn Ihr Druckermodell diese Einstellungen erlaubt. Schließen Sie das Dialogfeld, und klicken Sie auf *Drucken*, um den Druck zu starten.
Gehen Sie im Menü *Datei* auf *Öffnen,* und wählen Sie danach das nächste Blatt zum Druck aus.

Tipp

Möchten Sie einen Abreißkalender drucken, zeichnen Sie vor dem Ausdruck eine Hilfslinie ein. Mit dem *Linienwerkzeug* einen Strich quer über das Blatt ziehen. Dabei halten Sie die ⇧-Taste gedrückt.

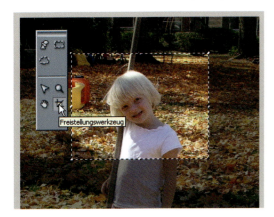

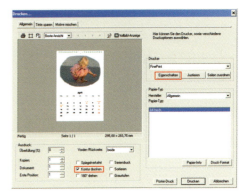

Das Passepartout mit einem Klick auf [Entf] entfernen. Das Häkchen bei *Passepartout entfernen* setzen und mit *OK* bestätigen.

Abschließend die Größe des Bildes mithilfe der Anfasser in den Ecken anpassen.

Schritt 3 – Den Kalender binden
Wir gehen davon aus, dass Sie die Kalenderblätter auf festem Karton oder Fotopapier von 120 bis 150 g/qm ausdrucken. Es gibt verschiedene Möglichkeiten, einen solchen Kalender zu binden. Die einfachste Möglichkeit ist das Binden im Copyshop oder beim Buchbinder. Sie können dort den Kalender mit einer praktischen Ringbindung versehen lassen, die auch eine Vorrichtung zum einfachen Aufhängen hat.

203

Den Kalender perfekt binden – selbst gemacht oder als fertiges Papierset

Der ausgedruckte Kalender kann mithilfe einer Lochzange oder eines Bürolochers sowie mit etwas Paket- oder Geschenkband unkompliziert gebunden werden. Damit Ihre Kalendergestaltung perfekt zur Geltung kommt, drucken Sie die Blätter am besten auf einen stabilen Karton (120 – 150 g/qm) aus. Fotos erscheinen im Ausdruck besonders leuchtend und kontrastreich, wenn Sie spezielles Fotodruckpapier verwenden, das für Ihren Tintenstrahl- oder Laserdrucker geeignet ist. Eine stabile Bindung als Ringbindung oder als Abreißkalender hält die Kalenderblätter zusammen und erleichtert das Durchblättern. Dazu benötigen Sie kein spezielles Material; Sie können das sehr gut auch selber machen. Eine transparente Folie, beispielsweise für Overhead-Projektoren, kann als zusätzliches Schutzblatt dienen. Sie erhalten solche Folien im Bürobedarf oder Schreibwarenhandel. Eine einfachere Variante bieten fertige Papiersets, wo die einzelnen perforierten Blätter bereits mit einer Drahtringbindung zusammengehalten werden.

Ringbindung mit Bindfaden

Die erste Variante ergibt einen Kalender, den Sie ähnlich wie bei einer Ringbindung umblättern können. Stanzen Sie mithilfe einer Lochzange oder eines Bürolochers die Konturen aus, ignorieren Sie aber den Halbkreis in der Mitte. Dort stanzen Sie ebenfalls ein Loch in der Größe der anderen Löcher. Achten Sie darauf, dass dieses Loch genau in der Mitte ist. Es nimmt den Aufhänger auf. Wenn es nicht zentriert ist, hängt der Kalender schief.
Legen Sie nun die Kalenderblätter in der richtigen Reihenfolge übereinander. Ziehen Sie durch jedes Loch ein kurzes Stück Bindfaden oder Geschenkband, und verknoten Sie es. Überstehende Enden können Sie abschneiden. Durch das Mittelloch ziehen Sie ein etwas längeres Band, an dem Sie den Kalender aufhängen.

Abreißkalender mit Perforation

Für einen Abreißkalender stanzen Sie die Konturen wie für den Kalender mit Ringbindung aus. Schneiden Sie mit einem Cutter oder mit einer kleinen Schere jeweils einen Halbkreis entlang der Kontur in der Mitte des Randes aus dem Papier heraus. Legen Sie dann alle Kalenderblätter in der richtigen Reihenfolge übereinander, und ziehen Sie einen festen Bindfaden oder Geschenkband durch die Löcher.
Eine eher lockere Bindung erhalten Sie, wenn Sie einmal von links nach rechts und dann wieder von rechts nach links im Zickzack durch die Löcher gehen. Wenn Sie eine sehr feste Bindung bevorzugen, sollten Sie den Faden nach dem Durchziehen durch ein Loch einmal über den oberen Rand schlingen, durch das nächste Loch ziehen, wieder über den oberen Rand gehen und so weiter. Auch hier beginnen Sie links, gehen nach rechts und dann wieder zurück.

Fotokalender binden — Praxisratgeber

In beiden Fällen entsteht über dem leeren Halbrund in der Mitte des oberen Randes eine Schlaufe, an der Sie den Kalender aufhängen können.

Um ein Kalenderblatt später vielleicht auch abzureißen, ist es wichtig, eine Perforation unterhalb der Bindung anzubringen.

Mithilfe einer Nähmaschine lässt sich diese einfach erzeugen – auch bei festem Karton. Ändern Sie dafür jedoch die Gestaltung jeder Seite etwas: Zeichnen Sie mit den Programmwerkzeugen vor dem Ausdruck in 1,5 cm Abstand vom oberen Rand des Kartons eine dünne hellgraue Linie. Falls Sie die Kalenderblätter bereits ausgedruckt haben, zeichnen Sie die Linie mit Bleistift auf die Rückseite des Blattes ein. Die Nähmaschine sollte mit einer dünnen Nadel ausgerüstet werden, aber ohne Faden. Legen Sie jedes Kalenderblatt einzeln unter den Nähmaschinenfuß, und stanzen Sie mit einer geringen Stichlänge Löcher entlang der Linie. Dadurch erhalten Sie eine professionelle Perforation, die leicht zu lösen ist.

Wer keine Nähmaschine besitzt, kann auch mit einer dünnen Ahle oder Stopfnadel von Hand Löcher entlang der Linie stanzen. Sie sollten dafür ein Lineal an der Linie anlegen und Löcher gleichmäßig und fest einstechen.

Fertige Papiersets

Mit den im Fachhandel erhältlichen hochwertigen Fotokalender-Papiersets erzeugen Sie einen Kalender, der von einem Exemplar aus dem Fachgeschäft nicht mehr zu unterscheiden ist. Diese Papiersets bestehen aus speziell vorgestanzten Papieren sowie – je nach Hersteller – unterschiedlichem Bindematerial. Zwei Systeme sind erhältlich: die Papiersets mit Klemmschiene und solche mit echter Ringbindung („Ring-Wire").

Die Papiersets mit einer Klemmschiene sind sehr einfach zu nutzen: Sie drucken den Kalender aus und klemmen dann die Blätter mithilfe der Klemmschiene auf dem Rückteil des Kalenders fest. Dadurch entsteht ein Kalender, bei dem Sie jeden Monat einmal das abgelaufene Kalenderblatt aus der Klemmschiene herausziehen müssen. Bei einigen Herstellern sind die Kalenderblätter zur leichteren Handhabung auch als Abreißkalender perforiert.

Kalendersets für Ringbindung lassen sich einfacher blättern. Neben den speziell vorgestanzten Papieren erhalten Sie zwei „Drahtkämme", die Sie durch die Stanzlöcher schieben. Anschließend drücken Sie die einzelnen Drahtschlaufen zusammen, wodurch die stabile Drahtringbindung entsteht.

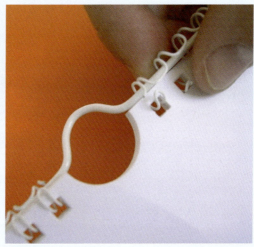

Fotokalender und Fotobuch

Ein Fotobuch für die schönsten Momente

Lassen Sie Ihre vielen Digitalfotos nicht einfach ungeachtet auf Ihrer Festplatte, sondern machen Sie aus Ihrer Sammlung ein stattliches Fotobuch daraus. So verewigen Sie auf dekorative Weise Ihre liebsten Erinnerungen Seite für Seite! Das Fotobuch können Sie nach Ihren persönlichen Wünschen gestalten, mit beliebig vielen Ihrer Bilder füllen und eigene Texte hinzufügen. Ob zum Urlaub, zu Hochzeits- und Geburtstagsfesten oder zum Familieleben allgemein – es gibt viele Anlässe, für die ein Fotobuch den perfekten Rahmen bietet.

Mit dem ADAC Druckstudio entwerfen und drucken Sie Ihr Album einfach selbst – und binden es abschließend zu einem formvollendeten Buch. Der Workshop zeigt Ihnen, wie Sie das Beste aus dem Fotomaterial in Kombination mit anderen Gestaltungselementen machen – wie Schrift, Farbe und Bildeffekten.

Eine Geschichte erzählen

Die Zusammenstellung der Fotos sollte nicht wahllos sein. Viel spannender ist es, wenn Sie Ihre Fotos um eine schöne Geschichte herum präsentieren. Schaffen Sie zunächst einen Spannungsbogen, indem Sie die Reihenfolge der Bilder in eine zeitliche Abfolge bringen. Benötigen Sie einmal ein Bild, um eine Lücke zu füllen, können Sie auch auf eine Clipart-Grafik zurückgreifen und diese stattdessen einfügen. Denken Sie bei der Auswahl der Fotos daran, die erste Seite besonders attraktiv zu gestalten, denn sie macht Lust auf mehr!

Papierqualität

Für das Fotobuch verwenden Sie am besten hochwertige Papiere in einer Stärke von 170 bis 250 g/qm, um daraus ein repräsentatives Werk zu machen. Ob Sie eine glänzende oder matte Oberfläche wählen, hängt von Ihren Vorlieben ab. Achten Sie beim Kauf auf die Herstellerhinweise: Das Papier sollte speziell für den Druck von Fotos ausgelegt sein. Für den Einband sollten Sie festes Material wie

Fotobücher gestalten

farbigen Fotokarton verwenden. So sind Ihre Bilder geschützt und stabil aufgehoben. Da sich Fotokarton von normalen Druckern in der Regel nicht einziehen lässt, können Sie den Einband mit einer Titelkarte zusätzlich dekorieren. Drucken Sie ein Bild mit dem Titel des Fotoalbums aus und kleben es auf die Vorderseite des Buchs.

Hintergrund und Rand

Die meisten Fotos entfalten vor dunklem Hintergrund ihre größte Farbwirkung. Sie können z. B. einfarbige Hintergründe oder vorgegebene Layouts im Programm nutzen. Achten Sie darauf, dass der Hintergrund nicht zu unruhig wirkt. Ein ausgeglichener, dezenter Hintergrund ohne starke Kontraste lenkt nicht von Ihren Fotos ab.

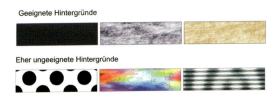

Neben vorgegebenen Standardhintergründen können Sie auch eigene Fotomotive als Hintergrundbilder benutzen. Hierzu vergrößern Sie das Bild bis zum Seitenrand und hellen es noch um ca. 50 % auf. Selbstverständlich können Sie auch Ihr Hintergrundbild hinsichtlich Farbe, Kontrast, Ausschnitt oder Spezialeffekt bearbeiten.
Achten Sie darauf, dass der Hintergrund die gesamte sichtbare Seite Ihres Fotobuches ausfüllt. Nicht alle Drucker können ein A4-Blatt bis zum Rand bedrucken. Textelemente und wichtige Bildmotive sollten deshalb immer mindestens 2 cm Abstand zum Rand haben, damit sie nicht beim Ausdrucken versehentlich abgeschnitten werden.

Welches Bildmaterial ist geeignet?

Die meisten modernen Digitalkameras liefern Fotos, deren Qualität hoch genug ist, um in einem Fotobuch verwendet zu werden. Um ein gutes Druckergebnis zu erzielen, sollten die Bilder im Kleinbildformat (eine Viertel DIN-A4-Seite) über etwa 2 Megapixel verfügen. Für ganzseitige Drucke sind etwa 4 bis 6 Megapixel sinnvoll. Um die Qualität der Fotos beim Ausdruck zu verbessern, können Sie diese zusätzlich scharfzeichnen. Das Speicherformat JPG, welches von den meisten Digitalkameras unterstützt wird, ist sehr gut für die Verarbeitung in einem Bildband geeignet.

Bilder auswählen und bearbeiten

Wählen Sie zunächst die Bilder aus, die für das Fotobuch infrage kommen. Wenn Sie sie in eine logische Reihenfolge bringen, wird daraus eine unterhaltsame und interessante Geschichte. Mithilfe der Software können Sie die ausgewählten Bilder noch weiter verbessern und für die Darstellung im Bildband aufbereiten. Schnappschüsse gewinnen durch die Bearbeitung an Qualität, insbesondere durch die Korrektur von Helligkeit, Kontrast und Farbintensität, aber auch durch Funktionen wie Rote-Augen-Korrektur und verschiedene Spezialeffekte.

> **Tipp**
> Eine besondere Idee: Scannen Sie Eintrittskarten, Flugtickets oder andere Erinnerungsstücke, um die Seiten damit zu verzieren.

An einem wolkenverhangenen Tag wirken Farben blass. Mit dem Effekt *Farbsättigung* leuchten sie wieder mehr.

Fotokalender und Fotobuch

Ein einfacher Doppelklick auf ein Bild in der Vorlage bringt Sie zum *Fotoeffekte-Editor*. Dort stehen viele Effekte zur Auswahl, mit denen Sie Ihre Schnappschüsse ganz leicht verbessern oder auch gewollt verfremden können.

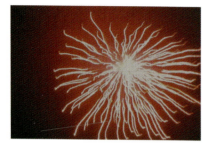 

Bei schwierigen Lichtverhältnissen erhalten Fotos leicht einen Grauschleier. Mit dem Effekt *Kontrast* erhalten Sie ein reineres Ergebnis: Schwarz, Weiß und Rot erscheinen voller.

Portraits mit Blitz führen oft zu roten Augen. Mit dem Effekt „Rote Augen entfernen" korrigieren Sie dies und geben den Abgebildeten eine passende Augenfarbe zurück.

> **✓ Tipp**
>
> Wenn die Menschen auf einem Bild nicht direkt in die Kamera schauen, sondern aus dem Bild heraus, dann richten Sie durch entsprechende Positionierung deren Blicke auf den inneren Bildrand. Sind die Blicke nach außen gerichtet, so wirken sie oft etwas verloren.

Bilder richtig auf der Seite platzieren

Durch geschicktes Platzieren der Bilder werden schöne Aufnahmen besonders hervorgehoben. Bilder, die außen auf der Seite stehen, werden in der Regel zuerst wahrgenommen und betrachtet – hier können Sie die Aufmerksamkeit des Betrachters mit besonders ansprechenden Bildern wecken.

Drucken Sie Ihr Fotobuch doppelseitig, so kann ein Bild ganz groß auf zwei gegenüberliegenden Seiten positioniert werden. Dabei nimmt es meist nicht beide Seiten komplett ein. Platzieren Sie den größeren Teil des Bildes auf der rechten Seite über die gesamte Breite. Am linken Rand der Doppelseite bleibt Platz für Texte. Stellen Sie bei so großen Fotos eine ausreichende Qualität der Aufnahme sicher.

Eine weitere Gestaltungsvariante ist das Bild im Bild. Hier bieten sich ruhige Bildbereiche wie Himmel- oder Wasserflächen zum Einpassen kleinerer Fotos an. Mit der Verwendung von Rahmen oder dem Einsatz transparenter Flächen können zusätzliche Kontraste zwischen Hinter- und Vordergrund geschaffen werden.

Bild im Bild: Ein weißer Rahmen bringt auf einfache Weise eine Trennung zum Untergrund.

Bilder beschneiden

Ihre Digitalfotos können Sie problemlos bearbeiten, um beispielsweise störende Elemente wie Äste, Autos oder fremde Menschen aus dem Bild zu entfernen oder wichtige Bildelemente durch einen Bildbeschnitt stärker zu betonen. Wichtige Bildelemente lassen sich hervorheben und betonen, wenn diese nicht genau mittig im Bild ausgerichtet werden, sondern durch richtiges Beschneiden im sogenannten „Goldenen Schnitt" leicht aus der Mitte versetzt angeordnet werden. Dadurch wirkt das Bild optisch wesentlich spannungsreicher und gleichzeitig ausgewogener.

Durch den Einsatz von Passepartouts können Sie Ihre Bilder auch in eine Ellipsenform oder Kugelform bringen. Mit einem weichen Rand fügen sich Fotos fast übergangslos in den Hintergrund ein.

Schriftart und Textmenge abwägen

Um Ihre Bilder mit Texten und Widmungen zu versehen, können Sie alle Schriftarten verwenden, die auf Ihrem Rechner installiert sind. Expressive Schriften wecken bestimmte Assoziationen. Das können Sie sich zunutze machen, um das Thema Ihres Fotobuches zu unterstreichen. Wählen Sie die Lage der Schriftfelder, die Textgröße und die Farbe aus.

Behaus - Hochzeitsfotos

Die Schrift Behaus zeichnet sich durch verschnörkelte Großbuchstaben und elegante Oberlängen aus. Sie ist perfekt für Erinnerungen an die Hochzeit.

CocktailTwo - Karibik

Lässig in ein Brett eingeritzt, das über einer Cocktailbar am Palmenstrand hängt. Daran denkt man vielleicht bei der Schrift Cocktail Two.

Hotelbar - Wien Städtereise

Die geschwungene Form der Schrift Hotelbar wirkt kompakt. Sie erinnert an den Jugendstil.

Bedenken Sie vorher aber, dass in der Mitte des Buches ein Freiraum zum Binden bleiben muss. Lassen Sie hier etwa 2 cm Platz zum inneren Buchrand. Wägen Sie nun die Aufteilung der Seite wie auch die Wahl der Schriften gut ab. Extravagante Schriften sind für längere Texte ungeeignet, da sie über mehrere Zeilen hinweg nicht gut lesbar sind. Verwenden Sie sie nur für Überschriften und um bestimmte Akzente zu setzen. Zu viele unterschiedliche Schriftarten in einem Text sind außerdem ungünstig, da dies das Lesen erschwert und ein unruhiges Gesamtbild erzeugt. Ebenso wirken zu umfangreiche Textblöcke und lange Zeilen eher abschreckend.

Damit ein längerer Text gut zu lesen ist, gliedern Sie ihn in Absätze und beschränken die Zeilenlänge auf etwa 50 Zeichen. Sorgen Sie immer für eine eindeutige Unterscheidung von Überschrift und Text. Dies erreichen Sie durch die Verwendung ungeeigneter Schriftgrößen und einer kontrastreichen Farbe, die sich gut vom Hintergrund abhebt. Sehr effektvoll sieht es aus, wenn Sie den Text auch einmal direkt auf einem Bild platzieren. Bei einem unruhigen Hintergrund können Sie zwischen Text und Bild ein transparentes weißes oder dunkles Kästchen einfügen, damit die Schrift besser lesbar bleibt.

Eine weitere Gestaltungsvariante erhalten Sie mit transparentem Text, den Sie über das Foto legen. Wenn Sie eine ausreichend dicke und große Schrift über Ihren Bildern mit ca. 50 % Transparenz versehen, dann scheint das Bild durch den Text und erzeugt einen 3D-Effekt.

Workshop 22 — Fotokalender und Fotobuch

▶ **Step-by-Step-Anleitung**

Ein Fotobuch vom Urlaub am Meer

Ein Fotobuch vom letzten Urlaub, einer Familienfeier oder von einem Ausflug ist eine schöne Erinnerung an diese Ereignisse. Mit den Fotobuch-Vorlagen aus dem ADAC Druckstudio, einem Fotodrucker und stabilem Fotokarton zaubern Sie im Handumdrehen ein schmuckes Werk, das sich sehen lassen kann. In diesem Workshop erfahren Sie, wie Sie die folgenden Gestaltungsmittel im ADAC Druckstudio einsetzen:

› Seiten-Layouts für Fotobücher auswählen
› Eigenes Foto als Hintergrund nutzen
› Fotos aufhellen
› Eigene Fotos als Miniaturen einfügen
› Schattierungen einsetzen
› Transparente Balken nutzen
› Randlosdruck ohne Randlosdrucker

Fotobuch auswählen und anpassen

Schritt 1 – Vorlage auswählen

Sie öffnen ein Fotobuch, indem Sie im Thema *Fotokalender und Fotobuch* den Workshop *Fotobuch* wählen.

In der Vorlagenübersicht gibt es oben zwei Kategorien: *Fotobuch A4 quer* und *Titelkarte*. In der ersten Kategorie finden Sie die Seiten für Fotobücher, in der zweiten spezielle Titelkarten für ein fertiges Buch. Wählen Sie die Kategorie *Fotobuch A4 quer*.

Eine Vorlage aus der Kategorie *Titelkarte*.

Eine Vorlage aus der Kategorie *Fotobuch A4 quer*.

Eine Besonderheit sind die bei jeder Fotobuch-Vorlage vorhandenen Varianten: Es sind Vorschläge für verschiedene Seitenlayouts, die in Farbe und Hintergrund zueinander passen. Klicken Sie auf das Pluszeichen am rechten unteren Rand des Vorschaubildes, um die Varianten anzuzeigen.

Sie können in einem Fotobuch verschiedene Varianten einsetzen, um die Gestaltung ab-

Fotobuch   Workshop 22

wechslungsreicher zu machen oder Sie verwenden eine der Varianten als Grundlage für eine eigene Gestaltung.

Eine Fotobuch-Vorlage entspricht einem Blatt in Ihrem fertig gebundenen Exemplar. Wenn Sie ein Fotobuch mit 18 Seiten anlegen möchten, erzeugen Sie nacheinander 18 Fotobuch-Vorlagen und speichern sie als getrennte Dateien.

Für das Fotobuch in diesem Workshop wählen Sie die Vorlage mit dem dunkelblau eingefärbten Strandbild. Benutzen Sie dann das Pluszeichen, um alle Varianten zu dieser Vorlage anzuzeigen, und wählen Sie hier die dritte Variante mit einem Doppelklick aus.

Schritt 2 – Hintergrund austauschen

Der Hintergrund auf dieser Seite wirkt etwas dunkel und wird deshalb durch ein eigenes Foto ausgetauscht. Markieren Sie den Hintergrund mit einem Mausklick, und wählen Sie im Menü oben links die Kategorie *Fotos*. Klicken Sie in der unteren Liste auf den Eintrag *von Festplatte*. Das Dialogfeld *Bild einfügen* wird angezeigt. Suchen Sie hier eine passende Datei für den Hintergrund. Sie sollte ein quadratisches Format oder Querformat haben, damit sie einfacher an die Größe der Seite anzupassen ist. Nach einem Klick auf *Öffnen* wird daraufhin das Hintergrundbild ausgetauscht.

Schritt 3 – Hintergrund aufhellen

Anschließend wird das neue Hintergrundfoto bearbeitet, da es zu viele Kontraste aufweist, die von den Motiven im Vordergrund ablenken. Hellen Sie es mithilfe der sogenannten Gamma-Korrektur auf. Doppelklicken Sie auf das Foto, um es in den Bildeditor bzw. *Foto-Effekte-Editor* zu laden. Wählen Sie den Effekt *Gamma-Korrektur* aus der Effektliste links oben aus. Nun erscheinen unten in der Miniaturenleiste Vorschaubilder in unterschiedlicher Helligkeit. Mit einem Klick auf eine

Workshop 22 — Fotokalender und Fotobuch

Miniatur wird die Intensität des Effekts automatisch eingestellt. Sie können die Intensität auch mit dem Schieberegler in kleineren Schritten justieren.

Geben Sie der Vorlage im Dialogfeld *Speichern unter* einen Namen. Klicken Sie auf *Zu Eigene Projekte hinzufügen*, um die Datei für *Eigene Vorlagen* in der Vorlagenauswahl zu registrieren. Um die Datei wieder zu öffnen, klicken Sie bei der Vorlagenauswahl für den Bereich *Fotobuch* in der unteren Liste einfach auf den Eintrag *Eigene Vorlagen*.

Klicken Sie auf *Anwenden*, um den Effekt an das Bild zu vergeben. Sie beenden den Effekteditor mit Klick auf *Zurück*. Beantworten Sie außerdem noch die Speicherabfrage mit *Ja*.

Schritt 4 – Als eigene Vorlage speichern

Speichern Sie diese Seite als eigene Vorlage. Damit fällt es leichter, auf die zahlreichen Seiten des eigenen Fotobuchs später wieder Zugriff zu haben. Wählen Sie das Symbol *Speichern*, um die aktuell im Vorlageneditor angezeigte Vorlage auf der Festplatte zu speichern.

Die veränderte Fotobuchseite befindet sich nun in der Vorlagenauswahl in der Unterkategorie *Eigene Vorlagen*.

Fotobuch — Workshop 22

Bilder einfügen und hervorheben

Schritt 1 – Eigenes Album für Fotos anlegen
Das Gestalten von Fotobuchseiten geht etwas schneller, wenn Sie die selbst gemachten Urlaubsfotos als Album in die Kategorie *Fotos* aufnehmen. Ihre Urlaubsfotos erscheinen dadurch als Miniatur am unteren Rand des Programmfensters und können mit der Maus auf die Fotobuchseite gezogen werden. Sie ersparen sich dadurch das lästige Navigieren im Dialogfeld *Bild einfügen*.

So legen Sie ein neues Album mit Ihren Fotos an: Achten Sie darauf, dass im Menü oben links die Kategorie *Fotos* ausgewählt ist, und klicken Sie auf die Schaltfläche *Neues Album* unter den beiden Listen. Geben Sie dem Album in dem Dialogfeld *Neues Album anlegen* einen Namen, beispielsweise „Hochzeit" oder „Urlaubsreise". Es können nur Namen gewählt werden, die in der Liste der Unterkategorien noch nicht existieren. Verwenden Sie also beispielsweise „Weihnachten 2006" anstatt „Weihnachten". Nach einem Klick auf *OK* öffnet sich ein Dialogfeld, mit dem Sie ein erstes Foto in dieses neue Album einfügen können. Wählen Sie im Ordnerbaum links den Ordner auf Ihrer Festplatte, wo sich die gewünschten Bilder befinden. Markieren Sie eines, und gehen Sie anschließend auf *Öffnen*.

Das neue Album erscheint am Ende der Liste. Die Miniaturenleiste am unteren Bildschirmrand zeigt kleine Vorschaubilder der dazugehörigen Fotos. Nach einem Klick auf *Foto hinzufügen* in der Miniaturenleiste können Sie weitere Bilder hinzufügen. Um mehrere Bilddateien auf einen Schwung einzufügen, markieren Sie ein Bild, halten die [Strg]-Taste gedrückt und klicken nacheinander auf die weiteren Bilder. Bestätigen Sie mit *Öffnen*, um alle markierten Bilder in das Album einzufügen. Das Album kann auch später noch problemlos um weitere Bilder ergänzt werden.

Ihre Bilder gelangen von einem Ordner auf der Festplatte direkt in die Fotoauswahl des Druckstudios.

Schritt 2 – Bilder ins Fotobuch einfügen
Das Einfügen der Bilder ist dank des eigenen Albums *Urlaubsfotos* in der Rubrik *Fotos* schnell erledigt: Wählen Sie das neue Album *Urlaubsreise* an, sodass die Miniaturen sichtbar sind. Klicken Sie auf einen der grauen Platzhalter im Fotobuch und dann auf eines der Fotos in Ihrem Album. Das gewählte Foto erscheint sofort auf der Fotobuchseite. Die Fotos werden auf diese Weise auch wieder durch andere Urlaubsbilder ersetzt. Dadurch können Sie relativ schnell verschiedene Anordnungen von Bildern ausprobieren, um eine zusammenhängende Bildstrecke zu erhalten. Ersetzen Sie möglichst immer hochformatige Platzhalter durch hochformatige

Workshop 22 — Fotokalender und Fotobuch

Fotos und querformatige Platzhalter durch querformatige Fotos. So bleiben die Bildgrößen optimal. Alternativ können Sie mithilfe der Anfasser an den Ecken die Größen und Positionen der Bilder selbst verändern.

Die eingefügten Bilder heben sich von dem Muschelhintergrund noch nicht deutlich genug ab. Mit den Gestaltungselementen Fotorahmen, Passepartouts und Schatten setzen Sie die Bilder besser in Szene

Schritt 3 – Fotorahmen einsetzen
Ein *Fotorahmen* umgibt das Foto wie ein echter Bilderrahmen. Klicken Sie das Bild an, wählen Sie in der oberen Liste *Fotorahmen* und in der unteren die Rahmenart – zum Beispiel *Metall soft*. Klicken Sie dann auf die Miniatur eines Rahmens. Das markierte Foto wird nun mit dem gewählten Rahmen angezeigt. Sie können den Rahmen jederzeit wieder entfernen, indem Sie das gerahmte Foto markieren und anschließend auf [Entf] drücken.

Schritt 4 – Passepartouts einsetzen
Passepartouts sind Bildmasken, die nur bestimmte Teile eines Fotos sichtbar lassen, andere dagegen abdecken. Klicken Sie das Bild an, wählen Sie oben links *Passepartouts* und unten die Gestaltung – zum Beispiel *Klassisch*. Klicken Sie dann auf die Miniatur des gewünschten Passepartouts. Je nach Art des Passepartouts hat das Foto einen weichen, geschwungenen oder schraffierten Rand. Um das Passepartout zu entfernen, gehen Sie wieder auf [Entf].

Schritt 5 – Schatten einsetzen
Ein Schatten erzeugt einen optischen Effekt, bei dem das Foto einige Millimeter über dem Hintergrund zu schweben scheint. Für diesen 3D-Eindruck müssen Sie zunächst ein Foto mit einem Mausklick markieren. Sie erzeugen einen Schatten in der *Ausrichten*-Symbolleiste mit dem Symbol *Schatten* ▢. Es erscheint das Dialogfeld *Objekt Schatten*, in dem das Aussehen des Schattens gestaltet wird. Aktivieren Sie zuerst *Schatten anzeigen*, um die Schattenfunktion zu nutzen. Mit diesem Kontrollkästchens können Sie den Schatten auch wieder ausblenden. Wichtig ist die Option *Deckkraft*: Geben Sie hier den Wert *50* ein, damit der Hintergrund auch innerhalb des Schattens noch gut sichtbar ist.

Fotobuch   Workshop 22

Texte verändern und neu einfügen

Schritt 1 – Texte anpassen

Die Vorlage ist bereits mit der gut lesbaren Schrift *Patrick* ausgestattet. Klicken Sie doppelt auf den Seitentitel, um das Dialogfeld *Text-Eigenschaften* zu öffnen. Geben Sie einen eigenen Titel ein. Vergeben Sie zusätzlich noch die Farbe *Dunkelblau* und die Schriftformatierung *Unterstrichen*.

> **Tipp**
>
> Zur Vereinfachung der Arbeit können Sie die Bildplatzhalter der Vorlage im Bereich *Eigene Vorlagen* mit einem entsprechenden Schatten versehen und erneut mit aktiver Option *Zu Eigene Projekte hinzufügen* speichern. Sie erhalten dadurch eine Vorlage mit Bildplatzhaltern, die bereits einen Schatten besitzen.

Klicken Sie auf *OK*, um die Einstellungen zu bestätigen und den Schatten auf das Bild anzuwenden. Die optische Wirkung eines Schattens mit 50 % Deckkraft ist für die hier gewählte Gestaltung optimal. Er hebt das Foto gut hervor und stört nicht durch zu starke Unruhe. Für eine einheitliche Gestaltung alle Fotos mit dem gleichen Schatten versehen.

Jedes Bild erhält eine Bildunterschrift – die aber nicht immer unter dem Bild stehen muss. Außerdem wird unter der Titelzeile ein kurzer einleitender Text angezeigt. Doppelklicken Sie auf den kurzen, vorgegebenen Textabsatz, und ändern Sie dort den Text nach Ihren Wünschen. Vergrößern Sie die Schriftart auf *14 Punkt*, damit die Schreibschrift besser lesbar ist. Bestätigen Sie die Änderungen mit *OK*.

215

Workshop 22 — Fotokalender und Fotobuch

Eventuell ist der Textrahmen für den neuen Text zu klein, sodass dieser nicht vollständig angezeigt wird. Vergrößern Sie den Textrahmen mithilfe der Anfasser an den Ecken auf die benötigte Größe.

Schritt 2 – Weitere Texte hinzufügen

Zusätzliche Textrahmen erzeugen Sie durch Kopieren. Dadurch bleiben die Formatierungen des ersten Textes auch für die weiteren Texte erhalten. Markieren Sie den Rahmen, und drücken Sie [Strg]+[C]. Damit wird der Text in die ▶ Zwischenablage kopiert. Drücken Sie dann [Strg]+[V], um eine Kopie des Textrahmens zu erzeugen. Verschieben Sie die Textrahmen auf die gewünschten Positionen. Mit einem Doppelklick das Dialogfeld *Text-Eigenschaften* aufrufen, um den Textinhalt zu ändern.

▶ **Zwischenablage**
Ein Ort im Speicher des Programms, wo Objekte virtuell zwischenlagern. So können Bilder und Texte etc. vervielfältigt oder in eine andere Vorlage transportiert werden.

Gestaltung individuell anpassen

Schritt 1 – Transparenzfunktion nutzen

Zuletzt wird der graue Balken des Textrahmens verändert. Doppelklicken Sie auf den Balken, und wählen Sie im Dialogfeld *Eigenschaften* bei *Füllfarbe* die weiße Farbe aus. Bestätigen Sie mit *OK*.

Der Balken wird jetzt in weißer Farbe angezeigt und ist noch immer markiert. Gehen Sie in der *Ausrichten*-Symbolleiste auf das Symbol *Transparenz*. Das Dialogfeld *Objekt-Transparenz* öffnet sich. Aktivieren Sie *Transparenz ein*, um diese Funktion zu nutzen. Wichtig ist die Option *Deckkraft*. Durch Verändern dieser Einstellung bestimmen Sie, wie viel von den darunter liegenden anderen Objekten zu sehen ist. Den Wert *75 %* einstellen. Klicken Sie auf *OK*, um die Transparenz anzuwenden.

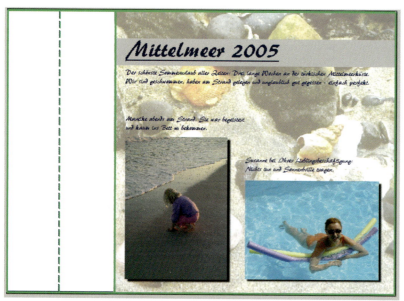

Fotobuch — Workshop 22

Schritt 2 – Clipart als Illustration einfügen
Kombinieren Sie den Schriftzug auf dem Balken noch mit einem fröhlichen Clipart-Bild. Wählen Sie aus dem Clipart-Katalog eine passende Grafik aus, für den Strandurlaub beispielsweise eine fröhliche Sonne oder einen Schwimmring. Klicken Sie im Druckstudio im linken, oberen Menü auf die Kategorie *Cliparts* und in der unteren Liste auf den Eintrag *von Festplatte*. Das Dialogfeld *Bild einfügen* wird angezeigt. Legen Sie die richtige Clipart-CD in das Laufwerk Ihres Rechners ein, und navigieren Sie im Dialogfeld *Bild einfügen* zu der CD. Suchen Sie hier die ausgewählte Grafik aus, und bestätigen Sie mit *Öffnen*. Positionieren Sie die Grafik auf dem Balken neben dem Titel. Die Clipart-CD wieder aus dem Laufwerk entnehmen.

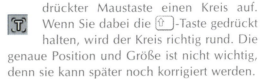

Gehen Sie im Menü *Datei* auf *Speichern*, und sichern Sie diese Seite, bevor Sie eine weitere gestalten. Es ist sinnvoll, beim Speichern der Seite jeweils eine fortlaufende Nummer an den Dateinamen zu vergeben. Damit erleichtern Sie sich später den Druck in der richtigen Reihenfolge.

Schritt 3 – Runden Text einfügen
Für eine aufgelockerte Gestaltung Ihrer Buchseite ist ein gerundeter oder gebogener Text ideal, beispielsweise um eine Clipart-Grafik herum. Wählen Sie in der Werkzeugleiste das *Rundtext-Werkzeug*, und ziehen Sie mit gedrückter Maustaste einen Kreis auf. Wenn Sie dabei die ⇧-Taste gedrückt halten, wird der Kreis richtig rund. Die genaue Position und Größe ist nicht wichtig, denn sie kann später noch korrigiert werden.

Nach dem Loslassen der Maustaste erscheint das Dialogfeld *Rund-Text-Eigenschaften*. Hier legen Sie fest, wie der Text aussehen soll. Passen Sie die Schriftformatierungen an die der übrigen Texte auf der Seite an: Schriftart *Patrick*, nicht *Fett*, in der Farbe *Dunkelblau*. Die Option *Orientation* bestimmt, ob der Text im Uhrzeigersinn oder gegen den Uhrzeigersinn läuft. Je nachdem, wie lang der Text ist und wie die Form des Cliparts ist, wählen Sie hier eine für Sie passende Einstellung. Klicken Sie auf *OK*, um die Änderungen zu bestätigen.

217

Workshop 22 — Fotokalender und Fotobuch

nis darzustellen. Damit dies gelingt, sollte immer die Option *Skalieren* aktiv sein. Klicken Sie mit der rechten Maustaste auf ein Foto, und überprüfen Sie, ob bei *Skalieren* das Häkchen gesetzt ist. So bleibt das Seitenverhältnis beibehalten und das Foto wird beim Vergrößern und Verkleinern nicht verzerrt.

Abschließend mit der Maus an den Anfassern des Rundtextes ziehen, um ihn passend zu positionieren und zu drehen.

Fotos als Gesamtansicht wie zum Beispiel Landschaftsaufnahmen oder Bilder mit sehr vielen Personen wirken deutlich besser, wenn Sie sie einzeln auf einer Seite abbilden. Personen oder kleinere Motive wie zum Beispiel Architekturdetails treten größer hervor und das Foto kommt insgesamt auf der Fotobuchseite besser zur Geltung.

Schritt 4 – Weitere Seiten gestalten

Entwerfen Sie die nächsten Seiten des Fotobuchs möglichst abwechslungsreich. Achten Sie darauf, dass die Fotos einen Zusammenhang haben. Sie können zum Beispiel Fotos von den Ereignissen eines Tages auf einer Seite abbilden oder mehrere Fotos eines bestimmten Ortes.

Geben Sie bei der Gestaltung unbedingt darauf acht, die Fotos im richtigen Seitenverhält-

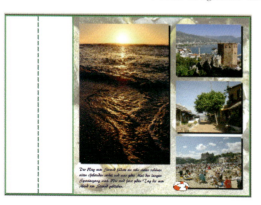

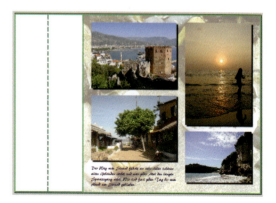

Sollen mehrere Fotos auf einer Seite angeordnet werden, so müssen sie exakt positioniert sein. Klicken Sie auf das Symbol *Gitternetz*, um das Raster anzuzeigen. Wählen Sie im Menü *Einstellungen* den Befehl *Einstellungen*, und stellen Sie im Register *Projekt-Modus* den Gitternetzabstand auf *50* ein. Dies entspricht 0,5 cm. Beim Verschieben mit der Maus orientieren sich die Fotos an den Gitternetzlinien und können so präzise angeordnet werden. Sie sollten die Bilder untereinander und nebeneinander bündig ausrichten und immer mindestens 1 cm Rand an allen vier Seiten des Blattes vorsehen.

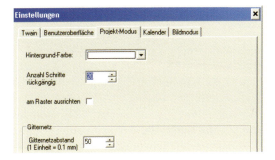

Für millimetergenaue Einstellung der Größe eines Bildes klicken Sie mit der rechten Maustaste darauf und wählen *Position*. Hier können Sie zum Beispiel die Breite exakt einstellen. Die Angabe erfolgt in Zehntelmillimetern. Am Foto erkennen Sie diese Veränderung zunächst nicht. Das Programm verbreitert in der Standardeinstellung nur den Rahmen des Fotos, nicht aber das Foto selbst.

Um anschließend das Foto an die neue Breite anzupassen, klicken Sie erneut mit der rechten Maustaste darauf und wählen im *Kontextmenü* das Untermenü *Seitenverhältnis beibehalten*.

Dort können Sie zwei Befehle in Abhängigkeit von der gewünschten Bildgröße wählen: Wenn Sie die Breite des Bildes exakt bestimmt haben, wählen Sie Breite *beibehalten*. Anschließend wird die Höhe des Fotos angepasst. Wenn die Höhe festbleiben und die Breite daran angepasst werden soll, wählen Sie *Höhe beibehalten*.

Workshop 22 — Fotokalender und Fotobuch

Das Fotobuch ausdrucken

Schritt 1 – Den Ausdruck starten

Beginnen Sie den Ausdruck des Fotobuches mit der ersten gespeicherten Fotobuchseite. Klicken Sie auf das Symbol *Öffnen* in der Symbolleiste des Programms, um die Seite zu öffnen. Gehen Sie dann auf das Symbol *Drucken*. Das Dialogfeld *Drucken* erscheint.

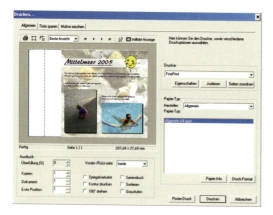

Deaktivieren Sie im Dialogfeld *Drucken* unbedingt die Option *Kontur drucken*. Das Programm druckt bei Fotobüchern aber trotzdem noch Falzlinien, die Ihnen beim Binden des Fotobuchs als Orientierung dienen. Nach einem Klick auf *Drucken* wird die Seite ausgegeben. Anschließend öffnen Sie die Datei mit der nächsten Seite und so weiter, bis das Fotobuch komplett ausgedruckt ist.

Für das Fotobuch ist ein Randlosdrucker die ideale Lösung. Wenn Ihr Drucker nicht bis an den Rand drucken kann, sondern Mindestränder benötigt, sollten Sie dies in der Gestaltung berücksichtigen: Lassen Sie an allen vier Seiten etwa 2 cm Rand, und schneiden Sie nach dem Ausdruck die weißen Ränder ab. Das Ergebnis ist eine etwas kleinere Seite, die aber trotzdem noch einen Randbereich mit sichtbarem Hintergrund hat.

Benutzen Sie für den Ausdruck einen möglichst festen Fotokarton. Die meisten Farbdrucker können problemlos Kartonbögen bis zu einer Stärke von 150 g/qm einziehen. Einige Drucker verarbeiten auch wesentlich stärkeren Karton bis zu 280 g/qm. Vor allem bei dickeren Kartons ist es sinnvoll, die weißen Ränder mit einem Cutter und einer Schneideunterlage abzuschneiden.

Das Fotobuch wird einseitig ausgedruckt. Mit dem entsprechenden Papier ist auch ein zweiseitiger Ausdruck möglich, aber dieser ist bei den formatfüllenden Fotoseiten problematisch: Wenn die Transportwalzen bereits etwas abgenutzt sind, können sie beim erneuten Einziehen den Ausdruck beschädigen. Außerdem kleben die doppelseitig bedruckten Seiten des fertigen Buches oft ein wenig, sodass die Bilder darunter leiden können.

Schritt 2 – Fotobuch falzen und binden

Vor dem Binden des Fotobuches müssen Sie jede einzelne Seite zunächst falten und lochen. Dafür falten Sie den linken Randstreifen entlang der gestrichelten Linie nach hinten. Nehmen Sie am besten ein Lineal zu Hilfe. Diese Falz erleichtert das Umblättern. Vor allem Karton ab 180 g/qm besitzt sehr scharfe Kanten und kann in die Finger schneiden. Die beiden aufeinandergelegten Ränder mit einem Bürolocher lochen.

220

Fotobuch — Workshop 22

Besonders professionell wirkt das Ganze, wenn Sie außerdem noch zwischen jeweils zwei Seiten einen Bogen feines Pergamentpapier in entsprechender Größe einlegen. So wird daraus ein stattliches Album. Sie müssen dafür links einen 4 cm breiten Streifen abschneiden, damit es genau über die Seiten passt. Das transparente Pergamentpapier gibt es in verschiedenen Qualitäten zum Pausen von technischen Zeichnungen. Sie erhalten es zum Beispiel als Paket mit verschiedener Blattanzahl in DIN A 4, 90 g/qm.

Sortieren Sie den Stapel mit den Fotobuchseiten in der richtigen Reihenfolge. Für den Einband schneiden Sie zwei Blatt farbigen Karton in der Größe der Fotobuchseiten zu und lochen diesen ebenfalls. Falten Sie ihn am Bund vor, um das spätere Umblättern zu erleichtern. Anschließend legen Sie die Einbanddeckel um die vorsortierten Fotobuchseiten. Ziehen Sie Geschenkband, etwa Dekobast oder eine dicke Paketkordel, durch die vorgegebenen Lochungen und binden die Schnur zu einer dekorativen Schleife. Sehr stabil und modisch im Design sieht der Einband aus, wenn Sie die Seiten mit passenden Schrauben und Muttern aus dem Baumarkt fixieren. Achten Sie auf genügend lange Schrauben!

Ihr fertiges Fotobuch mit ansprechender Bindung und transparenten Zwischenblättern: Der schönste Rahmen, um Ihre Lieblingsfotos zu präsentieren.

Durch die gefalteten Seiten ist das Buch an der Bindung dicker und liegt gut in der Hand. Den Einband an der entsprechenden Stelle vorfalzen.

Workshop 22 — Fotokalender und Fotobuch

Titelkarte drucken

Schritt 1 – Titelkarte auswählen
Eine Titelkarte ist eine Vorlage im Format DIN A6 (Postkartengröße), die ein Foto und eine Textzeile aufnimmt. Sie ist dafür gedacht, auf die Außenseite des gebundenen Fotobuches aufgeklebt zu werden – zum Beispiel auf einen farbigen Karton des Einbands. Wählen Sie im Bereich *Fotokalender* und *Fotobuch* den Workshop *Fotobuch*.

> **Hinweis**
>
> Ein Klick auf die Schaltfläche *Projekte* bringt Sie von jedem Ort des Programms zum Startbildschirm zurück.

Klicken Sie anschließend in der Vorlagenübersicht auf die Kategorie *Titelkarte*. Das Programm bietet nun einige Vorlagen für Titelkarten an. Wählen Sie keine von diesen aus, sondern klicken Sie stattdessen auf das Symbol *Neu*, um eine leere Titelkarte anzulegen.

Schritt 2 – Bild einfügen und gestalten
Die Titelkarte soll das Hintergrundbild der Fotobuchseiten anzeigen. Wählen Sie hierfür die Kategorie *Fotos*, klicken Sie in der unteren Liste auf *von Festplatte*, und suchen Sie mit dem Dialogfeld *Bild einfügen* die Datei. Nach einem Klick auf *Öffnen* wird das Bild eingefügt.

Das Bild hat hier ein quadratisches Format. Die Karte ist jedoch rechteckig, daher muss das Foto ein wenig angepasst werden. Doppelklicken Sie auf das Foto, um den *Foto-Effekte-Editor* zu öffnen.

Wählen Sie im Fotoeditor das Symbol *Freistellen*. Das hellere Rechteck auf dem Foto bestimmt die neue Größe. Verändern Sie es mithilfe der Anfasser so, dass ein rechteckiges Bild entsteht. Klicken Sie dann auf *Anwenden* und wieder auf *Zurück*. Nach dem Bestätigen der Speicherabfrage wird das Bild in einem rechteckigen Format ausgegeben.

Damit Sie einfacher weiterarbeiten können, sollten Sie zunächst das Gitternetz mit einem Klick auf das entsprechende Symbol anzeigen. Wählen Sie dann im Menü *Einstellungen* den Befehl *Einstellungen*, und stellen Sie im Register *Bild-Modus* den Gitternetzabstand auf *50* ein. Dies entspricht 0,5 cm.

Vergrößern und positionieren Sie den Bildrahmen, dass er an den vier Seiten 0,5 cm vom Rand entfernt ist und so ein weißer Rahmen entsteht. Bringen Sie eventuelle Korrekturen an, wenn das Bild noch nicht mit den richtigen Proportionen beschnitten ist. Klicken Sie wieder doppelt auf das Bild, um es zu korrigieren.

tungsschritte widerrufen. Klicken Sie in diesem Fall auf den Eintrag *Originalfoto*, um wieder das Ausgangsbild herzustellen. Verändern Sie anschließend den Beschnittrahmen erneut, und kehren Sie mit einem Klick auf *Zurück* zum Vorlagen-Editor zurück.

Wenn das Bild in etwa das richtige Format hat, klicken Sie mit der rechten Maustaste auf das Foto. Im dann erscheinenden Kontextmenü die Option *Skalieren* ausschalten. Damit werden die letzten Ungenauigkeiten der Ränder zwischen Foto und Bildrahmen entfernt. Die dadurch entstehende leichte Verzerrung ist unproblematisch.

Schritt 3 – Transparenten Balken und Textzeile einfügen

Nun wird ein transparenter Balken als Hintergrund für den Text eingefügt. Wählen Sie das Werkzeug *Rechteck*, und zeichnen Sie einen 2 cm hohen Balken, den Sie über die volle Breite der Karte etwas unterhalb der Mitte positionieren ziehen.

Klicken Sie doppelt auf den Balken, um das Dialogfeld *Eigenschaften* zu öffnen. Die *Füllfarbe* hier auf Weiß setzen und den Wert für

Der Programmbereich zur Bildbearbeitung führt eine Liste mit allen bisherigen Bearbeitungen des jeweiligen Bildes. Jeder Klick auf *Anwenden* fügt einen Eintrag in diese Liste ein. Sie erkennen dies an der kleinen Palette *Historie*. Mit ihr können Sie alle Bearbei-

Workshop 22 — Fotokalender und Fotobuch

Stärke der *Kontur* auf *0*, um die Konturlinie des Rechtecks nicht mehr anzuzeigen. Bestätigen Sie mit einem Klick auf *OK*.

Wählen Sie in der Ausrichtungsleiste das Symbol *Transparenz*. Aktivieren Sie *Transparenz ein*, um die Funktion zu nutzen. Wichtig ist hierbei die Einstellung der Option *Deckkraft* auf einen Wert von *75 %*. Damit bestimmen Sie, wie viel vom darunter liegenden Bild zu sehen ist. Mit einem hohen Wert für *Deckkraft* ist der Balken undurchsichtig, mit einem niedrigen Wert eher durchsichtig. Klicken Sie dann auf *OK*, um die Transparenz im angegebenen Wert anzuwenden.

Zum Schluss wird eine Textzeile eingefügt. Zeichnen Sie dafür nach Wahl des Werkzeugs *Text* genau auf dem transparenten Rechteck einen Textrahmen, und geben Sie im Dialogfeld *Text-Eigenschaften* Text und Formatierung ein. Sie sollten hier die Schriftart *Patrick* in *28 Punkt* Größe wählen.

Schritt 4 – Titelkarte drucken
Die Titelkarte sollte auf nicht allzu festem Fotopapier gedruckt werden. Ideal ist Papier mit 100 – 120 g/qm. Wählen Sie den Druckbefehl , und stellen Sie im Dialogfeld *Drucken* bei der Option *Dokument* den Wert *1* ein. Dadurch wird nur eine einzelne Karte ausgedruckt. Kleben Sie die Karte nach dem Ausdruck mit Fotokleber auf den Einband des Fotobuchs.

Diese Art des Drucks funktioniert aber nur, wenn der Drucker entweder ein Randlosdrucker ist oder mit dem geringen Rand von 5 mm auskommt. In allen anderen Fällen wird das Motiv etwas abgeschnitten. Dieses Problem können Sie mit einem Trick umgehen: Positionieren Sie die Karte hierfür in der Mitte eines A4-Blattes im Hochformat.

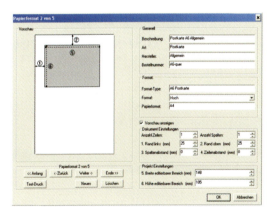

Klicken Sie im Druckdialog auf *Druck-Format*. Es erscheint ein Dialogfeld, in dem Sie die Abmessungen des bedruckten Papiers bestimmen können. Tragen Sie bei *Papierformat* den Wert *A4* ein. Wählen Sie dann aus der Liste *Format* über dem Feld *Papierformat* den Eintrag *Hoch*. Zum Schluss geben Sie bei *Rand links* 25 und bei *Rand oben* 25 ein.

Damit positionieren Sie die Karte mittig auf dem A4-Papier, damit das Motiv nicht abgeschnitten wird. Nach einem Klick auf *OK* wird die Karte auch im Vorschaubereich des Druckdialogs entsprechend angezeigt. Klicken Sie auf *Drucken*, um den Druck zu starten.

Drucken für Verein und Hobby

Selbst gedruckte Urkunden für Sport und Spiel

Was wären Turniere ohne Preisverleihungen mit Urkunde und Medaille! Eine Urkunde würdigt die Leistung einer Person oder eines Teams. Sie wird vom Empfänger in Ehren gehalten und wohlmöglich über viele Jahre hinweg aufbewahrt oder gerahmt an die Wand gehängt – entsprechend repräsentativ sollte sie gestaltet sein: auf Papier, das mit einem marmorierten Hintergrund wie eine alte Pergamentrolle aussieht, mit einem Siegel und – das Besondere daran – einem aktuellen Foto des Turnierteilnehmers! Die Urkunden können Sie sehr gut mit dem Druckstudio für das Turnier vorbereiten – mit ausreichend freiem Platz, um den Namen einzutragen.

Sieger-Urkunden vor Ort drucken

Steht Ihnen beim Turnier ein PC mit Drucker zur Verfügung – beispielsweise im Vereinsbüro oder als transportable Kombination von Laptop und Tintenstrahldrucker – so können Sie für die Sieger ganz individuelle Urkunden gestalten. Halten Sie das Papier bereit, und vergewissern Sie sich, dass die Tintenpatronen ausreichend gefüllt sind. Im Vorfeld bereiten Sie eine geeignete Vorlage für Ihre Veranstaltung vor. Nachdem die Sieger feststehen, sind in wenigen Minuten die individuellen Daten wie Name und erreichte Werte direkt im Programm eingefügt. Haben Sie mit einer Digitalkamera während des Turniers Fotos der Teilnehmer gemacht, wählen Sie die Sieger-Fotos aus und fügen diese in die Urkunde ein. Die Urkunde kann dann ausgedruckt werden.

Notwendige Eintragungen

Folgende Inhalte können auf einer Urkunde eingetragen werden. Je nach Anlass sind nicht alle Angaben notwendig.
- Eine Überschrift wie Urkunde, Auszeichnung
- Name des Siegers oder des Teams
- Verliehener Titel oder erreichter Platz
- Ein Text, der die Bedeutung der Urkunde erklärt, mit Einleitung und Überleitung zwischen Name und Titel bzw. Platz
- Name und Logo des Vereins oder der Einrichtung, die die Urkunde ausstellt
- Datum und Ort
- Offizielle Unterschrift und Stempel

Urkunden

So erhält die Sieger-Urkunde einen offiziellen Anstrich

Das besondere Erkennungszeichen von Urkunden ist die zentrierte Aufteilung des Textes an der mittleren Achse. Dies hat eine großzügige und repräsentative Wirkung. Alle wichtigen Informationen sind hier untereinander zu lesen. Achten Sie darauf, dass der Name des Turnierteilnehmers deutlich genug hervorgehoben wird – durch Schrift, Größe sowie Farbe oder auch den ihn umgebenden Raum. Filigrane Verzierungen unterstreichen den offiziellen Charakter der Urkunde: Geschwungene Ornamente, dekorative Schriften oder auch ein Siegel, das zusätzlich aufgedruckt oder mit Siegellack angebracht werden kann. Verwenden Sie die Verzierungen jedoch sparsam – nach dem Motto „weniger ist mehr", damit das Blatt nicht zu überladen wirkt.
Als klassische Farbkombination für die Urkunden wählen Sie Schwarz-Rot. Auf einem weißen oder auf braun marmoriertem Untergrund kommen sie am besten zur Geltung.

Urkunden der anderen Art: für Helden des Alltags und andere Anlässe

Neben allen sportlichen Wettbewerben eignen sich diese Urkunden auch als kleine Aufmerksamkeit gegenüber Freunden und Familie. Eine Urkunde für die beste Mama der Welt, mit besonderer Würdigung der Verdienste beim Tortenbacken? Eine ehrende Anerkennung für die stete Unterstützung des Großvaters bei der Fahrradreparatur? Zum Muttertag oder Vatertag oder als besonderes Lob an den Kollegen kommt eine solche Urkunde sicher gut an. Gestalten Sie fröhliche Urkunden, beispielsweise zusammen mit Kindern, wenn Sie sich gemeinsam für eine tolle Leistung bedanken möchten. Die Vorlagen des Druckstudios – auch die darin vorgeschlagenen Texte – liefern passende Ideen, die Sie nur noch mit eigenen Entwürfen, Fotos sowie bunten Cliparts nach Ihrem Geschmack abändern müssen.

✓ Tipp

Auch im Freundeskreis oder für Kollegen finden sich Anlässe, bei denen man mit einer persönlichen Urkunde eine besondere Wertschätzung ausdrücken kann.

Wählen Sie aus der Fülle von Clipart-Grafiken passende für Ihre Spaß-Urkunde aus.

Durch die Wahl dezenter Ornamente und die Beschränkung auf zwei Schriftfarben, Schwarz und Rot, wirkt die Urkunde sehr stilvoll und sieht beinahe echt aus.

Workshop 23: Drucken für Verein und Hobby

▶ **Step-by-Step-Anleitung**

Urkunden für das Fußballturnier

Nach einem aufregenden Turnier freut es jeden Sieger, die wohlverdiente Urkunde in den Händen zu halten. Kunstvoll gestaltete Urkunden geben der Siegesfeier den richtigen Rahmen. Mit dem ADAC Druckstudio zaubern Sie eine perfekte Urkunde mit passendem Schriftzug, Marmor-Struktur und Foto. Befindet sich das Vereinsbüro mit PC und Drucker in der Nähe des Turnierplatzes, drucken Sie dort unmittelbar vor der Preisverleihung die Urkunden. Am besten mit Fotos, die erst ganz aktuell während des Turniers geschossen wurden.

Ob Sie die Marmorierung für die Urkunde aus dem Programm auf weißem Papier ausdrucken oder gleich einen marmorierten Bogen verwenden, können Sie selbst entscheiden – der Effekt ist in beiden Fällen vergleichbar.
In diesem Workshop erfahren Sie, wie Sie die folgenden Gestaltungsmittel im ADAC Druckstudio einsetzen:

› Marmorierter Hintergrund
› Foto einfügen und beschneiden
› Passepartout benutzen

Vorlage auswählen und anpassen

Schritt 1 – Vorlage auswählen
Um eine Vorlage auszuwählen, gehen Sie auf *Drucken für Verein und Hobby* und klicken den Workshop *Urkunden* an. Es erscheint die Vorlagenauswahl. Klicken Sie in der Vorlagenübersicht oben links auf die Kategorie *Urkunde A4 hoch*. Das Programm zeigt nun unterschiedliche Vorlagen für DIN-A4-Urkunden an. Aus den Unterkategorien wählen Sie ein passendes Thema, in diesem Beispiel *Fußball*. Die Vorlagen sind bereits mit dem für Urkunden typischen marmorierten Hintergrund ausgestattet. Öffnen Sie die Urkunde mit einem Doppelklick.

228

Schritt 2 – Text eingeben

Wählen Sie in der Werkzeugleiste das *Textwerkzeug*, und ziehen Sie mit gedrückter Maustaste einen Rahmen auf, in dem das Datum stehen soll. Das Dialogfeld *Text-Eigenschaften* öffnet sich. Geben Sie hier das Datum des Turniers ein. Eine Schreibschrift eignet sich hierfür besser als die voreingestellte *Arial*. Ändern Sie die Schriftart zu *Pepper* in *24 Punkt* Größe und ohne fette Formatierung. Die übrigen Formatierungen beibehalten. Bestätigen Sie die Änderungen mit *OK*, und fügen Sie für den Namen des Siegers ebenfalls einen Textrahmen an. Alternativ können Sie die Angaben auch per Hand im Ausdruck eintragen.

und unten die Unterkategorie *Urkunden*. Wählen Sie anschließend in der Miniaturenleiste eine Marmorierung aus, die zur Vorderseite der Urkunde passt. Mit einem Klick auf die Miniaturansicht des Hintergrundmotivs wird der marmorierte Hintergrund passend in die Seite eingefügt. Klicken Sie dann auf *Erste Seite* [Erste Seite], um wieder die Vorderseite anzuzeigen.

Schritt 3 – Rückseite marmorieren

Die Rückseite der zweiseitigen Vorlage ist bisher noch nicht marmoriert. Möchten Sie die Marmorierung auch auf der Rückseite drucken, müssen Sie dort eine entsprechende Hintergrundgrafik einfügen. Klicken Sie dafür auf die Schaltfläche *Zweite Seite* [Zweite Seite] am unteren Seitenrand. Sie sehen die leere Rückseite der Urkunde. Wählen Sie im Menü oben links die Kategorie *Hintergrundmotive*

Workshop 23 — Drucken für Verein und Hobby

Foto einfügen und gestalten

Schritt 1 – Foto einfügen

Die Urkunde ist bisher noch mit einer Clipart-Grafik mit Fußballmotiv ausgestattet. Als besondere Idee können Sie stattdessen ein Foto des Siegers auf der Urkunde einfügen. Jedes Digitalfoto ist hierfür geeignet, selbst ein Foto in durchschnittlicher Auflösung, denn es wird relativ klein abgebildet.

Klicken Sie das vorhandene Clipart-Bild an, um es zu markieren, und löschen Sie es mit der [Entf]-Taste. Bestätigen Sie die Sicherheitsabfrage mit *OK*.

Wählen Sie im linken Menü die Kategorie *Fotos* und im unteren Menü den Eintrag *von Festplatte*. Es erscheint ein Dialogfeld, mit dem Sie auf Ihrer Festplatte nach Grafiken suchen können. Wählen Sie hier das gewünschte Bild aus, und fügen Sie es mit einem Klick auf *Öffnen* ein.

Schritt 2 – Foto beschneiden

Für eine wirkungsvolle und optimale Darstellung auf der Urkunde ist es häufig sinnvoll, das Foto zu beschneiden.

Doppelklicken Sie auf das Foto, um es im *Fotoeditor* zu öffnen. Wählen Sie dann in der Symbolleiste das Symbol *Beschneiden*. Es erscheint ein Auswahlbereich als helles Viereck auf dem abgedunkelten Bild. Dieser gibt den Bereich an, der beschnitten werden soll. Ziehen Sie mit der Maus an den kleinen Anfassern dieses Auswahlbereiches, bis er die richtige Größe und Position hat und das gewünschte Motiv korrekt umfasst.

Klicken Sie jetzt auf *Anwenden*, um die Änderungen auf das Foto anzuwenden. Wählen Sie anschließend die Schaltfläche *Zurück*, um den Fotoeditor zu verlassen. Sie werden in einem kleinen Dialogfeld über die Änderungen informiert. Bestätigen Sie mit *Ja*, um das geänderte Bild im Dokument zu speichern.

Schritt 3 – Bildqualität verbessern

Sollte Ihr Schnappschuss einmal nicht ganz perfekt geraten sein, haben Sie im Druckstudio die Möglichkeit, ganz unkompliziert Verbesserungen vorzunehmen. Klicken Sie doppelt auf das Foto, um es wieder im *Fotoeditor* zu öffnen. Im Menü links finden Sie viele verschiedene Filter für Korrekturen und Spezialeffekte. Klicken Sie auf *Kontrast*. Wählen Sie aus den Vorschaubildern in der Miniaturenleiste die gewünschte Stärke des Kontrasteffekts.

Schritt 4 – Passepartout benutzen

Passepartouts sind Masken, die nur bestimmte Teile eines Fotos sichtbar lassen, andere dagegen abdecken. Die grünen Bildbereiche der Passepartout-Vorschau bleiben im Bild bestehen, die rosafarbenen Bereiche werden abgedeckt. So können Fotos weiche, schraffierte oder runde Ränder erhalten. Klicken Sie das Foto an, wählen Sie im Menü oben links *Passepartouts* und die Unterkategorie *Fotorahmen*. Markieren Sie das Foto mit der Maus. Klicken Sie dann auf die Miniatur des einfachen, rechteckigen Passepartouts, das einen weichen Rand besitzt. Es wird sofort auf das Foto angewendet.

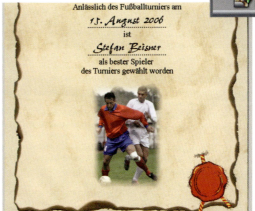

Klicken Sie auf *Anwenden*, um die Einstellungen zu bestätigen. Nun können Sie auch zu anderen Effekten in der Liste gehen und weitere Einstellungen ausprobieren. Gute Ergebnisse erzielen Sie in den meisten Fällen mit *Farbsättigung* und *Helligkeit*. Alle Bearbeitungsstufen des Bildes werden im Programm gespeichert. Über die Liste *Historie* können Sie die Effekte jederzeit wieder rückgängig machen. Klicken Sie auf *Zurück*, um zur Urkunde zurückzukehren und die Verbesserungen des Fotos zu übernehmen.

✓ Tipp

Achten Sie bei der Verwendung von Passepartouts mit ausgefallenen Formen darauf, dass dadurch keine wichtigen Bildbereiche abgedeckt werden. Wählen Sie im unteren Menü die Kategorie *Ausgefallen*.

Workshop 23 — Drucken für Verein und Hobby

Urkunde drucken

Schritt 1 – Urkunde mit Marmorierung drucken

Drucken Sie die Urkunde auf weißes Papier im Format A4 von etwas festerer Qualität. Wählen Sie *Datei* und dann *Drucken*, um das Dialogfeld *Drucken* aufzurufen. Klicken Sie auf die Schaltfläche *Drucken*, um den Druckvorgang zu starten.

> **Achtung**
>
> Bei Fotos scheint in hellen Bildbereichen der marmorierte Hintergrund durch. Verwenden Sie daher kein zu dunkles Papier, da sonst die Farben des Bildes beeinträchtigt werden!

Klicken Sie dann auf *OK*, um den Hintergrund zu entfernen. Mit einem Klick auf *Zweite Seite* gelangen Sie zur Rückseite. Entfernen Sie hier ebenfalls den Hintergrund. Klicken Sie auf *Erste Seite*, um zur Vorderseite zu kommen.

Gehen Sie auf *Drucken*, um den Druckvorgang zu starten. Wenn das Programm nach dem Druck der Vorderseite dazu auffordert, das Blatt zu wenden und neu einzulegen, klicken Sie auf *Abbrechen*.

Nachdem die Vorderseite fertig gedruckt ist, fordert das Programm dazu auf, das Papier zu wenden und erneut in den Drucker einzulegen. Wenn das getan ist, starten Sie mit einem Klick auf *OK* den Druck der marmorierten Rückseite.

Schritt 2 – Urkunde alternativ auf Marmorpapier drucken

Möchten Sie vorbedrucktes, marmoriertes Papier verwenden, sollten Sie den marmorierten Hintergrund aus der Vorlage entfernen.

Klicken Sie hierfür den Hintergrund an. Achten Sie darauf, dass kein Element wie beispielsweise ein Textrahmen markiert wird. Drücken Sie dann [Entf], und prüfen Sie, ob im Dialogfeld *Entfernen* die Option Hintergrund mit einem Häkchen versehen ist.

Das Ergebnis der Druckvarianten: Auf weißem Papier erscheinen die Farben kräftiger. Es bleibt ein Rand (rechte Urkunde), da der Drucker nicht über den Rand drucken kann. Das Drucken auf marmoriertem Papier spart zwar Tinte, die Farben kommen aber weniger kontrastreich heraus (linke Urkunde).

Urkunden mit echtem Siegel verzieren

Das Siegel
Das Siegel auf Urkunden war eine Form der Beglaubigung auf Briefen und Dokumenten oder auch zum Verschließen von Gefäßen. Damit garantierte das ungebrochene Siegel die Vertraulichkeit und Unversehrtheit des Inhalts. Der in den zunächst weichen Lack gedrückte Metallstempel diente außerdem als eigenhändige Unterschrift des Besitzers. So wurde beispielsweise ein Vertrag besiegelt. Auf keiner offiziellen Urkunde durfte das Siegel fehlen. Historische Siegel zeigen Stadtwappen, Monogramme aber auch symbolische Abbildungen wie den Adler oder die Lutherrose.

Mit einem echten Vereinssiegel wirken die Urkunden des Turniers erst richtig authentisch. Verwenden Sie eine Urkundenvorlage ohne gedrucktes Siegel und bringen Sie ein echtes Lack-Siegel darauf an.

Den Metallstempel zum Siegeln nennt man Petschaft oder einfach Siegel. Solche Stempel sind im Internet in großer Auswahl erhältlich. Siegel mit neutralen Motiven erhalten Sie für etwa 20 Euro, Siegel mit individueller Gravur ab etwa 40 Euro. Zusätzlich benötigen Sie roten Siegellack.

Einfaches Siegel
Zur Vorbereitung wischen Sie mit einem öligen Tuch über das Siegel und legen die Urkunde auf eine hitzebeständige Unterlage. Erhitzen Sie den Siegellack vorsichtig über einer Kerze. Dabei nicht direkt in die Flamme halten, sonst rußt es zu stark. Sobald die Spitze der Stange flüssig wird, den Lack mit einer drehenden Bewegung auf das Papier bringen. Typischerweise setzt man das Siegel in die untere rechte Ecke des Dokuments. Das Siegel mit leichtem Druck auf den heißen Lack pressen, kurz abkühlen lassen und den Stempel abnehmen. Schon ist die Urkunde fertig.

Hängesiegel für besondere Dokumente
Die Bänder eines Hängesiegels dienten ursprünglich zum Verschluss eines Briefs. Das Siegel selbst war dabei gewissermaßen der Ersatz für den Knoten. Mit einer bunten Kordel oder auch einfacher Schnur fertigen Sie ein Hängesiegel, das diesen historischen Vorgängern nachempfunden ist.

Stanzen Sie zwei Löcher in das Papier der Urkunde, und fädeln Sie die Schnur hindurch. Die beiden Enden der Schnur dort überkreuzen, wo sich das Siegel befinden soll. Den Siegellack aus niedriger Höhe auf die Schnüre tropfen lassen. Wenn sie ausreichend mit Lack bedeckt sind, das Siegel aufdrücken. So reproduzieren Sie ein beinahe echtes Dokument.

Drucken für Verein und Hobby

Hereinspaziert mit Eintrittskarten im bunten Farbenmix!

✓ **Tipp**

Nummerierte Karten erleichtern die Kontrolle über den Verkauf und machen es bei großen Veranstaltungen leicht, die tatsächlichen Besucherzahlen zu ermitteln.

Eintrittskarten sind immer notwendig bei Veranstaltungen mit kostenpflichtigem Zutritt. Aber deswegen sind sie nicht nur auf diese Funktion beschränkt! In den Händen des Teilnehmers stehen sie für den Wert, den ihm die Veranstaltung bietet und machen Lust, dabei zu sein. Ob für eine Veranstaltung im Sportverein und im Kindergarten oder zu Hause für den Heimkino- und Musikabend – zu einer gut organisierten Ankündigung gehören originell aussehende Eintrittskarten einfach dazu, auch wenn Sie sie einfach zum Spaß ausgeben. Legen Sie gleich mit der Planung los, und wählen Sie aus der Fülle fertiger Vorlagen – ein passender Entwurf ist bestimmt dabei!

Mit farbigem Papier Eintrittskarten „von der Rolle" drucken

Gestalten Sie die Eintrittskarte ganz schlicht in Schwarzweiß, so ist sie ideal, um auf farbiges Papier gedruckt zu werden. Das Auffällige an dieser Gestaltung: Gepunktete Linien erinnern an ältere Abreißkarten – ein Eindruck, der durch die Wahl einer klassischen Schriftart noch verstärkt wird.

Durch den Einsatz farbiger Papiere unterscheiden Sie beispielsweise ermäßigte von normalen Karten und bringen so etwas Farbe ins Spiel. Solche Karten drucken Sie auch in großen Mengen sehr preisgünstig mit einem Schwarzweiß-Laserdrucker, oder Sie vervielfältigen ein einmal gestaltetes Blatt mit dem Kopierer. Aus einer grauen Fläche der ursprünglichen Gestaltung wird beim Druck auf farbiges Papier ein Dunkelrot oder Dunkelgelb.

Eine Gestaltung in Graustufen eignet sich perfekt für Ausdrucke oder Kopien auf verschiedenfarbigem Papier.

Eintrittskarten

Aufwendige Eintrittskarten auf Visitenkartenpapier drucken

Bei Aufführungen oder Ereignissen zu einem besonderen Anlass ist es angebracht, die Eintrittskarten ebenso wertvoll zu gestalten. Mit kräftigem Visitenkartenpapier in Hochglanzoptik und aussagekräftigen Grafiken machen Sie etwas Besonderes daraus. Für einen Theaterabend, einen Maskenball oder ein kleines Konzert ist das genau das Richtige.
Passende Bildmotive in ausgesuchten Farben wie Dunkelblau- und Grautöne in Kombination mit elegant geschwungenen Schriften lassen die Gestaltung der Karte stilvoll aussehen.

Die Farbwahl ist hier das wichtigste Gestaltungselement, um Akzente zu setzen. Reine, kräftige Farben wirken lebendig und haben eine Signalwirkung. Farben mit erhöhtem Grauwert wirken dagegen eher seriös. Für eine Ausstellung einer Kinder-Malwerkstatt verwenden Sie am besten kräftige Farben, für ein Schachturnier beispielsweise sind zurückhaltende Farben angemessener.

Einige Beispiele für kräftige Farben (oben) und gedeckte Farben mit höherem Grauwert (unten).

Eintrittskarten für Sportfreunde

Ihre Zuschauer sind Kinder, junge Leute, Sportfans? Für viele Anlässe, gerade für Veranstaltungen im Verein, eignen sich pfiffige Cliparts und Hintergrundmotive, die Sie mit kräftigen Farben kombinieren. Je schöner die Karte ist, umso eher wird sie als Erinnerungsstück an die Pinnwand geheftet.

Nicht nur für das Vereinsfest – originelle Eintrittskarten bringen Spaß

Wer hat behauptet, dass es Eintrittskarten nur zu Veranstaltungen geben muss? Inszenieren Sie mit dem Druckstudio einen Videoabend mit Freunden: Beim Einlass verteilen Sie eine Tüte Popcorn zusammen mit der Karte. Eine Eintrittskarte zur Gartenparty kann beispielsweise den Hinweis enthalten: „Langeweile bitte an der Garderobe abgeben!" Mit Sprüchen oder Glück bringenden Wünschen sind die Eintrittskarten eine originelle und leicht abwandelbare Party-Idee für jede Gelegenheit.

Workshop 24 — Drucken für Verein und Hobby

▸ **Step-by-Step-Anleitung**

Eintrittskarten mit fortlaufenden Nummern

Einem festlichen Kostümball verpassen Sie mit Eintrittskarten auf Visitenkartenpapier gleich von Anfang an einen perfekten Rahmen. Mit einer zusätzlich eingefügten fortlaufenden Nummer auf jeder Eintrittskarte haben Sie – wie ein Profi – einen Überblick, wie viele Besucher tatsächlich zur Veranstaltung gekommen sind. Zusätzlich lernen Sie auch die hilfreiche Seriendruckfunktion kennen, mit der Sie Briefumschläge gleich in einer großen Anzahl drucken können.

In diesem Workshop erfahren Sie, wie Sie die folgenden Gestaltungsmittel im ADAC Druckstudio einsetzen:

› **Benutzereinstellungen anpassen**
› **Fortlaufende Nummern erzeugen und drucken**
› **Umschläge im Seriendruck ausgeben**

Vorlage auswählen und anpassen

Schritt 1 – Vorlage auswählen

Wählen Sie unter *Kaufen und Verkaufen* den Workshop *Eintrittskarten Coupons*. Klicken Sie in der Vorlagenübersicht oben links auf die Kategorie *Eintrittskarte*. Das Druckstudio zeigt Vorlagen für Eintrittskarten aller Art an, die auf einem Visitenkartenbogen oder auf A4-Papier ausgedruckt werden können. Markieren Sie eine Eintrittskarte, und öffnen Sie das Dokument dann mit einem Doppelklick.

Schritt 2 – Vorgegebenen Text ändern

Auf der Eintrittskarte wird zunächst der vorgegebene Text „Der Gentleman" geändert: Doppelklicken Sie auf den Textrahmen, und geben Sie „Kostümball" ein. Der Text muss zweizeilig ausgegeben werden, damit die Schrift gut lesbar ist. Setzen Sie einen Trennstich nach „Kostüm", und drücken Sie die ⏎-Taste. Schreiben Sie anschließend in der zweiten Zeile weiter. Schließen Sie das Dialogfeld *Text-Eigenschaften* mit einem Klick auf *OK*.

Bunte Eintrittskarten — Workshop 24

Im Textrahmen mit dem Inhalt „Laien-Theater" ändern Sie den Text entsprechend zu „Nummer". Dieser Text wird später verwendet, um eine laufende Nummer auf der Karte anzuzeigen. Unter den Formatierungsoptionen des Dialogfeldes finden Sie die Einstellung *Horizontal ausrichten*. Ändern Sie hier den Wert zu *Linksbündig*. Dadurch rutscht der Text innerhalb seines Rahmens nach links. Alle anderen Formatierungsoptionen beibehalten und mit *OK* bestätigen. Ziehen Sie dann mit gedrückter Maustaste an dem rechten, schwarzen Anfasser des Textrahmens, und verkleinern Sie ihn passend.

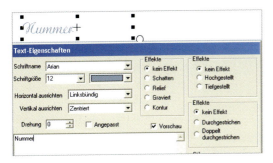

Schritt 3 – Benutzereinstellungen ändern

Die Anschrift des Veranstaltungsorts steht am unteren Rand der Eintrittskarte. Nach einem Doppelklick auf den Straßennamen sehen Sie, dass der Text hier nicht geändert werden kann. Die automatischen *Feldnamen* des Programms werden dafür genutzt; die Angaben werden zentral in den Benutzereinstellungen gespeichert.

In diesem Fall soll die Anschrift des Vereins erscheinen, bei dem der Ball stattfindet. Wählen Sie im Menü *Einstellungen* den Befehl *Meine Daten*; damit erscheint das Dialogfeld *Benutzereinstellungen*. Sie sehen dort die aktuelle Adresse – im Normalfall die von Ihnen bereits angegebene Privatadresse. Das Dialogfeld *Benutzereinstellungen* kann aber beliebig viele Anschriften verwalten, sodass Sie beispielsweise die Namen und Daten von Familienmitgliedern oder auch eine Vereinsanschrift nutzen können.

Klicken Sie im Dialogfeld Benutzereinstellungen auf die Schaltfläche *Neu*. Es wird ein neuer Eintrag angelegt und alle Felder geleert. Tragen Sie die Anschrift des Vereins ein, und geben Sie bei *Nachname* einfach die Bezeichnung „Vereinsheim" ein. Diese Bezeichnung wird bisher noch nicht auf der Eintrittskarte angezeigt, sondern nur die Adresse. Klicken Sie dann auf *Sichern*, um die Änderungen zu speichern.

Anschließend erscheint ein neuer Eintrag in der Auswahlliste unten links. Sie können hier nun zwischen der bereits eingegebenen Privatadresse und der neu eingegebenen Adresse des Vereins auswählen.

> **Hinweis**
>
> Auch andere Vorlagen im Druckstudio verwenden Feldnamen, die mit den Angaben aus den Benutzereinstellungen gefüllt werden. Die neu gespeicherte Adresse ist daher automatisch auch für Briefbögen, Visitenkarten und weitere Vorlagen verfügbar.

Workshop 24 — Drucken für Verein und Hobby

Klicken Sie auf *Schließen*, um zur Vorlage zurückzukehren. Die geöffnete Vorlage zeigt nun statt der Privatanschrift diejenige des Vereins.

Schritt 4 – Veranstaltungsort einfügen

Der Veranstaltungsort („Vereinsheim") kann nun sehr einfach durch Kopieren eines der vorhandenen Felder erzeugt werden.
Klicken Sie das Feld mit der Straße an, um es zu markieren. Drücken Sie dann [Strg]+[C] und anschließend [Strg]+[V]. Die erste Tastenkombination kopiert das markierte Feld in die Zwischenablage, die zweite Tastenkombination fügt es erneut ein.

Das neu eingefügte Feld ist bereits markiert. Verändern Sie nichts daran, denn dem Feld wird jetzt ein neuer Inhalt zugewiesen. Wählen Sie oben links in der Kategorienliste den Eintrag *Feldnamen*. In der Liste darunter ist der Eintrag *Privat* bereits markiert. Klicken Sie in der Miniaturenleiste auf das Feld *Nachname*. Damit vergeben Sie diesen Feldinhalt an den ausgewählten Feldnamen in der Vorlage; die Bezeichnung „Vereinsheim" erscheint sofort auf dem Bildschirm.

Positionieren Sie die Textfelder der Anschrift so wie in der Abbildung gezeigt.

Schritt 5 – Laufende Nummer einfügen

Eine fortlaufende Zählung der Eintrittskartennummern wird im Druckstudio mithilfe eines automatisch arbeitenden Feldes erzeugt. Es gibt beim Ausdruck auf jeder Karte eine neue Nummer aus. Dabei werden die Nummern um eins oder einen beliebigen anderen Wert hochgezählt. Ein Beispiel: Sie drucken pro A4-Seite 10 Eintrittskarten, die mit eins beginnen und um jeweils Eins hochgezählt werden. Die Karten der ersten Seite erhalten somit die Nummern 1 bis 10, die der zweiten Seite 11 bis 20 und so weiter.

So fügen Sie eine fortlaufende Nummer ein: Wählen Sie oben links in der Kategorienliste den Eintrag *Feldnamen* und in der Liste darunter den Eintrag *Zähler*. Ziehen Sie nun das Feld *Zähler ganze Zahl* aus der Miniaturenleiste, und legen Sie es auf der Seite ab, neben dem Schriftzug „Nummer".

Direkt nach dem Einfügen des Zählers erscheint das Dialogfeld *Zähler-Eigenschaften* auf dem Bildschirm. Formatieren Sie den Zähler in *Arian 12 Punkt*, entfernen Sie das Häkchen bei *Fett*, und wählen Sie die Schriftfarbe *Blaugrau* aus. Achten Sie darauf, dass bei *Format* der Eintrag *arabisch* gewählt ist.
Mit der Option *Anfangswert* bestimmen Sie, wo mit dem Zählen begonnen wird. Hier 1001 eingeben oder eine beliebige andere Zahl. Nach einem Klick auf *OK* wird die Zahl entsprechend formatiert.

Bunte Eintrittskarten — Workshop 24

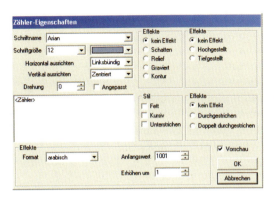

Wählen Sie auf der rechten Seite den *Hersteller* und den *Papier-Typ* bzw. die Artikelnummer des Visitenkartenpapiers aus. Das Vorschaubild links passt sich entsprechend an und zeigt, wie der Bogen bedruckt wird. Um die korrekte Positionierung des Ausdrucks auf dem Papier zu überprüfen, erstellen Sie einen Probeausdruck mit einem Klick auf *Drucken*.

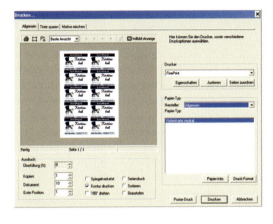

Entspricht das Ergebnis Ihren Wünschen, tragen Sie im Eingabefeld *Dokument* die Anzahl der gewünschten Eintrittskarten ein. Für eine Veranstaltung mit 250 Sitzplätzen würden Sie hier also *250* eintragen.

Auf dem Bildschirm sehen Sie die Startzahl. Nun sollten Sie noch die Positionen von Schriftzug und Zahl angleichen. Markieren Sie die Felder, indem Sie ⇧ festhalten und klicken. Wählen Sie dann in der Ausrichtungsleiste *Gleiche Rahmenhöhe*, um mögliche Abweichungen auszugleichen, und dann auf *Oben ausrichten*. Dadurch wird der Text einzeilig. Anschließend die beiden Felder mit einem Klick auf *Gruppieren* zusammenfügen.

Bei 10 Karten pro Blatt legen Sie 25 Visitenkartenbögen in den Papiereinzug Ihres Druckers. Starten Sie den Druck mit der Schaltfläche *Drucken*. Das Programm erzeugt nun 25 Seiten Eintrittskarten mit fortlaufenden Nummern von 1001 bis 1250.

Schritt 6 – Eintrittskarten drucken

Drucken Sie die Karten auf handelsüblichen Visitenkartenbögen mit Mikroperforation aus. Sie benötigen hierfür nicht die beste Qualität wie für Ihre Briefausstattung! Starten Sie den Ausdruck im Menü *Datei* mit dem Befehl *Drucken* oder mit einem Klick auf das Symbol *Drucken*.

> **! Hinweis**
>
> Nach dem Klick auf die Schaltflächen *Justieren* und *Druck-Format* haben Sie verschiedene Möglichkeiten, die Position der Karten auf dem Blatt im Detail zu beeinflussen.

Workshop 24 — Drucken für Verein und Hobby

Umschläge im Seriendruck erzeugen

Schritt 1 – Anschriften eingeben

Für das Versenden der Eintrittskarten in einem Briefumschlag benötigen Sie zwei Dinge: Eine Anschriftenliste und die Umschlagvorlage für den Seriendruck. Hierbei werden Anschriftenteile wie Name oder Straße wie bei einem Lückentext in vorbereitete Leerstellen des Umschlags eingefügt. Die Daten dafür werden aus einer Anschriftenliste genommen, die mit der *Anlass-Verwaltung* des Programms erfasst wird.

Sie starten diese Anlass-Verwaltung auf die folgende Weise: Wählen Sie im Menü *Einstellungen* den Befehl *Meine Daten*, und klicken Sie im Dialogfeld *Benutzereinstellungen* auf die Schaltfläche *Anlass*. Nun öffnet sich das Dialogfeld für die Anlass-Verwaltung. Klicken Sie im Register *Anlass* auf *Neu*, um einen neuen Anlass einzugeben. Geben Sie dann den Titel für den Anlass ein, zum Beispiel *Verein* oder *Kostümball*. Auf *Speichern* klicken, um den neuen Anlass zur Liste der Anlässe links hinzuzufügen.

Die Namen und Adressen zum aktuell ausgewählten Anlass geben Sie im Register *Personendaten* ein. Die einzelnen Felder für die Adresse werden mit den üblichen Angaben ausgefüllt. Um die Daten einer weiteren Person eintragen zu können, klicken Sie zuerst auf *Speichern* und dann auf *Neu*. Tragen Sie die Daten der zweiten Person ein, und klicken Sie wieder auf *Speichern*. Dies wiederholen Sie so lange, bis alle Personen erfasst sind, und klicken dann auf *Schließen*.

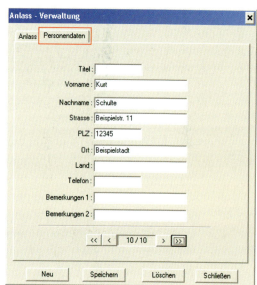

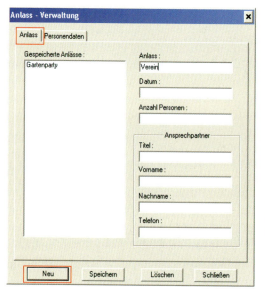

Schritt 2 – Umschlag auswählen

Wählen Sie nun den Umschlag aus. Unter *Einladungen und Glückwünsche* klicken Sie auf den Workshop *Einladungen*, um den Umschlag zu gestalten.

Klicken Sie in der Vorlagenübersicht oben links auf die Kategorie *Umschlag C6*. Sie erhalten zahlreiche Vorlagen für Umschläge. In diesem Fall wird allerdings ein leerer Umschlag erzeugt: Klicken Sie in der Symbolleiste auf das Symbol *Neu*.

Bunte Eintrittskarten — Workshop 24

Schritt 3 – Absender und Empfänger eintragen

Die Adressangaben für den Absender und die Empfänger werden mithilfe von automatischen Feldern eingetragen. Wählen Sie im linken Menü *Feldnamen* und darunter *Teilnehmer*. Hier befinden sich Feldnamen für die Daten aus der Anlassverwaltung. Beim Ausdruck wird der Feldname mit dem jeweiligen Inhalt aus der Teilnehmer-Datenbank gefüllt. Die Software verwendet immer den Anlass (und somit die dazugehörigen Teilnehmer), den Sie beim Schließen des Erfassungsdialogs zuletzt gewählt hatten.

Die Absenderadresse wird auf ähnliche Weise erzeugt: Klicken Sie links oben auf *Feldnamen*, und wählen Sie darunter *Privat*. Nun können Sie mit der Maus die entsprechenden Felder für die Absenderangabe aus der Miniaturenleiste heraus in den Umschlag ziehen. Die Daten dazu nimmt das Programm aus den *Benutzereinstellungen*, die Sie bereits mit der Anschrift des Vereins gefüllt haben.

Bei der Verteilung der Felder auf dem Umschlag können Sie sich an der Abbildung orientieren. Wichtig ist, dass Sie etwa 1 cm Abstand von den Rändern lassen. Der Umschlageinzug von Tintenstrahldruckern benötigt aus technischen Gründen etwas Platz für den Transport des Umschlags.

Schritt 4 – Seriendruck starten

Starten Sie den Druck. Im Druckdialog aktivieren Sie die Option *Seriendruck* und klicken auf *Drucken*. Ihr Dokument wird mit den eingegebenen Teilnehmerdaten zusammengeführt und für jeden erfassten Teilnehmer einmal ausgedruckt.

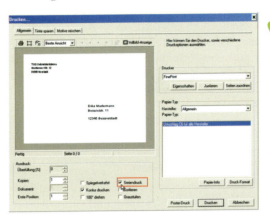

Bei einem Drucker mit einem speziellen Umschlageinzug sollten Sie diesen für den Druck auswählen. Klicken Sie dafür im Druckdialog auf *Eigenschaften*. Wählen Sie den Einzug für Umschläge aus. Das Dialogfeld sieht bei jedem Drucker ein wenig anders aus, da die Hersteller es an die Funktionen ihrer Modelle anpassen. Das genaue Vorgehen beim Einsatz im Druck von Umschlägen müssen Sie im Druckerhandbuch nachlesen. Gehen Sie auf *Drucken*, um den Druck zu starten.

> ✓ **Tipp**
>
> Der Vorgang bei Adressetiketten ist ganz ähnlich. Wählen Sie statt eines Umschlags unter *Ordnen und Beschriften* ein passendes Etikettenformat, und fügen Sie die Feldnamen dort ein. Sie erhalten für jede Adresse ein korrekt beschriftetes Etikett.

Kaufen und Verkaufen

Aushänge und Anzeigen gekonnt präsentieren

Was Werbeprofis im großen Stil betreiben, können Sie genauso gut im kleinen Rahmen für Ihre Zwecke anwenden. Wenn Sie etwas erfolgreich verkaufen oder selbst eine Veranstaltung initiieren und zum Flohmarkt, Basar oder Garagenverkauf einladen möchten, vielleicht auch per Gesuch ein gutes Angebot aufspüren, dann erreichen Sie das nur, indem Sie die größtmögliche Aufmerksamkeit erregen. Ein buntes Schild für den Verkaufsstand oder ein digitales Bild für Ihre Anzeige im Internet – die Prinzipien ansprechender Gestaltung sind bei jedem Format gleich.

Das A und O: Aufmerksamkeit erregen!

Um andere Menschen auf Ihre Anzeige aufmerksam zu machen, können Sie sich das sogenannte AIDA-Prinzip zunutze machen. Dieses Werbewirkungsprinzip setzt sich aus vier Phasen mit den jeweiligen Anfangsbuchstaben A-I-D-A zusammen:

Attention (engl. Achtung)
  Die Aufmerksamkeit des Kunden wird erregt.
Interest (engl. Interesse)
  Er interessiert sich für das Produkt.
Desire (engl. Verlangen)
  Der Wunsch nach dem Produkt wird geweckt.
Action (engl. Aktivität)
  Der Kunde kauft das Produkt.

Wenn es Ihnen gelingt, die Aufmerksamkeit des Lesers auf Ihre Anzeige zu ziehen, dann ist der erste Schritt bereits getan. Das erreichen Sie am besten durch ein witziges oder emotionales Bild, eine auffällige Gestaltung mit Farben und Schriften sowie einem einfallsreichen Text. Drucken Sie gleich eine ganze Ausstattung Ihrer Anzeige – auf Handzettel, kleinen und großen Postern.

Vorbereitungen treffen

Als Erstes sollten Sie sich überlegen, auf welche Art Sie Aufmerksamkeit für Ihr Angebot erreichen möchten und wo Sie die Anzeige am besten platzieren. Im zweiten Schritt er-

Anzeigen gestalten

stellen Sie eine Angebotsbeschreibung mit den wichtigsten Eckdaten rund um Ihren Gegenstand oder Ihre Veranstaltung. Wenn möglich, sollten Sie auch passende Fotos Ihres Angebotes oder zur Illustrierung der Veranstaltung heraussuchen, denn mit ausdrucksstarken Bildern erregen Sie mehr Aufmerksamkeit als mit einer zu ausführlichen Beschreibung.

Optische Gestaltung mit Farben und Bildern

Damit Ihre Anzeige sofort die gebührende Aufmerksamkeit erregt, ist eine ausgewogene Gestaltung wichtig.
Machen Sie sich die Verwendung auffälliger Farben zunutze. Alleine schon durch die Farbe erreichen Sie eine Signalwirkung. Eine solche Aktivierung kann auch durch Größe, Buntheit und Kontraste erreicht werden.
Anzeigen betrachtet man nur für Sekunden, stellen Sie deshalb sicher, dass alle relevanten Informationen in kurzer Zeit zu erfassen sind. Einprägsame Bilder werden zuerst wahrgenommen und betrachtet. Damit erregen Sie bereits die Neugierde und animieren den Betrachter zum Weiterlesen. Bilder, ob Fotos oder Grafiken, vermitteln einen Inhalt überzeugender als nur ein eintöniger Text. Es lohnt sich also immer, das Verkaufsangebot mit einem Foto zu illustrieren. Achten Sie bei der Auswahl des Bildes auf eine gute Qualität, und dass die wichtigen Bildinhalte deutlich zu erkennen sind.
Auch Bilder, die nicht genau im inhaltlichen Bezug zur Anzeige oder dem Angebot stehen, wecken das Interesse. Die Methode, Bilder beispielsweise von lachenden Kleinkindern als besonderen Blickfang einzusetzen, ist sehr beliebt, um damit die Gefühle und Empfindungen des Lesers anzusprechen. Ungewöhnliche Ideen sorgen für einen Aha-Effekt. Das kann durch Widersprüche zum Bekannten ausgedrückt werden, um so die Wahrnehmung zu schärfen und zum Nachdenken an zuregen. Mit dem richtigen Einsatz der Bildsprache erreichen Sie bereits sehr viel.

Dieser Aushang erregt Aufmerksamkeit mit einer auffälligen Überschrift in Signalrot, einem gut strukturierten Text und bunten Illustrationen, die zum Thema der Anzeige passen.

Optische Reize werden in diesem Beispiel nicht geboten. Mit dem schwarzen Rand sieht der Aushang wie eine Traueranzeige aus. Es fehlen außerdem wichtige Informationen wie der Preis der Wohnung.

Falls Ihnen eine Vervielfältigung der Anzeige in einer durchweg farbigen Gestaltung zu kostspielig erscheint, können Sie sie beispielsweise für Handzettel auch einfach in Schwarzweiß auf farbigem Papier ausdrucken oder kopieren.

Kaufen und Verkaufen

Um eine fertige Vorlage des Druckstudios in Schwarzweiß auszudrucken, müssen Sie beim Druck nur die Option *Graustufen* wählen.

Schrift- und Textgestaltung

Ein weiteres effektvolles Mittel ist die Verwendung besonderer Schriften für die Anzeigenüberschriften. Auch hier lässt sich durch die Gestaltung hinsichtlich Größe, Farbe und ▶ **Typografie** Aufmerksamkeit erregen. Gebrauchen Sie immer kurze und eindeutig formulierte originelle Überschriften.

▶ **Typografie**
Typografie ist die Gestaltung mithilfe von Schrift, insbesondere durch Hervorhebungen und interessante Schriftarten.

Lust auf Sommer
Gartenfest in der Laubenkolonie

ALLES AUßER UNGEZIEFER!
Flohmarkt

Überschriften wecken durch gelungene Gestaltung und Formulierung die Aufmerksamkeit des Betrachters.

Lesbarkeit des Anzeigen-Textes

Auch der eigentliche Text Ihrer Anzeige hat eine wichtige Funktion. Daher sollte er leicht verständlich und die Sätze möglichst kurz gehalten sein. 15 Wörter pro Satz sind die Obergrenze! Verzichten Sie auf überflüssige Formulierungen und schwierige Fach- oder Fremdwörter. Bieten Sie dem Leser in einfacher Form die wichtigsten Informationen an.
Die Lesbarkeit Ihres Textes wird beeinflusst durch die formale Gestaltung. Durch Absätze, Zwischenüberschriften, Hervorhebungen und die Verwendung einer nicht zu kleinen Schrift können Sie dem Interessenten das Lesen erleichtern. Das ist wichtig, da schwer zu erfassende Anzeigen schnell als unwichtig eingestuft und ignoriert werden. Dies gilt besonders, wenn Sie mit Ihrer Anzeige auch ältere Menschen ansprechen möchten. In diesem Fall kann eine Vergrößerung der Schrift sehr hilfreich sein.
Anzeigen, nur in Großbuchstaben oder durchgängig in Kleinbuchstaben gesetzt, sind nur schwer lesbar.

Sehr kleine Schrift
Sehr große Schrift

geringer Kontrast zum Untergrund
hoher Kontrast zum Untergrund

Unruhiger Untergrund
Ruhiger Untergrund

Komplizierte Schriftart
EINFACHE SCHRIFTART

gekrümmte Schrift
gerade Schrift

Die Lesbarkeit eines Textes wird von verschiedenen Faktoren wie Schriftgröße, Schriftart und Kontrast zum Hintergrund beeinflusst.

Anzeigen gestalten

Inhalte der Anzeige zusammenstellen

Wichtigster Inhalt Ihrer Anzeige ist natürlich Ihr persönliches Angebot mit den dazugehörigen Daten. Machen Sie keine falschen Angaben! Auch wenn an Ihrem Gebrauchtwagen nicht alles mehr hundertprozentig funktioniert, bleiben Sie ehrlich.

Vorsicht beim Einsatz von Abkürzungen. Vernünftig eingesetzte Kürzel können in Zeitungsanzeigen Geld sparen helfen. Halten Sie sich möglichst an die Standards, denn zu viele Abkürzungen gehen auf Kosten der Verständlichkeit. Daher gilt: Lieber eine zusätzliche Zeile als eine unverständliche Anzeige. Vergessen Sie nicht Ihre Kontaktdaten, wie Telefonnummer, E-Mail-Adresse oder Wohnort mit anzugeben. Wenn Sie – gerade bei Gesuchen – mit vielen Interessenten rechnen können, dann empfiehlt sich eine Chiffre-Anzeige. Überprüfen Sie abschließend die Rechtschreibung und Grammatik Ihrer Anzeige. Hilfreich ist hierfür die integrierte Rechtschreibungsprüfung des Druckstudios.

Der ideale Werbeträger

Verschiedene Wege führen Sie zum Ziel, denn es steht eine ganze Reihe von Werbemöglichkeiten zur Verfügung: Anzeigen in Tages- oder Stadtteilzeitungen, auf Handzetteln zum Einwerfen, ein Aushang oder eine Anzeige im Internet bei einem Anbieter von Internetauktionen. Überlegen Sie, ob sich die damit verbundenen Kosten lohnen. Der Anzeigenpreis beispielsweise hängt von der Höhe der Zeitungsauflage ab. Vielleicht sind für die Ankündigung einer Vereinssommerparty Plakate an Laternenmasten die bessere Wahl. Vergessen Sie nicht, die zahlreichen kostenlosen Biete-/Suche-Bretter in Supermärkten oder in Bibliotheken für Ihre Aushänge, denn diese Anzeigen werden von vielen Menschen gelesen.

Gleiches gilt für die sogenannten Offertenblätter, wo das Aufgeben privater Anzeigen meist kostenlos ist.

Möchten Sie selbst Plakate drucken und aushängen, sollten Sie sich ebenfalls bei Copyshops über die Kosten für die Vervielfältigung erkundigen. Oft ist es günstiger, zahlreiche kleinere A4-Poster in Farbe auszuhängen, als nur wenige größere Poster in Schwarzweiß.

Große Poster und Banner können Sie mit Ihrem eigenen Drucker herstellen – die Posterdruckfunktion des Programms macht es möglich. Dabei wird der Ausdruck automatisch auf mehrere A4-Blätter verteilt, die dann passend zusammengefügt werden.

Wo erreichen Sie Ihre Kunden?

Überlegen Sie, wo Sie die Interessenten für Ihren Aushang oder Ihre Anzeige am besten erreichen. Für eine lokale Veranstaltung, einen Flohmarkt oder das Schulfest sind im Ort angebrachte Plakate eine ideale Lösung. Einen großen Käuferkreis erreichen Sie mit Internet, beispielsweise bei eBay. Auf dieser beliebten Internetplattform können Sie alles von der goldenen Taschenuhr bis zu Kinderspielzeug an den Höchstbietenden verkaufen.

Workshop 25 — Kaufen und Verkaufen

▶ **Step-by-Step-Anleitung**

Verkaufsaushang mit Abreißzettelchen

Im Supermarkt, in der Bibliothek oder in anderen Einrichtungen ist es häufig erlaubt, Aushänge an schwarzen Brettern anzubringen. Für Anzeigen mit praktischen Abreißzettelchen bietet das ADAC Druckstudio ansprechende und einfach anzuwendende Vorlagen an.

Bei einem solchen Verkaufsaushang ist ein klarer Aufbau der Gestaltungselemente wichtig, damit Interessenten, neugierig gemacht, die Angaben schnell lesen und erfassen können.

In diesem Workshop lernen Sie am Beispiel eines privaten Autoverkaufs, wie Sie mit dem ADAC Druckstudio einen eigenen Abreißaushang erstellen:

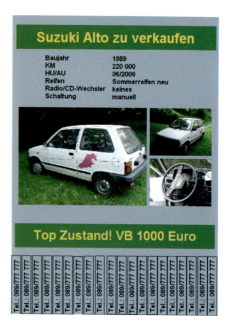

› Textfelder und Feldnamen verwenden
› Eigene Fotos einfügen
› Bilder exakt aneinander ausrichten
› Farben und Schriftarten verändern

Vorbereitungen treffen und Vorlage auswählen

Schritt 1 – Inhalte festlegen

Überlegen Sie, welche Informationen für den potentiellen Käufer wichtig sind. Schauen Sie in die Anzeigenrubrik einer Zeitung, um zu erfahren, welche Daten üblicherweise angegeben werden. Halten Sie alle Daten auf einem Notizzettel fest, sodass sie beim Einfügen der Texte in die Anzeige schnell bei der Hand sind.

Mit einem Foto des Fahrzeugs auf dem Aushang wecken Sie Neugier, sodass Ihre Anzeige häufiger gelesen wird. Schießen Sie zur Vorbereitung auf das Gestalten der Anzeige mehrere Fotos Ihres Fahrzeugs, und speichern Sie sie auf dem Rechner.

Schritt 2 – Vorlage öffnen

Wählen Sie im Bereich *Kaufen und Verkaufen* den Workshop *Anzeigen Flyer* aus. Die Vorlagenauswahl öffnet sich. Wählen Sie im linken

oberen Menü den Eintrag *Abreißzettel A4*. Dort kann aus vielen verschiedenen Vorschlägen eine passende Gestaltung ausgewählt werden. Klicken Sie doppelt auf die Vorlage mit dem Cabrio, um sie im Editor zu öffnen.

Verkaufsaushang **Workshop 25**

Den Aushang mit eigenen Inhalten gestalten

Schritt 1 – Beispielbild entfernen
Nachdem die gewünschte Vorlage geladen ist, wird zunächst das Beispielbild entfernt. Das Bild mit einem Mausklick auswählen und die [Entf]-Taste drücken. Oder Sie klicken mit der rechten Maustaste auf das Bild und wählen im aufklappenden ▶ *Kontextmenü* des Bildes den Eintrag aus. Nicht benötigte Textfelder auf dieselbe Art entfernen.

Schritt 2 – Telefonnummer automatisch ersetzen
In der vorgegebenen Vorlage sind am unteren Rand des Blattes kleine Abreißzettel mit Telefonnummern markiert. Die Telefonnummern sind als *Feldnamen* angelegt, sodass sie vom Programm bei Eingabe der *Benutzereinstellungen* automatisch mit Inhalt gefüllt erscheinen. Um diese Angaben zu verändern gehen Sie im Menü auf *Einstellungen*, Untermenü *Meine Daten*.

Tragen Sie die Angaben ein, bestätigen Sie mit *Sichern*, und schließen Sie das Dialogfeld. Sobald die neuen Daten unter *Benutzereinstellungen* eingetragen sind, werden sofort alle Feldnamen mit der neuen Telefonnummer angezeigt.

Schritt 3 – Weitere Textelemente ändern
Überschriften und Absätze sind jeweils eigene Textelemente. Sie können einzeln verändert werden. Mit Doppelklick auf ein Textelement öffnet sich das Dialogfeld *Text-Eigenschaften*, in dem der Inhalt und das Aussehen des Textelements bearbeitet wird. Geben Sie Ihre Angaben zum Fahrzeug ein. Bleiben Sie vorerst bei den vorgeschlagenen Schriftarten und -größen. Bestätigen Sie die Änderungen mit *OK*.

Unter Umständen ist der Textrahmen zu klein, wenn mehr Text eingefügt wurde als zuvor. Der Text ist dann nicht vollständig sichtbar, sodass der Textrahmen vergrößert werden muss.

▶ **Kontextmenü**
Das Kontextmenü enthält Befehle, die nur für das aktuell ausgewählte Objekt gelten. Es öffnet sich durch Klicken mit der rechten Maustaste.

Workshop 25 — Kaufen und Verkaufen

▸ **Anfasser**

Anfasser sind kleine Punkte an den Ecken und Seiten eines markierten Objekts. Sie dienen der Größenänderung des Objekts mit der Maus.

Das Textelement mit der Maus auswählen. An den ▸ **Anfassern** das Textelement auf die gewünschte Größe ziehen.

Schritt 4 – Eigene Bilder einfügen

Falls Ihnen keine eigenen Fotos des Fahrzeugs zur Verfügung stehen, finden Sie innerhalb des Druckstudios weitere Illustrationen und Fotos. Klicken Sie im linken Menü auf *Fotos* oder *Cliparts* und dann jeweils auf *Autos*. Am unteren Bildschirmrand findet sich die entsprechende Miniaturenleiste des Druckstudios. Ziehen Sie ein passendes Bild mit gedrückter Maustaste auf die Anzeige.

Um selbst gemachte Fotos von der Festplatte einzufügen, gehen Sie im linken Menü auf *Fotos* und dann auf *von Festplatte*.

Das Dialogfeld *Bilder einfügen* erscheint. Wählen Sie auf der linken Seite den Ordner, in dem Ihre Bilder liegen. Der Infobereich unten links zeigt zur Unterstützung der Bildauswahl ein Vorschaubild und Informationen zur Bilddatei. Klicken Sie auf *Öffnen*, um ein Bild in die Anzeige einzufügen.

Platzieren Sie das Bild mit der Maus in geeigneter Position. Soll noch ein weiteres dazukommen, muss das soeben erzeugte Bild „abgewählt" werden. Andernfalls wird das bisher ausgewählte Bild durch das nächste ersetzt. Klicken Sie auf den Hintergrund der Vorlage, damit das Bild nicht mehr markiert ist. Wählen Sie dann wieder *Fotos*, Untermenü *von Festplatte*. Fügen Sie auf diese Art drei Bilder in die Anzeige ein.

Schritt 5 – Bilder attraktiv anordnen

Um einen ansprechenden Gesamteindruck zu schaffen, müssen die Bilder richtig angeordnet werden. Für dieses Beispiel eines Autoverkaufs ist es ideal, ein großes Bild des ganzen Autos zusammen mit zwei kleineren Detailfotos zu verwenden.

Mithilfe der Anfasser die Größe der eingefügten Bilder anpassen. Platzieren Sie ein größeres Bild auf die linke Seite und zwei kleinere auf die rechte Seite.

Beim Ändern der Größe eines Bildes kann es vorkommen, dass der Objektrahmen nicht mehr das gleiche Seitenverhältnis hat wie das

Verkaufsaushang — Workshop 25

Bild selbst. Sie erkennen das daran, dass sich die Anfasser nicht unmittelbar an den Ecken des Bildes befinden, sondern etwas außerhalb. Als Vorbereitung für ein leichtes und exaktes Ausrichten der Bilder mithilfe der *Ausrichten-Werkzeuge* sollen Auswahlrahmen und Bild zunächst wieder übereinstimmend gemacht werden. Klicken Sie mit der rechten Maustaste auf das Bild. Es öffnet sich das Kontextmenü. Wählen Sie *Seitenverhältnis beibehalten* und dann *Breite beibehalten*. Anschließend sitzen die Anfasser wieder genau in den Ecken des Bildes.

Wählen Sie die beiden kleinen Bilder aus, indem Sie mit gedrückter ⇧-Taste nacheinander darauf klicken. Gehen Sie dann in der *Ausrichten*-Symbolleiste auf *Linksbündig ausrichten*. Die Bilder werden so verschoben, dass ihre linken Kanten exakt auf gleicher Höhe sind.

> **Hinweis**
>
> Mit einem Doppelklick auf ein Bild kann man noch zusätzliche Effekte wie *Scharfzeichnen* oder *Farbsättigung* auswählen und anwenden. Dabei sollte man es aber auch nicht übertreiben; schließlich sind eindeutig erkennbare und wahrheitsgetreue Bilder erwünscht.

Machen Sie sich nun die *Ausrichten*-Symbolleiste zunutze, um die Bilder exakt aneinander auszurichten. Sie enthält für diesen Zweck sechs wichtige Symbole:

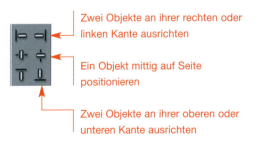

- Zwei Objekte an ihrer rechten oder linken Kante ausrichten
- Ein Objekt mittig auf Seite positionieren
- Zwei Objekte an ihrer oberen oder unteren Kante ausrichten

Verfahren Sie entsprechend weiter: Die beiden oberen Bilder markieren und *oben ausrichten*, die beiden unteren Bilder markieren und *unten ausrichten*. Die Funktion arbeitet so,

Workshop 25 — Kaufen und Verkaufen

dass jeweils das zuerst gewählte Bild verschoben wird und das zuletzt gewählte Bild an seiner Position stehen bleibt.

> **Tipp**
>
> Möchten Sie Bilder überlappend anordnen, bietet es sich an, kleinere Bilder in den Vordergrund zu rücken. Mit der rechten Maustaste auf das Bild klicken und es *In den Vordergrund stellen*.

Mit den Pfeiltasten auf der Tastatur die Bilder präzise und in kleinen Schritten auf der Vorlage anordnen.

Schritt 6 – Farben und Schriften verändern

Die farbigen Balken bekommen eine andere Farbe zugewiesen. Nach einem Doppelklick auf den betreffenden Rahmen legen Sie eine neue *Füllfarbe* fest, beispielsweise Grün. Wählen Sie auf jeden Fall einen Farbton, der sich ausreichend stark vom Gelb des darüberliegenden Textes abhebt.

> **Tipp**
>
> Für eine solche Art von Werbung sind Plätze mit viel Publikumsverkehr optimal. Viele Zettel an vielen Orten erhöhen die Wirkung, halten Sie sich dabei aber an offizielle Aushangflächen.

Mit Doppelklick auf einen Text öffnet sich das Dialogfeld *Text-Eigenschaften*. Hier können nicht nur die Inhalte, sondern auch Formatierungen wie Schriftart und Schriftgröße verändert werden. Für die Texte über den Balken verwenden Sie eine einfache, gut lesbare Schrift wie *Arial* oder *Verdana*. Wählen Sie die Schriftgröße *36 Punkt,* und bestätigen Sie die Änderungen mit *OK*.

Gehen Sie in der Symbolleiste auf *Drucken*, um den Druckvorgang zu starten. Verwenden Sie ein etwas festeres Papier ab 100 g/qm. Normales Kopierpapier mit 80 g/qm wellt sich, wenn viel Tinte auf dem Papier ist – also bei großen Farbflächen wie in dieser Anzeige. Klicken Sie auf *Drucken*, um einen Probeausdruck zu machen. Um mehrere Exemplare der Anzeige zu drucken, geben Sie die gewünschte Anzahl im Feld *Kopien* des Druckdialogs ein.

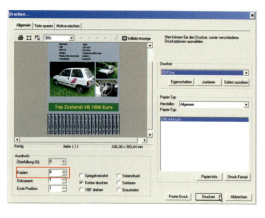

Nach dem Ausdruck die Linien von der unteren Seite des Blattes bis zur Querlinie einschneiden, damit Interessenten die Telefonnummer leicht mitnehmen können.

Verkaufsaushang — Workshop 25

Ein Aushang für das Fahrzeuginnere

Schritt 1 – Eine neue Vorlage öffnen
Mit Klick auf die Schaltfläche *Vorlagen* gelangen Sie zurück ins Auswahlmenü des Workshops *Anzeigen und Flyer*. Falls die Anzeige mit den Abreißzetteln noch nicht gespeichert wurde, fordert das Programm nun sicherheitshalber dazu auf. In der Vorlagenauswahl wählen Sie den Menüpunkt *Fahrzeuge*.
Die Vorlagen dieser Kategorie eignen sich, den Verkaufsaushang gleich ins Auto zu hängen. Sie enthalten keine Bilder, stattdessen sind Preis und Telefonnummer deutlich hervorgehoben.

gebot zu ändern. Die Formatierungsoptionen beibehalten.

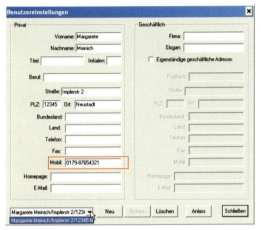

!Hinweis

Informationen wie Automarke und Farbe werden nicht benötigt. Auch Bilder sollte man – wenn überhaupt – nur von solchen Details einfügen, die man von außen nicht erkennen kann.

Öffnen Sie die Vorlage mit einem Doppelklick im Editor.

Schritt 2 – Texte anpassen
Wählen Sie im Menü *Einstellungen* den Befehl *Meine Daten*. Geben Sie Ihre Daten ein, insbesondere die *Mobil*-Telefonnummer als Kontaktmöglichkeit. Wenn Sie diese Angaben bereits im Programm gemacht haben, können Sie sie mit der Liste unten links aktivieren. Bestätigen Sie mit *Schließen*.
Die Telefonnummer in der Vorlage wird automatisch entsprechend der neuen Angabe angezeigt. Klicken Sie doppelt auf die einzelnen Texte, um deren Inhalte passend zu Ihrem An-

Schritt 3 – Die Vorlage ausdrucken
Gehen Sie in der Symbolleiste auf *Drucken*, um den Ausdruck zu starten. Viele Drucker erlauben die Einstellung einer besonders hohen Druckqualität für einzelne Ausdrucke. Die Einstellungen Ihres Geräts erreichen Sie im Druckdialog über die Schaltfläche *Eigenschaften*.

Workshop 26 — Kaufen und Verkaufen

▶ **Step-by-Step-Anleitung**

Selbst gedrucktes Werbeposter im Großformat

Oft benötigt man Ausdrucke, die über das A4-Format eines normalen Druckers hinausgehen – seien es großformatige Anzeigen, Hinweisschilder oder ansprechende Poster. Der Druck bei einer Druckerei ist meist teuer und für kleine Mengen oft gar nicht möglich. Doch auch mit einem einfachen Drucker zu Hause und etwas Geschick kann man große Formate erzeugen. Dafür werden mehrere A4-Seiten so bedruckt, dass sie – mit Schere und Klebestift – zu einem großen Poster zusammengefügt werden können.

In diesem Workshop lernen Sie, wie Sie mit dem ADAC Druckstudio eine Anzeige erstellen und im großen Format ausdrucken.

> ❯ Gebogenen Text eingeben
> ❯ Bilder einfügen und beschneiden
> ❯ Objekte drehen
> ❯ Poster drucken

> ✓ **Tipp**
>
> Grundsätzlich kann jede Vorlage des Druckstudios über den Posterdruck vergrößert werden. Üblicherweise verwendet man Vorlagen im A4-Format, da sie das optimale Seitenverhältnis für den verteilten Druck auf mehrere A4-Blätter haben.

Die Vorlage anlegen

Schritt 1 – Eine leere Vorlage erstellen

Um die Anzeige ganz frei entwerfen zu können, wird eine leere Vorlage benötigt. Die gewählte Kategorie bestimmt nur das Format des leeren Blattes. Für die Vorlage wählen Sie im Bereich *Kaufen und Verkaufen* den Workshop *Anzeigen Flyer*.

Klicken Sie im linken Menü auf *Abreißzettel A4* und dann in der Symbolleiste oberhalb der Vorlagen auf *Neu*. Es erscheint ein leeres Blatt im A4-Format.

Werbeposter — Workshop 26

Texte und Bilder einfügen

Schritt 2 – Hintergrundfarbe hinzufügen

Zuerst wird dem Hintergrund eine andere Farbe zugewiesen. Klicken Sie doppelt auf die weiße Fläche. Daraufhin erscheint ein Fenster zur Farbauswahl. Gehen Sie auf *Farben definieren*, sodass sich das Fenster vergrößert. Hier ist es möglich, eigene Farben zu bestimmen. In diesem Beispiel wird ein helles Beige gewählt. Verändern Sie die Position des *Farbkreuzes* und des *Schiebereglers* so wie in der Abbildung, um den gewünschten Farbton zu erhalten. Mit einem Klick auf *Farben hinzufügen* erscheint diese Farbe unter den benutzerdefinierten Farben in der linken unteren Ecke des Fensters. Dieser Farbton kann jetzt überall verwendet werden. Geben Sie mit einem Klick auf *OK* für den Seitenhintergrund den neuen Farbton an.

Schritt 1 – Die runde Überschrift

Für das Plakat wird eine große Überschrift benötigt. Als Blickfang bietet sich an, diese als Rundtext auszuführen. Wählen Sie das *Rundtext*-Symbol aus der Werkzeugpalette.

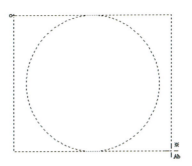

Ziehen Sie mit gedrückter Maustaste auf der Vorlage die Kontur des Rundtextes auf. Wählen Sie den Umfang ruhig sehr groß. Der Text erstreckt sich dann als Halbkreis über die ganze Breite der Seite. Nach dem Loslassen der Maustaste erscheint das Dialogfeld *Rund Text Eigenschaften*. Geben Sie den Text der Überschrift ein, und wählen Sie eine sehr große Schrift – *72 Punkt* oder größer. Für Überschriften sollte eine möglichst einfach lesbare Schriftart gewählt werden. Die voreingestellte *Arial* eignet sich dafür. Als Farbe wählen Sie ein leuchtendes *Orange*. Klicken Sie auf *OK*, um die Änderungen zu bestätigen.

> ✓ **Tipp**
>
> Für die Gesamtgestaltung zwei, höchstens drei Hauptfarben festlegen, die zusammenpassen. Am einfachsten harmonieren gleiche Farbtöne unterschiedlicher Helligkeitsabstufungen miteinander, jedoch auch Grün-Rot und Orange-Blau geben gute Kombinationen ab.

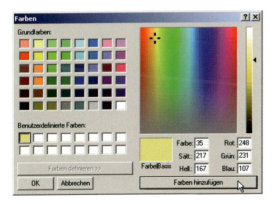

Alternativ können Sie auch eine Hintergrundgrafik einfügen. Klicken Sie im Menü oben links auf *Hintergrundmotive*, und wählen Sie im Menü darunter beispielsweise *Textur Marmoriert*. Klicken Sie auf ein Vorschaubild in der Miniaturenleiste, um den Hintergrund anzuwenden. Er sollte nur dezent strukturiert sein und eine helle Farbe haben.

Drücken Sie [Entf], um die Hintergrundgrafik wieder zu entfernen.

Workshop 26 Kaufen und Verkaufen

▸ **Auflösung**
Die Anzahl oder Dichte der Bildpunkte (Pixel) eines digitalen Bildes. Je höher die Auflösung, desto besser die Druckqualität.

Schritt 2 – Ein Bild einfügen und beschneiden

Ein Foto von einem Flohmarkt nimmt hier die Bildmitte ein und dient als Blickfang. Da der Ausdruck recht groß wird, muss das Bild in hoher ▸ *Auflösung* vorliegen.

Klicken Sie im linken Menü auf *Fotos,* und wählen Sie im unteren Menü den Eintrag *von Festplatte.* Wählen Sie ein passendes Foto aus, und bestätigen Sie mit *OK.*

Dieses Bild ist vom Format her noch nicht ideal für das Layout. Auch die Farben und die Schärfe könnten verbessert werden. Klicken Sie doppelt auf das Foto, so gelangen Sie in den Bearbeitungsmodus für Bilder, den *Foto-Effekte-Editor.*

Um das Bild zu beschneiden, das *Freistellungswerkzeug* aus der Werkzeugleiste wählen. Ziehen Sie damit einen querformatigen Rahmen um den gewünschten Bildausschnitt. Die genaue Position korrigieren, indem Sie an den Anfassern mit gedrückter Maustaste ziehen und damit den Rahmen vergrößern oder verkleinern. Beschneiden Sie das Bild schließlich mit einem Klick auf die Schaltfläche *Anwenden* am linken Fensterrand.

Schritt 3 – Farbsättigung des Bildes korrigieren

Im *Foto-Effekte-Editor* können Sie außerdem weitere Veränderungen am Bild vornehmen. Aus einer Reihe von Effekten kann im linken Menü ausgewählt werden. Die Intensität des Effektes wird dann anhand der Vorschaubilder in der Miniaturenleiste am unteren Bildschirmrand eingestellt. Klicken Sie auf *Farbsättigung* und wählen dann eine passende Intensität aus.

Für viele Schnappschüsse sind Optimierungen an der Farbsättigung, dem Kontrast und der Schärfe angebracht. Experimentieren Sie mit den Einstellungen, bis ein befriedigendes Ergebnis erreicht ist.

Klicken Sie auf *Zurück*, um zum *Vorlagen-Editor* zurückzukehren. Bestätigen Sie die Frage, ob das veränderte Bild das ursprüngliche ersetzen soll, mit *Ja*.

> **Hinweis**
>
> Während für den Ausdruck in Kleinbildgröße ein Foto einer 2-Megapixel-Kamera ausreicht (ca. 1.800 x 1.200 Bildpunkte), sollten es für einen Posterausdruck eher 5 Megapixel sein (ca. 3.000 x 2.000 Bildpunkte). Haben Sie keine Bilder in so hoher Auflösung, bietet es sich an, mehrere kleine Bilder zu verwenden.

Werbeposter — Workshop 26

Damit das Bild auf die ganze Breite der Vorlage ausgedehnt wird, wählen Sie es aus. Klicken Sie auf den Button *Vollflächig vergrößern* in der Ausrichten-Symbolleiste. Das Bild erstreckt sich nun über die ganze Breite des Blattes. Verschieben Sie es gegebenenfalls etwas nach unten, damit der Rundtext gut lesbar ist.

Schritt 4 – Texte einfügen

Es werden weitere Informationen auf der Anzeige eingefügt. Dafür wird das normale *Textwerkzeug* verwendet.

Wählen Sie das Werkzeug aus, und ziehen Sie mit gedrückter Maustaste einen Rahmen auf. Dieser Textrahmen bestimmt Größe und Position des einzufügenden Textes.

Sobald Sie die Maustaste loslassen, erscheint das Dialogfeld *Text-Eigenschaften*. Einen Text eingeben und die Schriftfarbe auf *Orange* setzen. Die anderen Formatierungsoptionen beibehalten. Bestätigen Sie die Änderungen mit *OK*.

Um den Text auf das Blatt zu zentrieren, wählen Sie ihn aus und klicken auf das *Zentrieren*-Werkzeug der *Ausrichten*-Symbolleiste.

Ergänzen Sie weitere Texte auf dem Poster nach Belieben. Für Texte am rechten Rand wirkt eine *rechtsbündige Ausrichtung* sehr gut. Diese bestimmen Sie im Dialogfeld *Text-Eigenschaften* mit der Option *Horizontal ausrichten*.

Schritt 6 – Einen zusätzlichen „Aufkleber" gestalten

Wählen Sie das *Rechteck*-Werkzeug, um eine Art „Aufkleber" auf dem Poster zu erzeugen. Ziehen Sie mit gedrückter Maustaste ein Rechteck auf. Nach einem Doppelklick auf das erzeugte farbige Rechteck erscheint das Dialogfeld *Eigenschaften*.

Mit einer leuchtend gelben *Füllfarbe*, einer schwarzen Kontur der *Stärke 4* und einer Drehung um *45 Grad* wirkt das Rechteck stark hervorgehoben. Klicken Sie auf *OK*, um die Änderungen zu bestätigen.

Wählen Sie das *Textwerkzeug*, und erstellen Sie einen neuen Textrahmen für den Inhalt des „Aufklebers". Im Dialogfeld *Text-Eigenschaften* drehen sie ihn um denselben Winkel wie das Rechteck.

> **Achtung**
>
> Verspieltere Effekte mit Bedacht einsetzen. Sie sollen nicht vom Inhalt des Bildes ablenken oder ihn verfremden. Auf einem fröhlichen Plakat können sie aber sehr schön wirken.

> **Hinweis**
>
> Sollte es zuviel Text für den Textrahmen sein, so wird er nicht vollständig angezeigt. Wählen Sie eine kleinere Schriftart oder vergrößern Sie den Textrahmen mithilfe der Anfasser.

Workshop 26 — Kaufen und Verkaufen

> **Hinweis**
>
> Gruppierte Objekte lassen sich gemeinsam bewegen und ausrichten. Um die Objekte einzeln bearbeiten zu können, muss man die Gruppierung jedoch wieder aufheben. Markieren Sie die Gruppe, und wählen Sie *Gruppierung auflösen* in der *Ausrichten*-Symbolleiste.

Ziehen Sie mit der Maus den Text über das Rechteck, und verändern Sie gegebenenfalls die Größen von Text und Rechteck so, dass sie zueinander passen. Ist die gewünschte Ausrichtung erreicht, werden die beiden Elemente gruppiert.

Ziehen Sie mit dem *Auswahlwerkzeug* einen Rahmen um beide Elemente, um sie gleichzeitig auszuwählen. Die Mehrfachauswahl ist daran erkennbar, dass um beide Elemente die kleinen begrenzenden Punkte erscheinen. Gruppieren Sie die beiden Elemente nun mit einem Klick auf das Symbol *Gruppieren* in der Ausrichten-Symbolleiste.

Ein zusätzlicher orangefarbener Balken am unteren Seitenrand bildet einen schönen Abschluss. Setzen Sie bei diesem die Stärke der *Kontur* auf *0*, damit er keinen schwarzen Rand hat. Einem darüber liegenden Text geben Sie die beige Farbe des Hintergrunds.

Diese finden Sie bei der Farbauswahl in der Palette der *benutzerdefinierten Farben*.

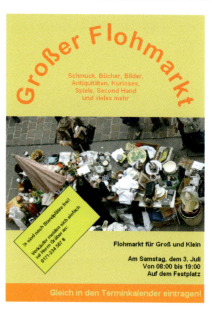

Das Poster drucken und zusammenfügen

Schritt 1 – Die Funktion Poster-Druck verwenden

Gehen Sie auf *Drucken*, um zunächst einen (kleinen) Probeausdruck des Posters zu machen. Die Schrift des „Aufklebers" ist vielleicht schwer lesbar. Im vergrößerten Druck als Poster werden auch kleine Details groß und gut erkennbar dargestellt.

Für den Poster-Druck wird der Entwurf vergrößert und über mehrere Blätter verteilt. Klicken Sie im normalen *Drucken*-Dialog auf die Schaltfläche *Poster-Druck*.

Nun erscheint das Dialogfeld *Poster-Drucker* mit einer etwas veränderten Benutzeroberfläche. In der oberen Menüleiste finden sich allgemeine Aktionen wie *Öffnen*, *Speichern* und *Drehen*. Zur Linken befinden sich die Einstellungen für den speziellen Ausdruck wie Blattanzahl und Klebemarken. In der Mitte erscheint die Vorschau Ihres Posters mit der Einteilung der Blätter.

Zuerst legen Sie die gewünschte Größe des Posters fest. Dies geschieht im Menü *Postergröße* entweder über eine Maßangabe in Zentimetern oder über die gewünschte Anzahl von Blättern. Aktivieren Sie die Option *Nach Anzahl Blättern*, und setzen Sie die Breite auf *2 Blätter*. Wenn die Box *Seitenverhältnis beibehalten* aktiviert ist, braucht man nur entweder Breite oder Höhe zu verändern. Die andere Länge verändert sich dann den Proportionen der Vorlage entsprechend automatisch.

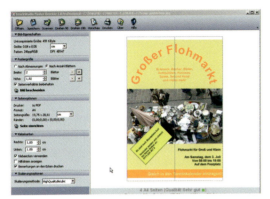

Im Menü *Klebekanten* wird die Art der Zusammenführung der einzelnen Blätter bestimmt. Beide Werte auf *1 cm* setzen. Wird die Kante viel schmaler gewählt, kann das Kleben schwierig werden. Aktivieren Sie außerdem die Optionen *Klebeecken verwenden* und *Bemerkungen an den Ecken drucken*. Sie helfen beim Schneiden und Kleben der Seiten. Die Option *Hilfslinien anzeigen* benötigen Sie nur bei Postern mit weißem Hintergrund.

 Gehen Sie auf *Vorschau*, um zu überprüfen, wie die einzelnen Seiten nach dem Druck aussehen werden. Dies ist auch nützlich, um zu sehen, wo genau die Trennlinien zwischen den Blättern entlangführen werden. Gesichter von Menschen oder Texte mit kleiner Schriftgröße sollten möglichst nicht zerschnitten sein.
Sind alle Optionen zur Zufriedenheit gewählt, können Sie am unteren Fensterrand die gewählten Einstellungen in der Übersicht überprüfen. Hier ist vor allem die Anzahl der A4-Seiten wichtig.

Stellen Sie daher vor dem Ausdruck sicher, dass genügend Papier im Drucker ist und dass die Patronen (bzw. der Toner) ausreichen. Klicken Sie auf *Drucken*, um den Ausdruck zu starten.

Schritt 2 – Die Blätter zum Poster zusammenkleben
Das Programm gibt über den Drucker die Seiten von oben links nach unten rechts nacheinander aus. Versuchen Sie diese Reihenfolge beizubehalten, wenn Sie die Blätter aus dem Drucker entnehmen. Das erleichtert das Zusammenfügen.
Als Arbeitsmaterialien benötigen Sie:
› Schneideunterlage
› Schere, Cutter oder Schneidemaschine
› Klebestift oder Alleskleber

Beim Druck werden automatisch an einigen Rändern Notizen hinzugefügt: „Diese Seite nicht beschneiden" und die Reihenfolge der Blätter. Die Ränder dienen dem Auftragen des Klebstoffs. Schneiden Sie alle anderen weißen Ränder ab. Alleskleber oder Klebestift sind für das Zusammenkleben gut geeignet. Zusätzliche Stabilität geben Klebestreifen, die Sie auf der Rückseite des Posters entlang der Kanten aufkleben.

Tipp

Schaufensterscheiben von Bäcker oder Supermarkt sind ideal zum Aufhängen des Plakats. Möchten Sie es im Freien platzieren, sollten Sie es vor der Witterung schützen. Ziehen Sie es beispielsweise auf einen Untergrund wie Sperrholz oder Pappe auf, erhält das Plakat mehr Stabilität und hält dem Wind Stand. Mit Lack besprüht schützen Sie es vor Feuchtigkeit.

Workshop 27 — Kaufen und Verkaufen

▶ Step-by-Step-Anleitung

Eine Bildcollage für die Internetanzeige

Wenn Sie clever sind, nutzen Sie möglichst verschiedene Verkaufswege, um Ihre Sachen an den Mann zu bringen.

Das Internet bietet inzwischen weitere und oftmals wirksamere Möglichkeiten für private Verkaufsaktionen. Das Erstellen einer Anzeige ist leicht gemacht und in vielen Fällen kostenfrei. Die beliebteste Webseite für private Käufe und Verkäufe ist eBay. Die Vorgehensweise in diesem Workshop können Sie aber genauso für viele andere Anzeigenseiten im Internet nutzen. Bei eBay ist ein Bild in Standardgröße kostenfrei. Weitere Bilder kosten zusätzliche Gebühren. Mit dem Druckstudio kombinieren Sie zwei Bilder zu einem, sodass beispielsweise ein Detail vergrößert dargestellt werden kann und Sie dennoch nur eine einzige Bilddatei verwenden. Mit einer ansprechenden Gestaltung wecken Sie die Aufmerksamkeit der Bieter und rücken Ihr Angebot ins beste Licht.

In diesem Workshop erfahren Sie, wie Sie mit dem ADAC Druckstudio:

> Fotos einfügen
> Ausschnitt und Helligkeit korrigieren
> Rahmen verwenden
> Bilder und Texte gemeinsam anordnen
> Das Gesamtbild für das Internet speichern

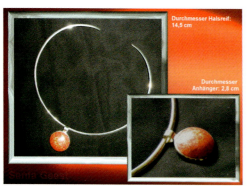

Vorlage öffnen und Bilder einfügen

✓ Tipp

Mit Ihrer Anzeige im Internet erreichen Sie einen Käuferkreis in ganz Deutschland. Besonders interessant sind Webseiten wie www.eBay.de oder www.kijiji.de daher für alles, was sich mit der Post versenden lässt.

Schritt 1 – Eine leere Vorlage öffnen
Wählen Sie unter *Fotokalender und Fotobuch* mit einem Doppelklick den Workshop *Fotos Drucken*.

Die Vorlagenauswahl für diesen Workshop öffnet sich und zeigt eine Sammlung von *Ansichtskarten*. Dieses Format ist auch für ein Internetbild geeignet, daher klicken Sie einfach in der Symbolleiste auf *Neu*.
Eine leere Vorlage im Postkartenformat wird im Editor geöffnet.

Bildcollage für das Internet — Workshop 27

Bilder richtig miteinander kombinieren

Schritt 2 – Bilder hinzufügen

Gehen Sie im Menü oben links auf *Fotos* und in der Liste darunter auf *von Festplatte*. Das Dialogfeld *Bild einfügen* öffnet sich.

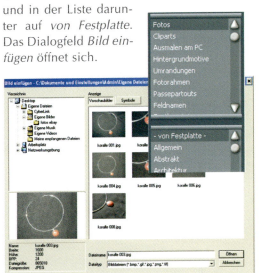

Im Ordnerbaum oben links wählen Sie den Ordner, in dem Ihre Fotos gespeichert sind. Im rechten Bereich sehen Sie eine Übersicht aller Bilder im gewählten Ordner. Mit einem Klick auf *Öffnen* fügen Sie das gewählte Bild in die Vorlage ein.

Um ein weiteres Bild aufzunehmen, klicken Sie zunächst auf den Hintergrund der Vorlage, sodass das bereits eingesetzte Foto nicht mehr ausgewählt ist. Andernfalls würde es beim Einfügen eines neuen Bildes ersetzt. Ob ein Bild aktuell ausgewählt ist, erkennen Sie an den schwarzen Anfassern an den Ecken.

Schritt 1 – Bilder vergrößern und positionieren

Ziehen Sie mit der Maus an den Anfassern des Bildes, das den gesamten Gegenstand zeigt. Es soll möglichst groß erscheinen, aber darunter noch Platz für einen Text lassen. Das Bild mit der Detailansicht etwas verkleinern und in die Ecke rücken.

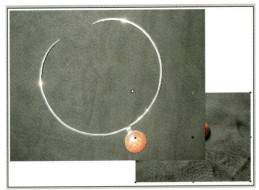

Das kleine Bild wird vom größeren überdeckt, sodass das Motiv nicht mehr zu sehen ist. Klicken Sie in der *Ausrichten*-Symbolleiste auf *Ganz nach vorne stellen* , um das Bild in die oberste Ebene zu bringen und damit vollständig sichtbar zu machen.

Dadurch kann aber wiederum ein wesentlicher Teil des größeren Bildes verdeckt werden. Markieren Sie es mit der Maus, und klicken Sie dann in der *Ausrichten*-Symbolleiste auf *Horizontal spiegeln*.

Dadurch wird der Schmuckanhänger links dargestellt und das Detailbild verdeckt jetzt nur einen Teil des Reifs. Das ist selbstverständlich nur bei Motiven möglich, bei denen eine seitenverkehrte Darstellung nicht auffällt.

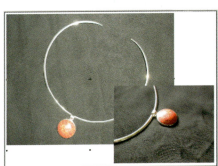

Tipp

Fotografieren Sie die Verkaufsgegenstände vor einem ruhigen Hintergrund, z. B. ein einfarbiges Betttuch oder einem Bogen Tonpapier. Ein dunkles Objekt sollte einen hellen Hintergrund haben, ein helles Objekt einen dunklen. Machen Sie mehrere Fotos mit unterschiedlichen Ansichten, mit und ohne Blitz. So erhalten Sie eine optimale Auswahl für die spätere Abbildung.

Workshop 27 — Kaufen und Verkaufen

Schritt 2 – Bildqualität und Ausschnitt verbessern

Klicken Sie doppelt auf ein Bild, um es in den *Fotoeditor* zu laden. Im Menü oben links einen Effekt zur Bildverbesserung auswählen: *Helligkeit*, *Kontrast* oder *Farbsättigung*.

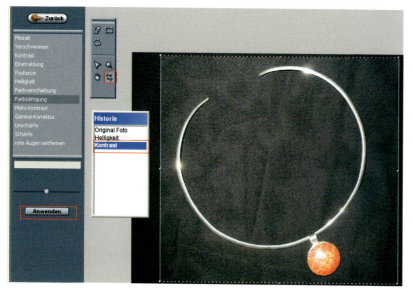

Wählen Sie mit dem Schieberegler oder über die Vorschaubilder der Miniaturenleiste eine Einstellung, die die Farben in Ihrem Bild besser zur Geltung bringt. Bestätigen Sie eine getroffene Einstellung mit *Anwenden*, bevor Sie zu einem anderen Effekt wechseln. Alle Änderungen erscheinen in der Liste *Historie* und können hier auch jederzeit rückgängig gemacht werden. Wählen Sie aus der *Werkzeugleiste* das *Freistellungswerkzeug*, um einen passenden Bildausschnitt festzulegen. Die gestrichelte Linie markiert die Ränder des Bildes und kann über die kleinen Anfasser an den Ecken verändert werden. Auch hier mit *Anwenden* bestätigen. Mit einem Klick auf *Zurück* kehren Sie zur Vorlage zurück und können nun auch das andere Bild entsprechend bearbeiten.

Zusätzliche Gestaltungselemente

Schritt 1 – Hintergrundfarbe und Rahmen

Bisher liegen die Fotos einfach auf weißem Untergrund, doch mit dem Druckstudio ist natürlich noch viel mehr möglich. Gehen Sie im Menü oben links auf *Hintergrundmotive*, und wählen Sie als Unterkategorie beispielsweise *Lounge*. Klicken Sie auf ein Vorschaubild in der Miniaturenleiste, um der Vorlage ein Hintergrundbild zuzuweisen. Es sollte zu den Farben der Fotos passen und nicht zu auffällig sein. Gehen Sie dann im oberen Menü auf *Fotorahmen*. Markieren Sie ein Foto in der Vorlage, und klicken Sie danach auf einen Rahmen in der Miniaturenleiste, um ihn dem Foto zuzuweisen. Den im Beispiel verwendeten Rahmen finden Sie in der Unterkategorie *Metall Soft*.

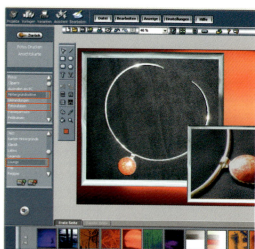

Schritt 2 – Texte hinzufügen

Mit einer passend eingefügten Beschriftung geben Sie zusätzliche Informationen zum Verkaufsgegenstand. Außerdem ist es sinnvoll, den eigenen Namen ins Bild einzufügen, damit es nicht unberechtigt von anderen Menschen kopiert werden kann.

Wählen Sie das *Textwerkzeug* aus der Werkzeugleiste, und ziehen Sie mit gedrückter Maustaste einen Rahmen auf. Das Dialogfeld

Bildcollage für das Internet — Workshop 27

Text-Eigenschaften öffnet sich. Geben Sie hier einen Text ein, und formatieren Sie ihn in *Arial*, Schriftgröße *10 Punkt* und Farbe *Weiß*. Setzen Sie die horizontale Ausrichtung auf *Linksbündig*, und bestätigen Sie die Änderungen mit *OK*. Verfahren Sie mit weiteren Texten entsprechend. Für den eigenen Namen verwenden Sie gegebenenfalls eine Schriftfarbe, die nahe an der Hintergrundfarbe liegt. Der Name muss nicht sehr auffällig sein.

Die Collage richtig exportieren

Schritt 1 – Die Gestaltung sichern

Gehen Sie im Menü *Datei* auf *Speichern*. Geben Sie Ihrer Gestaltung einen Namen, wählen Sie den gewünschten Ordner auf Ihrem Rechner aus, und klicken Sie auf *Speichern*.

Schritt 2 – Die Collage für das Internet optimiert speichern

Gehen Sie im Menü *Datei* auf *Export als,* und wählen Sie im zugehörigen Untermenü den Befehl *Grafik-Datei*.

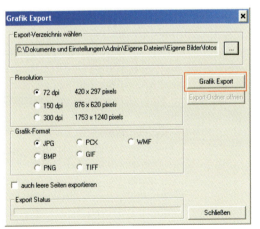

Klicken Sie auf die Schaltfläche mit den drei Punkten, um den Ordner zum Speichern der Grafik festzulegen, beispielsweise *Eigene Dateien*. Wählen Sie die Einstellungen *72 dpi* und *JPG*. Klicken Sie dann auf *Grafik Export*. Im angegebenen Ordner wird nun die neue, verkleinerte Bilddatei gespeichert. Wenn Sie bei eBay Ihre Verkaufsanzeige eingeben, laden Sie diese Datei hoch, um Ihr Angebot perfekt zu präsentieren. Nun heißt es nur noch auf Gebote warten!

Tipp

Über die Option *Export als HTML-Datei* können Sie die gewünschte Größe in Pixeln genauer bestimmen.

Hinweis

Die exportierte JPG-Datei ist deutlich kleiner als die ursprüngliche Vorlage. Bei eBay wird sie automatisch noch ein wenig verkleinert, wenn Sie eine kostenfreie Option „Standardgröße" verwenden. Für ein größeres Bild wählen Sie bei eBay die Option „XXL". In diesem Fall sollten Sie beim Export der Grafikdatei auch die höhere Auflösung von *150 dpi* wählen.

Basteln und Spielen

Vielerlei Bastel- und Spielideen zum Selbermachen

„Ich geh mit meiner Laterne und meine Laterne mit mir ...". Was gibt es Schöneres als den dunklen Herbsttagen mit einem bezaubernden Lichtermeer von selbst gebastelten Laternen beim Martinsumzug zu begegnen. Das ADAC Druckstudio bietet Ihnen hierzu einen reichen Fundus an fertigen Vorlagen mit vielen Ideen zum Basteln und Spielen.

Am PC ist alles schnell zusammengestellt und ausgedruckt, ob Kartenspiele, Masken, Malvorlagen oder auch Deko-Vorschläge für Tassen-Aufdrucke oder eine individuell gestaltete Schneekugel. Die Vorbereitungen für Ihre nächste Bastelstunde haben Sie so schnell getroffen und können gleich loslegen.

Laternen-Motive drucken

Wie soll die Laterne aussehen – verspielt oder mit klaren Formen? Bildvorlagen mit einzelnen Motiven wie Sonne, Mond und Sterne finden Sie im Programm, ebenso wie detaillierte Abbildungen einer stimmungsvollen Schneelandschaft, die sich auf der Laterne zu einem schönen Panorama ergänzen. Einzeln gedruckte und plakative Motive eignen sich besonders gut für kleine Kinder, die sich noch im Ausmalen und im Ausschneiden von Formen üben müssen. Sie können ihre Lieblingstiere einfach im Clipartkatalog aussuchen und sich eine passende Hintergrundfarbe dazu wünschen. Eine ganz individuelle Gestaltung erhalten Sie mit eigenen Fotos, die Sie ebenso leicht für eine Laterne verwenden können. Auf Transparentpapier oder geeigneter Klarsichtfolie ausgedruckt, kommen Ihre Laternenmotive wunderbar zur Geltung.

Bastelspaß zum Selbermachen

Ein individuell gestaltetes Spielkartenset

Ob im Sommer im schattigen Garten oder im Winter gemütlich im warmen Haus – Kartenspiele sind ein fröhlicher Spielspaß für Groß und Klein. Bei den Kartenspielen für Erwachsene macht es doppelt Spaß, wenn die Figuren der Spielkarten die Gesichter der Mitspieler tragen: Eine Krone für den König und ein Kleid für die Königin – alles ist schon fertig vorbereitet und muss nur noch mit Fotos der Spieler gefüllt werden. Wie Sie das machen, erfahren Sie im Workshop „Mit eigenen Spielkarten auftrumpfen".

Und für die Kleinen gibt es ein eigenes Quartettspiel. Themen dazu lassen sich leicht zusammenstellen, ob ein Auto-, Blumen- oder Haustier-Quartett, das Spielvergnügen ist in jedem Fall garantiert. Trumpft der Kanarienvogel den Goldfisch? Gewinnt Opas Motorrad gegen Mamas Sportflitzer? Sie können Ihre Karten ganz nach Ihren eigenen Ideen ohne großen Aufwand entwerfen.

Schneekugeln mit Fotos

Waren Schneekugeln lange in Vergessenheit geraten, sind sie jetzt mit den Angeboten an Foto-Bastelsets wieder sehr beliebt. Mit dem Druckstudio machen Sie daraus ein pfiffiges und persönliches Geschenk als Briefbeschwerer für den Schreibtisch oder als lustiger Aufsteller zum Schütteln. Im Fachhandel erhalten Sie nicht nur Schneekugeln mit weißen Flocken, sondern auch solche mit farbig schillernden Glitzerpartikeln. Mit dem Druckstudio fügen Sie Ihrem Foto zusätzlich einen kleinen Text hinzu und drucken das Bild in passender Größe aus. Je nach Anlass ist die Gestaltung Ihrer Schneekugel also wandelbar. Zum Valentinstag macht sich z. B. eine Schneekugel mit Schüttelherzen und einem romantischen Bild des Brautpaars besonders gut.

> **✓ Tipp**
>
> Auch als stimmungsvolle Beleuchtung für ein Sommerfest eignen sich Laternen mit interessanten Motiven. Probieren Sie auch, kleine Zitate oder Gedichte in geschwungener Schrift mit in die Gestaltung einzufügen.

> **✓ Tipp**
>
> In anderen Vorlagen der Kategorie *Basteln und Spielen* können ebenso Fotos integriert werden – beispielsweise Modell-Trucks oder Foto-Puzzles.

Workshop 28 — Basteln und Spielen

▶ **Step-by-Step-Anleitung**

Eine Laterne mit Winterlandschaft basteln

Jedes Jahr strömen Kinder zu den beliebten Laternenumzügen zu Ehren des Heiligen St. Martin. Eine selbst gebastelte Laterne gehört selbstverständlich dazu. Doch die Verwendung muss nicht nur darauf beschränkt bleiben: Laternen lassen sich ebenso als hübsche Dekoration für die Terrasse oder die Fensterbank aufstellen. Für die Machart einer Laterne können Sie aus zwei Bastelvarianten wählen: eine aus Karton mit stabilem Transparentpapier, die andere mit zusätzlich schwarzem Karton zur Stabilisierung der Fenster aus Folie oder dünnerem Transparentpapier. Ob Sie die Laterne mit einer Winterlandschaft oder Blumen verzieren, können Sie selbst entscheiden. Im Programm stehen Ihnen dafür eine Fülle von Vorlagen zur Verfügung.

In diesem Workshop erfahren Sie, wie Sie mit dem ADAC Druckstudio eine Laterne verzieren und basteln:

› Fertige Laternenvorlage drucken
› Eigene Motive einfügen
› Laternen fertigstellen

Laternenvorlage auswählen und drucken

Schritt 1 – Vorlage auswählen
Wählen Sie im Thema *Basteln und Spielen* den Workshop *Papier kreativ*. Er enthält eine Vielzahl an Vorlagen, zum Beispiel Ausmalseiten, Geschenkanhänger und -taschen, Masken und Laternen. Um eine Laternenvorlage auszudrucken, wählen Sie im Menü oben links den Eintrag *Laterne*. Markieren Sie dann das Laternenmotiv mit der verschneiten Berglandschaft.

Schritt 2 – Vorlage drucken
Die Laternenvorlage muss zweimal ausgedruckt werden, da Sie für eine quadratische Laterne vier Laternenseiten benötigen: Je zwei befinden sich auf einem Blatt vom Format A4. Damit die Laterne durchscheinend ist und einen schönen Leuchteffekt erzeugt, sollten Sie die beiden Vorlagenseiten auf Transparentpapier ausdrucken.

Transparentpapiere gibt es im Zeichenbedarf. Wählen Sie Papiere, die für den Farbdruck mit Tinte geeignet sind und in Papierstärken zwischen 80 g/qm und 200 g/qm angeboten werden. Sie sind mattiert und geben als Verkleidung für eine Laterne dem Licht einen leicht schimmernden Effekt.

Einen sehr brillanten und klaren Leuchteffekt erhalten Sie mit einer bedruckbaren, klaren Folie. Aber Vorsicht: Reine Tintenstrahldruckerfolien sind meist nicht hitzebeständig. Drucken Sie die Laternenvorlagen unbedingt auf hitzebeständige Farbdruckerfolien aus, die sowohl für Tintenstrahler, als auch für Kopierer und Laserdrucker geeignet sind.

Mit dem Druckstudio erhalten Sie fertige Vorlagen, die nicht bearbeitet werden müssen. Die markierte Laterne sofort ausdrucken, indem Sie auf *Drucken* in der Symbolleiste klicken. Das Dialogfeld *Drucken* öffnet sich. Setzen Sie ein Häkchen bei der Option *Kontur drucken,* und geben Sie in das Feld *Kopien* den Wert *2* ein. Starten Sie dann den Ausdruck mit einem Klick auf *Drucken*.

Bastelanleitung für die Laterne

Schritt 1 – Vorbereitungen

Drucken Sie zunächst die im Druckstudio ausgewählte Laternenvorlage zweimal auf Transparentpapier oder hitzebeständige Druckerfolie aus. Zur Fertigstellung der Laterne benötigen Sie außerdem noch das folgende Bastelmaterial:

- Pappkarton für den Boden (im Format A4) in mindestens 280 g/qm
- Etwa 3 mm starken Draht, der leicht zu biegen ist, zum Beispiel Kupferdraht
- Ein Rundholz mit etwa Ø 1 cm, Länge bis 60 cm
- Ein Teelicht
- Klebstoff für Pappe und Papier
- Lochverstärkungsringe oder durchsichtiges Paketklebeband
- Klebestreifen, Lineal, Bleistift, Schere und Locher
- Eventuell eine Zange

Schritt 2 – Seitenwände ausschneiden

Schneiden Sie die beiden Bögen entlang der schwarzen Außenkante und der grünen Konturlinien aus. Legen Sie die beiden Blätter dann übereinander, und stanzen Sie mit einem Locher ein Loch für die Aufhängung am linken Rand in einer Entfernung von etwa 7 cm. Damit es nicht so leicht ausreißt, sollten Sie jedes Loch auf beiden Seiten mit Lochverstärkungsringen aus Kunststoff stabiler machen.

Alternativ kleben Sie auf beiden Seiten des Laternenbogens durchsichtiges Klebeband über die Markierungen der Löcher und lochen die Aufhängung erst dann.

⚠ Achtung

Für Kinder gibt es sogenannte Laternenstäbe, die eine Taschenlampenbirne inklusive einer Batterie enthalten. Die Minilampe hängt an der oberen Spitze des Stabes an einem Kabel. Eine solche elektrische Laterne ist ungefährlich und kann selbst von Kleinkindern getragen werden.

Workshop 28 — Basteln und Spielen

Schritt 3 – Boden ausschneiden und Teelicht einsetzen

Für den Boden der viereckigen Laterne benötigen Sie einen Karton mit 13,8 cm Länge und Breite an allen vier Seiten. Er bildet die Bodenplatte der Laterne und wird aus einem entsprechend großen Karton ausgeschnitten. Sobald der Boden ausgeschnitten ist, können Sie das Teelicht in der Mitte der Bodenplatte festkleben. Damit die Laterne genau ausbalanciert ist, muss das Teelicht genau mittig ausgerichtet werden. Sie finden die Mitte auf Anhieb, indem Sie einfach mit Lineal und Bleistift ein diagonales Linienkreuz über die Ecken des Kartonquadrats zeichnen. Kleben Sie dann ein Teelicht mit Alleskleber in der Mitte der Bodenplatte fest – dem Kreuzungspunkt der Diagonalen.

Schritt 4 – Laterne zusammenkleben

Legen Sie die beiden Blätter quer und mit dem Motiv nach oben nebeneinander. Bestreichen Sie die Klebelasche des rechten Blattes mit Alleskleber, und legen Sie die rechte Seite des linken Blattes passgenau darüber. Lassen Sie den Kleber trocknen. Um der Laterne mehr Stabilität zu verleihen, können Sie die Klebung von hinten mit Klebestreifen fixieren, indem Sie es genau über den Rand der Lasche kleben und damit die beiden Teile zusätzlich verbinden.

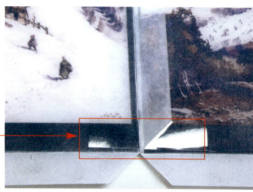

Die Bindung mit Klebestreifen zusätzlich verstärken

Falten Sie an der nun entstandenen Laterne alle Klebelaschen nach hinten. Sie sind in der Abbildung grau dargestellt. Anschließend falten Sie die vier Seiten der Laterne an den grünen Linien nach hinten.

Laternen **Workshop 28**

den. So erhält die Laterne mehr Festigkeit, um auf dem Untergrund stabiler zu stehen.

Kleben Sie die einzelne Lasche der Laterne fest an die verbleibende Längsseite. Diese Klebung ebenfalls mit Klebestreifen fixieren. Anschließend kleben Sie die unteren Laschen der Laterne auf die Unterseite der Bodenplatte. Die nach hinten gefalteten Klebelaschen auf der Rückseite der Laterne mit Klebstoff bestreichen. Die Bodenplatte muss also von innen auf die Klebelaschen geklebt werden.

Für den Laternengriff ein etwa 30 cm langes Stück Draht durch die beiden Löcher führen und die Enden fixieren.

Biegen Sie den Drahtbogen dann so zusammen, dass die Laterne gerade steht und sich nicht nach außen wölbt. Der Draht stabilisiert nun den oberen Teil der Laterne.

Ritzen Sie dann mit einem Messer in 5 cm Höhe eine kleine Kerbe ringsherum in den Holzstab. Wickeln Sie ein kurzes Stück Draht fest herum und biegen Sie die Enden zu einem Haken. Dort den Aufhängedraht der Laterne einhängen.

Workshop 28 — Basteln und Spielen

Eine besonders stabile Kartonlaterne

Schritt 1 – Laternenvorlage als Schablone anlegen

Mithilfe von festem, schwarzem Karton mit mindestens 280 g/qm können Sie eine noch stabilere Laterne basteln. Dieses Vorgehen ist insbesondere dann sinnvoll, wenn Sie relativ dünnes Transparentpapier oder Folie verwenden. Wählen Sie irgendeine Laternenvorlage aus, und klicken Sie in der Symbolleiste auf das Symbol *Neu*. Dadurch erhalten Sie eine leere Laternenvorlage. Gehen Sie im Menü *Anzeige* auf den Befehl *Gitternetz*, damit das Raster aus Hilfslinien angezeigt wird. Wählen Sie in der Werkzeugleiste das Symbol *Rechteck zeichnen*, und ziehen Sie zwei Rechtecke in der Größe 12 cm x 15 cm auf. Positionieren Sie sie so wie in der Abbildung auf der Laternenvorlage.

Die exakte Größe geben Sie nach einem Rechtsklick mit dem Befehl *Position* ein: Geben Sie bei *Breite* den Wert *1200* und bei *Höhe* den Wert *1500* ein. Drucken Sie diese Vorlage auf einfachem Papier aus. Schneiden Sie die äußere Kontur und die inneren Rechtecke aus. So haben Sie eine Schablone für das Ausschneiden des Laternenrahmens aus schwarzem Karton.

Schritt 2 – Motive für die Laterne

Benutzen Sie die eben erstellte Vorlage, und fügen Sie Bilder ein. Wählen Sie dazu im linken Menü die Einträge *Fotos* oder *Cliparts*, und ziehen Sie passende Motive aus der Miniaturenleiste auf die Vorlage. Selbst fotografierte Bilder von der Digitalkamera sind dafür natürlich auch geeignet: Wählen Sie im linken Menü den Eintrag *Fotos*, und klicken Sie dann im Menü darunter auf den Eintrag *von Festplatte*. Wählen Sie anschließend im Dialogfeld *Bild einfügen* das gewünschte Bild aus.
Ideal sind hochformatige Bilder, da sie dem Laternenformat entsprechen. Beim Fotografieren sollten sie darauf achten, das Motiv schon im Hochformat aufzunehmen. Allerdings werden die Bilder auf der Digitalkamera im-

Laternen **Workshop 28**

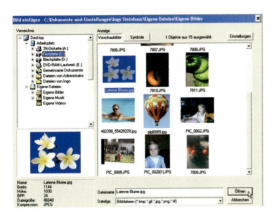

mer im Querformat gespeichert. Auch Bilder, die Sie auf den Foto-CDs oder im Internet finden, sind meist im Querformat. Daher müssen Sie das eingefügte Bild noch richtig drehen.

Klicken Sie zuerst das Bild an, um es zu markieren. Wählen Sie dann in der Ausrichten-Symbolleiste entweder das Symbol *Um 90° nach links drehen* oder das Symbol *Um 90° nach rechts drehen* .
Klicken Sie mit der rechten Maustaste auf ein eingefügtes Bild, und entfernen Sie das Häkchen bei *Skalierung*. Damit kann die Größe des Bildes genau an die des ursprünglichen Rechtecks angepasst werden. Ziehen Sie an den Anfassern in den Ecken des Bildes, um seine Größe zu verändern.

Schritt 3 – Laterne ausdrucken und fertigstellen

Drucken Sie die Seite zweimal auf Transparentpapier oder Folie. Schneiden Sie sie dann mit einem zusätzlichen Rand von jeweils etwa 1 cm an allen vier Seiten aus.

Kleben Sie die vier Bilder von hinten auf die vier offenen Laternen-Fenster, und kleben Sie die Laterne wie vorher beschrieben zusammen. Zuerst die beiden Seitenteile zusammenkleben, dann den Boden mit aufgeklebtem Teelicht von oben einsetzen. Am oberen Rand Löcher stanzen und die Aufhängung befestigen. Lassen Sie die Klebungen der Laterne gut trocknen, bevor sie belastet wird.

> ✓ **Tipp**
>
> Am besten eignen sich bunte Motive mit vielen, kräftig leuchtenden Farben oder Motive, bei denen Hell und Dunkel stark kontrastieren. So wirkt die Laterne auch aus großer Entfernung gut.

Workshop 29 — Basteln und Spielen

▶ Step-by-Step-Anleitung

Mit eigenen Spielkarten auftrumpfen

Spielkarten mit dem eigenen Konterfei oder mit Bildern von Familie und Freunden sind unverwechselbar. Als Geschenk bereitet ein solches Kartenspiel eine tolle Überraschung, und während des Spiels sorgen sie beim Aufdecken garantiert für ein Schmunzeln.

Im Programm finden Sie Spielkartensets mit 36 oder 54 Karten, die Spiele von Mau-Mau über 17+4 und Skat bis zu Schafkopf und Quartett-Spielen erlauben.

Sie benötigen nur festen Karton im A4-Format und einige digitale Bilder der Hauptpersonen für das Spiel. In diesem Workshop erfahren Sie, wie Sie mit dem ADAC Druckstudio die folgenden Gestaltungsmittel einsetzen, um ein eigenes Schafkopf-Blatt zu basteln:

› Spielkarten mit Fotos ergänzen
› Andere Blattfarben mit Cliparts gestalten
› Spielkarten doppelseitig bedrucken

Spielkarten auswählen und anpassen

Schritt 1 – Vorlage auswählen

Wenn Sie im Bereich *Basteln und Spielen* auf den Workshop *Spielvorlagen* klicken, erscheint auf dem Bildschirm eine Auswahl an verschiedenen Vorlagen für Karten- und Brettspiele. In der Kategorie *Spielkarten* des linken Menüs finden Sie Kartensätze für Poker, Skat, Schafkopf und ein Quartettspiel. Die Vorlagen sind im Format DIN A4 und enthalten jeweils neun Spielkarten. Sie sind für den Ausdruck auf festen Karton mit 200 g/qm oder mehr gedacht.

270

Spielkarten mit Fotos — Workshop 29

Klicken Sie auf das Pluszeichen rechts unten neben der Vorlage mit den deutschen Symbolen. Dort finden Sie alle Blätter für ein vollständiges Schafkopfspiel. Doppelklicken Sie dann auf die erste Vorlage, um sie im Editor zu öffnen.

Schritt 2 – Eigene Fotos einfügen
Die Gesichter der Schafkopf-Karten „König", „Ober" und „Unter" sind ohne Köpfe gestaltet. Hier fügen Sie die Gesichter von Freunden ein. Wählen Sie im linken Menü den Eintrag *Fotos*. Klicken Sie dann in der Liste darunter auf *von Festplatte*.

Es erscheint das Dialogfeld *Bild einfügen*. Hier suchen Sie auf Ihrem Rechner nach Bilddateien. Markieren Sie das Porträt der Person, die als Gesicht in der Spielkarte erscheinen soll, und öffnen Sie es mit *OK* im Editor. Unter Umständen müssen Sie das Bild noch für ein passendes Format beschneiden: Es soll nur das Gesicht zu sehen sein.

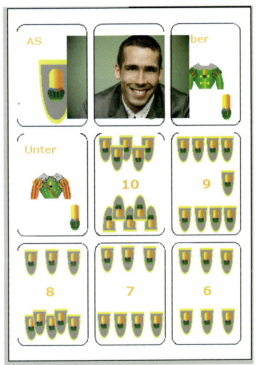

Schritt 3 – Optimalen Bildausschnitt wählen
Doppelklicken Sie auf das Foto, um es im ▸ *Fotoeffekte-Editor* zu öffnen. Wählen Sie in der Werkzeugleiste das Symbol *Beschneiden*. Nun geben Sie im Editor den Bereich an, der beschnitten werden soll. Ziehen Sie dafür einen Bildrahmen um das gewünschte Motiv, und passen Sie den Ausschnitt mit den Anfassern in den Ecken an. Für die Spielkarte sollte der gewählte Ausschnitt nur den Kopf der abgebildeten Person zeigen.

> ✓ **Tipp**
>
> Wenn Sie die Porträt-Fotos extra für die Spielkarten anfertigen, achten Sie auf einen hellen, möglichst einfarbigen Hintergrund. So hebt sich das Bild besser vom weißen Hintergrund der Spielkarte ab.

> ▸ **Fotoeffekte-Editor**
>
> Programmbereich des Druckstudios, in dem Fotos bearbeitet werden. Das Bild kann beschnitten und mit Effekten verbessert oder künstlich verfremdet werden.

Workshop 29 — Basteln und Spielen

Wenn der Bildrahmen die richtige Größe und Position hat, gehen Sie auf *Anwenden*, um die Änderungen durchzuführen. Wählen Sie anschließend die Schaltfläche *Zurück*, um den Fotoeditor zu verlassen. Sie werden in einem kleinen Dialogfeld über die Änderungen informiert. Klicken Sie auf *Ja*, um sie im Dokument zu speichern.

Benutzen Sie die Anfasser, um das Bild auf die richtige Größe zu skalieren, und verschieben Sie es unter die Krone der König-Karte. Mithilfe eines Passepartouts bringen Sie das Bild in ein Oval.

Passepartouts sind Masken, die nur bestimmte Teile eines Fotos sichtbar lassen, andere dagegen abdecken. Gehen Sie im Menü oben links auf *Passepartouts* und unten auf die Gestaltungsart *Rund*.

Markieren Sie das Bild. Klicken Sie dann auf die Miniatur eines Passepartouts. Je nach Art des Passepartouts erscheinen nun im Bild nur noch die grün dargestellten Bildbereiche. Die rosa dargestellten Bereiche werden unsichtbar.

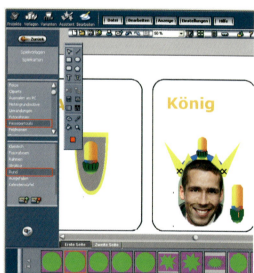

Korrigieren Sie nach dem Anwenden des Passepartouts gegebenenfalls die Größe und die Position des Bildes. Anschließend wird es unter die Krone verschoben, damit die Darstellung natürlicher ist. Klicken Sie dafür in der *Ausrichten*-Symbolleiste auf das Symbol *Nach hinten verschieben*.

Spielkarten mit Fotos — Workshop 29

Schritt 3 – Die Rückseite gestalten
Klicken Sie im Editor auf die Schaltfläche *Zweite Seite*, um die Rückseiten der Spielkarten anzuzeigen. Sie sind leer und werden nun mit einem Hintergrund versehen: Klicken Sie in der Kategorienliste oben links im Programmfenster auf den Eintrag *Hintergrundmotive*. Klicken Sie dann in der Liste darunter auf einen Eintrag. Sie können für die Spielkarten zahlreiche der angebotenen Hintergrundrubriken auswählen und einen bestimmten Hintergrund anhand der Miniaturen in der Leiste am unteren Bildschirmrand auswählen.

Ziehen Sie sie aus der Miniaturenleiste auf die Seite. Anschließend müssen Sie die Grafik genau auf die Größe der Spielkarte skalieren. Kopieren Sie die weiteren Grafiken: Markieren Sie die Rauten-Clipart, drücken Sie [Strg]+[C] und dann sofort [Strg]+[V]. Die Kopie wird über dem Original ausgegeben; Sie müssen sie nur noch auf die richtige Position ziehen. Ein erneuter Druck [Strg]+[V] erzeugt eine weitere Kopie und so weiter.

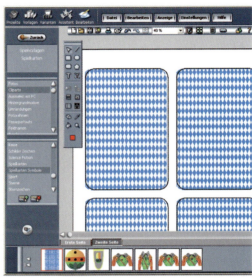

Da es sich hier um ein bayrisches Kartenspiel handelt, können Sie auch das typisch bayrische Rautenmuster als Hintergrund nutzen. Klicken Sie dafür in der Kategorienliste oben links auf den Eintrag *Clipart* und in der Liste darunter auf *Spielkarten-Symbole*. Blättern Sie mit dem Pfeil rechts neben der Miniaturenleiste eine Seite weiter. Hier finden Sie eine Clipart-Grafik mit bayrischen Rauten.

Schritt 4 – Weitere Farben gestalten
Die weiteren Spielfarben des Kartenspiels sollen bei „Ober", „Unter" und „König" dieselben Gesichter zeigen. Gehen Sie auf *Speichern*, und sichern Sie die Spielkarten unter einem Namen wie „Spielkarten-Eichel".
Klicken Sie im Menü oben links auf den Eintrag *Clipart* und in der Liste darunter auf *Spielkarten-Symbole*. Hier finden Sie die verwendeten Symbole der Spielkarten.
Auf der Vorlage ein Symbol anklicken, sodass es markiert ist, beispielsweise die Königskrone. Klicken Sie anschließend in der Miniaturenleiste auf das Vorschaubild der Krone

Workshop 29   Basteln und Spielen

mit der Farbe Grün. Verfahren Sie mit den anderen Symbolen entsprechend, um eine Spielkarte der Farbe Grün zu erzeugen. Färben Sie die Kleider der Spielkartenfiguren, auch diese tragen die unterschiedlichen Farben. Gehen Sie im Menü *Datei* auf *Speichern als*, um die 9 Karten der Farbe Grün als neue Datei zu speichern.

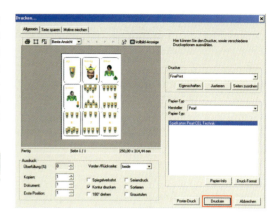

Hinweis

Alternativ nutzen Sie die anderen Vorlagen dieses Spielkartensets, in denen die Farben schon vollständig angelegt sind. Klicken Sie dazu auf *Varianten*. Beachten Sie dabei, dass für jede neue Vorlage auch der Hintergrund wieder neu eingefügt werden muss.

Tipp

Wenn Sie nicht sicher sind, wie Ihr Drucker das Papier einzieht und bedruckt, machen Sie vorsichtshalber einen Probeausdruck. Über die Schaltfläche *Eigenschaften* können Sie nach Bedarf die Druckqualität regulieren.

Klicken Sie im Dialogfeld *Drucken* auf die Schaltfläche *Drucken*. Zuerst gibt das Programm die Vorderseite aus und zeigt dann das abgebildete Dialogfeld an. Warten Sie, bis der Drucker die Vorderseite ausgedruckt hat. Gehen Sie anschließend so vor: Legen Sie dasselbe Papier erneut in den Drucker ein. Klicken Sie im Dialogfeld *Druck läuft* auf *OK*. Der Druck der Rückseite wird gestartet. Achten Sie darauf, dass Sie das Papier wieder richtig in den Drucker einlegen.

Schritt 5 – Spielkarten drucken

Sobald Sie Bögen für die vier Blattfarben erzeugt und gespeichert haben, können Sie jeden Bogen einfach durch einen Klick auf das Symbol *Drucken* ausgeben. Beste Ergebnisse erhalten Sie mit stabilem Hochglanzkarton, der speziell für den Einsatz in Ihrem Drucker (Tintenstrahl oder Laser) geeignet ist. Im Bastelbedarf oder in gut sortierten Schreibwarengeschäften erhalten Sie aber auch fertige blanko Spielkarten-Sets, bei denen das aufwendige Ausschneiden entfällt.

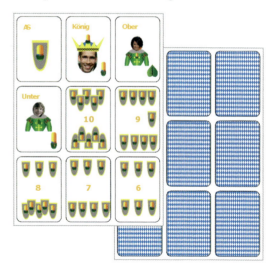

274

Spielkarten mit Fotos — Workshop 29

Ein Set für andere Kartenspiele gestalten

Schritt 1 – Vorlage öffnen
In der Vorlagenauswahl der Kategorie *Spielkarten* finden Sie nicht nur Schafkopfkarten, sondern auch andere, beispielsweise Skat- oder Quartettblätter. Auch diese können mit eigenen Fotos gestaltet werden, sie sind jedoch ein wenig anders aufgebaut.
Klicken Sie doppelt auf das Spielkartenset für *Skat* in der Auswahl.

Schritt 2 – Foto einfügen
Gehen Sie im linken oberen Menü auf *Fotos*, und wählen Sie unten den Eintrag *von Festplatte*. Wählen Sie das Foto einer Person aus, und fügen Sie es mit einem Klick auf *Öffnen* ein. Dieses Foto sollte im Hochformat vorliegen. Dafür ist ein Passbild sehr gut geeignet. Verschieben Sie das Foto über das rechteckige Kartenmotiv, und klicken Sie mit der rechten Maustaste darauf. Entfernen Sie das Häkchen bei der Option *Skalieren*. Ziehen Sie an den Anfassern in den Ecken des Bildes, um es in die richtige Größe zu bringen.

Schritt 3 – Seitenverhältnis korrigieren
Das Bild wird verzerrt dargestellt, wenn die Seitenverhältnisse nicht übereinstimmen, also wenn beispielsweise ein querformatiges oder quadratisches Bild eingefügt wurde. Doppelklicken Sie auf das Foto, um es im *Fotoeffekte-Editor* zu öffnen. Wählen Sie in der Werkzeugleiste das *Freistellungswerkzeug*. Der gestrichelte Rahmen markiert den neuen Bildausschnitt. Bewegen Sie ihn über das gewünschte Motiv, und passen Sie den Ausschnitt mit den Anfassern in den Ecken an. Für die Spielkarte sollte der gewählte Ausschnitt hochformatig sein.

Wenn der Bildrahmen die gewünschte Größe und Position hat, gehen Sie auf *Anwenden*, um die Änderungen durchzuführen.
Wählen Sie anschließend die Schaltfläche *Zurück*, um zur Vorlage zurückzukehren. Sie werden in einem kleinen Dialogfeld über die Änderungen informiert. Klicken Sie auf *Ja*, um sie im Dokument zu speichern.
Das Vorgehen bei der Gestaltung der Rückseite und beim Druck der Karten entspricht dem, was in den vorigen Schritten gezeigt wurde. Alle Kartenbilder finden Sie unter *Cliparts* in der Unterkategorie *Spielkarten*.

Workshop 30 **Basteln und Spielen**

▶ **Step-by-Step-Anleitung**

Foto-Schneekugel mit individuellem Text

Schneekugeln üben nach wie vor eine besondere Faszination bei Groß und Klein aus: Beim Schütteln rieseln kleine, glitzernde Partikel wie Schnee in einem mit Wasser gefüllten Glas auf Figuren oder eine Landschaftssilhouette herab. Als originelle Bildergalerie zusammengestellt präsentieren Sie auf diese Weise Ihre eigenen Fotos einmal anders. Das geht ganz einfach, denn in gut sortierten Fotogeschäften erhalten Sie Schnee- oder Glitzerkugeln als Rohlinge, für die Sie nur noch Fotos passend zuschneiden und einstecken müssen.

Der Aufbau ist fast immer der Gleiche: Die mit Wasser und Glitzerschnee gefüllte Halbkugel lässt sich unten so öffnen, dass ein Spalt zum Einstecken zweier Fotos sichtbar wird. Fotos werden halbrund zugeschnitten und für Vorder- und Rückseite eingesteckt. Dazwischen liegt eine Schaumstoffschicht, die die Blätter gegen das Verrutschen schützt. Die Platte an der Unterseite wird wieder aufgesetzt, sodass die Fotos beim Schütteln nicht herausfallen können.

Mit dem ADAC Druckstudio haben Sie viele Gestaltungsmöglichkeiten, Ihre Fotos oder die fertigen Vorlagen im Druckstudio für die Schneekugel-Deko zu verändern, beispielsweise einen Namen oder Titel einzufügen, die Hintergrundfarbe zu ändern oder ein Gedicht auf der Rückseite zu ergänzen, passend zum Fotomotiv der Vorderseite.

In diesem Workshop erfahren Sie, wie Sie mit den folgenden Mitteln das ADAC Druckstudio zum Gestalten einer Foto-Schneekugel nutzen:

› **Foto einfügen**
› **Gebogenen Text eingeben**
› **Schatteneffekt**
› **Hintergrundfarbe**

Die Vorderseite gestalten

Schritt 1 – Die Auswahl der Vorlage

Gehen Sie in der Vorlagenauswahl auf *Basteln* und *Spielen*, und wählen Sie den Workshop *Papier kreativ*. Im Menü oben links wählen Sie *Glitzerschneekugel* aus. Der Eintrag befindet sich ganz unten in der Liste.

Wählen Sie nun mit einem Doppelklick die Vorlage mit der Stadtansicht aus, um sie im Editor zu öffnen. Dieses Bild wird im Folgenden durch ein eigenes Foto ersetzt.

Schneekugel Workshop 30

Schritt 2 – Das Bild ersetzen
Klicken Sie einmal auf das Bild, sodass es markiert ist. Wählen Sie dann im linken oberen Menü den Eintrag *Fotos* und darunter die Kategorie *von Festplatte*, um das vorgegebene Bild durch ein eigenes zu ersetzen.

Es öffnet sich ein Dialogfenster zur Auswahl des Bildes. Mithilfe des Ordnerbaums wählen Sie den Ordner mit Ihren Bildern. Es werden kleine Vorschauen der Bilder angezeigt. Wählen Sie das gewünschte Bild mit einem Klick, und gehen Sie dann auf *Öffnen*.

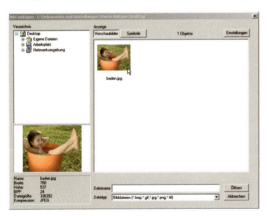

Das neue Foto ersetzt nun das vorherige Bild und wird automatisch in die Vorlage eingepasst. Jetzt können zusätzliche Gestaltungselemente hinzugefügt werden, die genau zu diesem Foto passen, beispielsweise ist hier auf dem Eimer Platz für einen Schriftzug.

Schritt 3 – Einen gebogenen Text einfügen
Wählen Sie das *Rundtext-Werkzeug* aus der *Werkzeugleiste* aus. Auf der Vorlage mit gedrückter Maustaste einen großen Kreis ziehen. Dieser kann deutlich über die Vorlage hinausgehen.

 Nach Loslassen der Maustaste öffnet sich das Dialogfeld *Rundtext-Eigenschaften*. Hier den Text eingeben. In der Standardeinstellung ist der Text nach oben gebogen. Entfernen Sie zuerst das Häkchen bei ▸ **Orientation**, damit der Text nach unten gebogen wird. Setzen Sie die Schriftart auf *Variant*, die *Schriftgröße* auf *72 Punkt,* und wählen Sie eine passende Farbe wie beispielsweise *Braun*. Bestätigen Sie die Änderungen mit *OK*.

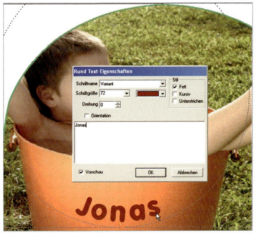

✓ Tipp
Querformatige Bilder sind für Schneekugeln gut geeignet. Ein hochformatiges Bild mithilfe der Anfasser vergrößern und passend positionieren.

▸ Orientation
Bezeichnet im Druckstudio die Richtung eines gebogenen oder runden Textes. Wird das Häkchen gesetzt, läuft der Text im Uhrzeigersinn, sonst dagegen.

277

Workshop 30 — Basteln und Spielen

> **✓ Tipp**
>
> Sollte Ihre Schneekugel etwas größer sein, als die Vorlage aus dem Druckstudio, verwenden Sie die Option *Überfüllung* im Druckdialog. Damit wird der Ausdruck gleichmäßig vergrößert.

Schritt 4 – Schatten-Effekt hinzufügen

Gehen Sie auf *Schatten* in der *Ausrichten*-Symbolleiste. Das Dialogfeld *Objekt Schatten* öffnet sich. Hier können Sie mit vielen Einstellungsoptionen das Aussehen des Schattens verändern. *Deckkraft* bestimmt, wie intensiv der Schatten dargestellt wird. Stellen Sie diesen Wert auf *25*. *Distanz* bestimmt die Entfernung des Schattens vom Objekt. Hier ebenfalls *25* einstellen. Die Kantenschärfe gibt an, wie scharf oder verschwommen der Schatten ist. Geben Sie hier den Wert *20* an. Die anderen Einstellungen beibehalten und mit *OK* bestätigen.

Schritt 5 – Speichern und Drucken

Im Menü *Datei Speichern* wählen. Sichern Sie die Vorlage mit einem Namen. Der Dateityp wird automatisch vergeben.

Gehen Sie dann auf *Drucken*. Das Dialogfeld *Drucken* öffnet sich und bietet eine Vielzahl von Einstellungsmöglichkeiten.

In der Standardeinstellung werden 6 Bilder auf ein Blatt gedruckt. Das können Sie mit der Option *Dokument* ändern. Entfernen Sie das Häkchen bei *Kontur drucken*, damit die grüne Kontur um das Bild nicht angezeigt wird. Mit einem Klick auf die Schaltfläche *Eigenschaften* unter dem Namen Ihres Druckers gelangen Sie zu den Einstellungen für Ihr spezielles Druckermodell. Stellen Sie dort eine möglichst hohe Qualität ein. Starten Sie den Ausdruck mit *Drucken*.

Nicht alle Schneekugeln entsprechen genau dem Standardformat. Beim Zuschneiden probieren, ob das Bild hineinpasst und gegebenenfalls nachkorrigieren. Sollte das Bild zu klein sein, wählen Sie beim Druck die Option *Überfüllen*. Geben Sie hier einen Prozentwert an, um den das Bild vergrößert werden soll.

Schneekugel — Workshop 30

Die Rückseite gestalten

Schritt 1 – Rückseite neu speichern

Die Machart der meisten Schneekugeln sieht vor, dass zwei Bilder hineingeschoben werden, sodass die Kugel von beiden Seiten betrachtet werden kann. Ein Stück Schaumstoff zwischen den Fotos verhindert, dass sie verrutschen.

Die zweite Seite der Schneekugel wird daher nicht direkt auf die Rückseite der ersten gedruckt, sondern auf ein neues Blatt.
Um die Rückseite der Foto-Einlage zu gestalten, gehen Sie im Menü *Datei* auf *Speichern als* und speichern die Datei unter einem neuen Namen.

Schritt 2 – Gestaltung ändern

Markieren Sie den runden Text, und drücken Sie [Entf]. Bestätigen Sie die Sicherheitsabfrage mit *OK*, somit ist der Text gelöscht.
Wählen Sie in der *Werkzeugleiste* die *Pipette*, und klicken Sie auf einen farbigen Bereich des Bildes, beispielsweise das Orange des Eimers. Die Farbauswahl in der *Werkzeugleiste* zeigt nun dieses Orange.

Gehen Sie auf das *Auswahlwerkzeug*, markieren Sie das Bild und entfernen Sie es durch Drücken der [Entf]-Taste.
Der Hintergrund ist nun weiß. Klicken Sie auf den *Farbtopf* und dann auf den Hintergrund. Er wird mit dem vorher ausgewählten Orange eingefärbt.

Mit dem *Textwerkzeug* und gedrückter Maustaste einen Textrahmen aufziehen. Das Dialogfeld *Text-Eigenschaften* öffnet sich. Geben Sie hier einen Text ein, der zum Motiv auf der Vorderseite passt. Als Formatierung bietet sich an: Schriftart *Variant* in der Farbe *Weiß* und Größe *72 Punkt*, nicht *Fett*. So ist der Text auch durch das runde Glas hindurch noch gut lesbar. Bestätigen Sie die Änderungen mit *OK*.

Sichern Sie die Rückseite mit einem Klick auf *Datei, Speichern*. Gehen Sie auf *Drucken*, entfernen Sie das Häkchen bei *Kontur drucken* und starten Sie den Ausdruck mit einem Klick auf *Drucken*.
Die Bilder passend ausschneiden und in die Schneekugel einschieben. Dabei die Schaumstoffschicht zwischen die beiden Fotos legen.

279

Tipps und Tricks: Die schnelle Lösung für Ihre Probleme

- **Installation und Start** 282
- **Vorlagen auswählen und drucken** 285
- **Vorlagen bearbeiten** 294
- **Bilder einfügen und bearbeiten** 301
- **Vorlagen speichern und konvertieren** 307
- **Weitere Funktionen** 310

Fragen und Antworten

Wie installiere ich das Programm?

▶ **Autostart-Funktion**

Nach Einlegen einer CD ins Laufwerk wird ein Programm der CD automatisch ausgeführt, beispielsweise zur Installationsauswahl.

Das Programm finden Sie auf der Installations-CD und der Daten-CD. Zur Installation benötigen Sie die erste CD. Legen Sie die Installations-CD in das Laufwerk ein. Nach einigen Sekunden startet das Installationsprogramm und zeigt das abgebildete Dialogfeld an.

Wenn Sie dieses Dialogfeld nicht sehen, ist die ▶ **Autostart-Funktion** ausgeschaltet. Gehen Sie in diesem Fall so vor:
› Öffnen Sie das Symbol *Arbeitsplatz* mit einem Doppelklick.
› Zeigen Sie den CD-Inhalt mit einem Doppelklick auf das CD-Symbol an.
› Suchen Sie *ADAC_start* oder *ADAC_start.exe*, und doppelklicken Sie darauf.

Im Installationsprogramm klicken Sie nun auf *Weiter*, bis die Installation beginnt. Nach einigen Minuten ist der Inhalt der CD kopiert, und Sie können die Installation abschließen, indem Sie das Installationsprogramm mit einem Klick auf *Fertig stellen* beenden.

Sie finden das installierte Programm im Startmenü unter *Programme* im Ordner *ADAC Druckstudio*.

Wie starte ich das Programm?

Legen Sie die Daten-CD ein. Klicken Sie dann auf Start in der Windows-Symbolleiste, und wählen Sie *Programme*, dann *ADAC-Software* und anschließend *ADAC Druckstudio*. Nun öffnet sich ein Menü, in dem Ihnen mehrere Auswahlmöglichkeiten angeboten werden.

Wählen Sie *ADAC Druckstudio Ausführen*, um das Programm zu starten.
Beim ersten Start des Programms erscheint die Aufforderung, Ihre persönlichen Daten einzugeben. Diese Angaben werden bei zahlreichen Vorlagen mit Namensangaben automa-

Installation und Start / Vorlagen auswählen und drucken

tisch verwendet wie zum Beispiel bei den Workshops Visitenkarten und Briefbögen.

Klicken Sie bei dieser Meldung auf *OK*, und geben Sie dann Ihre private und eventuell Ihre geschäftliche Anschrift ein.

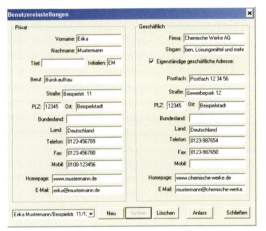

Klicken Sie auf *Sichern*, und beenden Sie das Dialogfeld mit einem Klick auf *Schließen*. Zum Schluss erscheint der Startbildschirm.

Wie finde und öffne ich Vorlagen?

Die Vorlagen sind in verschiedene Workshops aufgeteilt, die sowohl nach Themen als auch nach Anlässen sortiert sind. In jedem Workshop befinden sich fertige Vorlagen, die für ein bestimmtes Vorhaben zusammengestellt sind. Sie möchten beispielsweise Visitenkarten oder eigene Labels für Ihre CDs und DVDs erstellen, alternativ auch ein Fotobuch oder Grußkarten entwerfen. Jeder Workshop enthält für den jeweiligen Einsatzzweck eine Auswahl geeigneter Vorlagen.
Sie wählen den Workshop aus, indem Sie auf die jeweilige Schaltfläche klicken. Wenn Sie zum Beispiel auf *CD/DVD-Label* und *Einleger* klicken, erscheint die Vorlagenauswahl für Vorlagen dieses Typs.

Kleine Vorschaubilder zu jedem Workshop zeigen, welche typischen Vorlagen sich dahinter verbergen.

Fragen und Antworten

Die Vorlagenauswahl hat drei große Fensterabschnitte:

> Im Menü oben links finden Sie alle Kategorien (Dokumentarten) wie zum Beispiel *CD-Label* oder *CoverCard* (Einlegeblatt für CD-Hüllen). Klicken Sie auf den Namen einer Kategorie, um sie zu aktivieren.

> In der Auswahlliste unten links im Fenster sind die Unterkategorien (Gestaltungsarten) aufgelistet, die die Vorlagen nach Gestaltungsmustern, Formaten oder anderen Merkmalen gruppieren. Klicken Sie auf einen Eintrag, um sich die Vorlagen anzeigen zu lassen – wie hier *Musik-POP*.

> Im großen Vorschaubereich rechts sehen Sie verkleinerte Bilder der Vorlagen.

Wenn Ihnen die Vorlage gefällt, können Sie sie entweder direkt mit einem Klick auf das Symbol *Drucken* ausdrucken oder zunächst mit einem Doppelklick im Editor öffnen.

Mit dem Editor können Sie Änderungen am Layout des Dokuments vornehmen, Texte und Bilder einfügen, verschieben und mit zahlreichen Werkzeugen verändern.

Wie wähle ich Vorlagen nach Projekttypen und Anlässen aus?

Workshops 1 und 14

Nach dem Programmstart oder einem Klick auf die Schaltfläche *Projekte* in der Symbolleiste oben links gelangen Sie zum Startbildschirm des Programms. Hier finden Sie verschiedene Workshops – wie zum Beispiel für Visitenkarten und Namensschilder. Die Vorlagen in den einzelnen Workshops sind nach Formaten und Projekten geordnet.

Nach der Auswahl eines Bereichs finden Sie in der Kategorienliste oben links Kategorien wie hochformatige oder querformatige Visitenkarten. In der Auswahlliste unten links sehen Sie Unterkategorien beispielsweise mit Layout-Varianten.

Wenn Sie im Startbildschirm die Schaltfläche *Vorlagen nach Anlässen* wählen, sehen Sie eine Übersicht nach Anlässen. Dieselben Vorlagen der Workshops sind hier zum schnelle-

Gewählter Projekttyp:
Visitenkarte

Gewählte Kategorie:
Visitenkarte quer 1-seitig

Gewählter Stil:
Geschäftlich

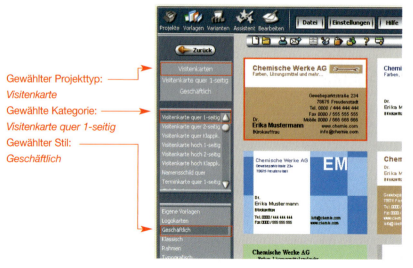

Vorlagen auswählen und drucken

ren Auffinden thematisch sortiert. Für jede festliche Gelegenheit oder auch andere Ereignisse, ob für *Weihnachten* und *Ostern,* zur *Taufe* oder zum *Schulabschluss,* finden Sie passende Vorlagen. Nach der Auswahl präsentiert sich das linke Menü wie folgt:

Gewählter Anlass:
Weihnachten

Gewählter Dokumenttyp:
Grußkarten

Gewähltes Format:
Postkarte hoch

Was sind Varianten zu Vorlagen?

Das Programm enthält zu vielen Vorlagen innerhalb einer Unterkategorie sogenannte Varianten. Dies sind ähnlich gestaltete Vorlagen, die zum Beispiel mit unterschiedlichen Texten, Farben oder Fotos ausgestattet sind. Vorlagen mit Varianten erkennen Sie an dem Pluszeichen an der rechten unteren Ecke des Vorschaubildes.

In der Vorschau erscheinen nun alle Varianten zu der gewählten Vorlage. Wählen Sie eine Vorlage mit einem Doppelklick aus.

Workshops 16 und 29

Sie können nun auf dieses Pluszeichen klicken, um Varianten anzuzeigen. Oder Sie wählen sie alternativ über die Menüleiste aus: Markieren Sie die Vorlage mit einem Mausklick, und klicken Sie auf das Symbol *Varianten.*

Was jeweils im Programm als Variante gilt, hängt vom Projekttyp ab: Farbige Visitenkarten unterscheiden sich zum Beispiel in den Farben oder der verwendeten Grafik. Andere Visitenkarten, wie die abgebildeten, unterscheiden sich inhaltlich, ob Telefonnummern, E-Mail- und Web-Adresse eingefügt sind.

285

Fragen und Antworten

Wie kann ich den Vorlagengenerator einsetzen?

Workshop 12

Wählen Sie zunächst in der Vorlagenübersicht oder im Editor die gewünschte Vorlage aus. Klicken Sie dann auf *Assistent*. Die Vorlage wird nun in den Vorlagengenerator geladen, mit dem Sie die Layout-Varianten erzeugen.

Mit diesem Vorlagengenerator erzeugt das Programm ohne Benutzereingriff unterschiedliche Gestaltungsmuster. Wählen Sie aus der Vielfalt der Vorschläge aus, und entscheiden Sie, welcher Hintergrund Ihnen am besten gefällt, welche Schrift mit den übrigen Gestaltungselementen harmoniert oder welche Farbkombination attraktiver wirkt.

Der Vorlagengenerator bietet nur Objekttypen wie Cliparts oder Fotos zur automatischen Ersetzung an, die sich bereits in der Vorlage befinden. Haben Sie also ein Clipart-Bild in der Vorlage, so können Sie dieses automatisch variieren lassen. Nur die Objekttypen *Hintergrund*, *Umrandung*, *Schriftart* und *Schriftfarbe* stehen immer zur Verfügung. Die Formate einzelner Textfelder in einer Vorlage sind mit dem Vorlagengenerator zu beeinflussen.

Wenn ein bestimmtes Element, beispielsweise eine Grafik, nicht vorhanden ist, kann der Vorlagengenerator dieses Element auch nicht verändern.

In der Liste links oben wählen Sie Gestaltungselemente wie *Hintergrund* oder *Umrandungen* zum Erzeugen von Layout-Vorschlägen aus. In der Liste links unten erscheinen dann

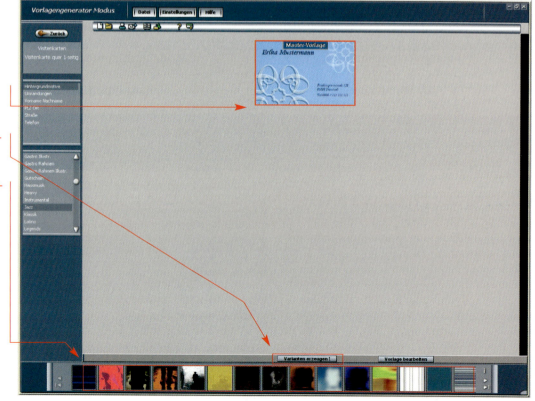

Diese Vorlage wurde in den Vorlagengenerator geladen.

Mit Klick auf *Varianten erzeugen!* startet der Generator.

Die Elemente der ausgewählten Gruppe von Hintergründen werden zum Erzeugen von Varianten genutzt.

Vorlagen auswählen und drucken

die dort vorhandenen Objektgruppen. Nach einem Klick auf eine Objektgruppe sind die auswählbaren Elemente in der Miniaturenleiste am unteren Rand des Programmfensters sichtbar. Ein Beispiel zur besseren Erläuterung: Wenn Sie *Hintergrundmotive* anklicken und die Objektgruppe *Jazz* auswählen, können Sie Gestaltungsvarianten erzeugen, indem Sie auf *Varianten erzeugen* klicken. Das Programm erzeugt nun aus allen vorhandenen Objekten eine Gestaltungsvariante. Im gewählten Beispiel werden alle Hintergründe der Gruppe *Jazz* auf die Vorlage angewendet.

Sie wählen eine bestimmte Vorlage aus, indem Sie sie markieren und dann auf *Vorlage bearbeiten* klicken. Damit wird der Gestaltungsvorschlag übernommen, und Sie können im Editor die Vorlage weiter bearbeiten.

Wie kann ich den Visitenkartenassistenten einsetzen?

Der Visitenkartenassistent führt Sie Schritt für Schritt von der Eingabe der Inhalte über die Gestaltung bis zum Ausdruck Ihrer Visitenkarten. Sie starten den Assistenten mit dem *Befehl Bearbeiten, Visitenkarten-Assistent* oder einem Klick auf das entsprechnde Symbol. Das rechts abgebildete Dialogfeld öffnet sich.

Benutzereinstellungen und Bild
Im ersten Schritt des Assistenten verändern Sie Benutzerangaben wie Name oder Anschrift. Außerdem können Sie auf der Visitenkarte ein Bild anzeigen.

Anschriftendaten eingeben
Das Dialogfeld des Assistenten hat zwei ▶ **Register:** Im Register *Privat* geben Sie private Adressdaten ein, und im Register *Business* können Sie auch geschäftliche Daten eintragen. Geben Sie die gewünschten Daten in die jeweiligen Felder ein. Die Visitenkarte wird schon beim Eingeben sofort mit den neuen Daten angezeigt. Es müssen dabei nicht unbedingt alle Felder ausgefüllt werden.

Grafikdatei als Bildelement auswählen
Im Abschnitt *Logo/Clipart auswählen* fügen Sie ein eigenes Bild – z. B. ein Clipart oder Porträt – in die Vorlage ein. Klicken Sie auf die Schalt-

▶ **Register**

Die „Karteireiter" am oberen Rand einiger Dialogfelder werden als Register bezeichnet. Sie teilen ein Dialogfeld in mehrere Bereiche auf.

287

Fragen und Antworten

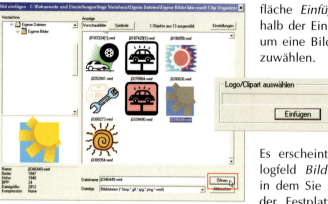

fläche *Einfügen* unterhalb der Eingabefelder, um eine Bilddatei auszuwählen.

Es erscheint das Dialogfeld *Bild einfügen*, in dem Sie Bilder von der Festplatte wählen können. Markieren Sie die gewünschte Grafik, und klicken Sie auf *Öffnen*. Die Grafikdatei wird nun in der Visitenkarte angezeigt. Anschließend klicken Sie auf *Weiter*.

Vorlage und Schrift auswählen

Im zweiten Schritt des Assistenten wählen Sie die Layoutvorlage für die Visitenkarte aus und verändern die Schriftart.

Vorlage auswählen

Das Dialogfeld hat drei große Bereiche:
› In der Liste *Kategorien* (oben links) finden Sie Formate wie zum Beispiel hochformatige oder querformatige Visitenkarten. Klicken Sie auf eine Kategorie, um sie zu aktivieren.
› In der Liste *Vorlagen* (unten links) werden alle Vorlagen aus der markierten Kategorie als Vorschaubilder angezeigt. Klicken Sie darauf, um die Vorlage zu markieren.
› Im großen Vorschaubereich rechts sehen Sie die markierte Vorlage. Sie hat die bislang gewählte Formatierung.

Schriftart auswählen

Im Abschnitt *Schrift* verändern Sie die Schriftformatierung der Vorlage. Aktivieren Sie die Option *Original-Einstellungen verwenden*, wenn Sie nichts ändern wollen. Andernfalls aktivieren Sie die Option *Individuelle Einstellungen verwenden*.
Aus der Liste *Schriftart* können Sie eine der auf Ihrem Computer installierten Schriftarten auswählen. In der Liste *Schriftfarbe* können Sie die Farbe der Schrift verändern.
Sobald alle Optionen Ihren Vorstellungen entsprechen, klicken Sie auf *Weiter*.

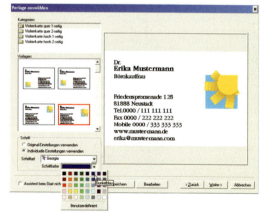

Vorlagen auswählen und drucken

Vorlage drucken

Im dritten Schritt drucken Sie die Visitenkarte auf speziellem Visitenkartenpapier aus, das Sie in Fachgeschäften erhalten.
Wählen Sie zuerst bei *Papier Info* den Hersteller (z. B. *Allgemein*) und das Papierformat (z. B. *Visitenkarte neutral*). Starten Sie den Ausdruck mit einem Klick auf *Drucken*. Jetzt können Sie Ihre neue Visitenkarte speichern, indem Sie auf *Speichern* klicken und der Vorlage einen Namen geben. Anschließend beenden Sie den Assistenten mit einem Klick auf *Schließen*.

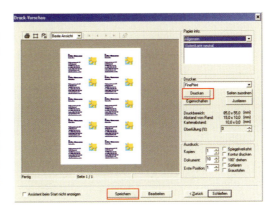

Wie drucke ich doppelseitig?

Zweiseitige Vorlagen wie Briefe, Faxe oder Zeitungen sollten doppelseitig gedruckt werden. Das Programm unterstützt Sie dabei, Vorder- und Rückseite passend aufeinander zu drucken.
Starten Sie den Druck. Zuerst druckt das Programm die Vorderseite und zeigt dann das abgebildete Dialogfeld an.

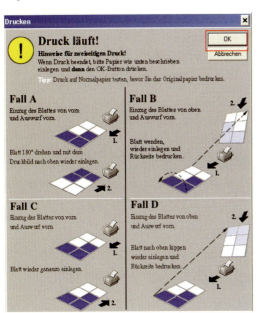

Sie haben nun Zeit, das bedruckte Papier aus dem Drucker zu nehmen und neu einzulegen. Achten Sie darauf, dass Sie das Papier richtig wieder in den Drucker einlegen, damit die Rückseite nicht falsch bedruckt wird. Abhängig davon, wo an Ihrem Gerät Papiereinzug und Papierauswurf sind, muss das Blatt auf bestimmte Weise gedreht und neu eingelegt werden. Das abgebildete Dialogfeld gibt Ihnen für verschiedene Druckermodelle wichtige Hinweise dazu.
Das Programm wartet, bis Sie auf *OK* klicken, und startet erst dann den Druck der Rückseite. Sie sollten den Druck zunächst auf Normalpapier ausprobieren, um keinen teuren Spezialpapierbogen zu verschwenden. Markieren Sie dabei außerdem eine Seite des Blatts mit einem Pfeil, bevor sie das Papier einlegen. So finden Sie heraus, welche Seite des eingezogenen Blattes bedruckt wird.
Falls Sie einen Drucker besitzen, der automatisch doppelseitig drucken kann, aktivieren Sie die entsprechende Einstellung im Druckdialog Ihres Geräts und klicken Sie nach dem Druck der Vorderseite im abgebildeten Dialogfeld auf *OK*, ohne das Papier manuell neu einzulegen.

Workshop 12

Fragen und Antworten

Wie arbeite ich mit zweiseitigen Vorlagen?

Workshops 2, 3 und 20

Einige Vorlagen haben zwei Seiten. Mit einem Klick auf den Seitennavigator können Sie die zweite Seite anzeigen.

Die zweite Seite kann wie die Vorderseite benutzt werden: Sie können dort Text und Bilder einfügen und ausdrucken. Bei zahlreichen Vorlagen des ADAC Druckstudios finden Sie auf der zweiten Seite bereits weitere Gestaltungselemente wie Text oder Grafiken.
Beispiele für zweiseitige Vorlagen: Bei Gruß- oder Einladungskarten gibt es eine Rückseite mit einem Anschriftenfeld. Zeitungen haben eine zweite Seite mit weiteren Artikeln. Auch Briefbögen, Urkunden, Speisekarten und die Kalenderblätter besitzen eine zweite Seite. Bei Kalendern ist für die Rückseite ein weiteres Kalendarium vorgesehen. Bei Jahreskalendern beispielsweise sind auf der Vorderseite die ersten sechs Monate des Jahres und auf der Rückseite die letzten sechs Monate zu sehen.

Wie korrigiere ich weiße Ränder bei einer gestanzten Vorlage?

Workshop 3

Im Fachhandel erhalten Sie vorgestanzte Papiere unterschiedlicher Art, wie für Grußkarten, CD-Aufkleber oder Visitenkarten. Aufgrund des ungenauen Papiereinzugs im Drucker entstehen beim Bedrucken solcher gestanzter Vorlagen oft schmale, weiße Ränder zwischen der Stanzung und der bedruckten Fläche.

Sie können diese nicht bedruckten Bereiche vermeiden, indem Sie die Funktion *Überfüllung* nutzen. Dadurch wird das Bild etwas vergrößert, sodass es an allen Seiten einige Millimeter über die Stanzung hinausreicht. Auch wenn das Papier beim Druck etwas verrutschen sollte, erhalten Sie immer einen schönen Ausdruck.
Verändern Sie beim Ausdruck im Druckerdialog den Wert im Feld *Überfüllung*. Er gibt an, wie stark über den Rand hinausgedruckt werden soll. Zumeist reicht der Wert *2*. Da es sich hier um Prozentangaben handelt, benötigen Sie bei großen Vorlagen wie CD-Einlegern nur einen kleineren Wert als beispielsweise bei Visitenkarten.

Vorlagen auswählen und drucken

Kann ich auch randlos drucken?

Viele moderne Tintenstrahldrucker besitzen eine spezielle Mechanik, die den Druck bis an den Rand des Papiers erlaubt. Wenn Sie einen solchen Drucker besitzen und beim *Justieren* alle Daten korrekt eingegeben haben, können Motive problemlos bis an den Rand des Papiers gedruckt werden.
Dabei kann folgende Schwierigkeit auftreten: Das Papier lässt sich nicht ganz exakt einziehen, sodass nicht immer wirklich randlos gedruckt wird. Mit der Funktion *Überfüllung* umgehen Sie das Problem, denn sie vergrößert im Druck die ganze Seite ein wenig, sodass über den Papierrand hinaus gedruckt wird. Die überschüssige Tinte nimmt ein Vlies im Drucker-Inneren auf.
Wählen Sie im Dialogfeld *Drucken* bei *Überfüllung* einen Wert von 1 oder 2 %.
Berücksichtigen Sie immer, dass wesentliche Details nicht zu nahe an den Rand heranreichen. Unter Umständen wird ein schmaler Streifen abgeschnitten, was beispielsweise ein Porträt verfälschen könnte.

Wie bestimme ich die Anzahl der gedruckten Vorlagen

Starten Sie den Druck und geben Sie im Druckerdialog bei *Dokument* einen Wert ein, der zwischen 1 und der Maximalzahl der Elemente auf einer Seite liegt.
Bei Visitenkarten in der Standardgröße passen zum Beispiel 10 Karten auf eine Seite. Sie können also zwischen 1 und 10 gleiche Karten auf einer Seite ausdrucken.

Workshops 9 und 14

Wie drucke ich unterschiedliche Vorlagen auf einer Seite?

Mit dem Programm lassen sich problemlos mehrere Motive auf einer Seite mischen. Sie haben zum Beispiel einen Bogen mit drei Etiketten für Ordnerrücken, die jeweils eine eigene Beschriftung haben sollen.
Starten Sie den Druck, aktivieren Sie im Druckerdialog die Registerkarte *Motive mischen*, und wählen Sie *Motive mischen*. Das Programm zeigt nun eine einzige Vorlage auf der Druckseite an. Außerdem aktiviert es weitere Bedienelemente auf dem Dialogfeld.
Klicken Sie auf *Neues Motiv*. Das Programm beendet nun den Druckdialog, und Sie können eine weitere Vorlage auswählen. Geben Sie dieser neuen Vorlage eine andere Ordnerbeschriftung. Wählen Sie dann erneut den Druckbefehl, und klicken Sie ein weiteres Mal auf *Neues Motiv*. Wählen Sie anschließend die dritte Vorlage aus, und geben Sie eine andere Beschriftung ein. Entspricht die Anordnung der Motive in der Vorschau Ihren Wünschen, klicken Sie entweder gleich auf *Drucken*, oder kehren Sie zurück zum Register *Allgemein*, wo Sie andere Einstellungen, wie das Papierformat, verändern können.

Workshops 6 und 9

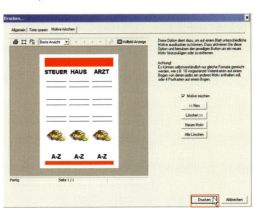

291

Fragen und Antworten

Wie schicke ich eine Karte an viele Empfänger als Seriendruck?

Workshops 14 und 23

Wenn Sie einen Brief für eine Vielzahl von Empfängern ausgeben wollen, ohne alle Anschriften von Hand einzugeben, nutzen Sie den Seriendruck. Hierbei werden Anschriftenteile, wie Name oder Straße, wie bei einem Lückentext in vorbereitete Leerstellen eines Textes eingefügt. Die Daten dafür werden aus einer Anschriftenliste genommen. Sie müssen einen Brief oder eine Postkarte also nur einmal schreiben, um die Drucksache an beliebig viele Empfänger zu verschicken.

Mit Hilfe der *Anlass-Verwaltung* können Sie einen bestimmten Anlass wie Geburtstag, Hochzeit, Weihnachtsfeier, Gartenfest oder auch allgemeine Listen wie Freunde, Geschäftspartner oder Kollegen definieren. Zu jedem Anlass können Sie beliebig viele Teilnehmer mit vollständiger Anschrift erfassen.

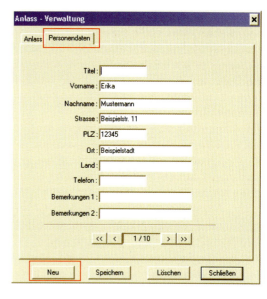

Die Anlass-Verwaltung

Um eine neue Adressenliste für ein bestimmtes Vorhaben zu erfassen, klicken Sie im Dialog Benutzereinstellungen auf *Anlass*. Daraufhin öffnet sich die Anlass-Verwaltung.

Im Register *Anlass* geben Sie die Anlässe ein. Klicken Sie auf *Neu*, um einen neuen Anlass einzugeben. Vergeben Sie anschließend einen Titel für den Anlass, zum Beispiel *Gartenparty*.

Ergänzen Sie außerdem hier noch die Namen und Adressen im Register *Personendaten* zu dieser aktuellen Einladung. Füllen Sie dazu die einzelnen Felder mit allen benötigten Adressangaben aus.

Um die Daten einer weiteren Person eintragen zu können, klicken Sie auf *Neu*. Tragen Sie die Daten der Person ein, und klicken Sie auf *Speichern*. Dies wiederholen Sie so lange, bis Sie alle Personen erfasst haben und klicken dann auf *Schließen*.

Seriendruck-Dokument anlegen

Öffnen Sie das gewünschte Dokument für die Bearbeitung, und klicken Sie links oben auf *Feldnamen*. Wählen Sie im unteren Menü *Teilnehmer*.

Diese Feldnamen können Sie einfach mit Drag & Drop in das gewünschte Dokument einfü-

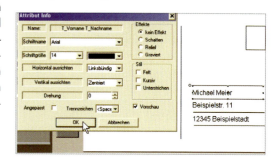

Vorlagen auswählen und drucken

gen. Beim Ausdruck wird dann der Feldname mit dem jeweiligen Inhalt aus der Teilnehmer-Datenbank gefüllt.
Die Software verwendet immer den Anlass (und somit die dazu gehörigen Teilnehmer), den Sie beim Schließen des Erfassungsdialogs zuletzt gewählt hatten.

Der Seriendruck

Wenn das Dokument vorbereitet ist, können Sie den Druck starten. Zunächst werden in der Vorschau des Druckdialogs vier identische Karten auf dem Blatt angezeigt. Wenn Sie jetzt die Option *Seriendruck* aktivieren, werden auf einem Blatt vier Karten für vier verschiedene Empfänger gedruckt. Für alle erfassten Teilnehmer des Anlasses wird eine Karte gedruckt. Klicken Sie auf *Drucken*, um den Druck zu starten.

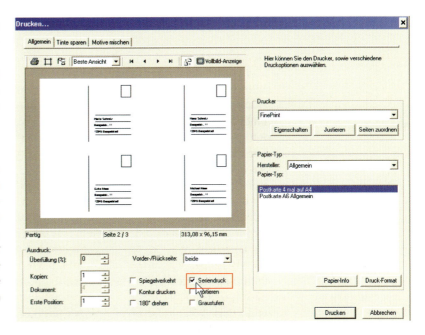

Wie kann ich eine Vorlage Tinte sparend ausdrucken?

Der Modus *Tinte sparen* im Druckerdialog verringert die ▸ **Druckdichte** eines Tintenstrahldruckers. Geringere Druckdichte bedeutet, dass weniger Tinte gebraucht wird. Der Spareffekt kann bis zu 75 Prozent betragen. Klicken Sie auf das Symbol *Drucken*.

Wählen Sie im Druckdialog die Registerkarte *Tinte sparen*, und setzen Sie das Häkchen bei *Tintensparmodus aktivieren*, um die Funktion einzusetzen. Stellen Sie mit dem Schieberegler die Tinteneinsparung ein. Bei 50 Prozent wird nur noch mit der Hälfte der üblichen Tintenmenge gedruckt – so verlängern Sie die Lebensdauer Ihrer Tintenpatronen.
Ein Foto verliert bei 75 Prozent Einsparung stark an Qualität, ein Text dagegen ist noch gut lesbar. Benutzen Sie die folgenden Einstellungen für die Druckarten:
❯ Für Fotos: 20 – 25 % Einsparung
❯ Für Tabellen und einfache Grafiken: 40 – 50 % Einsparung
❯ Für Text: 70 – 75% Einsparung

Workshop 20

▸ **Druckdichte**
Dichte der Tintentröpfchen beim Druck. Je höher die Druckdichte, desto dunkler der Ausdruck.

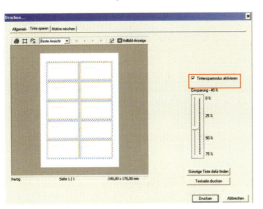

Fragen und Antworten

Wie ändere ich die Adresse in Visitenkarten?

Workshop 1

Der Text in einer Visitenkarte wird automatisch generiert. Klicken Sie im Menü *Einstellungen* auf den Befehl *Einstellungen, Meine Daten*, um die Adressdaten zu ändern.

Geben Sie Ihre private und Ihre geschäftliche Adresse ein, und klicken Sie auf *Sichern*. Sie beenden das Dialogfeld mit einem Klick auf *Schließen*. Für die Eingabe einer geschäftlichen Adresse aktivieren Sie *Eigenständige geschäftliche Adresse*. Sie können weitere Adressendatensätze verwalten, indem Sie auf *Neu* klicken, die Daten eingeben und dann *Sichern* wählen. Sie wählen die eingegebenen Adressen aus, indem Sie das Aufklappmenü unten links im Dialogfeld benutzen.

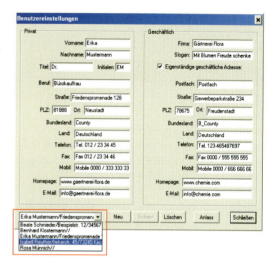

Wie füge ich weitere Angaben in Visitenkarten ein?

▶ **Feldnamen**
Textrahmen, die automatisch mit zentral verwalteten Inhalten gefüllt werden.

Nach einem Klick auf die Kategorie ▶ *Feldnamen* und der Wahl der Unterkategorie (*Geschäftlich* oder *Privat*) fügen Sie einen Feldnamen als Platzhalter ein.

Den Feldnamen können Sie einfach per Drag & Drop einfügen. Er wird sofort durch die entsprechende Textzeile aus den Benutzerdaten ersetzt.

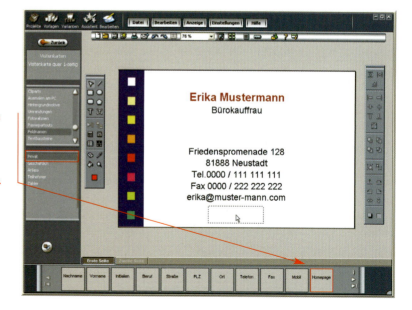

Ziehen Sie den Feldnamen *Homepage* in die Visitenkarte, um den entsprechenden Eintrag aus den Benutzerdaten anzuzeigen.

Vorlagen bearbeiten

Wie ändere ich die Farben der Vorlage?

So verändern Sie die Farbe des Hintergrunds: Doppelklicken Sie auf einen freien Bereich der Vorlage, auf dem sich kein anderes Objekt befindet. Wählen Sie dann die Farbe aus dem Farbdialog aus, und klicken Sie auf OK.
Die Farbe eines Textes oder eines anderen Objektes ändern Sie ebenfalls mit einem Doppelklick.

Einfärben mit dem Farbtopf

Alternativ und schneller geht das Einfärben mit dem Farbtopf. Damit können Sie mehrere Objekte nacheinander anklicken und mit der gewählten Farbe einfärben. Klicken Sie auf das Farbsymbol, um die gewünschte Farbe auszuwählen. Klicken Sie dann auf das Farbtopfsymbol.

Der Mauszeiger wird automatisch zu einem Farbtopf. Bewegen Sie ihn in den Bereich, der eingefärbt werden soll, und klicken Sie mit der linken Maustaste darauf. Der Bereich erhält die gewählte Farbe. Wenn Sie die Farbe wieder entfernen wollen, klicken Sie in der Werkzeugleiste auf das Symbol *Radierer*.

Der Mauszeiger sieht nun aus wie ein Radierer. Klicken Sie damit in den Bereich, aus dem die Farbe gelöscht werden soll – die Farbe verschwindet sofort.

Workshops 3, 16 und 30

Farbe mit der Pipette aufnehmen

Wenn Sie auf der Vorlage eine interessante Farbe sehen, die Sie selbst benutzen wollen, können Sie sie mit der Pipette auswählen: Klicken Sie auf die Pipette. Der Mauszeiger wird als Pipette dargestellt.

Klicken Sie damit in den Bereich mit der gewünschten Farbe. Sie wird in der Farbauswahl angezeigt und kann mit dem Farbtopf wieder verwendet werden.

Wie ändere ich den Hintergrund einer Vorlage?

Sie ändern den Hintergrund einer Vorlage im Editor. Die Kategorie *Hintergrundmotive* im Menü oben links bietet Muster für den Dokumentenhintergrund. Die Unterkategorienliste enthält eine Reihe von verschiedenen Hintergrundarten. Durch einen Klick auf den gewünschten Hintergrund in der Miniaturenleiste wird er der gerade geöffneten Seite zugeordnet. Möchten Sie den Hintergrund austauschen, so klicken Sie einfach auf einen anderen, der zur Auswahl steht.

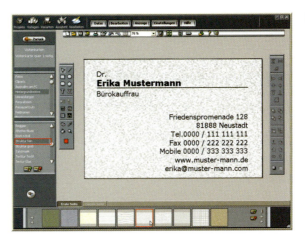

Workshops 24 und 29

295

Fragen und Antworten

Wie lösche ich den Hintergrund einer Vorlage?

Sie löschen den Hintergrund einer Vorlage, indem Sie zunächst auf einen freien Bereich der Vorlage klicken. Drücken Sie dann auf [Entf]. Aktivieren Sie im Dialogfeld die Option, die Sie entfernen wollen, und klicken Sie auf *OK*.

Wie umgebe ich eine Vorlage mit einem Rahmen?

Die Kategorie *Umrandungen* im Editor enthält Rahmen, die sich automatisch an die Größe der Vorlage anpassen.
In den Unterkategorien finden Sie eine Reihe von verschiedenen Umrandungsarten. Durch einen Klick auf den gewünschten Rahmen wird dieser automatisch der angezeigten Seite zugeordnet. Möchten Sie den Rahmen austauschen, so klicken Sie für dieses Vorhaben einfach auf einen anderen.

Wie lösche ich den Rahmen einer Vorlage?

Sie löschen den Rahmen einer Vorlage, indem Sie zunächst auf einen freien Bereich der Vorlage klicken. Drücken Sie dann auf [Entf]. Aktivieren Sie im Dialogfeld die Option, die Sie entfernen wollen, und klicken Sie auf *OK*.

Wie kann ich Linien, Rechtecke und Kreise einfügen?

Workshops 2, 8 und 22

Linien, Rechtecke und Kreise sind grundlegende Figuren, mit deren Hilfe Sie auf einer Seite zeichnen können. Die Hilfsmittel finden Sie in der Werkzeugleiste. Mit dem *Auswahlwerkzeug* verändern Sie Größe und Position des Objekts. Mit den Werkzeugen *Linie, Rechteck, Kreis, abgerundetes Recheck* und *Polygon* zeichnen Sie neue Objekte. Eine Linie zeichnen: Wählen Sie das *Linienwerk-* *zeug*. Klicken Sie auf den Hintergrund und halten die Maustaste gedrückt. Damit geben Sie den Startpunkt der Linie an. Ziehen Sie an der Maus. Sie sehen auf dem Bildschirm, dass die Mausbewegung eine gestrichelte Linie aufspannt. Bewegen Sie den Mauszeiger auf den Endpunkt der Linie, und lassen Sie anschließend die Maustaste los.

Vorlagen bearbeiten

Die Linie erscheint nun richtig durchgezogen.
Ein Rechteck oder einen Kreis zeichnen: Wählen Sie das entsprechende Werkzeug aus. Klicken Sie auf die Vorlage, und halten Sie die linke Maustaste gedrückt. Ziehen Sie an der Maus. Sie sehen auf dem Bildschirm, dass die Mausbewegung ein Rechteck oder einen Kreis aufspannt. Den Mauszeiger bewegen Sie auf den gewünschten Endpunkt und lassen die Maustaste los. Wählen Sie das Auswahlwerkzeug, um das erzeugte Objekt zu verändern. Mit einem

Klick auf das Objekt wird es markiert. Dies erkennen Sie an den quadratischen, schwarzen Anfassern. Sie können nun mit der Maus auf einen der Anfasser gehen und die Größe durch Ziehen verändern. Wenn Sie mit der Maus am Objekt selbst ziehen, verschieben Sie es auf eine andere Position. Klicken Sie doppelt auf das Objekt. Das Dialogfeld *Objekt Eigenschaften* öffnet sich. Hier bestimmen Sie die Füllfarbe des Objekts sowie die *Stärke* und Farbe der *Kontur*. Bestätigen Sie die Änderungen mit OK.

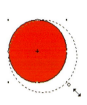

Wie erzeuge ich einen Schatten an einem Objekt?

Markieren Sie zunächst ein Objekt mit einem Mausklick. Sie erzeugen einen Schatten an diesem Objekt mit dem Symbol Schatten in der Ausrichtungsleiste. In einem Dialogfeld gestalten Sie das Aussehen des Schattens. Setzen Sie das Häkchen bei *Schatten anzeigen*, um die Schattenfunktion zu aktivieren. Mit Entfernen des Häkchens im Kontrollkästchen können Sie den Schatten wieder ausblenden.

Sie haben weitgehende Möglichkeiten, den Schatten zu verändern. Am besten ist es, wenn Sie die verschiedenen Optionen ausprobieren. Allerdings wirken nicht alle Kombinationen harmonisch: Je größer der Wert bei *Distanz*, umso höher scheint das Objekt über dem Untergrund zu schweben. Bei großen Distanzen muss auch der Wert für Kantenschärfe erhöht werden (die Kante wird unschärfer), damit der Eindruck des Schwebens realistisch wirkt. Bei mehreren Objekten mit Schatten sollten die Winkel gleich sein. Dadurch entsteht der Eindruck einer einzelnen Lichtquelle wie bei natürlichem Lichteinfall.

Diese Funktion ist bei Fotos, Cliparts und Texten verfügbar.

Workshops 22 und 30

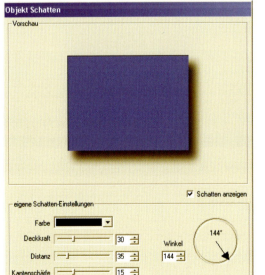

Fragen und Antworten

Wie erzeuge ich ein (halb-)transparentes Objekt?

Workshop 22

Markieren Sie zunächst ein Objekt mit einem Mausklick. Sie geben diesem Objekt eine Transparenz, indem Sie auf das Symbol 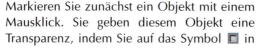 in der Ausrichtungsleiste von ADAC Druckstudio klicken. In einem Dialogfeld gestalten Sie das Aussehen des transparenten Objekts. Aktivieren Sie *Transparenz ein*, um die Schattenfunktion zu nutzen. Erneutes Klicken dieses Kontrollkästchens schaltet die gewählte Transparenz auch wieder ab.

Diese Funktion arbeitet auch bei Fotos und bei Textfeldern. Die wichtigste Option bei der Transparenz ist die *Deckkraft*. Durch Verändern dieser Einstellung bestimmen Sie, wie viel von den darunter liegenden Objekten zu sehen ist.

Die Liste *Füllmethode* bietet zwei verschiedene Verlaufseffekte an, mit denen das Objekt von 100 % *Deckkraft* bis zur eingestellten Deckkraft mit einem Transparenzverlauf gefüllt wird.

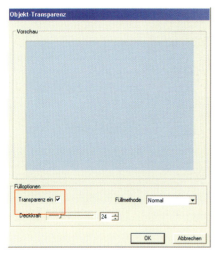

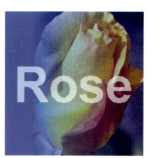

Wie füge ich Text in die Vorlage ein?

Workshop 18

Jeder Text steht innerhalb eines sogenannten Textrahmens. Diese Textrahmen können Sie wie andere Objekte mit der Maus verschieben, verkleinern und vergrößern. Sie fügen einen neuen Text auf die folgende Weise ein:

Klicken Sie in der Werkzeugleiste auf das *Textsymbol*.

Klicken Sie zunächst mit der Maus auf die Stelle in Ihrem Dokument, an der die linke obere Ecke des Textrahmens platziert werden soll. Halten Sie die Maustaste gedrückt, und ziehen Sie dann das Rechteck so groß, wie Sie es benötigen. Lassen Sie anschließend die Maustaste los.

Nun öffnet sich ein Fenster, in dem Sie Ihren Text eingeben.

Außerdem können Sie in diesem Dialogfeld Ihrem Text eine Schriftart zuweisen, die Größe der Schrift bestimmen, den Text ausrichten und weitere Formatierungen vornehmen. Klicken Sie auf *OK*, um den geänderten Text anzuzeigen.

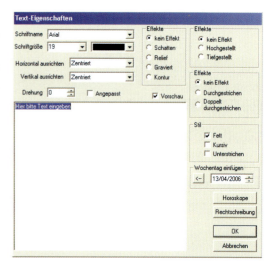

298

Vorlagen bearbeiten

Wie ändere ich den Text der Vorlage?

Doppelklicken Sie auf den Text. Daraufhin erscheint ein Dialogfeld, in dem Sie den Text ändern. Desweiteren können Sie in diesem Dialogfeld das Aussehen Ihres Textes verändern: eine Schriftart zuweisen, die Größe der Schrift bestimmen, den Text ausrichten sowie weitere Formatierungen vornehmen. Klicken Sie anschließend auf *OK*, um den geänderten Text anzuzeigen.

Die Software kennt auch automatische Textfelder, in die kein Text eingegeben werden muss, sogenannte *Feldnamen*. Die Angaben für Adresse und Namen werden in den Benutzereinstellungen verwaltet. Mit *Einstellungen, Meine Daten* ändern Sie diese Angaben.

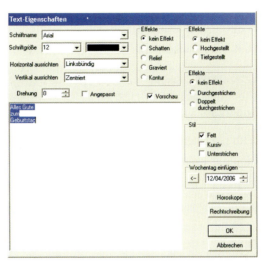

Workshops 1 und 23

Wie nutze ich die Rechtschreibprüfung?

Das ADAC Druckstudio hat eine eigene Rechtschreibprüfung, die vom Dialogfeld eines Textes aus zugänglich ist: Doppelklicken Sie zunächst auf den Text und danach im Dialogfeld für die Texteigenschaften auf *Rechtschreibung*.

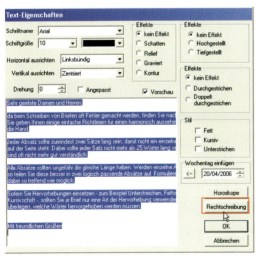

Nun überprüft das Rechtschreibprogramm jedes Wort des Textes und meldet sich, sobald es ein falsches oder unbekanntes Wort findet. Sie zeigt ein Dialogfeld an, in dem Sie den Fehler korrigieren können.

Folgende Optionen haben Sie für jedes von der Rechtschreibprüfung nicht im Wörterbuch gefundene Wort:

› Klicken Sie auf *Überspringen*, wenn das Wort richtig geschrieben ist, zum Beispiel bei Eigennamen.
› Klicken Sie auf *Hinzufügen*, um das Wort in das aktuelle ▸ **Wörterbuch** einzutragen. Es wird nun nie wieder als Fehler angezeigt.
› Klicken Sie auf *Ändern*, wenn die vorgeschlagene Änderung richtig ist und Sie sie übernehmen möchten.

Anschließend fährt die Rechtschreibprüfung fort und zeigt das nächste fehlerhafte bzw. unbekannte Wort an.

▸ **Wörterbuch**

Das integrierte Wörterbuch wird mit dem Druckstudio mitgeliefert. Es ist unabhängig von den Wörterbüchern anderer Programme wie beispielsweise Word.

299

Fragen und Antworten

Wie formatiere ich Text?

Workshops 5 und 14

Doppelklicken Sie auf ein Textelement, um die Formatierung zu ändern.
In diesem Dialogfeld finden Sie die in Textverarbeitungen üblichen Formate. Bei *horizontal ausrichten* wählen Sie die Absatzausrichtung wie zum Beispiel *linksbündig*. Bei *vertikal ausrichten* wählen Sie die Ausrichtung gegenüber dem oberen und unteren Rand des Rahmens. Die Ausrichtung bezieht sich auf die Position des Textes innerhalb seines Textrahmens. Eine deutliche Wirkung sehen Sie nur, wenn der Text kleiner ist als sein Textrahmen.

Wie ordne ich Text und Zahlen in einer Tabelle an?

Das Programm besitzt eine Tabellenfunktion, mit der Sie Tabellen in ein Dokument einfügen können. Klicken Sie dazu in der Werkzeugleiste auf das Tabellensymbol.
Klicken Sie zunächst mit dem Mauszeiger auf die Stelle in Ihrem Dokument, an der die linke obere Ecke der Tabelle platziert werden soll. Halten Sie die Maustaste gedrückt, und ziehen Sie dann das Rechteck so groß auf, wie Sie es benötigen. Lassen Sie die Maustaste los.
Nun öffnet sich ein Dialog, in dem Sie Anzahl der Spalten und Zeilen angeben.
Nach einem Klick auf *OK* erscheint der Tabelleneditor. Hier geben Sie den Inhalt der Tabelle ein. Sie können die Tabelle später jederzeit verändern, indem Sie darauf doppelklicken.

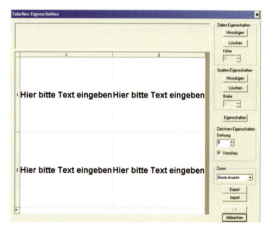

Sie fügen Text in eine Zelle ein, indem Sie auf die Zelle klicken. Sie öffnet sich nun im Bearbeitungsmodus. Klicken Sie auf den Zelleditor im oberen Bereich des Dialogfeldes.

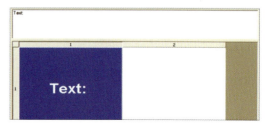

Vorlagen bearbeiten / Bilder einfügen und bearbeiten

Tippen Sie den Text ein, und klicken Sie auf eine andere Zelle, um die Eingabe abzuschließen. Neue Zeilen und Spalten fügen Sie mit Klick auf *Hinzufügen* im jeweiligen Eigenschaftenbereich hinzu. Das Löschen von Zeilen und Spalten erfolgt mit Klick auf *Löschen*. Textfarbe, Größe und weitere Formatierungen verändern Sie, indem Sie auf *Eigenschaften* klicken.

Wie ändere ich das Bild in einer Vorlage?

Klicken Sie das Bild an, sodass es markiert ist. Wählen Sie unter *Foto* oder *Clipart* ein neues Bild aus der Miniaturenleiste durch einfaches Anklicken oder ein Bild von der Festplatte durch Wahl des entsprechenden Eintrags im linken Menü. Das alte Bild wird sofort gegen das neu gewählte Bild ausgetauscht.

Workshop 25

Wie lösche ich das Bild in einer Vorlage?

Sie löschen das Bild in einer Vorlage, indem Sie das Bild anklicken, sodass es markiert ist. Drücken Sie auf die Taste [Entf]. Das Programm zeigt ein Dialogfeld an, in dem Sie die Option *Objekt entfernen* aktivieren. Klicken Sie dann auf *OK*.

Wie füge ich ein Bild von der Festplatte ein?

Zusätzlich zu den in den Workshops des Programms integrierten Fotos und Cliparts können Sie auch jede andere Art von Bild im Programm benutzen. Das können eigene Fotos sein, die Sie auf der Festplatte Ihres Rechners gespeichert haben, oder auch Cliparts, die Sie von den zusätzlichen 3 Clipart-CDs auf Ihren Rechner kopiert haben.

Um eine Grafik von der Festplatte zu öffnen, müssen Sie zunächst die Art des Bildes – *Foto* oder *Clipart* – festlegen. Wählen Sie dann in der Kategorienliste den Eintrag *von Festplatte*. Es erscheint ein Dialogfeld, mit dem Sie auf Ihrer Festplatte nach Grafiken suchen können. Navigieren Sie, wie im Windows Explorer gewohnt, zum Ordner mit den gesuchten Bildern. Wählen Sie rechts das gewünschte Bild aus. Der Infobereich unten links erlaubt eine Vorschau des ausgewählten Bildes. Klicken Sie auf *Öffnen*, um das Bild schließlich einzufügen.

Fragen und Antworten

Wie füge ich ein Bild vom Scanner ein?

Bevor Sie das erste Mal mit dem Druckstudio scannen, muss der zu Ihrem Gerät passende Scanner-Treiber ausgewählt werden. Klicken Sie dazu auf *Einstellungen*, dann im Menü auf *Einstellungen*, Registerkarte *Twain*. Den richtigen Treiber erkennen Sie am Kürzel WIA (*Windows Imaging Access*). Wählen Sie den ▸ **Treiber** aus, und klicken Sie dann auf *OK*.

▸ **Treiber**
Dienstprogramm für den Datenaustausch zwischen einem Gerät und dem PC.

Nun erscheint der Scan-Assistent von Windows.

Sie können den Scanner nun einsetzen, um ein Hintergrundbild oder ein Foto auf der Seite einzufügen.
Die gescannten Bilder werden dann direkt eingefügt und zusammen mit der aktuellen Vorlage gespeichert. Starten Sie den Scan mit einer der beiden folgenden Vorgehensweisen:

› Zum Scannen eines Hintergrundbildes klicken Sie auf die Schaltfläche *Hintergrundbild scannen*. Das gescannte Bild wird dann automatisch an die Größe der Vorlage angepasst und lässt sich nicht mit den Anfassern vergrößern oder verkleinern. Ein vorher eventuell vorhandener Hintergrund wird ersetzt.

› Zum Scannen eines Fotos klicken Sie in der oberen Liste auf den Eintrag *Fotos*. Klicken Sie unten auf *von Scanner*. Das gescannte Bild erscheint als neues Objekt. Es lässt sich in der Größe verändern.

Klicken Sie hier auf *Vorschau*. Der Scan-Assistent zeigt ein Markierungsrechteck mit grünen Anfassern an. Damit können Sie den Scan-Bereich durch Ziehen mit der Maus festlegen. Klicken Sie auf *Qualität des Bildes verbessern*, um die Bildoptionen einzustellen. Mit den beiden Reglern *Helligkeit* und *Kontrast* können Sie das Aussehen des Bildes ändern. Es ist allerdings besser, diese Einstellungen bei Bedarf nach dem Scannen mit dem Bildeditor des Programms zu ändern. Bei zu starken Änderungen müssten Sie sonst erneut scannen. In der Liste *Auflösung* können Sie die Genauigkeit des Scans bestimmen und bei Bildtyp zwischen Farbe und Schwarzweiß auswählen. Klicken Sie auf *OK*, wenn die Einstellungen perfekt sind.
Klicken Sie auf *Scannen*, um den Scanvorgang zu starten. Das Bild wird angezeigt und auf der Festplatte gespeichert. Das anschließende Dialogfeld informiert Sie über den Speicherplatz.

Bilder einfügen und bearbeiten

Wie bestimme ich die Scan-Auflösung?

150 dpi ist die optimale Scan-Auflösung für platzsparende Bilder. Mit dpi (dots per inch) sind Punkte pro Zoll gemeint. Jeder Bildblock in der Größe von 2,54 cm x 2,54 cm (ein Quadratzoll) wird in 150 Zeilen zu 150 Spalten aus Bildpunkten aufgeteilt. Bei 150 dpi sind es 22.500 Bildpunkte, bei 200 dpi schon 40.000 und bei 300 dpi 90.000. Die Grundregel lautet: Verdoppelung der Auflösung bedeutet Vervierfachung der Anzahl der Bildpunkte. So entstehen sehr schnell riesige Dateien. Sie können die Datenmenge durch eine niedrige Auflösung verringern, beispielsweise auf 100 dpi. Weiteren Platz sparen Sie beim Speichern mit einem komprimierenden Dateiformat wie JPG.

Wie füge ich ein Bild von der DigiCam ein?

Das ADAC Druckstudio unterstützt Kameras mit einer TWAIN-, WIA- und einfacher USB-Schnittstelle. Wenn Sie die Digitalkamera mit dem Computer verbinden, erscheint daraufhin meistens eine Windows-Meldung zum Kopieren der Bilder. Schließen Sie diese Meldung, und klicken Sie auf einen der drei DigiCam-Einträge in der unteren Liste. Je nach Kameratyp funktioniert unter Umständen nur einer der Einträge. Hinweise zur Schnittstelle der Kamera finden Sie in jedem Fall in Ihrem Kamerahandbuch. Wählen Sie nun Ihre Digitalkamera aus.

Das Programm blendet ein Dialogfeld zur Auswahl der Bilder ein. Jedes Bild in der Kamera wird als Miniaturbild dargestellt. Ein Bild markieren Sie per Mausklick auf die Miniatur, mehrere Bilder wählen Sie, indem Sie ⇧ gedrückt halten und die entsprechenden Miniaturen anklicken.
Klicken Sie auf *Bilder übertragen*. Das Programm kopiert die Bilder bei einer Standardinstallation des Programms in den Pfad *C:\Programme\ADAC-Software\ ADAC DruckStudio\data\ fotos\images*. Von dort können Sie die Bilder wie gewohnt im Druckstudio verwenden.

303

Fragen und Antworten

Wie bestimme ich Bildausschnitte?

Workshops 26 und 29

Oft haben Fotos Bildbereiche, in denen sich kein interessantes Motiv befindet. In diesem Fall können Sie nur einen bestimmten Ausschnitt eines Bildes für die Gestaltung verwenden. Dieser wird im Fotoeditor des Programms bestimmt. Markieren Sie das Bild mit einem Mausklick, und wählen Sie *Bearbeiten*, *Foto-Effekte*.

Daraufhin öffnet sich der Fotoeditor. Klicken Sie in der Werkzeugleiste des Editors auf das Symbol *Freistellen*. Damit können Sie einen Bildausschnitt bestimmen und störende Bildbereiche entfernen.

Das Programm blendet sogleich einen Markierungsrahmen in das Bild ein. Diese Umrandung bestimmt den Bildausschnitt für das Freistellen.

Verschieben Sie den Markierungsrahmen mit der Maus an eine für den Bildausschnitt passende Position, und vergrößern Sie ihn entsprechend des gewünschten Ausschnittes. Ziehen Sie dafür an den Anfassern des Markierungsrahmens. Klicken Sie anschließend auf *Anwenden*, um den Bildausschnitt wie gewünscht freizustellen.

Den Fotoeditor mit einem Klick auf *Zurück* beenden. Beantworten Sie die Speicherabfrage anschließend mit *Ja*.

Wie kann ich Helligkeit und Kontrast eines Bildes korrigieren?

Durch die Erhöhung des Kontrasts kann ein Bild an Ausdruckskraft gewinnen. Gehen Sie folgendermaßen vor: Markieren Sie das Bild, und öffnen Sie den Fotoeditor mit *Bearbeiten*, *Foto-Effekte*. Wählen Sie den Effekt *Kontrast* aus der Effekt-Liste oben links aus.

Nun erscheinen unten Miniaturen, die unterschiedliche Stärken des Effekts zeigen – von in Grau verschwimmenden Farben bis zu hartem Kontrast. Mit einem Klick auf eine Miniatur wird die zugehörige Intensität automatisch eingestellt. Sie können die Intensität des Effekts auch mit dem Schieberegler justieren.

Klicken Sie auf *Anwenden*, um den Effekt an das Bild zu vergeben.

Bilder einfügen und bearbeiten

Eine veränderte Helligkeit ist insbesondere dann hilfreich, wenn über das Foto ein Text gelegt wird. Dunkler Text auf einem aufgehellten Bild oder heller Text auf einem abgedunkelten Bild ist sehr viel besser lesbar. Der Effekt *Helligkeit* wird auf dieselbe Weise vergeben wie *Kontrast*: Wählen Sie ihn aus der Effekt-Liste oben links aus, klicken Sie auf eine der Miniaturen oder ziehen Sie am Schieberegler, und vergeben Sie den Effekt mit Klick auf *Anwenden*.

Sie beenden den Effekteditor mit Klick auf *Zurück*. Beantworten Sie die Speicherabfrage mit *Ja*.

Wie kann ich die Schärfe eines Bildes korrigieren?

Markieren Sie das Bild, wählen Sie *Bearbeiten, Foto-Effekte,* und wählen Sie in der Effekt-Liste *Verschwimmen, Schärfe* oder *Unschärfe*.

› *Verschwimmen* ist ein Weichzeichnereffekt. Sie können ihn benutzen, um zum Beispiel Sommersprossen oder Falten auf Gesichtern oder dunkle Flecken auf weißen Flächen zu kaschieren.

› *Schärfe* korrigiert ein leicht unscharfes Bild etwas nach. Diese Korrektur behebt Bildunschärfen nicht vollständig, da sie niemals die Qualität echter Bildschärfe hat.

› *Unschärfe* macht ein Bild bewusst unscharf. Mit diesem Effekt können Sie ein Bild verfremden oder Sie setzen einen Bildteil unscharf, um Text darüber besser lesbar zu machen.

Um den Effekt nur auf einen kleinen Bereich des Bildes anzuwenden, benutzen Sie die Werkzeuge *ellipsenförmiger Ausschnitt* und *rechteckiger Ausschnitt* in der Werkzeugleiste. Mit dem Schieberegler stellen Sie die Stärke des Effekts ein. Bestätigen Sie die Änderungen mit einem Klick auf *Anwenden*.

305

Fragen und Antworten

Wie mache ich einen Bildbereich unkenntlich?

Wählen Sie im Vorlageneditor *Bearbeiten*, *Foto-Effekte*. Klicken Sie auf das Werkzeug für eine rechteckige oder kreisförmige Markierung, und bestimmen Sie einen Bildausschnitt. Wählen Sie in der Effektliste *Mosaik*, und klicken Sie auf eine Miniatur, um sich den Effekt anzeigen zu lassen. Anschließend gehen Sie auf *Anwenden*.

Wie füge ich einen Schmuckrahmen ein?

Workshop 22

Klicken Sie das Bild an, wählen Sie in der oberen Liste *Rahmen* und in der unteren die Rahmenart. Klicken Sie dann auf die Miniatur des gewünschten Rahmens. Das Foto wird mit dem Rahmen angezeigt. Sie können den Rahmen entfernen, indem Sie das gerahmte Foto markieren und anschließend auf [Entf] drücken.

Bilder einfügen und bearbeiten / Vorlagen speichern und konvertieren

Wie nutze ich Passepartouts?

Passepartouts sind Masken, die nur bestimmte Teile eines Fotos sichtbar lassen, andere dagegen abdecken. Als Schmuckelement sehen sie sehr dekorativ aus. Klicken Sie das Bild an, wählen Sie oben links *Passepartouts* und unten die Gestaltung. Klicken Sie anschließend auf die Miniatur des gewünschten Passepartouts.

Diejenigen Bereiche, die in der Miniaturansicht grün dargestellt sind, bleiben im Foto bestehen. Die äußeren, rosafarbenen Bereiche werden entsprechend verdeckt. So lassen sich Fotos mit weichen oder geschwungenen Rändern erzeugen. Um das Passepartout zu entfernen, drücken Sie die [Entf]-Taste.

Workshops 12, 21 und 24

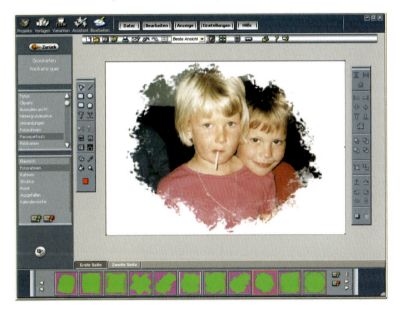

Wie speichere ich die Vorlage dauerhaft?

Mit dem Befehl *Datei, Speichern als* bzw. dem Symbol 🖫 sichern Sie die aktuell im Vorlageneditor angezeigte Vorlage auf der Festplatte.

Klicken Sie auf *Zu Eigene Projekte hinzufügen*, um die Datei für ▸ *Eigene Vorlagen* in der Vorlagenauswahl zu registrieren. Um die Datei wieder zu öffnen, müssen Sie nun bei der Vorlagenauswahl in der unteren Liste auf den Eintrag *Eigene Vorlagen* klicken.

▸ **Eigene Vorlagen**

Selbst erstellte Vorlagen zur mehrmaligen Verwendung sind hier angelegt. Sie finden sie in der Vorlagenauswahl unter *Eigene Vorlagen*.

307

Wie erstelle ich eine HTML-Datei?

HTML-Dateien benötigen Sie, um Webseiten zu erstellen und Ihre Gestaltung im Internet zu präsentieren. Wählen Sie in der Vorlagenauswahl oder im Vorlageneditor *Datei, Export als, HTML-Datei*. Im folgenden Dialogfeld treffen Sie die HTML-Optionen:

> Klicken Sie auf die Schaltfläche bei *Export-Verzeichnis wählen*, und stellen Sie einen Ordner ein, in dem die HTML-Dateien gespeichert werden sollen.
> Wählen Sie bei *Bildgröße* die gewünschte Größe in Pixel. Bitte beachten Sie, dass Bilder über 1024 Pixel Breite meist breiter sind als der Monitor.
> Klicken Sie auf *HMTL-Export*, um den Exportvorgang zu starten.
> Klicken Sie auf *HMTL anzeigen*, um die Datei im Browser zu öffnen.

Wie exportiere ich eine Grafikdatei aus der Vorlage?

Grafikdateien benötigen Sie, wenn Sie Ihre Gestaltung in ein anderes Programm einfügen wollen, beispielsweise in Microsoft Word. Wählen Sie *Datei, Export als, Grafik-Datei*.

> Klicken Sie auf die Schaltfläche bei *Export-Verzeichnis wählen*, und stellen Sie einen Ordner ein, in dem die Grafikdatei gespeichert werden soll.
> Wählen Sie bei *Resolution* die Auflösung der Grafik in dpi.
> Wählen Sie bei *Grafik-Format* den Dateityp. Im Gegensatz zu den übrigen Formaten, erzeugt das JPG besonders kleine Dateien.
> Klicken Sie auf *Grafik-Export*, um den Exportvorgang zu starten.
> Klicken Sie auf *Export-Ordner öffnen*, um die erzeugte Datei zu öffnen.

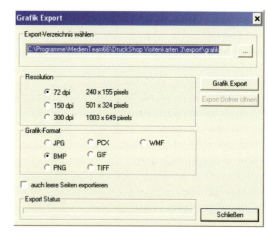

Vorlagen speichern und konvertieren

Wie erzeuge ich eine PDF-Datei?

Eine PDF-Datei benötigen Sie beispielsweise, wenn Sie Ihre Gestaltung im Copyshop oder in der Druckerei drucken lassen wollen. Wählen Sie *Datei, Export als, PDF-Datei*. Klicken Sie auf die Schaltfläche bei *Export-Verzeichnis wählen*, und richten Sie einen Ordner ein, in dem die PDF-Datei gespeichert werden soll. Wählen Sie bei *Bildgröße* die gewünschte Größe in Pixel. Klicken Sie auf *PDF-Export*, um den Exportvorgang zu starten.

Klicken Sie anschließend auf *PDF anzeigen*, um die erzeugte Datei mit dem Programm
▸ **Adobe Reader** zu öffnen und zu betrachten.

Workshop 5

▸ **Adobe Reader**

Kostenloses Betrachtungsprogramm für PDF-Dateien. Erhältlich im Internet unter www.adobe.de.

Wie sende ich ein Dokument per E-Mail?

Vor dem ersten Senden einer E-Mail aus dem ADAC Druckstudio müssen Sie einige Angaben machen, damit E-Mails richtig versendet werden können. Klicken Sie auf *Datei, E-Mail senden, E-Mail-Einstellungen*. Folgende Angaben sind vorab wichtig:

▸ *E-Mail-Adresse*: Tippen Sie hier Ihre eigene E-Mail-Adresse ein.
▸ *Postausgang* (*SMTP*): Tragen Sie den SMTP-Server ein (z. B. *mailto.t-online.de*). Den Namen erfahren Sie bei Ihrem Internetanbieter.
▸ *SMTP-Mail-Server erfordert Authentifizierung*: Aktivieren Sie diese Option, und geben Sie bei Kontoname und Kennwort Ihre persönlichen Anmeldedaten für den Mail-Server an. Diese Daten erfahren Sie ebenfalls bei Ihrem Internetanbieter.

Vom Vorlageneditor oder der Vorlagenauswahl aus senden Sie ein Dokument als E-Mail, indem Sie *Datei, E-Mail senden* wählen. Zunächst erscheint das Dialogfeld *E-Mail versenden*. Geben Sie die Empfängeradresse, einen Betreff und einen kurzen Text ein. Bestimmen Sie außerdem, ob eine *Text-Mail* mit Anhang oder eine *HTML-Mail* mit eingebetteter Grafik verschickt wird.

Workshop 15

309

Fragen und Antworten

▸ **JPG-Datei**
Komprimiertes Format für Bilddateien. Kleine Dateigröße, aber eventuell mit verringerter Bildqualität.

Ein Dokument wird nach einem Klick auf Senden immer als ▸ JPG-Datei versandt. Sie sollten bei größeren Formaten die Größe des Bildes verringern. Dies erledigen Sie durch Eingabe eines Prozentwertes in das vorgegebene Feld Originalgröße. Günstig sind resultierende Größenwerte zwischen 200 und 600 Pixel.

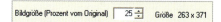

Nach einem Klick auf Vorschau sehen Sie die verkleinerte Grafik. Stellen Sie in der Zoomliste mit den Prozentangaben den Wert 100 % ein, um die veränderte Datei in der endgültigen Größe zu sehen. Sie können hier die Qualität der Grafik beurteilen.

Wie gebe ich Feiertage, Ferien und Geburtstage in den Kalender ein?

Workshop 21

Kalender lassen sich mit vielfältigen Einstellungen individuell anpassen. Mit Auswahl der Region werden die dort gültigen Feiertage im Kalender markiert, außerdem können eigene Festtage eingetragen werden.

Region auswählen
Wählen Sie *Einstellungen*, *Einstellungen*, und aktivieren Sie das Register *Kalender*. Wählen Sie dann Ihr *Land* (Deutschland, Schweiz oder Österreich) aus und bei *Gebiet* das Bundesland, die Region oder den Kanton.
Auf Wunsch können Sie bei *Sprache* die Sprache der Monate und Wochentage wählen. Das Programm berechnet sämtliche in Ihrem Bundesland oder Kanton gültigen Ferientermine und Feiertage.

Unterschiedliche Tagesarten
Alle besonderen Tage des Jahres sind in der Liste im unteren Bereich des Dialogfelds aufgeführt. Sie sind unterteilt nach Tagesarten, die im Kalender in unterschiedlichen Farben dargestellt werden.

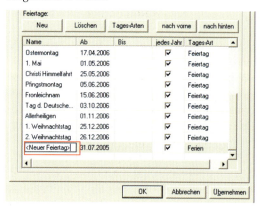

▸ *Feiertage*: Dies sind zum Beispiel Tage wie Weihnachten, Ostern oder ein anderer gesetzlicher Feiertag, an dem in Ihrem Bundesland arbeitsfrei ist. Die Feiertage werden wie Sonntage in Rot angezeigt.

Weitere Funktionen

> *Ferien*: Sie werden als eine Folge von Tagen berücksichtigt, deren Tageszahlen im Kalender in blauer Schrift angegeben werden – zum Beispiel Schulferien oder der Jahresurlaub.

> *Geburtstag*: Diese Tagesart wird in gelber Schrift dargestellt. Sie können damit alle wichtigen Geburtstage angeben.

> *Benutzerdefinierte Tagesart* zeigt eine Tagesart, der Sie eine eigene Bezeichnung und Schriftfarbe geben können. So ist es möglich, gleich mehrere für Sie relevante Termintypen in den Kalender einzutragen. Projekte wie Gartenbeete bepflanzen, Kurzreisen zu Verwandten oder auch Angaben zum Jahresurlaub können hier problemlos berücksichtigt werden.

Neue Sondertage hinzufügen

Sie befinden sich immer noch im Dialogfeld *Einstellungen*, Register *Kalender*. Um einen neuen Eintrag zu definieren, klicken Sie auf *Neu*. Das Programm fügt am Ende der Liste eine neue Zeile ein. Geben Sie in der ersten Spalte einen Namen für den Eintrag an, beispielsweise den Namen einer Person, eines Feiertages oder eine Bezeichnung wie *Jahresurlaub*. Dieser Name wird im Kalender angezeigt.

Klicken Sie in dem soeben erzeugten Datensatz auf das Feld in der Spalte *Ab*. Es erscheint ein Kalender. Wählen Sie hier das Datum des Termins oder das erste Datum eines Datumsbereichs.

Einige Termine sind mehrtägig wie die Angaben zu *Ferien*. Klicken Sie für solch einen Termin auf das Feld in der Spalte auf die Spalte *Bis*. Wählen Sie nun das letzte Datum des Datumsbereichs. Bei eintägigen Terminen lassen Sie die Angabe *Bis* leer.

Aktivieren Sie für den neuen Termin das Kontrollkästchen *Jedes Jahr*, wenn es sich um einen wiederkehrenden Termin handelt, zum Beispiel einen Feiertag, einen Geburtstag oder einen Gedenktag.

Wählen Sie aus der letzten Spalte die Art des Eintrags, beispielsweise *Geburtstag*. Jede Tagesart wird in einer anderen Farbe dargestellt.
Klicken Sie auf *OK*, um die Einstellungen zu speichern.

Tagesarten nach Wunsch formatieren

Öffnen Sie eine Kalendervorlage aus der Vorlagenauswahl. Klicken Sie doppelt auf die Kalendermatrix, das Dialogfeld *Eigenschaften – Monat* öffnet sich. Im Register *Layout Tagesmatrix* legen Sie das Aussehen der Zahlen und Hintergrundfarbe für jede Tagesart gesondert fest. Wählen Sie beispielsweise aus der Liste der Tagesarten den Eintrag *Geburtstag,* und verändern Sie die Formatierung nach Belieben. Die Beschriftung eines Sondertages wie z. B. den Namen eines Geburtstagskindes, formatieren Sie im Register *Formatierung Sondertage-Name*. Mit einem Klick auf *Übernehmen* sehen Sie sofort die Auswirkungen der Formatänderungen. Klicken Sie auf *OK*, um die Änderungen zu speichern.

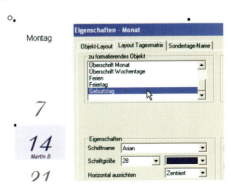

Fragen und Antworten

Wie erzeuge ich ein Kreuzworträtsel?

Workshop 20

Klicken Sie auf das Kreuzworträtselsymbol in der Werkzeugleiste.

Ziehen Sie mit gedrückter Maustaste auf der Vorlage die gewünschte Größe des Kreuzworträtsels auf. Jetzt erscheint das folgende Dialogfeld auf dem Bildschirm:

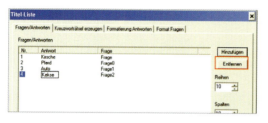

Hier konfigurieren Sie das Kreuzworträtsel und geben die Fragen und Antworten ein.

› Klicken Sie auf *Hinzufügen*, um ein Frage/Antwort-Paar einzugeben. Je mehr Fragen und Antworten Sie eingeben, desto besser wird Ihr Kreuzworträtsel berechnet.

› Im Register *Fragen/Antworten* stellen Sie bei *Reihen* und *Spalten* die Größe des Rätsels ein. Bei der Eingabe der Antworten müssen Sie darauf achten, dass die Antwortbegriffe nicht länger sein dürfen als das Rätsel breit oder hoch ist.

› Sie bearbeiten die Antwort oder die Frage, indem Sie darauf klicken und dann den Text ändern.

Die Antwort hat bei einem Kreuzworträtsel Vorrang: Sie sollten zuerst einige Begriffe eingeben, ohne auf die Fragen zu achten. Um ein vollständiges Rätsel zu erzeugen, müssen Sie relativ viele Begriffe als Antwort vorgeben. Wechseln Sie zum Register *Kreuzworträtsel erzeugen*. Hier wird aus den bisher eingegebenen Antworten ein Kreuzworträtsel berechnet und angezeigt. Sie können auf einen Blick überprüfen, ob das Rätsel bereits vollständig ist. Wechseln Sie gegebenenfalls zurück zum Register *Fragen/Antworten*, um weitere Frage-Antwort-Paare einzugeben.

Ein Klick auf die Schaltfläche *Neu* bewirkt, dass die eingegebenen Begriffe neu zusammengestellt werden und ein alternatives Rätsel erstellt wird. Vorher erzeugte Rätsel bleiben gespeichert und sind über das Aufklappmenü wieder erreichbar.

Klicken Sie auf *OK*, um das Kreuzworträtsel in der Vorlage einzufügen. Die Liste der Fragen wird als unabhängiges Textfeld angezeigt, das frei formatiert werden kann. Klicken Sie doppelt auf das Rätsel und die Fragenliste, um Farben, Schriftarten, Hintergründe und ähnliches zu verändern. Es bietet sich beispielsweise an, die *Schriftgröße* der Fragen zu verringern.

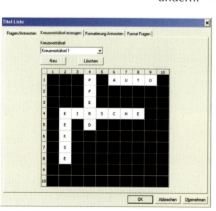

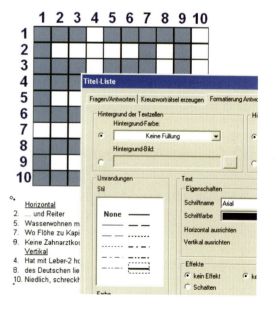

Weitere Funktionen

Wie füge ich ein Horoskop ein?

Klicken Sie auf das *Textsymbol* T in der Werkzeugleiste. Ziehen Sie mit gedrückter Maustaste ein Textfeld in der gewünschten Größe des Horoskops auf.
Das Dialogfeld *Text-Eigenschaften* öffnet sich.

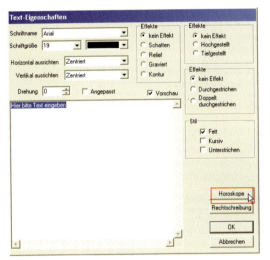

Klicken Sie auf die Schaltfläche *Horoskop*. Es erscheint das folgende Programmfenster. Geben Sie Namen, Geburtsort, Geburtsdatum und -zeit der Per-

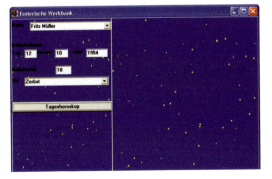

son ein, für die das Horoskop ausgestellt werden soll. Bei den Angaben zur Geburtszeit reicht es, eine Annäherung anzugeben. Wenn Sie beispielsweise mittags geboren wurden,

geben Sie *12:00* ein. Falls Sie den Geburtsort nicht in der Liste finden, wählen Sie die nächstgelegene Stadt aus.
Das Programm berechnet, wie die Sterne an einem bestimmten Tag für die betreffende Person stehen. Klicken Sie auf *Tageshoroskop*, und geben Sie das Datum für das Horoskop ein. Voreingestellt ist das aktuelle Datum. Bestätigen Sie mit *OK*.

Nun erscheint wieder der Textdialog. Klicken Sie hier das große Bearbeitungsfeld an, und drücken Sie auf [Strg]+[V]. Damit fügen Sie das Horoskop in den Texteditor ein. Formatieren Sie den Text wie gewohnt – zum Beispiel in *Times* New *Roman 12 Punkt* – und bestätigen Sie mit *OK*.

Workshop 20

Mit Klick auf [Strg]+[V] erscheint das Horoskop hier.

313

Anhang

Glossar

Absatz
Ein Absatz unterteilt mehrere Sätze, die in einem Sinnzusammenhang stehen, in Bereiche. Im ADAC Druckstudio ist ein Absatz eine Menge an Text, die sich in einem **Textrahmen** befindet und mit einem Druck auf die Eingabetaste abgegrenzt wird. Sie können bei Absätzen zum Beispiel die **Ausrichtung** innerhalb der Ränder des Textrahmens oder den **Zeilenabstand** verändern. Alle Absätze in einem Textrahmen haben dieselbe Ausrichtung und denselben Zeilenabstand.

Additive Farbmischung
Ein optisches Modell, welches das Mischverhalten von Lichtfarben beschreibt. Die Mischfarben entstehen durch das Hinzufügen neuer Spektralbereiche. Häufig – beispielsweise bei Bildschirmen oder Videoprojektoren – werden hierfür die drei Grundfarben Rot, Grün und Blau eingesetzt (sogenanntes RGB-Modell), durch deren Kombination sich ein großer Teil des vom Menschen wahrnehmbaren Farbraums erzeugen lässt.

Adobe Reader
Der Adobe Reader zeigt **PDF-Dokumente** an und kann kostenlos von www.adobe.de heruntergeladen werden.

Adressbuch
Im Menü **Einstellungen**, **Meine Daten** können Sie Adressen eingeben, die Sie im Zusammenhang mit der **Seriendruck-Funktion** verwenden können.

Anlass-Verwaltung
Ein spezieller Bereich der Benutzereinstellungen. Mit ihr kann man die Daten für einen geplanten Anlass, etwa eine Hochzeit oder eine Veranstaltung, eingeben. Damit können in den Vorlagen für Einladungen oder Plakate vom Programm automatisch Angaben wie Gästeadressen oder Name des Gastgebers eingefügt werden. Im Menü **Einstellungen** auf den Unterpunkt **Meine Daten** gehen und dort auf Anlass klicken, um die Daten einzugeben. Die Angaben über **Feldnamen** und die Unterkategorien **Anlass** und Teilnehmer in die Vorlage einfügen. Im Druckdialog die Option **Seriendruck** aktivieren.

Anfasser
Anfasser sind kleine Punkte an den Ecken und Seiten eines markierten Objekts.
Sie dienen der Größenänderung des Objekts mit der Maus. Bilder lassen sich mithilfe dieser Anfasser auch drehen. Siehe **Drehen (mit der Maus)**.

Anordnen
Die **Ausrichten**-Symbolleiste besitzt einige Symbole, mit denen Sie Objekte auf verschiedenen Ebenen über- und untereinander anordnen können. Dabei verdecken, bei übereinander angeordneten Objekten, die oberen Objekte die darunterliegenden. Normalerweise wird die Reihenfolge der Objekte durch die Reihenfolge des Einfügens bestimmt. Mit diesen Symbolen können Sie die Reihenfolge der Objekte verändern.

Arbeitsbereich
Die Anzeige bestimmter Symbolleisten wie des Lineals und anderer Oberflächeneinstellungen können im Programm als Arbeitsbereich gespeichert werden. Ein Arbeitsbereich besitzt einen Namen und stellt nach dem Laden die Arbeitsumgebung mit allen Leistenpositionen wieder her. Diese erzeugen einen neuen Arbeitsbereich mit dem Befehl **Anzeige, Arbeitsbereich, Speichern**. Sie laden einen vorhandenen Arbeitsbereich mit dem Befehl **Anzeige, Arbeitsbereich, Laden**.

ASCII-Zeichensatz
(Abk. für American Standard Code for Information Interchange) Der klassische **Zeichensatz** der Computer-Ära aus 127 Zeichen und ohne Umlaute oder Sonderzeichen anderer Sprachen. Da ASCII für die Verwendung außerhalb der USA nicht ausreicht, wurde der Zeichensatz erweitert. Alle erweiterten Zeichensätze für europäische und außereuropäische Sprachen umfassen jedoch auch den ASCII-Zeichensatz.

Auflösung
Alle Fotos und Ausdrucke liegen in einer bestimmten Auflösung vor. Die Auflösung bezeichnet die Dichte der einzelnen Bildpunkte auf dem Dokument. Je höher die Auflösung desto besser die Druckqualität. Ein Bild mit einem Inhalt von 100 x 100 Bildpunkten und einer Größe von 100 mm x 100 mm hat beispielsweise eine Auflösung von 1 pro mm. Sie wird meist in dpi (Dots per Inch) angegeben. Das ist die Anzahl von Bildpunkten, die auf einer Strecke von 1 Zoll (2,54 cm) Länge liegen.

Ausrichtung
Eine Form der Absatzformatierung. Damit ist die Art gemeint, in der die Textzeilen auf dem Papier angeordnet sind. Es gibt linksbündige, zentrierte, rechtsbündige Ausrichtung (**Flattersatz**) und **Blocksatz**.

Ausrichten-Symbolleiste
Enthält Werkzeuge und Befehle, mit denen die Positionen von Texten und Bildern auf einer Vorlage zueinander bestimmt werden und die Ebenenreihenfolge verändert wird. So kann man beispielsweise mit den **Zentrieren**-Werkzeugen ein Objekt genau mittig auf der Vorlage positionieren. Spezielle Funktionen der Ausrichten-Symbolleiste sind weiterhin **Transparenz** und **Schatten** von Objekten.

Ausschneiden
Mit der **Tastaturkombination** [Strg]+[X] entfernen Sie ein **Objekt** aus dem **Arbeitsbereich** und kopieren dieses in die **Zwischenablage**.

Auswählen
Klicken Sie auf ein Objekt im Arbeitsbereich. Erscheinen **Anfasser** rund um das Objekt, so ist das Objekt ausgewählt.

Benutzer
Auf das ADAC Druckstudio können mehrere Benutzer zugreifen. Die persönlichen Daten können im Menü **Einstellungen, Meine Daten** gewechselt werden.

Bildbearbeitung
Meint ganz allgemein die Veränderung von Bildern, insbesondere die Korrektur von Schärfe, Helligkeit, Kontrast usw. Im Druckstudio wird die Bildbearbeitung im **Bildeffekte-Editor** vorgenommen.

Bildeffekte-Editor
Programmbereich zum Beschneiden und Verändern von Fotos. Erreichbar mit Doppelklick auf ein Foto in der geöffneten Vorlage. Im Bildeffekte-Editor gemachte Veränderungen des Bildes werden mit Klick auf **Anwenden** und auf **Zurück** in die Vorlage übernommen. Alle Veränderungen können auch später noch über die **Historie** wieder rückgängig gemacht werden.

Bildlauf-Leiste
Mit der Bildlauf-Leiste, auch Scroll-Leiste genannt, können Sie die angezeigten Inhalte des Arbeitsbereichs verschieben. Die Bildlauf-Leisten im ADAC Druckstudio befinden sich unterhalb und rechts des Arbeitsbereichs.

Bildpunkte
▶ siehe **Pixel**

Bildschirmauflösung
Die Zahl der Punkte, die auf Ihrem Monitor in horizontaler und vertikaler Richtung angezeigt werden. Je höher die Bildschirmauflösung, desto mehr Informationen können dargestellt werden.
▶ siehe **Auflösung**

Blocksatz
Gegensatz zum **Flattersatz**. Die Zeilen sind hierbei sowohl links- als auch rechtsbündig ausgerichtet. Blocksatz ist ein Standard für viele Dokumente, in denen große Textmengen ansprechend und leicht lesbar präsentiert werden müssen.

Bit
Grundeinheit der Informationsverarbeitung mit dem Computer. Ein Bit kann entweder gesetzt oder gelöscht sein. Ein gesetztes Bit besitzt die Information „Ja" oder „Wahr" und wird durch den Zahlenwert 1 symbolisiert. Ein gelöschtes Bit dagegen wird als 0 dargestellt und entspricht „Nein" oder „Falsch". Anstelle von Bits werden jedoch gewöhnlich 8 Bits zu einem **Byte** als Informationsträger zusammengefasst.

Browser
Bezeichnung für ein Programm, mit dem Webseiten angezeigt werden können. Die bekanntesten Browser sind der Microsoft Internet Explorer und Mozilla Firefox.

Bubble Jet-Druckverfahren
Bubble-Jet-Drucker erhitzen die Tinte in der Düse, sodass sich durch das verdampfende Wasser in Bruchteilen einer Sekunde eine winzige Blase bildet. Diese drückt einen Tintentropfen aus der Düse, der buchstäblich auf das Papier geschossen wird. Die Düse kann bis zu 10.000-mal pro Sekunde feuern. Das Bubble-Jet-Verfahren ist preiswert in der Herstellung, die Druckköpfe verschleißen jedoch sehr schnell. Die Druckköpfe sind deshalb meist in die Tintenpatrone integriert und werden deshalb immer dann ausgetauscht, wenn die Tinte aufgebraucht ist und eine neue Patrone eingelegt wird.

Byte
Bezeichnung für eine Gruppe aus 8 **Bit**. Das Byte ist, von einigen Ausnahmen abgesehen, die kleinste Einheit der Datenverarbeitung, die eine Information trägt. Mit den 8 Bit eines Bytes sind Zahlenwerte zwischen 0 und 255 darstellbar. Je nach Art der Daten kann ein und dasselbe Byte aufgrund seines Zahlenwerts als Textzeichen, als Bildpunkt einer Grafik oder als Computerbefehl interpretiert werden.

CD
Eine CD (Compact Disc) ist ein Datenträger, der wie eine **DVD** auf einer 12 cm großen silberglänzenden Scheibe basiert, und von einem optischen Lasersystem beschrieben und gelesen wird. Die Speicherkapazität einer Standard-CD beträgt 654 MB oder 74 Minuten Audio. Eine CD mit Überlänge kann 700 MB Daten bzw. 80 Minuten Audio speichern.

CD-Einleger
Das hintere Einlegeblatt einer CD-Hülle. Zum Wechseln des Einlegers die Halterung der CD aus der Hülle entnehmen, den neuen Einleger passend falten und einfügen. Die Halterung wieder einsetzen.

Clipart
Grafik, meist im Format WMF. Die meisten Cliparts können stark vergrößert ausgedruckt werden, ohne dass es zum **Pixeleffekt** kommt. Sie dienen dem unkomplizierten Illustrieren von Drucksachen. Im Druckstudio finden Sie eine kleine Clipart-Sammlung im Vorlagen-Editor. Eine viel größere Sammlung finden Sie auf den drei gesonderten Clipart-CDs.

Anhang

Cover-Card
Das vordere Einlegeblatt einer CD-Hülle. Es sollte auf festes Papier gedruckt werden, damit es stabil in die Hülle eingesteckt werden kann. Sie ist das Gegenstück zum CD-Einleger.

Daten-CD
Eine CD des ADAC Druckstudios. Sie enthält Bildmaterial und Cliparts für die Vorlagen und muss sich zum Start des Programms im Laufwerk des Rechners befinden. ▸ Siehe auch **Installations-CD**. Während das Programm läuft, kann die Daten-CD zwischenzeitlich entnommen werden, um beispielsweise eine der Clipart-CDs einzulegen.

Dialogfeld
Auch Dialogfenster genannt. Bereich in der Oberfläche eines Computerprogramms, der auf Interaktion mit dem Benutzer zielt. Ein solches Dialogfeld öffnet sich beispielsweise nach Doppelklick auf ein Objekt, nach dem Erstellen eines Objekts oder nach der Wahl eines Befehls aus dem Menü. Das Programm fragt nach der genauen Art der Durchführung des Befehls. Alle Dialogfelder können mit **OK** oder **Abbrechen** geschlossen werden.

Digitalkamera
Ein digitaler Fotoapparat, bei dem das Aufnahmemedium Film durch einen elektronischen Bildwandler (Bildsensor) und ein digitales Speichermedium ersetzt wurde. Die Digitalkamera erzeugt über ihre Fotolinse direkt eine computerlesbare Datei, zum Beispiel im **JPG-Format**.

Doppelklicken
Zweimaliges direkt aufeinanderfolgendes **Klicken**. So rufen Sie zum Beispiel mit einem Doppelklick auf das Symbol des ADAC Druckstudio das Programm auf und ein Doppelklick auf ein Objekt öffnet dessen Eigenschaften oder zeigt weitere Informationen an.

Diskette
Sehr weit verbreiteter bis vor wenigen Jahren sehr gebräuchlicher **Datenträger**. Disketten haben eine Speicherkapazität von bis zu 100 Megabyte.

dpi (dots per inch)
▸ siehe **Auflösung**

Drag & Drop
Eine Aktion mit der Maus, auch genannt „Klicken und Ziehen". Ein Objekt wird angeklickt, die linke Maustaste festgehalten und die Maus bewegt. Das Objekt bewegt sich mit dem Mauszeiger. An der Zielposition dann die Maustaste – und damit das Objekt – loslassen.

Drehen (mit der Maus)
Wenn Sie ein Objekt markieren, erscheint neben den Anfassern für Größenänderungen auch ein Anfasser zum Drehen des Objekts. Er sieht aus wie ein kleiner Kreis und befindet sich in einer Ecke des Objekts. Wenn Sie mit der Maus an diesem Kreis ziehen, können Sie das Objekt um einen beliebigen Winkel drehen. Die **Ausrichten**-Symbolleiste besitzt einige Symbole, mit denen Sie Objekte in festgelegten Schritten von 90 Grad drehen können.

DVD
Eine DVD (Digital Versatile Disc) ist ein Datenträger, der wie eine CD auf einer 12 cm großen Silberglänzenden Scheibe basiert, und von einem optischen Lasersystem beschrieben und gelesen wird. Die Speicherkapazität einer DVD beträgt bis zu 7 Gigabyte. Sie wird für das Speichern von Musik, Hörbüchern, Fotos, Computer-Daten und Videos genutzt. ▸ siehe **CD**.

Ebenenreihenfolge
Alle Objekte auf einer Vorlage sind in einer Reihenfolge über- und untereinander angeordnet. Neu eingefügte Objekte liegen in der obersten Ebene und verdecken unter Umstän-

Anhang

den darunterliegende Objekte. Mit den entsprechenden Werkzeugen der **Ausrichten**-Symbolleiste können einzelne Objekte **Eine Ebene nach hinten** oder **Eine Ebene nach vorn** verschoben oder **Ganz nach hinten** bzw. **Ganz nach vorn** gestellt werden. Auf diese Weise können Sie verdeckte Objekte sichtbar machen.

Editor
▸ siehe **Vorlageneditor**

Effekteditor
▸ siehe **Bildeffekte-Editor**

Einfügen
Mit der **Tastaturkombination** [Strg]+[V] fügen Sie ein **Objekt** aus der **Zwischenablage** in den **Arbeitsbereich** ein.

Einzug
Eine Form der Absatzformatierung. Damit ist die Einrückung einzelner Textzeilen gegenüber den restlichen Zeilen gemeint.

E-Mail-Adresse
Eine E-Mail-Adresse ist eine eindeutige Kennzeichnung, die zum Verschicken einer E-Mail benötigt wird. Eine E-Mail-Adresse ist nach dem Muster **benutzername@server.de** aufgebaut und dient als eindeutige Kennzeichnung für Ihren Posteingang, an den Ihre Nachrichten weitergeleitet werden.

Falz-, Schnitt- und Lochmarkierungen
Markierungen, die anzeigen, an welcher Stelle ein Ausdruck gefalzt, geschnitten oder gelocht werden soll. Die Falzmarkierung wird vom Programm automatisch erzeugt und in der Vorlage als grüne Linien angezeigt. Der Druck dieser grünen Linien kann mit der Option **Kontur drucken** im Druckdialog gesteuert werden.

Farbtopf
Werkzeug zum Einfärben von Texten, Rechtecken, Kreisen oder dem Vorlagenhintergrund. Es wird immer die Farbe verwendet, die gerade in der Farbauswahl der Werkzeugleiste angezeigt ist. Der Farbtopf befindet sich in der Werkzeugleiste.

Farbverlauf
▸ siehe **Fülleffekt**

Feldname
Programmfunktion zum Einfügen von Textfeldern, die automatisch mit Inhalten gefüllt werden. Der Feldname **Name Vorname** beinhaltet beispielsweise immer den Namen des Benutzers, der in den **Benutzereinstellungen** angegeben wurde. Auf diese Weise können Adressen in Vorlagen wie Visitenkarten oder Briefen automatisch eingefügt werden. Die Feldnamen finden Sie im linken Menü im Vorlageneditor.

Flattersatz
Gegenteil von **Blocksatz**. Hierbei sind die Zeilen linksbündig, rechtsbündig oder zentriert angeordnet. Bei linksbündiger Ausrichtung bilden die Zeilen links eine Linie und laufen rechts frei aus. Bei rechtsbündiger Ausrichtung liegt die Linie rechts und Zeilen laufen links frei aus. Bei zentrierter Ausrichtung laufen die Zeilen auf beiden Seiten frei aus. Die Bundlinie liegt hier in der Mitte zwischen den eingestellten Seitenrändern.

Formatierungsoptionen
Ein Text kann in Schriftart, Schriftgröße, Farbe und anderen Eigenschaften verändert werden. Auf einen Text doppelklicken, sodass das Dialogfeld **Text-Eigenschaften** erscheint. Hier sind alle Formatierungsoptionen zusammengefasst. Schieben Sie das Dialogfeld etwas zur Seite, sodass die Auswirkungen der gewählten Formatierung sofort zu sehen sind.

Freistellungswerkzeug
Dient dem Beschneiden eines Bildes, sodass nur noch ein kleiner Ausschnitt angezeigt wird. Es findet sich in der Werkzeugpalette des **Bildeffekte-Editors** und wird durch zwei sich überdeckende rechte Winkel symbolisiert.

Fülleffekt
Ein Objekthintergrund, der nicht aus einer einzigen Farbe, sondern aus einem Farbverlauf besteht. Dabei ändert sich die Farbe eines Objekts von einer Startfarbe zu einer Zielfarbe.

Gitternetz
Ein Hilfsmittel zur genauen Positionierung von Objekten auf der Vorlage. Es hinterlegt die Vorlage mit einem Gitter aus Linien. Im Menü **Anzeige** kann man es an- und ausschalten. Im Menü **Einstellungen, Projekt-Modus** wird der Abstand der Gitternetzlinien eingestellt. Das Gitternetz wird nicht mitgedruckt.

Gammakorrektur
Die Helligkeits- und Farbwiedergaben von Bildschirmen und Druckern können sich von Hersteller zu Hersteller unterscheiden. Anhand von Tabellen werden die sogenannten Gammawerte ermittelt, die eine lineare Erhöhung des Helligkeits- oder Farbeindrucks zur Folge haben. Diese Werte werden mit einem Bildeffekt **Gammakorrektur** korrigiert. Das Ergebnis spiegelt sich in der Angleichung der Helligkeitsunterschiede in der Farb- oder Schwarzweiß-Wiedergabe wider.

Geviert
Maßeinheit für den Wortabstand auf einer gesetzten Zeile oder für das Einrücken etwa der ersten Zeilen eines **Absatzes** gegenüber den restlichen Zeile. Ein oder zwei Geviert Einzug bezeichnen den Beginn eines neuen Absatzes im Text. ▸ siehe auch **Hängender Einzug**.

Gigabyte
Einheit der Speicherkapazität. Fünf Gigabyte entsprechen einem Spielfilm in DVD-Qualität.

Grafikelemente
Die verschiedenen grafischen Objekte von ADAC Druckstudio. Dies können Fotos, Cliparts, **Rahmen, Passepartouts, Felder** und **Textbausteine** sein.

Gruppieren
Sie können mehrere Objekte und Grafikelemente dauerhaft zu einem einzigen Objekt zusammenfassen (gruppieren), sodass diese Gruppe wie ein Einzelobjekt behandelt wird. Die Objekte einer Gruppe behalten zueinander immer dieselben Abstände und werden gemeinsam verschoben. Sie erreichen dies, indem Sie in der Ausrichtungs-Symbolleiste auf das Symbol **Gruppieren** klicken. Mit dem Symbol **Gruppierung aufheben** wird die Gruppe in Einzelobjekte getrennt.

Hängender Einzug
Damit ist die Herausrückung nur der ersten Zeile eines Absatzes gegenüber den restlichen Zeilen gemeint. Der **Absatz** scheint an der ersten Zeilen zu hängen, daher der Name. Der hängende Einzug wird für das Formatieren von Aufzählungen und Listen benutzt.
▸ siehe auch **Geviert**.

Hilfe
Im Menüpunkt **Hilfe, Hilfe** wird ein **PDF-Dokument** zur Bedienung des Druckstudios angezeigt.

Hintergrundmotiv
Ein Bild, welches den gesamten Hintergrund einer Vorlage ausfüllt. Wird ein Foto als Hintergrundmotiv eingefügt, so wird es automatisch passend vergrößert oder sogar verzerrt. Hintergrundmotive können nicht mit der Maus markiert werden.

HTML
(Abk. für Hypertext Markup Language) Standard für die Darstellung von Webseiten im Internet. HTML besteht aus einer Reihe von Befehlen im ASCII-Textformat, mit denen ein **Browser** Anweisungen erhält, wie er die einzelnen Seiten darzustellen hat. D. h. welche Schriftgrößen oder -stile zu verwenden sind, wie Grafiken angezeigt werden sollen und wie Links erzeugt werden.

Installieren
Installieren bezeichnet das Einrichten von Programmen auf dem Rechner. Es werden Daten auf die Festplatte kopiert und die Systemeinstellungen angepasst.

Internet
Das weltweite Hochgeschwindigkeits-Datennetz zum Austausch von Daten aller Art. Das Anzeigen von Seiten in einem Web-Browser und das Versenden von E-Mails sind zwei der beliebtesten Anwendungen des Internets.

Justieren
Allgemeine Bezeichnung für das feine Einstellen von Parametern. So muss ein Drucker justiert werden, um genau positionierte Ausdrucke liefern zu können. Weiterhin kann man ein Papierformat genau justieren, indem die Positionen von vorgestanzten Linien im Druckstudio genau eingegeben werden.

JPG
(Auch JPEG; Abk. für Joint Photographic Experts Group, sprich dschäipeg) Dateiformat zum Speichern von Bildern, insbesondere Fotos. Die meisten Digitalkameras liefern Bilder im JPG-Format. Bildinformationen werden beim Speichern komprimiert, sodass die Dateigröße gegenüber anderen Dateiformaten relativ klein ist. Zu starke Komprimierung kann die Bildqualität beeinträchtigen. JPG-Dateien in die Gestaltung über **Fotos** und den Eintrag **von Festplatte** einfügen. Eine Gestaltung wird über **Datei** und den Befehl **Export als Grafikdatei** als JPG-Datei gespeichert.

Kapitälchen
Bei der Kapitälchenfunktion in Textprogrammen werden die GROSSBUCHSTABEN auf die Höhe der KLEINBUCHSTABEN verkleinert.

Kategorie
Einteilung eines Projekttyps, etwa Visitenkarten in verschiedene Untergruppen wie beispielsweise hoch- und querformatige Visitenkarten.

Klicken
Arbeitstechnik mit der Maus: Bewegen Sie den Mauszeiger auf ein Bildschirmelement, drücken Sie auf die linke oder rechte Maustaste, und lassen Sie die Maustaste wieder los. Die Arbeitstechnik hat ihren Namen von dem dabei entstehenden Klickgeräusch. Mit der rechten Maustaste wird gewöhnlich ein **Kontextmenü** aufgerufen.
▸ siehe auch **Doppelklicken**.

Komplementärfarbe
Ein Begriff aus der Farbenlehre. Im Farbkreis ist eine Farbe immer komplementär zu einer anderen Farbe. Dabei kann die Komplementärfarbe einer Farbe in verschiedenen Kontexten verschieden definiert werden: Sowohl bei der **additiven Farbmischung** als auch bei der **subtraktiven Farbmischung** nennt man diejenige Farbe komplementär, die mit der Ursprungsfarbe gemischt einen Grauton ergibt. Im modernen RGB-System ist zum Beispiel Blau die Komplementärfarbe von Gelb.

Kontextmenü
Ein Menü, das nach einem Rechtsklick auf einem beliebigen Objekt erscheint und nur Befehle enthält, die in der aktuellen Situation, dem Kontext, auf das Objekt angewendet werden können. Die Befehle in einem Kontextmenü sind teilweise auch über die Menüs oder

Anhang

Kontur (eines Objekts)
Alle geometrischen Objekte im Druckstudio wie Rechtecke und Kreise haben eine Füllfarbe und eine Kontur. Die Kontur kann in ihrer Stärke verändert werden. Wird eine Konturstärke von 0 gewählt, wird das Objekt nicht mehr angezeigt.

Kontur (einer Vorlage)
Konturen werden im Vorlageneditor als grüne Linien dargestellt und markieren Schneide- oder Faltränder bei einigen Vorlagen. Im Druckdialog kann unter **Kontur drucken** eingestellt werden, ob die Kontur mitgedruckt werden soll oder nicht.

Kopieren
Mit der **Tastaturkombination** [Strg]+[C] kopieren Sie ein ausgewähltes **Objekt** in die **Zwischenablage**.

Kreuzworträtsel
Ein Objekt der **Werkzeugleiste**. Sie erzeugen damit ein Kreuzworträtsel mit eigenen Fragen und Antworten. Die Fragen und die Länge der Antworten geben Sie in einem Dialogfeld vor, das ADAC Druckstudio rechnet die Aufteilung des Kreuzworträtsels aus.

Makro
Eine spezielle Funktion von Word. Makros sind Zusammenfassungen von verschiedenen Word-Befehlen, die automatisch ablaufen. Mithilfe eines Makros ist es möglich, bestimmte Aufgaben schneller und komfortabler zu erledigen.

Markieren
▸ siehe **Auswählen**

Maske
▸ siehe **Passepartout**

Megabyte
Einheit der Speicherkapazität.

Menü
Das Programm-Menü des ADAC Druckstudios finden Sie im Programmfenster oben in der Mitte. Hinter den Punkten **Datei, Bearbeiten, Anzeige, Einstellungen und Hilfe** finden Sie weitere Menüpunkte. Sie können zum Beispiel im Menüpunkt **Anzeige, Gitternetz** ein Raster über den Arbeitsbereich legen, der die Bearbeitung erleichtert.

Miniaturenleiste
Die Vorschauleiste am unteren Rand des Vorlageneditors. Sie dient der Auswahl von Fotos, Cliparts, Feldnamen und vielen anderen Gestaltungsmitteln. Die Miniaturenleiste zeigt nur jeweils die Inhalte der aktuell im linken Menü ausgewählten Kategorie. Die gewünschte Miniatur mit der Maus auf die Vorlage ziehen. Im Programmbereich **Bildeffekte-Editor** zeigt die Miniaturenleiste die Vorschauen für anzuwendende Effekte an. Auf eine der Miniaturen klicken, um die Wirkung des Effekts zu sehen.

Motive mischen
Bei einzelnen Vorlagen ist es sinnvoll, mehrere einzelne Motive auszudrucken. Bei Rückenschildern für Aktenordner befinden sich beispielsweise drei Aufkleber auf einem Bogen. Jeder Aufkleber sollte eine eigene Beschriftung erhalten. Dies ist zu erreichen mit der Funktion **Motive mischen** im Druckdialog: Starten Sie den Druck, und aktivieren Sie im Druckerdialog die Registerkarte **Motive mischen**, und wählen Sie **Motive mischen**.

MP3
(Abk. für Moving Picture Expert Group (MPEG) Audio Layer 3). Ein Standard für die Kodierung

Anhang

und Komprimierung von Audiosignalen. MP3 speichert nur die Signalanteile von Tönen, die das menschliche Gehör auch wahrnehmen kann. Das Signal wird so aufbereitet, dass es weniger Speicherplatz benötigt, aber für das menschliche Gehör noch genauso klingt wie das Original.

Objekt
Allgemeiner Begriff für alle Arten von beweglichen Inhalten in einer Vorlage. Dies können beispielsweise Bilder, Texte oder eine Kalendermatrix sein. Mit Doppelklick auf ein Objekt können Sie es verändern. Alle Objekte liegen in einer Ebenenreihenfolge über- und untereinander.

Objektrahmen
Jedes Objekt ist von einem Objektrahmen umgeben. Er bestimmt die maximale Größe des Objekts und ist nur sichtbar, wenn das Objekt markiert ist. Am Objektrahmen befinden sich Anfasser, mit denen die Größe verändert werden kann. Der Objektrahmen kann größer sein als das Objekt selbst. Ein Bild wird beispielsweise nur so weit vergrößert wie es die kleinste Seite des Objektrahmens zulässt.

Ordner
In einem Ordner können mehrere Dateien abgelegt werden. Ordner sind hilfreich dabei, Ordnung unter den eigenen Dateien zu schaffen.

Ordnerliste
Mit dem Objekt **Ordnerliste** aus der Werkzeugleiste können Sie die Inhalte (Dateinamen) von Ordnern darstellen. Das Objekt erzeugt einen Ordnerbaum im Stil des Windows-Explorers.

Paint
Ein Programm, welches auf jedem Rechner mit Microsoft Windows installiert ist. Zu finden unter **Start, Programme, Zubehör**. Es dient der Bildbearbeitung, bietet jedoch nur die notwendigsten Funktionen. Verwenden Sie es, um Grafiken aus der Windows-Zwischenablage als Grafikdatei abzuspeichern, sodass diese dann ins Druckstudio importiert werden kann.

Palettenposition zurücksetzen
Mit diesem Befehl werden die **Werkzeugleiste** und die **Ausrichten**-Symbolleiste wieder angezeigt und auf die Standard-Positionen zurückgesetzt. Auf das Menü **Anzeige** klicken, Untermenü **Arbeitsbereich** und den Befehl **Paletten Pos.** reset wählen.

Papierstärke
Auch Papiergewicht. Ein wichtiges Kriterium bei der Auswahl von Papier ist das Gewicht. Es wird angegeben in Gramm pro Quadratmeter (g/qm). Durchscheinendes Transparentpapier hat unter 80 g/qm Gewicht, das normale Druckerpapier dagegen hat 80 g/qm Papierstärke. Ab 120 g/qm ist das Papier nicht mehr durchscheinend. Stabiler Karton hat eine Stärke ab 200 g/qm. Viele Drucker können Papier bis zu 250 g/qm verarbeiten.

Passepartout
Ein Gestaltungsmittel, das bestimmte Bereiche eines Fotos unsichtbar macht. Damit kann ein Bild einen weichen oder runden Rahmen erhalten, oder auch eine Sternform bekommen. Im linken Menü den Eintrag **Passepartouts** wählen und in der Vorlage ein Foto markieren. Ein Klick auf ein Passepartout der Miniaturenleiste bringt es zur Anwendung.

PDF
(Abk. für Portable Document Format) Ein systemübergreifendes Dokumentformat, das auf PCs wie auch auf Macs exakt gleich angezeigt wird. Es dient dem Speichern von fertiggestalteten Vorlagen wie beispielsweise Briefbögen, Visitenkarten oder Postkarten. Es wird verwendet zum Austausch von Daten mit einer Druckerei. PDF-Dateien können nicht mehr

nachträglich verändert werden. Man erstellt Sie erst, wenn die Gestaltung abgeschlossen ist. Im Druckdialog anstelle des Druckers den Eintrag **PDF-Erstellung** wählen. Eine PDF-Datei im A4-Format mit den Einstellungen aus dem Druckdialog wird erstellt. Alternativ im Menü **Datei** den Befehl **Export als PDF-Datei** wählen. Das ursprüngliche Format der Vorlage wird dann beibehalten.

Pfeiltasten

Mit den Pfeiltasten können ausgewählte Objekte in kleinen Schritten verschoben werden. Die Pfeiltasten sind auf der Tastatur rechts unten vom Buchstabentastenfeld abgesetzt. Mit den Pfeiltasten kann man sich auch in einem Text bewegen.

Piezo-Druckverfahren

Piezo-Drucker besitzen in der Düse spezielle Industriekristalle – sogenannte Piezo-Kristalle –, die die Eigenschaft haben, sich bei einer angelegten elektrischen Spannung zu verformen. Dies wird ausgenutzt, um den Fluss der Tinte sehr schnell und präzise zu steuern. Über 20.000-mal pro Sekunde spritzt ein Tintentropfen aus der Düse. Dies ermöglicht sehr feine Tropfengrößen und damit sehr hohe Druckauflösungen. Die Düsen von Piezo-Druckern sind fest im Drucker montiert und werden nicht wie bei anderen Verfahren zusammen mit der Tintenpatrone ausgetauscht.

Pipette

Ein Werkzeug aus der **Werkzeugleiste** des Vorlageneditors. Es dient zum Auswählen einer Farbe, die irgendwo in der aktuell geöffneten Vorlage verwendet wurde. Anschließend kann mit dieser Farbe gearbeitet werden, beispielsweise, um ein Rechteck zu füllen oder einen Text einzufärben. Es ist nützlich, wenn man die Farben auf dem Entwurf untereinander abgleichen will, um ein einheitliches Gesamtbild zu erreichen.

Pixel

Die einzelnen Punkte, aus denen ein Bild aufgebaut ist. Bei einem Digitalfoto entspricht die Anzahl der Pixel der Anzahl der lichtempfindlichen Sensoren auf dem Kamerachip. Je mehr Pixel ein Bild hat, desto besser ist die Qualität und desto größer kann es ausgedruckt werden. Während für den optimalen Ausdruck in Kleinbildgröße ein Bild mit ca. 1.800 x 1.200 Pixeln ausreicht, sollten es für einen Posterausdruck eher 3.000 x 2.000 Pixel sein. Die Pixelgröße eines Bildes erfahren Sie im Informationsbereich des Dialogfeldes **Bild einfügen**.

Pixeleffekt

Werden Bilder stark vergrößert ausgedruckt, so sind unter Umständen die einzelnen Pixel (Bildpunkte) zu erkennen. Dies stört den Gesamteindruck des Bildes. Das Problem kann umgangen werden, indem Bilder von besonders hoher **Auflösung** verwendet werden oder indem man statt eines großen Bildes mehrere kleine zur Gestaltung auswählt.

Pixelgrafik

Jedes digitale Foto oder gescannte Bild besteht aus Pixeln. Das Bild ist aus einem Raster von Punkten aufgebaut, jeder Punkt hat eine Farbe. So entsteht – bei einem hinreichend dichten Raster von Punkten – für den Betrachter ein zusammenhängendes Bild. Pixelgrafiken können nur unter Qualitätsverlusten vergrößert werden.

Polygon

Ein Polygon ist ein Objekt mit mehreren Kanten (z. B. Dreiecke, Sechsecke oder unregelmäßige Formen), die mit dem entsprechenden Symbol der Werkzeugleiste gezeichnet werden.

Projekt

Auch Entwurf oder bearbeitete Vorlage. Allgemeine Bezeichnung für die persönliche Gestaltung einer Vorlage mit eigenen Bildern und Texten. Die Bearbeitung eines Projekts findet

Anhang

im Vorlageneditor statt. Mit einem Klick auf die Schaltfläche **Projekte** gelangen Sie von dort zur Startseite des Programms zurück.

Punkt
Ein typografisches Maß für die Angabe der Schrifthöhe. Es gibt zwei verschiedene Punktsysteme: Der amerikanische Punkt entspricht 1/72 Zoll oder 0,352 mm. Der europäische Punkt entspricht 0,376 mm.

Radierer
Symbol in der Werkzeugleiste, mit dem durch Klicken die Farbe des angeklickten Objektes entfernt werden kann. Der Radierer ist vor allem für die Zusammenarbeit mit dem **Farbtopf** gedacht.

Rahmen
Ein Rahmen, der um ein einzelnes Foto herum angezeigt wird. Das ADAC Druckstudio ist mit einer großen Zahl an grafischen Schmuckrahmen für alle Gelegenheiten ausgestattet.

Randlosdrucker
Ein Drucker mit einer besonderen Bauweise, die es ermöglicht, ein Blatt bis zu den Rändern zu bedrucken. Die Technik existiert sowohl bei einigen Laserdruckern als auch bei modernen Tintenstrahldruckern. Oft ist die Option standardmäßig deaktiviert, da das Papier beim Randlosdruck leicht verrutscht. Wählen Sie im Druckdialog die Schaltfläche **Eigenschaften**, um die Randlosdruckfunktion Ihres Geräts zu aktivieren.

Rechtschreibprüfung
Ein **Textrahmen** bietet eine Fehlerkorrektur des Textes. Doppelklicken Sie zunächst auf den Text und dann im Dialogfeld für die Texteigenschaften auf **Rechtschreibung**. Nun überprüft das Rechtschreibprogramm jedes Wort des Textes und meldet sich, sobald es ein falsches oder unbekanntes Wort findet. Es zeigt dabei ein Dialogfeld an, in dem Sie den Fehler gleich korrigieren können.

Register
Kleine „Karteireiter" am oberen Rand mancher Dialogfelder. Sie dienen dazu, mehrere Bereiche mit vielen Einstellungsoptionen in einem Dialogfeld zusammenzufassen. Das Dialogfeld für Kalender beinhaltet beispielsweise solche Register.

Rote-Augen-Effekt
Bei Porträtfotos mit Blitz erscheinen die Augen oft Rot. Durch einfache Bildbearbeitung kann dieser unschöne Effekt behoben werden. Auf das Foto doppelklicken, um in den **Bildeffekte-Editor** zu gelangen. In der Liste der Effekte den Eintrag **Rote Augen entfernen** und in der Miniaturenleiste die ursprüngliche Augenfarbe wählen. Den Auswahlkreis genau über dem Auge positionieren und auf **Anwenden** klicken.

Rückgängig
Der Befehl **Rückgängig** hebt die Auswirkung des letzten Bearbeitungsbefehls auf. Sie können in der Standardeinstellung bis zu 20 Befehle aufheben. Mit dem Dialogfeld **Einstellungen** können Sie diesen Wert erhöhen oder verringern. Bitte beachten Sie, dass ein hoher Wert für die Rückgängig-Funktion viel Speicherplatz auf der Festplatte erfordert.

Schatten
Ein Schatten ist eigentlich eine dunklere Fläche, die durch einen vor einer Lichtquelle befindlichen Gegenstand verursacht wird. Er erscheint „hinter" oder „unter" dem Gegenstand. Im ADAC Druckstudio kann jedes Objekt (Kreis, Rechteck, Text, Foto, Clipart usw.) einen simulierten Schatten erzeugen – ebenfalls eine dunklere Fläche, die scheinbar unter dem Objekt liegt. Dabei ist es möglich, die Intensität des Schattens und die Lage der „Lichtquelle" zu bestimmen. Ein Schatten wird

Anhang

mit dem entsprechenden Symbol der Ausrichten-Symbolleiste dargestellt.

Schnittmarken
Kleine Markierungen, die anzeigen, wo ein Dokument nach dem Druck beschnitten werden soll. Beispielsweise beim Posterdruck sind die Schnittmarken zu beachten, damit das Poster korrekt zusammengefügt werden kann.

Serifen
Als Serifen bezeichnet man die mehr oder weniger feinen Linien, die einen Buchstabenstrich quer zu seiner Grundrichtung abschließen. Es wird allgemein angenommen, dass Serifen die Lesbarkeit eines gedruckten Textes verbessern, daher werden längere Texte üblicherweise in einer Serifenschrift gedruckt.

Seriendruck
Eine Druckoption, um mehrere Kopien eines Dokuments mit unterschiedlichen Schlüsselinhalten wie einer fortlaufenden Nummer oder den Namen der Empfänger zu drucken. Zum Beispiel können so Einladungen automatisch adressiert werden, ohne dass die Adressen einzeln in die Vorlage eingegeben werden müssen. Oder Eintrittskarten können fortlaufend nummeriert werden. Zum Einsatz der Seriendruckfunktion im Druckdialog das Häkchen bei **Seriendruck** setzen.

Scanner
Eingabegerät, das Vorlagen wie Grafiken, Zeichnungen, Fotos und auch Textseiten in eine Grafikdatei verwandelt. Mithilfe spezieller Software können Grafikdateien mit Text in eine ASCII-Datei umgewandelt werden.

Schriftart
Eine Ansammlung von Zeichen, meist das Alphabet, Ziffern und diverse Satzzeichen in einer einheitlichen Gestaltung. Jede Schriftart besitzt einen rechtlich geschützten Handelsnamen wie Helvetica oder Times Roman. Die Zahl der Schriftarten, die jemals von einem Designer oder Schriftsetzer erfunden wurden, ist unglaublich groß. Allgemein werden allerdings häufiger ein paar hundert Schriftarten benutzt.
▸ siehe auch **Zeichensatz**

Sicherungskopie
Meint zum einen die rechtlich zugelassene, private Kopie von Datenträgern zum Zweck der Sicherung. Bedeutet zum anderen die zusätzliche Speicherung einer Datei unter einem anderen Namen oder in einem anderen Ordner. Zum Erstellen einer Sicherungskopie im Menü **Datei** den Befehl **Speichern als...** wählen.

Skalieren
Die Vergrößerung oder Verkleinerung eines oder mehrerer Objekte. Zum Beispiel kann ein Bild verkleinert werden, sodass es auf eine Postkarte passt, oder ein Ausdruck kann beim Posterdruck großformatig werden. Dabei werden standardmäßig die Seitenverhältnisse (die Proportionen) eines Bildes nicht verändert. Möchten Sie ein Bild skalieren und dabei das Seitenverhältnis verändern, klicken Sie mit der rechten Maustaste darauf, und entfernen Sie das Häkchen bei **Skalierung**.

SMTP
(Abk. für Simple Mail Transport Protocol) Internet-Protokoll für den Austausch von E-Mails zwischen Rechnern.

Spiegeln
Bei einer Spiegelung wird ein Objekt entlang einer Achse „gekippt". Das Symbol **Horizontal spiegeln** in der Ausrichten-Symboleiste spiegelt das markierte Objekt in einer Links/Rechts-Richtung. Es wird seitenverkehrt ausgegeben. Das Symbol **Vertikal spiegeln** stellt das markierte Objekt in einer Oben/Unten-Richtung seitenverkehrt auf den Kopf.

Subtraktive Farbmischung

Ein optisches Modell, das das Verhalten von Farben bei der Mischung von Farbpigmenten beschreibt. In der Praxis findet man meist die Farben Cyan, Magenta, Gelb. So filtert ein Cyan-Filter hauptsächlich rotes Licht. Aus technischen Gründen ergibt im Druck eine Mischung aller drei Grundfarben kein Schwarz, sondern ein dunkles Braun. Zur Darstellung eines reinen Schwarz und zur Erhöhung des Kontrastes in dunklen Bildteilen wird daher Schwarz (K) als weitere Druckfarbe hinzugefügt. K bezeichnet Black oder auch Kontrast.

Symbol

Einige Funktionen und Menüpunkte können aufgerufen werden, indem Sie kleine Symbole anklicken. Der Vorteil dieser Symbole ist, dass Sie sich schneller anklicken lassen. Mehrere Symbole sind zusammen auf einer übersichtlichen Symbolleiste angeordnet.

Tabelle

Eine Tabelle ist eine geordnete Zusammenstellung von Texten oder Zahlen. Die darzustellenden Inhalte werden dabei in Zeilen und Spalten grafisch aneinander ausgerichtet. Das Programm besitzt eine Tabellenfunktion, mit der Sie Tabellen in ein Dokument einfügen können. Klicken Sie dazu in der Werkzeugleiste auf das Tabellensymbol.

Tastaturkombination

Eine Tastaturkombination, auch Tastaturkürzel genannt, bezeichnet das gleichzeitige Drücken mehrerer Tasten zur Ausführung eines Befehls. Die Tastaturkombination [Strg]+[C] für das Kopieren eines Objektes in die Zwischenablage wird ausgeführt, indem Sie zuerst die STRG-Taste drücken und halten, dann gleichzeitig die Taste C drücken und anschließend beide Tasten loslassen.

Textbaustein

Ein Textbaustein ist ein vorgefertigter Text, der innerhalb des Programms als vollständiger Textrahmen eingefügt wird. Er erspart die wiederholte Eingabe gleichartiger Texte.

Textrahmen

Jeder Text in einer Vorlage ist von einem Textrahmen umgeben. Will man einen neuen Text erzeugen, muss man mit dem Textwerkzeug zuvor einen solchen Rahmen aufziehen. Der Textrahmen gibt die maximale Größe des Textes vor und kann mithilfe der Anfasser in der Größe verändert werden. Mit Doppelklick auf einen Textrahmen öffnet sich das Dialogfeld Text-Eigenschaften, wo Inhalt und Formatierung festgelegt werden. Alle Textzeilen innerhalb desselben Textrahmens besitzen die gleiche Formatierung.

Thermosublimationsdruck

Die Farbe liegt in Form von Wachs vor. Beim Drucken wird das Farbwachs von einer Kunststofffolie auf das Papier aufgebracht. Es werden dabei besonders hohe Temperaturen (300 bis 400 Grad) benutzt, wodurch das Wachs in einen gasförmigen Zustand versetzt und dann aufgedampft wird, was sehr feine Punkte und damit eine hohe Qualität ermöglicht. Das Papier wird beim Druck mehrmals durch das Gerät geführt. Bei jedem Durchgang wird eine neue Farbschicht aufgebracht, bis das Bild vollständig ist. Den Abschluss bildet eine transparente Schutzschicht, die das Foto wasser- und schmutzresistent werden lässt.

TIF

Kurzform von TIFF für „Tagged Image File Format". Dateiformat zum Speichern von Bildern. Grafiker arbeiten oft mit dem TIF-Format. Bildinformationen werden beim Speichern nicht komprimiert, sodass die Dateigröße gegenüber anderen Dateiformaten relativ groß ist. Alle Bildinformationen bleiben erhalten. TIF-Dateien

Anhang

in die Gestaltung einfügen: über **Fotos** und den Eintrag **von Festplatte**. Eine Gestaltung als TIF-Datei speichern: über **Datei** und den Befehl **Export als Grafikdatei**.

Titelliste
Mit dem Objekt **Titelliste** aus der Werkzeugleiste können Sie die Titel von Audio- und MP3-CDs automatisch in ein Cover, Inlay oder Booklet einfügen. Das Objekt erzeugt eine Tabelle mit den Nummern, Interpreten (wenn gewünscht), Titeln und Laufzeiten der Stücke. Die Namen von Stücken oder Interpreten werden entweder von den Informationen in einer MP3-Datei oder bei einer Audio-CD aus der **Free-DB-Datenbank** gelesen.

Titelverwaltung
Das Programm besitzt eine Titelverwaltung, in der Sie alle von Ihnen erzeugten Dokumente für CDs archivieren und für die spätere Verwendung aufbewahren können. Das Dialogfeld für die Titelverwaltung starten Sie mit einem Klick auf das Symbol **Titelverwaltung** in der Programmsymbolleiste.

Transparenz
Transparenz bezeichnet Objekte wie Text, Bilder, Kreise, Rechtecke usw., die ganz oder teilweise durchsichtig sind. Je nach Intensität des Transparenzeffekts ist von einem unter dem Objekt liegenden anderen Objekt ein mehr oder weniger intensives „Schattenbild" zu sehen. Transparenz wird mit dem entsprechenden Symbol der Ausrichten-Symbolleiste erzeugt.

Twain
Twain ist der Name einer Verbindung, mit der Scanner und auch manche Kameras ihre Daten auf den Rechner übertragen. Im Handbuch Ihres Scanners sollte sich ein Kapitel darüber finden, wie man das Gerät über Twain betreibt und welche Einstellungen dafür zu treffen sind. Anschließend können Sie aus dem ADAC Druckstudio bequem auf den Scanner zugreifen und gescannte Bilder direkt in den gerade bearbeiteten Entwurf einbinden.

Typografie
Typografie ist die Textgestaltung mithilfe von Schriften, insbesondere durch Hervorhebungen und die Verwendung interessanter Schriftarten.

Überfüllung
Eine Druckoption, die es ermöglicht, die Druckgröße manuell anzupassen. Wird eingesetzt bei vorgestanzten Vorlagen, wenn die Positionierung auf dem Blatt nicht ganz exakt ist. Geben Sie beispielsweise bei der Option **Überfüllen** einen Wert von 2 % an, wird der Druck um einige Millimeter vergrößert. Die Ränder der Vorlage reichen dadurch etwas über die Stanzung hinaus, sodass der gestanzte Bereich auch bei ungenauem Papiereinzug voll bedruckt wird.

Umrandung
Ein Rahmen, der um die ganze Seite einer Vorlage angezeigt wird. Das ADAC Druckstudio wird mit einer großen Zahl an grafischen Schmuckrahmen für alle Gelegenheiten ausgestattet.

USB (Universal Serial Bus)
Ein Standard für den Anschluss von verschiedenen externen Geräten an den PC – vor allem Digitalkameras, Scanner, Datenträger (USB-Sticks oder Festplatten) und andere. Der USB-Anschluss ermöglicht hohe Datenübertragungsraten und kann die Geräte auch mit Strom versorgen. Neuere PCs besitzen oft sechs bis acht USB-Anschlüsse. Die Anzahl der Anschlüsse kann über USB-Verteiler, sogenannte USB-Hubs, beliebig vergrößert werden.

USB-Stick
Datenträger in Form eines Steckers, der direkt an den USB-Port angeschlossen wird. Eine gebräuchliche Kapazität des USB-Sticks sind

256 MB. USB-Sticks sind derzeit mit Kapazitäten bis zu 4 Gigabyte erhältlich.

Varianten
Mehrere Vorlagen, die in der Vorlagenauswahl unter einer einzigen Vorlage zusammengefasst sind. Man erreicht die Varianten durch einen Klick auf das kleine Pluszeichen unten rechts der Vorlagenvorschau. Nicht zu jeder Vorlage existieren Varianten. Mithilfe des Vorlagengenerators können beliebig viele neue Varianten erzeugt werden.

Vektorgrafik
Fast alle Grafiken, die am PC gezeichnet werden, bestehen aus Vektoren. Vektoren sind geometrische Beschreibungen eines Bildes. Das Bild eines Kreises besteht also beispielsweise aus den Angaben: Mittelpunkt, Radius, Füllfarbe, Randfarbe, Randstärke, Transparenz. Die Kombination vieler Vektoren ergibt das Bild. Eine Vektorgrafik lässt sich beliebig vergrößern, ohne an Qualität zu verlieren.

Verschwimmen
Ein Bildeffekt für Unschärfe. Wird insbesondere dazu eingesetzt, um einzelne Bildbereiche im Hintergrund unscharf zu setzen, sodass Text darüber besser lesbar ist. Auf das Bild doppelklicken, um in den **Bildeffekte-Editor** zu gelangen. Den gewünschten Bildbereich markieren und in der Liste der Effekte den Eintrag **Verschwimmen** wählen.

Visitenkartenassistent
Der Visitenkartenassistent führt Sie in einigen einfachen Schritten zum Ausdruck Ihrer Visitenkarten. Sie können dabei die Gestaltung wählen, die Schriftart ändern sowie ein Logo einfügen.

Vorlage
Vorlagen sind die Grundbausteine des Druckstudios. Mit ihrer Hilfe lassen sich alle möglichen Arten von Druckerzeugnissen herstellen, beispielsweise Visitenkarten, Grußkarten oder Zeitungen. Sie sind fertiggestaltet und können im Vorlageneditor nach Belieben für den persönlichen Zweck angepasst werden.

Vorlagenauswahl
Ein Programmbereich des Druckstudios, wo aus der Vielzahl der Vorlagen die richtige ausgesucht wird. Die Vorlagen sind sortiert nach Themen, Anlässen, Formaten und Stilrichtungen.

Vorlageneditor
Ein wichtiger Programmbereich des Druckstudios. Hier werden Vorlagen bearbeitet und individuell angepasst. Es stehen Werkzeuge, Cliparts und Optionen bereit, um die Vorlage nach den eigenen Wünschen zu gestalten. Der Vorlageneditor öffnet sich, wenn in der Vorlagenauswahl doppelt auf eine Vorlage geklickt und über das Menü **Datei** mit dem Befehl **Öffnen** eine zuvor gespeicherte Vorlage geöffnet wird.

Vorlagengenerator
Mit dem Vorlagengenerator erzeugt das Programm ohne Benutzereingriff unterschiedliche Gestaltungsmuster (Layout-Vorschläge). Sie können damit einfach entscheiden, welcher Hintergrund Ihnen am besten gefällt, welche Schrift mit den übrigen Gestaltungselementen harmoniert, welche Farbe attraktiver wirkt und vieles mehr.

Web-Browser
▶ siehe **Browser**

Wiederholen
Der Befehl **Wiederholen** hebt die Auswirkung des letzten **Rückgängig**-Befehls auf. Die beiden Befehle **Rückgängig** und **Wiederholen** arbeiten eng zusammen. Sie löschen beispielsweise eine Fotografie von einem Dokument. Nun hebt **Rückgängig** diesen Befehl wieder auf und fügt das Foto wieder in das Dokument ein.

Wenn Sie in dieser Situation **Wiederholen** wählen, wird das Foto erneut gelöscht.

Weichzeichnereffekt
▸ siehe **Verschwimmen**

Werkzeugleiste
Auch Werkzeugpalette. Enthält Werkzeuge zur Bearbeitung der Vorlage oder eines Bildes, beispielsweise **Rechteck zeichnen, Pipette, Farbtopf** sowie spezielle Werkzeuge wie **Kalender** oder **Kreuzworträtsel** einfügen. Die Werkzeugleiste im **Bildeffekte-Editor** enthält Werkzeuge zum Bestimmen eines Bildbereichs und zum **Beschneiden** eines Bildes.

Windows Imaging Access (WIA)
Eine neuere Version von Twain. Dient zum Datenaustausch zwischen Druckstudio und Scanner oder Digitalkamera.
▸ siehe **Twain**

Workshop
Bereiche des Druckstudio-Programms, die jeweils eine eigene Vorlagenauswahl enthalten. Workshops sind beispielsweise **Visitenkarten und Namensschilder** oder auch **Hochzeit**. Außerdem Bezeichnung für die Schritt-für-Schritt-Anleitungen im Praxishandbuch Kreativ drucken.

Zähler
Ein automatisches Textfeld, welches im Menü **Feldname** ausgewählt und in die Vorlage übernommen wird. Es dient dazu, beim Seriendruck die gedruckten Vorlagen mit laufenden Nummern zu versehen. Jede gedruckte Seite bekommt eine andere Nummer, während der übrige Inhalt gleich bleibt.

Zeichensatz
Der Zeichensatz bestimmt, welche Zeichen auf einem Drucker oder einem Monitor ausgegeben werden können. Die meisten Zeichensätze verfügen über 127 oder 255 Zeichen, die jedes einen Zahlwert von 1 bis 127 oder 255 tragen. Jedem Zahlenwert ist ein bestimmtes Zeichen zugeordnet. Ausgangspunkt für die meisten Zeichensätze ist der **ASCII-Zeichensatz** mit 127 Zeichen. Aus ihm wurden zahlreiche andere fremdsprachliche Zeichensätze mit den entsprechenden Sonderzeichen entwickelt.

Zeilenabstand
Eine Form der Absatzformatierung. Damit ist der Leerraum zwischen zwei Zeilen gemeint. Der Leerraum wird bei Schriften zwischen 8 und 12 Punkt meistens auf 2 Punkt festgelegt. Der Zeilenabstand einer 10-Punkt-Schrift ist demnach 12 Punkt.
▸ siehe **Punkt**

Ziehen
Arbeitstechnik mit der Maus: Bewegen des Mauszeigers bei gedrückter linker Maustaste. Dabei können „unter" dem Mauszeiger liegende Elemente bewegt werden.

Zwischenablage
Ein Ort im Speicher des Programms, wo Objekte virtuell zwischenlagern. Mit der rechten Maustaste auf ein Objekt klicken und den Befehl **Kopieren** oder **Ausschneiden** wählen. Das Objekt befindet sich nun in der Zwischenablage des Programms. Mit dem Befehl **Einfügen** kann man es aus der Zwischenablage wieder ins Dokument einfügen.

Index

A

Absender	78
Adresse ändern	294
Album	
Anlegen	213
Bild einfügen	213
Anfasser	248
Anlässe	283
Anlass-Verwaltung	292
Auflösung	254
Aushang	
Auswählen	246
Drucken	251
Gestalten	247ff.
Ausrichtung	
Text	62
Textrahmen	64

B

Balken zeichnen	82
Basteln	
Bonbontüte	153f.
Laterne	265
Malvorlage	148
Papierflieger	149ff.
Partyhüte	151
Schirmkappen	152
Befehl rückgängig machen	58
Benutzerdaten eingeben	55
Bild	
Ändern	71, 301
Anordnen	185, 248
Auflösung	254
Beschneiden	238, 304
Betrachten	39
Bildunterschrift	121
Clipart ▶ Clipart	
Collage	258
Digitalkamera	303
Einfügen	69, 77, 160, 184, 211, 301
Farbsättigung	185, 254
Für das Internet speichern	261

Bild (Fortsetzung)	
Helligkeit	304
Kontrast	239, 304
Löschen	99, 301
Passepartout	214, 307
Positionieren	77, 98, 248
Qualität verbessern	161
Rahmen	306
Scannen	302
Schärfe ändern	305
Skalieren	160
Unkenntlich machen	306
Vergrößern	56
Verschieben	57
Weichzeichner	305
Bilder betrachten	39
Bildpunkt	▶ Pixel
Blocksatz	26
Booklet	▶ CD-Einleger
Brennen	115
Briefbogen	
Auswählen	77
Farbe	74
Geschäftlich	75
Gestalten	73
Grafik	74
Nach Word exportieren	80
Privat	73
Rand	73
Schrift	74
Briefumschlag	▶ Umschlag

C

CD brennen	115
CD-Booklet	▶ CD-Einleger
CD-Einleger	
Auswählen	110
Cover	112
Drucken	111
Formate	107
Formatieren	111
Titelliste	113
CD-Geschenkverpackung	
Auswählen	170

Anhang

CD-Geschenkverpackung (Fortsetzung)
    Basteln   175
    Drucken   174
CD-Inlay   ▶ CD-Einleger
CD-Label
    Auswählen   108, 172
    Beschriften   109, 172
    Drucken   111
    Formate   107
    Titelliste   113
Clipart
    Ändern   56
    CD   40
    Einfügen   56, 100, 217
    Vergrößern   56
    Verschieben   57
CMYK   22f.
Cover   ▶ CD-Einleger

D

Dateiordner ▶ Ordner
DigiCam ▶ Digitalkamera
Digitalkamera   303
Doppelseiten   125, 290
Doppelseitig drucken   58f., 289
Drucken
    Doppelseitig   58f., 125, 289
    Duplexdruck   58f., 289
    Etikettenbogen teilweise bedrucken   104
    Fotodrucker   16f.
    Justieren des Druckers   36f.
    Laserdrucker   14ff.
    Mischen   92, 291
    Motive mischen   92, 291
    Papierformat   162
    Papiersorte   18f.
    PDF-Datei   188
    Posterdruck   256
    Randlos   82, 291
    Seriendruck   142f., 232, 292
    Testausdruck   37
    Tintenstrahldrucker   12ff.
    Tinte sparen   39, 293
    Transferfolie   155

Drucken (Fortsetzung)
    T-Shirt   155
    Überfüllen   64
    Umschlag   124, 169
    Vorlage   52f.
    Weiße Ränder   290
Drucker justieren   36
Druckstudio
    Installieren   30
    Starten   30
Duplexdruck   12, 58f., 289
DVD-Booklet   ▶ CD-Einleger
DVD-Einleger   ▶ CD-Einleger
DVD-Inlay   ▶ CD-Einleger
DVD-Label   ▶ CD-Label

E

Einladungskarte (siehe auch Grußkarte)
    Anpassen   136
    Drucken   138
Eintrittskarte
    Auswählen   228
    Drucken   231
    Gestalten   228, 229
E-Mail   144ff., 309
Etikett
    Auswählen   96, 103
    Drucken   103
    Erzeugen   105
    Gestalten   97
    Schrift   95
Export
    Grafik   308
    PDF-Datei   84, 309
    Word-Datei   80

F

Farbe ändern   70, 295
Farbharmonie   21
Faxdeckblatt
    Auswählen   128
    Drucken   128
    Faxen   126

Anhang

Faxdeckblatt (Fortsetzung)			Gestaltung (Fortsetzung)	
Text eingeben	129		Layout	26ff.
Faxen	126		Schrift	23ff.
Faxprogramm	129		Gitternetz	34, 62
Feier	▸ Fest		Glückwunschkarte	▸ Grußkarte
Feiertage (Kalender)	199, 310f.		Formate	116ff.
Fenster (für Briefbogen)	79		Grafik	▸ Bild
Ferien (Kalender)	199, 310f.		Grußkarte	
Fest	130ff.		Auswählen	116
Festzeitung	▸ Zeitung		Drucken	125
Font	▸ Schriftart		E-Mail	144ff.
Formatieren			Formate	116ff.
Hintergrund	295		Gestalten	116, 120
Kalendermatrix	194ff.		Seriendruck	142f.
Rahmen	296		Gutschein	
Text	50, 300		Auswählen	166
Fortlaufende Nummerierung	230		Drucken	168
Foto	▸ Bild		Gestalten	164
Fotobuch				
Auswählen	210		**H**	
Binden	220		Harmonische Farbkombination	21
Drucken	220		Hilfe	282
Gestalten	206ff.		Hintergrund	63
Titel drucken	222ff.		Ändern	295
Fotodrucker	16		Hochzeitszeitung	▸ Zeitung
Fotoeffekt-Editor	271		Horoskop	186, 313
Fotokalender	▸ Kalender		HTML-Datei	308
Frakturschrift	95			
			I	
G			Initialen	184
Geburtstage (Kalender)	197, 310f.		Inlay	▸ CD-Einleger
Geldgeschenk-Karte	156		Installieren des Programms	30, 282
Auswählen	159		iTunes	115
Basteln	163			
Drucken	162		**J**	
Gestalten	159		Jewel-Case	175
Generator	118, 286		Jubiläumszeitung	▸ Zeitung
Geschenkanhänger				
Auswählen	101		**K**	
Drucken	101		Kalender	
Gestalten	101		Auswählen	192
Gestaltung			Binden	204f.
Farbe	20f.		Drucken	203
Grafik	22		Einstellungen	193

Anhang

Kalender (Fortsetzung)		O	
Feiertage eingeben	199, 310f.	Objekt positionieren	50, 77, 98
Ferien eingeben	199, 310f.	Ordnerrückenschild wählen	88
Formatieren	194ff.	Beschriften	88, 91
Geburtstage eingeben	197, 310f.	Drucken	88f.
Gestalten	190, 201ff.	Orientation	277
Termine eingeben	199		
Karte	▸ Grußkarte	P	
Komplementärfarbe	21	Papier	
Kontextmenü	247	Mikroperforiert	66
Kreis		Schnittgestanzt	66
Einfügen	296	Papiergewicht	18
Zeichnen	57	Papiersorten	66f.
Kreuzworträtsel	186, 312	Papierstärke	18
		Party	▸ Fest
		Partyzeitung	▸ Zeitung
L		Passepartout	120, 307
Label	▸ CD-Label	PDF-Datei	84, 309
Laserdrucker	14	Pixel	22
Laterne		Pixelbilder	24
Auswählen	264	Positionieren	50, 77, 98
Basteln	265	Poster drucken	256
Drucken	264	Poster gestalten	252ff.
Gestalten	268	Poster zusammenkleben	257
Layout	27	Preis pro Seite	13
Lineal	34	Programm	
Linie einfügen	296	Installieren	30, 282
		Starten	30, 282
M		Projekttyp	283
Mail	▸ E-Mail		
Mailserver	146	R	
Menükarte		Rahmen	
Auswählen	138f.	Ändern	296
Drucken	140	Bild / Foto	306
Gestalten	139	Einfügen	296
Mikroperforiertes Papier	66	Löschen	296
Motive mischen	92, 291	Randlosdruck	82, 291
MP3	115	Rechteck einfügen	296
Musik-Download	115	Rechtschreibprüfung	299
		RGB	22f.
N		Rückgängig (Befehl)	58
Namensschild auswählen	68	Rückseite	55, 120, 290
Namenszeile	78		
Nummerierung	230		

Anhang

S

Scanner	302
Schärfe (eines Bildes)	305
Schatten	297
Schmuckrahmen (einer Vorlage)	306
Schmuckrahmen (eines Bildes)	306
Schnittgestanztes Papier	66
Schneekugel	
Drucken	278
Gestalten	276ff.
Schriften	
Anzeigen	41
Installieren	41
Schülerzeitung	▶ Zeitung
Seriendruck	142f., 232
Anlass-Verwaltung	292
Drucken	292
Siegel	241
SMTP	146, 309
Speichern einer Vorlage	307
Spielkarten	
Auswählen	270
Drucken	274
Gestalten	271ff.
Starten des Programms	30, 282

T

Tabellen	300
Testausdruck erzeugen	37
Text	
Ändern	299
Anordnen	185
Ausrichten	62
Einfügen	78, 121, 183, 298
Eingeben	97
Farbe	51, 63
Formatieren	50, 300
Geschwungener Text	217, 266
Hervorheben	51
Kopieren	61
Löschen	61, 99
Nummerierung	230
Positionieren	50
Rechtschreibprüfung	299

Text (Fortsetzung)	
Textrahmen	183
Textrahmen ausrichten	64
Textrahmen zeichnen	63
Zahlen	230
Textrahmen	183
Tinte sparen	38, 293
Tintenstrahldrucker	12
Tischkarte	
Auswählen	140
Drucken	140
Titelliste	113f.
Transferfolie	155
Transparenz	91f., 216, 298
Typografie	25, 244

U

Überfüllen	64
Umschlag	122ff., 167, 232
Urkunde	
Auswählen	236
Drucken	240
Gestalten	234, 237ff.

V

Varianten	23, 285
Vektorgrafik	25
Vereinszeitung	▶ Zeitung
Visitenkarte	
Auswählen	49, 54
Drucken	52f.
Farbig	60
Formatieren	50
Gestalten	46, 54
Grafik	45
Grafisch	54
Klassisch	48
Papierformat	44
Papiersorten	66f.
Schrift	47
Visitenkartenassistent	287ff.
Vorlage	
Adresse ändern	294
Anlässe	283

Anhang

Vorlage (Fortsetzung)
- Daten eingeben 49
- Doppelseitig 120, 290
- Drucken ..... 52f.
- E-Mail 309
- Editor ..... 33ff.
- Export ..... 308f.
- Farbe ändern 295
- Finden 31f., 283
- Grafik speichern 308
- Hintergrund 63
- Hintergrund ändern 295
- HTML speichern 308
- Mehrere auf einer Seite 291
- Mischen 92, 291
- Motive mischen 92, 291
- Öffnen 31f., 49, 283
- PDF speichern 309
- Projekttyp 284
- Rahmen ändern 296
- Rahmen einfügen 296
- Rahmen löschen 296
- Rückseite 55, 290
- Speichern 52, 70, 307
- Suchen 31f., 283
- Text ändern 299
- Text einfügen 298
- Text formatieren 50
- Varianten 32, 284
- Visitenkartenassistent ..... 287ff.
- Vorlagengenerator 118, 286
- Zweiseitig 290

Vorlageneditor ..... 33ff.
Vorlagengenerator 118, 286

W

Weichzeichner 305
Weiße Ränder 290
Werkzeugleiste 34
Word (Microsoft Office) ..... 80f.
Workshops 284

Z

Zahlen 230
Zeichnen
- Balken 82
- Kreis 57
- Textrahmen 63

Zeichnung ..... ▸ Bild
Zeitung
- Auswählen 182
- Drucken ..... 187f.
- Druckerei 188
- Gestalten ..... 183ff.
- Horoskop 186
- Kreuzworträtsel 186
- Planen ..... 176ff.

Zoom 34
Zwei Seiten 120, 290
Zweiseitig drucken 58f., 289
Zwischenablage 216

Bildnachweis

S. 3 Epson Deutschland GmbH
S. 6 Mohnblume und Hafen-Foto: StockXchng.com, Paar mit Schiff: Jupiterimages.com, Drucker: Epson Deutschland GmbH
S. 7-8 Franzis GmbH
S. 10 Drucker: Epson Deutschland GmbH, Bilder von links nach rechts: Franzis Verlag GmbH, StockXchng.com, Franzis Verlag GmbH, Franzis Verlag GmbH
S. 12 Epson Deutschland GmbH
S. 14 Franzis Verlag GmbH
S. 15 Epson Deutschland GmbH (Die Zeichnung wurde im Auftrag der Franzis Verlag GmbH rekonstruiert)
S. 16 Epson Deutschland GmbH
S. 17 Canon Deutschland GmbH
S. 18 StockXchng.com
S. 19 Franzis Verlag GmbH
S. 22 Schmetterlingsflügel: StockXchng.com
S. 23 Franzis Verlag GmbH
S. 24 StockXchng.com
S. 42 großes Bild: Franzis Verlag GmbH, kleine Bilder von links nach rechts: Jupiterimages, StockXchng.com, Jupiterimages.com, Jupiterimages.com
S. 44 Franzis Verlag GmbH
S. 59 Franzis Verlag GmbH
S. 65-67 Franzis Verlag GmbH
S. 68 Fotos auf Namensschildern „Julius Müller" und „Bernd Schulte": iStockphoto
S. 69 iStockphoto
S. 71 Fotos auf Namensschildern: iStockphoto, Foto mit Namensschildern: Franzis Verlag GmbH
S. 72 Franzis Verlag GmbH
S. 86-88 Franzis Verlag GmbH
S. 94 Franzis Verlag GmbH
S. 96 Franzis Verlag GmbH
S. 101-102 Franzis Verlag GmbH
S. 106 StockXchng.com
S. 108 Franzis Verlag GmbH
S. 112 Franzis Verlag GmbH
S. 115 Apple Music Store
S. 116-118 Franzis Verlag GmbH
S. 121-122 StockXchng.com
S. 130 Franzis Verlag GmbH
S. 132 Jupiterimages.com
S. 134 Jupiterimages.com
S. 135 Franzis Verlag GmbH
S. 136 Franzis Verlag GmbH
S. 141 Franzis Verlag GmbH
S. 148-158 Franzis Verlag GmbH
S. 160-161 iStockphoto
S. 163 Franzis Verlag GmbH
S. 164-165 StockXchng.com
S. 170-172 Franzis Verlag GmbH
S. 175 Franzis Verlag GmbH
S. 179 StockXchng.com
S. 188 Franzis Verlag GmbH
S. 189 Ringe: StockXchng.com, Hochzeitszeitung: Franzis Verlag GmbH
S. 190-192 Fotos im Kalender: StockXchng.com
S. 201-203 Fotos im Kalender: StockXchng.com
S. 205-206 Franzis Verlag GmbH
S. 208-209 Anke Lehmann
S. 210-220 Franzis Verlag GmbH, Anke Lehmann, StockXchng.com, iStockphoto
S. 221 Franzis Verlag GmbH
S. 222-225 Franzis Verlag GmbH, Anke Lehmann, StockXchng.com, iStockphoto
S. 226 Franzis Verlag GmbH
S. 230-232 Fussballer-Foto: iStockphoto
S. 233 Franzis Verlag GmbH
S. 236 Franzis Verlag GmbH
S. 242 Jupiterimages
S. 245 StockXchng.com
S. 246-251 Michael Böttger
S. 252-257 Foto von Poster: Franzis Verlag GmbH, Foto auf Poster: StockXchng
S. 258-260 Franzis Verlag GmbH
S. 261 Bilder unten rechts: eBay Deutschland GmbH, Bild oben: Franzis Verlag GmbH
S. 262-268 Franzis Verlag GmbH
S. 269 Blumen: StockXchng.com, Foto von Laterne: Franzis Verlag GmbH
S. 270 Spielkarten: Franzis Verlag GmbH, Portrait auf Spielkarte (Montage): iStockphoto
S. 271-275 Portrait auf Spielkarte: iStockphoto
S. 276-279 Foto in Schneekugel: StockXchng.com, Foto von Schneekugel: Franzis Verlag GmbH
S. 280 kleine Bilder von links nach rechts: ideehoch 2, Epson Deutschland GmbH, Franzis Verlag GmbH, Epson Deutschland GmbH
S. 306-307 Ingo Steinhaus

Impressum

Dieses Buch entstand in Zusammenarbeit zwischen der ADAC Verlag GmbH, München, und der Franzis Verlag GmbH, Poing

© 2006 ADAC Verlag GmbH, München
© 2006 Franzis Verlag GmbH, Poing

Projektleitung:
Dr. Hans Joachim Völse

Redaktion ADAC:
Stephanie Ward

Redaktion Franzis:
Jörg Schulz
Magdalena Böttger

Autoren:
Ingo Steinhaus
Anke Lehmann
Maria Seidel
Michael Böttger

Fotografie:
Josef Bleier

Titelgestaltung:
Parzhuber und Partner, München

Grafische Gestaltung:
Parzhuber und Partner, München
Sandro Lindner (Art Direction)

DTP-Satz:
Parzhuber und Partner, München
PC-DTP Satz, München

Herstellung:
John C. Bergener

Druck und Bindung:
G. Canale & C. S.p.A., Borgaro T.se (Turin)

Printed in Italy

Alle Angaben in diesem Buch wurden von den Autoren mit größter Sorgfalt erarbeitet bzw. zusammengestellt und unter Einschaltung wirksamer Kontrollmaßnahmen reproduziert. Trotzdem sind Fehler nicht ganz auszuschließen. Der Verlag und die Autoren können dafür keine Haftung übernehmen. Für die Mitteilung etwaiger Fehler sind Verlag und Autoren jederzeit dankbar. Internetadressen und Versionsnummern stellen den bei Redaktionsschluss verfügbaren Informationsstand dar. Verlag und Autoren übernehmen keine Haftung für Veränderungen, die sich aus nicht von ihnen zu vertretenden Umständen ergeben.

Das Werk einschließlich all seiner Teile ist urheberrechtlich geschützt. Jede Verwendung außerhalb der engen Grenzen des Urheberrechtsgesetzes ist strafbar. Das gilt insbesondere für Vervielfältigungen, Übersetzungen, Mikroverfilmungen und die Einspeicherung und Verarbeitung in elektronischen Systemen. Die beigefügten Dateien der Software, Cliparts, Fotos sowie Schriften dienen ausschließlich der nichtgewerblichen Nutzung. Eine gewerbliche Nutzung ist nur mit Zustimmung des Lizenzinhabers möglich.

Gebrauchsnamen, Handelsnamen, Warenbezeichnungen und dergleichen, die in diesem Buch ohne besondere Kennzeichnung aufgeführt sind, berechtigen nicht zu der Annahme, dass solche Namen ohne Weiteres von jedem benutzt werden dürfen. Vielmehr kann es sich auch dann um gesetzlich geschützte Warenzeichen handeln.

Der große Clipart-Katalog

Alle Grafiken auf einen Blick

Impressum

Dieses Buch entstand in Zusammenarbeit zwischen
der ADAC Verlag GmbH, München, und
der Franzis Verlag GmbH, Poing

© 2006 ADAC Verlag GmbH, München
© 2006 Franzis Verlag GmbH, Poing

Titelgestaltung:
Parzhuber und Partner, München

DTP-Satz:
PC-DTP Satz, München

Herstellung:
John C. Bergener

Druck und Bindung:
G. Canale & C. S.p.A., Borgaro T.se (Turin)

Printed in Italy

Lizenzvertrag

zur Nutzung vom Bildmaterial, Cliparts, Fotos des Franzis Verlages

1. Die Franzis Verlag GmbH, 85586 Poing, Germany, erteilt als Lizenzgeber ausschließlich den Kunden des ADAC Druckstudios ein begrenztes Nutzungsrecht gemäß den Punkten 2 bis 8 für die gelieferten bzw. online-übertragenen Produkte aus dem Lieferprogramm, wie Vektorgrafiken, Farb- und s/w-Fotos, freie Objekte, Animationen und sonstige grafische Darstellungen. Die Produkte werden als elektronische Daten oder/und innerhalb physischer Produkte z.B. auf CD, Dia, Papier oder Fotoprint geliefert. Diese Lizenzbestimmungen gelten für alle Lieferformen.

2. Die Rechte an diesen Werken sind durch die deutschen Copyright-Gesetze und durch internationales Vertragsrecht geschützt. Die Verwendung dieser Mediendateien unterliegt den Bestimmungen dieser Vereinbarung. Diese Vereinbarung unterliegt deutschem Recht/Gesetz.

3. Die hier vorliegenden Mediendateien dürfen ausschließlich zu privaten, nicht-kommerziellen Zwecken verwendet werden. Ausnahmen erfordern die schriftliche Zustimmung von der Franzis Verlag GmbH.

4. Jegliche Bildbearbeitung zur individuellen Gestaltung ist erlaubt, jedoch entstehen dem Kunden des ADAC Druckstudios keine neuen Rechte (Lizenzrechte) an diesen veränderten Motiven. Das Urheberrecht verbleibt nach der Bildveränderung durch den Nutzer insoweit beim Verlag, als diesem das Urheberrecht nach dem Urheberrechtsgesetz zusteht.

5. Wer Produkte des Verlages oder Teile davon kopiert und – auf welche Weise auch immer – weiter vertreibt, muss mit Schadensersatzforderungen und zusätzlicher strafrechtlicher Verfolgung rechnen.

6. Der Verlag behält sich das Recht vor, die Benutzung einzelner Illustrationen oder Fotos zu sperren oder ein Bild durch ein anderes Motiv zu ersetzen, sofern ein wichtiger Grund vorliegt. Nach der Benachrichtigung über die Rückgängigmachung der Lizenz für bestimmte Motive darf der Lizenznehmer diese nicht mehr nutzen. Hierin ist kein Gewährleistungsfall zu sehen.

7. Die Franzis Verlag GmbH und/ oder angeschlossenen Unternehmen lehnen jede Haftung für Datenverluste, zufällige Schäden und wirtschaftliche Folgeschäden (einschließlich Informationsverluste) oder sonstige Schäden ab. Die Schadensbegrenzung der Franzis Verlag GmbH ist nicht kumulativ.

Lizenzvertrag

8. Die Haftung der Franzis GmbH und angeschlossenen Unternehmen beschränkt sich gemäß dieser Vereinbarung auf den Kaufpreis dieser Software. Alle durch Schäden entstandenen Ansprüche können an die Franzis Verlag GmbH oder dessen Lizenz- oder Vertriebspartner nur in Höhe des bezahlten Kaufpreises, sofern zutreffend, geltend gemacht werden.

Copyright (c) 2006 –
Franzis Verlag GmbH
Gruber Str. 46a
85586 Poing
Deutschland
Alle Rechte vorbehalten

Inhaltsverzeichnis

Clipart-CD 1

Cartoons 7
    Ballon 7
    Blumen 8
    Charakterzuege 8
    Elemente 10
    Objekte 11
    Sport_Individuell 17
    Sport_Mannschaft 18

Essen 19
    Brot 19
    Fisch 20
    Fleisch 20
    Getraenke 22
    Kaese 26
    Logos 27
    Menschen 28
    Pilze 31
    Suessigkeiten 32

Freizeit 35
    Draussen 35
    Freizeit_Spiele 56
    Natur 56
    Reise 57
    Sport_Verschiedenes 61
    Sportgeraete 67
    Wassersport 72
    Zubehoer_fuer_Spiele 76

Im Haus 76
    Badezimmer 76
    Garten 79
    Kueche 81
    Schlafzimmer 90
    Wohnzimmer 91

Jahreszeiten 92
    Wetter 92
    Winter 93
    Zeit 94

Regional 94
    Architektur 94
    Die_Welt 96
    Flaggen 98
    Gegenstaende 99
    Landschaft 103
    Monumente 103
    Oeffentliche_Gebaeude 106
    Religioese_Gebaeude 106
    Sonnenuntergang 107
    Stadt_Silhouette 107
    Tropisch 107
    Verschiedene_Plaetze 108
    Wohngebaeude 109

Symbole 113
    Alphabet 113
    Buttons 126
    Formen 130
    Geld 135
    Karten_Diagramme 136
    Logos 136
    Pfeile 136
    Stempel 138
    Sternzeichen 142
    Symbole 147
    Zahlen 152

Verschiedenes 157
    Finanzen 157
    Industrie 158
    Pop 159
    Religioes 159
    Tabak 160

Clipart-CD 2

Menschen 161
    Athleten 161
    Augen 161
    Christlich 162
    Clowns 162
    Frauen 165
    Haende 198
    Historisch 200
    Kinder 213
    Kulturen 243
    Maenner 297
    Musikanten 334
    Zaehne 334
Objekte 335
    Bekleidung 335

Brillen 348
Buero 349
Huete 353
Instrumente 355
Lampen 356
Lehrmittel 358
Schluessel 359
Spielzeug 359
Taschen 363
Uhren 367
Werkzeug 368
Zeichen 390
    Informativ 390
    Verkehr 400
    Warnung 407

Clipart-CD 3

Medien 411
    Computer 411
    Kommunikation 414
    Musikinstrumente 418
    TV_Film_Video 424
    Unterhaltung 425
Pflanzen 437
    Baeume 437
    Blumen 438
    Landwirtschaftlich 455
    Pflanzen 455
Tiere 461
    Haustiere 461
    Hund_und_Katze 463

Insekten 492
Reptilien_und_Amphibien 540
Unter_Wasser 544
Voegel 552
Verkehrsmittel 560
    Automobil 560
    Fahrrad 564
    Luft 564
    Motorrad 566
    Wasser 566
Wissenschaft 569
    Gesundheit 569
    Science_Fiction 573
    Weltraum 575

Clipart-CD 1

Cartoons

Ballon

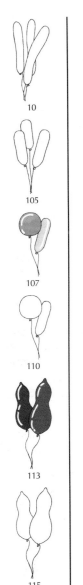
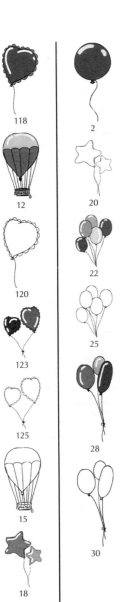
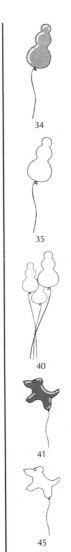
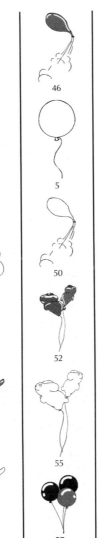
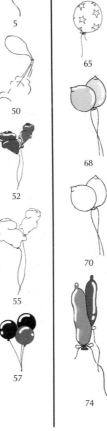

Clipart-CD 1: Cartoons/Charakterzuege

Blumen

 msc 00213 a
 msc 00213 d

Charakterzuege

 36s92852
 36s92853
 36s92854
 36s92855
 36s92856
 36s92857
 36s92858

 36s92859
 38s90305
 38s90323
 38s90324
 38s90325
 38s90326
 38s90327
 38s90328

 al05328
 al07886
 cb15024c
 cb15025c
 cb15026b
 en04463
 en04721
 en04983

 en05340
 en05885
 en06534
 en07358
 en07702
 en13453
 en13929
 hm05800

 hm05801
 in09596
 j15057b
 pe05645
 pe05648
 pe05649
 pe05806

 pe05813
 pe05814
 pe05930
 pe05931
 pe05933
 pe06163
 pe06167
pe06168

pe06169
 pe06284

 pe06760

 pe06849
 pe07435
 pe07437
 pe07438

pe07441
 pe07442
pe07443
pe07444
pe07446
pe07447
pe07451
pe07454
pe07459

pe07460
 pe07463
pe07464
pe07470
pe07473
pe07560
pe07561
pe07719

Clipart-CD 1: Cartoons/Charakterzuege

pe07783	pe07809	pe08132	pe08926	pe09042	pe09213	pe09922	pe10178	pe10326
pe07798	pe07810	pe08161	pe09028	pe09043	pe09214	pe09929	pe10179	pe10651
pe07799	pe07811	pe08286	pe09029	pe09044	pe09557	pe09931	pe10181	pe10652
pe07800	pe07812	pe08289	pe09031	pe09045	pe09558	pe09932	pe10182	pe10654
pe07801	pe07813	pe08292	pe09036	pe09046	pe09563	pe09933	pe10183	pe10656
pe07802	pe07815	pe08293	pe09037	pe09048	pe09564	pe09934	pe10185	pe10657
pe07803	pe07816	pe08294	pe09038	pe09200	pe09582	pe10059	pe10311	pe10928
pe07804	pe07817	pe08296	pe09039	pe09201	pe09627	pe10074	pe10321	pe11022
pe07805	pe07818	pe08297	pe09040	pe09202	pe09632	pe10076	pe10322	pe11027
pe07806	pe07820	pe08302	pe09041	pe09203	pe09901	pe10170	pe10323	pe11030
pe07807	pe07903	pe08307			pe09918	pe10171	pe10324	pe11031
pe07808	pe08091	pe08915		pe09204				
	pe08093							

Clipart-CD 1: Cartoons/Elemente

pe11073

pe11074

sg09237

sg09239

sy07063

ua15029b

ua15030b

ua15034b

ua15035b

ua15037a

ua15038a

ua15039a

ua15040a

ua15041a

ua15042a

ua15043a

ua15044a

ua15045a

ua15046a

ua49001a

ua51001c

Elemente

50x93331
50x93342
50x93366
50x93368
50x93922
50x93994

an13306
an13547
bl04518
bs04231
bs15325
bs15989
bs15991

bs15992
bs16015
bs16022
bs16023
bs16024
bs16026

bs16033
bs16035
bs16036
bs17247
bs19256
bs19257

bs19258
bs19259
fd09113
fd13283
hh04499
hh04746
hh05173

hh06518
hh06591
hh06627
hh08873
hh08918
hh09523
hh10058

hh10060
hh10529
hh13023
hm08861
hm09979
j38019a
jg15934b

jg15939b
jg15940b
jg15978c
jg15v00b
jg15v05c
jg15v09c

jg15w38c
jg35058a
jg35060a
jg35061b
jg35064b
jg35066b

Clipart-CD 1: Cartoons/Objekte

jg35067b	jg35113b	kc15019c	la01275a	lb31004b	lk42091b	p37007c	p37016c	pe14312	
jg35068b	jg35114b	kc35001c	la01b19a	lb35001c	lk42092b	p37008c	p37017c	sl13464	
jg35075b	jg42127b	kd15007b	la15040b	lb42002b	lk42095b	p37009c	pe10062	so11904	
jg35089c	jg44001a	kf01506c	la49002a	lf15097a	p37001c	p37010c	pe10314	sy08735	
jg35107b	jg51011b	kf06001b	la51007b	lf28058b	p37002c	p37011c	pe10332	sy10907	
jg35108b	jg51012b	kf06002b	la51010b	lf28059b	p37003c	p37012c	pe12502	sy11911	
jg35111b	jg51052c	kf06004b	la51011b	lf28060b	p37004c	p37013c	pe13305	sy13293	
jg35112b	jg51060b			lf28061b	p37005c	p37014c	pe14052		
	jg56002a				p37006c	p37015c			

Objekte

50x23647	ah06019c	ha03001b	ha42001b	j15061b	j15062b	j15065b	j15066b	j15067b	
50x23665	f15091c		i28007b		j15064b				

Clipart-CD 1: Cartoons/Objekte

Clipart-CD 1: Cartoons/Objekte

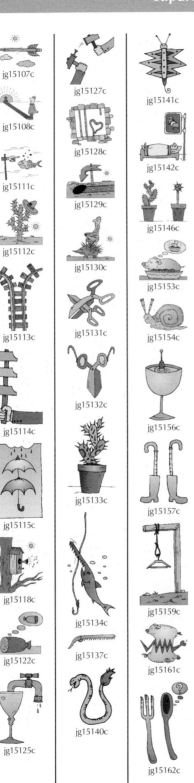

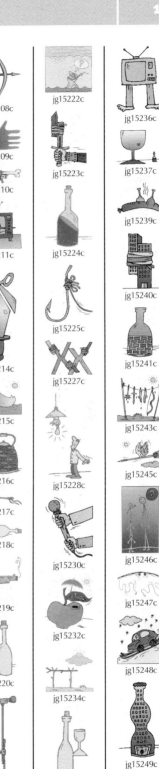

Clipart-CD 1: Cartoons/Objekte

Clipart-CD 1: Cartoons/Objekte

Clipart-CD 1: Cartoons/Objekte

Clipart-CD 1: Cartoons/Sport_Individuell

Sport_Individuell

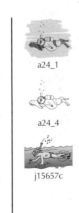

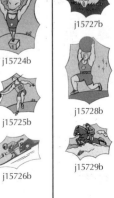

Clipart-CD 1: Cartoons/Sport_Mannschaft

 j15730b
 j15731b
 j15732b
 j15733b
 j15734b
 j15735b

 j15736b
 j15743b
 j15744b
 j15745b
 jg35056c
 ra42001b

ra42002b
 rd15013a
 rd15014a
 rd15015a
 rd15016a
 rd15017a
rd15018a

 rd15019a
 rd42002b
 rd42006b
re42001b
re42003b

 rf42003b
 rf42004b
 rf42005b

 re42004b
 rf15006b
rf15007a
 rf15008c
 rf42001b
 rf42002b

 rg15002b
 rg15004a
 rg15005a
 rg15006a
 rg15008b

rf42006b
rg15001b

 rg28015b
 rg28016b
 rg28017b
 rg28018b
 rg28019b
 rg28020b

rg42001b
rg42002b
rg42004b
rg42005b
rg42006b
rg42011b
 rg42012b

Sport_Mannschaft

 46 / 58
 60
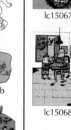 la51003b
lc15066a
 lc15067a
lc15068a
 lc15069a
lc15070a
lc15071a
 lc15072a
 lc15073a
 lc15074a
 lc15075a
 lc15076a
 lc15077a

 lc15078a
 lc15079a
 lc15080a

Essen

Brot

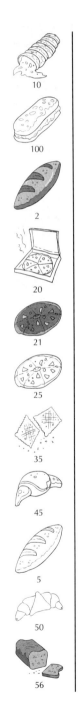

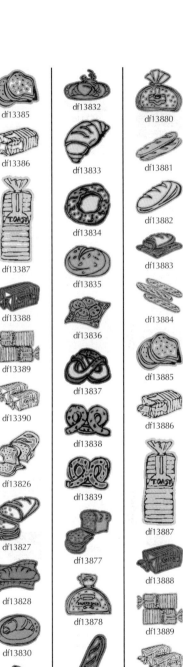

Clipart-CD 1: Essen/Fisch

 df14326
 df14332
 df14338
 df14380
 df14386
 df14827
 df14834
 df14878
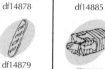 df14885

 df14327
 df14333
 df14339
 df14381
 df14387
df14828
df14835
df14879
df14886

 df14328
 df14334
 df14342
 df14382
df14388
 df14829
 df14836
 df14880
df14887

 df14329
 df14335
 df14377
 df14383
df14389
df14830
 df14837
df14881
 df14888

 df14330
 df14336
 df14378
 df14384
df14390
 df14831
 df14838
 df14882
df14889

 df14331
 df14337
 df14379
 df14385
df14826
 df14832
 df14839
 df14883
 df14890

 df14833
 df14877
 df14884

Fisch

 crap_with_lemon03
 crap_with_lemon04
 e01045b
 fd05946
 fd13921
fd21932
 pisica2
 pisica4
 sardines1
 sardines4

Fleisch

 14
 17
 24
 29
 3
 30
 34
 36
 42

Clipart-CD 1: Essen/Fleisch

49

54

59

61

66

72

9

df13391

df13392

df13393

df13394

df13395

df13396

df13397

df13398

df13399

df13400

df13401

df13402

df13403

df13404

df13405

df13406

df13411

df13412

df13413

df13414

df13415

df13416

df13417

df13418

df13419

df13420

df13421

df13422

df13423

df13424

df13891

df13892

df13894

df13895

df13896

df13897

df13898

df13899

df13900

df13901

df13902

df13903

df13904

df13905

df13906

df13911

df13912

df13913

df13914

df13915

df13916

df13917

df13918

df13919

df13920

df13921

df13922

df13923

df14391

df14392

df14393

df14394

df14395

df14396

df14397

df14398

df14399

df14400

df14401

df14402

df14403

df14404

df14405

df14406

df14411

df14412

df14414

df14415

df14416

df14417

df14418

df14419

df14420

df14421

df14422

df14423

df14891

df14892

df14894

df14895

df14896

df14897

df14898

df14899

df14900

df14901

df14902

df14903

22 Clipart-CD 1: Essen/Getraenke

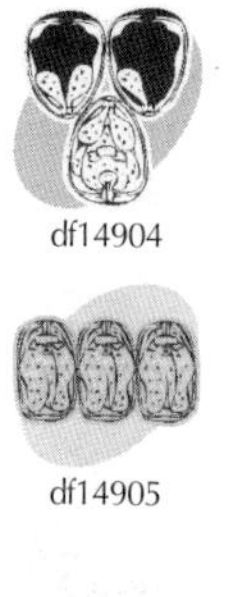
df14904
df14905

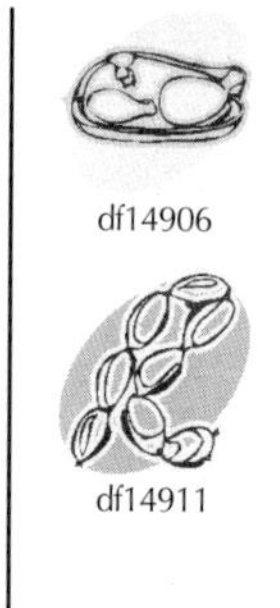
df14906
df14911

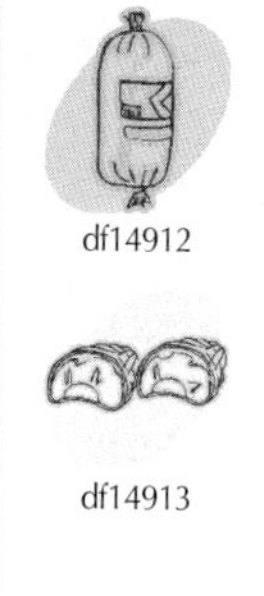
df14912
df14913

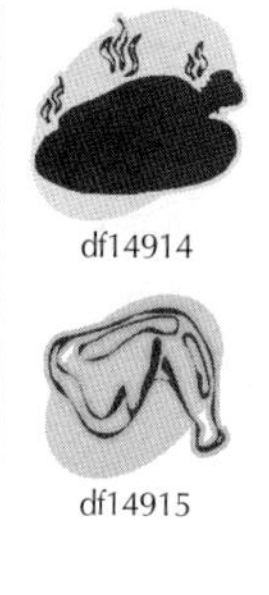
df14914
df14915

df14916
df14917
df14918

df14919
df14920
df14921

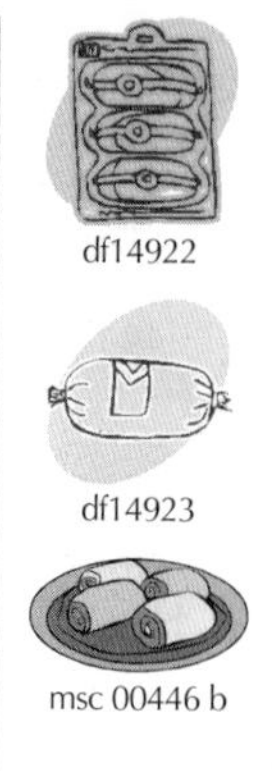
df14922
df14923
msc 00446 b

msc 00446 f
pork2
pui2

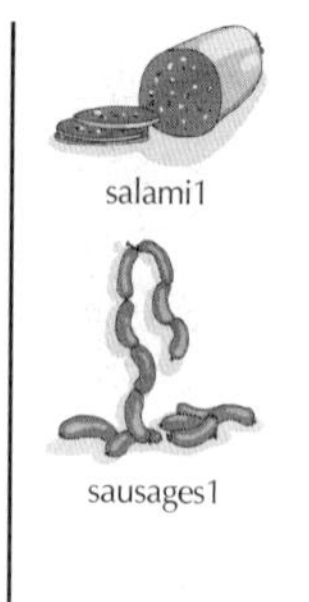
salami1
sausages1

Getraenke

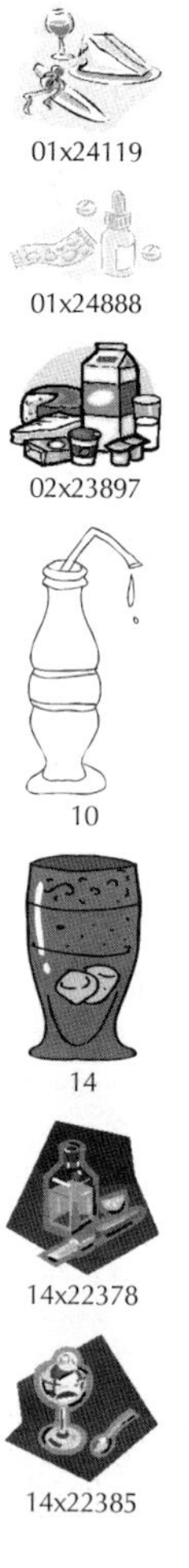
01x24119
01x24888
02x23897
10
14
14x22378
14x22385

14x22387
14x22401
15
16
174
175

20
22
25
27
30
33
35

37x23165
37x23173
37x23175
37x23740
37x25231
39x23110
39x23111
4

5
51x22575
51x22591
51x22593
51x23395
51x23408
51x23413

51x24307
53x25322
6
co35001b
cocktail02
cocktail04
df26277

df26278
df26279
df26280
df26281
df26282
df26283

df26284
df26285
df26286
df26287
df26288
df26289
df31132

df31133
df31134
df31135
df31136
df31137
df31138

Clipart-CD 1: Essen/Getraenke

df31139

df31144

df31145

e06006b

e06010c

e06011c

e06014b

e06016b

e06017b

e06018b

e06019b

e06020b

e06021b

e06022b

e06023b

e06026c

e06027c

e06028c

ea01001c

ea01002c

ea01501c

ea01502b

ea31001a

ea31002a

ea31003a

ea31004a

ea31006a

ea31007a

ea31008a

ea35002a

ea42001b

ea43001b

ea43002a

ea44001b

ea44002b

ea44003b

ea47001c

ea47002c

ea52001b

ea52002b

ea52003b

ea52004b

ea52005b

ec15026b

ec15028b

ec52001a

en07123

fd000432

fd000760

fd000761

fd000829

fd002497

fd002618

fd002815

fd04211

fd04382

fd04459

fd04626

fd04633

fd04648

fd04649

fd04664

fd04665

fd04668

fd04681

fd04684

fd04964

fd04999

fd05052

fd05075

fd05177

fd05210

fd05366

fd05368

fd05400

fd05580

fd05583

fd05584

fd05601

fd05603

fd05878

fd05879

fd05880

fd05950

fd06058

fd06062

Clipart-CD 1: Essen/Getraenke

 fd06063
 fd06085
 fd06180
 fd06251
 fd06267
 fd06326
 fd06536
 fd06537
 fd06577

 fd06720
 fd06738
 fd06745
 fd06746
 fd06756
 fd06765
 fd06769
 fd06825

 fd06827
 fd06829
 fd06880
 fd06900
 fd06960
 fd07180
 fd07207
 fd07247
 fd07273

 fd07356
 fd07461
 fd07496
 fd07516
 fd07519
 fd07634
 fd07699
 fd07892
 fd08142
 fd08175

 fd08326
 fd08732
 fd08893
 fd08931
 fd08932
 fd08946
 fd09101
 fd09110
 fd09156
 fd09173
 fd09268

 fd09277
 fd09361
 fd09468
 fd09493
 fd09537
 fd09755
 fd09905
 fd10069
 fd10088
 fd10104

fd10140
fd10143
fd10243
fd10474
fd10484
fd10486
fd10601
fd10604
fd10626
fd10629

fd10637
fd10878
fd10899
fd10925
fd11037
fd11120
fd11147
fd11580
fd11726
fd11728

fd11860
fd11872
fd11874
fd11875
fd11985
fd12035
fd12277
fd12278
fd12287
fd12288
fd12289

Clipart-CD 1: Essen/Getraenke 25

fd12291
fd12319
fd12603
fd12605
fd12649
fd12799
fd13018
fd13048
fd13097
fd13125
fd13127

fd13298
fd13681
fd13684
fd13844
fd13850
fd13894
fd13919
fd14199
fd14260
fd14268
fd14322

fd14336
fd14345
fd14389
fd14471
fd14498
fd14644
fd14661
fd14763
fd15056
fd15058
fd15172

fd15173
fd15534
fd15774
fd15863
fd15867
fd15929
fd16165
fd16851
fd16916
fd16919
fd17042
fd17079

fd17389
fd17392
fd17395
fd17396
fd17397
fd17399
fd17400
fd17709
fd17712
fd18300
fd18552

fd18762
fd19474
fd19913
fd19914
fd20144
fd20277
fd20538
fd20674
fd20741
fd20751
fd20794
fd20815

fd21030
fd21291
fd21517
fd21540
fd21931
fd21954
fd21964
fd21992
fd21998
fd21999
fd22000

fd22001
fd22002
fd22004
fd22355
fd22358
fd22363
fd22365
fd22366
fd22373
fd22375
fd22473

fd22483
ff01001b
hh001886
jg42125b
jg51024b
mis0084 a
mis0084 b
mis0087 a
mis0087 c
mis0089 a

Clipart-CD 1: Essen/Kaese

 mis0089 c

 mis0089 f

 mis0130 a

mis0130 b

mis0161 a

mis0161 b

mis0188 a

mis0188 d

mis0188 f

mis0189 a

mis0189 f

mis0202 a

mis0202 b

mis0207 a

mis0207 f

mis0220 a

mis0220 c

mis0267 a

mis0267 d

mis0272 a

mis0272 d

mis0273 a

mis0273 c

msc 00457 a

msc 00457 b

msc 00458 a

msc 00458 b

msc 00459 a

msc 00459 f

msc 00464 a

msc 00464 f

msc 00465 a

msc 00465 f

msc 00507 a

msc 00507 e

msc 00514 a

msc 00514 d

msc 00526 a

msc 00526 c

sh15027b

sh15035c

sh15036c

z2460

z2464

z2480

z2483

Kaese

10

15

16

20

22

25

2798

2799

28

2802

2803

34

35

39

4

40

43

45

5

50

9

cheese02

cheese_pie04

df12817

df12818

df12822

df12823

df12868

df12869

df12870

df12871

df12872

df12873

Clipart-CD 1: Essen/Logos

 df12875
 df13324
 df13372
 df13820
 df13871
 df14322
 df14372
 df14819
 df14872

 df13317
 df13325
 df13373
 df13821
 df14323
 df14373
df14822
df14873

df13318
 df13368
 df13375
 df13872
 df14324
df14373
df14822
mis0131 a

 df13318
df13369
df13822
df13873
df14324
df14375
df14823
mis0131 d

 df13319
 df13369
 df13817
 df13868
 df14317
 df14370
 df14317
df14817
df14870

 df13322
 df13370
 df13818
 df13869
df14318
df14371
df14818
df14871

 df13323
 df13371
 df13819
 df13870
 df14319

Logos

 fd08745
 fd12119
fd13643
fd13646
 fd13651
 fd13654
 fd13933
 fd13937

 fd08746
 fd12120
 fd13643
 fd13646
fd13649
fd13651
fd13654
fd13934
fd13938

fd13642
fd13644
fd13647
fd13652
fd13655

 fd08747
 fd13642
 fd13644
 fd13647
 fd13650
 fd13652
 fd13655
 fd13935
 fd15475

fd13645
fd13648
fd13653
fd13932
fd13936

 fd12118
 fd13645
fd13648
 fd13936

Clipart-CD 1: Essen/Menschen

Menschen

08x90058

08x90060

14x23234

17x91001

19x21617

22x23074

23x20555

23x20562

23x90918

28s91815

28x91868

29x26783

29x26797

29x91018

36x23566

36x26671

36x90106

38x25409

38x25411

38x25412

39x26559

40x90744

40x90745

40x90750

45x24490

50x25711

50x27507

50x27509

50x27544

50x27545

50x27590

51x23427

51x25948

51x25980

51x25981

51x90800

51x90805

51x90806

51x90819

51x90820

52x92508

53x25328

53x25804

53x25813

53x25817

53x25823

53x25827

53x25829

53x25830

53x25831

53x25835

53x25838

53x26205

53x26218

53x26220

60x90087

60x90091

60x90092

60x90093

60x90094

60x90095

df12935

df12936

df12937

df12938

df12939

df12940

df12941

df12942

df12943

df12944

df12945

df12946

df12947

df12948

df12949

df12950

df12951

df12952

Clipart-CD 1: Essen/Menschen

Clipart-CD 1: Essen/Menschen

Pilze

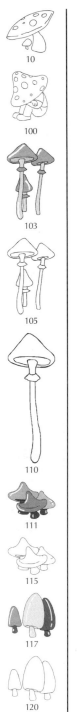
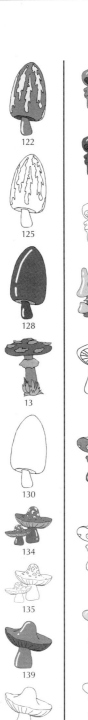
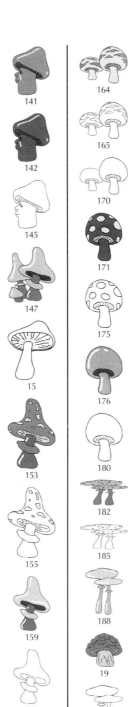

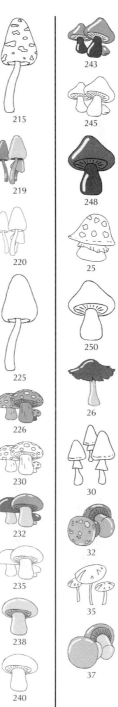
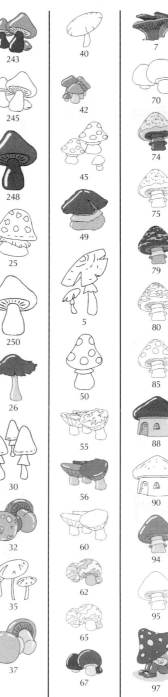

Clipart-CD 1: Essen/Suessigkeiten

Suessigkeiten

Clipart-CD 1: Essen/Suessigkeiten

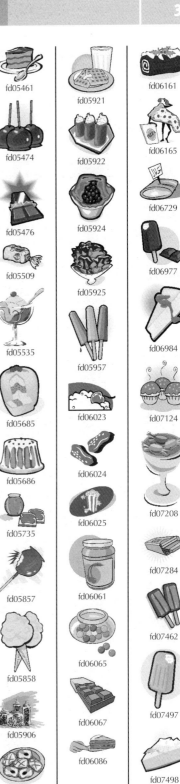

Clipart-CD 1: Essen/Suessigkeiten

 fd07583
 fd07690
 fd07708
 fd07710
 fd07784
 fd07854
 fd07898
 fd08118
 fd08148

 fd08176
 fd08180
 fd08184
 fd08889
 fd08996
 fd09126
 fd09355
 fd09790
 fd09791
 fd10105
 fd10106

 fd10137
 fd10234
 fd10491
 fd10606
 fd10621
 fd11001
 fd11006
 fd11062
 fd11097
fd11513
fd11514
fd11719

 fd11861
 fd12326
 fd12514
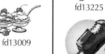 fd12520
 fd12521
 fd12553
 fd12614
 fd12617
 fd12633

 fd12780
 fd12942
 fd13001
 fd13007
 fd13009
 fd13016
 fd13017
 fd13044
 fd13046
 fd13134
fd13215

fd13216
fd13217
fd13218
fd13225
fd13226
fd13227
fd13228
fd13283
fd13383
fd13432
fd13697

fd13698
fd13869
fd13878
fd13891
fd14192
fd14402
fd14558
fd14667
fd15032
fd15467
fd15872

fd15930
fd16947
fd17141
fd17394
fd17704
fd17998
fd18271
fd18553
fd18651
fd19284
fd19615

fd19815
fd20139
fd20142
fd20525
fd20677
fd20679
fd20795
fd20797
fd21287
fd21292
fd21557

Clipart-CD 1: Freizeit/Draussen

Freizeit

Draussen

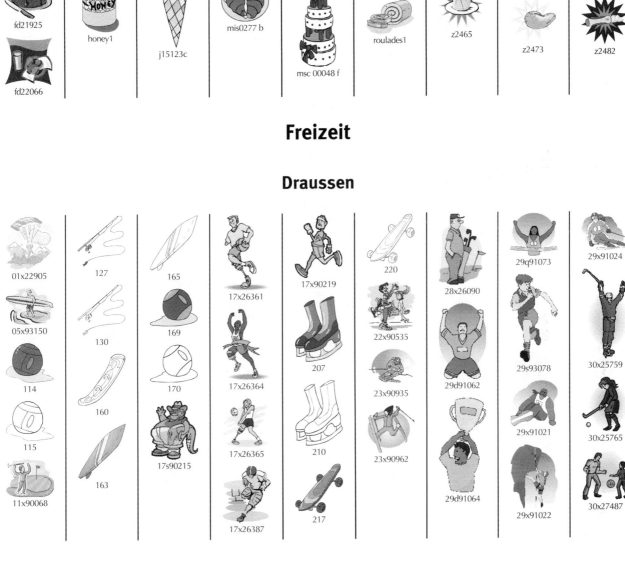

Clipart-CD 1: Freizeit/Draussen

Clipart-CD 1: Freizeit/Draussen

37

lh01649a	lr01017a	mis0077 a	misc 0005 a	msc 00290 b	msc 00304 a	msc 00361 a	msc 00390 d	pe04090
lh01725a	lr01024a	mis0077 b	misc 0005 f	msc 00291 a	msc 00304 d	msc 00361 f	msc 00391 a	pe04091
lh01770a	lr01042a	misc 0021 a	msc 00291 f	msc 00307 a	msc 00362 a	msc 00391 c	pe04096
lj01505a	lr01076a	mis0078 a	misc 0021 f	msc 00292 a	msc 00307 d	msc 00362 f	msc 00391 d	pe04099
lj01550a	lr15004a	mis0078 f	misc 0023 a	msc 00292 f	msc 00309 a	msc 00363 a	msc 00391 e	pe04151
lj01739a	lr15005a	mis0079 a	misc 0023 f	msc 00295 a	msc 00309 b	msc 00363 f	p15014b	pe04225
lk01131a	lr15006a	mis0079 f	misc 0024 a	msc 00295 f	msc 00311 a	msc 00388 a	p38025a	pe04331
lr01005a	lr15010a	misc 0001 a	misc 0024 b	msc 00296 a	msc 00311 e	msc 00388 e	pe001553	pe04332
	lr15011a	misc 0001 f	misc 0025 a	msc 00296 b	msc 00312 a	msc 00389 a	pe001812	
	lr15012a	misc 0004 a	misc 0025 b	msc 00297 a	msc 00312 f	msc 00389 e	pe001954	
	ma01059a	misc 0004 f	msc 00290 a	msc 00297 f		msc 00390 a	pe001955	
				msc 00298 a				
				msc 00298 f				
				msc 00299 a				
				msc 00299 f				
				msc 00300 a				
				msc 00300 e				

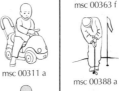

Clipart-CD 1: Freizeit/Draussen

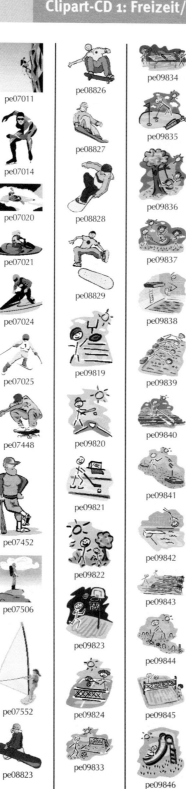

Clipart-CD 1: Freizeit/Draussen

39

Clipart-CD 1: Freizeit/Draussen

Clipart-CD 1: Freizeit/Draussen

Clipart-CD 1: Freizeit/Draussen

Clipart-CD 1: Freizeit/Draussen

Clipart-CD 1: Freizeit/Draussen

Clipart-CD 1: Freizeit/Draussen

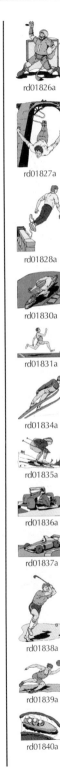

46 Clipart-CD 1: Freizeit/Draussen

Clipart-CD 1: Freizeit/Draussen

Clipart-CD 1: Freizeit/Draussen

Clipart-CD 1: Freizeit/Draussen

Clipart-CD 1: Freizeit/Draussen

Clipart-CD 1: Freizeit/Draussen

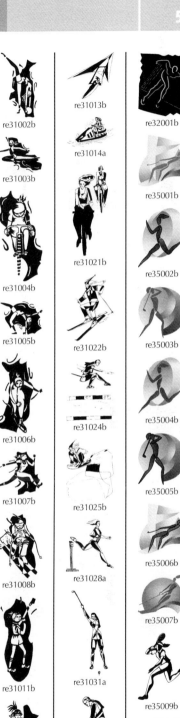

Clipart-CD 1: Freizeit/Draussen

Clipart-CD 1: Freizeit/Draussen

Clipart-CD 1: Freizeit/Draussen

Clipart-CD 1: Freizeit/Draussen

55

 z11506
 z11511
 z11512
 z11513
 z11514
 z11517
 z11518
 z11519
 z1152
 z11520

 z11521
 z11522
 z11524
 z1153
 z11541
 z11543
 z11546
 z11547
 z11548
 z1155

 z11550
z11551
z11552
z11553
z11554
z11555
z11556
z11557
z11558
z11559

 z1156
 z11560
 z11561
 z11562
 z11563
 z11564
 z11565
 z11566
 z11567
z11568

 z1157
 z1158
 z11648
 z11650
 z11651
 z11652
 z11653
 z11654
 z11656
z11657

 z11658
 z11659
 z1166
 z11662
 z11664
 z11665
 z11666
 z11667
 z11727
 z11728

z11729
z11731
z11732
z11733
z11734
z11735
z11736
z11737
z11739
z11740
z11741

z11742
z11743
z11829
z11835
z11837
z11838
z11839
z11840
z11841
z11842
z11843

 z11844
 z2424
 z2425
 z2430
 z2432
 z2436
 z2438

Freizeit_Spiele

10
12
15

199

200

261

265

69
70

bs15542

pe22010

pe22013

pe22016

pe22018

pe22110

pe22315

pe22450

pe22503

pe22654

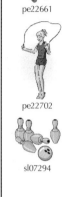
pe22661
pe22702

sl07388

sl07389

sl07294
sl07425

sl07426
sl07486
sl07504

sl07515

sl07691

sy003110

Natur

01x22953
23x90930
37x19687
37x19689
37x19690
37x19696

60x90088

60x90089

60x90090

60x90096

jg15988b

jg15w92b

jg15y14c

jg51004c

la01175a

la01960a
ld01458a

ld01461a

le01573a

le01584a

lf01916a

lg01501a

lg01631a

lg01634a

lg01635a

lg01636a

lh01252a

lj01796a

lk01058a

lk01059a

lk01070a

lk01124a

lk01155a

lk01158a

lk31029b

lr01031a
lr01032a
lr01033a
lr01034a
lr01035a

lr01037a
lr01038a
lr01039a
lr01040a

lr01041a

Clipart-CD 1: Freizeit/Reise

Reise

01x22977

22x26814

22x26817

22x26819

22x26821

22x26823

22x26825

22x26827

22x26829

22x26813

22x26815

22x26818

22x26820

22x26822

22x26824

22x26826

22x26828

22x26830

22x26831

Clipart-CD 1: Freizeit/Reise

 45x23876
 45x24475
 45x24476
 45x24480
 99x21088
 99x22630
 bk19486
 bl05502
 bl05639
 bl05640
 bl05641

 bl05643
 bl05647
 bl05810
 bl05811
 bl05812
 bl05818
 bl05819
 bl06051
 bl06052
 bl06053
 bl06054

 bl07362
 bl07661
 bl07826
 bl07829
 bl07840
 bl07860
 bl07863
 bl07871
 bl07901
 bl07952
 bl07991

 bl07992
bl08000
 bl08038
 bl08080
 bl08081
 bl08082
 bl08084
 bl08085
 bl08117
 bl08183
 bl08185

bl08255
bl08265
bl08938
bl08939
bl09023
bl09164
bl09256
bl09667
bl09674
bl10024
bl10027

bl10030
bl10046
bl10103
bl11095
bl11112
bl11114
bl11119
bs06164
bs06893
na04352
na09114

na09135
na09241
na10753
na21515
na21779
na22484
nc15036b
ne01157a
ne01161a

ne01169a
ne01504b
ng01500a
ni01500a
nj01502a
nj01503a
nj01504a
nj01505a
nj01506a
nj01507c
nj01512b

nk01500a
nk01501a
o42003b
of01501a
of01503a
pa01500a
pb15001c
pb15002a
pc15001c
pc15002c

Clipart-CD 1: Freizeit/Reise

pc38001a

pe22185

pe24543

rd01535a

re02e00a

sl13696

sl13705

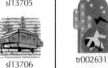
sl13706

sl13707

sl18429

sl20949

sl20952

sl21032

sl21033

sl21479

sy22262

sy22266

sy22273

tn19697

tr002631

tr04268

tr04357

tr05384

tr05928

tr06028

tr06642

tr06643

tr06644

tr06645

tr06687

tr06688

tr06689

tr06791

tr06800

tr06801

tr07065

tr07257

tr07279

tr07584

tr07765

tr08143

tr08253

tr08748

tr08749

tr08919

tr09317

tr09573

tr09975

tr09984

tr10020

tr10783

tr11533

tr11854

tr11855

tr11856

tr11857

tr12115

tr12116

tr12117

tr12265

tr12266

tr12524

tr12525

tr12540

tr12626

tr12639

tr12641

tr12658

tr12747

tr12765

tr13110

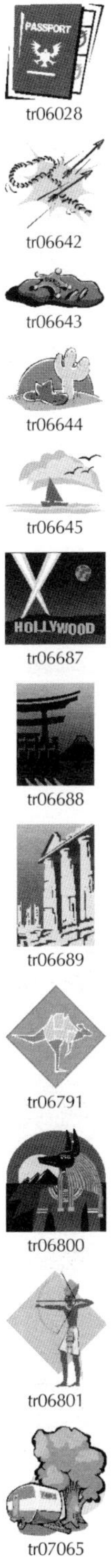

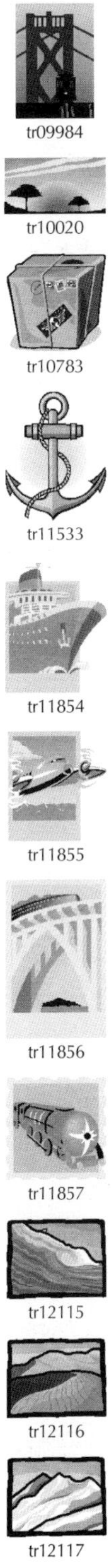

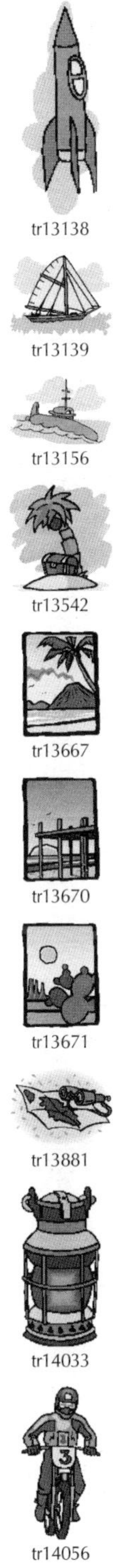

tr13138

tr13139

tr13156

tr13542

tr13667

tr13670

tr13671

tr13881

tr14033

tr14056

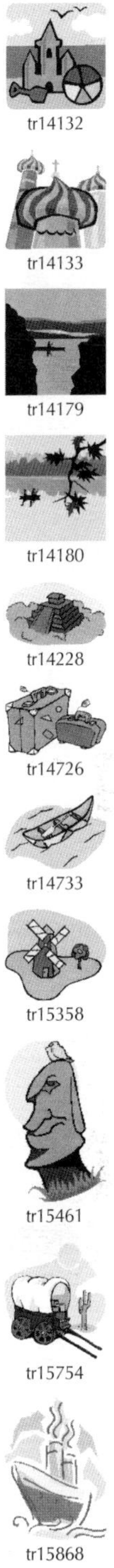

tr14132

tr14133

tr14179

tr14180

tr14228

tr14726

tr14733

tr15358

tr15461

tr15754

tr15868

tr15869

tr15958

tr15960

tr15961

tr17487

tr17968

tr18261

tr18410

tr18411

tr18412

tr18413

tr18418

tr18419

59

Clipart-CD 1: Freizeit/Sport_Verschiedenes

z2366

z2367

z2368

z2369

z2371

z2373
z2374

z2376

z2377

z2379
z2380

Sport_Verschiedenes

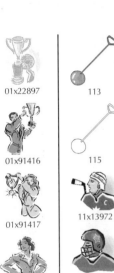

01x22897
01x91416
01x91417
01x91418
01x91419
01x91420
05o93158
05q93201

113
115
11x13972
11x13973
124
125
131
135

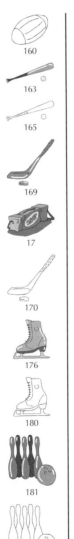

160
163
165
169
17
170
176
180
181
157

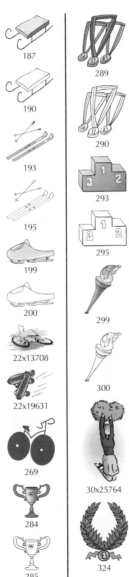

187
190
193
195
199
200
22x13708
22x19631
269
284
285

289
290
293
295
299
300
30x25764
324

325
35x90027
35x90029
35x90032
36x26667
36x90123
36x90199

39
40
44x91619
44x91620
44x91622
50x92613
52x91204

52x91261
jg42106b
la01053a
la01640a
le01508a
le01509a

le01510a
le01511a
le01512a
le01513a
le01515a
lh01594a

Clipart-CD 1: Freizeit/Sport_Verschiedenes

Clipart-CD 1: Freizeit/Sportgeraete

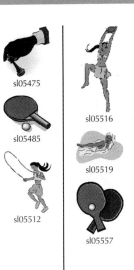

Sportgeraete

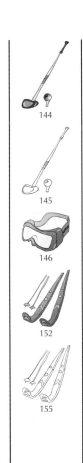
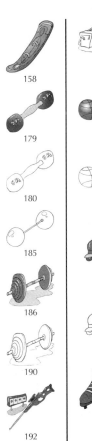

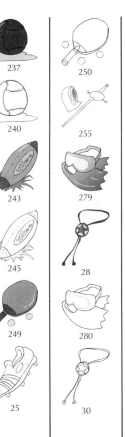

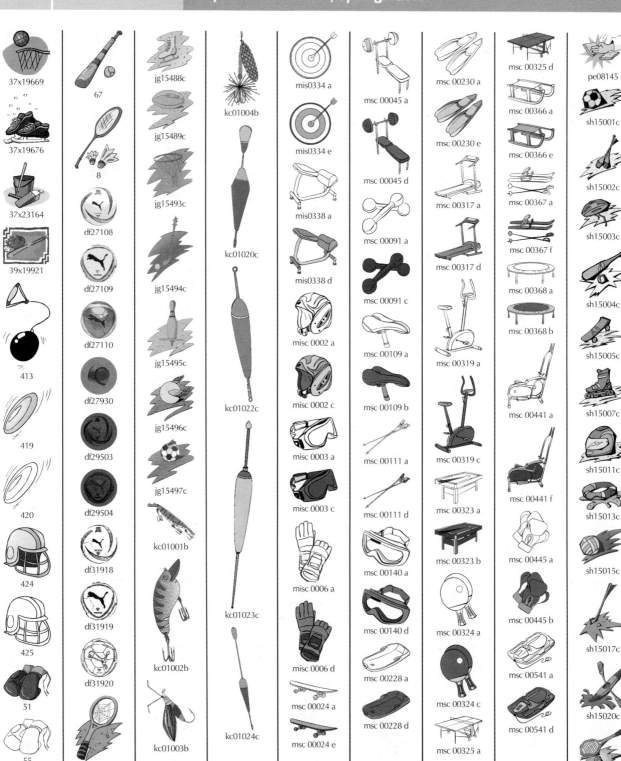

Clipart-CD 1: Freizeit/Sportgeraete

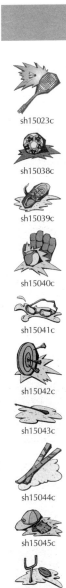

sh15023c
sh15038c
sh15039c
sh15040c
sh15041c
sh15042c
sh15043c
sh15044c
sh15045c
sh15046c
sh15047c
sh15048c
sh15049c

sh15050c
sh15051c
sh15052c
sh15053c
sh15054c
sl04023
sl04028
sl04146
sl04152
sl04154
sl04158
sl04398
sl04503

sl04513
sl04516
sl04630
sl04690
sl04745
sl04750
sl04752
sl04756
sl04813
sl04814
sl04937
sl04980

sl04987
sl05179
sl05339
sl05410
sl05411
sl05412
sl05413
sl05414
sl05415
sl05497
sl05656
sl05662
sl05861
sl05899

sl05900
sl06130
sl06131
sl06132
sl06133
sl06134
sl06135
sl06136
sl06137

sl06138
sl06139
sl06144
sl06147
sl06149
sl06330
sl06380
sl06381
sl06382
sl06384

sl06385
sl06386
sl06387
sl06388
sl06389
sl06542
sl06555
sl06685
sl07436
sl07457

sl07476
sl07674
sl07889
sl07893
sl08336
sl08337
sl08340
sl08341
sl08342
sl08343
sl08352
sl08765
sl08797

sl08798
sl08799
sl08845
sl08848
sl08849
sl08853
sl08862
sl08924

70 Clipart-CD 1: Freizeit/Sportgeraete

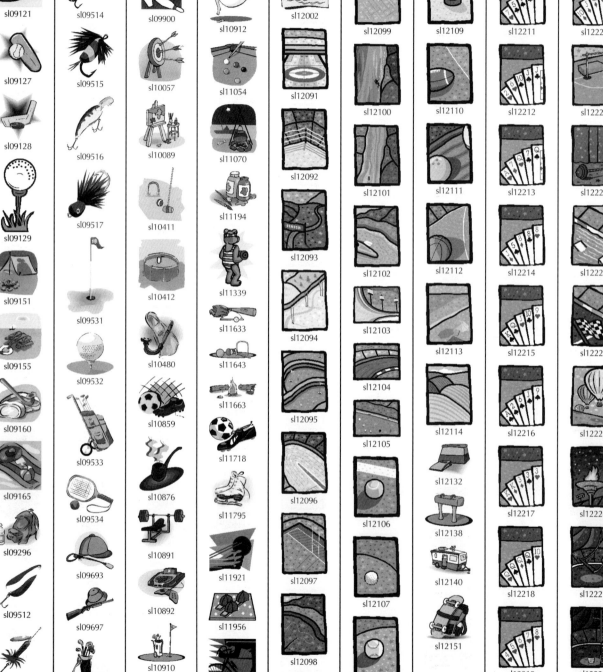

Clipart-CD 1: Freizeit/Sportgeraete

Clipart-CD 1: Freizeit/Wassersport

Wassersport

Clipart-CD 1: Freizeit/Wassersport

73

36s94070
36x90100
36x94061
36x94074
36x94077
36x94084
36x94100
36x94104
37x19684
37x19685
37x19686

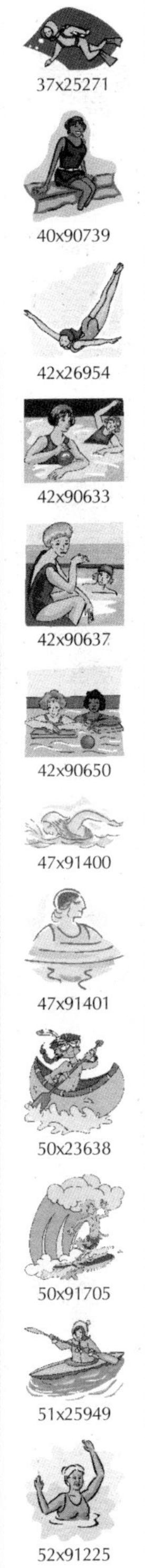

37x25271
40x90739
42x26954
42x90633
42x90637
42x90650
47x91400
47x91401
50x23638
50x91705
51x25949
52x91225

52x91263
52x91270
53x26191
53x26192
la01621a
la01623a
la01739a
la01765a
la01941a

la01943a
la01944a
le01533a
le01537a
lf01527a
lg01612a
lh01294a
lh01727a
lk01134a
lk01171a

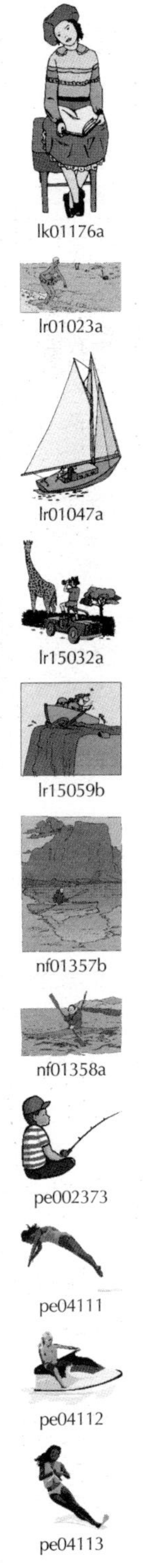

lk01176a
lr01023a
lr01047a
lr15032a
lr15059b
nf01357b
nf01358a
pe002373
pe04111
pe04112
pe04113

pe04150
pe04390
pe04391
pe05517
pe05751
pe05753
pe05754
pe05755
pe06073
pe06074
pe06078
pe06079

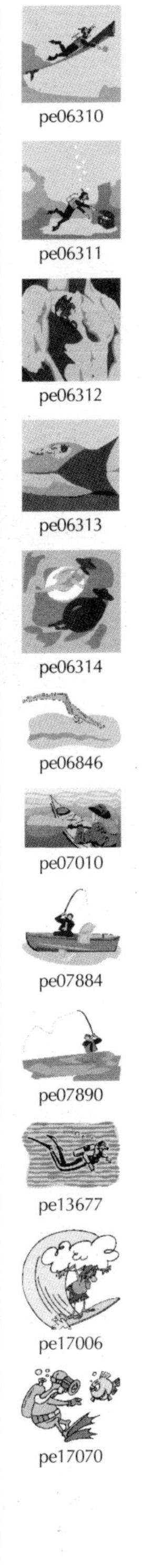

pe06310
pe06311
pe06312
pe06313
pe06314
pe06846
pe07010
pe07884
pe07890
pe13677
pe17006
pe17070

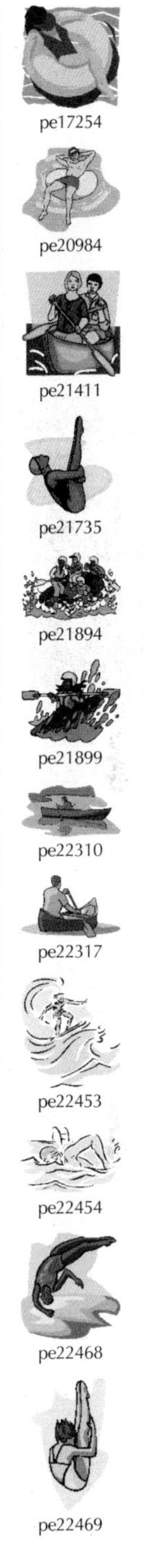

pe17254
pe20984
pe21411
pe21735
pe21894
pe21899
pe22310
pe22317
pe22453
pe22454
pe22468
pe22469

pe22470
pe22534
pe22557
pe22561
pe22564
pe22818
r15e02a
r15e03a
ra15011b
ra42e01b
ra42e02b

Clipart-CD 1: Freizeit/Wassersport 75

rd28e2kb
rd28e2lb
rd28e2mb
rd28e2nb
rd28e2ob
rd28e2pb
rd28e2qb
rd28e2rb
rd28e2tb
rd28e2ub
rd28e2vb
rd28e2wb
rd28e2xb
rd28e2yb

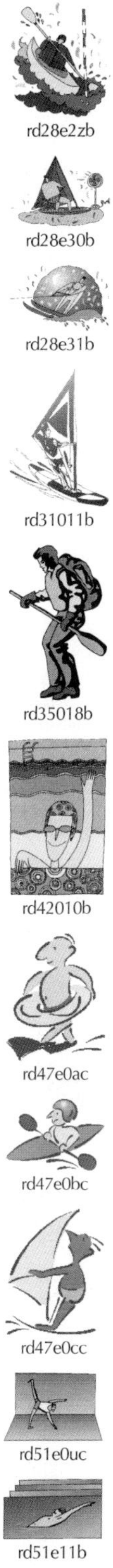

rd28e2zb
rd28e30b
rd28e31b
rd31011b
rd35018b
rd42010b
rd47e0ac
rd47e0bc
rd47e0cc
rd51e0uc
rd51e11b

rd51e12b
re01035a
re01053a
re01069a
re01070a
re01072a
re01077a
re01092a
re01103a
re01195a

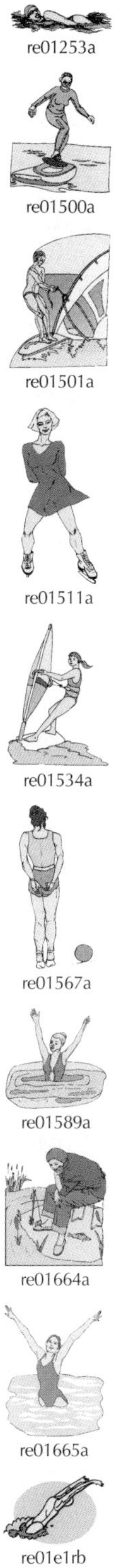

re01253a
re01500a
re01501a
re01511a
re01534a
re01567a
re01589a
re01664a
re01665a
re01e1rb

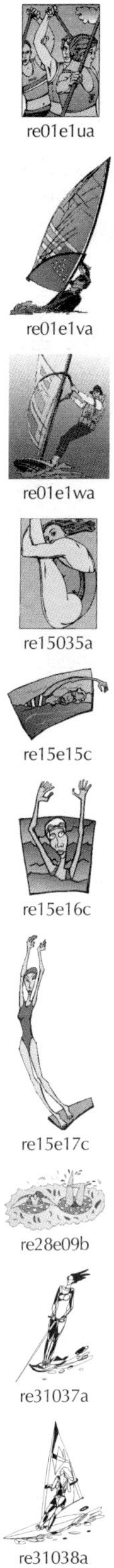

re01e1ua
re01e1va
re01e1wa
re15035a
re15e15c
re15e16c
re15e17c
re28e09b
re31037a
re31038a

re35008b
re35022b
re35023b
re51e05b
rf01508a
rf01545a
rf01571a
rf38001a
rg01154a
rg01159a
rg01161a
rg01162a

rg01163a
rg01167a
rg01177a
rg01178a
rg01187a
rg01188a
rg01189a
rg01191a
rg01192a
rg01207a
rg15007a

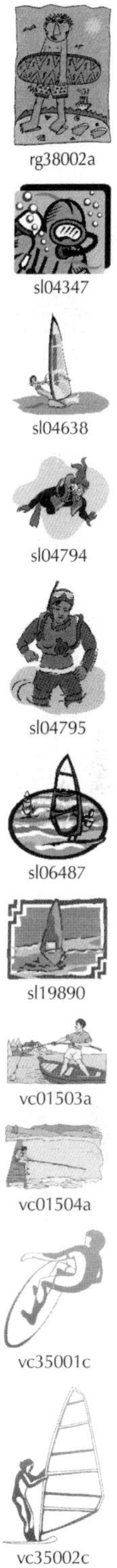

rg38002a
sl04347
sl04638
sl04794
sl04795
sl06487
sl19890
vc01503a
vc01504a
vc35001c
vc35002c

vc35003c
vc51003b
vc51004b
vc51007b
z11248
z11415
z11442
z11443
z11451
z11452
z11465
z11493

Clipart-CD 1: Im Haus/Badezimmer

 z11494
 z11495
 z11503
 z11504
 z11523
 z11538
 z1154
 z11549
 z11836

Zubehoer_fuer_Spiele

314
315
317

320
hg15030b

jg35015c

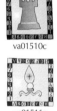
va01500c
va01507c
va01508c

va01509c
va01510c
va01511c

va01512c
va01513c
va01514c

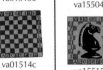
va06001b
va15504b
va15515c

va15516c
va15520c
va15532a

va15533a
va43001b
va47001c

va47002c
va47003c
va51001c

Im Haus

Badezimmer

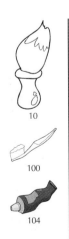
10
100
104

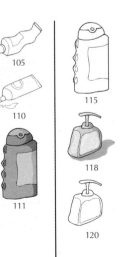
105
110
111

115
118
120

124
125
129

130
135
136

14
140
141

145
148
15

150
153
155

159
160
164

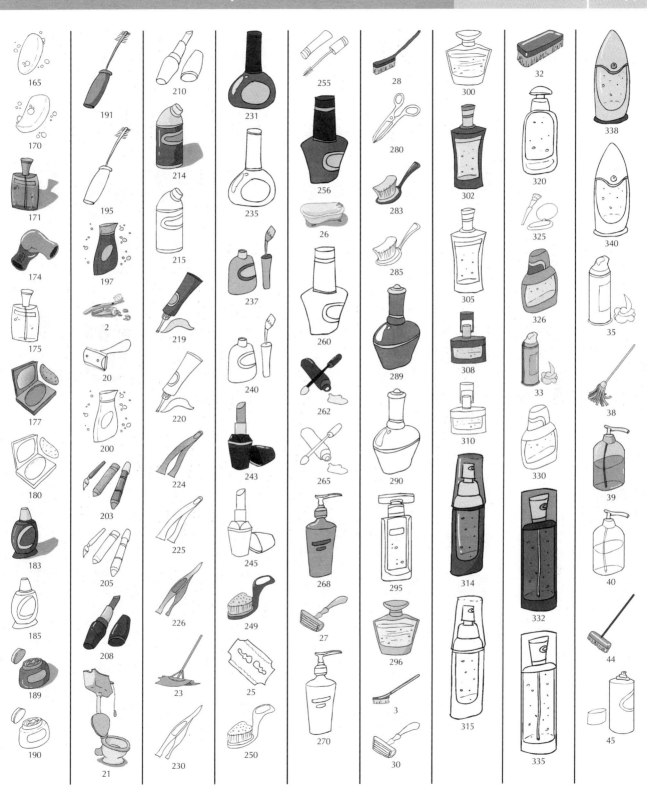

Clipart-CD 1: Im Haus/Badezimmer

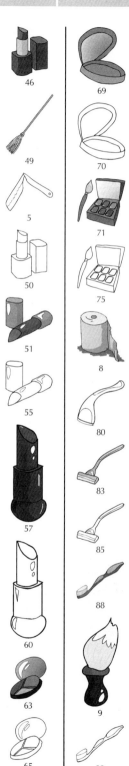

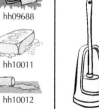

Clipart-CD 1: Im_Haus/Garten

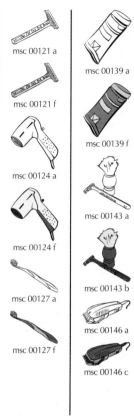
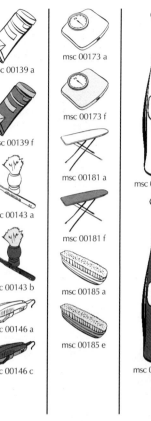

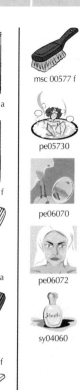

Garten

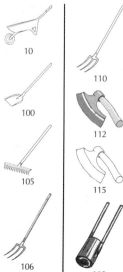

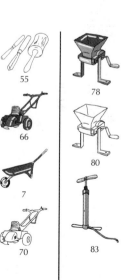

Clipart-CD 1: Im_Haus/Garten

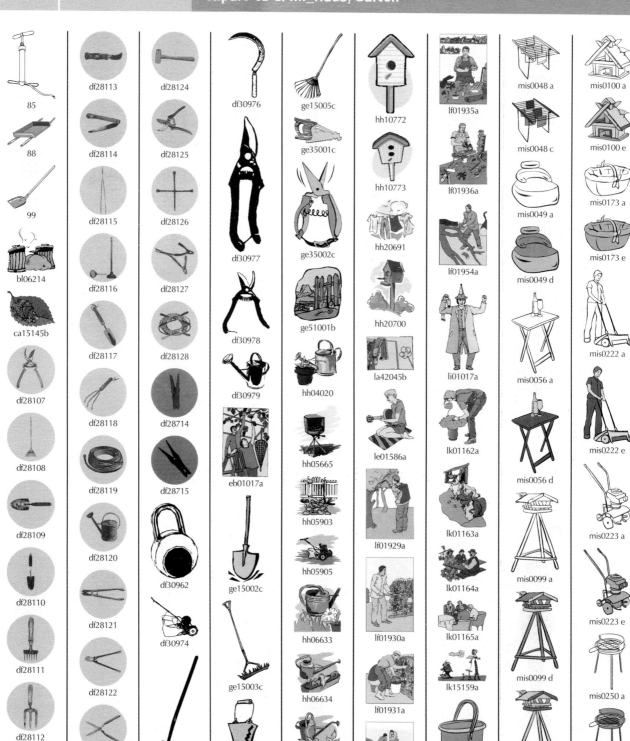

Clipart-CD 1: Im_Haus/Kueche

mis0256 a
msc 00021 a
msc 00055 a
mis0256 d
msc 00021 c
msc 00055 d
msc 00044 a
msc 00082 a
mis0257 a
msc 00044 b
msc 00082 e
msc 00054 a
msc 00084 a
mis0257 e
msc 00013 a
msc 00054 c
msc 00084 f
msc 00013 e

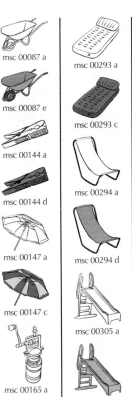

msc 00087 a
msc 00293 a
msc 00087 e
msc 00293 c
msc 00144 a
msc 00294 a
msc 00144 d
msc 00147 a
msc 00294 d
msc 00147 c
msc 00305 a
msc 00165 a
msc 00305 e
msc 00165 b

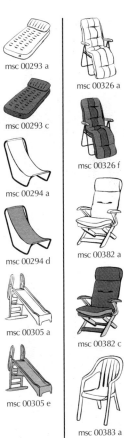

msc 00326 a
msc 00383 b
msc 00326 f
msc 00384 a
msc 00382 a
msc 00384 d
msc 00382 c
msc 00401 a
msc 00383 a
msc 00401 e

msc 00574 d
msc 00575 a
msc 00575 e
sl05891
z3708
z3709
z3710

msc 00574 a

z3711
z3785
z3786
z3787
z3788
z3789

Kueche

10
100
101

104

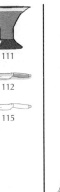

105
106
110

111
112
115

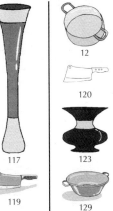

117
119

12
120

123
129

130
134
135
139

14
140

141

142
145
148

Clipart-CD 1: Im_Haus/Kueche

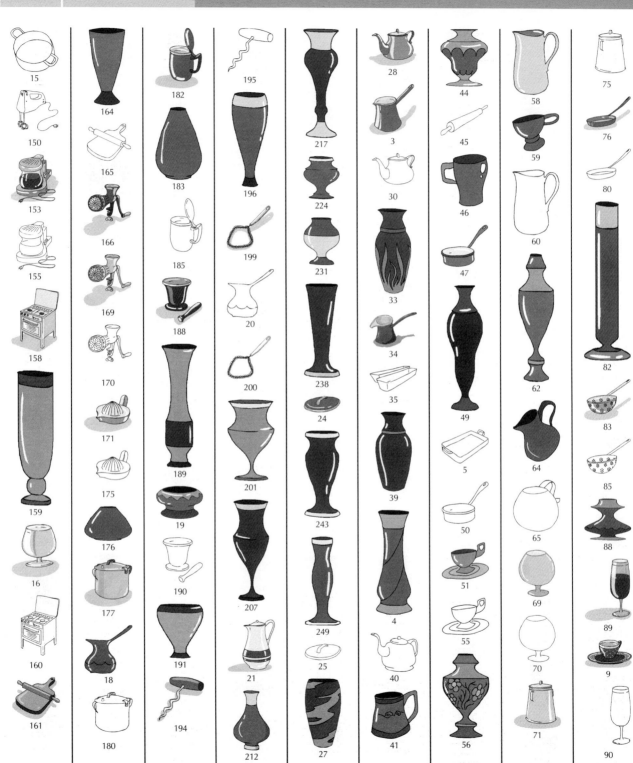

Clipart-CD 1: Im_Haus/Kueche

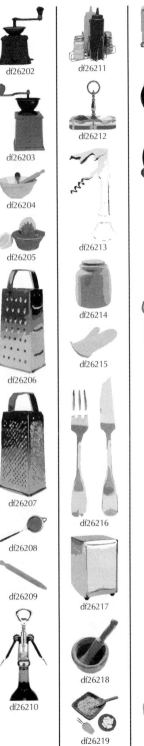

Clipart-CD 1: Im_Haus/Kueche

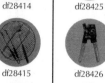

df26239 df26240 df26241 df26242 df26243 df26244 df26245 df26246 df26247 df26251
df26252 df26253 df26254 df26255 df26256 df26257 df26258 df26259 df26260 df26261 df26262 df26263 df26264
df26265 df26266 df26267 df26268 df26269 df26270 df26271 df26272 df26273 df26274 df26275 df26276
df26311 df26312 df28372 df28386 df28387 df28390 df28391 df28392 df28395 df28397 df28401
df28402 df28403 df28404 df28406 df28407 df28408 df28409 df28410 df28411 df28412 df28413
df28414 df28415 df28416 df28417 df28418 df28419 df28420 df28421 df28422 df28423 df28424
df28425 df28426 df28427 df28428 df28429 df28430 df28431 df28432 df28433 df28434 df28435
df28436 df28437 df28438 df28439 df28440 df28441 df28442 df28443 df28444 df28445 df28446
df28447 df28448 df28449 df28450 df28451 df28452 df28453 df28454 df28455 df28456 df28457

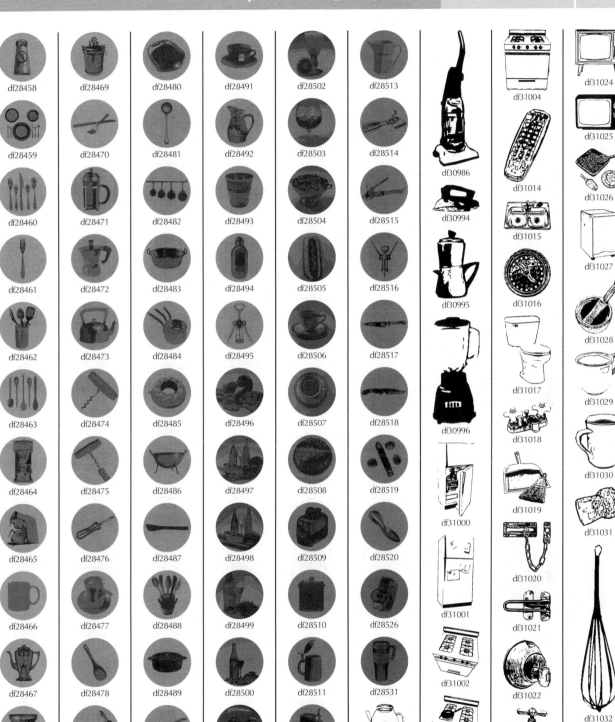

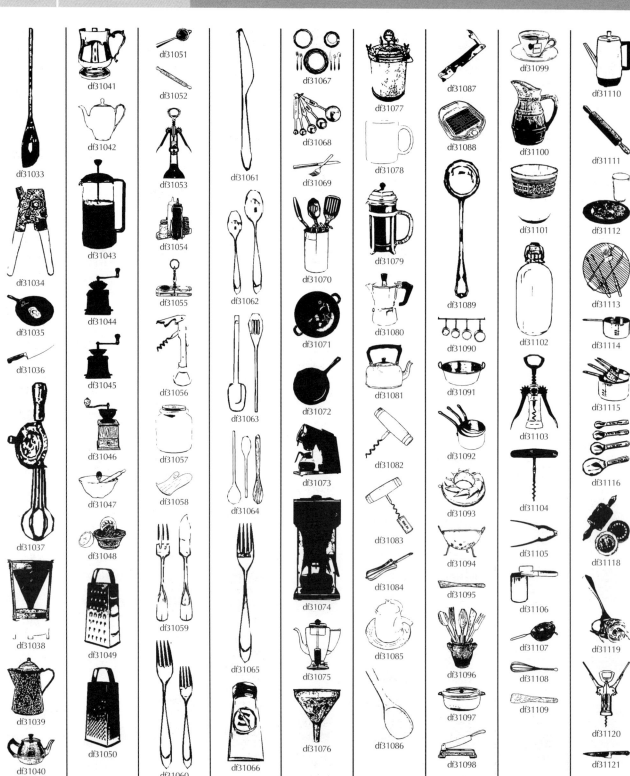

Clipart-CD 1: Im_Haus/Kueche

df31122

df31123

df31124

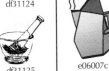
df31125

df31126

df31127

df31128

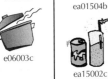
e01071a

e06001c

e06002c

e06003c

e06004c

e06005b

e06007c

e06008c

e06009c

e06015b

e06024b

ea01503b

ea01504b

ea15002c

ea15003c

ea15004c

ea15005c

ea15006c

ea15007c

ea15008c

ea15009c

ea15010c

ea15012c

ea15014c

ea15015c

ea15016c

ea31005a

ea31009a

ea31010a

ea35003c

ea35005b

ea35006b

ea35008b

ea35009c

eb15004c

eb53001c

ec15034a

ec31003a

ec53004a

f01089a

g28002b

gc06012b

gc06013b

gc06026b

gd06002b

gd06003b

gd06004b

gd06005b

gd06006b

gd06007b

gd06008b

gd15001a

gd15002c

gd15003c

gd15004b

gd15005c

gd15006c

gd15007c

gd15008c

gd15009c

gd15010c

gd15500b

gd31011a

gd31019a

gd35001c

gd35002c

gd35003c

gd35005b

gd35006b

gd35007b

gd35008b

gd35010c

gd35011c

gd35013c

gd35014c

gd35015c

gd43037b

gd43038b

gd44003b

gd44004a

ge06001b

hh04014

hh04024

hh04144

hh04148

hh04261

Clipart-CD 1: Im_Haus/Kueche

 hh04328
 hh04329
 hh04384
 hh04426
 hh04456
 hh04457
 hh04458
 hh04751
 hh05901
 hh06405

 hh06602
 hh06603
 hh06604
 hh06605
 hh06610
 hh06611
 hh06632
 hh07831
 hh07832
 hh07841
 hh07842

 hh09015
 hh09018
 hh09125
 hh09178
 hh09187
 hh09458
 hh09459
 hh09465
 hh09699
 hh10500

 hh10502
 hh10503
 hh10504
 hh10505
 hh10506
 hh10507
 hh10508
hh10509
hh10510
 hh10511
 hh10512
hh10513
hh10501

 hh20766
 hh20767
 hh20770
 hh20771
 hh20772
 hh20774
 in05652
 j39005b
 la01821a
la01850a

 lg01049a
 lk38074a
 mis0036 a
 mis0036 d
 mis0042 a
 mis0042 e
 mis0050 a

mis0050 e
mis0051 a
mis0051 d
mis0052 a
mis0052 c
mis0054 a
mis0054 c
mis0055 a
mis0055 d
mis0057 a
mis0057 d

mis0088 a
mis0088 c
mis0090 a
mis0090 c
mis0106 a
mis0106 d
mis0111 a
mis0111 e
mis0160 a
mis0160 f
mis0190 a

 mis0190 e
mis0194 a
mis0194 d
mis0205 a
mis0205 c
mis0206 a
mis0206 b
 mis0208 a
mis0208 b
 mis0215 a

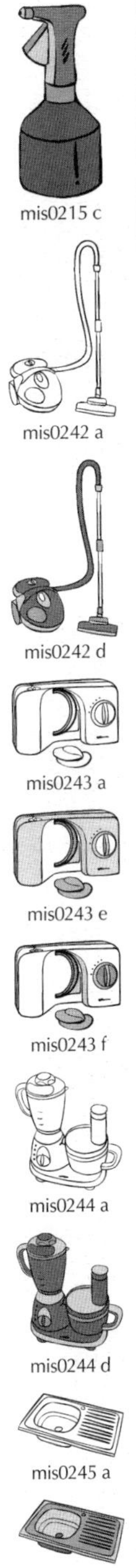

Clipart-CD 1: Im_Haus/Kueche

mis0215 c

mis0242 a

mis0242 d

mis0243 a

mis0243 e

mis0243 f

mis0244 a

mis0244 d

mis0245 a

mis0245 c

mis0253 a

mis0253 c

mis0258 a

mis0258 d

mis0269 a

mis0269 e

mis0317 a

mis0317 d

mis0318 a

mis0318 c

mis0340 a

mis0340 b

mis0344 a

mis0344 c

mis0347 a

mis0347 d

mis0347 f

mis0348 a

mis0348 e

mis0354 a

mis0354 f

mis0368 a

mis0368 d

mis0370 a

mis0370 d

mis0394 a

mis0394 e

msc 00061 a

msc 00061 e

msc 00068 a

msc 00068 e

msc 00098 a

msc 00098 e

msc 00099 a

msc 00099 d

msc 00100 a

msc 00100 c

msc 00102 a

msc 00102 d

msc 00103 a

msc 00103 e

msc 00104 a

msc 00104 e

msc 00141 a

msc 00141 d

msc 00148 a

msc 00148 c

msc 00154 a

msc 00154 d

msc 00156 a

msc 00156 e

msc 00157 a

msc 00157 e

msc 00158 a

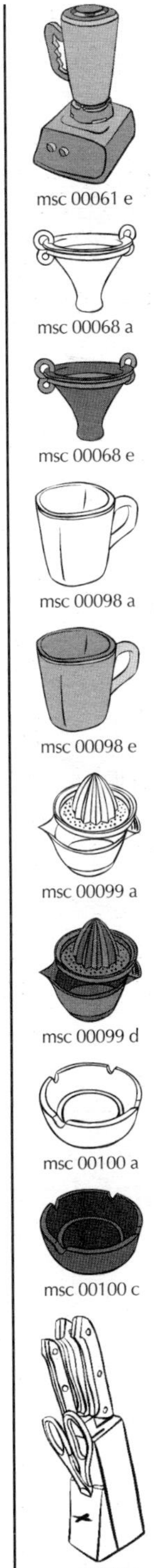

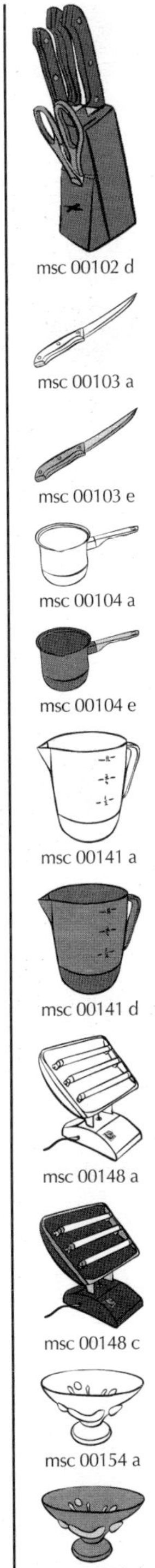

msc 00158 d

msc 00166 a

msc 00166 d

msc 00167 a

msc 00167 c

msc 00168 a

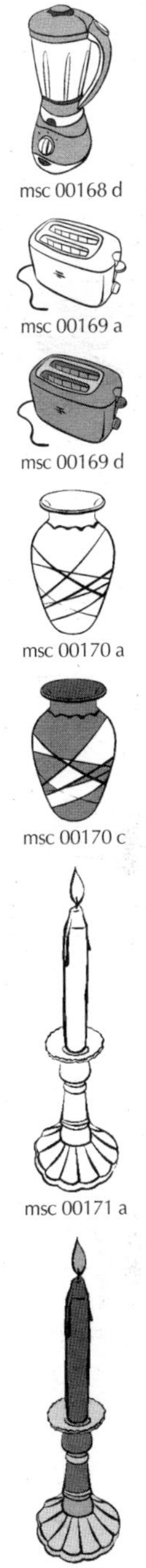

msc 00168 d

msc 00169 a

msc 00169 d

msc 00170 a

msc 00170 c

msc 00171 a

msc 00171 b

msc 00172 a

msc 00172 c

msc 00238 a

msc 00238 d

msc 00239 a

msc 00239 d

msc 00240 a

msc 00240 e

msc 00241 a

Clipart-CD 1: Im_Haus/Schlafzimmer

Schlafzimmer

msc 00268 a

msc 00268 b

msc 00283 a

msc 00283 c

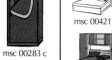
msc 00421 a

msc 00421 d

msc 00422 a

msc 00422 e

msc 00494 a

msc 00494 d

msc 00495 a

msc 00495 c

Clipart-CD 1: Im_Haus/Wohnzimmer

Wohnzimmer

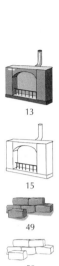

13

15

49

50

e01072a

g15001b

g15002b

gb15011c

gb15013c

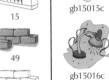
gb15014c

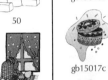
gb15015c

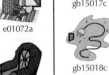
gb15016c

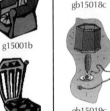
gb15017c

gb15018c

gb15019c

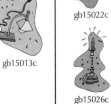
gb15020c

gb15022c

gb15026c

gb15027c

gb15028c

gb15029c

gb15500c

gb31008b

gb35001a

gb35006c

gb35031c

gf15003c

gf43001a

gf51001b

ha01053a

hh05172

hh09463

hh09472

hh09473

hh09475

hh09700

hh09701

hh09702

hh09703

hh09704

hh09705

hh09706

hh09707

hh09708

hh09709

hh09710

hh09711

hh09712

hh09713

hh09714

hh09716

hh09717

hh09718

k06007c

k06008c

k06011b

misc 0008 a

misc 0008 e

misc 0009 a

misc 0009 f

misc 0010 a

misc 0011 a

misc 0011 b

misc 0028 a

misc 0028 b

misc 0029 a

misc 0029 c

misc 0030 a

misc 0030 c

msc 00001 a

msc 00001 b

msc 00254 a

msc 00254 f

msc 00255 a

msc 00255 f

msc 00256 a

msc 00256 f

msc 00257 a

msc 00257 f

msc 00258 a

msc 00258 c

msc 00259 a

msc 00259 c

msc 00265 a

msc 00342 a

msc 00342 b

msc 00393 a

msc 00393 c

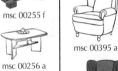
msc 00395 a

msc 00395 d

msc 00395 f

msc 00399 a

msc 00399 f

msc 00400 a

msc 00403 a
msc 00403 b

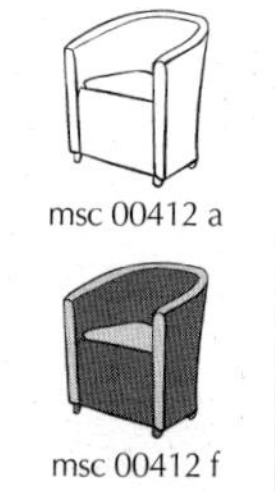
msc 00412 a
msc 00412 f

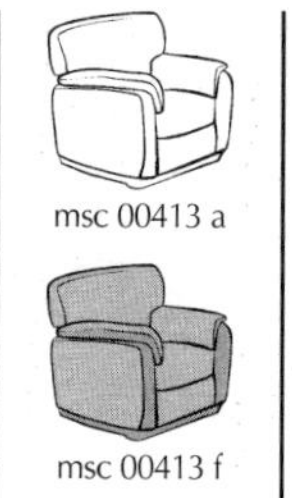
msc 00413 a
msc 00413 f

msc 00414 a
msc 00414 f

msc 00416 a
msc 00416 f

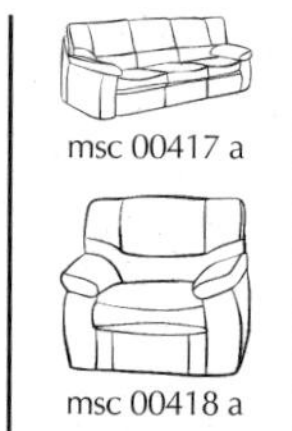
msc 00417 a
msc 00418 a

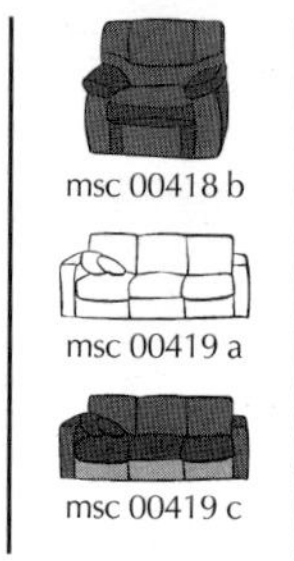
msc 00418 b
msc 00419 a
msc 00419 c

msc 00420 a
msc 00420 b
pe10061

pe10064

Jahreszeiten

Wetter

01x22923
23x20550
37x25241
37x25248
j15142c
j15144c
j15714b
ja36011b

jg15315c
jg15323c
la01691a
la01969a
la15047b
la42056b
lk01113a

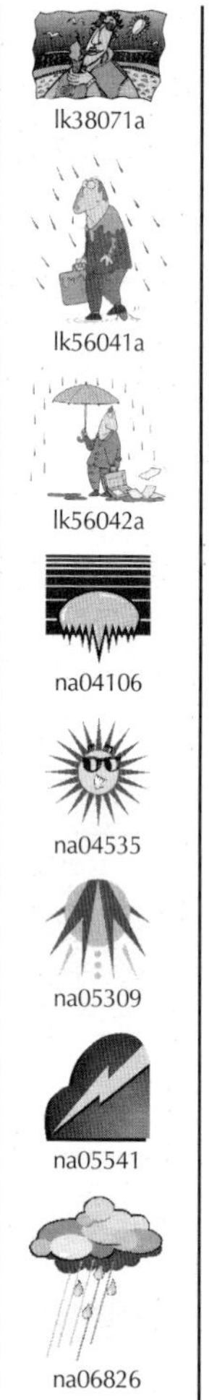
lk38071a
lk56041a
lk56042a
na04106
na04535
na05309
na05541
na06826

na07186
na07575
na14834
pe19564
pe22012
pg01509a
pg01510a

pi01001a
pi01503a
pi01504a
pi01505a
pi01506a
pi01507a
pi01508a

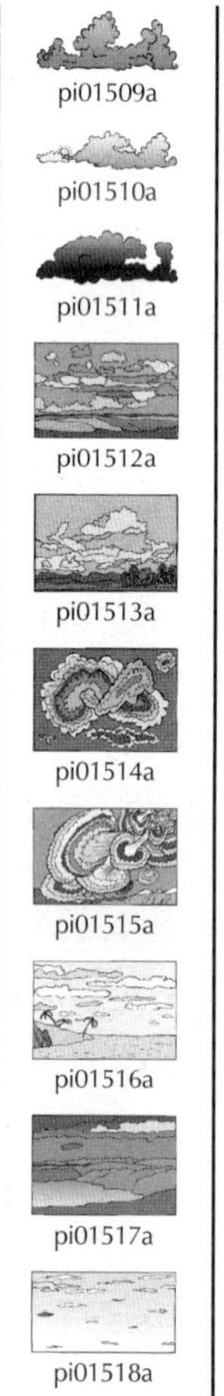
pi01509a
pi01510a
pi01511a
pi01512a
pi01513a
pi01514a
pi01515a
pi01516a
pi01517a
pi01518a

pi01519a
pi15001c
pi15002c
pi15003c
pi15004c
pi15005c
pi15006c
pi15007c

pi15008c
pi15009c
pi15010c
pi15011b
pi15012c
pi15013c
pi15015c

pi15016c
pi15017c
pi15018c
pi15019c
pi15020c
pi15021c
pi15022b
pi15023b
pi15024b

Clipart-CD 1: Jahreszeiten/Winter

pi15024c
pi15025b
pi15027c

pi15028c
pi15031b
pi15032b
pi15500a

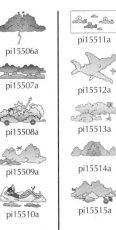

pi15501a
pi15502a
pi15503a
pi15504a
pi15505a

pi15506a
pi15507a
pi15508a
pi15509a
pi15510a

pi15511a
pi15512a
pi15513a
pi15514a
pi15515a

pi35001c
pi35003c
pi35004c

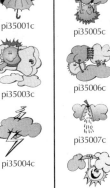
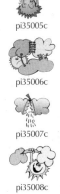

pi35005c
pi35006c
pi35007c
pi35008c

pi42001b
pi42002b
pi44001b
pi47001c

pi47002c
pi49001a
sy20184

Winter

16

20

33

36x22691

37x25238

37x25244

39x23121

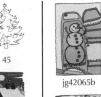

45

47

50x23705

50x25705

52x91208

bl22467

jg35036a

jg42065b
jg42115b
jg51006b
la01745a
la01846a
la01930a

la15056b
la15058b
la15070a
lc15065a
na09919
p42003b

pd01500a
pd01501a
pd01502a
pd06002c
pd15001c
pd15002c
pd15003c

pd15004a
pd15005b
pd15006b
pd15009c
pd15010c
pd15011c

pd15012b
pd15013b
pd15014b
pd15015b
pd49001b

pd56001b
pe21158
pe22091
pe22549
pe23503
pe23584

pe23743
pe23745
pe23746
pe23747
pe23749

Zeit

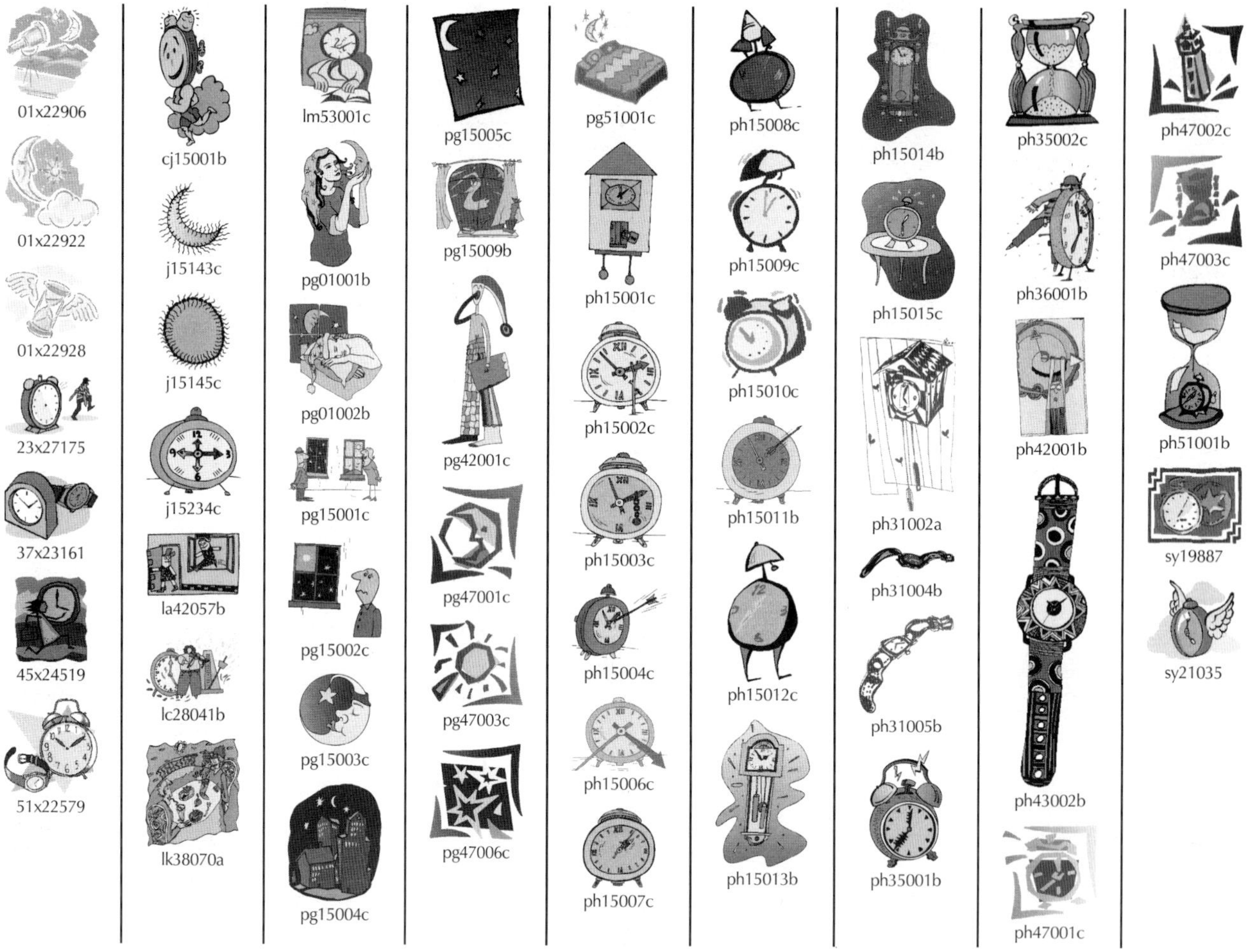
01x22906
01x22922
01x22928
23x27175
37x23161
45x24519
51x22579
cj15001b
j15143c
j15145c
j15234c
la42057b
lc28041b
lk38070a
lm53001c
pg01001b
pg01002b
pg15001c
pg15002c
pg15003c
pg15004c
pg15005c
pg15009b
pg42001c
pg47001c
pg47003c
pg47006c
pg51001c
ph15001c
ph15002c
ph15003c
ph15004c
ph15006c
ph15007c
ph15008c
ph15009c
ph15010c
ph15011b
ph15012c
ph15013b
ph15014b
ph15015c
ph31002a
ph31004b
ph31005b
ph35001b
ph35002c
ph36001b
ph42001b
ph43002b
ph47001c
ph47002c
ph47003c
ph51001b
sy19887
sy21035

Regional

Architektur

39x23085
39x23123
bl04739
bl06064
bl06300
bl07177
bl13674
bl14165
bl17036
bl17452
bl19557
bl19693
bl19694
bl19877
bl20356
bl20933

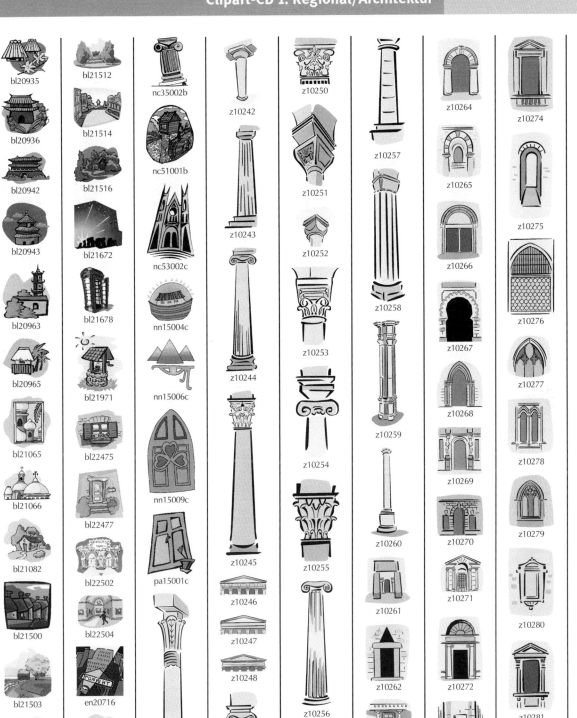

Clipart-CD 1: Regional/Die_Welt

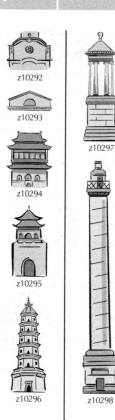
z10292
z10293
z10294
z10295
z10296

z10297
z10298

z10299
z10300

z10301
z10302
z10303

z10304
z10305
z10306

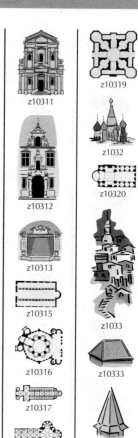
z10307
z10308
z10309
z10310
z10311
z10312
z10313
z10315
z10316
z10317
z10318

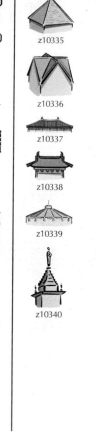
z10319
z1032
z10320
z1033
z10333
z10334
z10335
z10336
z10337
z10338
z10339
z10340

Die_Welt

16x22674

16x22834

17c90211

17x24345

23x27159

23x27182

30x90420

30x90421

33x22873

44x25147

44x25161

44x25172

44x91690

51x22565

bs05114

bs06997

bs07569

bs07570
bs07576

bs21027

bs21776

bs21968

bs21969

bs21973

in07541

j35056b

jg15555c
jg51027b

jg52001b
jg52002b

Clipart-CD 1: Regional/Die_Welt

 jg52003b
 jg52004b
 kb47006c
 lc15163c
 mb52001b
 me15026a
 me35014b
 me52010b
 me52011b
 me52012b
 me52013b
 me52014b

 me52015b
 me52016b
 me52017b
 me52018b
 me52019b
 me52020b
 me52021b
 me52022b
 me52023b
 me52024b
 me52025b
 me52026b

 me52029b
 me52031b
 me52032b
 me52034b
 me52035b
 me52036b
 me52038b
 me52040b
 me52041b
 me52042b
 me52043b
 me52044c

 me52046b
 me52047b
 me52048b
 mp07357
 mp09927
 mp11987
 mp13998
 mp14286
 na001471
 pe17433
 pe18467

 pe18502
 pe18618
 pe19175
 pe22675
 so22147
 sy002816
 sy06257
 sy06258
 sy09246
 sy09530
 sy09691

 sy09692
 sy12023
 sy12024
 sy12145
 sy12146
 sy12648
 sy12863
 sy12864
 sy12865
sy12883
sy12887

sy12888
sy14082
sy14083
sy14088
sy14110
sy14112
sy14113
sy14114
sy14123
sy14288
sy14294
sy14307

sy14689
sy14694
sy15083
sy15085
sy15086
sy15091
sy15310
sy15809
sy16859
sy17437

sy17439
sy17735
sy18652
sy19147
sy19544
sy20742
sy20820
sy20821
sy20849
sy20850
sy20862
sy20976

Clipart-CD 1: Regional/Flaggen

sy20983

sy20987

sy20990
sy21625

sy21671

sy21756

sy21759
sy21762

sy21765

sy22280

sy22289

Flaggen

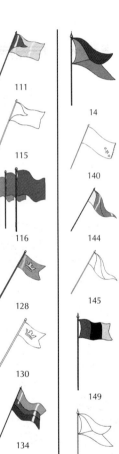

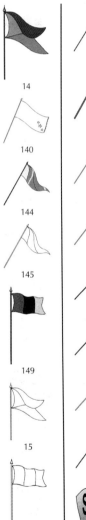

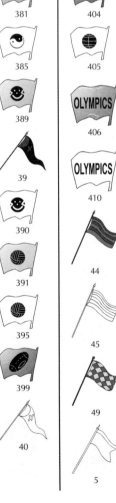

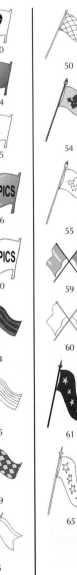

Clipart-CD 1: Regional/Gegenstaende

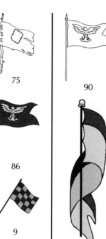

Gegenstaende

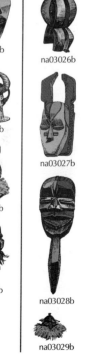

Clipart-CD 1: Regional/Gegenstaende

Clipart-CD 1: Regional/Gegenstaende

Clipart-CD 1: Regional/Landschaft

 z3103
 z3105
z3106
 z3107
 z3108
z3109
 z3110
z3111
 z3112
z3113
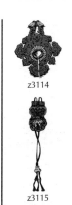 z3114
z3115
 z3116
 z3119
z3120
 z3125
z3126
z3127
 z3239

Landschaft

 10
 14 · 15 · 16
 20
 26
 30 · 31
 35 · 39
 40 · 41
 45 · 54
 55 · 6

Monumente

 20x22683
 39x23084
 39x23086
 39x23091
 39x23092
 39x23095
 39x23096
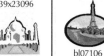 bl05555
 bl06495
 bl06497
 bl07071
bl07104
 bl07106
bl07107
 bl07489
 bl14862
bl16872
bl18022
bl18527
bl19009
 bl19453
bl19485
 na01506a
nc03001a
nc03002b
na01505a
 nc03003a
nc03004a
nc03005a
 nc03006a
nc03007b
nc03008a
nc03009b
nc03011a
nc03012b
 nc03013a

Clipart-CD 1: Regional/Monumente

 nc03014a
 nc03015b
 nc03016a
 nc03017b
 nc03018a
 nc03019a
 nc03020b
 nc03021a
 nc03022a
 nc03023b
 nc03024a

 nc03025b
 nc03026a
 nc03027a
 nc03028a
 nc03029a
 nc03030a
 nc03031a
 nc03032a
 nc03033a
nc03034a
nc03035a

 nc03036a
nc03037a
 nc03038a
 nc03039a
 nc03040a
 nc03041a
 nc03042a
 nc03043a

 nc03044a
 nc03045a
 nc03046a
 nc03047a
 nc03048a
 nc03049a
nc03050a
nc03051a
nc03052a

 nc03053a
 nc03054a
 nc03055a
 nc03056a
 nc03057a
 nc03058a
 nc03059a
 nc03060a
 nc03061a
 nc03062a

nc03063a
nc03064a
nc03065a
nc03066a
nc03067a
nc03068a
nc03069a
nc03070a
nc03071a
nc03072a
nc03073a
nc03074a

 nc03075a
 nc03076a
 nc03077a
 nc03078a
 nc03079a
 nc03080a
nc03081a
nc03082a
nc03083a
nc03084a
nc03085a

nc03086a
nc03087a
nc03088a
nc03089a
nc03090a
nc03091a
nc03092a
nc03093a
nc03094a
nc03095a

nc03096a
nc03097a
nc03098a
nc03099a
nc03100a
nc03101a
nc03102a
nc03103a
nc03104a
nc03105a

Clipart-CD 1: Regional/Monumente

Clipart-CD 1: Regional/Oeffentliche_Gebaeude

 nc03509a
 nc03514a
 nc03520a
 sy19160
 vd52061a

 nc03510a
 nc03515a
 nc20001c
 tr06029
 z2274

 nc03511a
 nc03516a
 nd03039b
 tr06422
 z1001
 z2275
 z2316

 nc03512a
 nc03517a
 nd03041a
 tr06517
 z1004
 z2276
z2317

 nc03513a
 nc03518a
 sy19154
 tr06767
z1013
z2277
z2324

 vd52053a
tr07390
z2251
z2301
z2326

z2329
z2330
z2343
z2345
z2347

z2362
z2363
z2392

Oeffentliche_Gebaeude

 bl16683
 ld15001a
 nc01103a
 nc03275a

Religioese_Gebaeude

 39x26553
 bl002427
 bl04972 / bl06204
 bl11129
 church1
 church3
 church4
 church_1
 church_4
 nc03500a
 nc03519a
 z3153

Sonnenuntergang

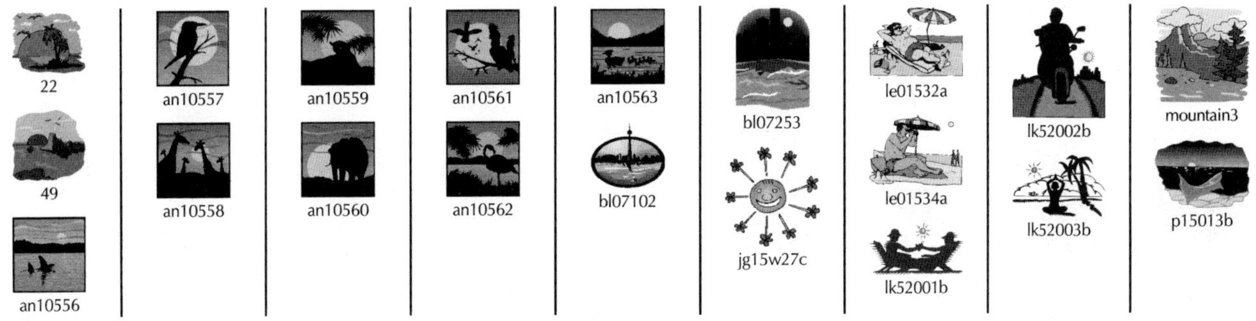

22, 49, an10556
an10557, an10558
an10559, an10560
an10561, an10562
an10563, bl07102
bl07253, jg15w27c
le01532a, le01534a, lk52001b
lk52002b, lk52003b
mountain3, p15013b

Stadt_Silhouette

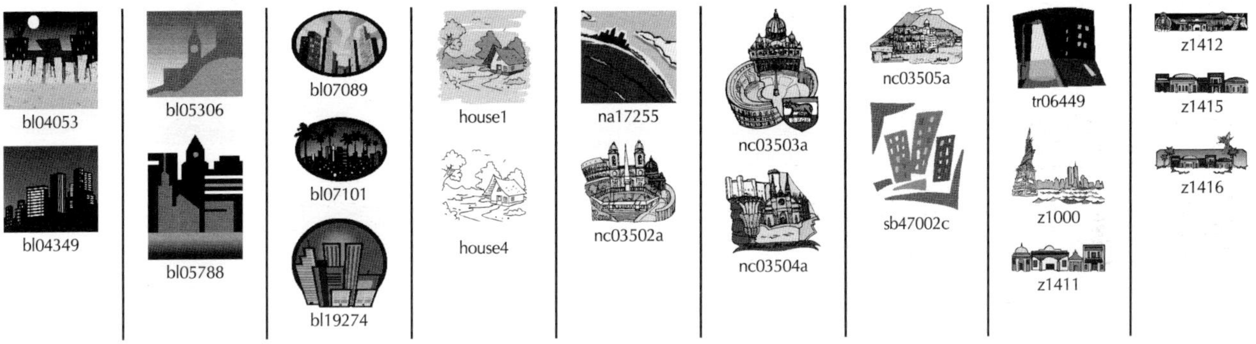

bl04053, bl04349
bl05306, bl05788
bl07089, bl07101, bl19274
house1, house4
na17255, nc03502a
nc03503a, nc03504a
nc03505a, sb47002c
tr06449, z1000, z1411
z1412, z1415, z1416

Tropisch

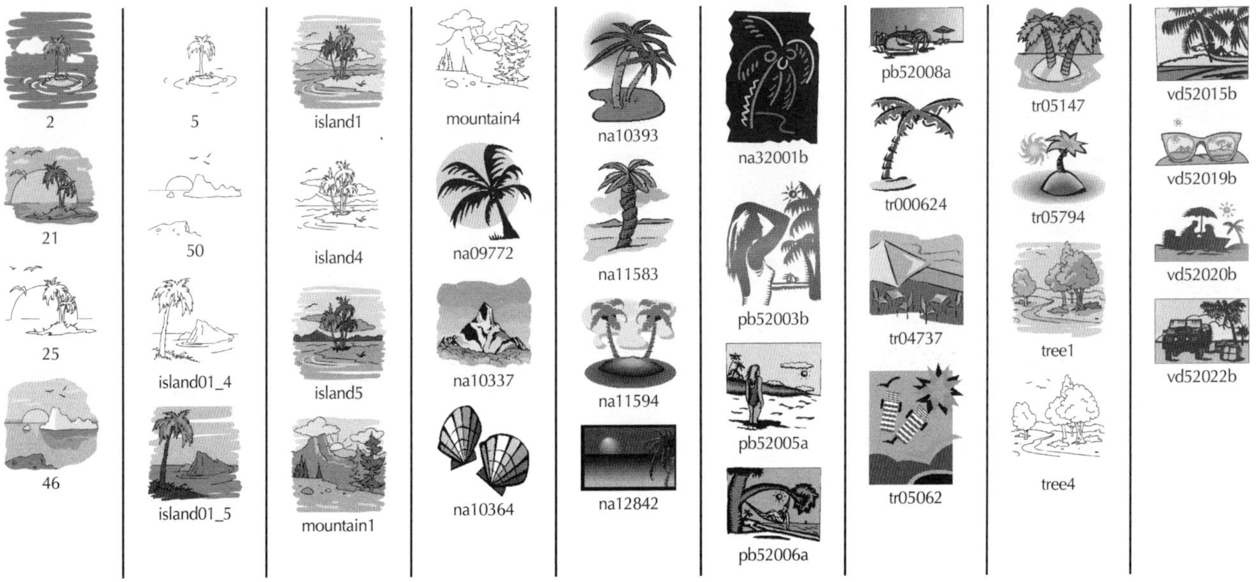

2, 21, 25, 46
5, 50, island01_4, island01_5
island1, island4, island5, mountain1
mountain4, na09772, na10337, na10364
na10393, na11583, na11594, na12842
na32001b, pb52003b, pb52005a, pb52006a
pb52008a, tr000624, tr04737, tr05062
tr05147, tr05794, tree1, tree4
vd52015b, vd52019b, vd52020b, vd52022b

108 Clipart-CD 1: Regional/Verschiedene_Plaetze

Verschiedene_Plaetze

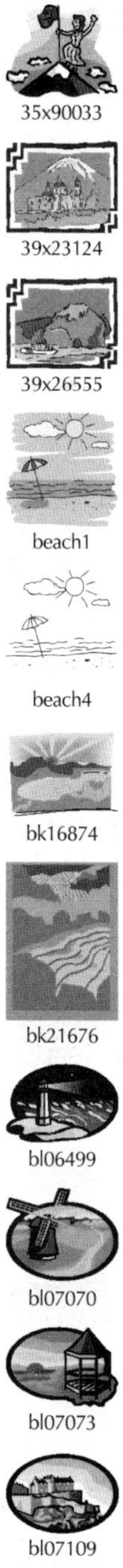

35x90033
39x23124
39x26555
beach1
beach4
bk16874
bk21676
bl06499
bl07070
bl07073
bl07109

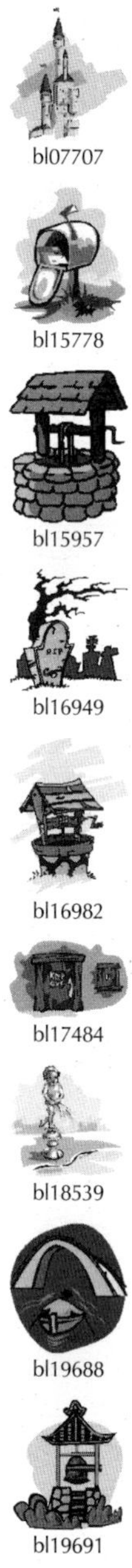

bl07707
bl15778
bl15957
bl16949
bl16982
bl17484
bl18539
bl19688
bl19691

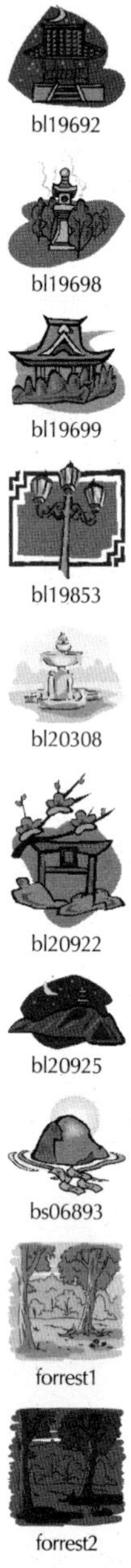

bl19692
bl19698
bl19699
bl19853
bl20308
bl20922
bl20925
bs06893
forrest1
forrest2

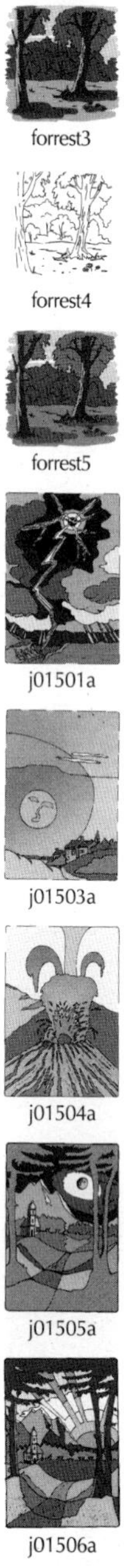

forrest3
forrest4
forrest5
j01501a
j01503a
j01504a
j01505a
j01506a

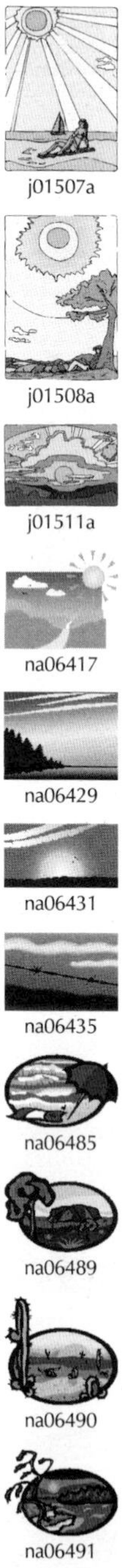

j01507a
j01508a
j01511a
na06417
na06429
na06431
na06435
na06485
na06489
na06490
na06491

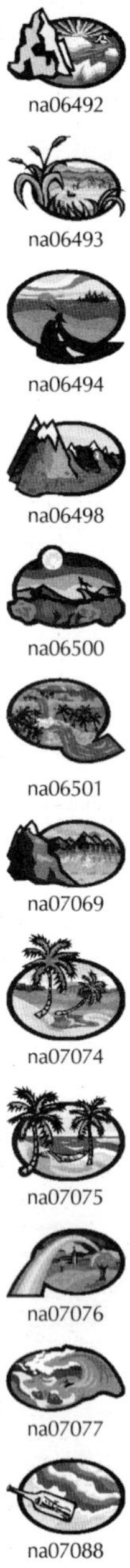

na06492
na06493
na06494
na06498
na06500
na06501
na07069
na07074
na07075
na07076
na07077
na07088

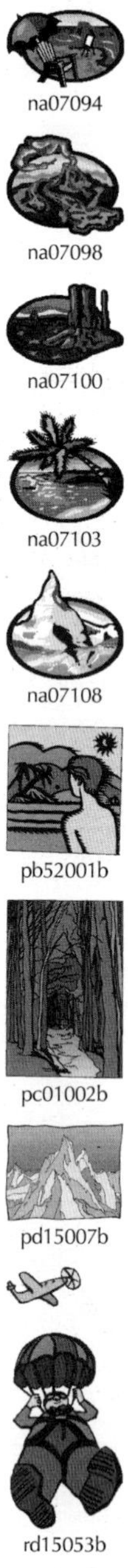

na07094
na07098
na07100
na07103
na07108
pb52001b
pc01002b
pd15007b
rd15053b

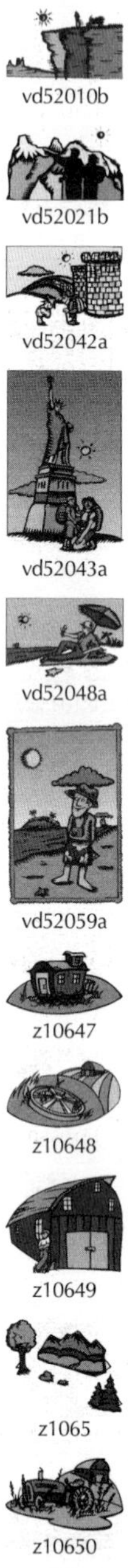

vd52010b
vd52021b
vd52042a
vd52043a
vd52048a
vd52059a
z10647
z10648
z10649
z1065
z10650

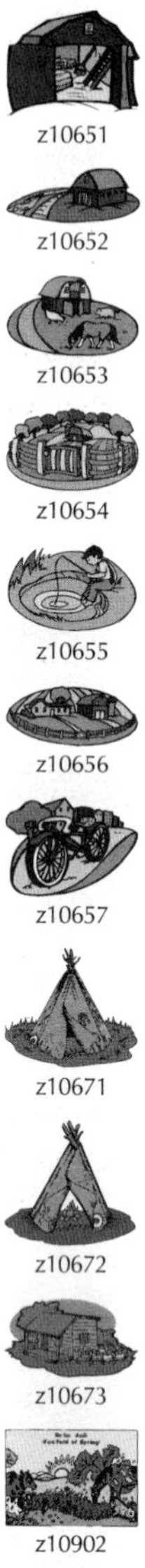

z10651
z10652
z10653
z10654
z10655
z10656
z10657
z10671
z10672
z10673
z10902

Clipart-CD 1: Regional/Wohngebaeude

Wohngebaeude

 23x26536
 23x27165
 bk15458
 bl04973
 bl06735
 bl07090
 bl07105
 bl08801
 bl08802
 bl08809
 bl09954
 bl10350
 bl10351

 bl10352
 bl10353
 bl10354
 bl10355
 bl10356
 bl10357
 bl10358
 bl10360
 bl10369
 bl10373
 bl10940
 bl11142

 bl11557
 bl11864
 bl12325
 bl12478
 bl13004
 bl13012
 bl13022
 bl13024
 bl13269
 bl13413
 bl13664

 bl14137
 bl14140
 bl14148
 bl14149
 bl14150
 bl14151
 bl14152
 bl14156
 bl14393
 bl14474
 bl14499

 bl14833
 bl15303
 bl15352
 bl15627
 bl15827
 bl16187
 bl16898
 bl16901
 bl16902
 bl16903

 bl16930
 bl16990
 bl18305
 bl18417
 bl18510
 bl18514
 bl18530
 bl18536
 bl19272
 bl19276
 bl19488
 bl19489

bl19490
bl19695
bl19700
bl19855
bl19869
bl20333
bl20917
bl20918
bl20919
bl20920
bl20923
bl20927

bl20961
bl20964
bl15735
casa 0001 a
casa 0001 e
casa 0002 a
casa 0002 e
casa 0003 a
casa 0003 b
casa 0004 a
casa 0004 e
casa 0005 a
casa 0005 b

casa 0006 a
casa 0006 b
casa 0007 a
casa 0007 b
casa 0008 a
casa 0008 b
casa 0009 a
casa 0009 b
casa 0010 a
casa 0010 b
casa 0011 a
casa 0011 e
casa 0012 a
casa 0012 d

Clipart-CD 1: Regional/Wohngebaeude

Clipart-CD 1: Regional/Wohngebaeude 111

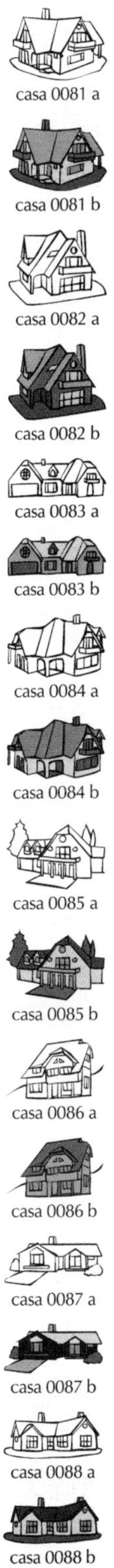

casa 0081 a
casa 0081 b
casa 0082 a
casa 0082 b
casa 0083 a
casa 0083 b
casa 0084 a
casa 0084 b
casa 0085 a
casa 0085 b
casa 0086 a
casa 0086 b
casa 0087 a
casa 0087 b
casa 0088 a
casa 0088 b

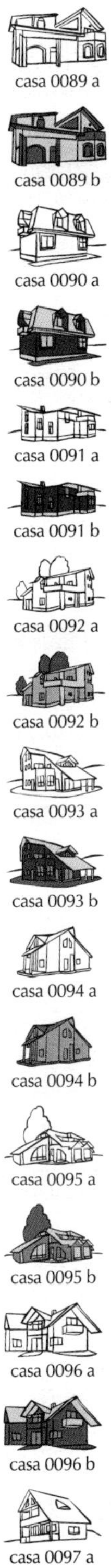

casa 0089 a
casa 0089 b
casa 0090 a
casa 0090 b
casa 0091 a
casa 0091 b
casa 0092 a
casa 0092 b
casa 0093 a
casa 0093 b
casa 0094 a
casa 0094 b
casa 0095 a
casa 0095 b
casa 0096 a
casa 0096 b
casa 0097 a

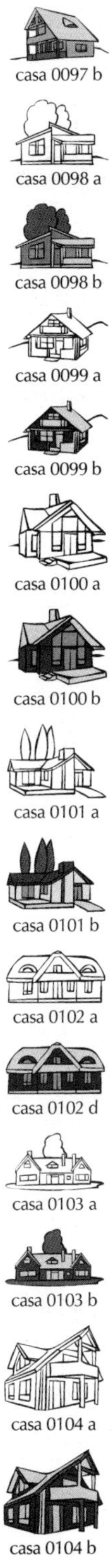

casa 0097 b
casa 0098 a
casa 0098 b
casa 0099 a
casa 0099 b
casa 0100 a
casa 0100 b
casa 0101 a
casa 0101 b
casa 0102 a
casa 0102 d
casa 0103 a
casa 0103 b
casa 0104 a
casa 0104 b

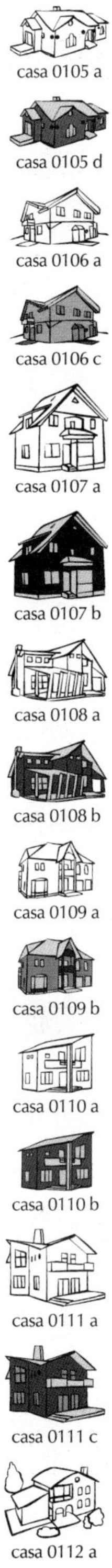

casa 0105 a
casa 0105 d
casa 0106 a
casa 0106 c
casa 0107 a
casa 0107 b
casa 0108 a
casa 0108 b
casa 0109 a
casa 0109 b
casa 0110 a
casa 0110 b
casa 0111 a
casa 0111 c
casa 0112 a

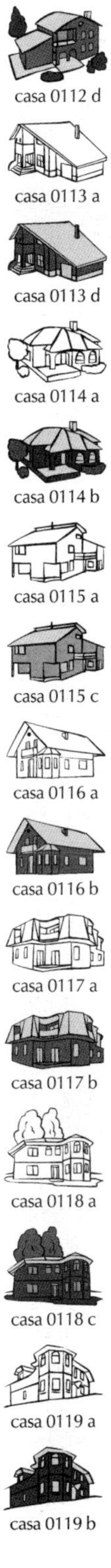

casa 0112 d
casa 0113 a
casa 0113 d
casa 0114 a
casa 0114 b
casa 0115 a
casa 0115 c
casa 0116 a
casa 0116 b
casa 0117 a
casa 0117 b
casa 0118 a
casa 0118 c
casa 0119 a
casa 0119 b

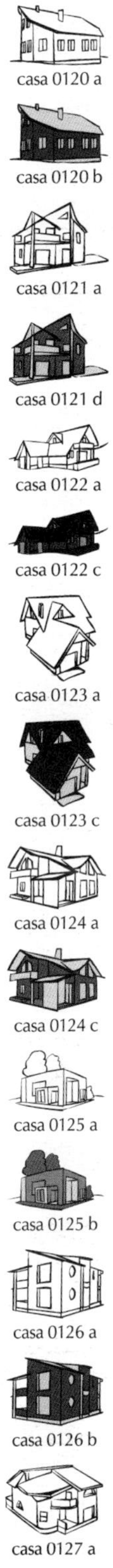

casa 0120 a
casa 0120 b
casa 0121 a
casa 0121 d
casa 0122 a
casa 0122 c
casa 0123 a
casa 0123 c
casa 0124 a
casa 0124 c
casa 0125 a
casa 0125 b
casa 0126 a
casa 0126 b
casa 0127 a

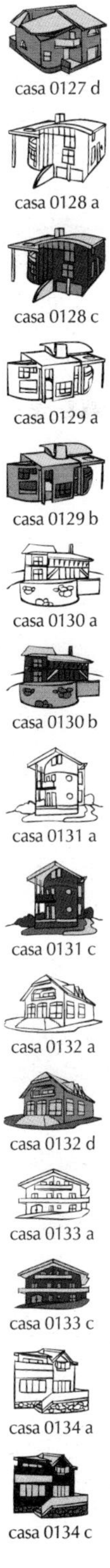

casa 0127 d
casa 0128 a
casa 0128 c
casa 0129 a
casa 0129 b
casa 0130 a
casa 0130 b
casa 0131 a
casa 0131 c
casa 0132 a
casa 0132 d
casa 0133 a
casa 0133 c
casa 0134 a
casa 0134 c

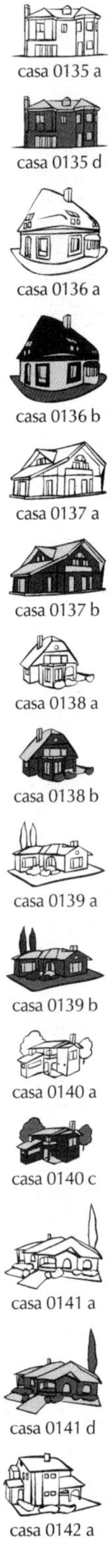

casa 0135 a
casa 0135 d
casa 0136 a
casa 0136 b
casa 0137 a
casa 0137 b
casa 0138 a
casa 0138 b
casa 0139 a
casa 0139 b
casa 0140 a
casa 0140 c
casa 0141 a
casa 0141 d
casa 0142 a

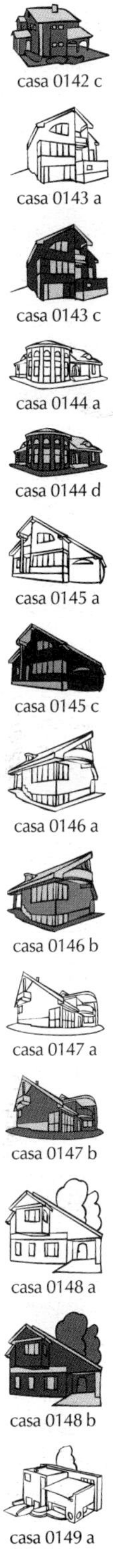

casa 0142 c
casa 0143 a
casa 0143 c
casa 0144 a
casa 0144 d
casa 0145 a
casa 0145 c
casa 0146 a
casa 0146 b
casa 0147 a
casa 0147 b
casa 0148 a
casa 0148 b
casa 0149 a

Clipart-CD 1: Regional/Wohngebaeude

Clipart-CD 1: Regional/Wohngebaeude

casa 0219 c

casa 0220 a

casa 0220 d

casa 0221 a

casa 0221 b

casa 0222 a

casa 0222 c

casa 0223 a

casa 0223 b

casa 0224 a

casa 0224 c

casa 0225 a

casa 0225 d

casa 0226 a

casa 0226 d

casa 0227 a

casa 0227 b

casa 0228 a

casa 0228 b

lk15372c

z1003

z1638

z1639

z3247

z3248

z3250

z3274

z3275

z3287

z3293

z3310

z3388

Symbole

Alphabet

08snake

1

10

100

101

102

103

104

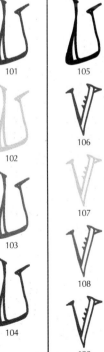
105

106

107

108

109

11

110

111

112

113

114

115

116

117

118

119

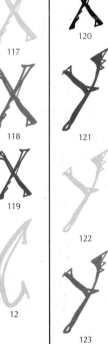
120

121

122

123

124

125

126

127

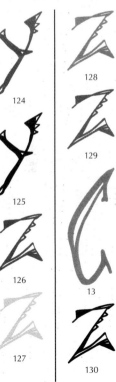
128

129

13

130

Clipart-CD 1: Symbole/Alphabet

Clipart-CD 1: Symbole/Alphabet

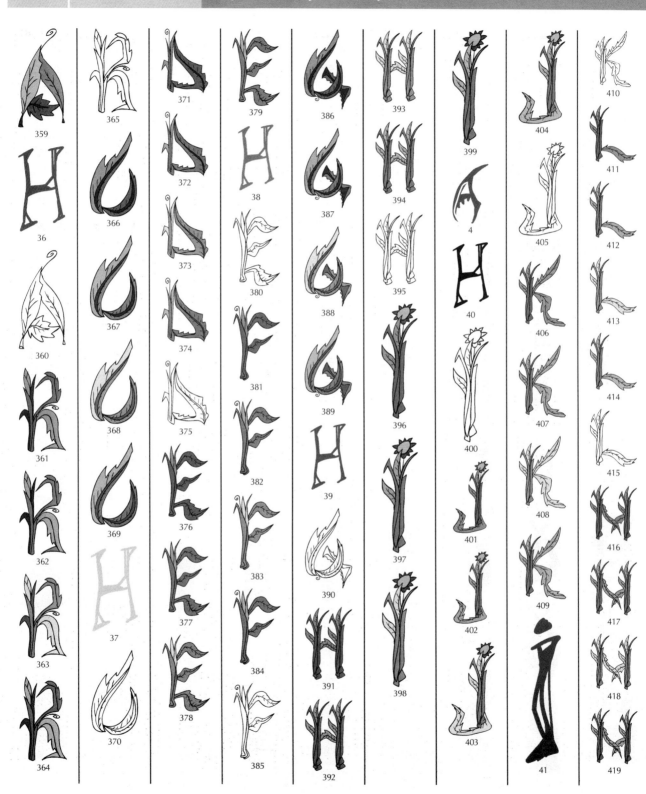

Clipart-CD 1: Symbole/Alphabet

117

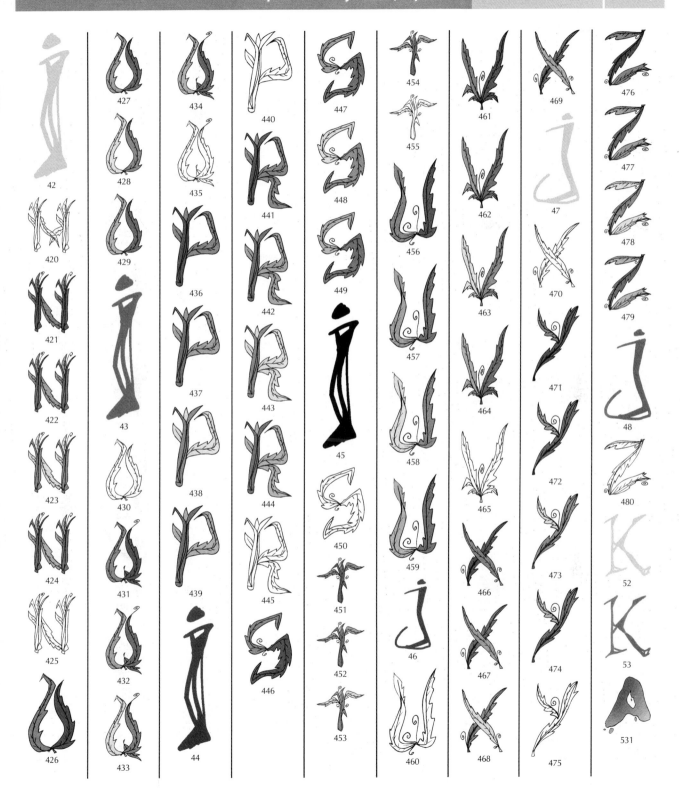

Clipart-CD 1: Symbole/Alphabet

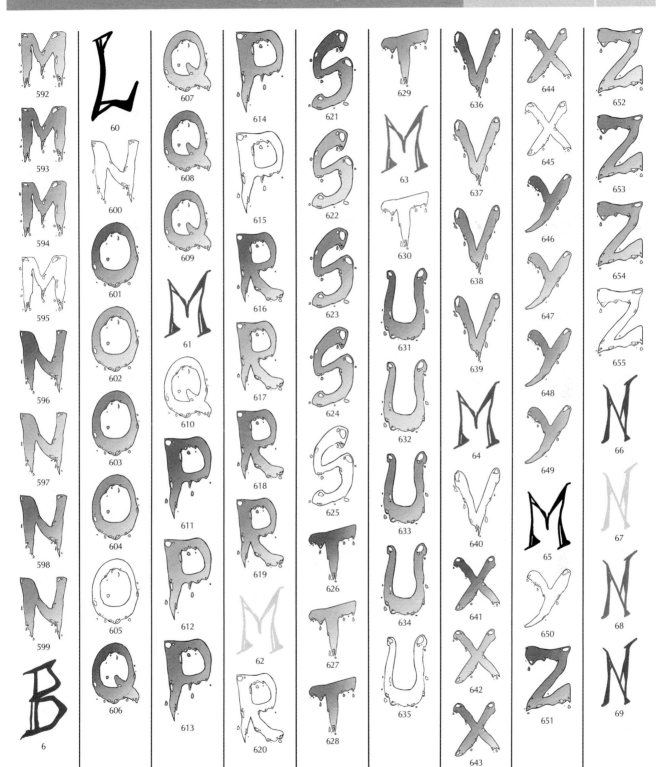

Clipart-CD 1: Symbole/Alphabet

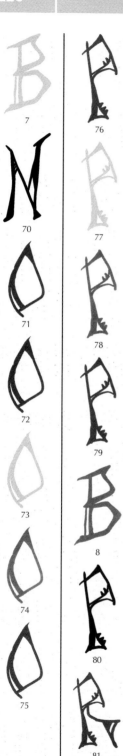
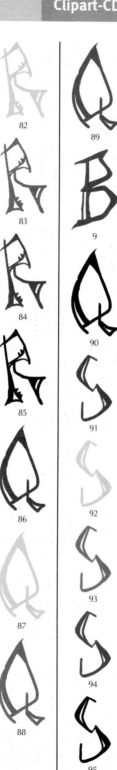
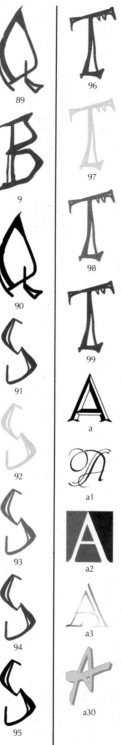

7	76	82	89	96
70	77	83	9	97
71	78	84	90	98
72	79	85	91	99
73	8	86	92	a
74	80	87	93	a1
75	81	88	94	a2
			95	a3
				a30

a33

a35

a37

a4

a43

a5

a_serif

aa

ABCDE
FGHIJK
LMNOP
QRSTU
VWXYZ
abcserif

ad003714

akur_a

ABCDEFGHI
JKLMNOPQR
STUVWXYZ
akur_a_z

akur_b

akur_c

akur_d

akur_e

akur_f

akur_g

akur_h

akur_i

akur_j

akur_k

akur_l

akur_m

akur_n

akur_p

akur_q

akur_r

akur_s

akur_t

akur_u

akur_v

akur_w

akur_x

akur_y

akur_z

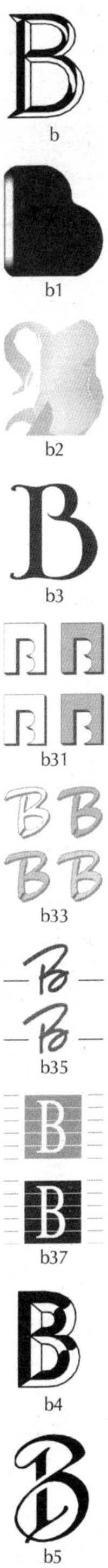

Clipart-CD 1: Symbole/Alphabet

b

b1

b2

b3

b31

b33

b35

b37

b4

b5

b_serif

ba

bbl00336

bbl00337

bbl00338

bbl00339

bbl00340

bbl00341

bbl00342

bbl00343

bbl00344

bbl00345

bbl00346

bbl00347

bbl00348

bbl00349

bbl00350

bbl00351

bbl00352

bbl00353

bbl00354

bbl00355

bbl00356

bbl00357

bbl00358

bbl00359

bbl00360

bbl00361

bbl00362

bbl00363

bbl00364

bbl00365

bbl00366

bbl00367

bbl00418

bbl00419

bbl00420

bbl00421

bbl00422

bbl00423

bbl00424

bbl00425

bbl00426

bbl00427

bbl00428

bbl00429

bbl00430

bbl00431

bbl00432

bbl00433

bbl00434

bbl00435

bbl00436

bbl00437

bbl00438

bbl00439

bbl00440

bbl00441

bbl00442

bbl00443

bbl00444

bbl00445

bbl00446

bbl00447

bit0101

bit0102

bit0103

bit0104

bit0105

bit0106

bit0107

bit0108

bit0109

bit0110

bit0111

bit0112

bit0113

bit0114

bit0115

bit0116

bit0117

bit0118

bit0119

bit0120

bit0121

bit0122

bit0123

bit0124

Clipart-CD 1: Symbole/Alphabet

ccm00077

ccm00078

ccm00079

ccm00080

ccm00081

ccm00082

ccm00083

ccm00084

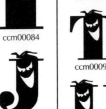
ccm00085

ccm00086

ccm00087
ccm00088
ccm00089
ccm00090
ccm00091
ccm00092
ccm00093
ccm00094
ccm00095
ccm00096
ccm00097

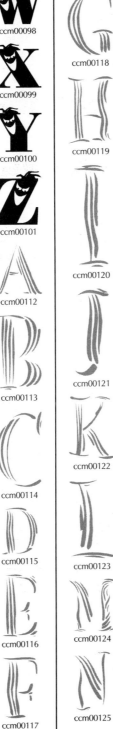
ccm00098
ccm00099
ccm00100
ccm00101
ccm00112
ccm00113
ccm00114
ccm00115
ccm00116
ccm00117

ccm00118
ccm00119
ccm00120
ccm00121
ccm00122
ccm00123
ccm00124
ccm00125

ccm00126
ccm00127
ccm00128
ccm00129
ccm00130
ccm00131
ccm00132
ccm00133
ccm00134

ccm00135
ccm00136
ccm00137

ccm00148

ccm00149

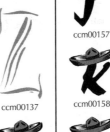
ccm00150

ccm00151

ccm00152

ccm00153

ccm00154

ccm00155
ccm00156
ccm00157
ccm00158
ccm00159
ccm00160
ccm00161
ccm00162
ccm00163
ccm00164

ccm00165
ccm00166
ccm00167
ccm00168
ccm00169
ccm00170
ccm00171
ccm00172
ccm00173

ccm00183
ccm00184

 ccm00185
 ccm00186
 ccm00187
 ccm00188
 ccm00189
 ccm00190
 ccm00191
 ccm00192
 ccm00193
 ccm00194
 ccm00195
 ccm00196
 ccm00197

Clipart-CD 1: Symbole/Alphabet

ccm00198

ccm00199

ccm00200

ccm00201

ccm00202

ccm00203

ccm00204

ccm00205

ccm00206

ccm00207

ccm00208

ccm00219

ccm00220

ccm00221

ccm00222

ccm00223

ccm00224

ccm00225

ccm00226

ccm00227

ccm00228

ccm00229

ccm00230

ccm00231

ccm00232

ccm00233

ccm00234

ccm00235

ccm00236

ccm00237

ccm00238

ccm00239

ccm00240

ccm00241

ccm00242

ccm00243

ccm00244

ccm00490

ccm00491

ccm00492

ccm00493

ccm00494

ccm00495

ccm00496

ccm00497

ccm00498

ccm00499

ccm00501

ccm00502

ccm00503

ccm00504

ccm00505

ccm00506

ccm00507

ccm00508

ccm00509

ccm00510

ccm00511

ccm00512

ccm00513

ccm00514

ccm00525

d

d1

d10a

d10b

d10c

d10d

d10e

d10f

d10g

d11a

d11b

d11c

d11d

d11e

Clipart-CD 1: Symbole/Alphabet

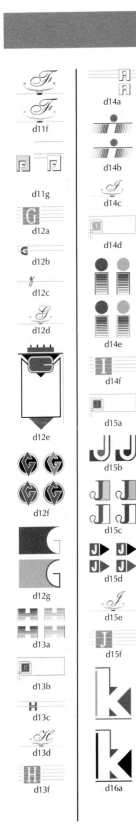
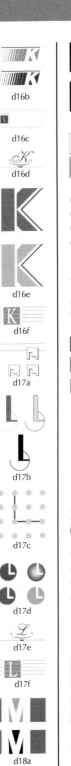
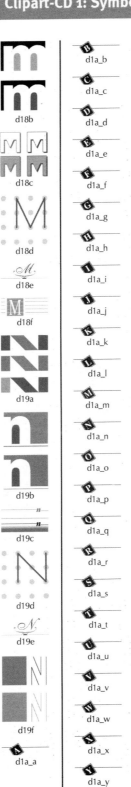
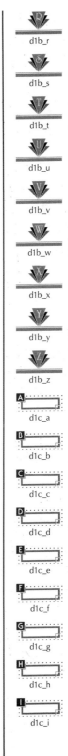
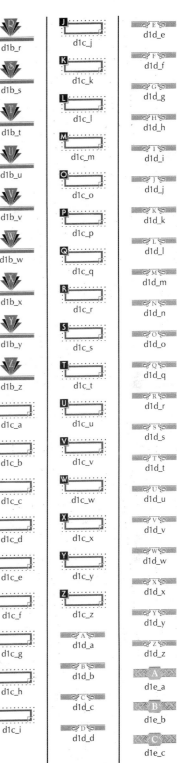

Clipart-CD 1: Symbole/Buttons

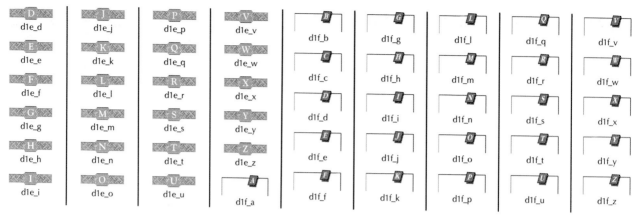

Buttons

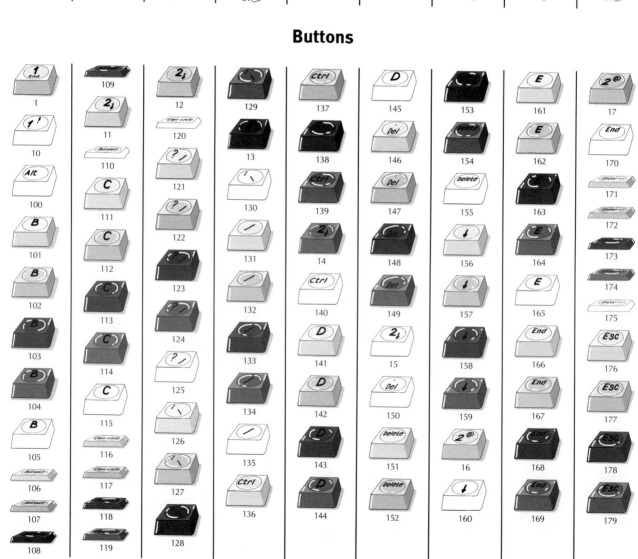

Clipart-CD 1: Symbole/Buttons

Clipart-CD 1: Symbole/Buttons

Clipart-CD 1: Symbole/Buttons

Clipart-CD 1: Symbole/Formen

95
96
97
98
99
bevel

but1a
but1b
but1c
but1d

but1e
but1f
but1g
but1h

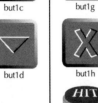
buttn002
clp00105
clp00133
clp00146
clp00178
buttn001

 na0214
 na0215
 na0218
 na0231
na0232

 na0240
 na0372
 pckey001
 pckey002

 pckey003
 pckey004
pckey005
 pckey007
 pckey109
 pckey110

pckey111
pckey112
pckey113
pckey114
pckey115

pckey116
pckey117
pckey118
pckey119

Formen

 ad005271
 ar100061
 ar100062
 ar100063
 ar100064
ar100083

 ar100084
 ar100088
 ar100090
 ar100092
 ar100095

 card_dia
 card_spa

 card_clu

 diamond
geoc001
geoc002
geoc003
geoc004
geoc005

geoc006
geoc007
geoc008
geoc009
geoc010

geoc011
geoc012
geoc013
geoc014
geoc015

geoc016
geoc017
geoc018
geoc019
geoc020

geoc021
geoc022
geoc023
geoc024

geoc025
geoc026
geoc027
geoc028

Clipart-CD 1: Symbole/Formen

Clipart-CD 1: Symbole/Formen

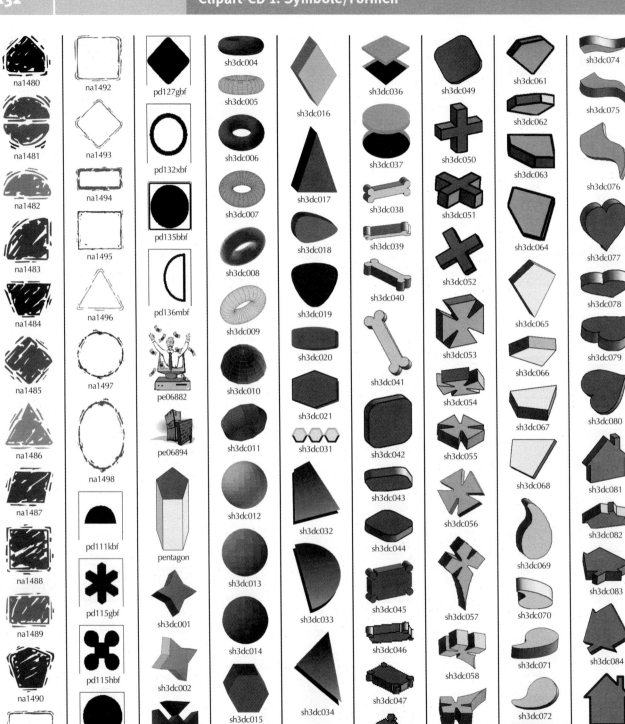

Clipart-CD 1: Symbole/Formen

Clipart-CD 1: Symbole/Formen

Clipart-CD 1: Symbole/Geld

Geld

Karten_Diagramme

61x94485

61x94486

61x94487

61x94488

61x94489

61x94490

61x94491

61x94492

61x94493

61x94494

61x94495

61x94496

61x94497

61x94498

61x94499

61x94500

61x94501

61x94502

61x94503

61x94504

61x94505

61x94506

61x94507

61x94508

61x94509

61x94516

61x94517

61x94518

61x94520

61x94521

61x94522

61x94523

61x94524

61x94525

61x94526

61x94528

61x94529

61x94530

ne55001a

ne55002a

ne55003a

ne55004a

ne55005a

ne55006a

ne55007a

ne55008a

ne55009a

ne55010a

ne55011a

ne55012a

ne55013a

ne55014a

ne55015a

of40001c

Logos

AMHERST COLLEGE
txcol001

BRANDEIS UNIVERSITY
txcol002

CAMBRIDGE UNIVERSITY
txcol003

THE CITADEL
txcol004

CORNELL UNIVERSITY
txcol005

DARTMOUTH COLLEGE
txcol006

EMORY UNIVERSITY
txcol007

GEORGETOWN UNIVERSITY
txcol008

GEORGE WASHINGTON UNIVERSITY
txcol009

HARVARD UNIVERSITY
txcol010

HAVERFORD COLLEGE
txcol011

LONDON SCHOOL OF ECONOMICS
txcol012

MASSACHUSETTS INSTITUTE OF TECHNOLOGY
txcol013

MOREHOUSE COLLEGE
txcol014

MOUNT HOLYOKE COLLEGE
txcol015

NORTHEASTERN UNIVERSITY
txcol016

NOTRE DAME COLLEGE
txcol017

OXFORD UNIVERSITY
txcol018

PRINCETON UNIVERSITY
txcol019

PURDUE UNIVERSITY
txcol020

RADCLIFFE COLLEGE
txcol021

SMITH COLLEGE
txcol022

SORBONNE
txcol023

STANFORD UNIVERSITY
txcol024

SWARTHMORE COLLEGE
txcol025

SYRACUSE UNIVERSITY
txcol026

TUFTS UNIVERSITY
txcol027

TULANE UNIVERSITY
txcol028

VANDERBILT UNIVERSITY
txcol029

WAKE FOREST UNIVERSITY
txcol030

WHEATON COLLEGE
txcol031

WILLIAMS COLLEGE
txcol032

YALE UNIVERSITY
txcol033

YESHIVA UNIVERSITY
txcol034

Pfeile

1

11

12

13

14

15

16

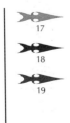
17

18

19

2

20

21

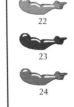
22

23

24

25

26

27

28

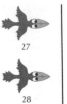
29

3

30

30s90440

Clipart-CD 1: Symbole/Pfeile

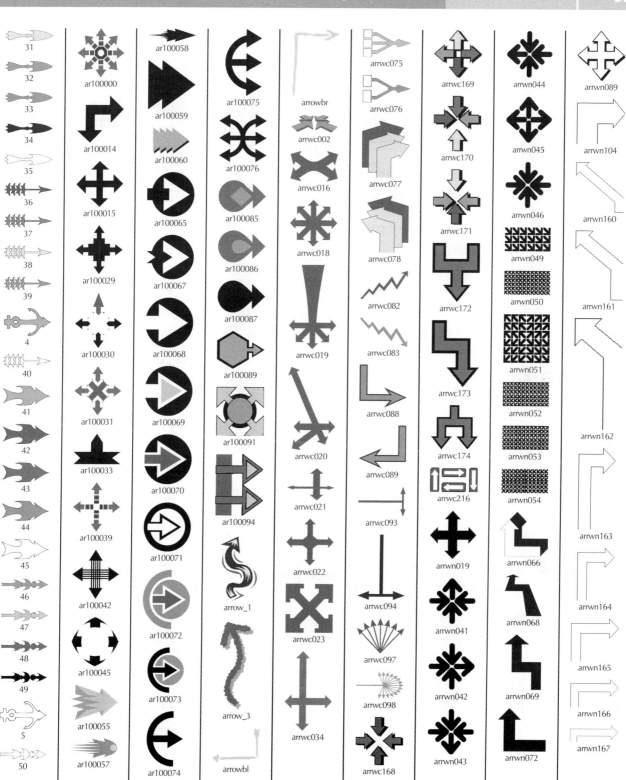

Clipart-CD 1: Symbole/Stempel

 arrwn209
 arrwn210
 arrwn211
 arrwn212
 arrwn213
 arrwn214
 arrwn215
 arrwn216
 arrwn217
arrwn218

 b_f_1298
b_f_1311
b_f_1423
 gc301877
 iconn137
iconn374

 j15622c

j15627c
j15635c
j15639c

 jg35089c
 jg35089d
 na0077
 na0078
 na0080

 na0082
 na0083
 na0088
 na0092
 na0102
 na0107
 na0110

 na0111
na0113
na0115

 na0120
na0122
 na0123

 na0124
 na0125
 na0128
 na0136
 na0138
 na0139
 na0140

 na0141
 na0144
 na0949
 pd042vbf
 pd046vbf
 pd077abf
 pd095dbf
 pd095ebf

 pd095fbf
 pd095gbf
 pd095sbf
 pd124gbf
 straig_3
sy09951
 symbl163

syssg001
syssg003
tringe4
trnglsdn
wht_drop
zgzgdngb

Stempel

 58a_rubs
approved
bs14760

 canceled
 gcdf3827

 overdue
 paid

 pe22313
 rubst001

 rubst002
 rubst003

 rubst004
 rubst005

 rubst006
 rubst007

 rubst008
 rubst009

 rubst010
rubst011

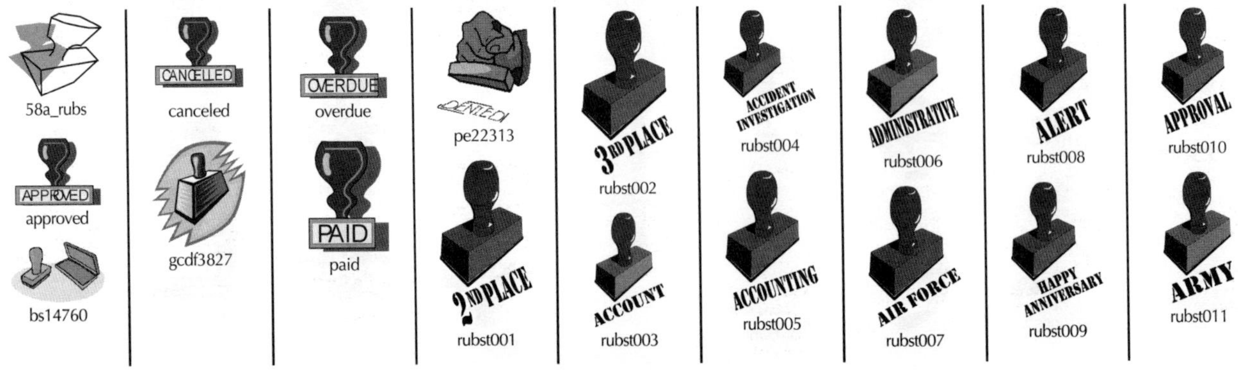

Clipart-CD 1: Symbole/Stempel

Clipart-CD 1: Symbole/Stempel

Clipart-CD 1: Symbole/Sternzeichen

 rubst231
 rubst233
 rubst235
 rubst237
 rubst238
 rubst242
 rubst243
 rubst244
 sy05383

 rubst232 WINNER
 rubst234 / rubst236
 rubst241
sold

Sternzeichen

 aquar11
 aquariu
 aquarius
 aries
 aries1
 aries111
 aries2

 bit0167
 bit0168
 bit0169
 bit0170
 bit0171
 bit0172
 bit0173
 bit0174
 bit0175

 bit0176
 bit0177
 bit0178
 bit0749
 bit0750
 bit0751
 bit0753
 bit0754

 bit0766
 canc11
 cancer
 cancer2
 cancr1
 capric1
 capric2
 capricon

 capricor
 eto06
 etoht031
 etoin027
 etois022
 etomi022
 etone029

 etosr024
 etotl024
 etott021
 etoug026
 etoum022
 etous048
 Fische, 19.2.-20.3.
fische

 gbear
gbear1
 gc301893
 gc301894
 gc301895
 gc301896
 gc301897
 gc301898

gc301899
gc301900
gc301901
gc301902
gc301903
gc301904
gc301905
gc301906

gc301907
gc301908
gc301909
gc301910
gc301911
gc301912
gc301913
gc301914

Clipart-CD 1: Symbole/Sternzeichen 143

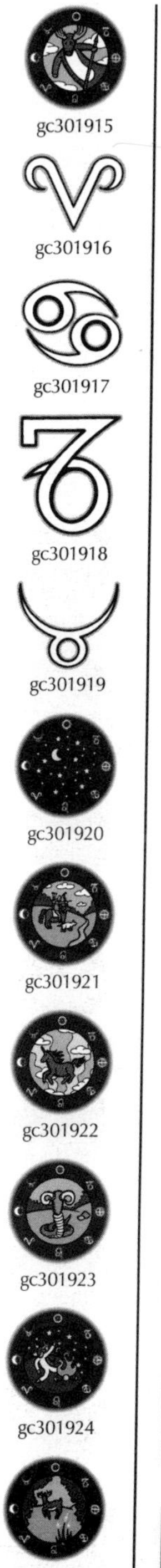

gc301915
gc301916
gc301917
gc301918
gc301919
gc301920
gc301921
gc301922
gc301923
gc301924
gc301925

gc301926
gc301927
gc301928
gc301929
gc301930
gc301931
gc301932
gc301933
gcah6044
gcah6045
gcah6046

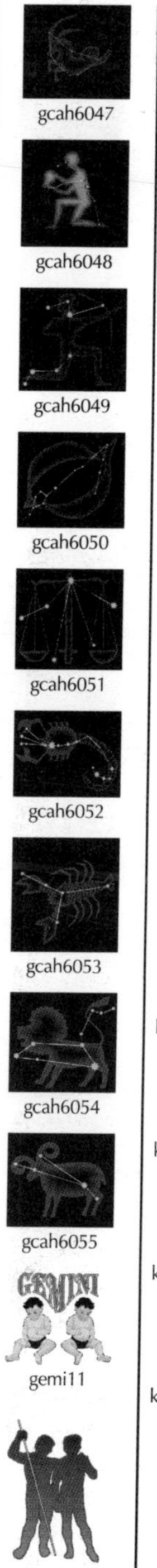

gcah6047
gcah6048
gcah6049
gcah6050
gcah6051
gcah6052
gcah6053
gcah6054
gcah6055
gemi11
gemini

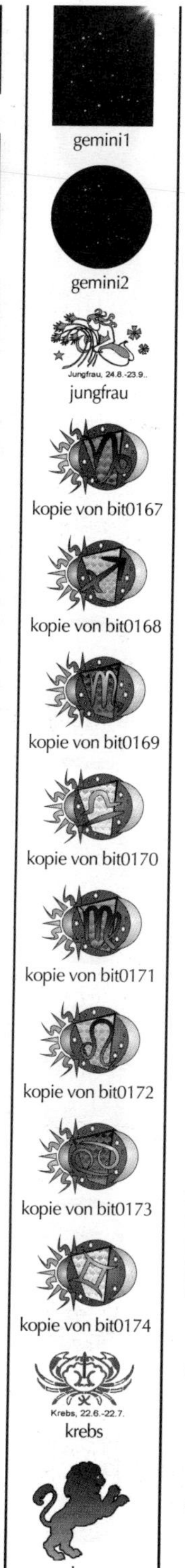

gemini1
gemini2
jungfrau
kopie von bit0167
kopie von bit0168
kopie von bit0169
kopie von bit0170
kopie von bit0171
kopie von bit0172
kopie von bit0173
kopie von bit0174
krebs
leo

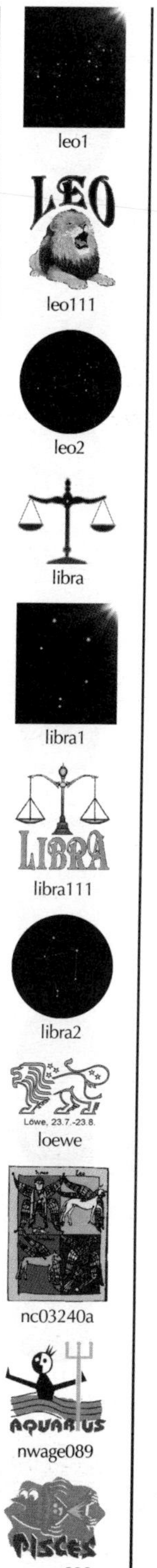

leo1
leo111
leo2
libra
libra1
libra111
libra2
loewe
nc03240a
nwage089
nwage090

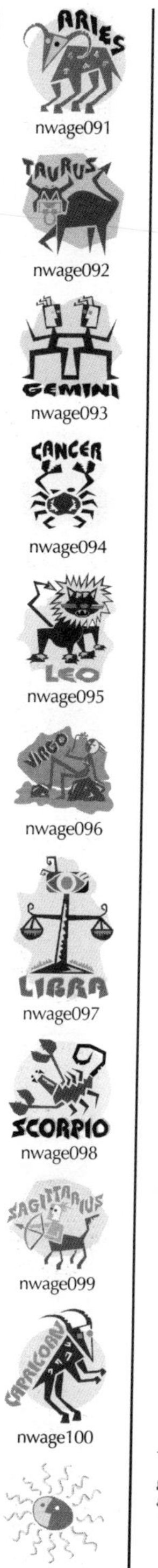

nwage091
nwage092
nwage093
nwage094
nwage095
nwage096
nwage097
nwage098
nwage099
nwage100
nwage132

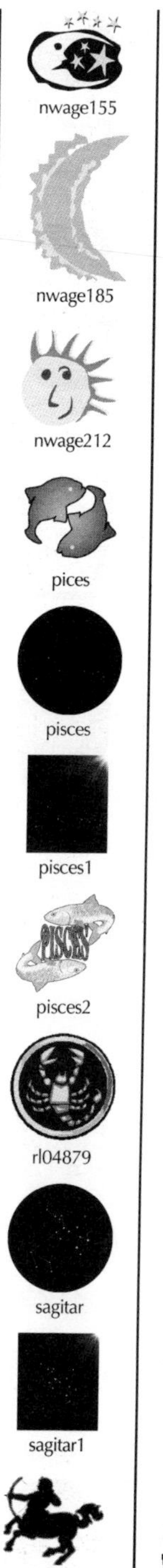

nwage155
nwage185
nwage212
pices
pisces
pisces1
pisces2
rl04879
sagitar
sagitar1
sagitari

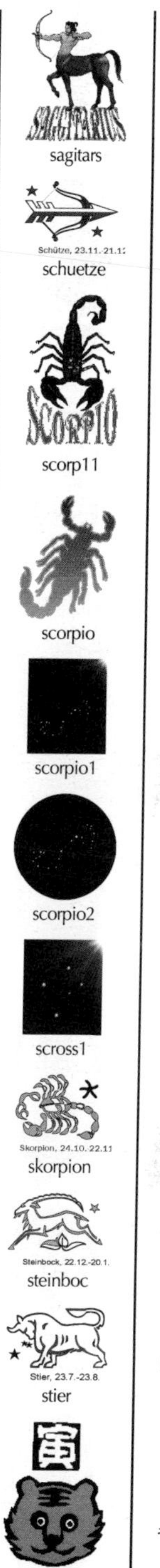

sagitars
schuetze
scorp11
scorpio
scorpio1
scorpio2
scross1
skorpion
steinboc
stier
sy04040

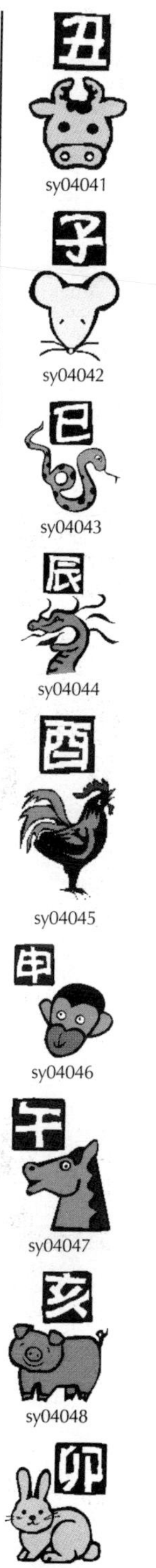

sy04041
sy04042
sy04043
sy04044
sy04045
sy04046
sy04047
sy04048
sy04049

Clipart-CD 1: Symbole/Sternzeichen

sy04280

sy04281

sy06659

sy06691

sy06711

sy09287

sy09288

sy09289

sy09292

sy09293

sy09294

sy09852

sy09853

sy09856

sy10812

sy10813

sy10814

sy10815

sy10816

sy10817

sy10818

sy10819

sy10820

sy10821

sy11552

sy11554

sy11568

sy11578

sy11587

sy11756

sy11757

sy11758

sy11759

sy11760

sy11761

sy11762

sy11763

sy11764

sy11765

sy11766

sy11767

sy11768

sy11769

sy11770

sy11771

sy11772

sy11773

sy11774

sy11775

sy11776

sy11777

sy11778

sy11779

sy11780

sy11781

sy12428

sy12429

sy12430

sy12431

sy12432

sy12433

sy12434

sy12435

sy12436

sy12437

sy12438

sy12439

sy12866

sy12867

sy12868

sy12869

sy12870

sy12871

sy12872

sy12875

sy12958

sy12959

sy12960

sy12961

sy12962

sy12963

sy12964

sy12965

sy12966

sy12967

sy12968

sy12970

sy12971

sy12972

Clipart-CD 1: Symbole/Sternzeichen

145

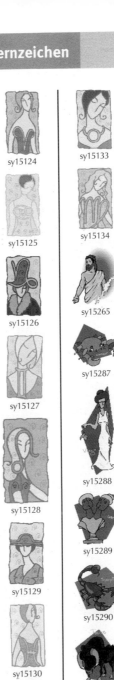

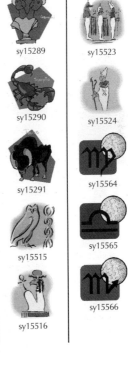
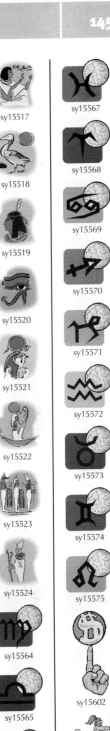

146 Clipart-CD 1: Symbole/Sternzeichen

taurus

taurus1

taurus11

taurus2

tnt00190

tnt00191

tnt00192

tnt00193

tnt00194

tnt00195

tnt00196

tnt00197

tnt00198

tnt00199

tnt00200

tnt00201

topstern

virgo

virgo1

virgo111

virgo2

waage

wasserma

widder

z9416

z9418

z9419

z9420

z9421

z9422

z9423

z9424

z9427

z9428

z9430

z9431

z9434

z9435

z9438

z9555

z9556

z9557

z9558

z9559

z9560

z9561

z9562

z9563

z9564

z9565

z9566

z9567

z9568

z9569

z9570

z9571

z9573

z9574

z9575

z9577

z9578

z9586

zodic001

zodic002

zodic003

zodic004

zodic005

zodic006

zodic008

zodic009

zodic010

zodic011

zodic012

zodic013

zodic014

zodic035

zodic036

zodic037

zodic038

zodic039

zodic040

zodic041

zodic042

zodic043

zodic044

zodic045

zodic046

zodic047

zodic048

zodic049

zodic050

zodic051

zodic052

Clipart-CD 1: Symbole/Symbole

 zodic053
 zodic054
 zodic055
 zodic056

 zodic057
 zodic058
 zodic059
 zodic060

zodic061
zodic062
zodic063
zodic064

zodic108
zodic109
 zodic110
 zodic111
zodic112

zodic114
zodic115
 zodic117
zodic118

zodic119
 zodic121
 zodic122
zodic123

 zodic124
 zodic125
 zodic126
 zodic127

zodic128
zodic129
 zodic130
 zodic131

zodic132
zodic133
zwilling

Symbole

 69c_pead
 a28
 absatz
 airm004
 airm005
airm006

 airpollu
 alpinist
 bad
 bahn
 befragen
 bell

biking_a
bit0380
 bit0628
 bit0630
 bit0632
 bit0636

bit0637
bit0638
 bit0639
bit0640
bit0641
 bit0644

bit0650
bit0651
bit0652
bit0654
 bit0656
bit0657

bit0658
bit0659
 bit0662
bit0663
bit0664
 bit0666

brdadler
burg
 but1a
but1b
but1c
but1d

but1e
but1f
but1g
but1h
campfire
car_shop

car_sym
car_wash
 city
 contrcyl
decline
deforest

Clipart-CD 1: Symbole/Symbole

drink

e20942

esse

fam_unit

farm_emb

fire_hyd

firehose

fragile

gas_a

gc301881

gc301882

govt194

handicap

hanger

hike_tr

hufeisen

iconc029

iconc030

iconc031

iconc032

iconc033

iconc034

iconc035

iconc036

iconc037

iconc038

iconc039

iconc040

iconc041

iconc042

iconc043

iconc046

iconc047

iconc048

iconc049

iconc050

iconc051

iconc052

iconc053

iconc054

iconc055

iconc056

iconc057

iconc058

iconc059

iconc060

iconc061

iconc062

iconc063

iconc064

iconc065

iconc066

iconc068

iconc069

iconc070

iconc071

iconc072

iconc073

iconc074

iconc075

iconc076

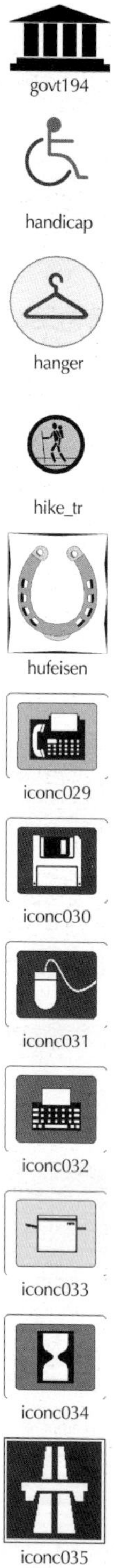

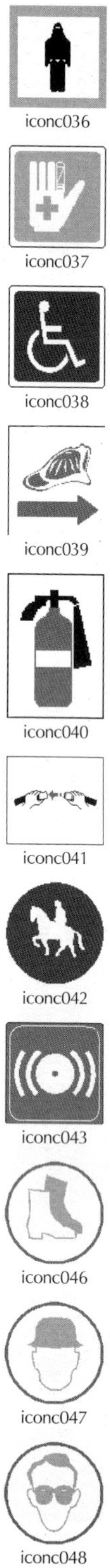

iconc077

iconc078

iconc079

iconc080

iconc081

iconc082

iconc083

iconc084

iconc091

iconc092

iconc093

iconc094

iconc095

iconc096

iconc097

iconc098

iconc099

iconc100

iconc101

iconc102

iconc103

iconc104

iconc105

iconc106

iconc107

iconc108

iconc109

iconc110

iconc111

iconc112

iconc113

iconc114

iconc115

iconc116

iconc117

iconc118

iconc119

iconc120

iconc121

iconc122

iconc123

iconc125

iconc126

iconc127

iconc128

iconc129

Clipart-CD 1: Symbole/Symbole

149

iconc130

iconc131

iconc132

iconc133

iconc134

iconc135

iconc136

iconc137

iconc138

iconc139

iconc140

iconc141

iconc142

iconc143

iconc144

iconc145

iconc146

iconc147

iconc148

iconc149

iconc150

iconc151

iconc152

iconc153

iconc154

iconc155

iconc156

iconc157

iconc158

iconc159

iconc160

iconc161

iconc162

iconc163

iconc164

iconc165

iconc166

iconc167

iconc168

iconc169

iconc170

iconc171

iconc172

iconc173

iconc174

iconc175

iconc176

iconc177

iconc178

iconc179

iconc180

iconc181

iconc182

iconc183

iconc184

iconc185

iconc186

iconc187

iconc188

iconc189

iconc190

iconc191

iconc192

iconc193

iconc194

iconc195

iconc196

iconc197

iconc198

iconc199

iconc200

iconc201

iconc202

iconc203

iconc204

iconc205

iconc206

iconc207

iconc208

iconc209

iconc210

iconc211

iconc212

iconc213

iconc214

iconc215

iconc216

iconc217

iconc218

iconc219

iconc220

iconc221

iconc222

iconc223

iconc224

iconc225

iconc226

iconc227

iconc228

iconc229

iconc230

150 Clipart-CD 1: Symbole/Symbole

Clipart-CD 1: Symbole/Symbole

 iconn073
 iconn074
 iconn075
 iconn076
 iconn077
 iconn078
 iconn079
 iconn080
 iconn081
 iconn082
 iconn083

 iconn084
 iconn085
 iconn086
 iconn087
 iconn088
 iconn089
 iconn090
 iconn091
 iconn092
 iconn093
 iconn093
 iconn094

 iconn095
 iconn096
 iconn097
 iconn098
 iconn099
 iconn100
 iconn101
 iconn102
 iconn104
 iconn105
 iconn106

iconn107
iconn108
iconn109
iconn110
iconn111
iconn112
iconn113
iconn114
iconn115
iconn116
iconn117

iconn118
iconn119

 sl01
 sl02
 sl03
 sl04
 sl06
 sl07
 sl08
 sl11
 sl14
 sl15
 sl17
 sl23 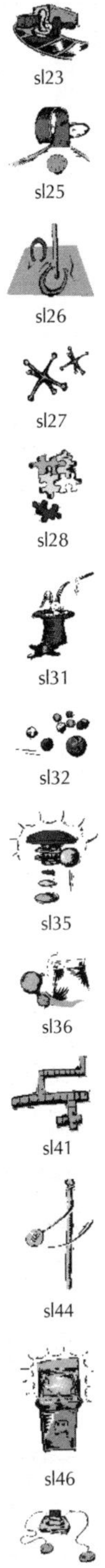
 sl25

sl26
sl27
sl28
sl31
sl32
sl35
sl36
sl41
sl44
sl46
sl47

 sl48
sl50

 slwc0002
 slwc0004
 slwc0005
 slwc0006
 slwc0011
 slwc0016
 slwc0030
 tngs0001
 tngs0003
 tngs0007
 tngs0008
 tngs0009
 tngs0012

 tngs0013
 tngs0014
tngs0015
tngs0016
tngs0017
tngs0018
tngs0019
tngs0020
tngs0021
tngs0022
tngs0023
tngs0024
tngs0025

 tngs0026
 tngs0027
 tngs0028
 tngs0029
 tngs0030
 tngs0031
 tngs0033
 tngs0035
 tngs0038
 tngs0039
tngs0040
 tngs0042

Clipart-CD 1: Symbole/Zahlen

tngs0044

tngs0045

tngs0046

tngs0050

tngs0052

tngs0054

tngs0058

tngs0062

tngs0064

tngs0068

tngs0069

tngs0071

tngs0073

tngs0074

Zahlen

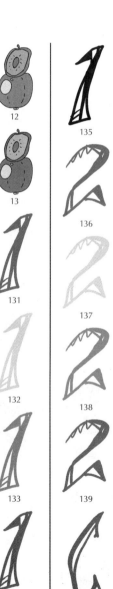

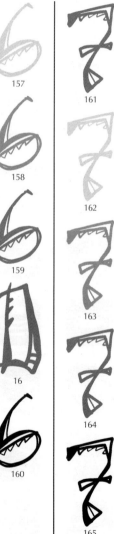

Clipart-CD 1: Symbole/Zahlen

Clipart-CD 1: Symbole/Zahlen

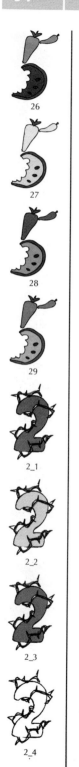

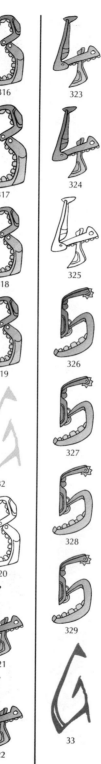
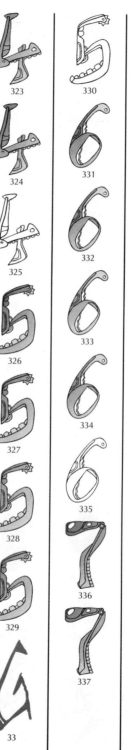
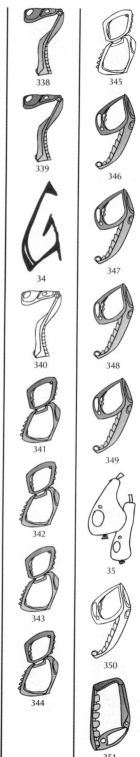

Clipart-CD 1: Symbole/Zahlen

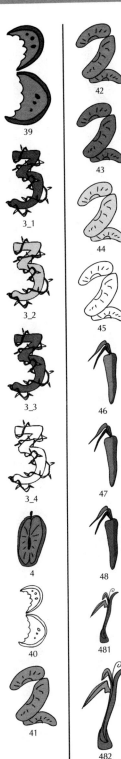
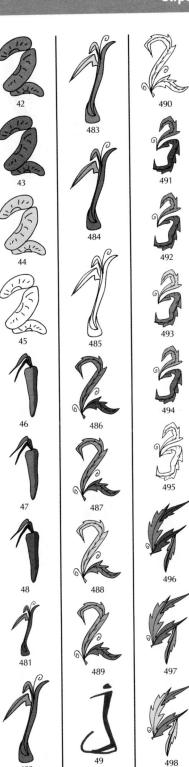

Clipart-CD 1: Symbole/Zahlen

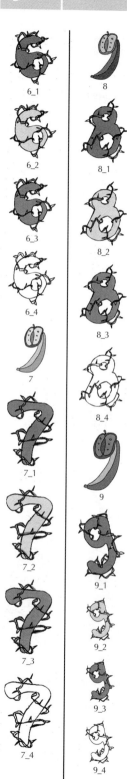

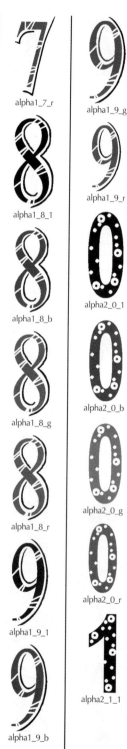

Clipart-CD 1: Verschiedenes/Finanzen

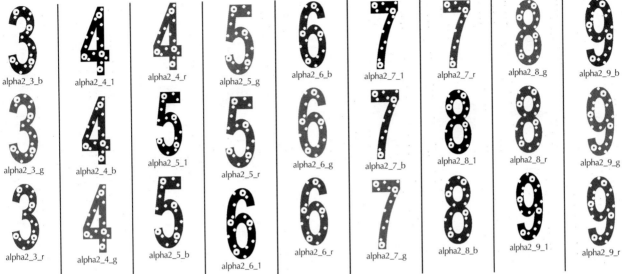

Verschiedenes

Finanzen

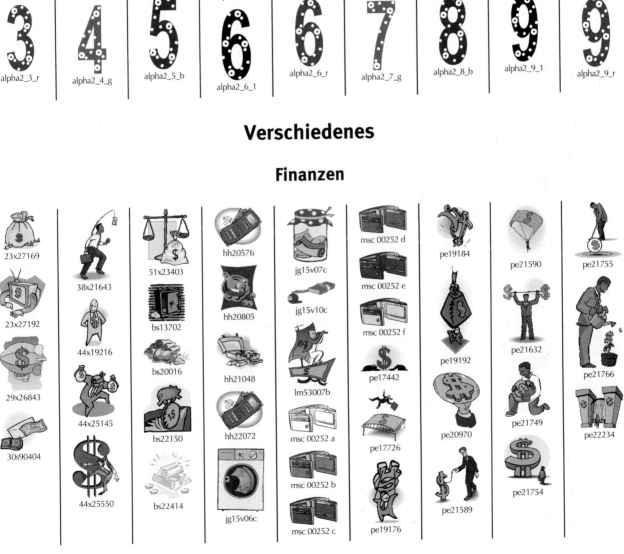

Industrie

01x22454

01x22962

01x24893

bl07249

bl14147

bs08778

in05520

in05521

in05522

in05523

in06148

in06924

in07259

in07349

in08737

in08738

in08865

in08866

in09903

in09945

in09958

in09994

in09995

in10035

in10141

in10916

in11072

in11076

in11104

in11109

in11110

in11536

in11597

in11613

in11914

in11993

in11994

in12310

in12630

in12637

in12651

in12720

in12817

in12818

in12827

in13425

in14201

in14397

in14399

in14400

in14401

in14407

in14511

in14721

in14722

in14725

in14728

in14729

in14732

in14752

in14758

in14759

in14770

in15102

in15293

in15351

in15355

in15390

in15460

in15599

in15605

in15653

me15034c

me15035c

Clipart-CD 1: Verschiedenes/Pop

Pop

 lk29001b
 lk29002b
 lk31001b
 lk32001b
 lk36001b
 lk36002b

 lk36003b
 lk36004b
 lk37001c
 lk37002c
 lk37003c
lk37004c

 lk37005c
 lk37006c
 lk37007c
 lk37008c
 lk37009c
 lk37010c

 lk37011c
 lk37012c
 lk37013c
 lk37014c
 lk37015c
 lk37016c
 lk37017c

 lk37018c
 lk37019c
 lk37020c
 lk37021c
 lk37022c
 lk38001b

 lk38002b
 lk38003b
 lk38004a
 lk38005a
 lk38006a
 lk38007a

 lk38008a
 lk38010a
 lk38011a
 lk38012a
 lk38013a
 lk38014a

 lk38015a
 lk38016a
 lk38017a
 me28031b
 nd28002b

 nd28004b

 nd28005b
 nf28002b
 nf28003b
 p28001b
rg01121a

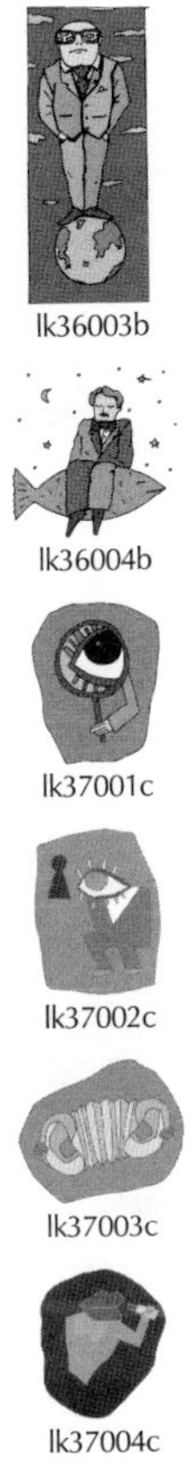

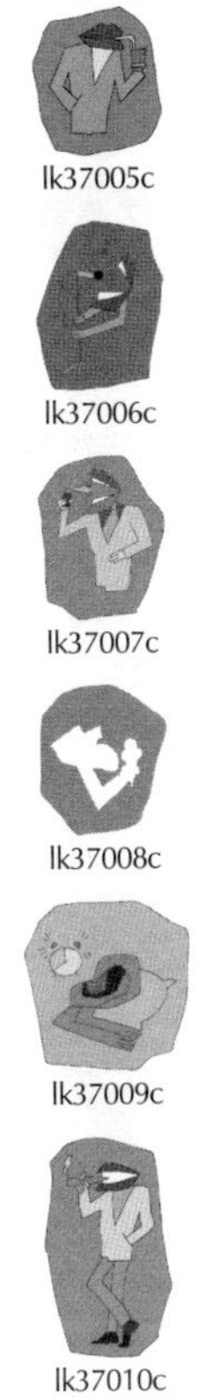

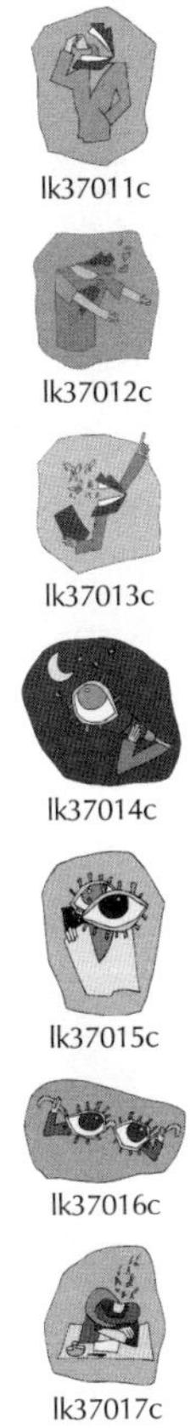

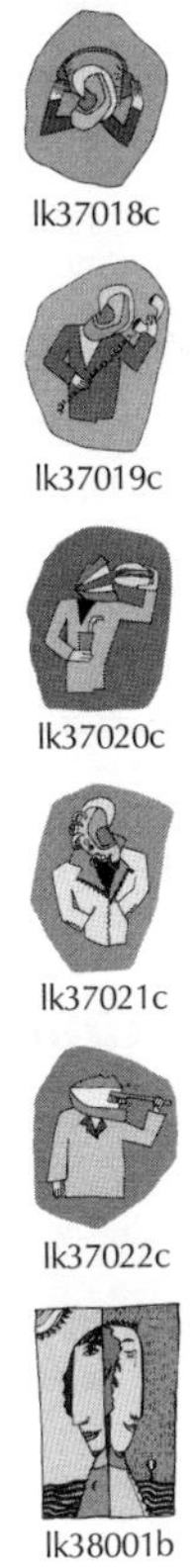

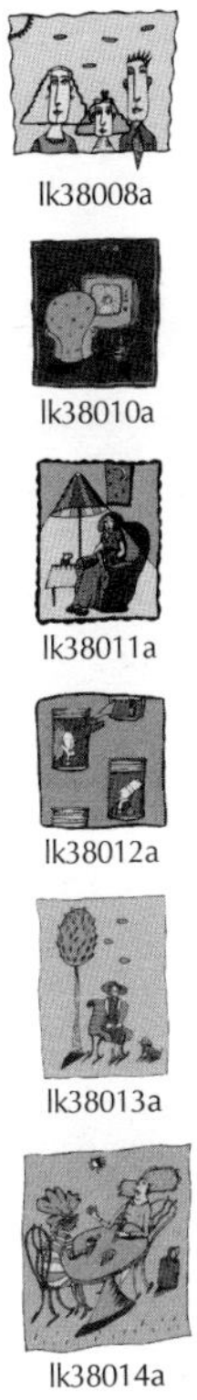

Religioes

 ls15001c
 ls15018c
 ls15020c

 ls15021c
 ls15031c
 ls15032c

 rl002013
 rl002576
 rl000901

 rl04874
 rl04875
 rl04877
 rl04878

 rl04879
 rl05110
 rl05355

 rl06305
 rl06309
rl06411
 rl06415

 rl06721
rl06723
 rl06725
rl06733
rl06734

 rl06739
rl06752
rl06757

 rl07016
 rl07018
rl07281
 rl07290

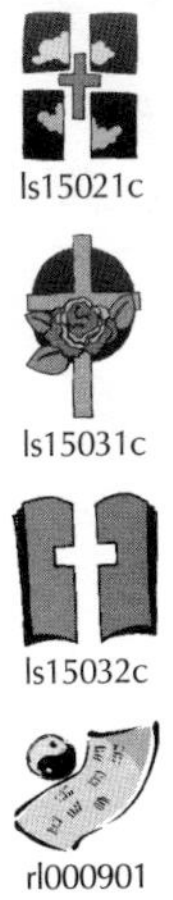

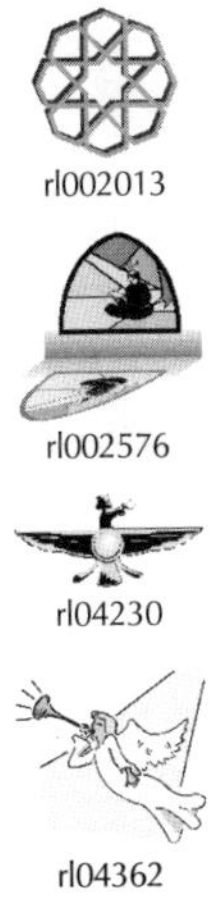

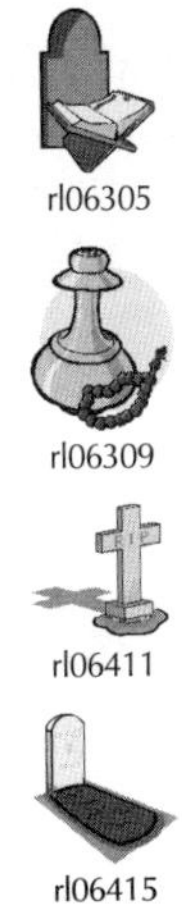

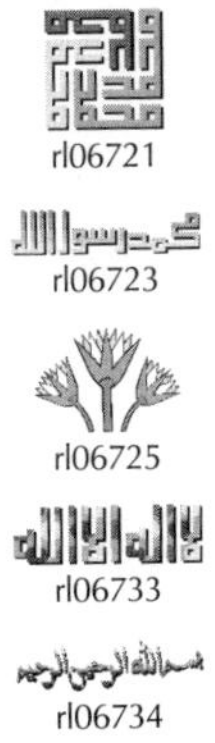

Clipart-CD 1: Verschiedenes/Tabak

rl07291
rl07293
rl07714
rl21771
rl22263

rl23450
rl24234
rl24237
rl24239
rl24240

rl24247
rl24248

z10898
z10899
z10895
z10900
z10897
z10901

z1396
z1397
z1402
z1404

z1405
z1407
z1409
z1413

z1414
z1422
z1430
z1439

z1448

Tabak

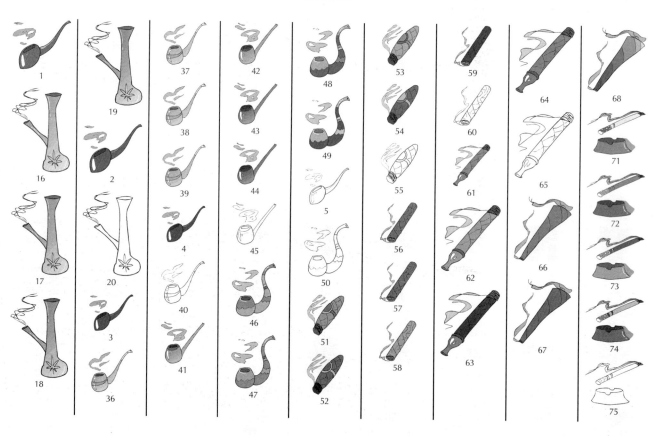

Clipart-CD 2

Menschen

Athleten

df15156
df15300
df15301

df15783
df16283

df16300
df17156
df17157

df17295
misc 0001 a
misc 0001 b

misc 0004 a
misc 0004 c
misc 0005 a

misc 0005 c
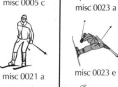
misc 0021 a

misc 0021 b

misc 0023 a
misc 0023 e
misc 0024 a

misc 0024 f
misc 0025 a
misc 0025 c

msc 00534 a
msc 00534 c

Augen

46
50
56
58
61

65
66
70
74
75

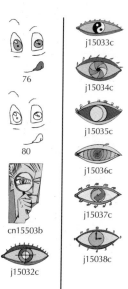
76
80
cn15503b
j15032c

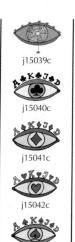
j15033c
j15034c
j15035c
j15036c
j15037c
j15038c

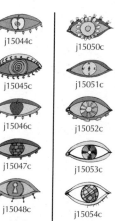
j15039c
j15040c
j15041c
j15042c
j15043c

j15044c
j15045c
j15046c
j15047c
j15048c
j15049c

j15050c
j15051c
j15052c
j15053c
j15054c
j15055c

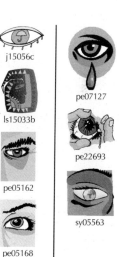
j15056c
ls15033b
pe05162
pe05168

pe07127
pe22693
sy05563

Christlich

01x91424
36x90172
36x92931
38x90342
38x90343
38x90346
38x90349
38x90356
38x90357
42s92050
42s92051
42s92052
42s92053
42s92054
42s92055
42s92057
42s92058
42s92059
angel1
angel2
angel3
angel4
angel5
angel_bust1
angel_bust2
angel_bust3
angel_bust4
angel_bust5
angel_child1
angel_child2
angel_child3
angel_child4
angel_child5
angel_head1
angel_head2
angel_head3
angel_head4
angel_head5
angel_saint1
angel_saint2
angel_saint3
angel_saint4
cross4
cross5
jesus13
jesus14
jesus4
jesus5
ld01393a
li01004a
li01005a
li01006a
li01007a
magdalena1
pe16783
pe21576
z2852
z2853
z2854

Clowns

43x26602
43x26683
43x26684
43x26685
43x26686
43x26687
43x27580
43x27581
43x27582
43x27583
43x27584
43x27585
f01067b
f01071a
f01072a
f01073a
f01075b

Clipart-CD 2: Menschen/Clowns

Clipart-CD 2: Menschen/Clowns

Clipart-CD 2: Menschen/Frauen

Frauen

Clipart-CD 2: Menschen/Frauen

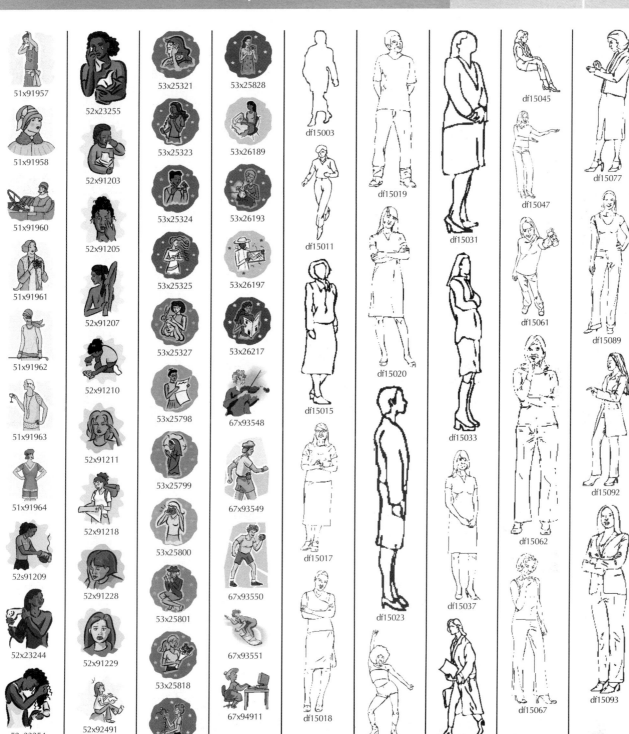

Clipart-CD 2: Menschen/Frauen

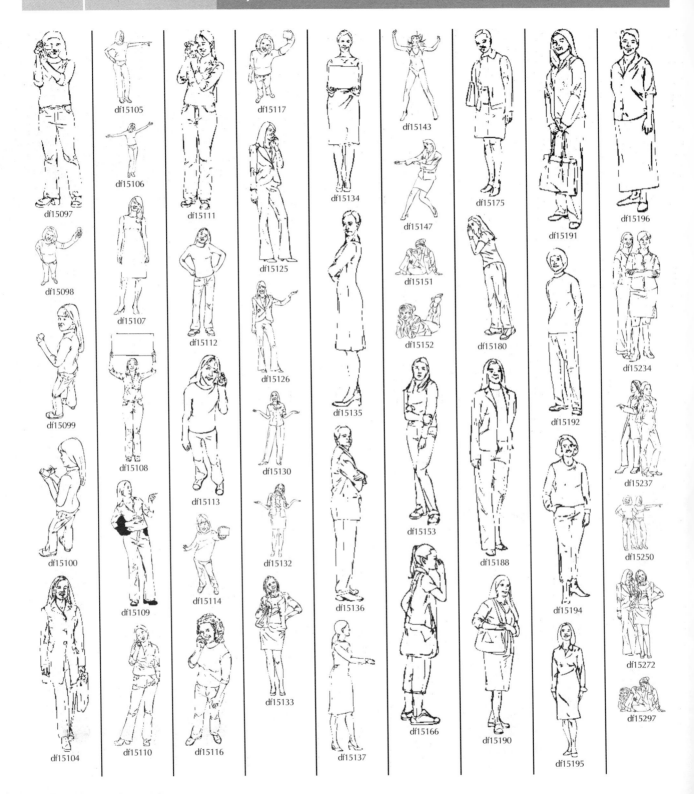

Clipart-CD 2: Menschen/Frauen

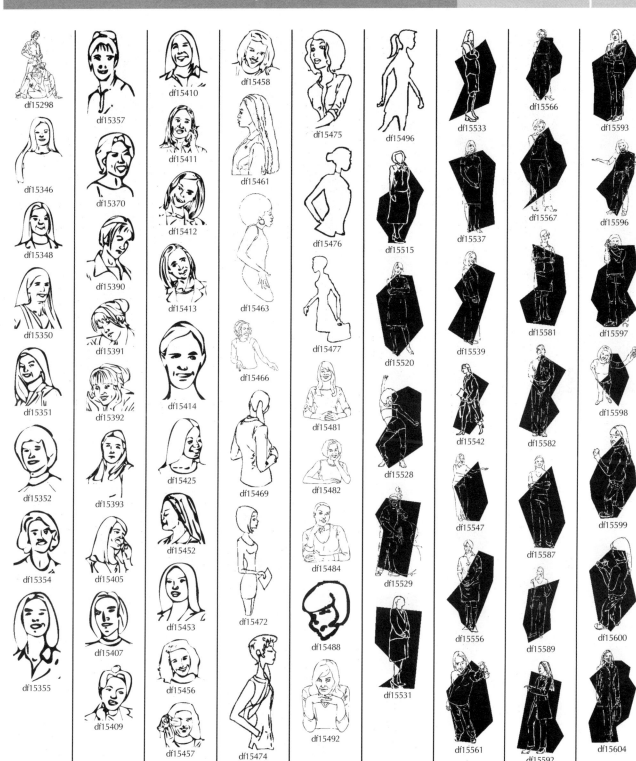

Clipart-CD 2: Menschen/Frauen

df15605
df15606
df15607
df15610
df15612
df15613
df15614

df15616
df15617
df15619
df15625
df15629
df15630
df15631

df15632

df15633

df15634

df15635

df15637

df15643
df15647

df15651

df15652

df15653

df15658
df15659

df15686

df15691

df15692

df15694

df15695

df15772

df15797

df15846

df15848
df15850
df15851

df15852
df15854
df15855
df15857

df15865
df15866
df15872
df15880
df15887

df15890

df15899
df15905
df15906
df15907
df15909
df15910
df15911
df15912
df15913

df15924
df15925
df15926
df15927
df15928
df15929
df15930
df15931
df15932
df15933

df15934
df15936
df15937
df15939
df15947
df15948
df15949
df15952
df15953

Clipart-CD 2: Menschen/Frauen

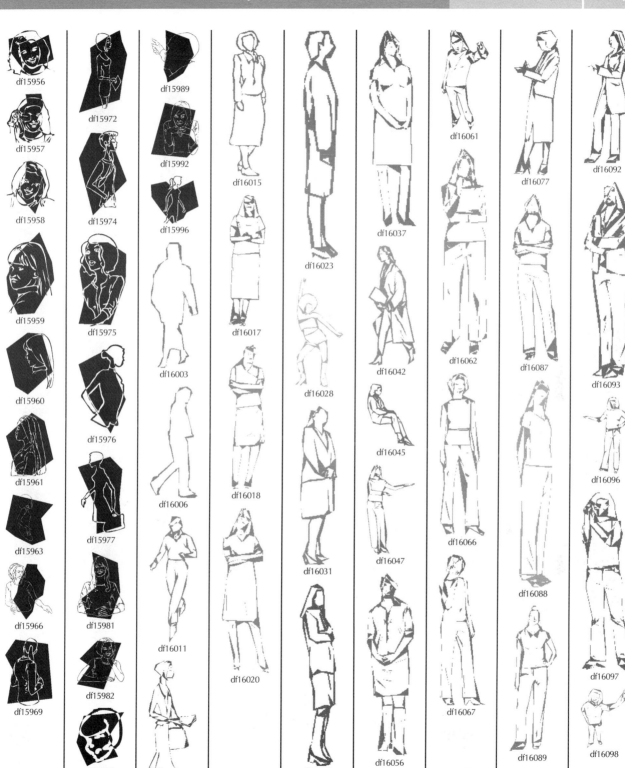

Clipart-CD 2: Menschen/Frauen

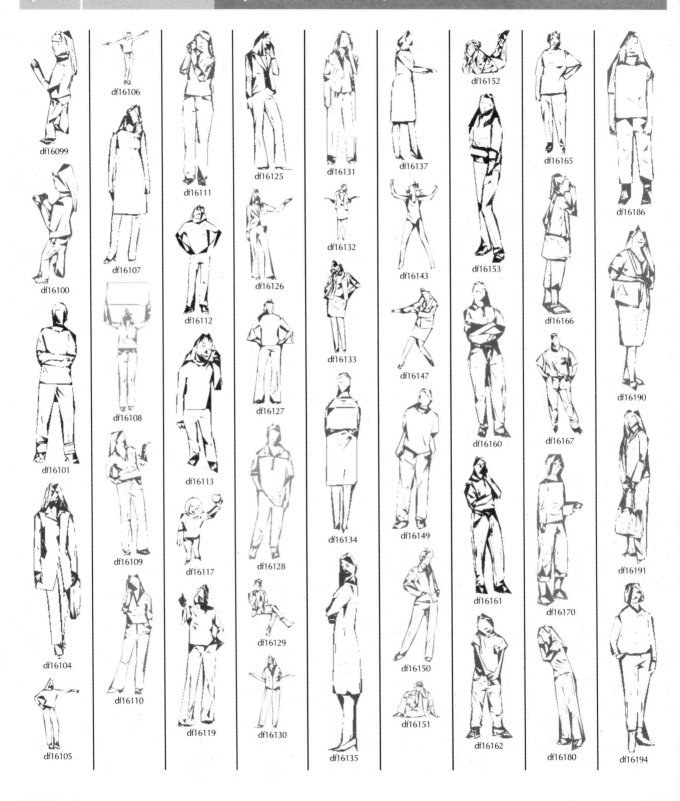

Clipart-CD 2: Menschen/Frauen

173

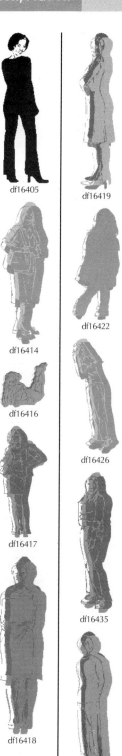
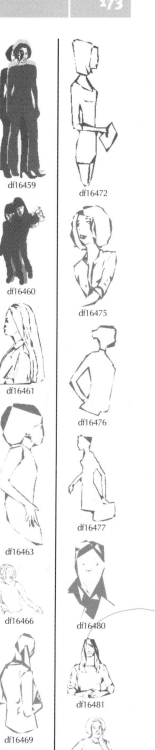

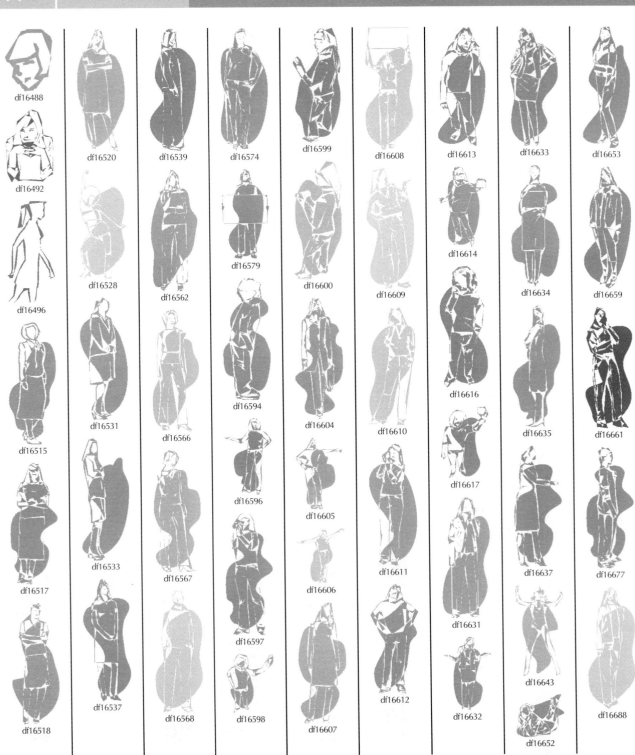

Clipart-CD 2: Menschen/Frauen

175

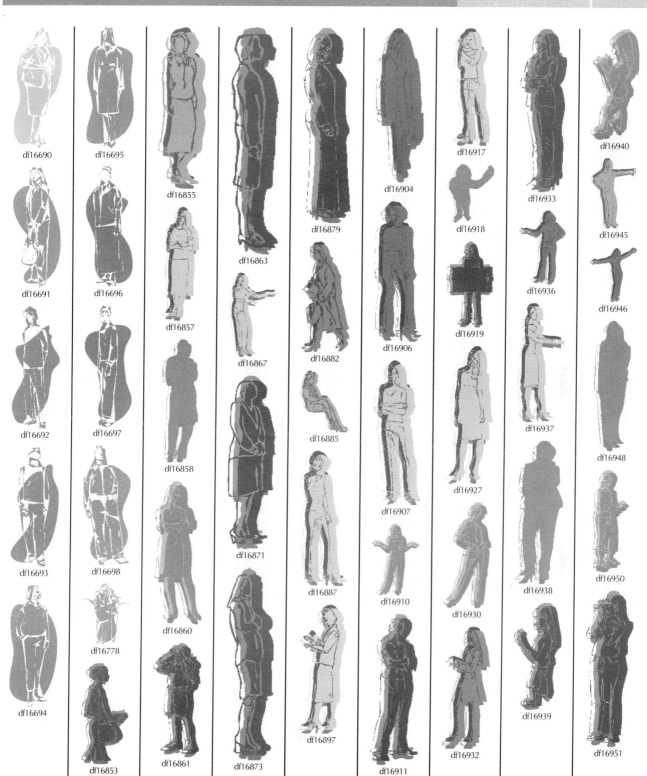

Clipart-CD 2: Menschen/Frauen

Clipart-CD 2: Menschen/Frauen

177

Clipart-CD 2: Menschen/Frauen

 df17380
 df17387
 df17388
 df17389
 df17390
 df17392
 df17393
 df17395
 df17396
 df17397

 df17398
 df17399
 df17400
 df17401
 df17404
 df17405
 df17406
 df17407
 df17408
 df17409

 df17410
 df17411
 df17412
 df17413
 df17414
 df17415
 df17416
 df17417
 df17420
 df17425

 df17426
 df17427
 df17428
 df17429
 df17430
 df17431
 df17432
 df17433
 df17436
 df17438

 df17443
 df17447
 df17450
 df17451
 df17452
df17453
df17457
df17465
df17466
df17470

df17488
df17490
ea01506a
f01031a
f01032a
f01033a
f01078a
f01081b
f01082b
f01083b

f01084b
f15076b
f15077b
f35003b
f35004b
f35007b
hg01009a
hg01010a

hg15016b
hg15018b
hg15019b
hg15020b
hg15021b
hg15022b

hg15023b
hg15024b
hg15032b
hg15033b
hg15034a
hg15043c

Clipart-CD 2: Menschen/Frauen

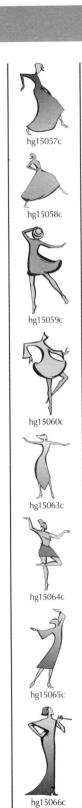

Clipart-CD 2: Menschen/Frauen

Clipart-CD 2: Menschen/Frauen

Clipart-CD 2: Menschen/Frauen

Clipart-CD 2: Menschen/Frauen

 lh35023b
 lh35024b
 lh35025b
 lh35026b
 lh35027b
 lh35028b
 lh35034b

 lh35036b
 lh36001b
 lh36002b
 lh36004b
 lh38001a
 lh39002b
 lh41004a
 lh41005a
 lh42006b

 li28001b
 lk01021a
 lk01040a
 lk01066a
 lk01084a
 lk01100a
 lk01102a
 lk01103a
 lk01107a
 lk01108a

 lk01109a
 lk01110a
 lk01111a
 lk01114a
 lk01115a
 lk01120a
 lk01121a
 lk01122a

lk01123a
lk01128a

 lk01130a
 lk01132a
 lk01133a
 lk01148a
 lk01166a
 lk01178a
 lk01179a
 lk01180a

lk01181a
lk01183a
lk01194b
lk01196b
lk01197b

 lk01200a
 lk01202a
 lk01204a
 lk15015a
 lk15032a
 lk15041b
 lk15042b

lk15043b
lk15045b

 lk15076a
 lk15077a
 lk15079a
 lk15082a
 lk15084a
 lk15140a
 lk15141a

lk15142a

lk15161a
lk15165a
lk15170a
lk15171a
lk15259b
lk15261b
lk15262b

Clipart-CD 2: Menschen/Frauen

Clipart-CD 2: Menschen/Frauen

lr15019a

ls15016b

ls15019c

ls15025c

ls15027c

ls15029c

ls15030c

lu01005a

lu01509a

lu01516a

lu15001a

lu15002a

lu15003a

lu15004a

lu15005a

lu15006a

lu15007a

ma01063a

me01013a

me01015a

me01031a

me01047a

me01049a

me01051a

me01055a

me01062a

me15027a

me15075c

me35001b

me42006b

me52210c

mis0081 a

mis0081 c

mis0339 a

mis0339 b

mis0393 a

mis0393 c

na01820a

na01829a

na43036a

nc01094a

nc01119a

nc01120a

nc01121a

nc01122a

nc15046a

nc15047a

nc15048a

nc15049a

nc15050a

nc15051a

nc15052a

nc15053a

nc15054a

nc15056a

nc15057a

nc15058a

nc15059a

nc15060a

nc15061a

nd01045a

nd01778a

nd01x18a

nd01x20a

nd01y19a

nd01y20a

nd01y38a

Clipart-CD 2: Menschen/Frauen

nd01y44a

nd01y45a

nd01y59b

nd01y63a

nd01y64a

nd01y65a

nd01y73a

nd01y85a

nd01z08a

ne01214a

ne01500a

ng01171a

ng01172a

ng15010a

ng15012a

pb01003a

pb01004a

pb01007a

pc01005a

pc15005b

pe000640

pe000642

pe001551

pe001552

pe002279

pe002750

pe002792

pe002817

pe002850

pe002853

pe002858

pe003098

pe003259

pe003261

pe003263

pe003269

pe003272

pe003277

pe003392

pe04061

pe04080

pe04081

pe04082

pe04121

pe04188

pe04232

pe04305

pe04307

pe04312

pe04313

pe04315

pe04317

pe04339

pe04356

pe04365

pe04571

pe04572

pe04574

pe04575

pe04576

pe04577

pe04677

pe04686

pe04687

pe04688

pe04689

pe04728

pe04736

pe04738

pe04883

pe04910

pe04913

pe04914

pe04915

pe04916

pe04921

pe04925

Clipart-CD 2: Menschen/Frauen

 pe04926
 pe04970
 pe05032
 pe05099
 pe05123
 pe05223
 pe05329
 pe05374

 pe05598
 pe05599
 pe05628
 pe05705
 pe05752
 pe05758
 pe05831
 pe05848
 pe05963
 pe06036

 pe06186
 pe06194
 pe06226
 pe06541
 pe06559
 pe06561
 pe06667
 pe06668
 pe06669
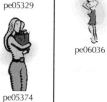 pe06678

pe06679
pe06681
pe06682
pe06836
pe06912
pe06913
pe07023
pe07211
pe07213
pe07277

 pe07348
 pe07360
 pe07432
 pe07433
 pe07521
 pe08232
 pe08730
 pe08813
 pe08815
 pe08880

 pe09033
 pe09089
 pe09192
 pe09224
 pe09340
 pe09540
 pe09545
 pe09546
 pe09581
 pe09606

pe09607
pe09618
pe09619
pe09625
pe09626
pe09665
pe09780
pe09781
pe09784
pe09786

pe09936
pe09940
pe10191
pe10192
pe10198
pe10278
pe10600
pe10627
pe10895
pe10939

 pe10941
 pe10970
 pe10993
 pe11051
 pe11509
 pe11510
 pe11515
 pe11517
 pe11524
pe11525
 pe11526

Clipart-CD 2: Menschen/Frauen

Clipart-CD 2: Menschen/Frauen

191

 pe17492
 pe17493
 pe17497
 pe17531
 pe17627
 pe17707
 pe17801
 pe18314
 pe18315

 pe18326
 pe18331
 pe18333
 pe18334
 pe18338
 pe18339
 pe18341
 pe18343
 pe18344
 pe18355

 pe18356
 pe18363
pe18395
 pe18398
 pe18401
 pe18403
 pe18408
 pe18409
 pe18416
 pe18420
 pe18421

 pe18422
 pe18431
 pe18438
 pe18483
 pe18492
 pe18504
 pe18519
 pe18520
pe18521
pe18525

 pe18533
 pe18540
 pe18541
 pe18545
 pe18564
 pe18571
 pe18576
 pe18585
pe18608
 pe18626

 pe18658
 pe18664
 pe18665
 pe18670
 pe18674
 pe18691
 pe18703
 pe18704
 pe18774
 pe18778

pe18779
 pe18782
 pe18783
 pe18790
pe18791
pe18806
pe18809
 pe18822
pe19159
pe19181

pe19268
 pe19434
 pe19553
 pe19559
pe19569
pe19798
pe19805
pe19891
pe19923
pe19924

 pe19931
 pe19936
 pe19937
 pe19942
 pe19945
 pe19950
 pe19951
 pe19955
 pe19956
pe19957
 pe19959

Clipart-CD 2: Menschen/Frauen

194 Clipart-CD 2: Menschen/Frauen

Clipart-CD 2: Menschen/Frauen

195

pe25195, pe25196, pe25197, pe25204, pe25205, pe25206, pe25208, pe25210, pe25211, pe25212, pe25214, pe25215, pe25216, pe25218, pe25219, pe25220, pe25225, pe25227, pe25294, pe25305, pe25306, pe25311, pe25314, pe25315, pe25318, pe25333, pe25382, pe25390, pe25393, pe25397, pe25444, pe25472, pe25486, pe25489, pe25490, pe25492, pe25497, pe25507, pe25508, pe25509, pe25511, pe25513, pe25514, pe25570, pe25586, pe25589, pe25597, pe25600, pe25633, pe25642, pe25650, pe25651, pe25658, pe25676, pe25678, pe25845, pe25846, pe25848, pe25849, pe25850, pe25851, pe25852, pe25853, pe25854, pe25855, pe25856, pe25857, pe25858, pe25859, pe25860, pe25861, pe25862, pe25863, pe25865, pe25866, pe25872, pe25903, pe25934, pe25995, pe26001, pe26137, pe26140, pr17077, ra01007a, ra01008a, re01080a, re06001c, rg01202a, rg01203a, rg01204a, rg01209a, rg01211a

Clipart-CD 2: Menschen/Frauen

Clipart-CD 2: Menschen/Frauen

Clipart-CD 2: Menschen/Haende

z3214
z3215

z3217
z3242
z3276

z3938
z4037
z4053

z4054
z4061
z4062
z4066

z4072
z4088
z4106
z4128

z4137
z4150
z4165
z4172

z4173
z4174
z4179

z4197
z4198
z4239
z4240

z4246
z4250
z4261

Haende

10
21
25
36x22811
36x23383
6

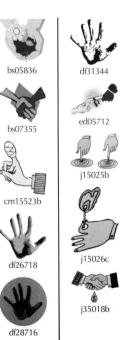
bs05836
bs07355
cm15523b
df26718
df28716

df31344
ed05712
j15025b
j15026c
j35018b

j35021a
j36040c
jg15743b
jg15746b
jg15749b

jg15753b
jg15x03c
jg15x29c
jg42069b
lk01001b

lk01002b
lk36030a
lp15002b

lp15003b
me01003a
me01012a

me01024a
me15043a
me15044b

me15065b
me35110b
me35113b
me35114b
me35115b

Clipart-CD 2: Menschen/Haende

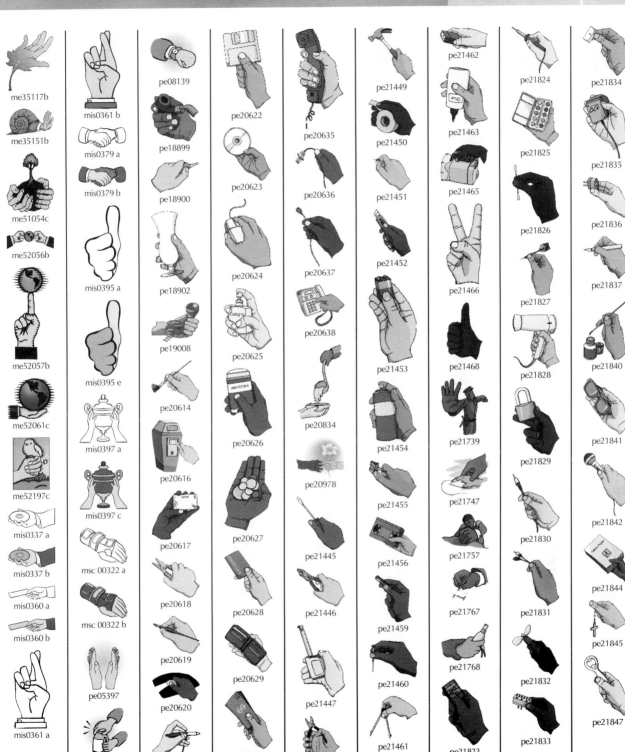

Clipart-CD 2: Menschen/Historisch

 pe21848
 pe21849
 pe21850
 pe21851
 pe21852
pe21853
pe21855
pe21856
pe21857
pe21858
pe21859
pe21860
pe21861
 pe21862
 pe22283
 pe22313
 pe22808
 pe24076
pray_hand1
pray_hand4

 sy07468
 sy07902
 sy19193
 sy20206
 sy20207
 sy20748
 sy20831
 sy20841
sy20851
 sy21231
 sy21250
sy21758
 sy22245
 sy22288
sy22307
 sy22858

Historisch

 29x93067
 33x22864
 33x22868
 33x22869
 33x22871
 33x22874
 33x22875
 33x22876
 33x22877
 33x22878
 33x22879
 33x22880
33x22881

 33x26449
 33x26452
 33x26453
33x26456
 33x91917
33x91920
33x91921
 36x25894
 48x21562
 48x21563
 48x21564
 48x24223
 51x90895
 51x90898
 52x92496
 52x92497
 52x92498
 52x92501
 52x92507

 f01023a
 f01024a
 f01025a
 f01026a
 f01027a
f01041a
f01043a
f01432a
 ha01024a
ha01026a
ha01028a
 ha01032a
 ha01033a

Clipart-CD 2: Menschen/Historisch

 ha01034a
 ha01035a
 ha01036a
 ha01037a
 ha01038a
 ha01039a
 ha14506a
 hs05056

 hs05057
 hs05058
 hs05059
 hs05290
 hs05291
 hs05292
 hs05293
 hs05299
 hs05536
 hs06905

hs08860
hs10798
hs12379
hs12384
hs12517
hs12557
hs12558
hs12567
hs12568
hs12569

hs12570
hs12572
hs12573
hs12574
hs12576
hs12953
hs12954
hs12955
hs12956
hs12957

hs13324
hs13328
hs13352
hs13354
hs13904
hs13905
hs13916
hs13917
hs14037

hs14042
hs14055
jg15w61c
jg15w85b
jg51020c
la01195a
lb15017b
ld01022a
ld01023a

ld01044a
ld01045a
ld01046a
ld01047a
ld01048a
ld01049a
ld01087a

ld01088a
ld01127a
ld01128a
ld01129a
ld01130a
ld01131a
ld01132a

ld01133a
ld01134a
ld01135a
ld01136a
ld01137a
ld01138a
ld01155a

Clipart-CD 2: Menschen/Historisch

Clipart-CD 2: Menschen/Historisch

Clipart-CD 2: Menschen/Historisch

205

ld15050b

ld15051b

ld15052a

ld15059b

ld15060b

ld41001a

ld41001b

lf01501a

lf01502a

lf35019b

lh01266a

lh01818a

lh01823a

lh01826a

lh01832a

lh01869a

li01018a

li01020a

li01021a

li01024a

li01025a

li01026a

li01027a

lj01547a

lj01548a

lj01549a

lj01552a

lk01079a

lk01159a

ll01033a

ls01001a

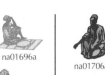
na01685a

na01688a

na01689a

na01690a

na01691a

na01692a

na01693a

na01694a

na01695a

na01696a

na01697a

na01698a

na01699a

na01700a

na01701a

na01702a

na01703a

na01704a

na01705a

na01706a

na01707a

na01708a

na01709a

na01710a

na01711a

na01712a

na01713a

na01714a

na01715a

na01716a

na01717a

na01718a

na01719a

na01722a

na01723a

na01724a

na01725a

na01726a

na01727a

na01728a

na01729a

na01730a

na01731a

na01732a

na01733a

Clipart-CD 2: Menschen/Historisch

Clipart-CD 2: Menschen/Historisch

Clipart-CD 2: Menschen/Historisch

Clipart-CD 2: Menschen/Historisch

 pe21581
 pe21710
 pe22265
 pe22727
 pe24218
 pe24219
 pe24220
 pe24221
 pe24222
 pe24224

 pe24225
 pe24226
 pe24227
pe24228
 pe24229
 pe24230
 pe24231
 pe24320
 pe25302
 pe25540

 pe25543
 pe25564
 pe25566
 pe26138
 pe26144
 pe26287
 rf35003b
 rl07282

 rl07283
 rl07286
 rl07287
 rl07288
 rl07289
 rl07292
 sy09850
sy09851
tn06162

 ua01500a
 ua01502a
 ua01504a
 ua01505a
 ua01506a
 ua01507a
 ua01508a
ua01510a
 ua01511a
 ua01512a

z10177
z10178
z10179
z1018
z10180
z10181
z10182
z10183

z10184
z10185
z10186
z10187
z10188
z10189
z1019
z10190
z10191
z10192
z10193

 z10194
z10195
z10196
z10197
z10198
z10199
z1020
z10200
z10201
z10202

z10203
z10204
z10205
z10206
z10207
z10208
z10209
z1021
z10211

Clipart-CD 2: Menschen/Historisch

Clipart-CD 2: Menschen/Kinder

z2139
z2146
z2153

z2154
z2155

z2156
z2157
z2158

z2165
z2207

z2224
z2225

z2226
z2229

z2881
z3176
z3206

z3237
z3238
z3279
z3280

z3281

Kinder

01x91196

17x24333

17x26349

17x26350

17x26351

17x26353

17x26354
17x26356
17x26357
17x26358
17x26360
17x26363

17x26370
17x26371
17x26379

17x26390

17x26391

17x26392
17x26395
17x26396
17x26397
17x27262

17x27263
17x27264
17x27265
19x21608
19x21616

19x26147
19x26148
19x26149
19x26151

28x26854

28x91820
28x91822
28x91827
28x91828

28x91829
28x91830
28x91831
28x91833

28x91835
28x91845
28x91846
28x91847

Clipart-CD 2: Menschen/Kinder

215

37x25270
37x25272
37x25273
37x25274
37x25275
37x25276
37x25277
37x25278
37x26222
37x26223

37x26224
37x26225
37x26227
37x26228
37x26237
37x26238
37x26239
37x26240
37x26241
37x26242

37x26243
37x26244
37x26245
37x26246
37x26247
37x26248
37x26249
37x26250
37x26251
37x26252

37x26253
37x26254
37x26255
37x26258
37x26259
37x26260
37x26261
37x26262
37x26265
37x26267

38x25430
38x26298
38x26300
38x26301
38x26302
38x26303
38x26307
38x26308
38x26309
38x26311

38x26313
38x26321
38x26323
38x26330
38x26332
39x23131
39x26550
39x26567
40x25521
42x90697

42x92743
42x92745
42x92746
50x92632
50x92637
50x92639
51x23423
51x25945
51x25946
51x25963
51x25971

51x90828
51x90844
52x91232
52x91238
52x91240
ca15093c
cb15016b
cb49002a

df15026
df15041

df15094
df15144
df15154
df15155
df15158

Clipart-CD 2: Menschen/Kinder

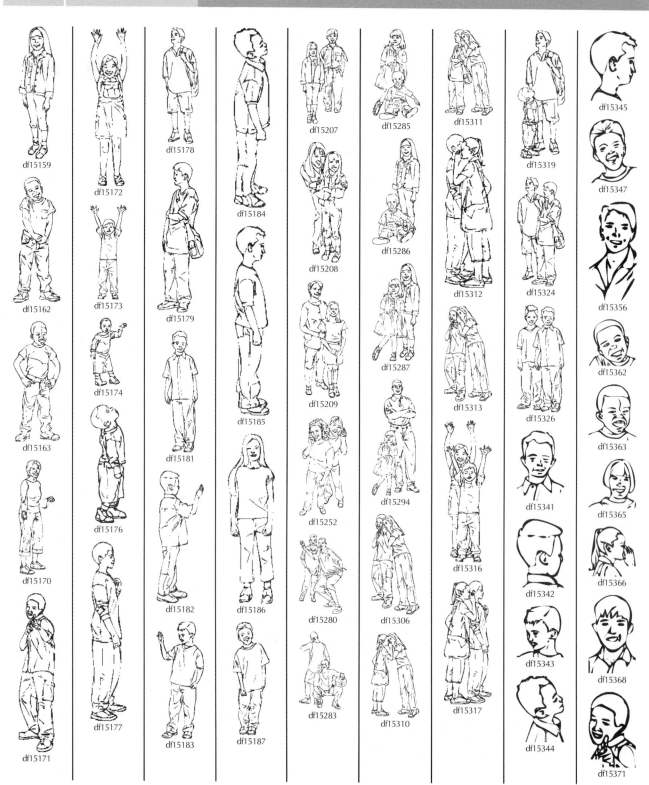

Clipart-CD 2: Menschen/Kinder

217

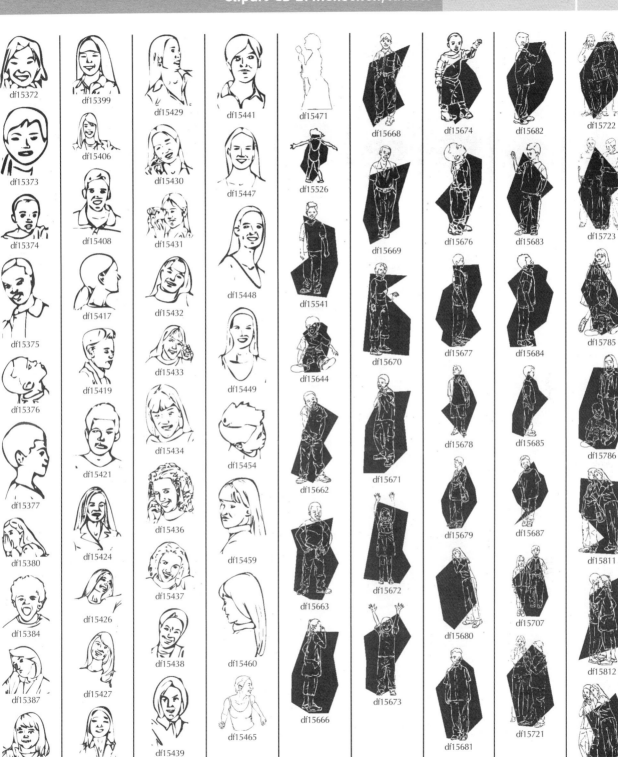

Clipart-CD 2: Menschen/Kinder

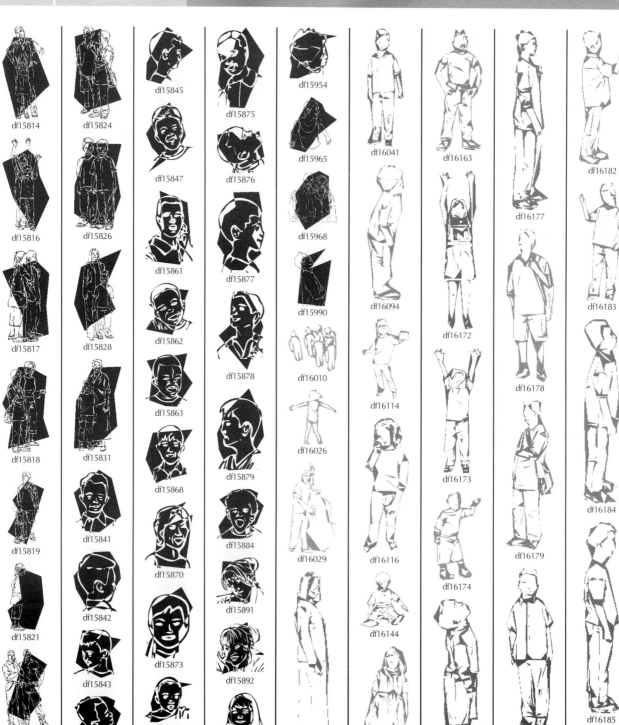

Clipart-CD 2: Menschen/Kinder

219

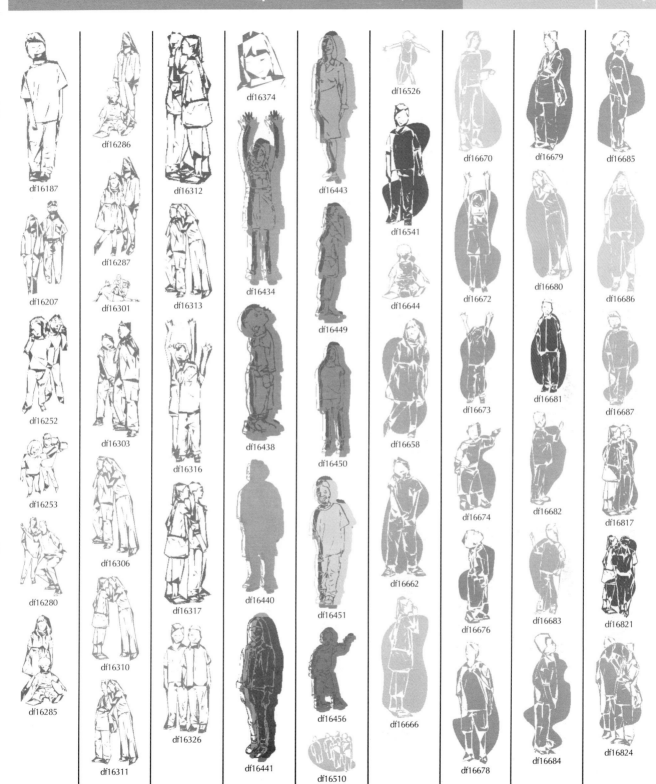

Clipart-CD 2: Menschen/Kinder

 df17484
 df17485
 df17486
 df17487
 df17489
 df17491
 df17492
 df17495
 df17498

 df17499
 df17500
ed22148
 f01011a
 f01028a
 f01088a
 f01089a
 f01500a
f15092a

 girl1
 girl2
 girl3
 girl4
 girl5
 girl_with_bear1
 girl_with_bear2
 girl_with_bear3
 girl_with_bear4
girl_with_bear5

 girl_with_bonbon 1
 girl_with_bonbon 2
 girl_with_bonbon 3
 girl_with_bonbon 4
 girl_with_bonbon 5
 girl_with_dog1
 girl_with_dog2
 girl_with_dog3
 girl_with_dog4
girl_with_dog5

 girl_with_dog5
 girl_with_icecream1
 girl_with_icecream2
 girl_with_icecream3
 girl_with_icecream4
 girl_with_icecream5
 ha01025a
 hh05446
 ic35004b

 indian_kid1
 indian_kid2
indian_kid3
indian_kid4
indian_kid5
j15247b
j15702a
j15703a
j42045b
jg15943b
jg15944b
jg42104b

 jump_boy2
 jump_boy4
 jungle_kid2
 jungle_kid4
kid_girl2
kid_girl4
 kid_girl5
kid_on_beach1
 kid_on_beach4
kid_with_wolkman2
kid_with_wolkman4

 kopie von df17041
 la01026a
 la01027a
 la01028a
 la01029a
 la01030a
 la01031a
 la01032a
la01033a

la01034a
la01041a
la01042a
la01043a
la01044a
la01045a
la01047a
la01048a
la01049a

Clipart-CD 2: Menschen/Kinder

Clipart-CD 2: Menschen/Kinder

Clipart-CD 2: Menschen/Kinder

Clipart-CD 2: Menschen/Kinder

la01707a

la01708a

la01709a

la01710a

la01711a

la01713a

la01714a

la01715a

la01716a

la01717a

la01718a

la01719a

la01720a

la01721a

la01722a

la01723a

la01724a

la01725a

la01726a

la01727a

la01728a

la01729a

la01730a

la01732a

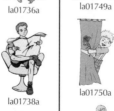
la01733a

la01734a

la01735a

la01736a

la01738a

la01740a

la01741a

la01742a

la01743a

la01744a

la01746a

la01747a

la01748a

la01749a

la01750a

la01752a

la01754a

la01755a

la01758a

la01759a

la01760a

la01761a

la01762a

la01768a

la01770a

la01772a

la01775a

la01776a

la01777a

la01778a

la01779a

la01781a

la01782a

la01783a

la01784a

la01785a

la01786a

la01787a

la01788a

la01789a

la01790a

la01791a

la01792a

la01793a

la01794a

la01795a

la01798a

la01800a

la01801a

la01802a

la01809a

la01810a

la01811a

la01812a

la01813a

la01814a

Clipart-CD 2: Menschen/Kinder

Clipart-CD 2: Menschen/Kinder

la01901a

la01903a

la01904a

la01905a

la01906a

la01907a

la01908a

la01909a

la01910a

la01911a

la01912a

la01913a

la01914a

la01915a

la01916a

la01917a

la01918a
la01920a
la01921a
la01922a
la01928a
la01932a
la01933a
la01936a

la01939a
la01940a
la01945a
la01946a
la01947a
la01948a
la01949a
la01950a

la01951a
la01952a
la01953a
la01954a
la01955a
la01956a
la01957a
la01958a
la01959a

la01962a
la01963a
la01964a
la01965a
la01967a
la01970a
la01971a
la01972a

la01973a
la01974a
la01978a
la01979a
la01980a
la01988a
la01989a
la01990a
la01991a
la01992a

la01994a
la01995a
la01996a
la01997a
la01a00a
la01a01a
la01a02a
la01a05a
la01a12a
la01a13a
la01a50a

la01a77b
la09003b
la09004b
la12001b
la15001a
la15011b
la15012b
la15013b
la15018a

Clipart-CD 2: Menschen/Kinder

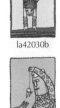

230 Clipart-CD 2: Menschen/Kinder

Clipart-CD 2: Menschen/Kinder

lc15143b

lc15145b

lc15146b

lc15150b

lc15152b

lc15154b

lc15155b

lc15156b

lc15160b

lc15161b

lc15162b

lc15164a

lc15165a

lc31011b

lc31012b

lc31013b

lc31014b

lc42011b

lc42013b

lc42014b

lc42017b

lc42018b

le01014a

le01536a

le01588a

lf01132a

lf01188a

lf15040b

lj01527a

lj01593a

lk01170a

lk15004b

lk15005a

lk15008a

lk15009a

lk15010a

lk15012a

lk15017a

lk15321a

lk15353a

lq01500c

lr15049a

lr15053a

lr15054a

lr15055a

lr15056a

lr15057a

lr15058b

ls15005b

ls15009b

ls15045a

lu01525a

ma42001b

mathematic1

mathematic4

me01007a

me01038a

me01039a

me01053a

me15045a

me15048a

me35020b

me35021b

mis0014 a

mis0014 f

mis0095 a

mis0095 b

mis0096 a

mis0096 f

mis0101 a

mis0101 d

mis0102 a

mis0102 c

mis0103 a

mis0103 b

mis0104 a

mis0104 b

mis0132 a

mis0132 b

mis0133 a

mis0133 b

mis0134 a

mis0134 c

msc 00375 a

msc 00375 e

msc 00376 a

msc 00376 c

msc 00377 a

msc 00377 e

msc 00379 a

msc 00379 b

msc 00508 a

231

Clipart-CD 2: Menschen/Kinder

Clipart-CD 2: Menschen/Kinder

Clipart-CD 2: Menschen/Kinder

 pe20580
 pe20615
 pe20779
 pe20781
 pe20782
 pe20783
 pe20829
 pe20848
 pe20858
 pe20937

 pe20938
 pe20939
 pe20940
 pe20944
 pe20945
 pe20947
 pe20950
 pe20979
 pe21131
 pe21138
 pe21151
 pe21152

 pe21157
 pe21220
 pe21221
 pe21239
 pe21280
 pe21302
 pe21305
 pe21316
 pe21317
 pe21324
 pe21331

 pe21405
 pe21663
 pe21718
 pe21719
 pe21720
 pe21724
 pe21751
 pe21865
 pe21866
 pe22021

 pe22025
 pe22026
 pe22032
 pe22033
 pe22077
 pe22081
 pe22082
 pe22083
 pe22084
 pe22085

 pe22086
 pe22087
 pe22088
 pe22114
 pe22159
 pe22161
 pe22162
 pe22163
 pe22164
 pe22165
 pe22166

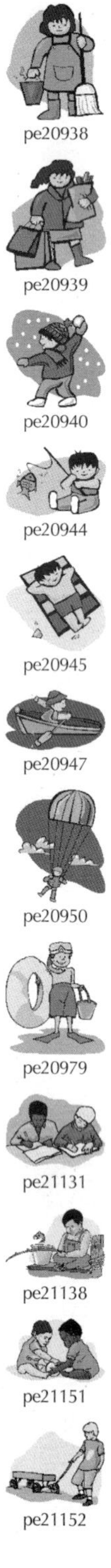

pe22168
pe22170
pe22173
pe22174
pe22176
pe22177
pe22178
pe22179
pe22180
pe22182
 pe22505

pe22513
pe22517
pe22535
pe22544
pe22548
pe22553
pe22554
pe22563
pe22616
 pe22650
pe22652
pe22653

 pe22268

 pe22686
pe22687
pe22688
pe22689
pe22690
pe22692
pe22695
pe22845
pe22846
pe22849
pe22850
pe22851

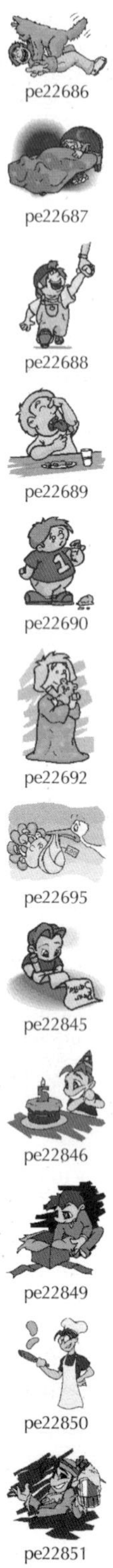

Clipart-CD 2: Menschen/Kinder

pe22855

pe22856

pe22987

pe23155

pe23156

pe23157

pe23158

pe23159

pe23166

pe23167

pe23168

pe23169

pe23170

pe23172

pe23177

pe23178

pe23179

pe23221

pe23245

pe23247

pe23265

pe23271

pe23272

pe23363

pe23438

pe23485

pe23497

pe23498

pe23532

pe23533

pe23534

pe23545

pe23550

pe23562

pe23567

pe23586

pe23588

pe23589

pe23594

pe23595

pe23598

pe23600

pe23602

pe23605

pe23607

pe23609

pe23610

pe23625

pe23611

pe23612

pe23614

pe23615

pe23619

pe23621

pe23622

pe23623

pe23629

pe23632

pe23639

pe23715

pe23741

pe23748

pe23750

pe23751

pe23754

pe23755

pe23756

pe23758

pe23759

pe23760

pe23762

pe23765

pe23766

pe23767

pe23856

pe23858

pe23866

pe23867

pe23869

pe23870

pe23871

pe23872

pe23873

pe23874

pe23890

pe23893

pe23906

pe23907

pe23908

pe23909

pe23910

pe23912

pe23923

pe23925

pe23928

pe23929

pe23930

238 Clipart-CD 2: Menschen/Kinder

 pe23933
 pe23934
 pe23935
 pe23938
 pe23939
 pe23941
 pe23942
 pe23943
 pe23944
 pe23946

 pe23947
 pe23948
 pe23950
 pe23951
 pe23952
 pe23953
 pe23954
 pe23956
 pe23957
 pe23958

 pe23959
 pe23961
 pe23962
 pe23963
 pe23965
 pe23967
 pe23971
 pe23974
 pe23975

 pe23977
 pe23985
 pe24035
 pe24061
 pe24077
 pe24082
 pe24095
 pe24101
 pe24108
 pe24118
 pe24121

 pe24122
 pe24126
 pe24135
 pe24155
 pe24156
 pe24157
 pe24158
 pe24159
 pe24165
 pe24268
 pe24269

 pe24270
 pe24272
 pe24273
 pe24274
 pe24275
 pe24293
 pe24295
 pe24331
 pe24360
 pe24363

 pe24376
 pe24377
 pe24378
 pe24380
 pe24381
 pe24386
 pe24392
 pe24400
 pe24406
 pe24407

pe24417
pe24418
pe24419
pe24422
pe24423
pe24436
pe24439
pe24531
pe24532
pe24533

pe24534
pe24537
pe24538
pe24542
pe24546
pe24547
pe24548
pe24550
pe24551
pe24552
pe24553

Clipart-CD 2: Menschen/Kinder

Clipart-CD 2: Menschen/Kinder 241

Clipart-CD 2: Menschen/Kinder

Clipart CD 2: Menschen/Kulturen

Kulturen

Clipart CD 2: Menschen/Kulturen

Clipart CD 2: Menschen/Kulturen

245

Clipart CD 2: Menschen/Kulturen

Clipart CD 2: Menschen/Kulturen

Clipart CD 2: Menschen/Kulturen

Clipart CD 2: Menschen/Kulturen

Clipart CD 2: Menschen/Kulturen

Clipart CD 2: Menschen/Kulturen

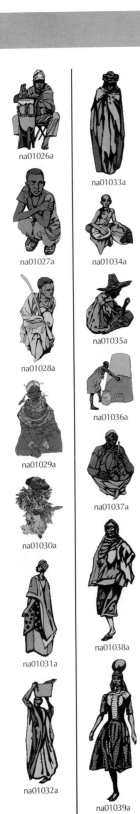

Clipart CD 2: Menschen/Kulturen

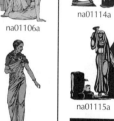

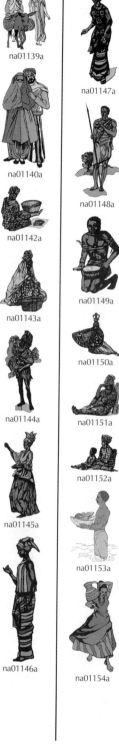

Clipart CD 2: Menschen/Kulturen

Clipart CD 2: Menschen/Kulturen

Clipart CD 2: Menschen/Kulturen

255

Clipart CD 2: Menschen/Kulturen

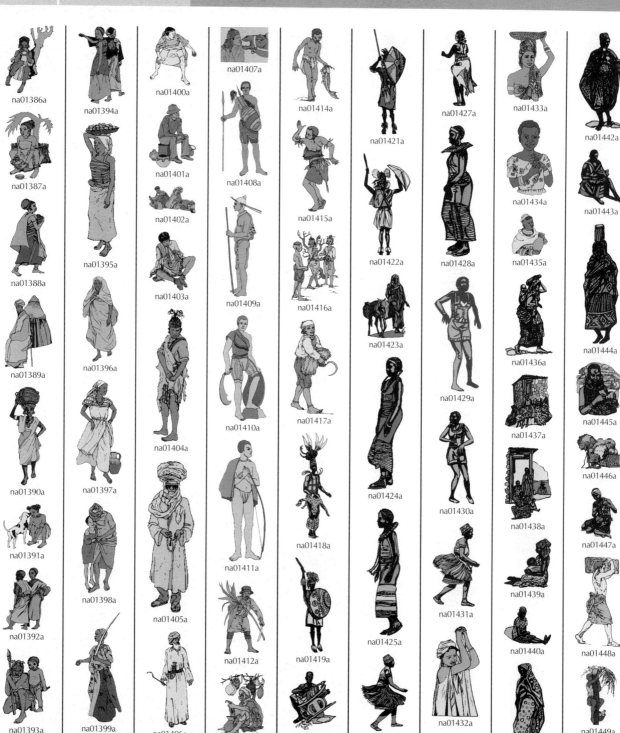

Clipart CD 2: Menschen/Kulturen

258 Clipart CD 2: Menschen/Kulturen

Clipart CD 2: Menschen/Kulturen

259

na01848a

na01852a

na01855a

na01856a

na01859a

na01862a

na01868a

na01869a

na01870a

na01871a

na01875a

na01877a

na01878a

na01879a

na01880a

na01885a

na01887a

na01888a

na01892a

na01893a

na01895a

na01896a

na01897a

na01898a

na01899a

na01901a

na01903a

na01904a

na01905a

na01906a

na01907a

na01912a

na01913a

na01914a

na01915a

na01917a

na01918a

na01922a

na03010c

na03031b

na03054a

na03060b

na08011b

na09001b

na09002b

na09003b

na09004b

na09005b

na09006a

na09007b

na09008a

na09009b

na09010a

na09011b

na09012a

na09013b

na09014a

na09015b

na09016b

na09017b

na09018b

na09019b

na09020b

na09021b

na09022b

na09023a

na09024a

na09025a

na09026a

na09325

na15002b

na15003b

na15004a

Clipart CD 2: Menschen/Kulturen

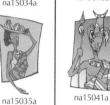
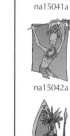

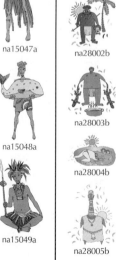

na15005a, na15006a, na15007a, na15008a, na15009a, na15010a, na15011a, na15012a
na15013a, na15014a, na15015a, na15016a, na15017a, na15018a, na15019a, na15020a
na15021a, na15022a, na15023a, na15024a, na15025a, na15026a, na15027a, na15028a
na15034a, na15035a, na15036a, na15037a, na15038a, na15039, na15039a
na15040a, na15041a, na15042a, na15046a, na15047a, na15048a, na15049a
na15050b, na15051b, na15052c, na15758, na28001b, na28002b, na28003b, na28004b, na28005b
na31001b, na31002b, na31003a, na31004a, na31005a, na31006a, na31007a
na31010a, na31013a, na31014a, na31017a, na31018a, na31019a, na31021a
na31022a, na31023a, na31024a, na31025a, na31026a, na31027a, na31028a, na31029a

Clipart CD 2: Menschen/Kulturen

Clipart CD 2: Menschen/Kulturen

Clipart CD 2: Menschen/Kulturen

Clipart CD 2: Menschen/Kulturen

265

Clipart CD 2: Menschen/Kulturen

Clipart CD 2: Menschen/Kulturen

267

Clipart CD 2: Menschen/Kulturen

Clipart CD 2: Menschen/Kulturen

Clipart CD 2: Menschen/Kulturen

Clipart CD 2: Menschen/Kulturen

Clipart CD 2: Menschen/Kulturen

Clipart CD 2: Menschen/Kulturen

Clipart CD 2: Menschen/Kulturen

Clipart CD 2: Menschen/Kulturen

275

Clipart CD 2: Menschen/Kulturen

Clipart CD 2: Menschen/Kulturen

Clipart CD 2: Menschen/Kulturen

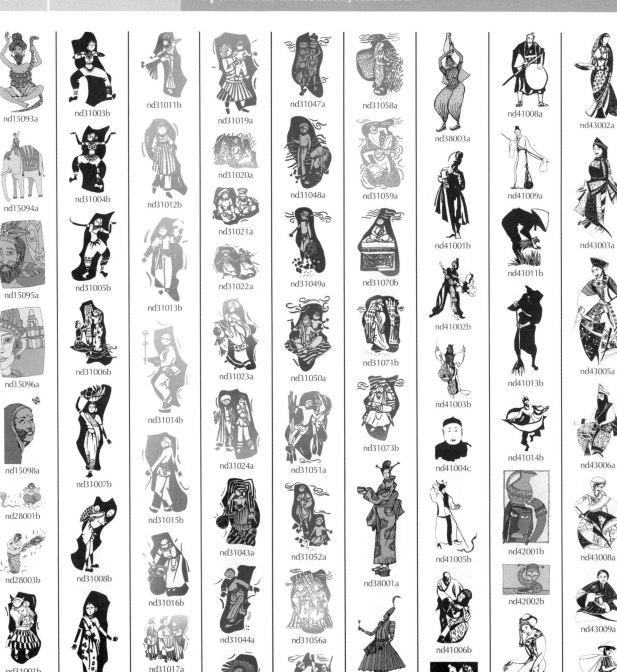

Clipart CD 2: Menschen/Kulturen

Clipart CD 2: Menschen/Kulturen

Clipart CD 2: Menschen/Kulturen

283

ne01127a

ne01128a

ne01129a

ne01132a

ne01133a

ne01135a

ne01139a

ne01140a

ne01141a

ne01142a

ne01143a

ne01144a

ne01145a

ne01146a

ne01147a

ne01148a

ne01149a

ne01150a

ne01151a

ne01152a

ne01153a

ne01154a

ne01155a

ne01156a

ne01158a

ne01159a

ne01160a

ne01162a

ne01163a

ne01164a

ne01165a

ne01166a

ne01167a

ne01168a

ne01170a

ne01171a

ne01173a

ne01174a

ne01175a

ne01176a

ne01177a

ne01178a

ne01184a

ne01185a

ne01188a

ne01189a

ne01190a

ne01191a

ne01192a

ne01193a

ne01194a

ne01195a

ne01196a

ne01197a

ne01198a

ne01199a

ne01200a

ne01201a

ne01202a

ne01203a

ne01204a

ne01205a

ne01206a

ne01207a

ne01208a

ne01209a

ne01210a

ne01215a

Clipart CD 2: Menschen/Kulturen

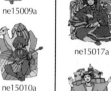

Clipart CD 2: Menschen/Kulturen

Clipart CD 2: Menschen/Kulturen

nf01167a

nf01168a

nf01169a

nf01170a

nf01171a

nf01172a

nf01173a

nf01174a

nf01175a

nf01176a

nf01177a

nf01178a

nf01179a

nf01180a

nf01181a

nf01182a

nf01183a

nf01184a

nf01185a

nf01191a

nf01194a

nf01195a

nf01196a

nf01197a

nf01198a

nf01199a

nf01200a

nf01201a

nf01202a

nf01203a

nf01206a

nf01207a

nf01208a

nf01209a

nf01210a

nf01211a

nf01212a

nf01213a

nf01214a

nf01215a

nf01216a

nf01217a

nf01218a

nf01219a

nf01220a

nf01221a

nf01222a

nf01223a

nf01224a

nf01225a

nf01226a

nf01227a

nf01228a

nf01229a

nf01232a

nf01233a

nf01237a

nf01238a

nf01239a

nf01240a

nf01241a

nf01242a

nf01243a

nf01244a

nf01245a

nf01246a

nf01247a

nf01248a

nf01249a

nf01250a

nf01251a

nf01252a

nf01253a

nf01254a

nf01255a

nf01256a

nf01257a

nf01258a

nf01259a

nf01260a

nf01261a

Clipart CD 2: Menschen/Kulturen

Clipart CD 2: Menschen/Kulturen

291

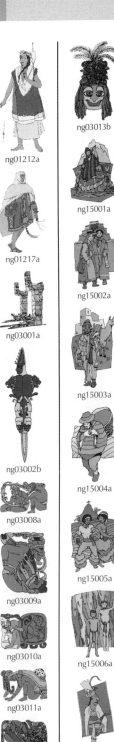

Clipart CD 2: Menschen/Kulturen

Clipart CD 2: Menschen/Kulturen

Clipart CD 2: Menschen/Kulturen

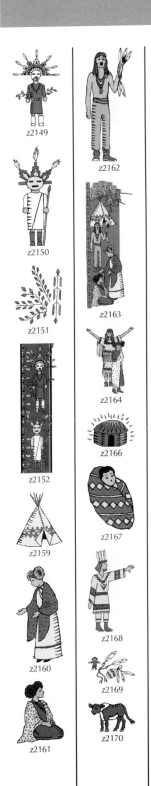

Clipart CD 2: Menschen/Maenner

z3335
z3337
z3338

z3341
z3342
z3343
z3344
z3345

z3346

z3347

z3348
z3349
z3350
z3351

z3352
z3353
z3354
z3355

z3356
z3357

z3358
z3359
z3362

z3363
z3364
z3365

z3366
z3367
z3368

z3369
z3370
z3374
z3377
z3380

z3386
z3387

Maenner

01x21716
01x91111
01x91182

01x91184
01x91189

01x91190
01x91192

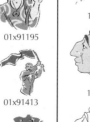
01x91194
01x91195

01x91413
01x91415

102
105
118
120

143
145
146
150

17s90202
17x90218
17x90223

20s91702
20s91703
20s91704
20s91705

20x91700
22s90523
22s90524
22s90525

22s90526
22s90527
22x26836
22x90502

Clipart CD 2: Menschen/Maenner

299

Clipart CD 2: Menschen/Maenner

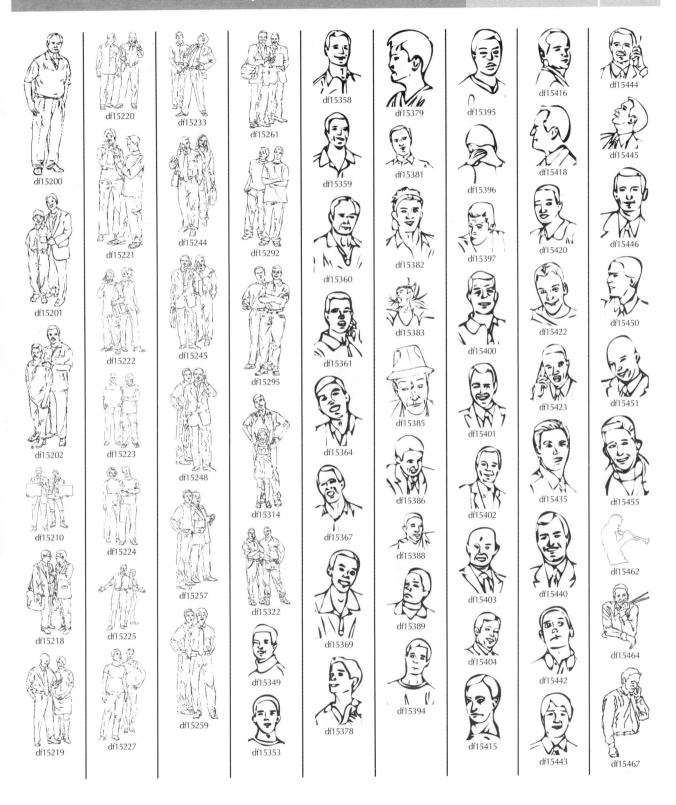

Clipart CD 2: Menschen/Maenner

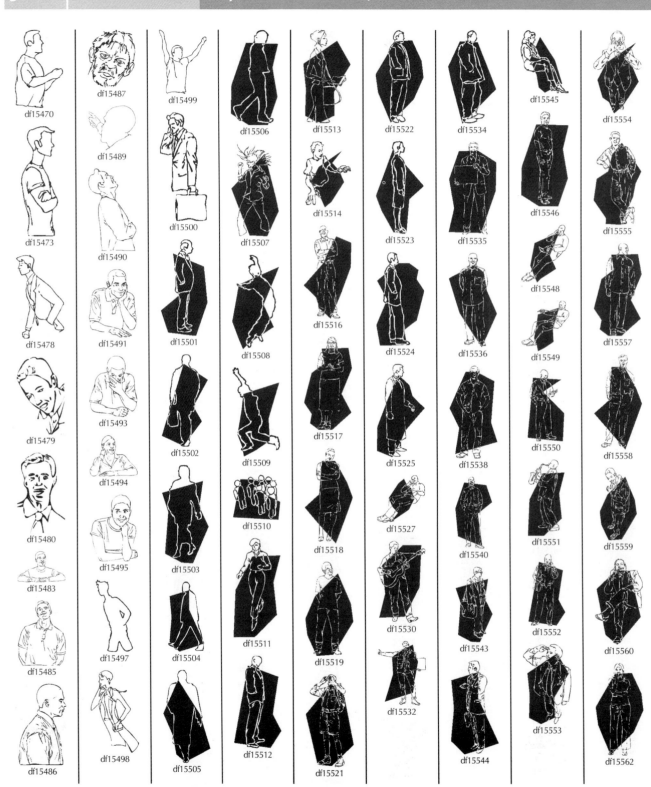

Clipart CD 2: Menschen/Maenner

Clipart CD 2: Menschen/Maenner

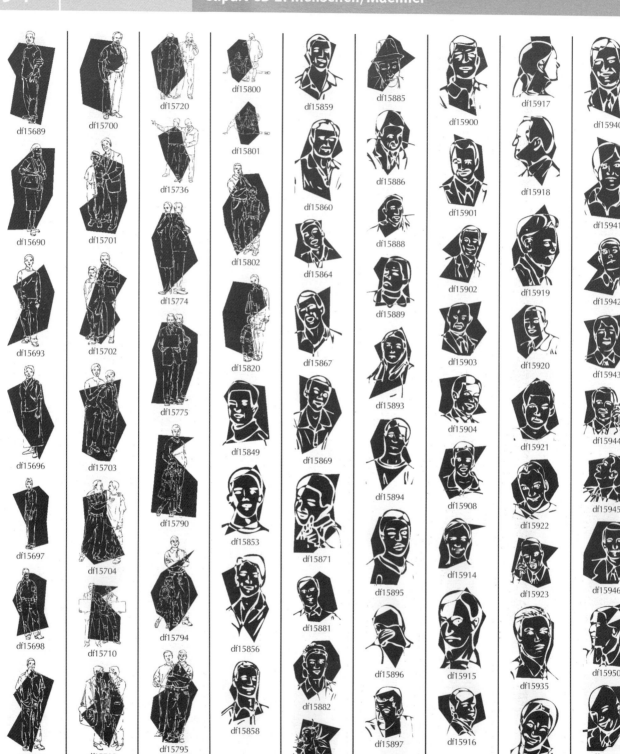

Clipart CD 2: Menschen/Maenner

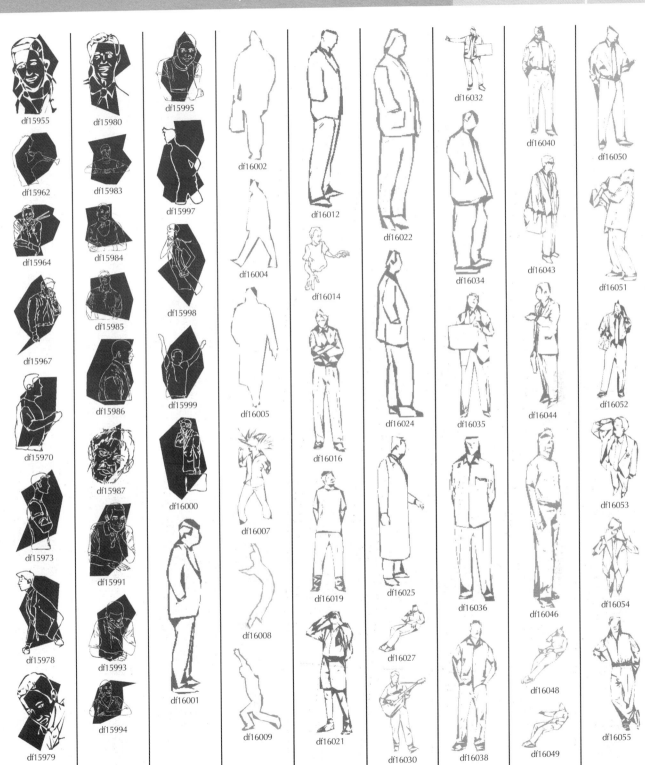

Clipart CD 2: Menschen/Maenner

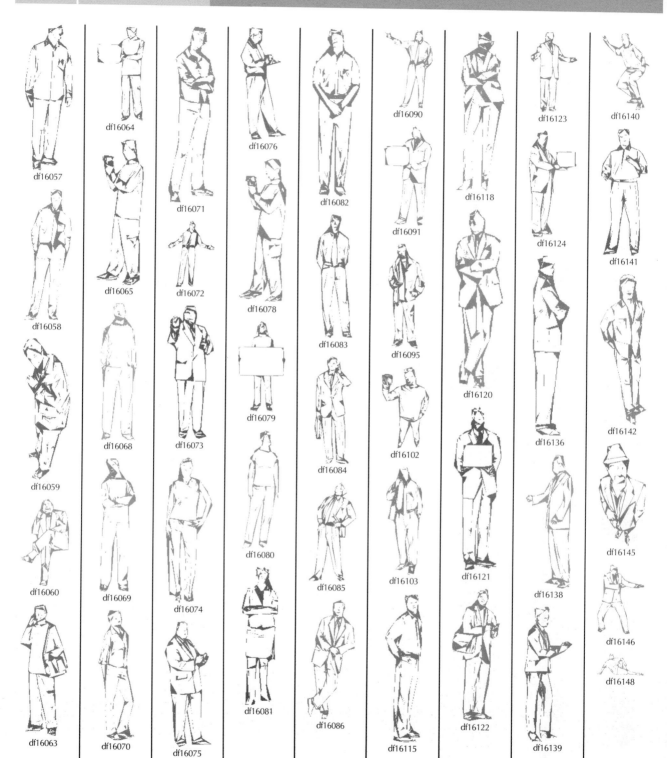

Clipart CD 2: Menschen/Maenner

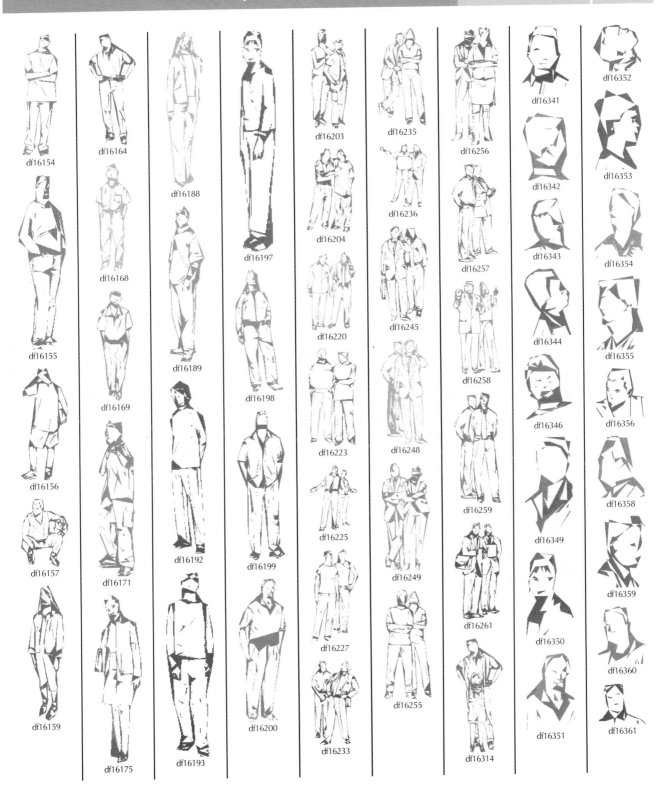

Clipart CD 2: Menschen/Maenner

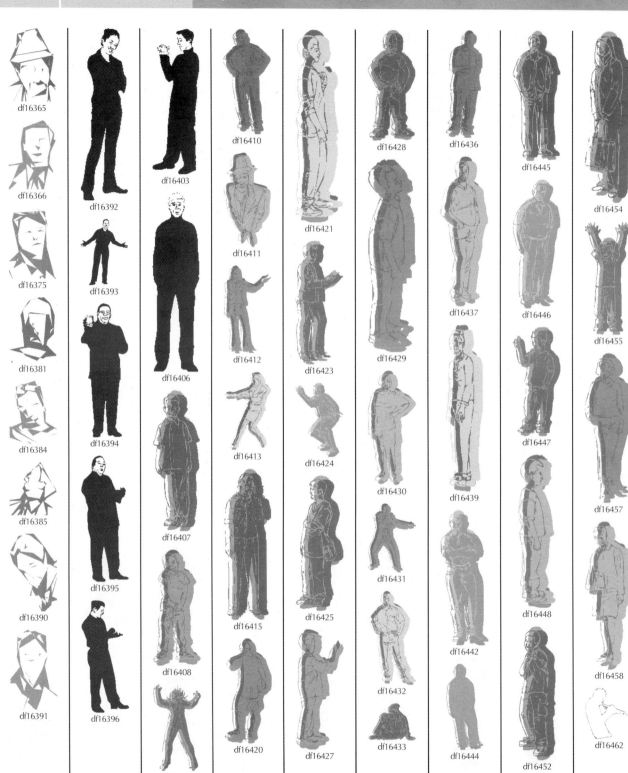

Clipart CD 2: Menschen/Maenner

309

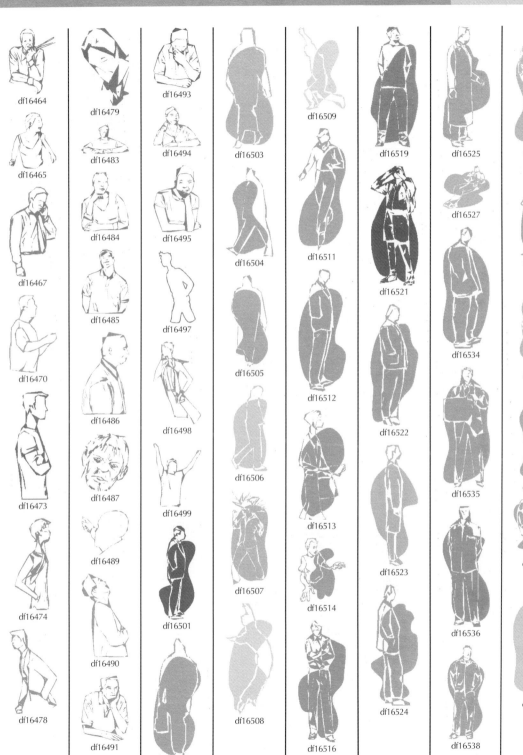

Clipart CD 2: Menschen/Maenner

Clipart CD 2: Menschen/Maenner

Clipart CD 2: Menschen/Maenner

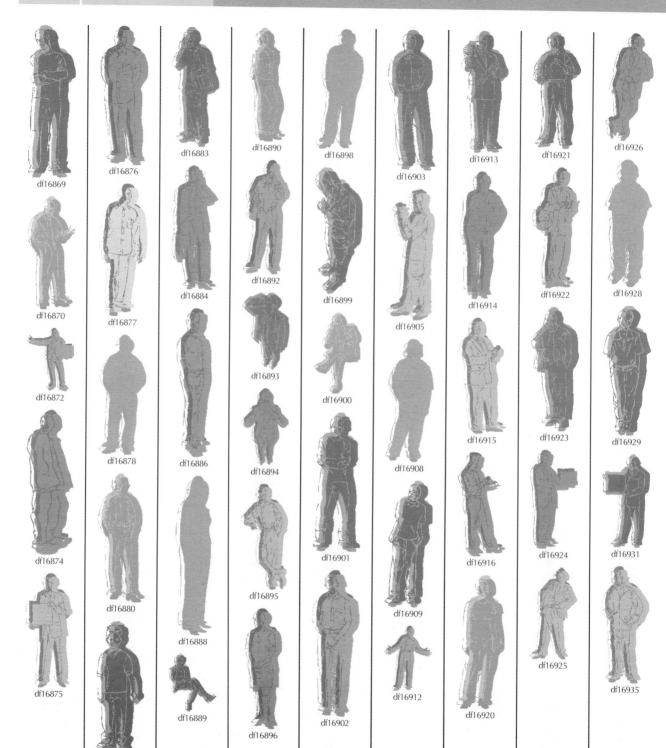

Clipart CD 2: Menschen/Maenner

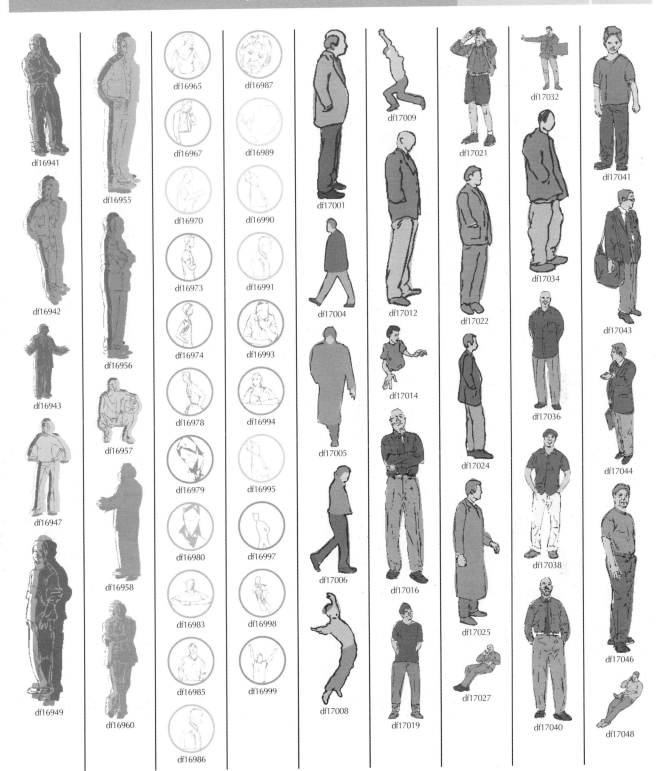

Clipart CD 2: Menschen/Maenner

Clipart CD 2: Menschen/Maenner

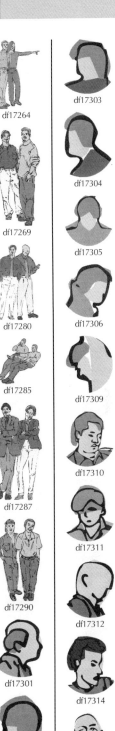
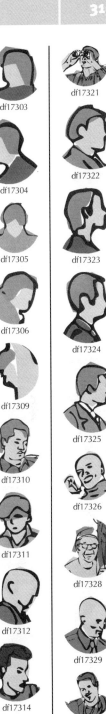

Clipart CD 2: Menschen/Maenner

318 Clipart CD 2: Menschen/Maenner

Clipart CD 2: Menschen/Maenner

lk15179b
lk15308a
lk15311a
lk15312a
lk15314a
lk15315a

lk15317a

lk15318a

lk15322b
lk15351a
lk28051b
lk31019a
lk35053b
lk36016b

lk36020b

lk36021b

lk36025b
lk36029b
lk38026a
lk41001b
lk42002b

lk42003b

lk56038a
ll41001a

lm01001a

lm01002a
lm01003a
lm01004a
lm15013b

lm28006b

lm28020b

lm35004b
lm35023b
lm35024b

lm36001b

lm36028b

lm36037b
lm36038b
lm36043b
lm36051b
lm36052b

lm36054b

lm36056b
lm36057b
lm36058b
lm36059b
lm39002a

lr01014a

lr01030a
lr01048a

lr01063a
lr15002a
lr15031a
ls15001a
ls15002c

ls15012a

lu01504a

lu01505a

lu01506a

lu01507a

mb01025a
me01002a
me01008a
me01009a
me01010a

me01037a

me01043a

me01048a

me01054a

mis0322 a
mis0322 b
mis0322 c

mis0322 d

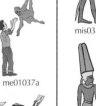

mis0322 e

mis0322 f

319

Clipart CD 2: Menschen/Maenner

321

 pe003267
 pe003271
 pe04038
 pe04116
 pe04119
 pe04222
 pe04310
 pe04322
 pe04323
 pe04324

 pe04325
 pe04326
 pe04408
 pe04441
 pe04510
 pe04519
 pe04667
 pe04829
 pe04831
 pe04841
 pe04919

 pe05034
 pe05141
 pe05143
 pe05144
 pe05278
 pe05551
 pe05556
 pe05620
 pe05704
 pe05717
 pe05846

 pe05956
 pe06032
 pe06039
 pe06270
 pe06322
 pe06327
 pe06329
 pe06451
 pe06505
 pe06524
 pe06639

 pe06670
 pe06672
 pe06675
 pe06892
 pe06945
 pe06961
 pe06964
 pe07043
 pe07132
 pe07133

 pe07134
 pe07135
 pe07136
 pe07222
 pe07434
 pe07469
 pe07488
 pe07507
 pe07509
 pe07518

 pe07520
 pe07528
 pe07537
 pe07540
 pe07657
 pe07847
 pe07849
 pe07868
 pe07869
 pe07942
 pe07951

 pe08045
 pe08047
 pe08050
 pe08061
 pe08062
 pe08068
 pe08069
 pe08105
 pe08200
 pe08234

 pe08239
 pe08272
 pe08314
 pe08321
 pe08351
 pe08353
 pe08358
 pe08742
 pe08857

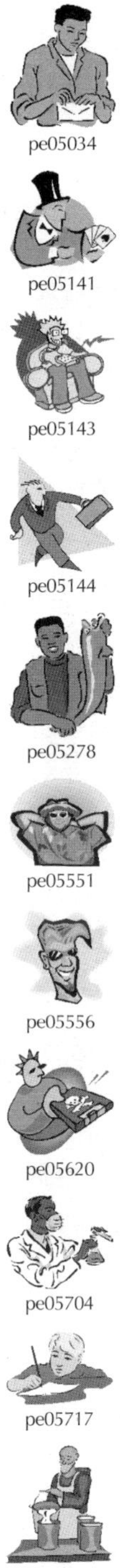

Clipart CD 2: Menschen/Maenner

Clipart CD 2: Menschen/Maenner

 pe11573

 pe11574

 pe11575

 pe11582

 pe11589

 pe11656

 pe11657

 pe11658

 pe11664

 pe11935

 pe11940

 pe11941

pe11943

 pe11946

 pe11947

 pe11954

 pe11955

 pe11957

 pe11988

 pe12013

 pe12141

 pe12147

pe12150

 pe12157

pe12306

 pe12336

 pe12337

 pe12340

 pe12352

 pe12353

 pe12354

 pe12355

 pe12356

pe12357

 pe12364

 pe12365

 pe12366

 pe12367

 pe12368

 pe12387

 pe12466

 pe12471

pe12480

pe12486

pe12488

pe12490

pe12493

pe12494

pe12495

pe12510

pe12609

pe12610

 pe12612

 pe12680

 pe12689

 pe12690

 pe12691

 pe12692

pe12693

 pe12695

pe12696

 pe12703

 pe12707

pe12790

pe12795

 pe12825

 pe12849

 pe12851

 pe12879

pe12881

 pe12884

 pe12885

 pe12886

 pe12889

 pe12890

pe12910

pe12921

pe12927

pe12931

pe12939

pe12940

pe12941

pe12985

pe13015

pe13042

pe13052

pe13065

pe13069

pe13075

pe13081

pe13082

pe13083

pe13084

pe13089

pe13090

Clipart CD 2: Menschen/Maenner

pe13091
pe13092
pe13094
pe13098
pe13100
pe13107
pe13111
pe13115
pe13121
pe13140
pe13147
pe13150
pe13152
pe13153
pe13155
pe13157
pe13221
pe13231
pe13232
pe13233
pe13236
pe13237
pe13238
pe13240
pe13241
pe13245
pe13249
pe13258
pe13260
pe13261
pe13262
pe13264
pe13265
pe13266
pe13268
pe13271
pe13275
pe13285
pe13309
pe13311
pe13312
pe13315
pe13317
pe13331
pe13335
pe13336
pe13343
pe13346
pe13348
pe13356
pe13359
pe13428
pe13433
pe13435
pe13566
pe13591
pe13599
pe13600
pe13602
pe13605
pe13615
pe13620
pe13639
pe13673
pe13680
pe13711
pe13712
pe13713
pe13767
pe13775
pe13790
pe13966
pe13989
pe13995
pe14012
pe14014
pe14016
pe14084
pe14094
pe14106
pe14109
pe14116
pe14127
pe14129
pe14274
pe14285
pe14296
pe14299
pe14306

Clipart CD 2: Menschen/Maenner

325

326 Clipart CD 2: Menschen/Maenner

Clipart CD 2: Menschen/Maenner

Clipart CD 2: Menschen/Maenner

329

pe23670

pe23889

pe23931

pe23945

pe23972

pe23978

pe23979

pe23981

pe23982

pe23990

pe23992

pe23995

pe23997

pe23998

pe24002

pe24003

pe24005

pe24009

pe24010

pe24011

pe24014

pe24016

pe24017

pe24019

pe24023

pe24036

pe24071

pe24072

pe24075

pe24084

pe24094

pe24097

pe24098

pe24099

pe24100

pe24102

pe24106

pe24107

pe24109

pe24116

pe24124

pe24143

pe24150

pe24151

pe24163

pe24255

pe24277

pe24287

pe24297

pe24323

pe24324

pe24326

pe24328

pe24332

pe24334

pe24335

pe24337

pe24340

pe24341

pe24342

pe24343

pe24344

pe24346

pe24347

pe24348

pe24349

pe24352

pe24353

pe24354

pe24356

pe24357

pe24358

pe24361

pe24362

pe24364

pe24365

pe24366

pe24367

pe24368

pe24369

pe24375

pe24390

pe24396

pe24399

pe24401

pe24404

pe24409

pe24411

pe24525

pe24526

pe24527

pe24528

pe24530

pe24535

pe24540

Clipart CD 2: Menschen/Maenner

Clipart CD 2: Menschen/Maenner

Musikanten

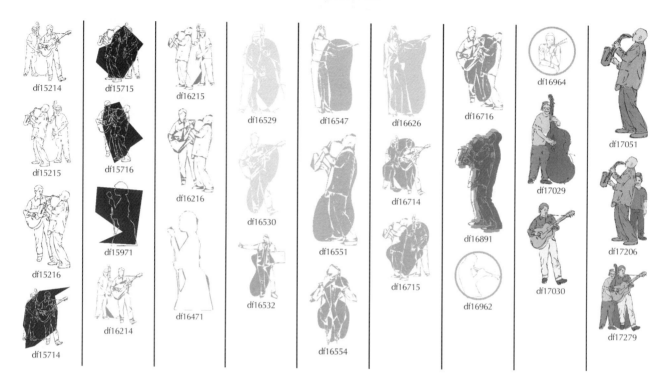

Zaehne

df26719

df26720

df26721

df26722

df28717

df28718

df28719

df28720

df31346

df31345

df31348

df31347

jg15924b

pe21677

Objekte

Bekleidung

Clipart-CD 2: Objekte/Bekleidung

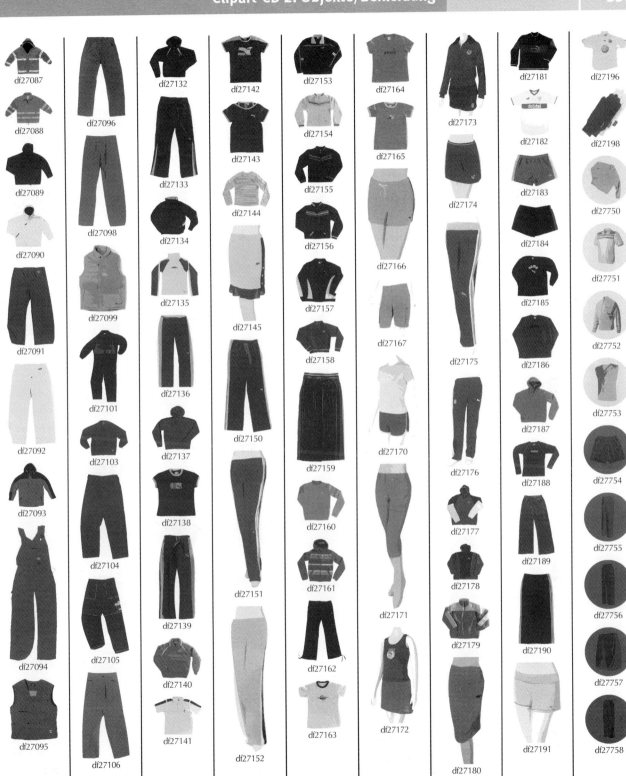

Clipart-CD 2: Objekte/Bekleidung

df27759	df27770	df27892	df27911	df27922	df28003	df28754	df28765	df28776
df27760	df27771	df27900	df27912	df27923	df28004	df28755	df28766	df28777
df27761	df27772	df27902	df27913	df27924	df28005	df28756	df28767	df28778
df27762	df27773	df27903	df27914	df27925	df28746	df28757	df28768	df28779
df27763	df27774	df27904	df27915	df27926	df28747	df28758	df28769	df28780
df27764	df27775	df27905	df27916	df27927	df28748	df28759	df28770	df28781
df27765	df27776	df27906	df27917	df27928	df28749	df28760	df28771	df28782
df27766	df27777	df27907	df27918	df27998	df28750	df28761	df28772	df28783
df27767	df27778	df27908	df27919	df27999	df28751	df28762	df28773	df28784
df27768	df27779	df27909	df27920	df28001	df28752	df28763	df28774	df28785
df27769	df27889	df27910	df27921	df28002	df28753	df28764	df28775	df28786

Clipart-CD 2: Objekte/Bekleidung

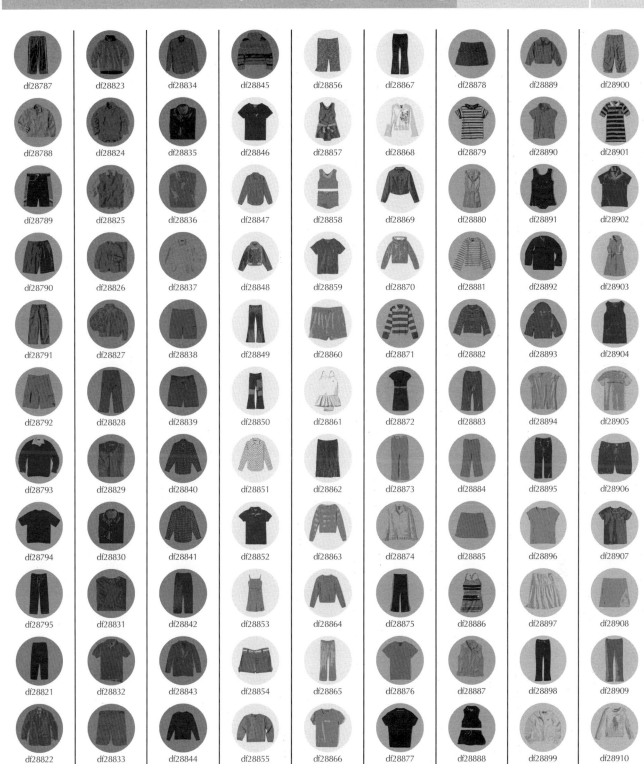

Clipart-CD 2: Objekte/Bekleidung

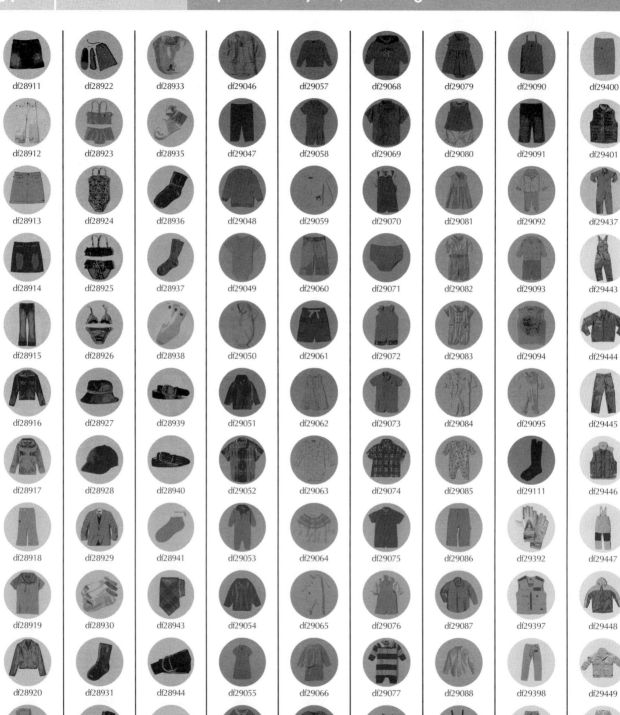

Clipart-CD 2: Objekte/Bekleidung

 df29451
 df29452
 df29453
 df29454
 df29455
 df29456
 df29457
 df29458
 df29459
 df29460
 df29461

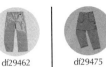 df29462
 df29463
 df29464
 df29465
 df29466
 df29467
 df29468
 df29469
 df29471
 df29473
 df29474

 df29475
 df29476
 df29481
 df29482
 df29483
 df29484
 df29485
 df29486
 df29487
 df29488
 df29489

df29490
df29520
df29521
df29522
df29523
df29524
df29525
df29526
df29527
df29528
df29529

 df29530
 df29531
 df29532
 df29533
 df29534
 df29535
 df29536
 df29537
 df29538
 df29539
df29540

df29541
df29542
df29543
df29544
df29545
df29546
df29547
df29548
df29549
df29550
df29551

 df29552
 df29553
 df29554
 df29555
 df29556
df29557
df29558
df29559
df29560
df29562
df29563

 df29564
df29566
df29567
df29570
 df29729
df29730
 df29731
 df29732
 df29733
df29734

 df29735
 df29736
 df29737
 df29738
 df29739
 df29740
 df29741
df29742
df29743
 df29744

Clipart-CD 2: Objekte/Bekleidung

df29745

df29746

df29747

df29748

df29749

df29750

df29751

df29752

df29753

df29754

df29755

df29756

df29757

df29758

df29759

df29760

df29761

df29762

df29763

df29764

df29765

df29766

df29767

df29768

df29769

df29770

df29771

df29772

df29773

df29774

df29775

df29776

df29777

df29778

df29779

df29780

df29781

df29782

df29783

df29784

df29785

df29786

df29787

df29788

df29789

df29790

df29791

df29792

df29793

df29794

df29795

df29796

df29797

df29798

df29799

df29800

df29801

df29802

df29803

df29804

df29805

df29806

df29807

df29808

df29809

df29810

df29811

df29812

df29813

df29814

df29815

df29816

df29817

df29818

df29819

df29820

df29821

df29822

df29823

df29824

df29825

df29826

df29827

346 Clipart-CD 2: Objekte/Bekleidung

df30023
df30024
df30025
df30026
df30027
df30028
df30029
df30030
df30031
df30032
df30404
df31408

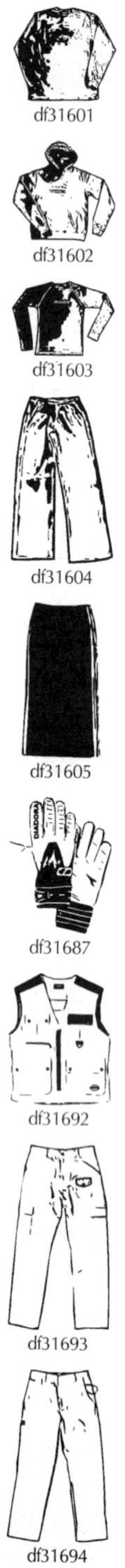
df31601
df31602
df31603
df31604
df31605
df31687
df31692
df31693
df31694

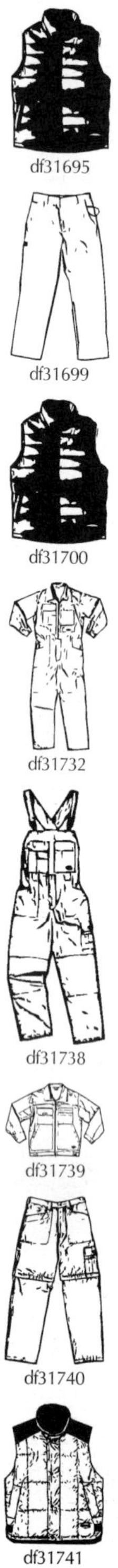
df31695
df31699
df31700
df31732
df31738
df31739
df31740
df31741

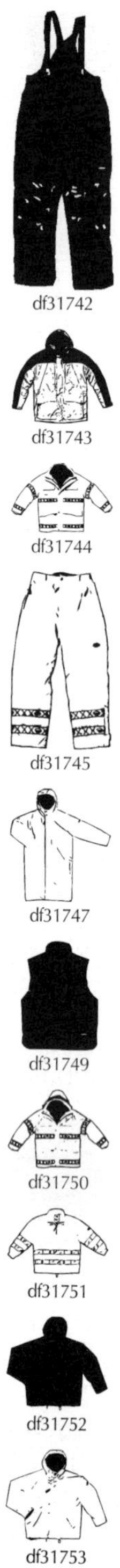
df31742
df31743
df31744
df31745
df31747
df31749
df31750
df31751
df31752
df31753

df31754
df31755
df31756
df31757
df31758
df31759
df31761
df31762

df31764
df31766
df31767
df31768
df31769
df31770
df31772
df31785
df31788

df31789
df31790
df31791
df31792
df31793
df31794
df31795
df31796

df31797
df31798
df31799
df31800
df31801
df31802
df31803
df31804
df31805
df31806

df31807
df31808
df31809
df31810
df31811
df31812

Clipart-CD 2: Objekte/Bekleidung

df31813

df31814

df31815

df31816

df31817

df31818

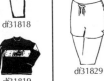
df31819

df31820

df31821

df31822

df31823

df31824

df31825

df31826

df31827

df31828

df31829

df31830

df31833

gb35023b

hg15017c

hg15025c

hh04026

hh04065

hh04283

hh04381

hh04386

hh04521

hh04522

hh04523

hh04524

hh04525

hh04526

hh04527

hh04528

hh04529

hh04748

hh04760

hh05816

hh06992

hh07197

hh07536

hh08313

hh08983

hh09022

hh09282

hh09298

hh09855

hh13682

hh13683

hh13690

hh13693

hh13694

hh14160

hh17028

hh19859

hh19863

hh19864

hh20045

hh20765

hh21021

hh21022

hh21023

hh21068

hh21079

hh21545

hh21549

hh21977

in13691

j15084b

jg15767b

jg15928b

jg15985c

jg51026c

ka15001b

ka35001c

ka35003c

mis0364 a

mis0364 b

misc 0018 a

misc 0018 b

misc 0022 a

misc 0022 d

msc 00271 a

msc 00271 d

msc 00444 a

msc 00444 c

msc 00567 a

msc 00567 b

msc 00571 a

msc 00571 b

z2021

z2022

z2023

z2024

Brillen

Clipart-CD 2: Objekte/Buero

Buero

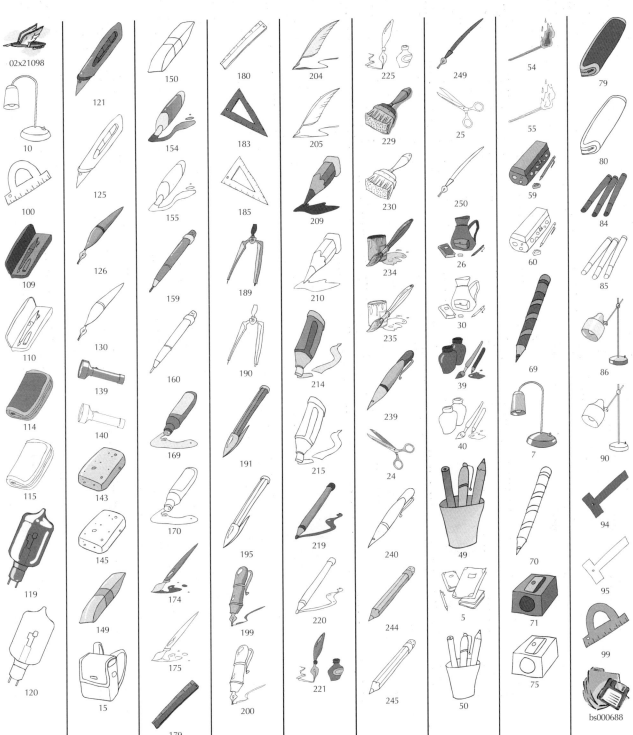

Clipart-CD 2: Objekte/Buero

 bs000759
 bs000762
 bs000833
 bs001475
 bs001598
 bs001599
 bs001681
 bs001692
 bs002374
 bs002684
 bs002783

 bs002821
 bs003068
 bs003113
 bs003270
 bs04636
 bs05025
 bs05100
 bs05234
 bs05315
 bs05573
 bs05574
 bs05821

 bs05871
 bs05941
 bs06302
 bs06657
 bs06744
 bs06754
 bs09980
 bs09997
 bs09998
 bs09999

bs10028
bs10931
bs10942
bs11096
bs11982
bs11999
bs12686
bs12847
bs13132
bs13287
bs13431
bs13434

bs14041
bs14086
bs14196
bs14329
bs14390
bs14408
bs14409
bs14760
bs15307
bs15308
bs15312

bs15313
bs15320
bs15346
bs15480
bs15861
bs15862
bs17265
bs21085
bs21777
bs21778

df26442
df26443
df26639
df26640
df26641
df26642
df26643
df26644
df26646
df26647
df26648
df26649
df26650

df26651
df26652
df26653
df26654
df26655
df26656
df26657
df26658
df26659
df26660
df26661

df26662
df26663
df26664
df26665
df26666
df26667
df26668
df26669

Clipart-CD 2: Objekte/Buero

351

Clipart-CD 2: Objekte/Huete

msc 00381 f

msc 00407 a

msc 00407 f

msc 00423 a

msc 00423 b

msc 00427 a

msc 00427 f

msc 00449 a

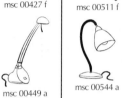
msc 00449 d

msc 00511 a

msc 00511 f

msc 00544 f

msc 00545 a

msc 00545 f

msc 00546 a

msc 00546 f

msc 00563 a

msc 00563 b

msc 00564 a

msc 00564 b

msc 00565 a

msc 00565 f

msc 00585 a

msc 00585 f

z3771

z3772

z3773

z3774

z3775

z3776

z3777

z3778

z3779

Huete

100

104

105

109

110

114

115
119
120
124
125
129

130

134

135

136

140

144

145
146
150
154
155

159
160
164
165
171
175

179
180
184
185
189
190

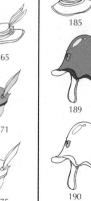
194
195
196
200
202

205
79
80
84
85
89

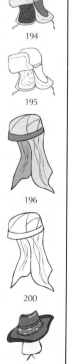
90
94
95
99
c10_2
c10_4

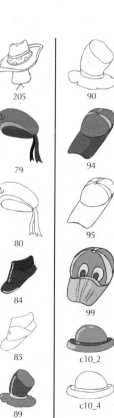

Clipart-CD 2: Objekte/Huete

c11_2
c11_4
c12_2
c12_4
c13_1
c13_4
c14_2
c14_4
c15_3
c15_4
c2_3
c2_4

c3_3
c3_4
c4_1
c4_4
c5_3
c5_4
c6_3
c6_4
c7_1
c7_4
c8_2
c8_4
c9_2

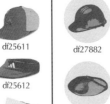

df25598
df25599
df25603
df25611
df25612
df25613
df25614
df25616
df25617
df25624
df27192
df27193
df27194

c9_4
df27195
df27197
df27881
df27882
df27886
df27890
df27891
df27895
df27896
df27897
df27898

df27899
df27901
df27929
df28934
df29096
df29097
df29105
df29106
df29107
df29108
df29109

df29110
df29113
df29477
df29478
df29479
df29480
df29873
df29874
df29879
df30402
df30449
df30450

df30454
df30458
df30459
df30462
df30463
df30464
df30465
df30466
df30468
df30469
df31606
df31607
df31608

df31609
df31610
mis0032 a
mis0032 f
mis0080 a
mis0080 b
mis0319 a
mis0319 f
mis0323 a
mis0323 f
mis0353 a

mis0353 f
msc 00005 a
msc 00005 b
msc 00007 a
msc 00007 b
msc 00008 a
msc 00008 f
msc 00020 a
msc 00020 f
msc 00106 a
msc 00106 f
msc 00150 a
msc 00150 b

Clipart-CD 2: Objekte/Instrumente

Instrumente

Lampen

Clipart-CD 2: Objekte/Lehrmittel

Lehrmittel

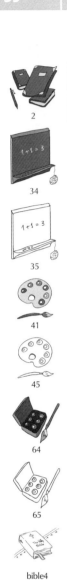

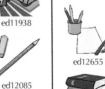

Clipart-CD 2: Objekte/Schluessel

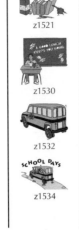

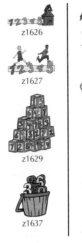

Schluessel

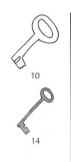

Spielzeug

360 Clipart-CD 2: Objekte/Spielzeug

 df26691
 df26692
 df26693
 df26694
 df26695
 df26696
 df26697
 df26698
 df26699
 df26700
 df26701
 df26702

 df26703
df26704
df26705
df26706
df26707
df26708
df26709
df26710
df26711
df26712
df26713
df26714
 df26715

df26716
df26717
 df28696
 df28697
 df28698
 df28699
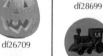 df28700
 df28701
 df28702
 df28703
 df28704
 df28705

 df28706
 df28707
 df28708
 df28709
 df28710
 df28711
 df28712
 df28721
 df28722
 df28723
df28724

 df28725
 df28726
 df28727
 df28728
 df28729
 df28730
 df28731
 df28732
 df28733
 df28734
 df28735

df28736
df28737
df28738
df28739
df28740
df28741
df28742
df28743
df28744
df28745
df31349

df31350
df31351
df31352
df31353
df31354
df31355
df31356
df31357
df31358
df31359
df31360

df31361
df31362
df31363
df31364
df31365
df31366
df31367
df31368
df31369
df31370
df31371
df31372

df31373
df31374
df31375
df31376
df31377
df31378
df31379
df31380
df31381
df31382
df31383
df31384

Clipart-CD 2: Objekte/Spielzeug

df31385 · en04467 · en13450 · hh07574 · hh10275 · hh12737 · hh15066 · in07131 · mis0365 c
df31386 · en04761 · en13451 · hh09122 · hh10276 · hh12752 · hh15494 · jg15941b · mis0369 a
df31387 · en04835 · hh05167 · hh09390 · hh10316 · hh12833 · hh15750 · kc35003b · mis0369 f
df31388 · en04844 · hh05185 · hh09451 · hh10374 · hh12897 · hh20537 · kf01503c · msc 00040 a
df31389 · en04948 · hh06107 · hh09480 · hh10757 · hh13041 · hh20662 · kf01504b · msc 00040 f
df31390 · en06736 · hh06111 · hh10268 · hh10779 · hh13154 · hh21344 · kf01507b · msc 00050 a
df31391 · en07484 · hh06112 · hh10269 · hh10785 · hh13272 · hh21436 · kf35001c · msc 00050 f
ed07705 · en10888 · hh06250 · hh10271 · hh11025 · hh13988 · hh22037 · mis0327 a · msc 00051 a
en000692 · en13447 · hh06333 · hh10272 · hh11033 · hh14040 · hh22158 · mis0327 f · msc 00051 f
en001603 · en13448 · hh06334 · hh10273 · hh11034 · hh14187 · hh22243 · mis0365 a
en001691 · en13449 · hh07557 · hh10274 · hh11045 · hh14188 · hh22267
en002544 · · · · · hh14190

Clipart-CD 2: Objekte/Spielzeug

 msc 00052 a
 msc 00052 d
 msc 00053 a
 msc 00053 e
 msc 00086 a
 msc 00086 e
 msc 00191 a
 msc 00191 f
 msc 00192 a
 msc 00192 f
 msc 00194 a

 msc 00194 c
 msc 00198 a
 msc 00198 c
 msc 00199 a
 msc 00199 f
 msc 00200 a
 msc 00200 c
 msc 00203 a
 msc 00203 b

 msc 00205 a
 msc 00205 e
 msc 00206 a
 msc 00206 e
 msc 00207 a
 msc 00207 f
 msc 00208 a
 msc 00208 b
 msc 00209 a
 msc 00210 a
 msc 00210 c
 msc 00212 a

 msc 00212 b
 msc 00214 a
 msc 00214 b
 msc 00215 a
 msc 00215 b
 msc 00216 a
 msc 00216 b
 msc 00219 a
 msc 00219 f
 msc 00220 a

 msc 00220 b
 msc 00345 a
 msc 00345 c
 msc 00346 a
 msc 00346 f
 msc 00347 a
 msc 00347 c
 msc 00348 a
 msc 00348 b
 msc 00349 a

 msc 00349 f
 msc 00350 a
 msc 00350 f
 msc 00351 a
 msc 00351 f
 msc 00352 a
 msc 00352 f
 msc 00353 a
 msc 00353 b
 msc 00354 a
 msc 00354 d

 msc 00374 a
 msc 00374 c
 msc 00387 a
 msc 00387 e
msc 00392 a
msc 00392 c
msc 00483 a
msc 00483 b
msc 00522 a
msc 00522 f

msc 00523 a
msc 00523 b
sl001374
sl002786
sl003096
sl04781
sl05232
sl05233
sl05236
sl05238
sl05416
sl05419

sl05793
sl06766
sl06810
sl06813
sl06820
sl06821
sl06963
sl08188
sl22293
sl22713
sl22715

Clipart-CD 2: Objekte/Taschen

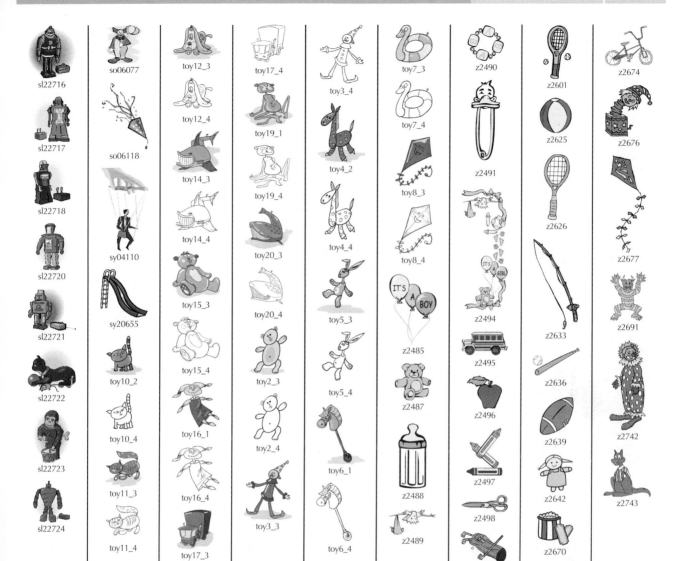

Taschen

1

10

20

21

29

30

34

35

38

40

44

45

48

5

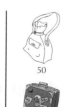
50

54

55

8

Clipart-CD 2: Objekte/Taschen

Clipart-CD 2: Objekte/Taschen

365

 df28024
 df28025
 df28026
 df28027
 df28028
 df28029
 df28030
 df28031
 df28032
 df28033
 df28034

 df28035
 df28036
 df28037
 df28038
 df28039
 df28040
 df28041
 df28042
 df28043
 df28044
 df28045

 df28046
 df28047
 df28048
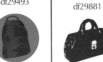 df28049
 df28050
 df28051
 df28052
 df28053
 df28054
 df28055
 df28942

 df29491
 df29492
 df29493
 df29494
 df29495
 df29496
 df29497
 df29498
 df29499
 df29500
 df29501

 df29502
 df29505
 df29881
 df30451
 df30452
 df30453
 df30455
 df30461
 df30598
 df30599

 df30600
 df30601
 df30602
 df30603
 df30604
 df30605
 df30606
 df30607
 df30608
df30609
df30610

df30611
df30612
df30613
df30614
df30615
df30616
df30617
df30618
df30619
df30620
df30621

df30622
df30623
df30624
df30625
df30629
df30630
df30631
df30632
df30633
df30634

df30635
df30636
df30637
df30638
df30639
df30640
df30641
df30642
df30643

Clipart-CD 2: Objekte/Taschen

df30644

df30645

df30646

df30647

df30648

df30649

df30650

df30651

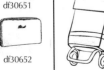
df30652

df30653

df31909

df31910

df31911

df31912

df31913

df31914

df31915

df31916

df31917

mis0046 b

mis0046 c

mis0046 d

mis0046 e

mis0046 f

mis0072 a

mis0072 b

mis0072 c

mis0072 d

mis0046 a

mis0072 e

mis0072 f

mis0073 a

mis0073 b

mis0073 c

mis0073 d

mis0073 e

mis0073 f

mis0149 a

mis0149 b

mis0149 c

mis0149 d

mis0149 e

mis0149 f

mis0151 a

mis0151 b

mis0151 c

mis0151 d

mis0151 e

mis0151 f

mis0181 a

mis0181 b

mis0181 c

mis0181 d

mis0181 e

mis0181 f

mis0182 a

mis0182 b

mis0182 c

mis0182 d

mis0182 e

mis0182 f

mis0316 a

mis0316 b

mis0316 c

mis0316 d

mis0316 e

mis0316 f

misc 0034 a

misc 0034 b

misc 0034 c

misc 0034 d

misc 0034 e

misc 0034 f

msc 00107 a

msc 00107 b

msc 00107 c

msc 00107 d

msc 00107 e

msc 00107 f

msc 00159 a

msc 00159 b

msc 00159 c

msc 00159 d

msc 00159 e

msc 00159 f

msc 00160 a

msc 00160 b

msc 00160 c

msc 00160 d

Clipart-CD 2: Objekte/Uhren

msc 00160 e

msc 00160 f

msc 00186 a

msc 00186 b

msc 00186 c

msc 00186 d

msc 00186 e

msc 00186 f

msc 00187 a

msc 00187 b

msc 00187 c

msc 00187 d

msc 00187 e

msc 00187 f

msc 00236 a

msc 00236 b

msc 00236 c

msc 00236 d

msc 00236 e

msc 00236 f

msc 00527 a

msc 00527 b

msc 00527 c

msc 00527 d

msc 00527 e

msc 00527 f

Uhren

10

100

101

105

106

110

114

115

119

120

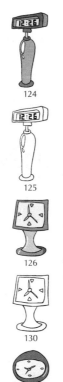
124

125

126

130

131

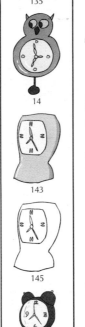
135

14

143

145

149

150

151

155

156

160

161

165

166

170

171

175

20

24

25

39

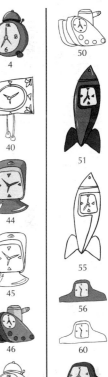
4

40

44

45

46

5

50

51

55

56

60

68

Clipart-CD 2: Objekte/Werkzeug

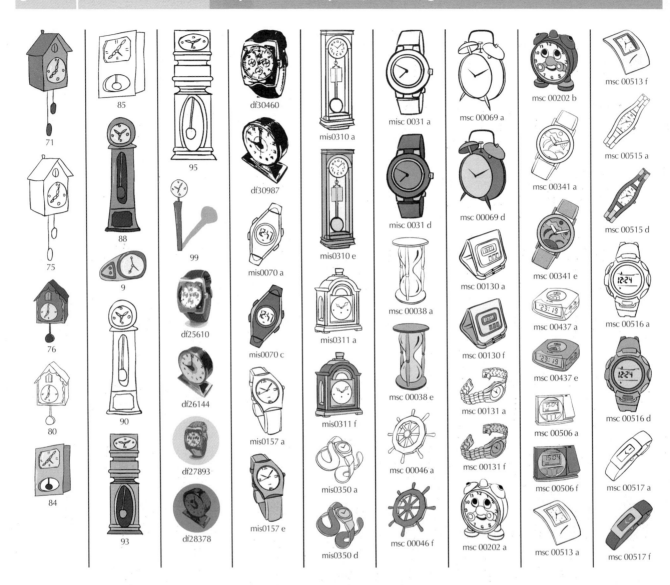

Werkzeug

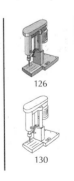

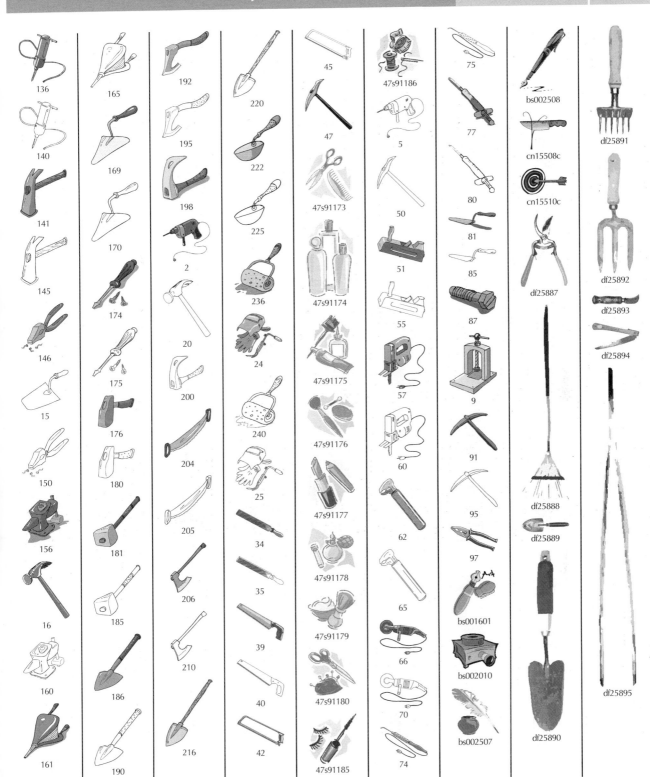

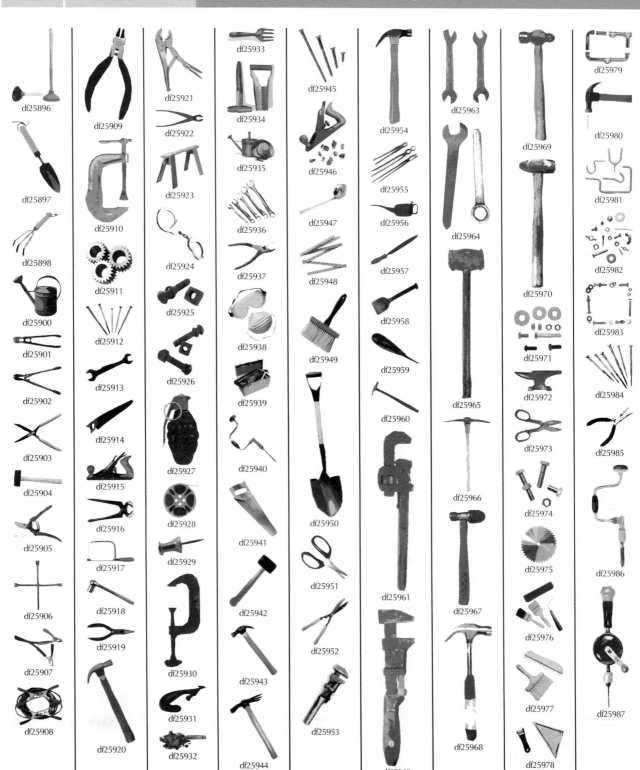

Clipart-CD 2: Objekte/Werkzeug

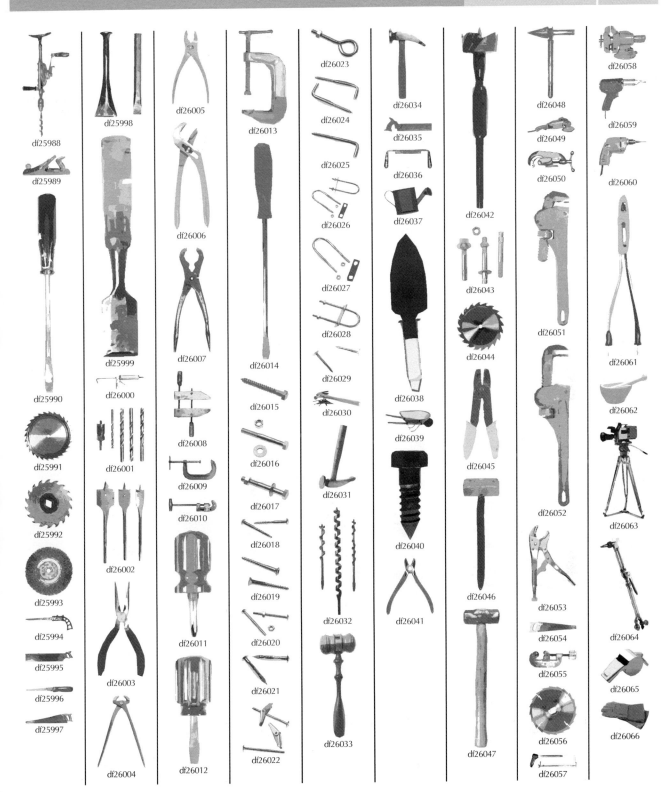

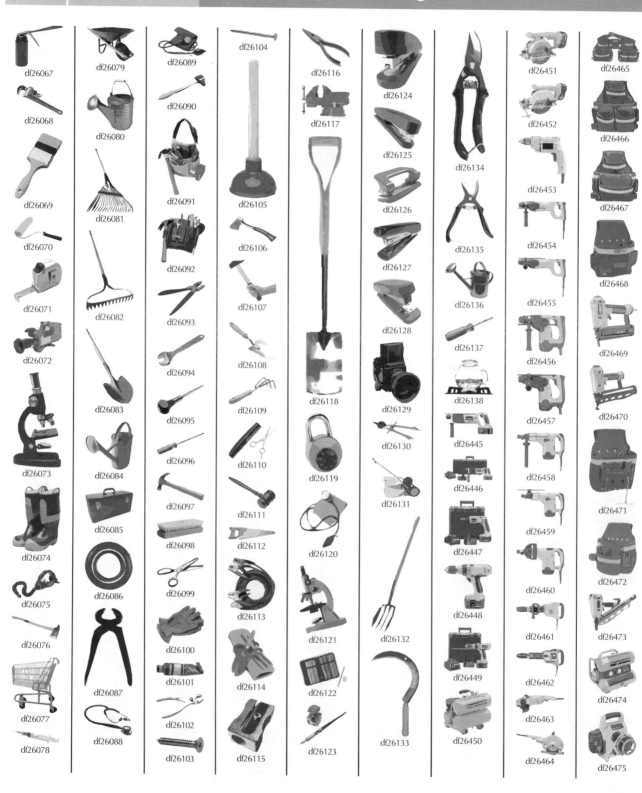

Clipart-CD 2: Objekte/Werkzeug

Clipart-CD 2: Objekte/Werkzeug

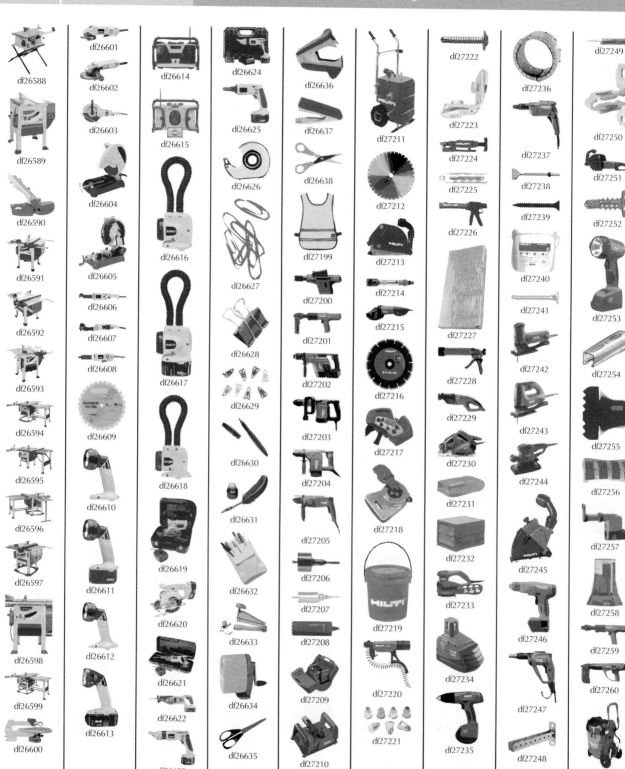

Clipart-CD 2: Objekte/Werkzeug

df27262

df27263

df27264

df27265

df27266

df27267

df27268

df27269

df27270

df27271

df27272

df27273

df27274

df27275

df27276

df27277

df27278

df27279

df27280

df27281

df27282

df27283

df28129

df28130

df28131

df28132

df28133

df28134

df28135

df28136

df28137

df28138

df28139

df28140

df28141

df28142

df28143

df28144

df28145

df28146

df28148

df28149

df28150

df28151

df28152

df28153

df28154

df28155

df28156

df28157

df28158

df28159

df28160

df28161

df28162

df28163

df28164

df28165

df28166

df28167

df28168

df28169

df28170

df28171

df28172

df28173

df28174

df28175

df28176

df28177

df28178

df28179

df28180

df28181

df28182

df28183

df28184

df28185

df28186

df28187

df28188

df28189

df28190

df28191

df28192

df28193

df28194

df28195

df28196

df28197

df28198

df28199

df28200

df28201

df28202

df28203

df28204

df28205

df28206

df28207

df28208

df28209

df28210

Clipart-CD 2: Objekte/Werkzeug

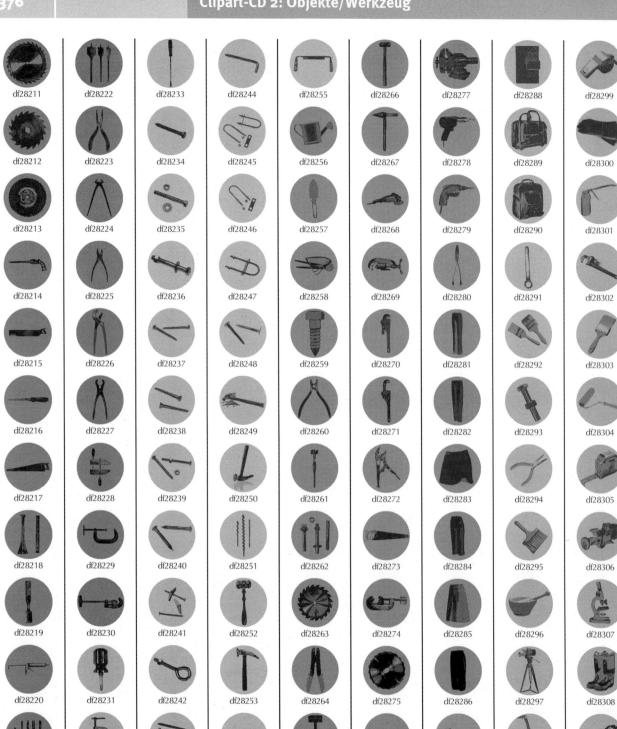

Clipart-CD 2: Objekte/Werkzeug

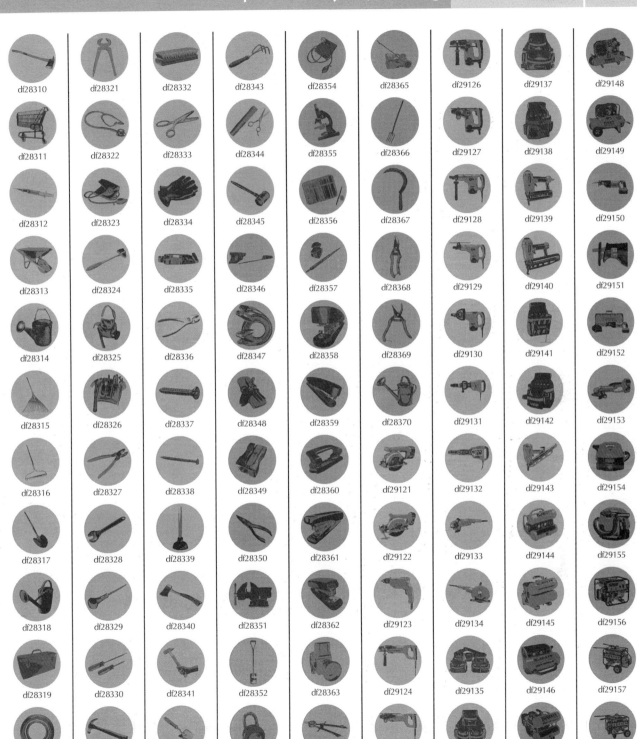

Clipart-CD 2: Objekte/Werkzeug

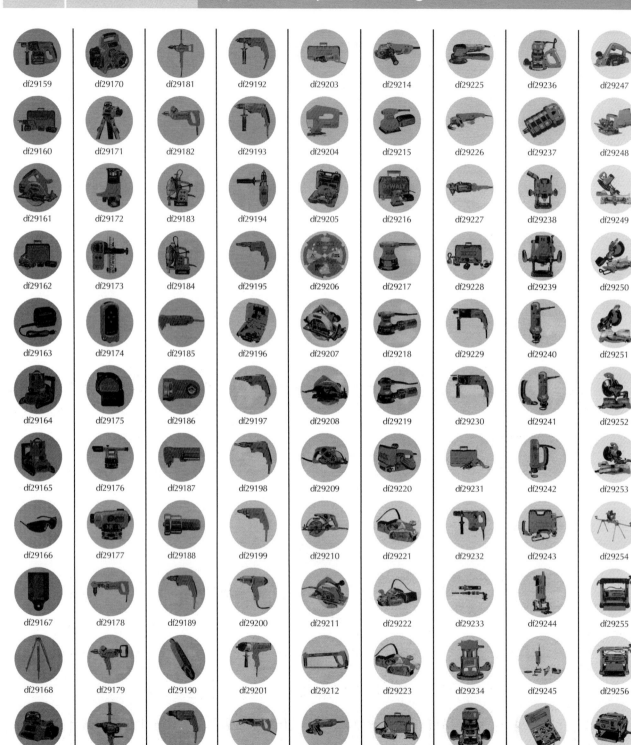

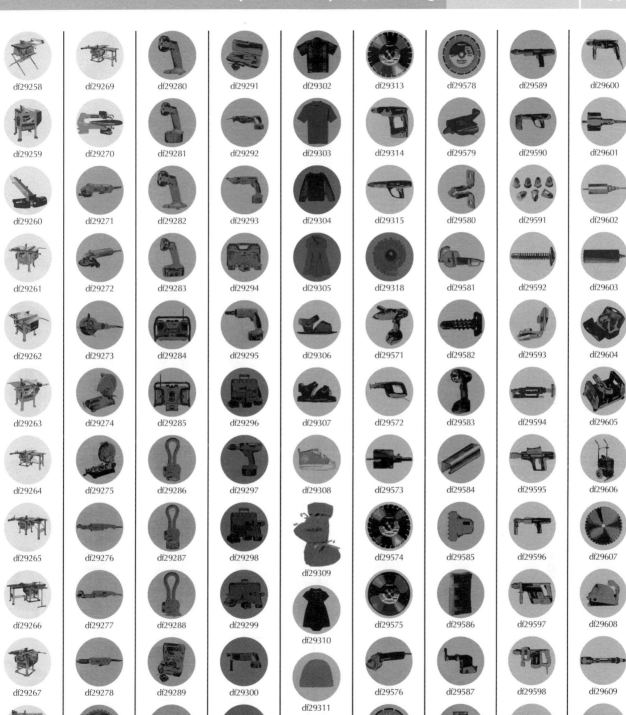

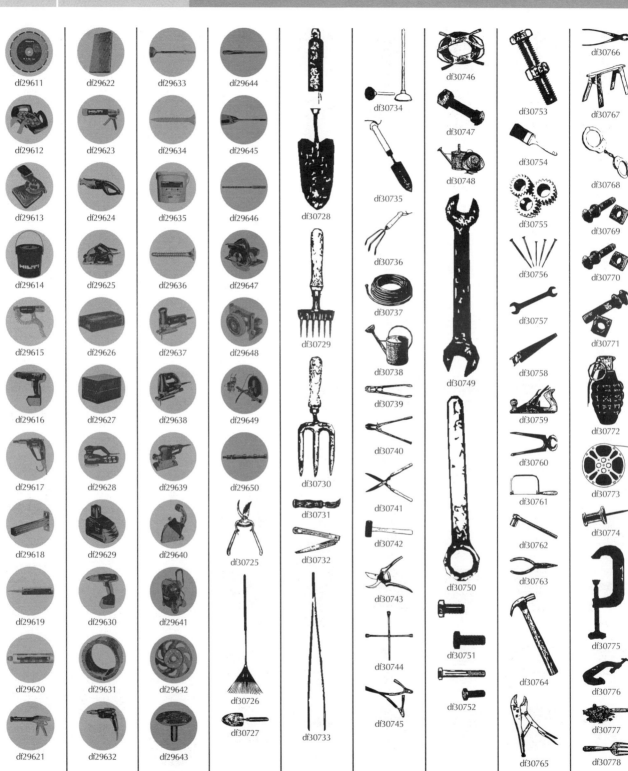

Clipart-CD 2: Objekte/Werkzeug

Clipart-CD 2: Objekte/Werkzeug

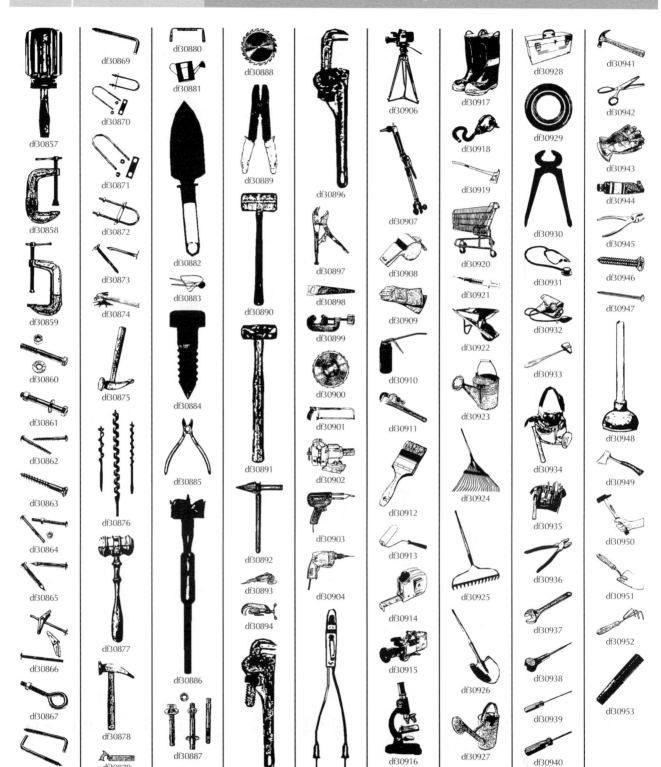

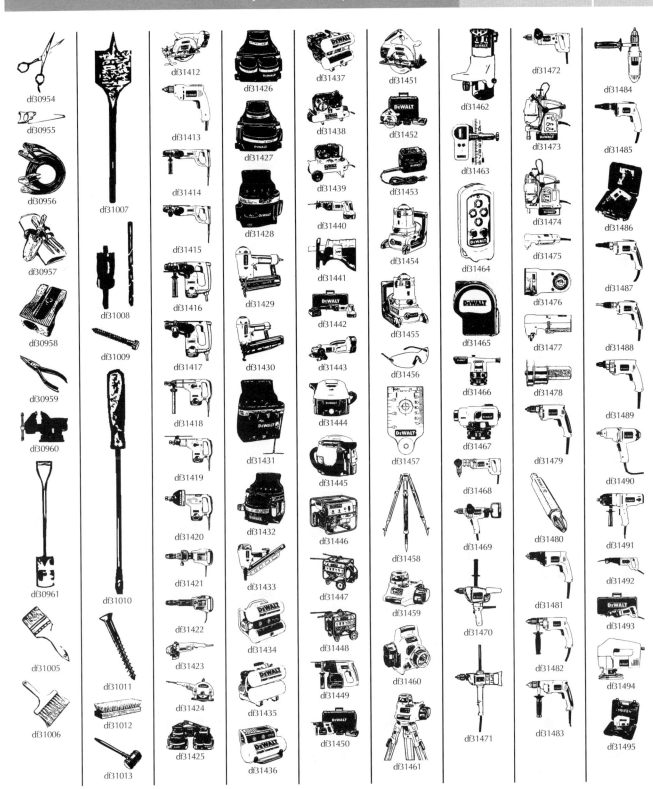

Clipart-CD 2: Objekte/Werkzeug

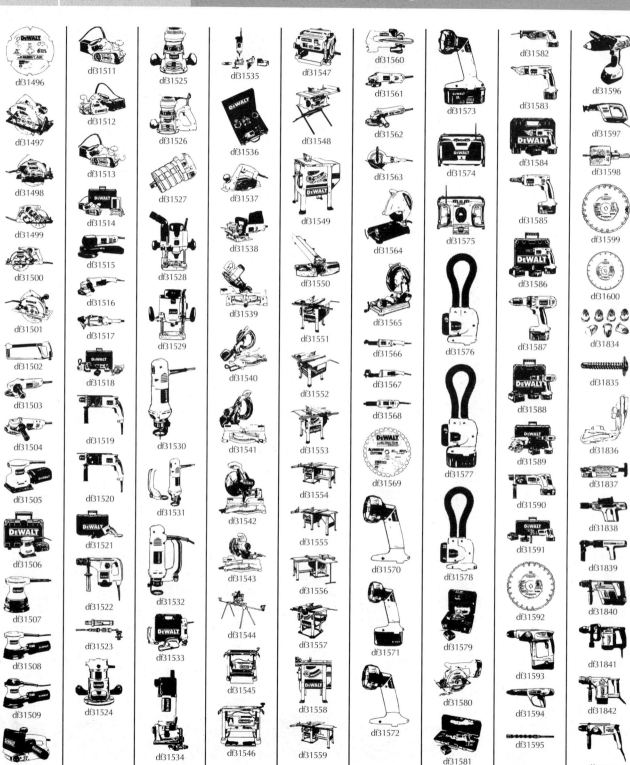

Clipart-CD 2: Objekte/Werkzeug 385

Clipart-CD 2: Objekte/Werkzeug

 hh12701
 hh12722
 hh12724
 hh12725
 hh12726
 hh12727
 hh12728
 hh12729
 hh12730
 hh12739
 hh12740
 hh12741

 hh12742
 hh12743
 hh12744
 hh12755
 hh12758
 hh12792
 hh12826
 hh12828
 hh12835
 hh12839

 hh12913
 hh13340
 hh13422
 hh13442
 hh13443
 hh13679
 hh13861
 hh13864
 hh13865
 hh13866
 hh13867
hh13868

 hh13886
 hh13913
 hh14076
 hh14080
 hh14092
 hh14212
 hh14213
 hh14237
 hh14238
 hh14278
 hh14325

 hh14411
 hh14522
hh14525
 hh14526
 hh14533
hh14546
 hh14548
hh14549
 hh14555
hh14557
 hh14769

 hh15348
 hh15687
 hh15691
 hh17200
 hh18880
 hh20294
 hh20485
 hh20486
 hh20778
 hh21787
 hh21790

 hh21791
 hh21794
 hh21795
 hh21797
hh21984
hh22043
hh22044
hh22046
hh22048
hh22049
hh22050

 hh22060
 hh22061
 hh22359
 hh22496
 in05332
 in07190
 in07191
 in07194
in07195
 in07196
in07199
 in09570

 in09571
 in09572
 in13692
 in17334
 in17335
 in17336
in17338
in17344
in17350
in17496
in17744
in17973

388 Clipart-CD 2: Objekte/Werkzeug

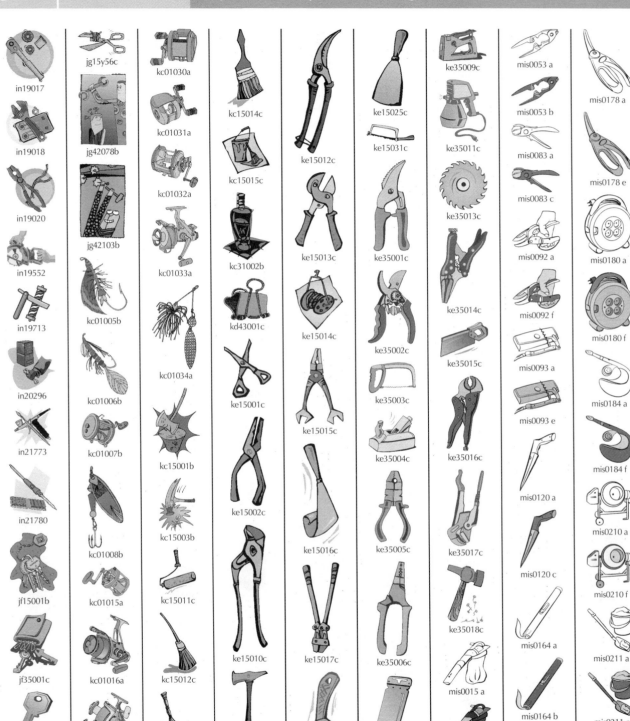

Clipart-CD 2: Objekte/Werkzeug

mis0212 a
mis0212 c
mis0213 a
mis0213 f
mis0214 a
mis0214 f
mis0216 a
mis0216 c
mis0217 a
mis0217 f

mis0218 a
mis0218 b
mis0219 a
mis0219 c
mis0221 a
mis0221 b
mis0224 a
mis0224 c
mis0232 a
mis0232 b

mis0233 a
mis0233 f
mis0246 a
mis0246 c
mis0247 a
mis0247 f
mis0254 a
mis0254 c
mis0255 a
mis0255 f

mis0357 a
mis0357 c

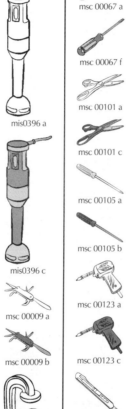

mis0396 a
mis0396 c
msc 00009 a
msc 00009 b

msc 00043 a
msc 00043 b
msc 00067 a
msc 00067 f
msc 00101 a
msc 00101 c
msc 00105 a
msc 00105 b
msc 00123 a
msc 00123 c
msc 00136 a
msc 00136 b

msc 00229 a
msc 00229 f
msc 00243 a
msc 00243 c
msc 00253 a
msc 00253 b
msc 00335 a
msc 00335 c
msc 00338 a
msc 00338 b

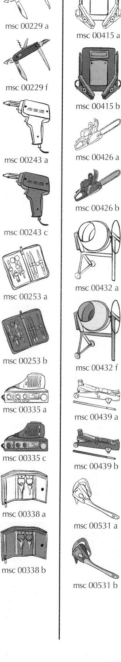

msc 00415 a
msc 00415 b
msc 00426 a
msc 00426 b
msc 00432 a
msc 00432 f
msc 00439 a
msc 00439 b
msc 00531 a
msc 00531 b

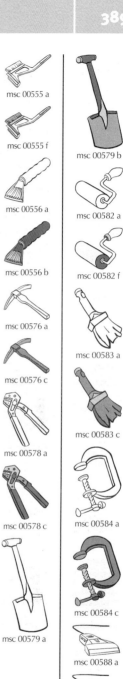

msc 00555 a
msc 00555 f
msc 00556 a
msc 00556 b
msc 00576 a
msc 00576 c
msc 00578 a
msc 00578 c
msc 00579 a

msc 00579 b
msc 00582 a
msc 00582 f
msc 00583 a
msc 00583 c
msc 00584 a
msc 00584 c
msc 00588 a

msc 00588 b

Zeichen

Informativ

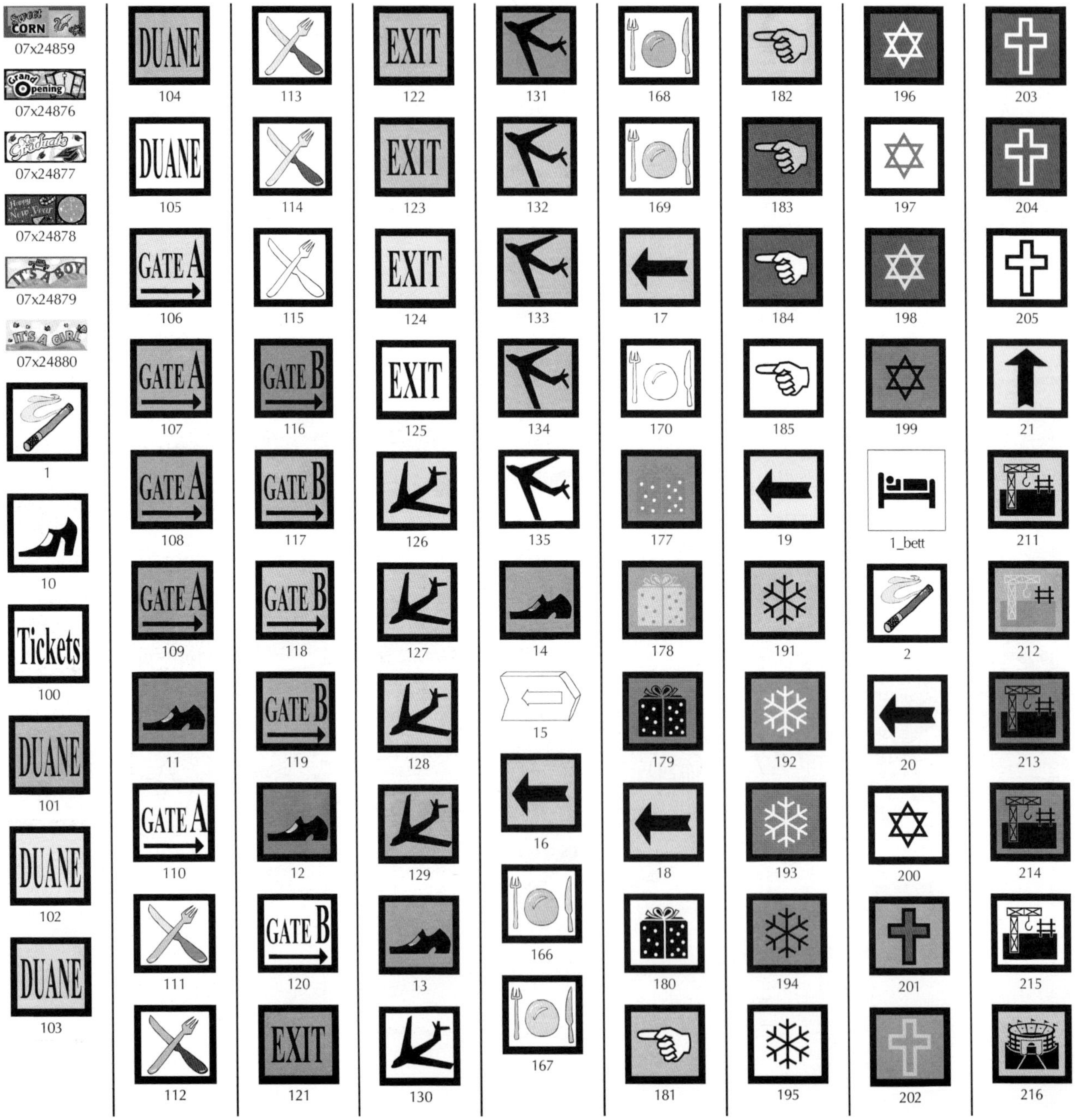

07x24859 07x24876 07x24877 07x24878 07x24879 07x24880 1 10 100 101 102 103

104 105 106 107 108 109 110 111 112

113 114 115 116 117 118 119 120 121

122 123 124 125 126 127 128 129 130

131 132 133 134 135 14 15 16 166 167

168 169 17 170 177 178 179 18 180 181

182 183 184 185 19 191 192 193 194 195

196 197 198 199 1_bett 2 20 200 201 202

203 204 205 21 211 212 213 214 215 216

Clipart-CD 2: Zeichen/Informativ

391

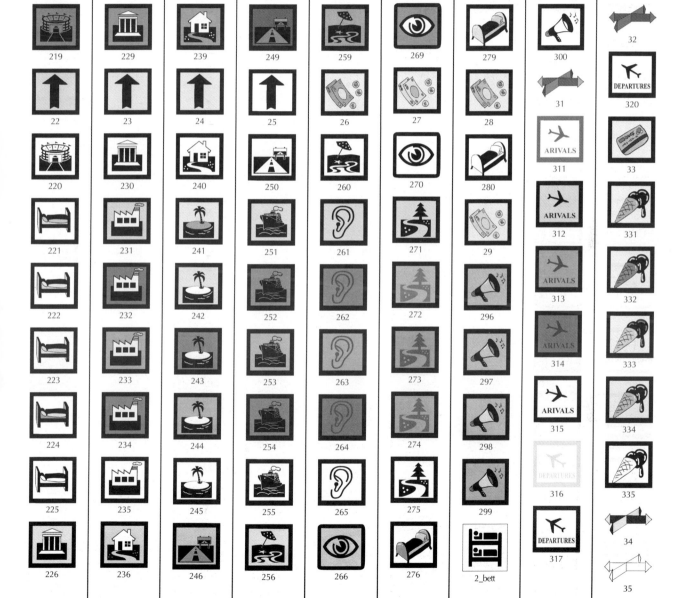

Clipart-CD 2: Zeichen/Informativ

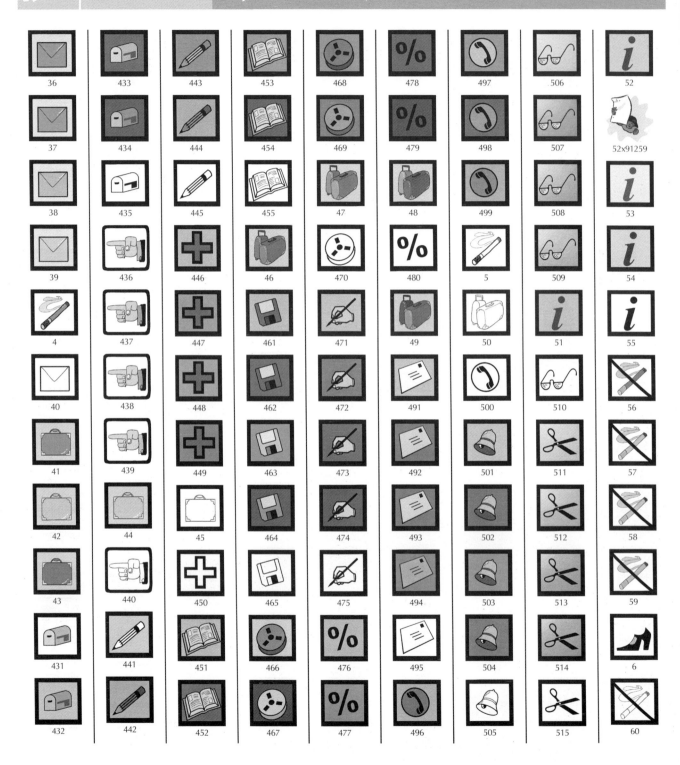

Clipart-CD 2: Zeichen/Informativ

393

61	61x24875	65	74	85	96	biking_b	clp00406	envir005
61x13967	61x26603	66	75	86	97	bit0358	cs005195	er
61x13968	61x26604	67	76	87	98		cs005196	
61x13969	61x26605	68	77	88	99	boating	cs005197	eroad021
61x13971	61x26606	68t_redc	78	89		bs000984	cs005204	flugzeug
61x24856	61x26607	69	79	9	b_f_0470	camp_1	df26329	gc001187
61x24857	61x26608	7	8	90	b_f_0472	camp_2	df26330	gc301861
61x24860	61x26609	70	80	Toilet 91	b_m_1250			gc301862
61x24862	61x26611	71	81	Toilet 92	b_y_0470	ccm01319	df26333	gc301863
61x24863	61x26612	72	82	Toilet 93	b_y_1250	clp00109	df28546	gc301864
61x24864	61x26613	73	83	Toilet 94		clp00399	df28548	gc301865
61x24865	 61x26616	73c_recy	84	Toilet 95	barbr_pl	clp00405	df28553	gc301866
61x24867	61x26617							gc301867
61x24868	61x26618							
61x24869	61x26619							
61x24870	61x26620							
61x24871	62							
61x24872	63							
61x24873	64							
61x24874								

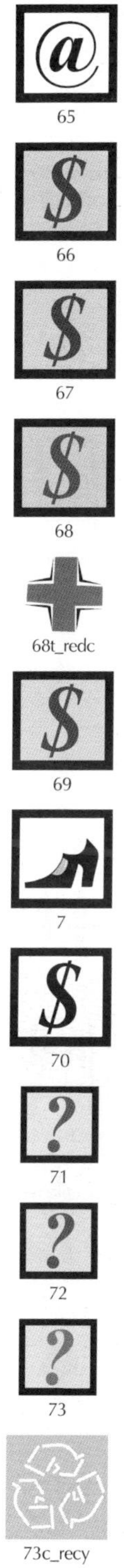

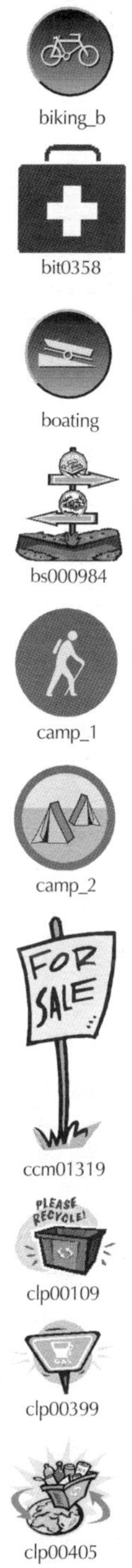

Clipart-CD 2: Zeichen/Informativ

gc301868

gc301869

gc401543

hh06406

i28009b

invalid

konferen

lms00070

lovelane

m_f_0006

m_w_0006

m_w_1383

me15049a

music

na0975

no_camp

no_food

no_picni

no_truck

nwagg014

p28026b

pd023wbf

pd059cbf

pd059fbf

pd059nbf

pd059sbf

pd059xbf

pd060abf

pd060bbf

pd060cbf

pd060dbf

pd060fbf

pd060gbf

pd060hbf

pd060ibf

pd060jbf

pd060mbf

pd060nbf

pd060rbf

pd060sbf

pd060xbf

pd061bbf

pd061cbf

pd061dbf

pd061hbf

pd061ibf

pd061lbf

pd061mbf

pd061nbf

pd061qbf

pd061tbf

pd061vbf

pd062abf

pd062bbf

pd062cbf

pd062dbf

pd062ebf

pd062fbf

pd062hbf

pd062ibf

pd062kbf

pd062lbf

pd062nbf

pd062rbf

pd074vbf

pd075dbf

pd075fbf

pd075wbf

pd075xbf

pd076abf

pd076bbf

pd078nbf

pd078obf

pd078pbf

pd074pbf

pd074qbf

pd078qbf

pd078rbf

pd079obf

pd079pbf

pd079qbf

pd079rbf

pd079sbf

pd080wbf

pd080xbf

pd081abf

pd081bbf

pd081cbf

pd081dbf

pd082bbf

pd082jbf

pd082kbf

pd082lbf

pd083gbf

pd083hbf

pd083ibf

pd083jbf

pd083kbf

pd083lbf

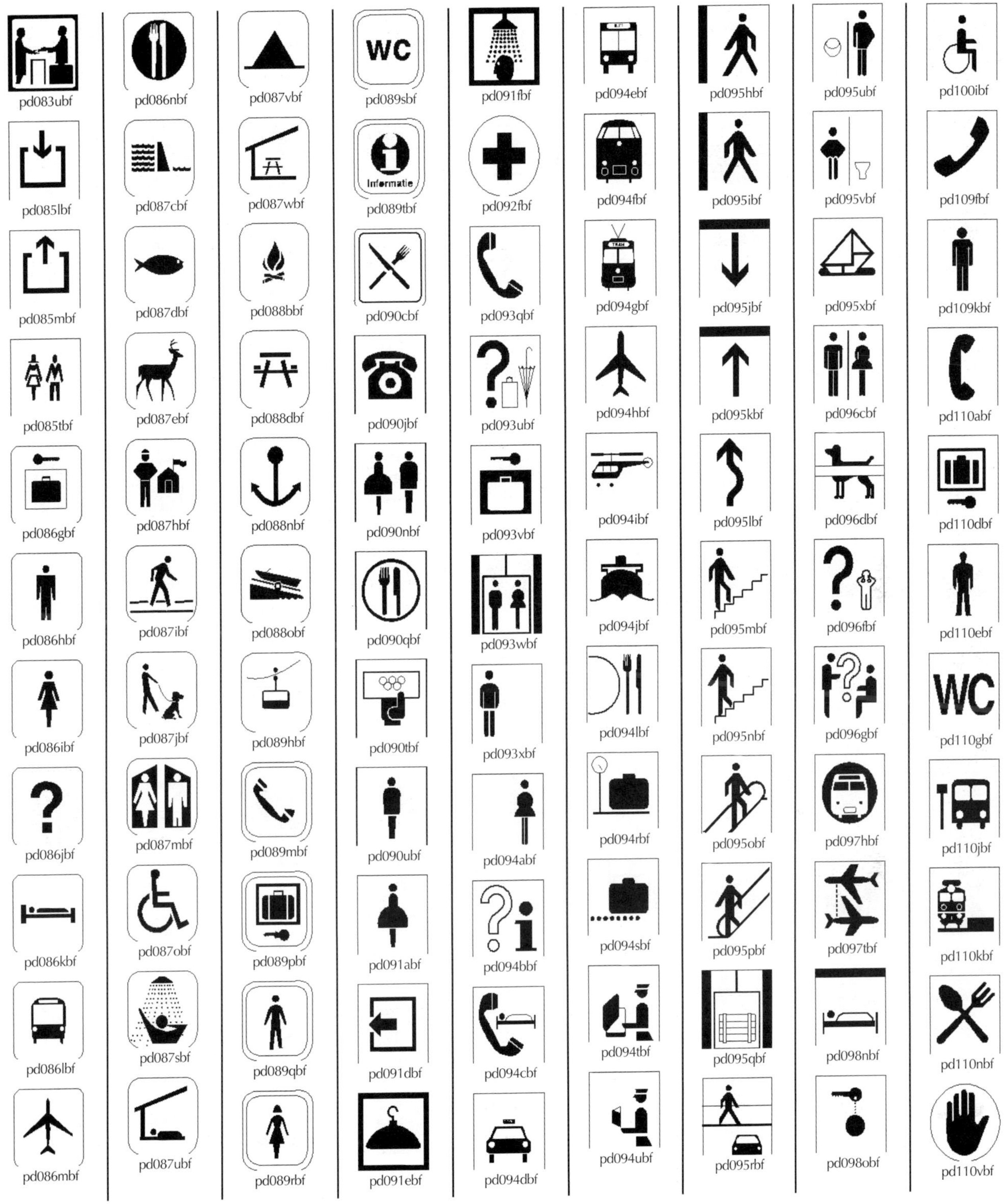

Clipart-CD 2: Zeichen/Informativ

395

 pd083ubf
 pd085lbf
 pd085mbf
 pd085tbf
 pd086gbf
 pd086hbf
 pd086ibf
 pd086jbf
 pd086kbf
 pd086lbf
 pd086mbf

 pd086nbf
 pd087cbf
 pd087dbf
 pd087ebf
 pd087hbf
 pd087ibf
 pd087jbf
 pd087mbf
 pd087obf
 pd087sbf

 pd087vbf
 pd087wbf
 pd087ubf
 pd088bbf
 pd088dbf
 pd088nbf
 pd088obf
 pd089hbf
 pd089mbf
 pd089pbf
 pd089qbf

pd089rbf

 pd089sbf
 pd089tbf
 pd090cbf
 pd090jbf
 pd090nbf
 pd090qbf
 pd090tbf
 pd090ubf
 pd091abf
 pd091dbf
 pd091ebf

 pd091fbf
 pd092fbf
 pd093qbf
 pd093ubf
 pd093vbf
 pd093wbf
 pd093xbf
 pd094abf
 pd094bbf
 pd094cbf
 pd094dbf

pd094ebf
pd094fbf
pd094gbf
pd094hbf
pd094ibf
pd094jbf
pd094lbf
pd094rbf
pd094sbf
pd094tbf
pd094ubf

pd095hbf
pd095ibf
pd095jbf
pd095kbf
pd095lbf
pd095mbf
pd095nbf
pd095obf
pd095pbf
pd095qbf
pd095rbf

pd095ubf
pd095vbf
pd095xbf
pd096cbf
pd096dbf
pd096fbf
pd096gbf
pd097hbf
pd097tbf
pd098nbf
pd098obf

 pd100ibf
 pd109fbf
 pd109kbf
 pd110abf
 pd110dbf
 pd110ebf
 pd110gbf
 pd110jbf
 pd110kbf
 pd110nbf
 pd110vbf

Clipart-CD 2: Zeichen/Informativ

 pd111ibf
 pd112abf
 pd112cbf
 pd113obf
 pd113tbf
 pd113ubf
 pd114ebf
 pd114gbf
 pd116cbf
 pd116dbf
 pd116fbf

 pd116jbf
 pd116lbf
 pd116mbf
 pd116nbf
 pd116obf
 pd116rbf
 pd116sbf
 pd117dbf
 pd117ebf
 pd117hbf
 pd117obf

 pd117ubf
 pd117wbf
 pd118abf
 pd118bbf
pd118gbf
pd118hbf
 pd118pbf
 pd118tbf
 pd118vbf
 pd118wbf
 pd119abf
 pd119ebf

 pd119fbf
pd119lbf
pd119pbf
pd119vbf
pd119wbf
pd119xbf
pd120abf
 pd120bbf
pd120cbf
pd120kbf

 pd120qbf
pd120vbf
 pd120wbf
 pd120xbf
WC pd121abf
INFORMATION pd121bbf
 pd121ebf
 pd121fbf
 pd121gbf
 pd121hbf
 pd121pbf

 pd121vbf
 pd121wbf
pd122jbf
pd122lbf
pd122mbf
pd122nbf
pd122obf
pd122pbf
 pd123dbf
 pd123ebf
 pd123fbf

 pd123gbf
 pd123hbf
pd123lbf
pd123mbf
pd123nbf
pd123obf
pd123rbf
pd123ubf
pd124abf
 pd124cbf
 pd124dbf

 pd124fbf
pd124mbf
 pd125dbf
 pd125fbf
 pd125gbf
 pd125hbf
 pd125ibf
 pd125jbf
 pd125kbf
 pd125lbf
 pd125pbf

pd125qbf
pd125sbf
pd126dbf
pd126ebf
pd126ibf
pd126kbf
pd126lbf
pd126mbf
pd126sbf
pd127bbf
pd127cbf

Clipart-CD 2: Zeichen/Informativ

pd128lbf

pd128mbf

pd129pbf

pd130cbf

pd130dbf

pd130ebf

pd134lbf

pd136bbf

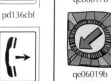
pd136cbf

pd136dbf

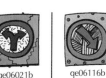
pe000047

pe000048

pe000357

pic_area

qe06006b

qe06010b

qe06016b

qe06017b

qe06019b

qe06020b

qe06021b

qe06022b

qe06024b

qe06029b

qe06038b

qe06040b

qe06042b

qe06048b

qe06050b

qe06051b

qe06116b

rletx005

rletx006

rletx007

rletx008

rletx009

rletx010

rletx012

rletx013

rletx014

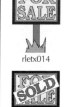
rletx015

rocksign

sg000414

sg002041

sg002042

sg002162

sg002163

sg002164

sg002166

sg002191

sg002192

sg002193

sg002194

sg002196

sg002530

sg002531

sg002532

sg002533

sg002534

sg002535

sg002811

sg003094

sg04172

sg04173

sg04175

sg04176

sg04177

sg04210

sg05650

sg05657

sg05658

sg05659

sg05890

sg05896

sg05897

sg06519

sg06520

sg06521

sg06522

sg06523

sg06554

sg09104

sg21431

sgnev001

sgnev002

sgnev003

sgnev004

sgnev005

sgnev006

sgnev007

Clipart-CD 2: Zeichen/Informativ

 sgnev008
 sgnev009
 sgnev010
 sgnev011
 sgnev012
 sgnev013
 sgnev014
 sgnev015
 sgnev016
 sgnev017
 sgnev018
 sgnev034
 sgnev035

 sgnev036
 sgnev041
 sgnev042
 sgnev043
 sgnev044
 sgnev045
 sgnev046
 sgnex001
 sgnex002
 sgnex003
 sgnex004
 sgnex005
 sgnex006
 sgnex007

 sgnex008
 sgnex009
 sgnex010
 sgnex011
 sgnex012
 sgnex013

sgnex014
sgnex015
sgnex016
sgnex017
sgnex018
sgnex019
sgnex020
sgnex021

 sgnex022
 sgnex023
 sgnex024
 sgnex025
 sgnex026
 sgnex027

 sgnex028
 sgnex029
sgnex030
sgnex031
sgnex032
sgnex033
sgnex034
sgnex035
sgnex036
 sgnex037
 sgnex043

sgnhc001
sgnhc002
sgnhc003
sgnhc004
sgnhc005
sgnhc006
sgnhc007
sgnhc008
sgnhc009
sgnhc010
sgnhc011
sgnhc012
sgnhc013

sgnhc014
sgnhc015
sgnhc016
sgnhc017
sgnhc018
sgnhc019
sgnhc020
sgnhc022
sgnhc023
sgnhc024

sgnil001
sgnil002
sgnil003
sgnin002
sgnin008
sgnin018
sgnin019
sgnin027
sgnin036
sgnin037
sgnin038
sgnin039
sgnin040
sgnin041

sgnin042
sgnin043
sgnin044
sgnin045
sgnin046
sgnin047
sgnin048
sgnin049
sgnin050
sgnin051
sgnin052
sgnin053

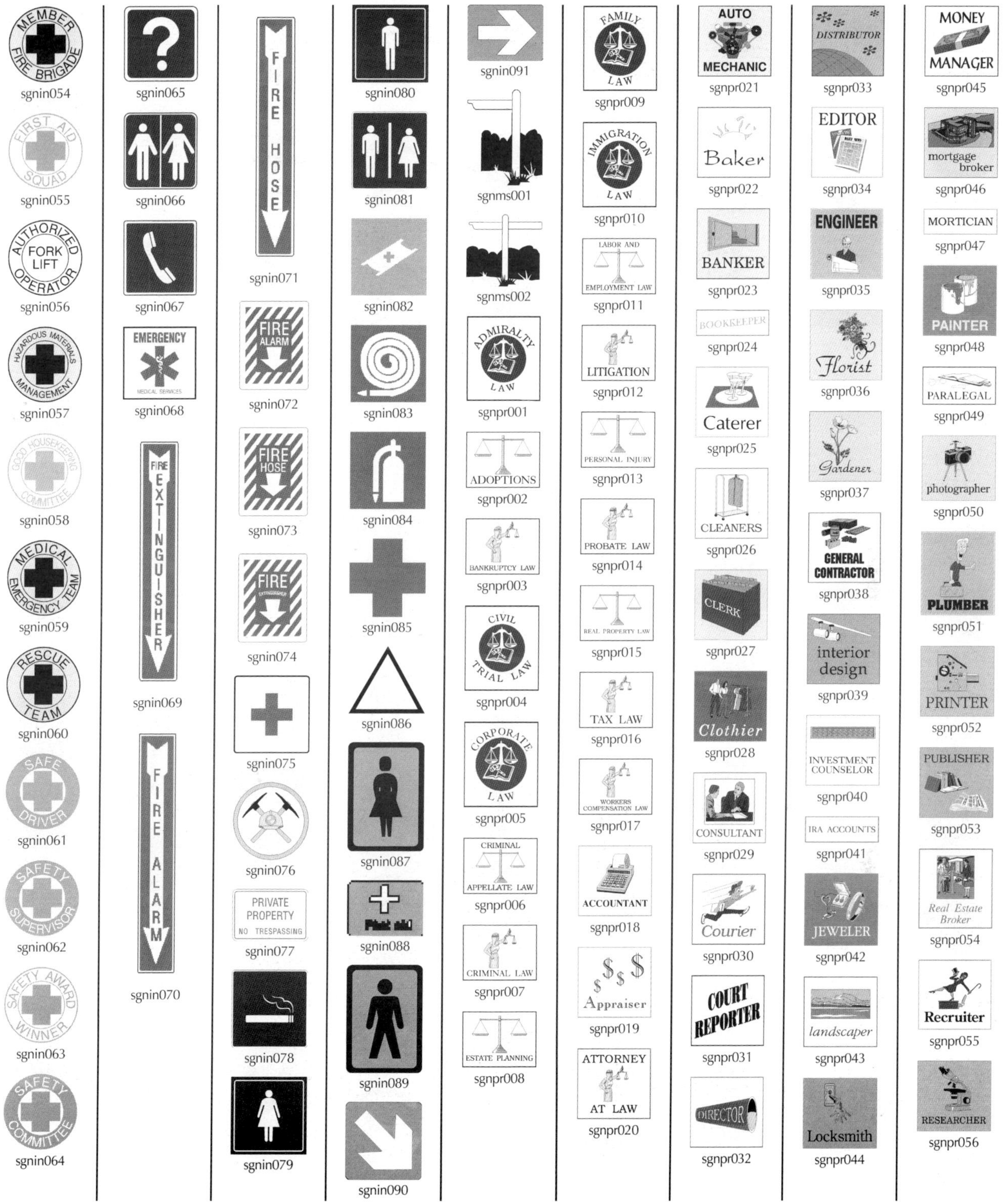

Clipart-CD 2: Zeichen/Informativ

 sgnin054
 sgnin055
 sgnin056
 sgnin057
 sgnin058
 sgnin059
 sgnin060
 sgnin061
 sgnin062
 sgnin063
 sgnin064

 sgnin065
 sgnin066
 sgnin067
 sgnin068
 sgnin069
 sgnin070

 sgnin071
 sgnin072
 sgnin073
 sgnin074
 sgnin075
 sgnin076
 sgnin077
 sgnin078
 sgnin079

 sgnin080
 sgnin081
 sgnin082
 sgnin083
 sgnin084
 sgnin085
 sgnin086
 sgnin087
 sgnin088
 sgnin089
 sgnin090

 sgnin091
 sgnms001
 sgnms002

 sgnpr001
 sgnpr002
 sgnpr003
 sgnpr004
 sgnpr005
 sgnpr006
 sgnpr007
 sgnpr008

 sgnpr009
 sgnpr010
 sgnpr011
 sgnpr012
 sgnpr013
 sgnpr014
 sgnpr015
 sgnpr016
 sgnpr017
 sgnpr018
 sgnpr019
 sgnpr020

 sgnpr021
 sgnpr022
 sgnpr023
 sgnpr024
 sgnpr025
 sgnpr026
 sgnpr027
 sgnpr028
 sgnpr029
 sgnpr030
 sgnpr031
 sgnpr032

 sgnpr033
 sgnpr034
 sgnpr035
 sgnpr036
 sgnpr037
 sgnpr038
 sgnpr039

sgnpr040
sgnpr041
sgnpr042
sgnpr043
sgnpr044

sgnpr045
sgnpr046
sgnpr047
sgnpr048
sgnpr049
sgnpr050
sgnpr051
sgnpr052
sgnpr053
sgnpr054
sgnpr055
sgnpr056

400 Clipart-CD 2: Zeichen/Verkehr

sgnpr057

sgnpr058

sgnpr059

sgnpr060

sgnpr061

sgnpr062

sgnpr063

sgnpr064

sie&er

sie

slide

subsign

subway

surfwarn

sy001001

sy09117

target1

target2

target3

target4

target5

target6

target7

taxisign

tickhere

traps

trav_dis

treat

worldman

z147

z157

z158

z159

z160

z161

Verkehr

203789

44x91616

5avenue

77t_stop

80t_traf

ad001881

ad004281

ad005232

ad005238

ad005247

bit0181

bit0182

bit0183

bit0184

bit0363

bl07713

bs07067

clp00072

clp00148

clp00149

clp00404

clp00435

crosswlk

cs005214

cs005222

cs005223

cs005225

cs005226

cs005227

cs005228

cs005229

cs005230

cs005231

cs005232

cs005233

cs005234

cs005235

cs005236

detour

df26326

df26327

df26328

df26331

df26332

df28547

df28549

df28550

df28551

Clipart-CD 2: Zeichen/Verkehr

401

df28552

df31179

df31180

df31181

df31182

df31183

df31184

df31185

df31186

disabled

dont_ent

f29

fsa07026

gc301871

gc301872

gc301873

gc600941

jg15630c

jg35014c

la

lr01021a

lr39001c

m_w_1388

mici15

na0960

na0963

na0964

na0969

no_left

no_right

no_u_tur

one_way

oneway

pd073gbf

pd073ibf

pd073jbf

pd073qbf

pd073rbf

pd073tbf

pd073ubf

pd073vbf

pd073wbf

pd073xbf

pd073zbf

pd074bbf

pd074cbf

pd074dbf

pd074ebf

pd074gbf

pd074rbf

pd076obf

pd077dbf

pd078abf

pd080nbf

pd080obf

pd080pbf

pd081wbf

pd081xbf

pd082abf

pd082ibf

pd082ubf

pd086pbf

pd086qbf

pd090hbf

pd109wbf

pd118nbf

pd118obf

pd123vbf

pd127fbf

pd132pbf

pd132qbf

pd132rbf

pd132sbf

pd135ebf

pd135rbf

qe06001b

qe06002b

qe06004b

qe06006b

qe06007b

qe06009b

qe06010b

qe06011b

qe06012b

qe06013b

qe06015b

qe06016b

qe06017b

qe06018b

qe06019b

qe06020b

qe06021b

qe06022b

Clipart-CD 2: Zeichen/Verkehr

qe06023b

qe06024b

qe06025b

qe06026b

qe06027b

qe06029b

qe06030b

qe06031b

qe06032b

qe06033b

qe06034b

qe06037b

qe06038b

qe06039b

qe06040b

qe06041b

qe06042b

qe06045b

qe06046b

qe06047b

qe06048b

qe06049b

qe06050b

qe06051b

qe06052c

qe06053c

qe06054c

qe06055c

qe06056c

qe06057c

qe06059c

qe06060c

qe06061c

qe06062c

qe06063c

qe06065c

qe06066c

qe06067c

qe06068c

qe06069c

qe06070c

qe06071c

qe06072c

qe06074c

qe06076c

qe06077c

qe06079c

qe06080c

qe06081c

qe06082c

qe06083c

qe06084c

qe06085c

qe06086c

qe06087c

qe06088c

qe06089c

qe06090c

qe06092c

qe06094c

qe06095c

qe06096c

qe06097c

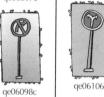
qe06098c

qe06099c

qe06100c

qe06101c

qe06102c

qe06103c

qe06104c

qe06105c

qe06106c

qe06107c

qe06108c

qe06109c

qe06110c

qe06111c

Clipart-CD 2: Zeichen/Verkehr

qe06112c

qe06113c

qe06114c

qe06115c

qe06116b

qe06117b

qe06118b

qe06119c

qe15001c

railroad

school_x

sg000359

sg000804

sg05894

sg05895

sg06684

sg07766

sg14447

sg14448

sg14449

sg14450

sg14460

sg14461

sg14462

sgnjr004

sgnjr005

sgnjr006

sgnjr007

sgnjr008

sgnjr009

sgnjr010

sgnjr011

sgnjr012

sgnjr013

sgnjr014

sgnjr015

sgnjr016

sgnjr017

sgnjr018

sgnjr019

sgnjr020

sgnjr022

sgnjr023

sgnjr033

sgnjr034

sgnjr035

sgnjr036

sgnjr037

sgnjr039

sgnjr040

sgnjr041

sgnjr042

sgnjr043

sgnjr044

sgnjr047

sgnjr048

sgnjr055

sgnjr056

sgnjr057

sgnjr059

sgnjr060

sgnjr062

sgnjr063

sgnjr064

sgnjr065

sgnjr066

sgnjr068

sgnjr069

sgnjr070

sgnjr072

sgnjr073

sgnjr074

sgnjr075

sgnjr076

sgnjr077

sgnjr078

sgnjr079

sgnjr080

sgnjr081

sgnjr082

sgnjr083

sgnjr084

sgnjr085

sgnjr086

sgnjr087

sgnjr088

sgnjr089

sgnjr090

sgnjr091

sgnjr092

sgnjr093

sgnjr094

sgnjr095

Clipart-CD 2: Zeichen/Verkehr

sgnjr096

sgnjr097

sgnjr098

NO PARKING FIRE STATION
sgnpk042

NO PARKING LOADING ZONE
sgnpk043

NO PARKING
sgnpk044

NO PARKING BETWEEN SIGNS
sgnpk045

sgnpk046

NO PARKING BETWEEN SIGNS
sgnpk047

NO PARKING FIRE LANE
sgnpk048

NO OVERNIGHT PARKING VIOLATORS TOWED AWAY AT VEHICLE OWNER'S EXPENSE
sgnpk049

NO PARKING VIOLATORS WILL BE TOWED AWAY AT OWNER'S EXPENSE
sgnpk050

PARK AT YOUR OWN RISK
sgnpk051

NO PARKING SCHOOL DAYS
sgnpk052

NO PARKING THIS SIDE OF STREET
sgnpk053

NO PARKING OR STANDING
sgnpk054

THOU SHALT NOT PARK HERE
sgnpk056

NO PARKING TOW AWAY ZONE
sgnpk057

NO TRUCK PARKING
sgnpk058

UNAUTHORIZED VEHICLES WILL BE TOWED AWAY AT OWNER'S EXPENSE
sgnpk059

NO PARKING IN WALKWAY
sgnpk060

NO PARKING IN ALLEY
sgnpk061

NO PARKING ANY TIME
sgnpk062

NO PARKING BEYOND THIS SIGN
sgnpk063

DO NOT BLOCK DRIVE
sgnpk064

NO PARKING BUILDING ENTRANCE
sgnpk065

NO PARKING BUS STOP
sgnpk066

NO PARKING HERE TO CORNER
sgnpk067

NO PARKING DAY OR NIGHT
sgnpk068

NO PARKING DOCTORS ONLY
sgnpk069

DON'T EVEN THINK OF PARKING HERE
sgnpk070

NO PARKING IN DRIVEWAY
sgnpk071

DO NOT BLOCK DRIVEWAY 24 HOUR ACCESS REQUIRED
sgnpk072

 ANY TIME
sgnpk073

 NO PARKING
sgnpk074

 NO PARKING
sgnpk075

sgnpk091

 FIRE ZONE
sgnpk076

 FIRE LANE
sgnpk077

 FIRE LANE
sgnpk078

 FIRE ZONE
sgnpk079

 LOADING ZONE
sgnpk080

 TOW AWAY ZONE
sgnpk081

PARCEL PICK UP NO PARKING
sgnpk082

TOW-AWAY ZONE
sgnpk083

VISITOR PARKING
sgnpk084

sgnpk093

NO PARKING POLICE CARS
sgnpk094

NO PARKING PRIVATE PROPERTY
sgnpk095

sgnpk097

sgnpk098

 PARKING BY DISABLED PERMIT ONLY
sgnpk099

sgnrd001

sgnrd002

sgnrd003

sgnrd004

sgnrd005

sgnrd006

sgnrd007

sgnrd008

sgnrd009

sgnrd010

sgnrd012

sgnrd013

sgnrd015

sgnrd016

sgnrd017

AT ANY TIME
sgnrd019

sgnrd020

sgnrd021

DO NOT ENTER
sgnrd022

sgnrd023

sgnrd026

sgnrd027

sgnrd028

sgnrd029

sgnrd030

sgnrd033

DOUANE ZOLL
sgnrd034

HALTE PEAGE
sgnrd035

ZOLL DOUANE
sgnrd036

sgnrd037

sgnrd038

sgnrd039

60
sgnrd040

DRUG FREE SCHOOL ZONE
sgnrd041

IN
sgnrd042

SLOW CHILDREN AT PLAY
sgnrd043

Clipart-CD 2: Zeichen/Verkehr

sgnrd044

sgnrd045

sgnrd046

sgnrd047

sgnrd048

sgnrd049

sgnrd050

sgnrd051

sgnrd052

sgnrd053

sgnrd054

sgnrd055

sgnrd056

sgnrd057

sgnrd058

sgnrd059

sgnrd060

sgnrd061

sgnrd062

sgnrd063

sgnrd064

sgnrd065

sgnrd066

sgnrd067

sgnrd068

sgnrd069

sgnrd070

sgnrd071

sgnrd072

sgnrd073

sgnrd074

sgnrd075

sgnrd076

sgnrd077

sgnrd078

sgnrd079

sgnrd080

sgnrd081

sgnrd087

sgnrd088

sgnrd089

sgnrd090

sgnrd091

sgnrd094

sgnrd095

sgnrd096

sgnrd097

sgnrd098

sgnrd099

sgnrd100

sgnrd101

sgnrd104

sgnrd105

sgnrd106

sgnrd107

sgnrd108

sgnrd109

sgnrd110

sgnrd111

sgnrd112

sgnrd113

sgnrd114

sgnrd115

sgnrd116

sgnrd117

sgnrd118

sgnrd119

sgnrd120

sgnrd121

sgnrd122

sgnrd123

sgnrd124

sgnrd125

sgnrd126

sgnrd127

sgnrd130

sgnrd131

sgnrd132

sgnrd133

sgnrd136

sgnrd137

sgnrd138

sgnrd139

sgnrd140

sgnrd141

sgnrd142

sgnrd143

sgnrd144

sgnrd145

sgnrd146

sgnrd147

sgnrd148

sgnrd149

sgnrd150

sgnrd151

sgnrd152

sgnrd153

sgnrd160

sgnrd161

sgnrd162

sgnrd163

sgnrd164

sgnrd165

sgnrd166

sgnrd167

sgnrd168

sgnrd169

Clipart-CD 2: Zeichen/Verkehr

ENTRANCE ONLY sgnrd170	RIGHT TURN ONLY sgnrd183	 sgnrd196	 sgnrd212	FASTEN SEAT BELTS sgnrd223	NO TRUCKS ALLOWED sgnrd236	EMERGENCY STOPPING ONLY sgnrd250	 sgnrd262	 sgnrd280	
ENTER → sgnrd171	 sgnrd184	 sgnrd197	 sgnrd213	NO SOLICITORS ALLOWED sgnrd224	PEDESTRIANS PROHIBITED sgnrd237	 sgnrd251	 sgnrd263	 sgnrd281	
ENTER HERE sgnrd172	 sgnrd185	SPEED LIMIT 30 sgnrd198	KEEP OFF GRASS sgnrd214	NO SWIMMING IN THIS AREA sgnrd225	POSTED NO HUNTING FISHING TRESPASSING sgnrd238	 sgnrd252	4-WAY sgnrd264	55 sgnrd282	
ENTER ONLY sgnrd173	 sgnrd186	SPEED LIMIT 35 sgnrd199	KEEP LEFT RIGHT sgnrd215	NO VEHICLES BEYOND THIS POINT sgnrd226	PRIVATE DRIVE NO THRU STREET sgnrd239	 sgnrd253	ALL WAY sgnrd265	 sgnrd283	
ENTRANCE ONLY sgnrd174	LEFT LANE MUST TURN LEFT sgnrd187	SPEED LIMIT 40 sgnrd200	NO BICYCLES OR SKATEBOARDS ON SIDEWALK sgnrd216	DEAD END STREET sgnrd227	SCHOOL BUS STOP sgnrd240	 sgnrd254	NO PASSING ZONE sgnrd266	 sgnrd284	
← EXIT sgnrd175	NO TURN ON RED sgnrd188	SPEED LIMIT 45 sgnrd201	NO DUMPING ALLOWED sgnrd217	DELIVERIES → sgnrd228	SHIPPING AND RECEIVING sgnrd241	 sgnrd255	PASS WITH CARE sgnrd267	 sgnrd285	
EXIT ONLY sgnrd176	NO TURNS sgnrd189	SPEED LIMIT 50 sgnrd202	NO MOTORCYCLES ALLOWED sgnrd218	ALL DELIVERIES IN REAR sgnrd229	SPEED CHECKED BY RADAR sgnrd242	 sgnrd256	RESTRICTED LANE AHEAD sgnrd268	 sgnrd286	
EXIT ONLY sgnrd177	 sgnrd190	SPEED LIMIT 60 sgnrd203	NO TRUCKS sgnrd219	STOP FOR PEDESTRIAN IN CROSSWALK sgnrd243	TAXIS sgnrd257	SLOWER TRAFFIC KEEP RIGHT sgnrd269	 sgnrd287		
EXIT → sgnrd178	ONLY sgnrd191	 sgnrd207	PRIVATE PROPERTY NO TRESPASSING sgnrd220	PLEASE DRIVE SLOWLY sgnrd230	NOT RESPONSIBLE FOR THEFT OR DAMAGE TO VEHICLES sgnrd244	 sgnrd258	 sgnrd270	sgnst001	
NO LEFT TURN sgnrd179	DETOUR sgnrd192	 sgnrd208	FIRE LANE sgnrd231	THRU TRAFFIC PROHIBITED sgnrd245	TAXI sgnrd259	SPEED ZONE AHEAD sgnrd271	sgnst068		
NO LEFT TURN sgnrd180	END CONSTRUCTION sgnrd193	 sgnrd209	KEEP RIGHT → sgnrd232	 sgnrd246	 sgnrd260	 sgnrd272			
NO RIGHT TURN sgnrd181	 sgnrd194	 sgnrd210	PRIVATE ROAD NO THRU TRAFFIC sgnrd221	NO ALCOHOLIC BEVERAGES ALLOWED sgnrd233	 sgnrd248	 sgnrd261	GO sgnrd277	sgnst070	
NO U TURN sgnrd182	 sgnrd195	SCHOOL BUS STOP sgnrd222	NO LOITERING sgnrd234	DO NOT PASS sgnrd249	 sgnrd278	slippery			
			NO SOLICITING sgnrd235			REDUCE SPEED NOW sgnrd279			

Clipart-CD 2: Zeichen/Warnung

stop

stop_grn
stop_h

stop_red
stopsgn

stopsign

sy000748

sy000891
sy11620

syssg048
tn000892

traf_sig

trafficl

wall

yield

yielda
z191
z2019

Warnung

28c_dont

ad001661

ad001820

ad001887

ad001888

ad001889

ad001890

bit0156

bit0381

bit0382

bit0383

bit0384

bit0385

bit0386

bit0387

bit0388

bit0635

bit0758

bit0860

clp00001

clp00073

clp00158

clp00163

cs005224

cs005238

f28a

f28b

f28c

gc301874

gc401544

gc401545

gc600942

lms00020

m_f_0432

m_f_0433

m_f_1084

na0957

na0958

na0959

na0961

na0962

na0965

na0966

na0967

na0968

na0971

na0972

na0973

na0974

no_smoke

noleaks

nosmk020

nosmk024

nosmk025

nosmk026

nosmk027

nosmk028

nosmk029

nosmk030

nosmk031

nosmk032

nosmk033

nosmk034

nosmk035

nosmk036

407

408 Clipart-CD 2: Zeichen/Warnung

nosmk037
nosmk038
nosmk039
nosmk040
nosmk041
nosmk042
nosmk048
nosmk049
nosmk050
nosmk051
noturn

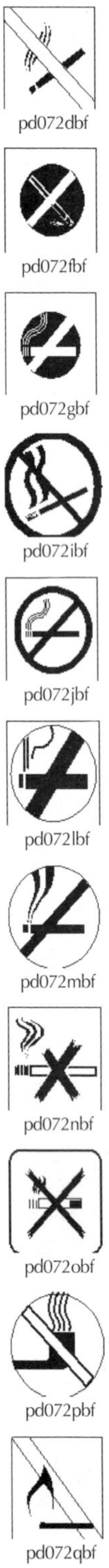

pd072dbf
pd072fbf
pd072gbf
pd072ibf
pd072jbf
pd072lbf
pd072mbf
pd072nbf
pd072obf
pd072pbf
pd072qbf

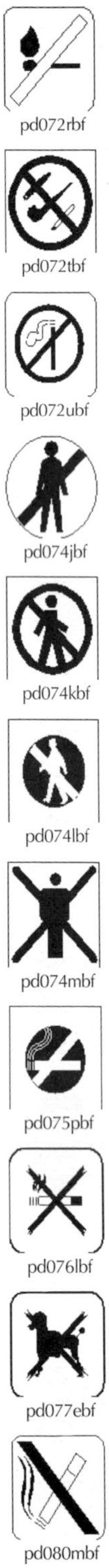

pd072rbf
pd072tbf
pd072ubf
pd074jbf
pd074kbf
pd074lbf
pd074mbf
pd075pbf
pd076lbf
pd077ebf
pd080mbf

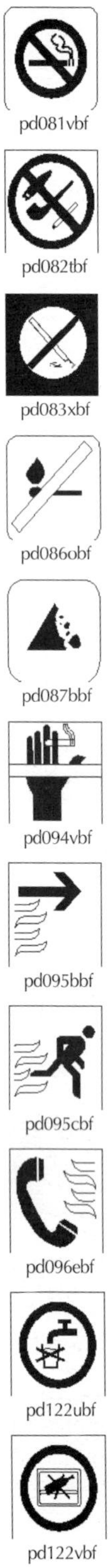

pd081vbf
pd082tbf
pd083xbf
pd086obf
pd087bbf
pd094vbf
pd095bbf
pd095cbf
pd096ebf
pd122ubf
pd122vbf

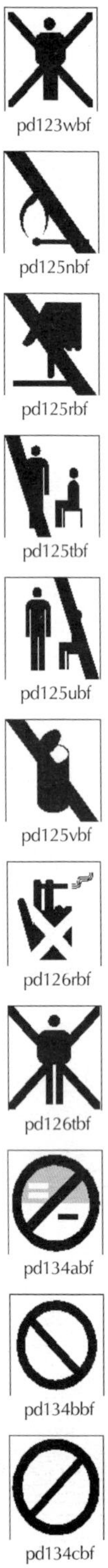

pd123wbf
pd125nbf
pd125rbf
pd125tbf
pd125ubf
pd125vbf
pd126rbf
pd126tbf
pd134abf
pd134bbf
pd134cbf

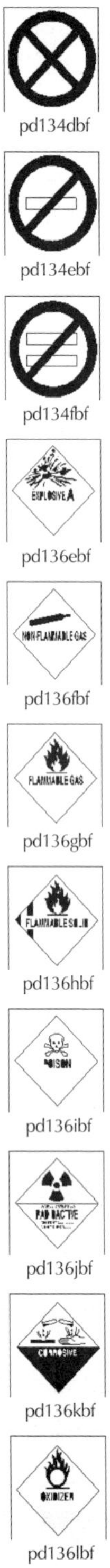

pd134dbf
pd134ebf
pd134fbf
pd136ebf
pd136fbf
pd136gbf
pd136hbf
pd136ibf
pd136jbf
pd136kbf
pd136lbf

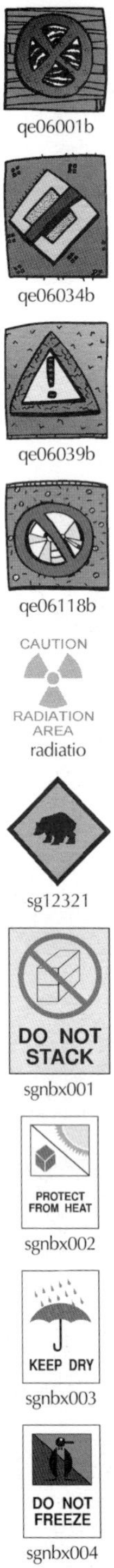

qe06001b
qe06034b
qe06039b
qe06118b
radiatio
sg12321
sgnbx001
sgnbx002
sgnbx003
sgnbx004

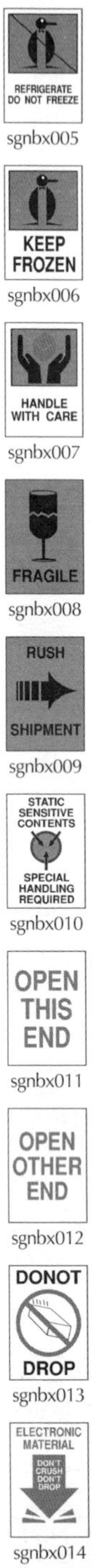

sgnbx005
sgnbx006
sgnbx007
sgnbx008
sgnbx009
sgnbx010
sgnbx011
sgnbx012
sgnbx013
sgnbx014

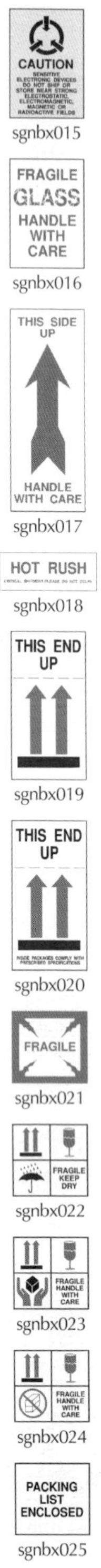

sgnbx015
sgnbx016
sgnbx017
sgnbx018
sgnbx019
sgnbx020
sgnbx021
sgnbx022
sgnbx023
sgnbx024
sgnbx025

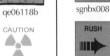

Clipart-CD 2: Zeichen/Warnung

409

 sgnbx026
 sgnbx027
 sgnbx028
 sgnbx029
 sgnbx030
sgncu001
sgncu043
sgncu044
sgncu045
sgncu046
sgncu047
sgncu048
sgncu049

 sgncu050
sgncu051
sgncu052
 sgncu054
sgncu055
sgncu056
 sgncu057
sgncu058
 sgncu059
 sgncu060

 sgncu061
sgncu062
sgncu063
sgncu064
sgncu065
 sgncu066
 sgncu067
 sgncu068
 sgncu069

 sgncu070
 sgnhz002
 sgnhz003
 sgnhz004
 sgnhz005
 sgnhz006
 sgnhz007
 sgnhz008
 sgnhz009
 sgnhz010
 sgnhz011

 sgnhz012
 sgnhz013
 sgnhz014
 sgnhz015
 sgnhz016
 sgnhz017
 sgnhz018
 sgnhz019
 sgnhz020
 sgnhz021
 sgnhz022

 sgnhz023
 sgnhz024
sgnhz025
sgnhz026
sgnhz027
sgnhz028
sgnhz029
sgnhz030
sgnhz031
sgnhz032
sgnhz033
sgnhz034
sgnhz035

 sgnhz036
 sgnhz037
 sgnhz038
 sgnhz039
 sgnhz040
 sgnhz041

sgnjr002
sgnrd011
sgnrd014
sgnrd031
sgnrd032

 sgnwr001
 sgnwr002
 sgnwr003
 sgnwr004
sgnwr037
sgnwr038
sgnwr047
sgnwr048
sgnwr049
sgnwr050
sgnwr051
sgnwr052

sgnwr053
sgnwr054
sgnwr055
sgnwr056
sgnwr057
sgnwr058
sgnwr059
sgnwr060
sgnwr061
sgnwr062
sgnwr063
sgnwr064

Clipart-CD 2: Zeichen/Warnung

 sgnwr065
 sgnwr066
 sgnwr067
 sgnwr068
 sgnwr069
 sgnwr070
 sgnwr071
 sgnwr072
 sgnwr073
 sgnwr074
 sgnwr075
 sgnwr076
 sgnwr077

 sgnwr078
 sgnwr079
 sgnwr080
 sgnwr081
 sgnwr082
 sgnwr083
 sgnwr084
 sgnwr085
 sgnwr086
 sgnwr087
 sgnwr088
sgnwr089
sgnwr090

 sgnwr091
 sgnwr092
 sgnwr093
 sgnwr095
 sgnwr096
sgnwr097
sgnwr098
sgnwr099
sgnwr100
sgnwr101
sgnwr102
sgnwr103
sgnwr104

sgnwr105
 sgnwr107
sgnwr108
sgnwr110
sgnwr111
sgnwr112
sgnwr113
 sgnwr114
sgnwr115
sgnwr116
 sgnwr117
sgnwr118
sgnwr119
sgnwr120

 sgnwr121
sgnwr122
sgnwr123
sgnwr124
sgnwr125
 sgnwr126
sgnwr127
sgnwr128
sgnwr129
 sgnwr130
 sgnwr131

 sgnwr132
 sgnwr133
sgnwr134
sgnwr135
sgnwr136
 sgnwr137
 sgnwr138
 sgnwr139
sgnwr140
 sgnwr141
 sgnwr142
 sgnwr143

 sgnwr144
sgnwr145
sgnwr146
sgnwr147
 sgnwr148
 sgnwr149
sgnwr150
sgnwr151
 sgnwr152
sgnwr153
sgnwr154

 sgnwr156
 sgnwr157
 sgnwr158
 sgnwr159
 sgnwr160
 sgnwr161
 sgnwr162
 sgnwr163
 sgnwr164
 sgnwr165
 sgnwr166
 sgnwr167

sgnwr168
sgnwr169
stayaliv
stranger
sy12021
sy13050
syssg049
syssg050
wofw
z177
z260
z2736

Clipart-CD 3

Medien

Computer

412 Clipart-CD 3: Medien/Computer

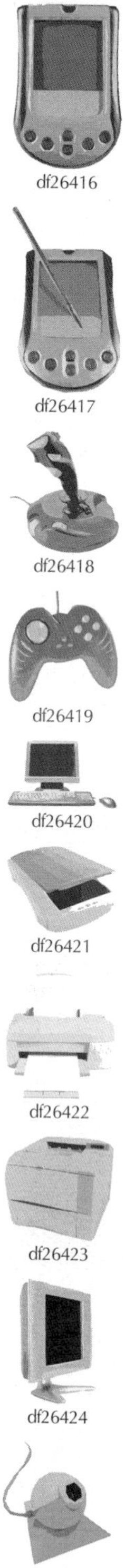

df26416
df26417
df26418
df26419
df26420
df26421
df26422
df26423
df26424
df26425

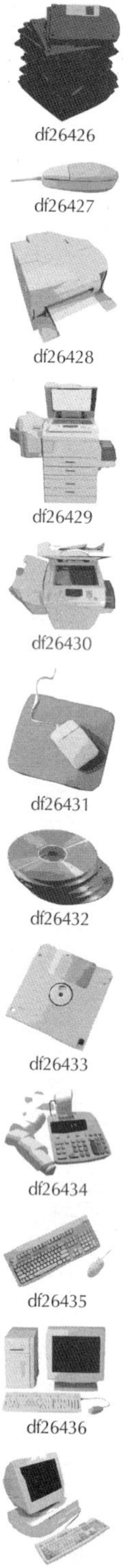

df26426
df26427
df26428
df26429
df26430
df26431
df26432
df26433
df26434
df26435
df26436
df26437

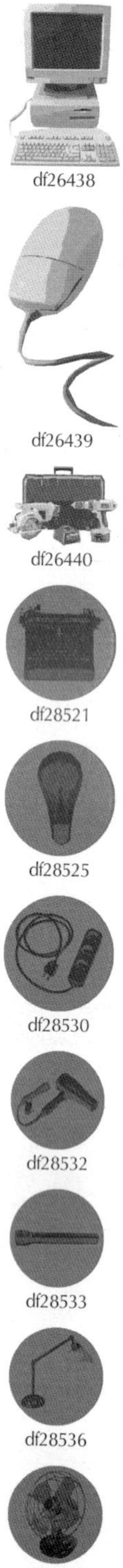

df26438
df26439
df26440
df28521
df28525
df28530
df28532
df28533
df28536
df28537

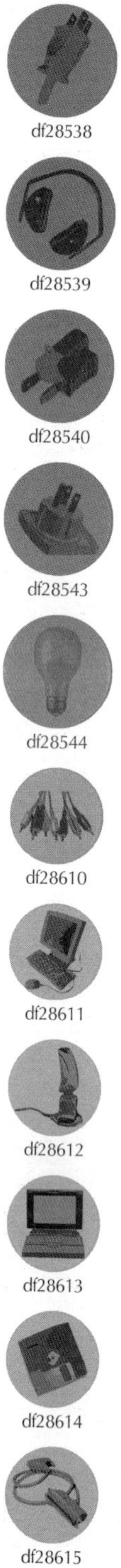

df28538
df28539
df28540
df28543
df28544
df28610
df28611
df28612
df28613
df28614
df28615

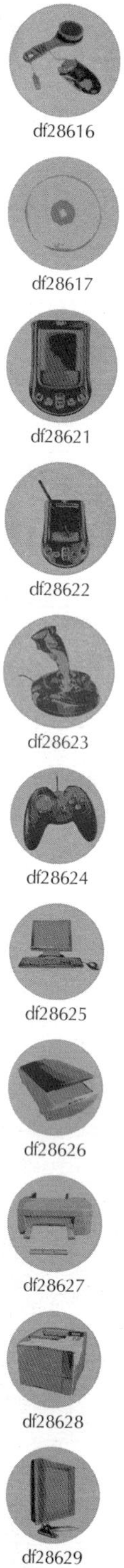

df28616
df28617
df28621
df28622
df28623
df28624
df28625
df28626
df28627
df28628
df28629

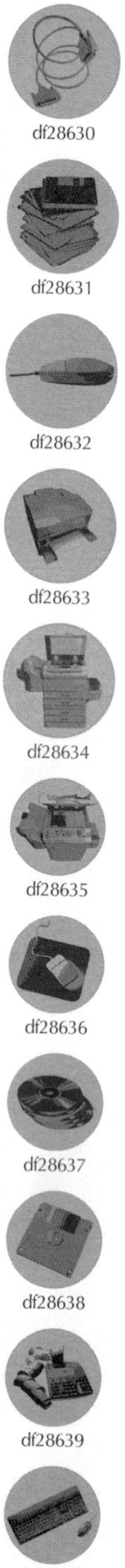

df28630
df28631
df28632
df28633
df28634
df28635
df28636
df28637
df28638
df28639
df28640

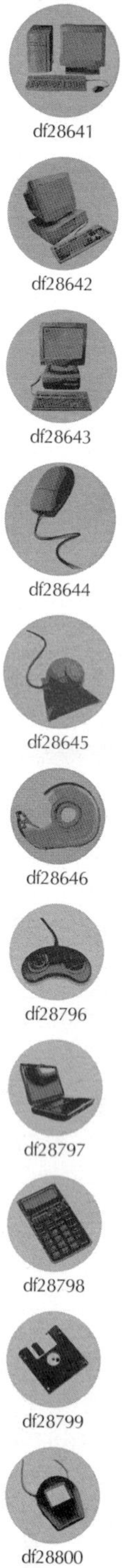

df28641
df28642
df28643
df28644
df28645
df28646
df28796
df28797
df28798
df28799
df28800

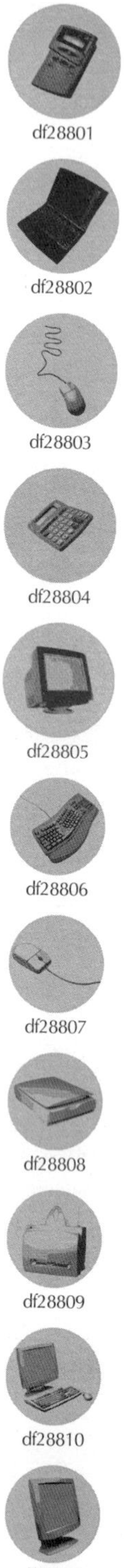

df28801
df28802
df28803
df28804
df28805
df28806
df28807
df28808
df28809
df28810
df28811

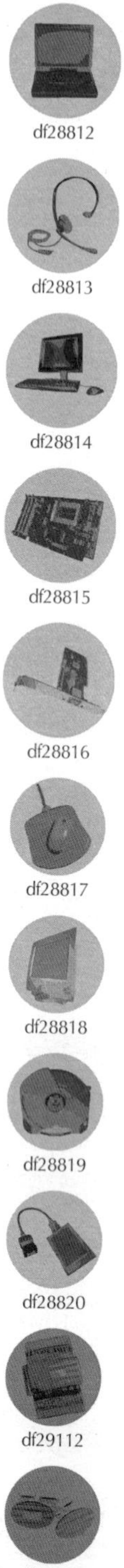

df28812
df28813
df28814
df28815
df28816
df28817
df28818
df28819
df28820
df29112
df29117

Clipart-CD 3: Medien/Computer 413

gf06001b

hb15002b

hd31002b

hd35001c

hd35002c

k06002b

kd38001a

kd38002a

kd47005c

la01803a

lf01948a

lf56056a

lf56057a

lf56058a

lf56059a

lf56060a

lf56061a

lf56062a

lf56063a

lf56064a

lf56065a

lf56066a

lf56067a

lf56068a

lf56069a

lf56070a

lf56071a

lf56072a

lf56073a

lf56074a

lf56075a

lf56076a

lf56077a

lf56078a

lf56079a

lf56080a

lf56081a

lf56082a

lf56083a

lf56084a

lf56085a

lf56086a

lf56087a

lf56088a

lf56089a

lf56094a

mis0159 a

mis0159 b

mis0165 a

mis0165 f

mis0170 a

mis0170 b

mis0171 a

mis0171 f

mis0172 a

mis0172 e

mis0199 a

mis0199 f

mis0235 a

mis0235 c

mis0236 a

mis0236 c

mis0241 a

mis0241 b

mis0346 a

mis0346 c

mis0352 a

mis0352 e

misc 0013 a

misc 0013 b

misc 0014 a

misc 0014 d

misc 0015 a

misc 0015 f

msc 00132 a

msc 00132 b

msc 00142 a

msc 00142 e

msc 00246 a

msc 00246 d

pe21633

pe21873

pe21880

pe21883

pe21900

pe21910

pe22131

pe22190

pe22205

pe22219

pe22232

pe22336

pe23627

pe23686

pe23713

sy06331

sy06884

Clipart-CD 3: Medien/Kommunikation

Kommunikation

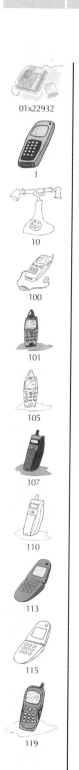

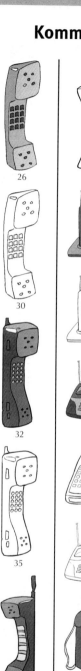
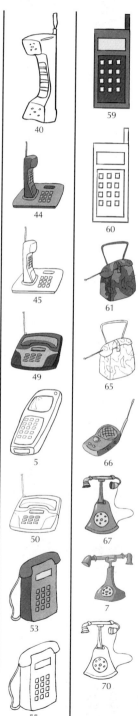
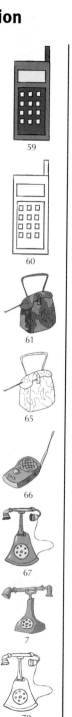

Clipart-CD 3: Medien/Kommunikation

415

Clipart-CD 3: Medien/Kommunikation

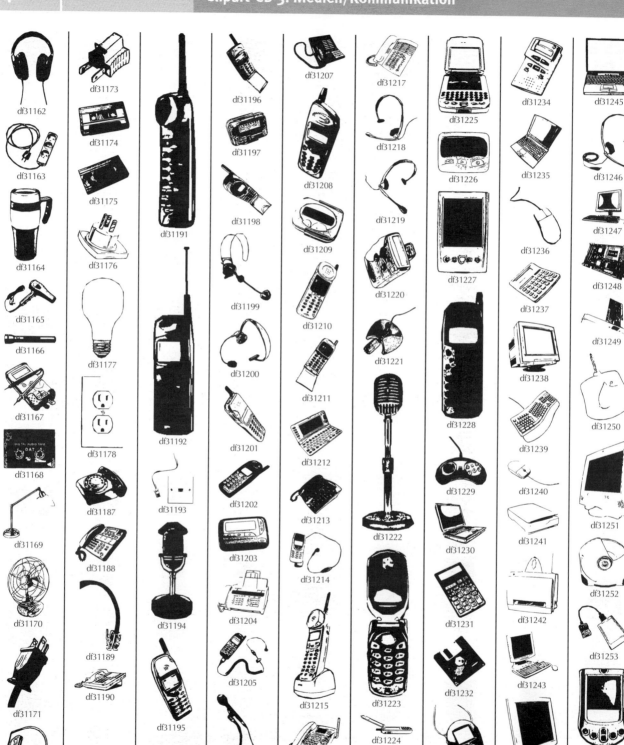

Clipart-CD 3: Medien/Kommunikation

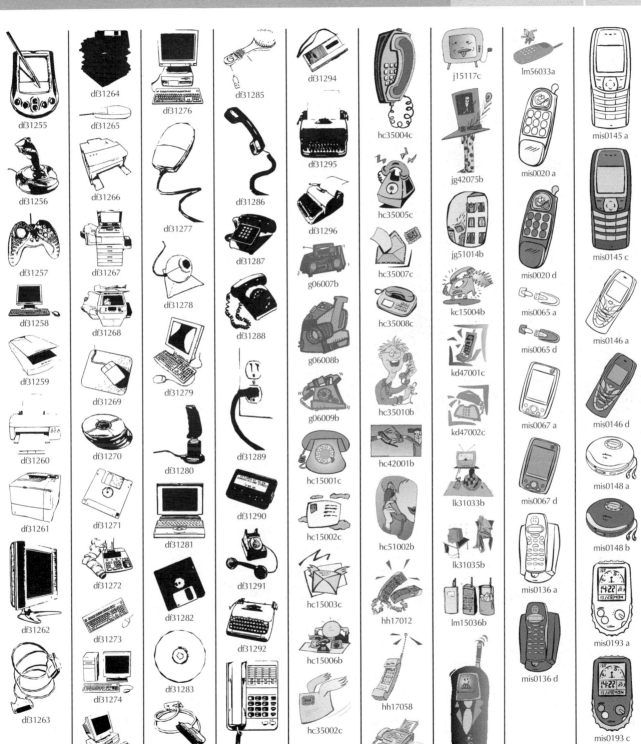

Clipart-CD 3: Medien/Musikinstrumente

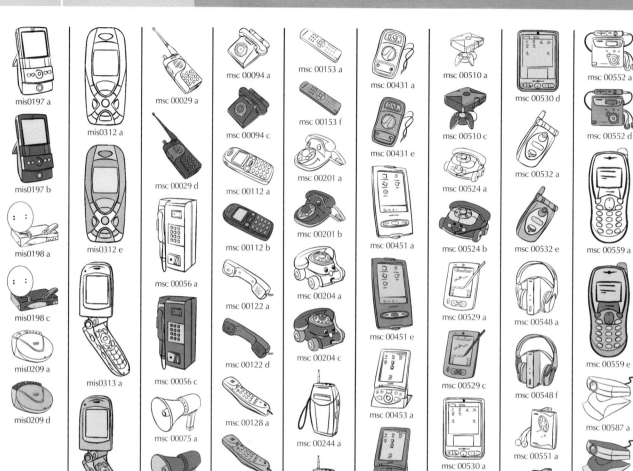

Musikinstrumente

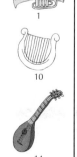
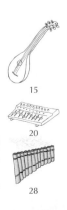

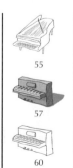
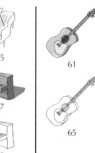
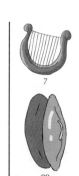
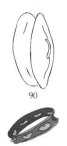

Clipart-CD 3: Medien/Musikinstrumente

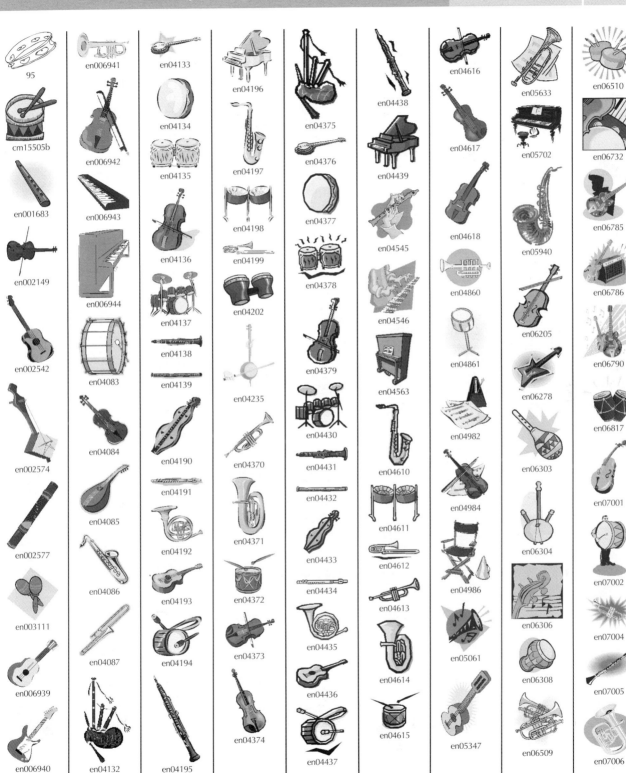

420 Clipart-CD 3: Medien/Musikinstrumente

Clipart-CD 3: Medien/Musikinstrumente

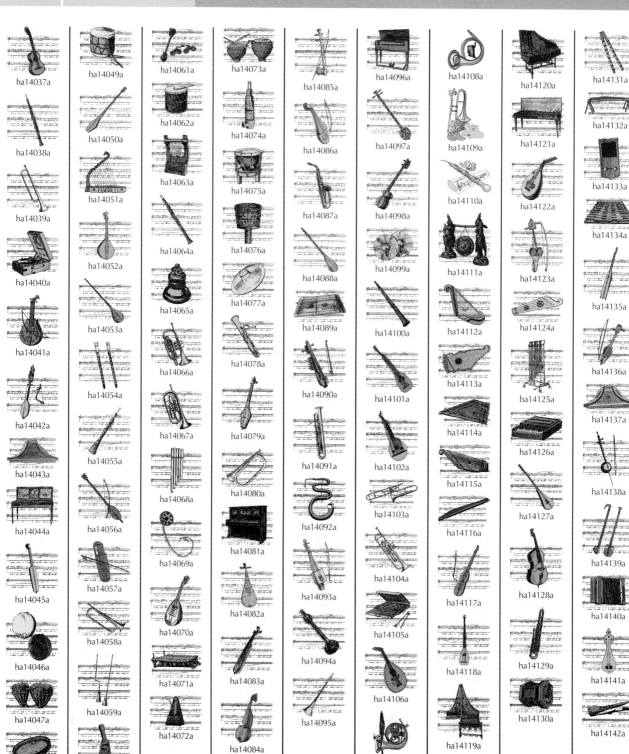

Clipart-CD 3: Medien/Musikinstrumente

Clipart-CD 3: Medien/TV_Film_Video

TV_Film_Video

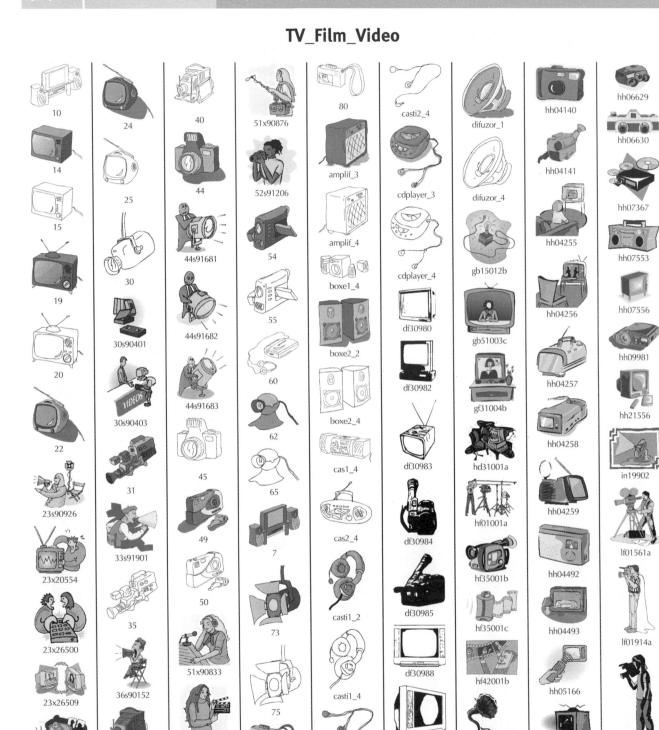

Clipart-CD 3: Medien/Unterhaltung

lk15367c

lk31031b

mis0169 a

mis0169 e

mis0201 a

mis0237 a

mis0237 e

mis0240 a

mis0240 e

mis0248 a

mis0248 d

msc 00114 e

msc 00114 a

msc 00117 d

msc 00117 a

msc 00224 a

msc 00224 e

msc 00332 a

msc 00332 e

msc 00454 a

msc 00454 c

pe22507

Unterhaltung

01x22896

01x23634

01x91100

01x91101

01x91102

01x91103

01x91104

01x91105

01x91106

01x91107

01x91108

01x91109

05x90082

05x90083

05x90084

05x90085

05x90086

11x90018

11x90019

11x90020

11x90021

11x90022

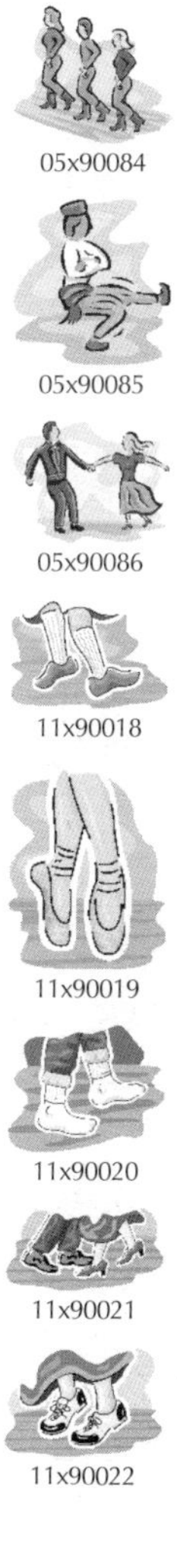

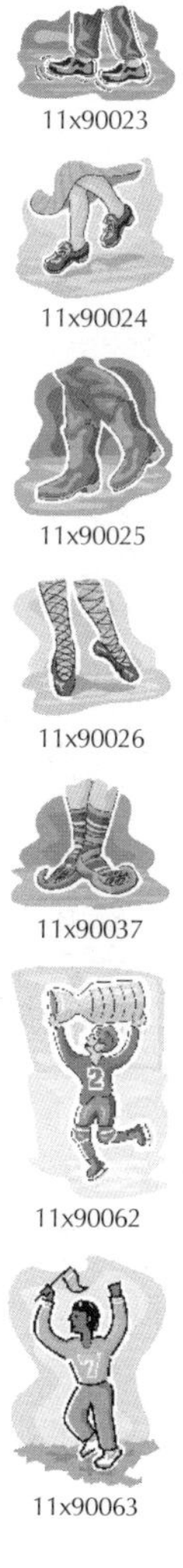

11x90023

11x90024

11x90025

11x90026

11x90037

11x90062

11x90063

11x90064

11x90065

11x90066

11x90067

11x90071

16x21686

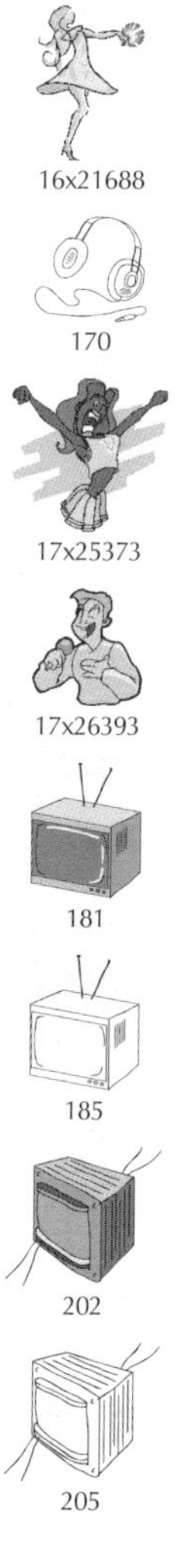

16x21688

170

17x25373

17x26393

181

185

202

205

207

210

211

215

218

220

22x13721

22x13722

22x13723

23x26526

23x90908

23x90921

23x90925

23x90960

29x26773

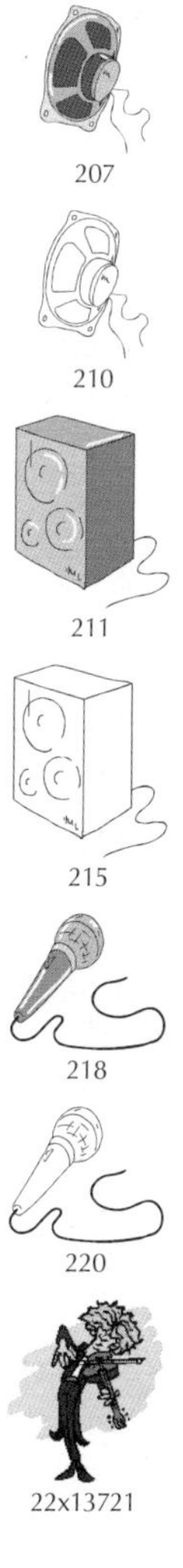

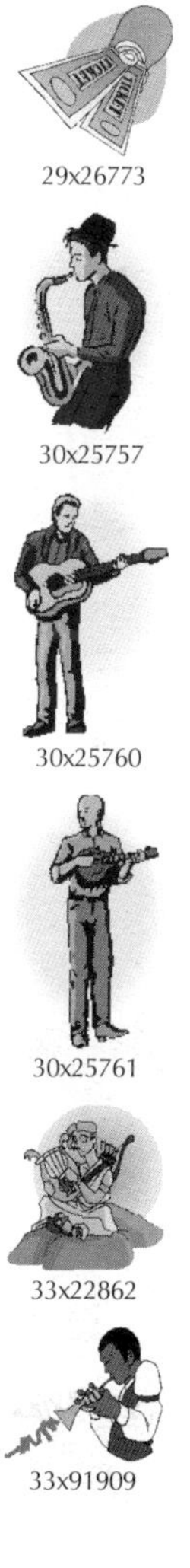

30x25757

30x25760

30x25761

33x22862

33x91909

Clipart-CD 3: Medien/Unterhaltung

36s90141

36x23569

36x25916

36x25927

36x90188

36x90190

36x90191

36x90192

36x90193

36x90196

37x23735

37x26263

38x90350

38x90351

38x90352

38x90353

38x90354

38x90355

39x26570

40s90723

40s90724

40s90725

40s90726

40x20480

40x90721

42x90675

42x90676

42x90677

42x90678

42x90679

42x90681

42x90682

42x90685

42x90686

42x90687

42x90688

42x90689

44s91671

44s91673

44s91675

44s91676

44s91677

44x19202

44x91658

44x91659

44x91660

44x91661

44x91662

44x91663

44x91664

44x91665

44x91666

44x91667

44x91668

44x91669

47x91117

47x91118

47x91119

47x91120

47x91121

47x91122

47x91123

47x91124

47x91125

47x91126

50x27508

50x27547

50x27551

50x92607

51x90890

51x90891

51x90892

51x90893

52x91253

52x91254

52x91255

52x91257

52x91293

52x91297

52x92494

52x92500

53x25820

53x25834

53x25836

53x25837

53x25840

53x26196

53x26208

53x26209

Clipart-CD 3: Medien/Unterhaltung

53x26210

53x26211

53x26212

53x26214

84

85

bk03004b

ca15101b

cb15072b

df26139

df26140

df26141

df26142

df26145

df26146

df26147

df26148

df26149

df26150

df26153

df26154

df26155

df26170

df26171

df26172

df26173

df26302

df26303

df26304

df26305

df26306

df26309

df26314

df26315

df26321

df26324

df26325

df26344

df26346

df26347

df26356

df26367

df26373

df26375

df26376

df26380

df26389

df26391

df26404

df26405

df26406

df26407

df26411

df28371

df28373

df28374

df28375

df28376

df28379

df28380

df28381

df28382

df28383

df28384

df28385

df28396

df28405

df28522

df28523

df28524

df28527

df28529

df28534

df28535

df28541

df28542

df28545

df28564

df28570

df28576

df28587

df30990

df30991

df30992

df30993

df30997

df30998

ed21268

ed21351

en000571

en000584

en000585

en002543

en04346

en04900

en04901

en05229

en05308

Clipart-CD 3: Medien/Unterhaltung

 en05460
 en05579
 en05773
 en06436
 en06724
 en07012
 en08299
en10112
 en10197
 en10789

 en11931
en12090
 en12258
 en12262
 en12263
 en12506
 en12636
 en12748
 en13862

en14070
en14078
en14089
en14205
en14547
en14735
en14821
en14831
en15072
en15073

en15326
en15342
en15451
en15547
en15587
en17231
en17620
en18260
en18297
en18301

en18432
en18761
en20705
en20951
en22499
en22501
en23400
f15089a
f31004a
h15002b

h15003b
h38003a
ha01004a
ha01005a
ha01006a
ha01007a
ha01008a

ha01009a
ha01010a
ha01011a
ha01012a
ha01013a
ha01042a
ha01045a

 ha01046a
ha01047a
ha01048a
ha01049a
ha01050a
ha01051a
ha01055a
ha15001a

 ha15002b
ha15003b
ha15005c
ha15006c
ha15010c
ha15013c
 ha15015b
 ha15016b
 ha15017c
 ha28001b

Clipart-CD 3: Medien/Unterhaltung

ha28002b
ha28003b
ha28004b
ha28005b
ha28006b
ha28007b
ha28008b
ha28009b
ha28010b
ha28011b
ha28012b

ha28013b
ha28014b
ha28015b
ha28016b
ha28017b
ha28018b
ha28019b
ha28020b
ha28021b
ha28022b
ha28023b

ha28024b
ha28025b
ha28026b
ha28027b
ha28028b
ha28029b
ha28030b
ha28031b
ha28032b
ha28033b
ha28034b

ha28035b
ha28036b
ha28037b
ha28038b
ha28039b
ha28040b
ha28041b
ha28042b
ha28043b
ha28044b
ha28045b
ha28046b

ha28047b
ha28048b
ha28049b
ha28050b
ha28051b
ha28052b
ha28053b
ha28054b
ha28055b
ha28056b
ha28057b
ha28058b

ha28059b
ha28060b
ha28061b
ha28062b
ha28063b
ha28064b
ha28065b
ha28066b
ha28067b
ha28068b
ha28069b

ha41001a
ha42002b
ha42003b
ha44001b
ha44002b
ha44003b
ha44004b
ha44013b
ha49002b
hd01x57a

hg01001a
hg01002a
hg01003a
hg01004a
hg01005a
hg01005b
hg01006a
hg01008a

hg15002b
hg15003a
hg15003b
hg15004a
hg15005!
hg15005a
hg15006a
hg15006b

430 Clipart-CD 3: Medien/Unterhaltung

Clipart-CD 3: Medien/Unterhaltung

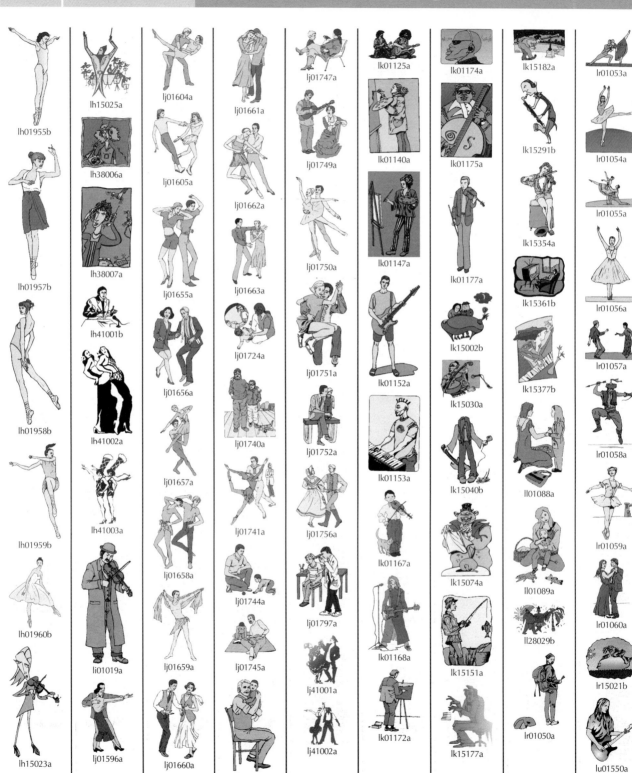

Clipart-CD 3: Medien/Unterhaltung
435

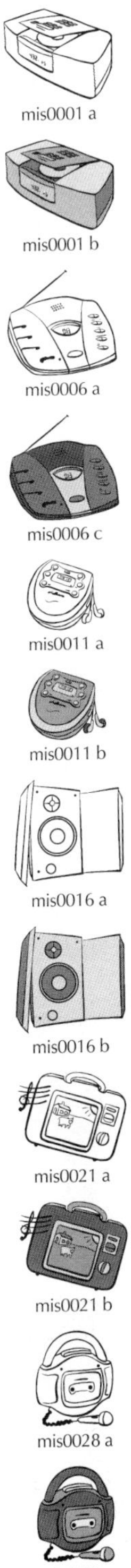

mis0001 a
mis0001 b
mis0006 a
mis0006 c
mis0011 a
mis0011 b
mis0016 a
mis0016 b
mis0021 a
mis0021 b
mis0028 a
mis0028 c

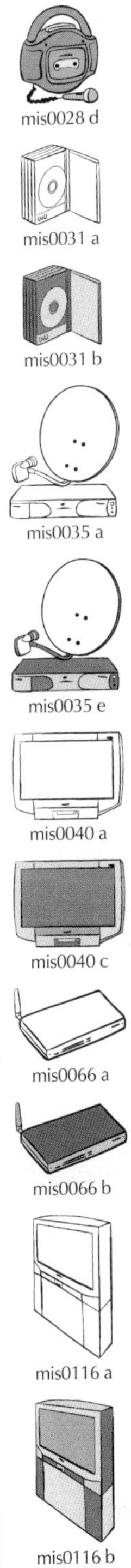

mis0028 d
mis0031 a
mis0031 b
mis0035 a
mis0035 e
mis0040 a
mis0040 c
mis0066 a
mis0066 b
mis0116 a
mis0116 b

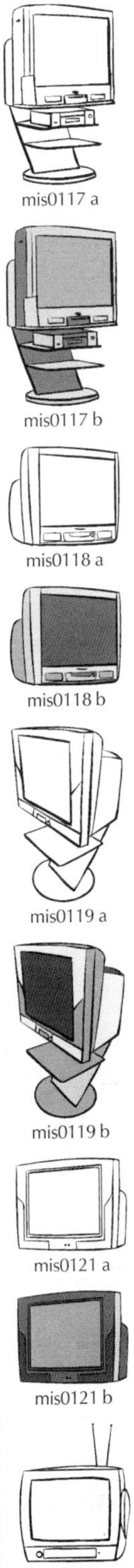

mis0117 a
mis0117 b
mis0118 a
mis0118 b
mis0119 a
mis0119 b
mis0121 a
mis0121 b
mis0122 a

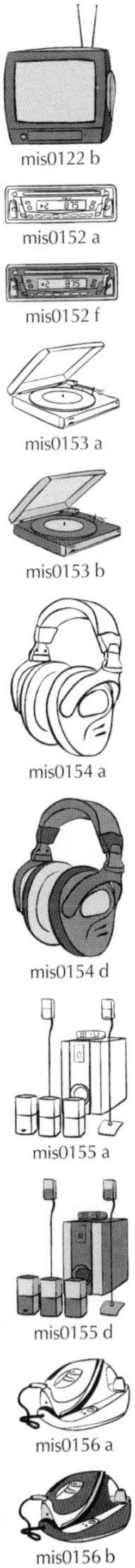

mis0122 b
mis0152 a
mis0152 f
mis0153 a
mis0153 b
mis0154 a
mis0154 d
mis0155 a
mis0155 d
mis0156 a
mis0156 b

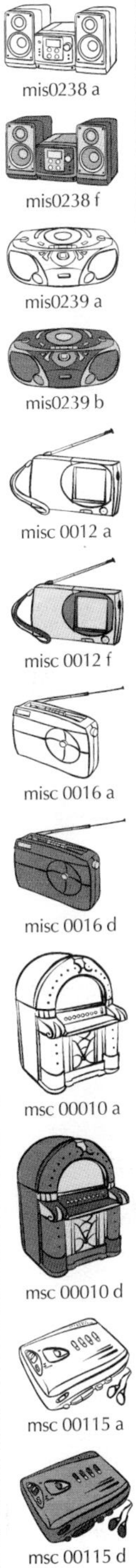

mis0238 a
mis0238 f
mis0239 a
mis0239 b
misc 0012 a
misc 0012 f
misc 0016 a
misc 0016 d
msc 00010 a
msc 00010 d
msc 00115 a
msc 00115 d

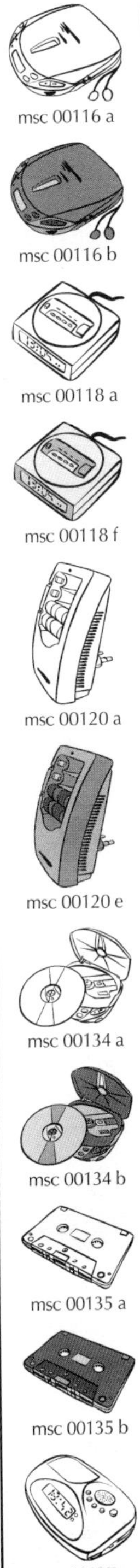

msc 00116 a
msc 00116 b
msc 00118 a
msc 00118 f
msc 00120 a
msc 00120 e
msc 00134 a
msc 00134 b
msc 00135 a
msc 00135 b
msc 00137 a

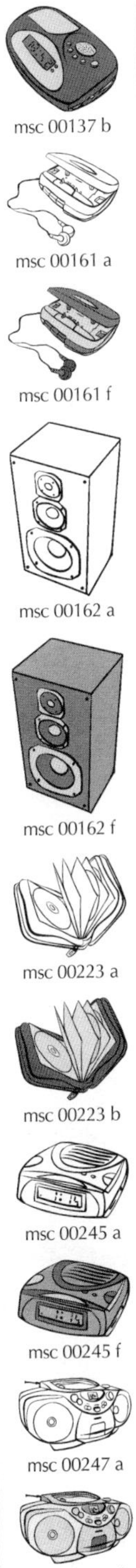

msc 00137 b
msc 00161 a
msc 00161 f
msc 00162 a
msc 00162 f
msc 00223 a
msc 00223 b
msc 00245 a
msc 00245 f
msc 00247 a
msc 00247 f

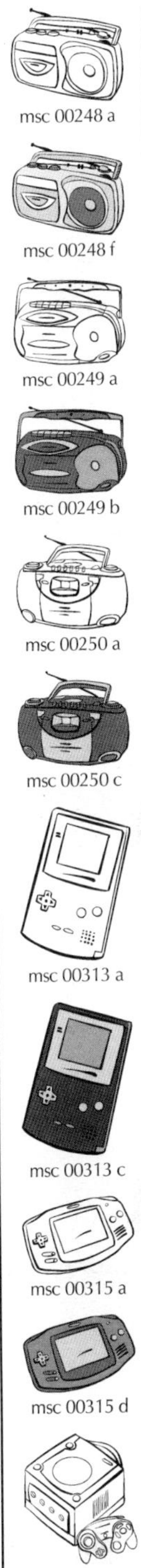

msc 00248 a
msc 00248 f
msc 00249 a
msc 00249 b
msc 00250 a
msc 00250 c
msc 00313 a
msc 00313 c
msc 00315 a
msc 00315 d
msc 00331 a

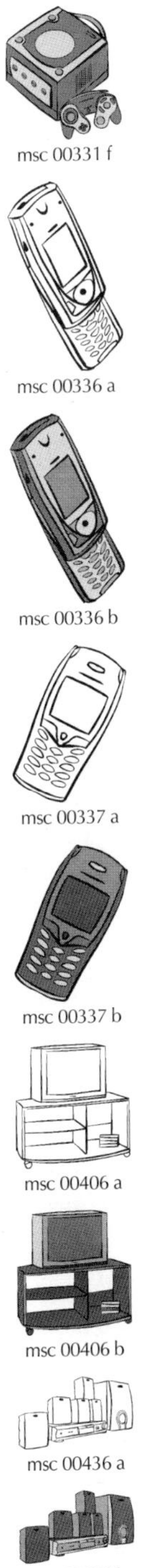

msc 00331 f
msc 00336 a
msc 00336 b
msc 00337 a
msc 00337 b
msc 00406 a
msc 00406 b
msc 00436 a
msc 00436 b

Pflanzen

Baeume

Clipart-CD 3: Pflanzen/Blumen

Blumen

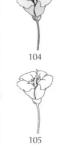
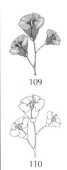

Clipart-CD 3: Pflanzen/Blumen

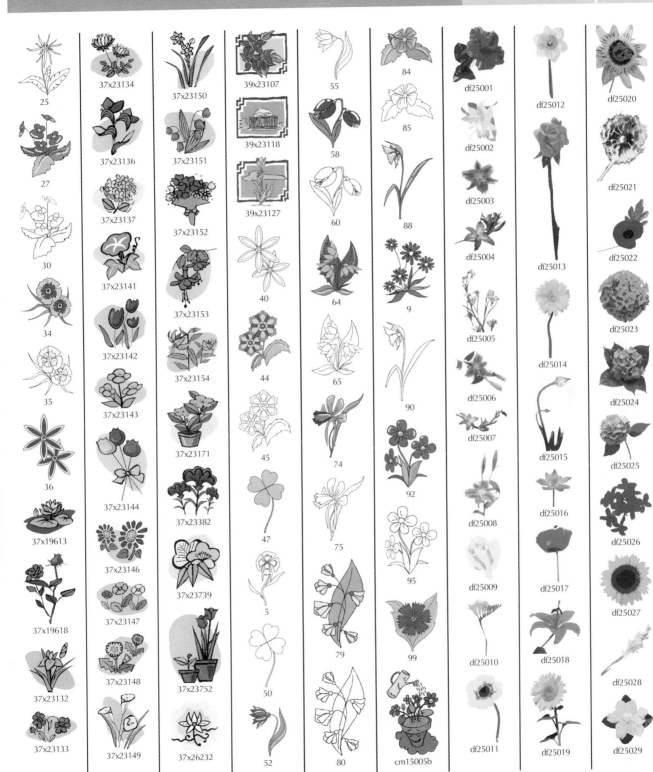

Clipart-CD 3: Pflanzen/Blumen

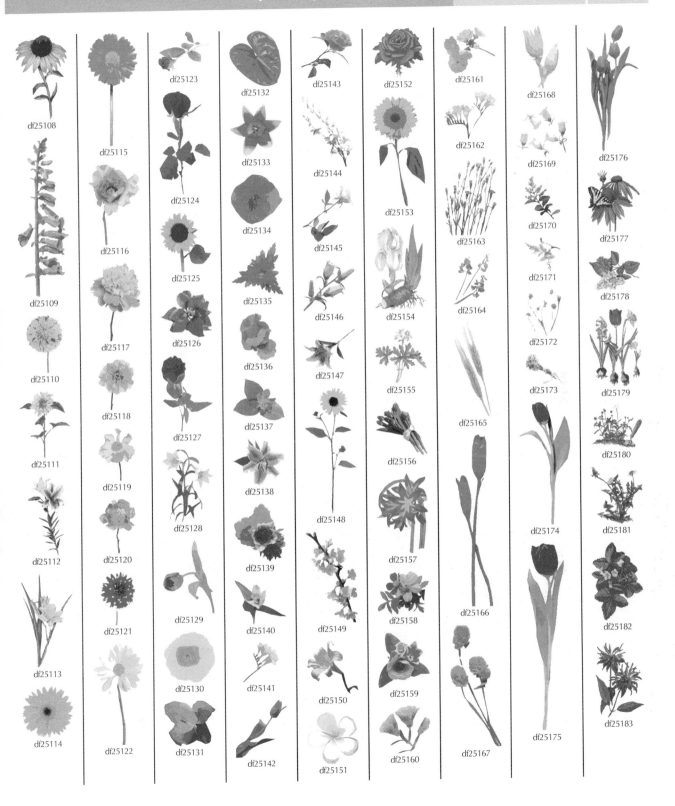

Clipart-CD 3: Pflanzen/Blumen

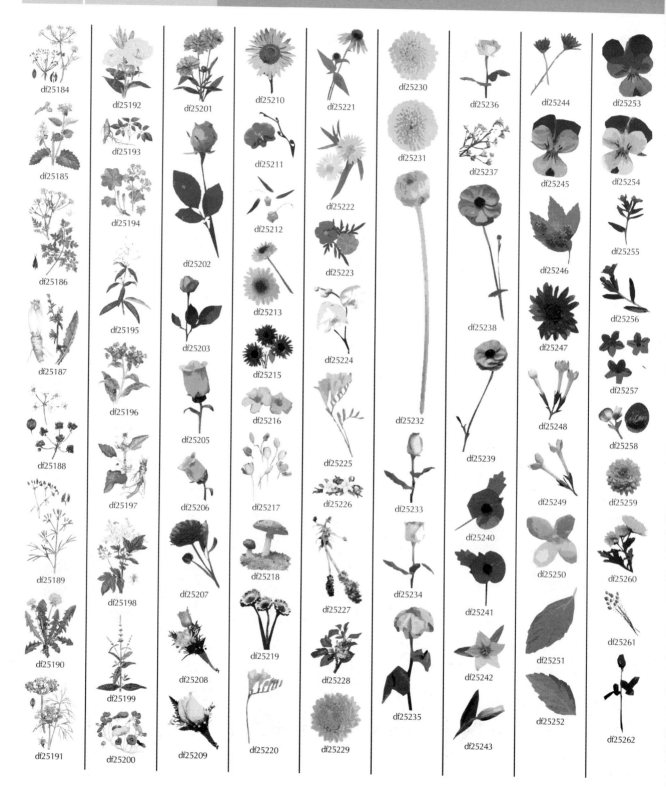

Clipart-CD 3: Pflanzen/Blumen

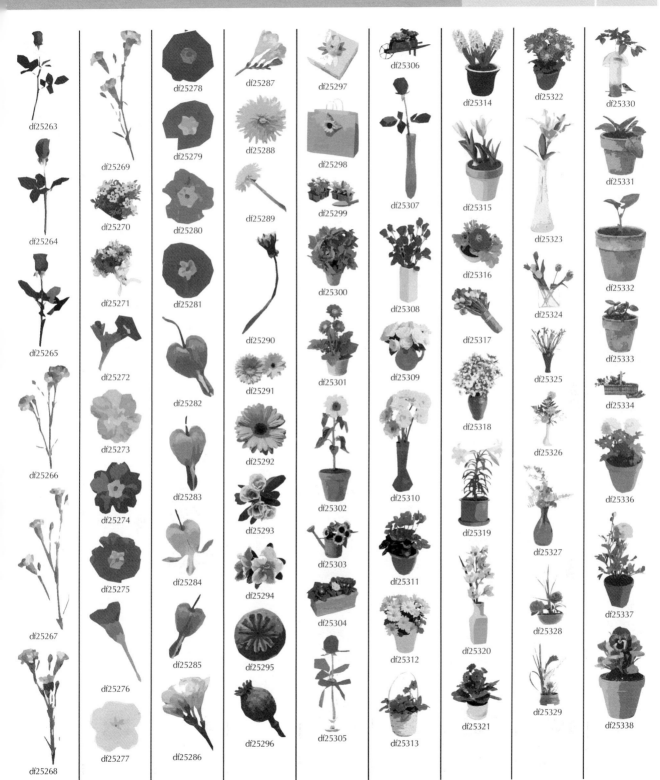

Clipart-CD 3: Pflanzen/Blumen

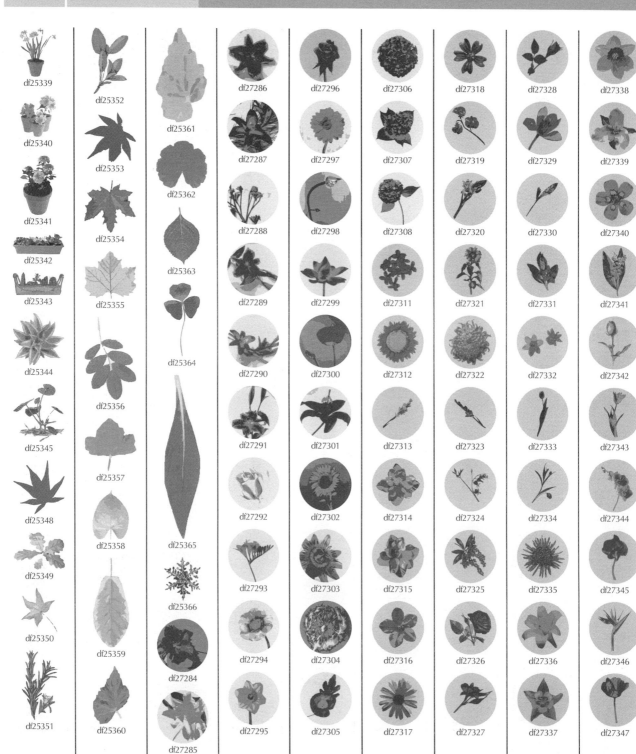

Clipart-CD 3: Pflanzen/Blumen

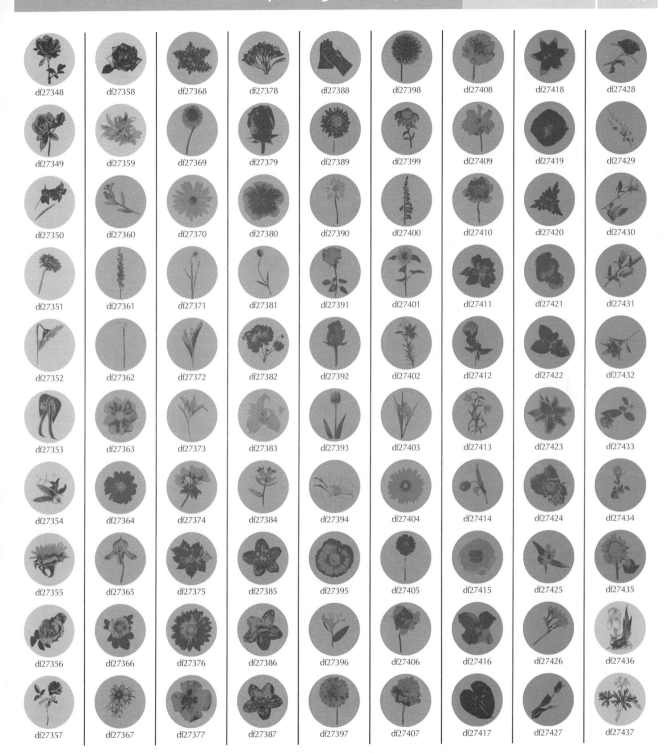

Clipart-CD 3: Pflanzen/Blumen

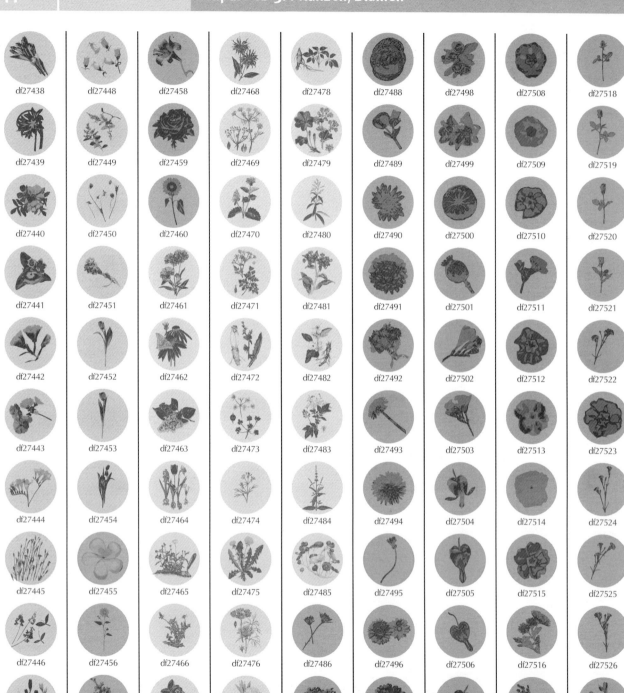

Clipart-CD 3: Pflanzen/Blumen

447

 df27528
 df27538
 df27548
 df27558
 df27568
 df27578
 df27588
 df27598
 df27608

 df27529
 df27539
 df27549
 df27559
 df27569
df27579
df27589
df27599
df27609

 df27530
 df27540
 df27550
 df27560
 df27570
 df27580
df27590
df27600
df27610

 df27531
 df27541
 df27551
 df27561
df27571
df27581
 df27591
df27601
df27611

 df27532
 df27542
 df27552
 df27562
 df27572
df27582
df27592
df27602
df27612

 df27533
 df27543
 df27553
 df27563
 df27573
df27583
df27593
df27603
df27613

 df27534
 df27544
 df27554
 df27564
 df27574
df27584
df27594
 df27604
df27614

 df27535
 df27545
 df27555
 df27565
 df27575
df27585
 df27595
df27605
df27615

 df27536
 df27546
 df27556
 df27566
 df27576
df27586
 df27596
df27606
df29651

 df27537
 df27547
 df27557
 df27567
 df27577
 df27587
df27597
 df27607
df29652

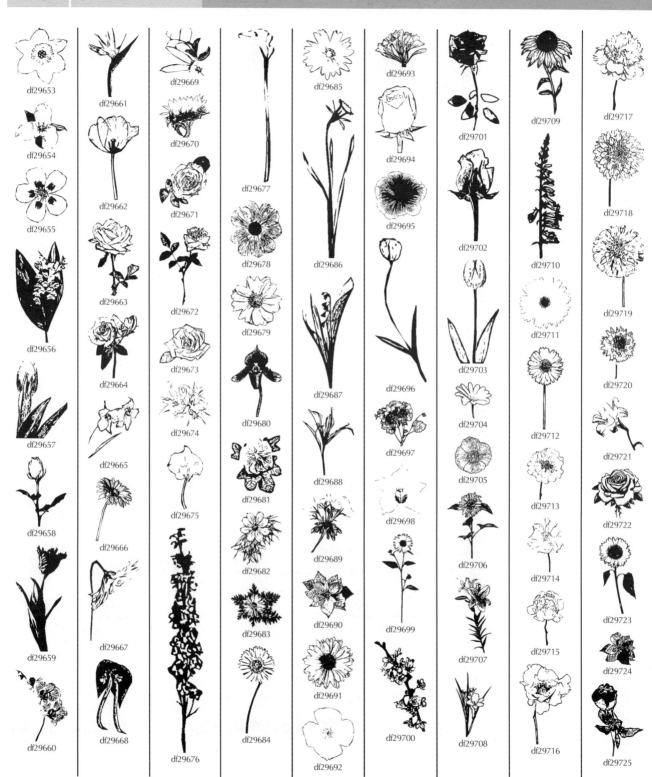

Clipart-CD 3: Pflanzen/Blumen

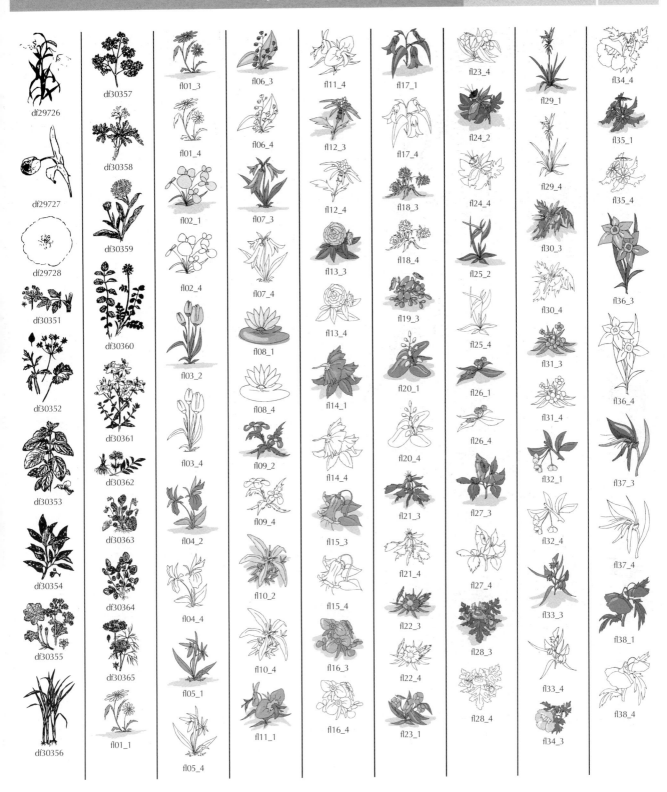

450 Clipart-CD 3: Pflanzen/Blumen

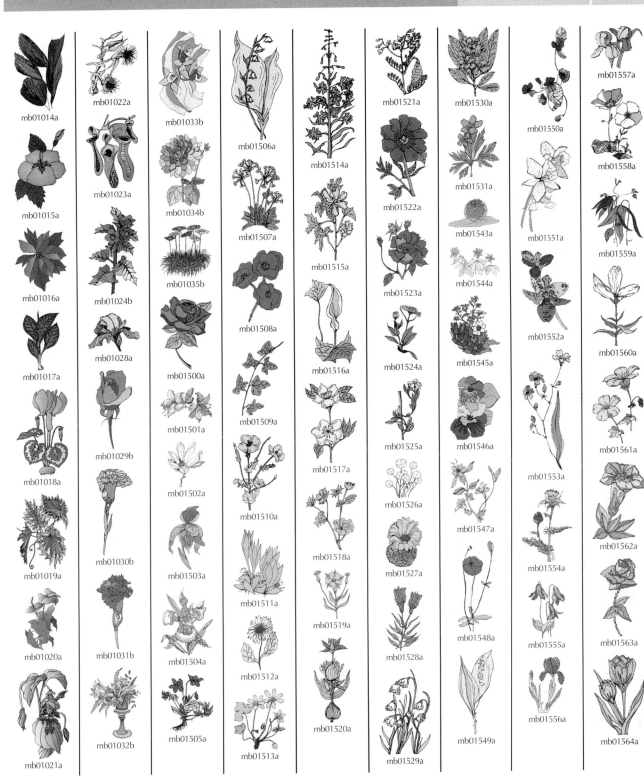

Clipart-CD 3: Pflanzen/Blumen

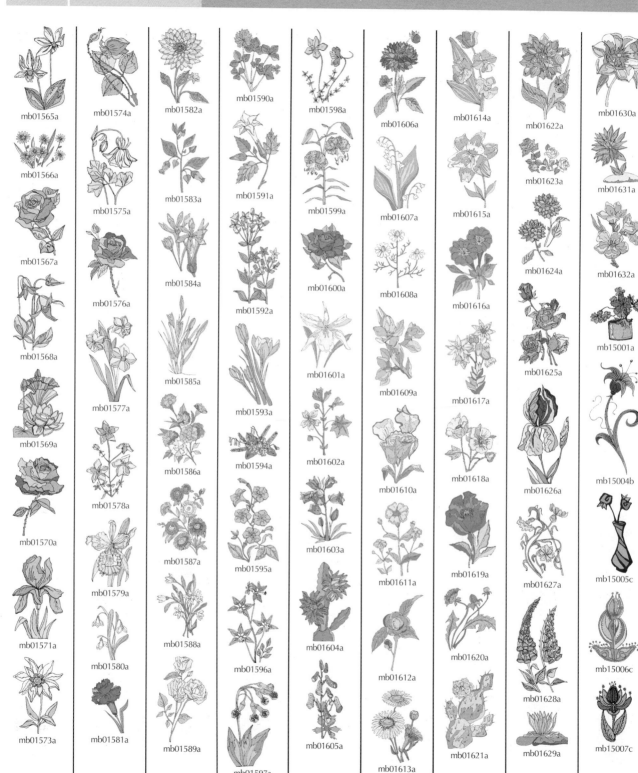

Clipart-CD 3: Pflanzen/Blumen

Clipart-CD 3: Pflanzen/Blumen

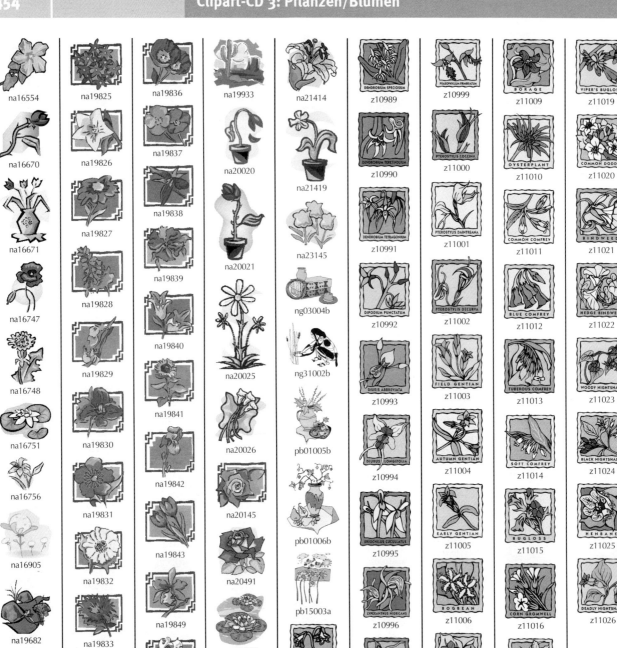

Landwirtschaftlich

 in24148
in24149

 in24153

 in25093
ma15003b

 ma28001b

 ma28002b

 ma51001b

 mc34001b

 me01029a
me01030a

 rg38001a

Pflanzen

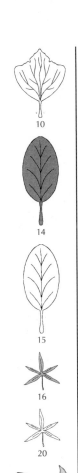
10
14
15
16
20
23
25

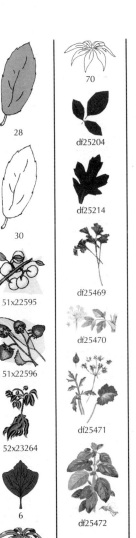
28
30
51x22595
51x22596
52x23264
6
66

70
df25204
df25214
df25469
df25470
df25471
df25472

df25473
df25474
df25475
df25476
df25477
df25478

df25479
df25480
df25481
df25482
df25483
df25484
df27709

df27710
df27711
df27712
df27713
df27714
df27715
df27716

df27717
df27718
df27719
df27720
df27721
df27722
df27723

df27724
df27725
df27726
df27727
df27728
df27729
df27730

df27731
df27732
df27733
df27734
df27735
df27736
df27737

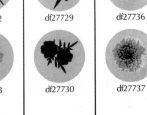

Clipart-CD 3: Pflanzen/Pflanzen

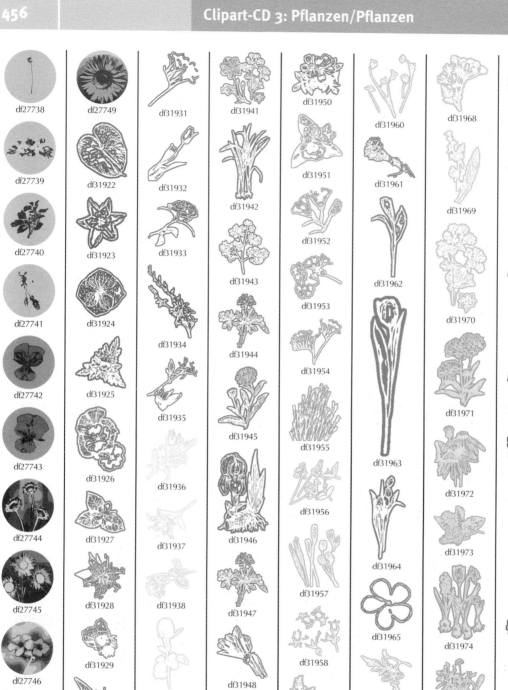
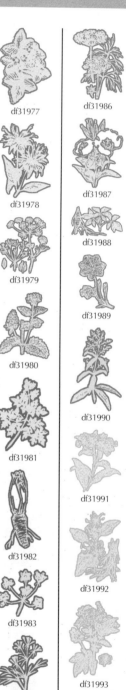

Clipart-CD 3: Pflanzen/Pflanzen

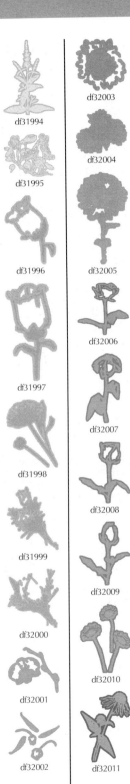

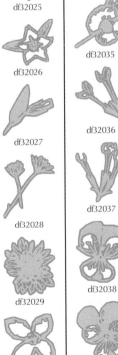
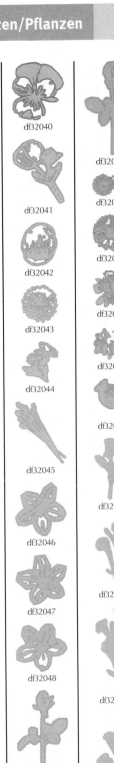
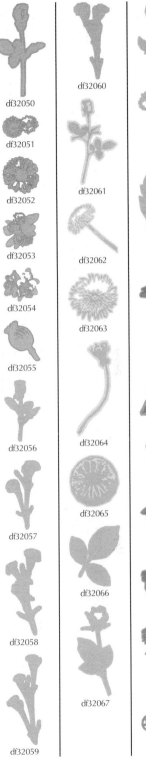

Clipart-CD 3: Pflanzen/Pflanzen

Clipart-CD 3: Pflanzen/Pflanzen

Clipart-CD 3: Pflanzen/Pflanzen

na13351

na14445

na13478

na13479

na14202

na14203

na14221

na14232

na14318

na14320

na14321

na14331

na14373

na14457

na14463

na14467

na14476

na14477

na14493

na14508

na14515

na14541

na14745

na16749

na17019

na17339

na18028

na18819

na19290

na21024

na21928

pc01003b

pc15004b

sg16149

sg16150

sg16151

sg16152

sg16153

sg16154

sg16155

sg16156

sg16157

sg16158

sg16159

sg16276

sg18277

sg18278

sg18279

sg18280

sg18281

sg18282

sg18283

sg18284

sg18285

sg18286

sg18287

sg18288

sg18289

sg18290

z10637

z10639

z10640

z10641

z10642

z10643

z10644

z10645

z2184

z2185

z2186

z2233

z2235

z2236

z2243

z2381

z2385

Clipart-CD 3: Tiere/Haustiere

Tiere

Haustiere

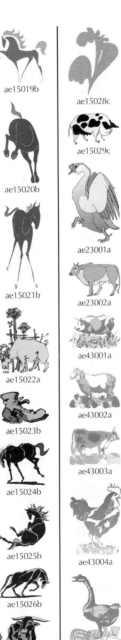

462 Clipart-CD 3: Tiere/Haustiere

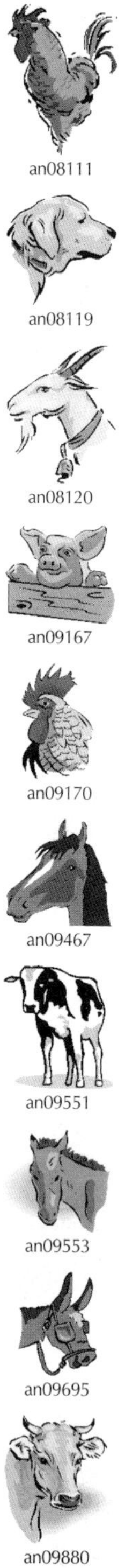

an08111
an08119
an08120
an09167
an09170
an09467
an09551
an09553
an09695
an09880

an09881
an11128
an11154
an12535
an14817
an16177
an16771
an16772
an17415
an17422
an18759

an18921
an18922
an18938
an18974
df26961
df26964
df26965
df26966
df26969
df26970

df26971
df26980
df26981
df26982
df26983
df26984
df26985
df26986
df26987
df26988

df26989
df26990
df26991
df26994
df27007
df27008
df27009
df29317
df29323
df29325

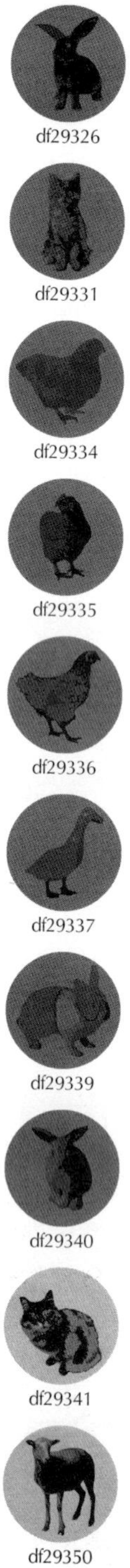

df29326
df29331
df29334
df29335
df29336
df29337
df29339
df29340
df29341
df29350

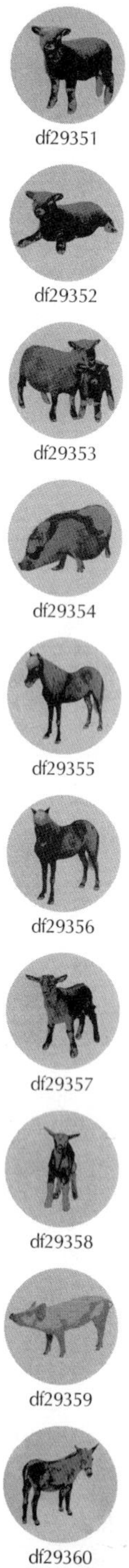

df29351
df29352
df29353
df29354
df29355
df29356
df29357
df29358
df29359
df29360

df29361
df29364
df29375
df29376
df29377
df29378
df29379
df31612
df31621
df31622

df31626
df31628
df31629
df31630
df31631
df31632
df31633
df31634
df31635
df31636

Clipart-CD 3: Tiere/Hund_und_Katze

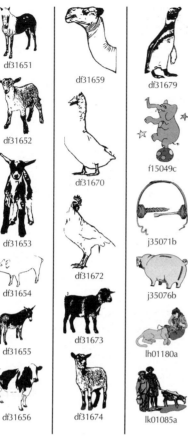

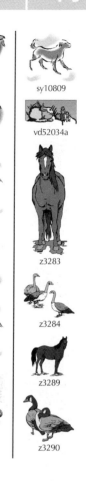

Hund_und_Katze

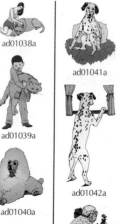

Clipart-CD 3: Tiere/Hund_und_Katze

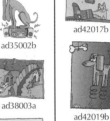

Clipart-CD 3: Tiere/Hund_und_Katze

 ad46010a
 ad46011a
 ad46012a
 ad47001c
ad47003c
 ad47007c
 ad5001a
 ad51001b
 ae01003a
 ae01044a
ae01047a

 ae01048a
ae01049a
 ae01050a
 ae01051a
 ae01052a
 ae15013c
 an07651
 an04353
 an05268
 an05269
 an05500
 an05501

 an06221
 an06222
 an06223
 an06224
 an06225
 an07474
 an07651
 an07909
 an07932
 an08110
an08155

 an08879
 an08934
an09196
 an09257
 an09258
 an09550
 an09878
 an09888
 an09935
 an09947

 an10750
 an14466
an14846
 an15791
 an16073
an16336
 an16768
 an16769
 an16770
 an16959
 an17026

an17411
 an17424
an18955
an18956
an18957
an18958
an18959
an18960
an18961
an19117
an19122

an19220
an20736
 an21311
 cat01
 cat02
 cat03
 cat04
 df10001
 df10002
 df10003
 df10004

df10005
df10006
df10007
df10008
df10009
df10010
df10011
df10012
df10013
df10014
df10015

df10016
df10017
df10018
df10019
df10020
df10021
df10022
df10023
df10024
df10025
df10026
df10027

Clipart-CD 3: Tiere/Hund_und_Katze

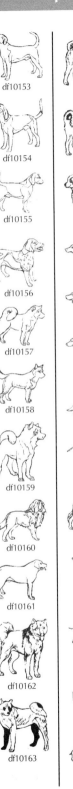
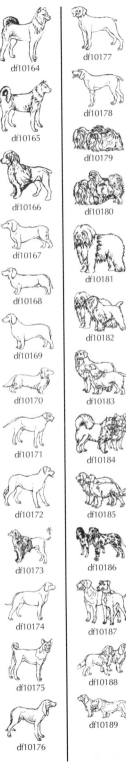

Clipart-CD 3: Tiere/Hund_und_Katze

Clipart-CD 3: Tiere/Hund_und_Katze

Clipart-CD 3: Tiere/Hund_und_Katze

Clipart-CD 3: Tiere/Hund_und_Katze

Clipart-CD 3: Tiere/Hund_und_Katze

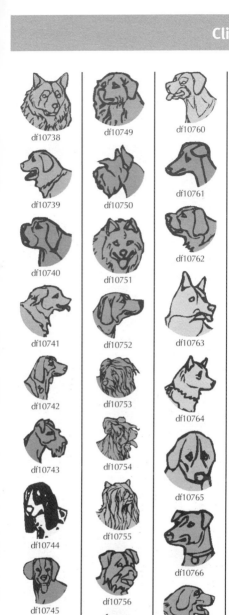

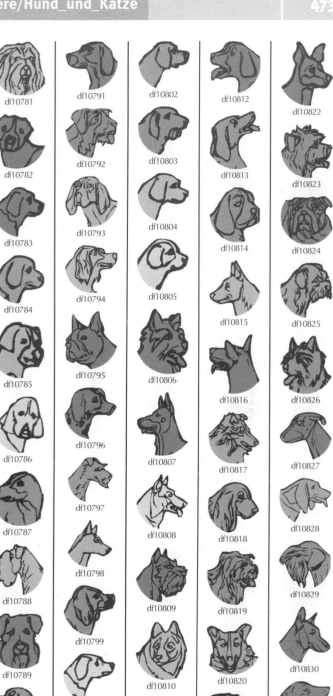

Clipart-CD 3: Tiere/Hund_und_Katze

 df10832
 df10833
 df10834
 df10835
 df10836
 df10837
 df10838
 df10839
 df10840
 df10841

 df10842
 df10843
 df10844
 df10845
 df10846
 df10847
 df10848
 df10849
 df10850
 df10851

 df10852
 df10853
 df10854
 df10855
 df10856
 df10857
 df10858
 df10859
 df10860
 df10861

 df10862
 df10863
 df10864
 df10865
 df10866
 df10867
 df10868
 df10869
 df10870
 df10871

 df10872
 df10873
 df10874
 df10875
 df10876
 df10877
 df10878
 df10879
 df10880
 df10881

 df10882
 df10883
 df10884
 df10885
 df10886
 df10887
 df10888
 df10889
 df10890
 df10891

 df10892
 df10893
 df10894
 df10895
 df10896
 df10897
 df10898
 df10899
 df10900
df10901

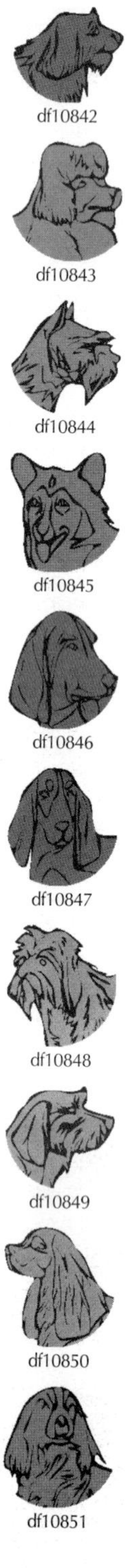

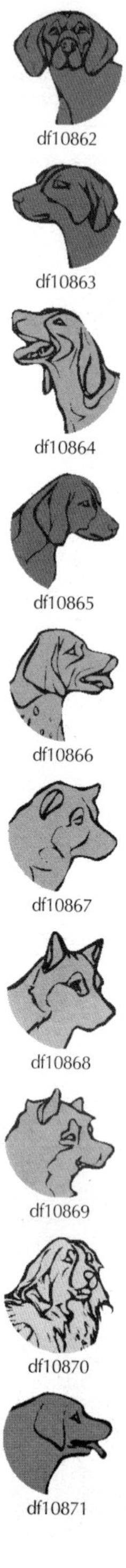

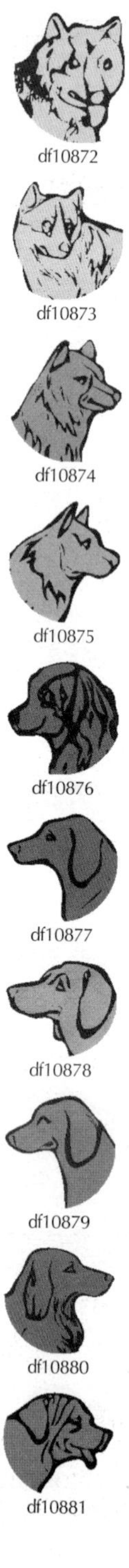

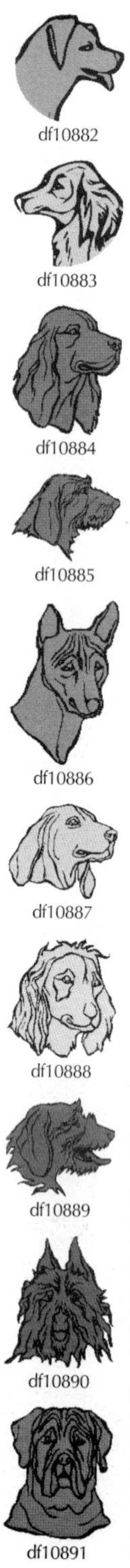

df10902
df10903
df10904
df10905
df10906
df10907
df10908
df10909
df10910
df10911

df10912
df10913
df10914
df10915
df10916
df10917
df10918
df10919
df10920
df10921

Clipart-CD 3: Tiere/Hund_und_Katze

Clipart-CD 3: Tiere/Hund_und_Katze

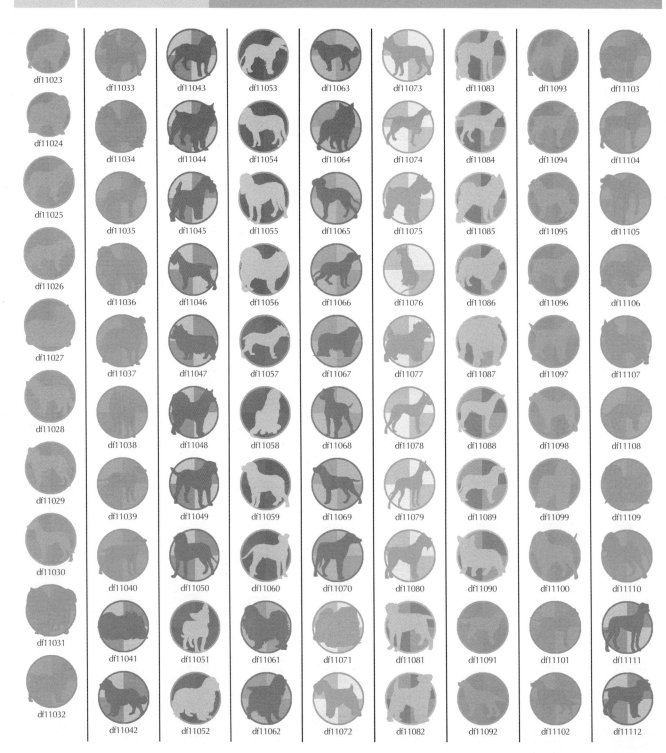

Clipart-CD 3: Tiere/Hund_und_Katze

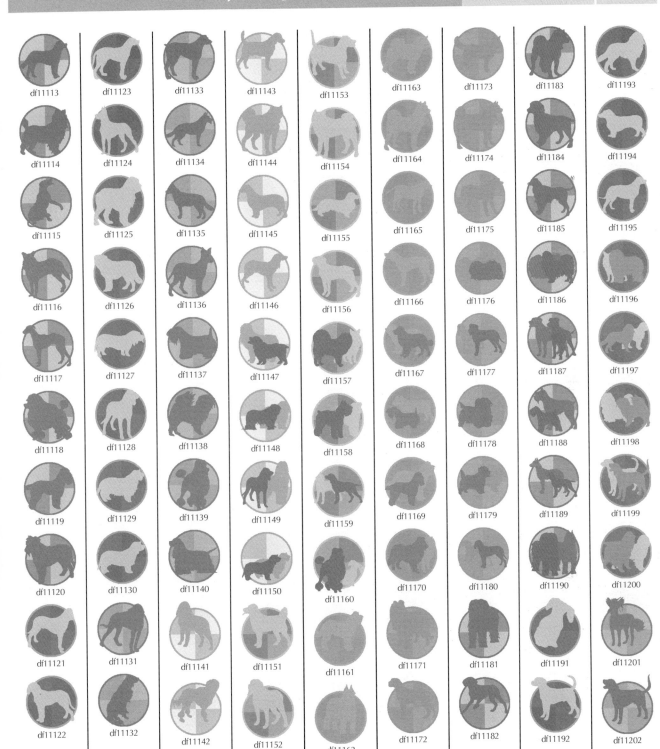

Clipart-CD 3: Tiere/Hund_und_Katze

df11203	df11213	df11223	df11233	df11243	df11253	df11263	df11273	df11283
df11204	df11214	df11224	df11234	df11244	df11254	df11264	df11274	df11284
df11205	df11215	df11225	df11235	df11245	df11255	df11265	df11275	df11285
df11206	df11216	df11226	df11236	df11246	df11256	df11266	df11276	df11286
df11207	df11217	df11227	df11237	df11247	df11257	df11267	df11277	df11287
df11208	df11218	df11228	df11238	df11248	df11258	df11268	df11278	df11288
df11209	df11219	df11229	df11239	df11249	df11259	df11269	df11279	df11289
df11210	df11220	df11230	df11240	df11250	df11260	df11270	df11280	df11290
df11211	df11221	df11231	df11241	df11251	df11261	df11271	df11281	df11291
df11212	df11222	df11232	df11242	df11252	df11262	df11272	df11282	df11292

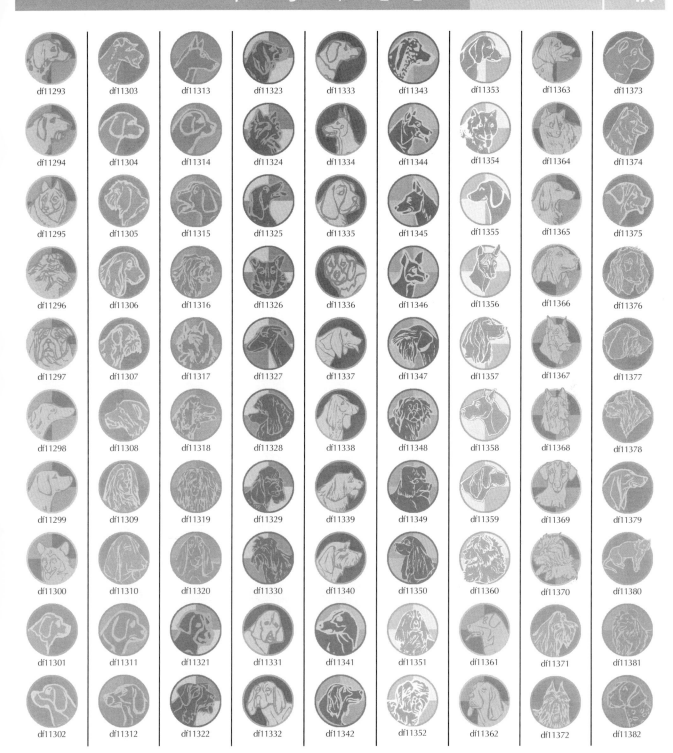

Clipart-CD 3: Tiere/Hund_und_Katze

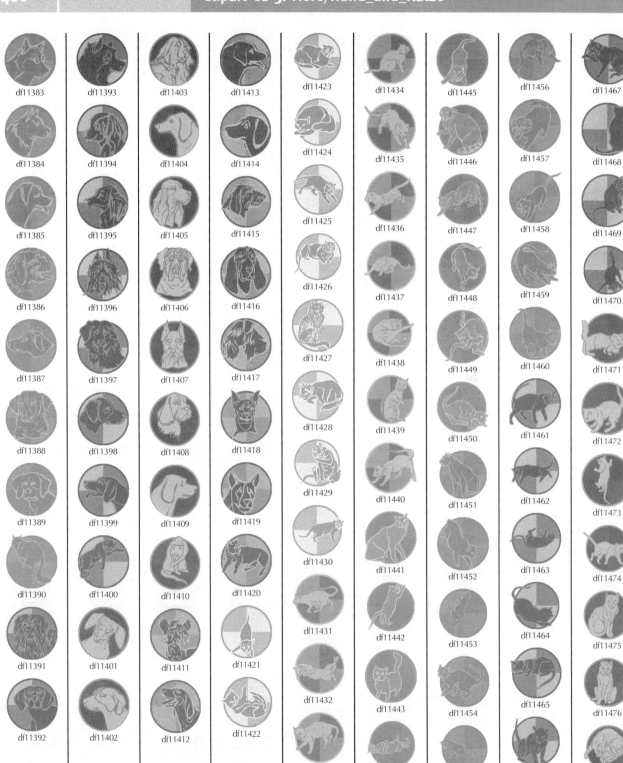

Clipart-CD 3: Tiere/Hund_und_Katze

 df11478
 df11479
 df11480
 df11481
 df11482
 df11483
 df11484
 df11485
 df11486
 df11487
 df11488

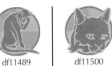 df11489
 df11490
 df11491
 df11492
 df11493
 df11494
 df11495
 df11496
 df11497
 df11498
 df11499

 df11500
 df11501
 df11502
 df11503
 df11504
 df11505
 df11506
 df11507
 df11508
 df11509
 df11510

 df11511
 df11512
 df11513
 df11514
 df11515
 df11516
 df11517
 df11518
 df11519
 df11520
df11521

df11522
df11523
df11524
df11525
df11526
df11527
df11528
df11529
df11530
df11531
df11532

df11533
df11534
df11535
df11536
df11537
df11538
df11539
df11540
df11541
df11542
df11543

df11544
df11545
df11546
df11547
df11548
df11549
df11550
df11551
df11552
df11553
df11554

df11555
df11556
df11557
df11558
df11559
df11560
df11561
df11562
df11563
df11564
df11565

df11566
df11567
df11568
df11569
df11570
df11571
df11572
df11573
df11574
df11575
df11576

Clipart-CD 3: Tiere/Hund_und_Katze

df11577 df11588 df11599 df11610 df11621 df11632 df11643 df11654 df11665
df11578 df11589 df11600 df11611 df11622 df11633 df11644 df11655 df11666
df11579 df11590 df11601 df11612 df11623 df11634 df11645 df11656 df11667
df11580 df11591 df11602 df11613 df11624 df11635 df11646 df11657 df11668
df11581 df11592 df11603 df11614 df11625 df11636 df11647 df11658 df11669
df11582 df11593 df11604 df11615 df11626 df11637 df11648 df11659 df11670
df11583 df11594 df11605 df11616 df11627 df11638 df11649 df11660 df11671
df11584 df11595 df11606 df11617 df11628 df11639 df11650 df11661 df11672
df11585 df11596 df11607 df11618 df11629 df11640 df11651 df11662 df11673
df11586 df11597 df11608 df11619 df11630 df11641 df11652 df11663 df11674
df11587 df11598 df11609 df11620 df11631 df11642 df11653 df11664 df11675

Clipart-CD 3: Tiere/Hund_und_Katze

483

df11676

df11677

df11678

df11679

df11680

df11681

df11682

df11683

df11684

df11685

df11686

df11687

df11688

df11689

df11690

df11691

df11692

df11693

df11694

df11695

df11696

df11697

df11698

df11699

df11700

df11701

df11702

df11703

df11704

df11705

df11706

df11707

df11708

df11709

df11710

df11711

df11712

df11713

df11714

df11715

df11716

df11717

df11718

df11719

df11720
df11721
df11722
df11723
df11724
df11725
df11726
df11727
df11728
df11729
df11730

df11731
df11732
df11733
df11734
df11735
df11736
df11737
df11738
df11739
df11740
df11741

df11742

df11743

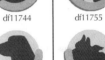
df11744

df11745

df11746

df11747

df11748

df11749

df11750

df11751

df11752

df11753

df11754

df11755

df11756

df11757

df11758

df11759

df11760

df11761

df11762

df11763

df11764
df11765
df11766
df11767
df11768
df11769
df11770
df11771
df11772
df11773
df11774

Clipart-CD 3: Tiere/Hund_und_Katze

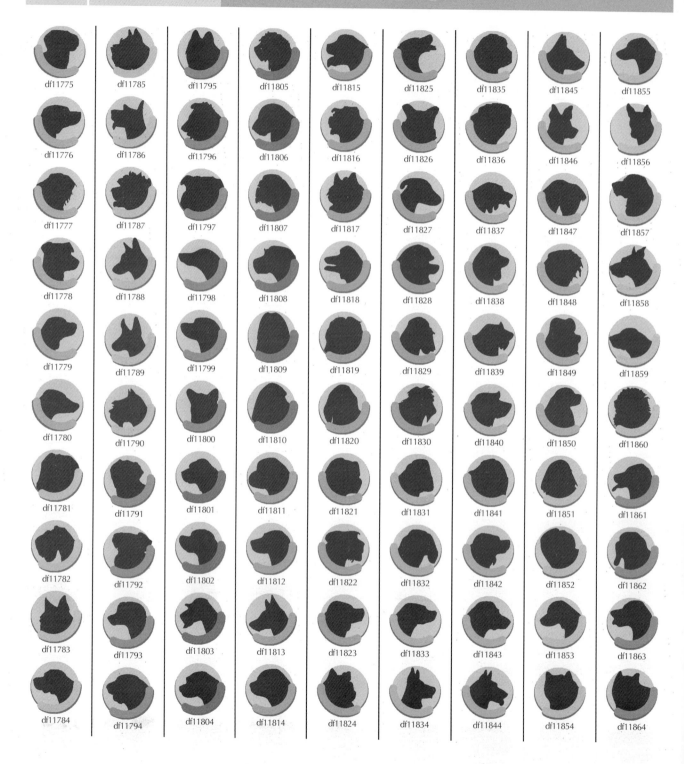

Clipart-CD 3: Tiere/Hund_und_Katze

df11865

df11866

df11867

df11868

df11869

df11870

df11871

df11872

df11873

df11874

df11875

df11876

df11877

df11878

df11879

df11880

df11881

df11882

df11883

df11884

df11885

df11886

df11887

df11888

df11889

df11890

df11891

df11892

df11893

df11894

df11895

df11896

df11897

df11898

df11899

df11900

df11901

df11902

df11903

df11904

df11905

df11906

df11907

df11908

df11909

df11910

df11911

df11912

df11913

df11914

df11915

df11916

df11917

df11918

df11919

df11920

df11921

df11922

df11923

df11924

df11925

df11926

df11927

df11928

df11929

df11930

df11931

df11932

df11933

df11934

df11935

df11936

df11937

df11938

df11939

df11940

df11941

df11942

df11943

df11944

df11945

df11946

df11947

df11948

df11949

df11950

df11951

df11952

df11953

df11954

df11955

df11956

df11957

df11958

df11959

df11960

df11961

df11962

df11963

Clipart-CD 3: Tiere/Hund_und_Katze

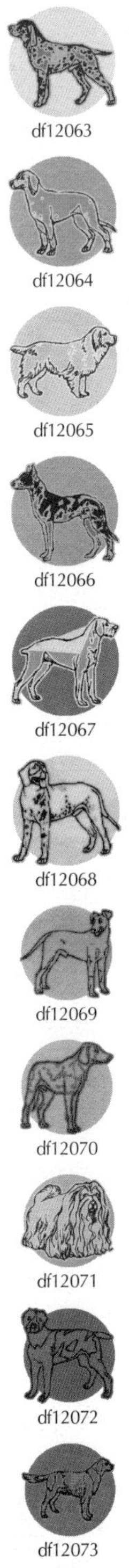

Clipart-CD 3: Tiere/Hund_und_Katze

487

 df12063
 df12064
 df12065
 df12066
 df12067
 df12068
 df12069
 df12070
 df12071
 df12072
 df12073

 df12074
 df12075
 df12076
 df12077
 df12078
 df12079
 df12080
 df12081
 df12082
 df12083
 df12084

 df12085
 df12086
 df12087
 df12088
 df12089
 df12090
 df12091
 df12092
 df12093
df12094
df12095

 df12096
df12097
df12098
df12099
df12100
df12101
df12102
df12103
df12104
df12105
df12106

 df12107
 df12108
 df12109
 df12110
df12111
df12112
df12113
df12114
df12115
df12116
df12117

 df12118
 df12119
 df12120
 df12121
df12122
df12123
df12124
df12125
df12126
 df12127
 df12128

 df12129
 df12130
 df12131
 df12132
 df12133
 df12134
 df12135
df12136
df12137
 df12138
 df12139

 df12140
 df12141
 df12142
 df12143
 df12144
 df12145
 df12146
 df12147
 df12148
 df12149

 df12150
 df12151
 df12152
 df12153
 df12154
 df12155
 df12156
 df12157
 df12158
 df12159

Clipart-CD 3: Tiere/Hund_und_Katze

df12160	df12171	df12182	df12193	df12204	df12215	df12226	df12237	df12248
df12161	df12172	df12183	df12194	df12205	df12216	df12227	df12238	df12249
df12162	df12173	df12184	df12195	df12206	df12217	df12228	df12239	df12250
df12163	df12174	df12185	df12196	df12207	df12218	df12229	df12240	df12251
df12164	df12175	df12186	df12197	df12208	df12219	df12230	df12241	df12252
df12165	df12176	df12187	df12198	df12209	df12220	df12231	df12242	df12253
df12166	df12177	df12188	df12199	df12210	df12221	df12232	df12243	df12254
df12167	df12178	df12189	df12200	df12211	df12222	df12233	df12244	df12255
df12168	df12179	df12190	df12201	df12212	df12223	df12234	df12245	df12256
df12169	df12180	df12191	df12202	df12213	df12224	df12235	df12246	df12257
df12170	df12181	df12192	df12203	df12214	df12225	df12236	df12247	df12258

Clipart-CD 3: Tiere/Hund_und_Katze

Clipart-CD 3: Tiere/Hund_und_Katze

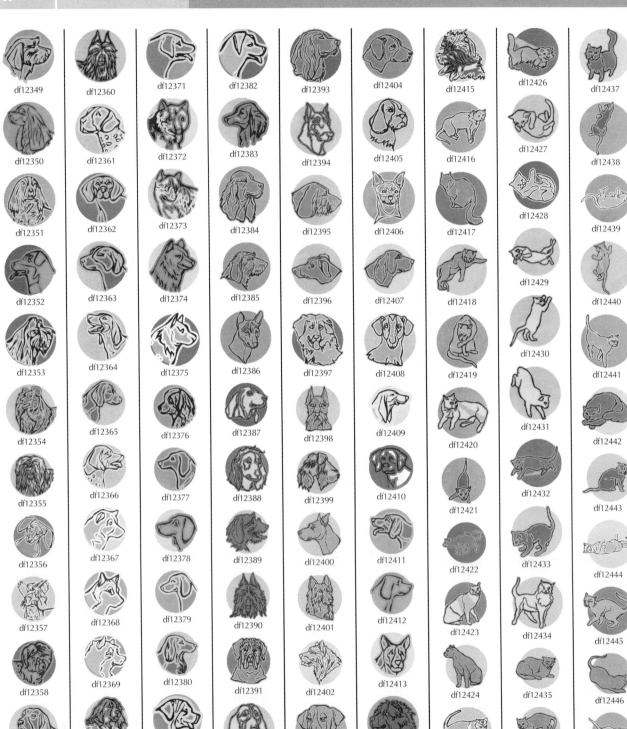

Clipart-CD 3: Tiere/Hund_und_Katze

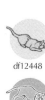
df12448

df12449

df12450

df12451

df12452

df12453

df12454

df12455

df12456

df12457

df12458

df12459

df12460

df12461

df12462

df12463

df12464

df12465

df12466

df12467

df12468

df12469

df12470

df12471

df12472

df12473

df12474

df12475

df12476

df12477

df12478

df12479

df12480

df12481

df12482

df12483

df12484

df12485

df12486

df12487

df12488

df12489

df12490

df12491

df12492

df12493

df12494

df12495

df12496

df12497

df12498

df12499

df12500

jg15843c

lc01109a

msc 00286 a

msc 00286 f

msc 00287 a

msc 00287 b

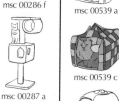
msc 00344 a

msc 00344 b

msc 00535 a

msc 00535 c

msc 00536 a

msc 00536 b

msc 00537 a

msc 00537 b

msc 00538 a

msc 00538 b

msc 00539 a

msc 00539 c

msc 00540 a

msc 00540 f

z2697

z2699

z2700

z3285

z3286

z3580

z3631

z3632

z3633

z3634

z3635

z3637

z3638

z3639

z3640

z3641

z3642

z3643

z3644

z3645

z3646

z3647

z3648

z3649

z3650

h28001b

j15706a

j28007b

j28008b

j35078b

j35079b

491

Clipart CD 3: Tiere/Insekten

Insekten

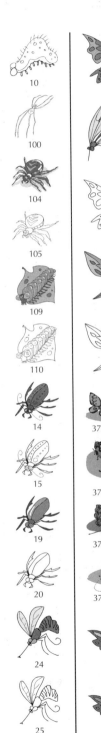
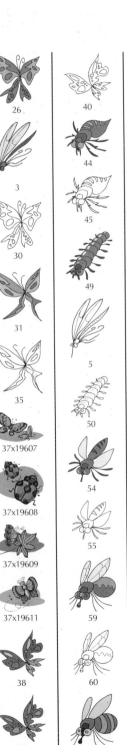

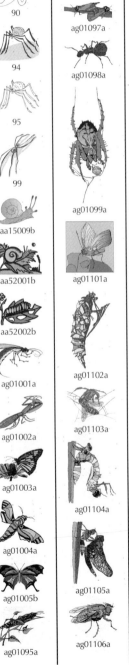

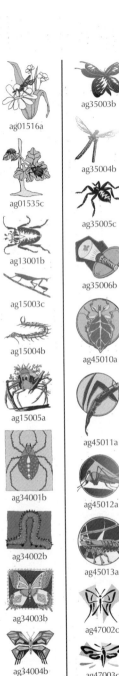

Clipart CD 3: Tiere/Insekten

Clipart CD 3: Tiere/Insekten

495

df20152
df20153
df20154
df20155
df20156
df20157
df20158
df20159
df20160
df20161
df20162
df20163
df20164
df20165

df20166
df20167
df20168
df20169
df20170
df20171
df20172
df20173
df20174
df20175
df20176
df20177
df20178
df20179

df20180
df20181
df20182
df20183
df20184
df20185
df20186
df20187
df20188
df20189
df20190
df20191
df20192

df20193
df20194
df20195
df20196
df20197
df20198
df20199
df20200
df20201
df20202
df20203
df20204
df20205

df20206
df20207
df20208
df20209
df20210
df20211
df20212
df20213
df20214
df20215
df20216
df20217
df20218
df20219

df20220
df20221
df20222
df20223
df20224
df20225
df20226
df20227
df20228
df20229
df20230
df20231
df20232
df20233

df20234
df20235
df20236
df20237
df20238
df20239
df20240
df20241
df20242
df20243
df20244
df20245
df20246
df20247

df20248
df20249
df20250
df20251
df20252
df20253
df20254
df20255
df20256
df20257
df20258
df20259
df20260
df20261

df20262
df20263
df20264
df20265
df20266
df20267
df20268
df20269
df20270
df20271
df20272
df20273
df20274
df20275

Clipart CD 3: Tiere/Insekten

Clipart CD 3: Tiere/Insekten

497

      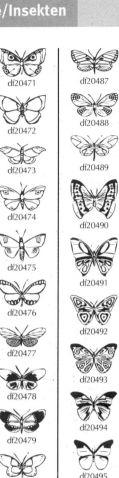 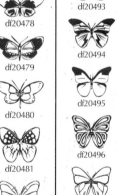  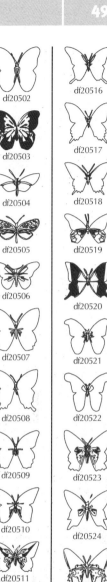 

498 Clipart CD 3: Tiere/Insekten

Clipart CD 3: Tiere/Insekten

df20658

df20659

df20660

df20661

df20662

df20663

df20664

df20665

df20666

df20667

df20668

df20669

df20670

df20671

df20672

df20673

df20674

df20675

df20676

df20677

df20678

df20679

df20680

df20681

df20682

df20683

df20684

df20685

df20686

df20687

df20688

df20689

df20690

df20691

df20692

df20693

df20694

df20695

df20696

df20697

df20698

df20699

df20700

df20701

df20702

df20703

df20704

df20705

df20706

df20707

df20708

df20709

df20710

df20711

df20712

df20713

df20714

df20715

df20716

df20717

df20718

df20719

df20720

df20721

df20722

df20723

df20724

df20725

df20726

df20727

df20728

df20729

df20730

df20731

df20732

df20733

df20734

df20735

df20736

df20737

df20738

df20739

df20740

df20741

df20742

df20743

df20744

df20745

df20746

df20747

df20748

df20749

df20750

df20751

df20752

df20753

df20754

df20755

df20756

df20757

df20758

df20759

df20760

df20761

df20762

df20763

df20764

df20765

df20766

df20767

df20768

df20769

df20770

df20771

df20772

df20773

df20774

df20775

df20776

df20777

df20778

df20779

df20780

Clipart CD 3: Tiere/Insekten

 df20781
 df20782
 df20783
 df20784
 df20785
 df20786
 df20787
 df20788
 df20789
 df20790
 df20791
 df20792
 df20793
 df20794

 df20795
 df20796
 df20797
 df20798
 df20799
 df20800
 df20801
 df20802
 df20803
 df20804
 df20805
 df20806
 df20807
df20808

df20809
 df20810
 df20811
 df20812
 df20813
df20814
 df20815
 df20816
 df20817
 df20818
 df20819
 df20820
 df20821
 df20822

 df20823
 df20824
df20825
 df20826
df20827
df20828
df20829
df20830
df20831
df20832
df20833
df20834
df20835

 df20836
 df20837
df20838
 df20839
df20840
df20841
df20842
df20843
df20844
df20845
df20846
df20847
df20848

 df20849
 df20850
df20851
df20852
df20853
df20854
df20855
df20856
df20857
df20858
df20859
df20860
df20861
df20862

 df20863
 df20864
 df20865
 df20866
 df20867
 df20868
df20869
df20870
df20871
df20872
df20873
df20874
df20875
df20876

 df20877
 df20878
 df20879
 df20880
 df20881
df20882
df20883
df20884
df20885
df20886
df20887
df20888
df20889
df20890

df20891
df20892
df20893
df20894
df20895
df20896
df20897
df20898
df20899
df20900
df20901
df20902
df20903
df20904

Clipart CD 3: Tiere/Insekten

501

df20905

df20906

df20907

df20908

df20909

df20910

df20911

df20912

df20913

df20914

df20915

df20916

df20917

df20918

df20919

df20920

df20921

df20922

df20923

df20924

df20925

df20926

df20927

df20928

df20929

df20930

df20931

df20932

df20933

df20934

df20935

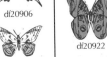
df20936

df20937

df20938

df20939

df20940

df20941

df20942

df20943

df20944

df20945

df20946

df20947

df20948

df20949

df20950

df20951

df20952

df20953

df20954

df20955

df20956

df20957

df20958

df20959

df20960

df20961

df20962

df20963

df20964

df20965

df20966

df20967

df20968

df20969

df20970

df20971

df20972

df20973

df20974

df20975

df20976

df20977

df20978

df20979

df20980

df20981

df20982

df20983

df20984

df20985

df20986

df20987

df20988

df20989

df20990

df20991

df20992

df20993

df20994

df20995

df20996

df20997

df20998

df20999

df21000

df21001

df21002

df21003

df21004

df21005

df21006

df21007

df21008

df21009

df21010

df21011

df21012

df21013

df21014

df21015

df21016

df21017

df21018

df21019

df21020

df21021

df21022

df21023

df21024

df21025

df21026

df21027

df21028

df21029

df21030

Clipart CD 3: Tiere/Insekten

Clipart CD 3: Tiere/Insekten

Clipart CD 3: Tiere/Insekten

Clipart CD 3: Tiere/Insekten

df21541

df21542

df21543

df21544

df21545

df21546

df21547

df21548

df21549

df21550

df21551

df21552

df21553

df21554

df21555

df21556

df21557

df21558

df21559

df21560

df21561

df21562

df21563

df21564

df21565

df21566

df21567

df21568

df21569

df21570

df21571

df21572

df21573

df21574

df21575

df21576

df21577

df21578

df21579

df21580

df21581

df21582

df21583

df21584

df21585

df21586

df21587

df21588

df21589

df21590

df21591

df21592

df21593

df21594

df21595

df21596

df21597

df21598

df21599

df21600

df21601

df21602

df21603

df21604

df21605

df21606

df21607

df21608

df21609

df21610

df21611

df21612

df21613

df21614

df21615

df21616

df21617

df21618

df21619

df21620

df21621

df21622

df21623

df21624

df21625

df21626

df21627

df21628

df21629

df21630

df21631

df21632

df21633

df21634

df21635

df21636

df21637

df21638

df21639

df21640

df21641

df21642

df21643

df21644

df21645

df21646

df21647

df21648

df21649

df21650

df21651

df21652

df21653

df21654

df21655

df21656

df21657

df21658

df21659

df21660

df21661

df21662

df21663

Clipart CD 3: Tiere/Insekten

Clipart CD 3: Tiere/Insekten

Clipart CD 3: Tiere/Insekten

Clipart CD 3: Tiere/Insekten

Clipart CD 3: Tiere/Insekten

Clipart CD 3: Tiere/Insekten

Clipart CD 3: Tiere/Insekten

df22422

df22423

df22424

df22425

df22426

df22427

df22428

df22429

df22430

df22431

df22432

df22433

df22434

df22435

df22436

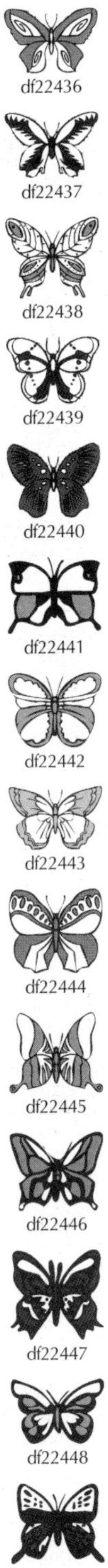

df22437

df22438

df22439

df22440

df22441

df22442

df22443

df22444

df22445

df22446

df22447

df22448

df22449

df22450

df22451

df22452

df22453

df22454

df22455

df22456

df22457

df22458

df22459

df22460

df22461

df22462

df22463

df22464

df22465

df22466

df22467

df22468

df22469

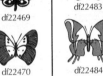
df22470

df22471

df22472

df22473

df22474

df22475

df22476

df22477

df22478

df22479

df22480

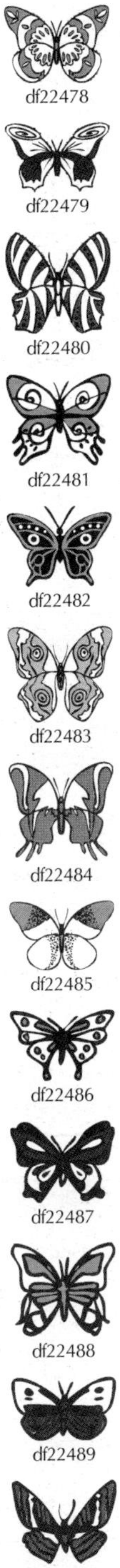

df22481

df22482

df22483

df22484

df22485

df22486

df22487

df22488

df22489

df22490

df22491

df22492

df22493

df22494

df22495

df22496

df22497

df22498

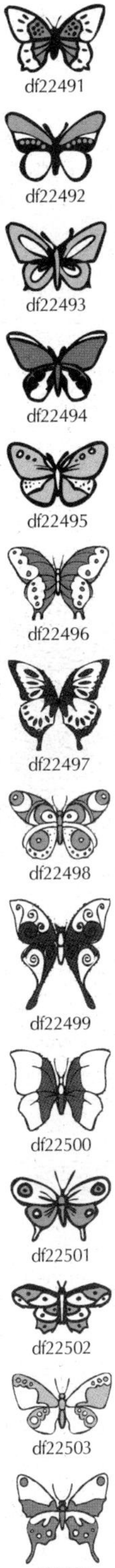

df22499

df22500

df22501

df22502

df22503

df22504

df22505

df22506

df22507

df22508

df22509

df22510

df22511

df22512

df22513

df22514

df22515

df22516

df22517

df22518

df22519

df22520

df22521

df22522

df22523

df22524

df22525

df22526

df22527

df22528

df22529

df22530

df22531

df22532

df22533

df22534

df22535

df22536

df22537

df22538

df22539

df22540

df22541

df22542

df22543

df22544

df22545

Clipart CD 3: Tiere/Insekten

Clipart CD 3: Tiere/Insekten

Clipart CD 3: Tiere/Insekten

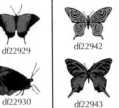

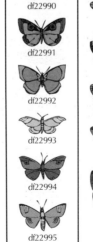

518 Clipart CD 3: Tiere/Insekten

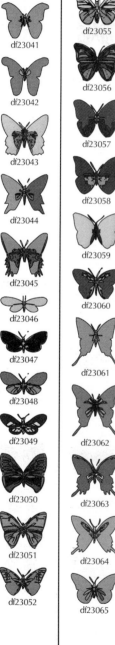

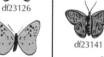

Clipart CD 3: Tiere/Insekten 519

df23162
df23163
df23164
df23165
df23166
df23167
df23168
df23169
df23170
df23171
df23172
df23173
df23174

df23175
df23176
df23177
df23178
df23179
df23180
df23181
df23182
df23183
df23184
df23185
df23186
df23187
df23188

df23189
df23190
df23191
df23192
df23193
df23194
df23195
df23196
df23197
df23198
df23199
df23200
df23201
df23202

df23203
df23204
df23205
df23206
df23207
df23208
df23209
df23210
df23211
df23212
df23213
df23214
df23215
df23216

df23217
df23218
df23219
df23220
df23221
df23222
df23223
df23224
df23225
df23226
df23227
df23228
df23229
df23230

df23231
df23232
df23233
df23234
df23235
df23236
df23237
df23238
df23239
df23240
df23241
df23242
df23243

df23244
df23245
df23246
df23247
df23248
df23249
df23250
df23251
df23252
df23253
df23254
df23255
df23256

df23257
df23258
df23259
df23260
df23261
df23262
df23263
df23264
df23265
df23266
df23267
df23268
df23269

df23270
df23271
df23272
df23273
df23274
df23275
df23276
df23277
df23278
df23279
df23280
df23281
df23282

Clipart CD 3: Tiere/Insekten

Clipart CD 3: Tiere/Insekten

Clipart CD 3: Tiere/Insekten

Clipart CD 3: Tiere/Insekten

Clipart CD 3: Tiere/Insekten 525

df23888
df23889
df23890
df23891
df23892
df23893
df23894
df23895
df23896
df23897
df23898
df23899
df23900
df23901

df23902
df23903
df23904
df23905
df23906
df23907
df23908
df23909
df23910
df23911
df23912
df23913
df23914
df23915

df23916
df23917
df23918
df23919
df23920
df23921
df23922
df23923
df23924
df23925
df23926
df23927
df23928
df23929
df23930

df23931
df23932
df23933
df23934
df23935
df23936
df23937
df23938
df23939
df23940
df23941
df23942
df23943

df23944
df23945
df23946
df23947
df23948
df23949
df23950
df23951
df23952
df23953
df23954
df23955
df23956

df23957
df23958
df23959
df23960
df23961
df23962
df23963
df23964
df23965
df23966
df23967
df23968
df23969

df23970
df23971
df23972
df23973
df23974
df23975
df23976
df23977
df23978
df23979
df23980
df23981
df23982

df23983
df23984
df23985
df23986
df23987
df23988
df23989
df23990
df23991
df23992
df23993
df23994
df23995

df23996
df23997
df23998
df23999
df24000
df24001
df24002
df24003
df24004
df24005
df24006
df24007
df24008

Clipart CD 3: Tiere/Insekten

Clipart CD 3: Tiere/Insekten

df24129

df24130

df24131

df24132

df24133

df24134

df24135

df24136

df24137

df24138

df24139

df24140

df24141

df24142

df24143

df24144

df24145

df24146

df24147

df24148

df24149

df24150

df24151

df24152

df24153

df24154

df24156

df24157

df24158

df24159

df24160

df24161

df24162

df24163

df24164

df24165

df24166

df24167

df24168

df24169

df24170

df24171

df24172

df24173

df24174

df24175

df24176

df24177

df24178

df24179

df24180

df24181

df24182

df24183

df24184

df24185

df24186

df24187

df24188

df24189

df24190

df24191

df24192

df24193

df24194

df24195

df24196

df24197

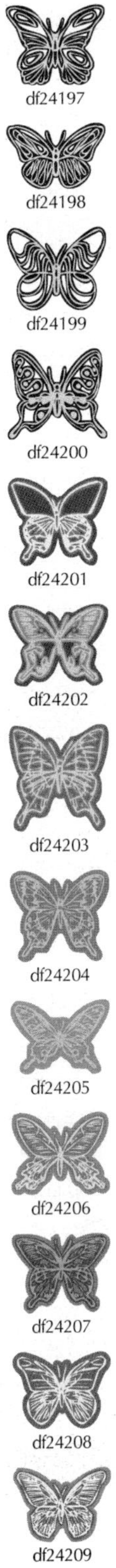

df24198

df24199

df24200

df24201

df24202

df24203

df24204

df24205

df24206

df24207

df24208

df24209

df24210

df24211

df24212

df24213

df24214

df24215

df24216

df24217

df24218

df24219

df24220

df24221

df24222

df24223

df24224

df24225

df24226

df24227

df24228

df24229

df24230

df24231

df24232

df24233

df24234

df24235

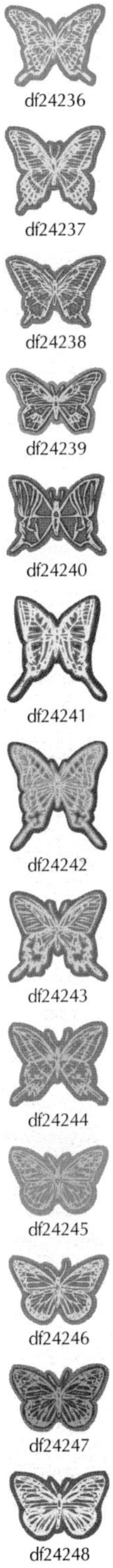

df24236

df24237

df24238

df24239

df24240

df24241

df24242

df24243

df24244

df24245

df24246

df24247

df24248

Clipart CD 3: Tiere/Insekten

df24249, df24250, df24251, df24252, df24253, df24254, df24255, df24256, df24257, df24258, df24259, df24260, df24261, df24262, df24263, df24264, df24265, df24266, df24267, df24268, df24269, df24270, df24271, df24272, df24273, df24274, df24275, df24276, df24277, df24278, df24279, df24280, df24281, df24282, df24283, df24284, df24285, df24286, df24287, df24288, df24289, df24290, df24291, df24292, df24293, df24294, df24295, df24296, df24297, df24298, df24299, df24300, df24301, df24302, df24303, df24304, df24305, df24306, df24307, df24308, df24309, df24310, df24311, df24312, df24313, df24314, df24315, df24316, df24317, df24318, df24319, df24320, df24321, df24322, df24323, df24324, df24325, df24326, df24327, df24328, df24329, df24330, df24331, df24332, df24333, df24334, df24335, df24336, df24337, df24338, df24339, df24340, df24341, df24342, df24343, df24344, df24345, df24346, df24347, df24348, df24349, df24350, df24351, df24352, df24353, df24354, df24355, df24356, df24357, df24358, df24359, df24360, df24361, df24362, df24363, df24364, df24365, df24366, df24367, df24368, df24369, df24370

Clipart CD 3: Tiere/Insekten

Clipart CD 3: Tiere/Insekten

Clipart CD 3: Tiere/Insekten

531

df24608

df24609

df24610

df24611

df24612

df24613

df24614

df24615

df24616

df24617

df24618

df24619

df24620

df24621

df24622

df24623

df24624

df24625

df24626

df24627

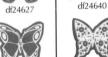
df24628

df24629

df24630

df24631

df24632

df24633

df24634

df24635

df24636

df24637

df24638

df24639

df24640

df24641

df24642

df24643

df24644

df24645

df24646

df24647

df24648

df24649

df24650

df24651

df24652

df24653

df24654

df24655

df24656

df24657

df24658

df24659

df24660

df24661

df24662

df24663

df24664

df24665

df24666

df24667

df24668

df24669

df24670

df24671

df24672

df24673

df24674

df24675

df24676

df24677

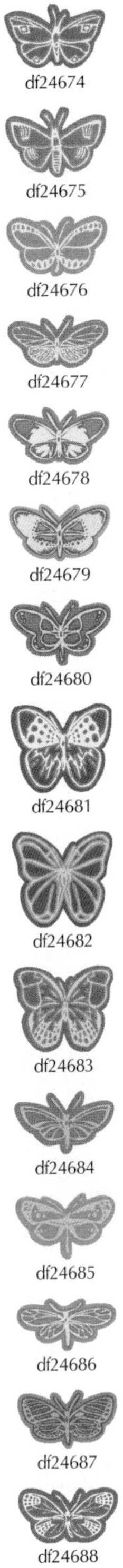

df24678

df24679

df24680

df24681

df24682

df24683

df24684

df24685

df24686

df24687

df24688

df24689

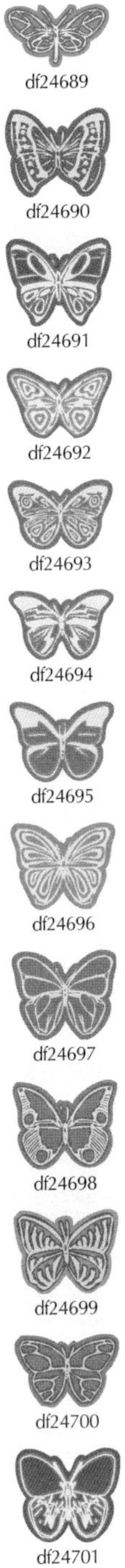

df24690

df24691

df24692

df24693

df24694

df24695

df24696

df24697

df24698

df24699

df24700

df24701

df24702

df24703

df24704

df24705

df24706

df24707

df24708

df24709

df24710

df24711

df24712

df24713

df24714

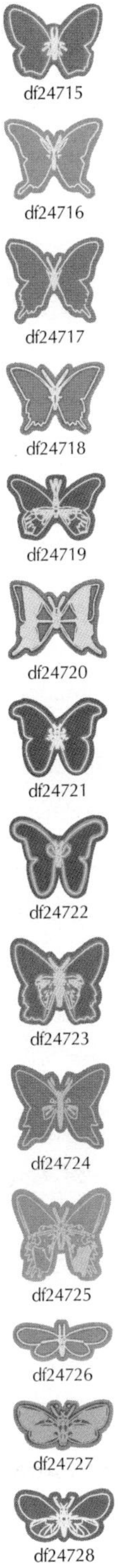

df24715

df24716

df24717

df24718

df24719

df24720

df24721

df24722

df24723

df24724

df24725

df24726

df24727

df24728

Clipart CD 3: Tiere/Insekten

Clipart CD 3: Tiere/Insekten

 df24847
 df24848
 df24849
 df24850
 df24851
 df24852
 df24853
 df24854
 df24855
 df24856
 df24857
 df24858
 df24859

 df24860
 df24861
 df24862
 df24863
 df24864
 df24865
 df24866
 df24867
 df24868
 df24869
 df24870
 df24871
 df24872

 df24873
 df24874
 df24875
 df24876
df24877
df24878
df24879
df24880
df24881
df24882
df24883
df24884
df24885
df24886

df24887
df24888
df24889
df24890
df24891
df24892
df24893
df24894
df24895
df24896
df24897
df24898
df24899

df24900
df24901
df24902
df24903
df24904
df24905
df24906
df24907
df24908
df24909
df24910
df24911
df24912

df24913
df24914
df24915
df24916
df24917
df24918
df24919
df24920
df24921
df24922
df24923
df24924
df24925

df24926
df24927
df24928
df24929
df24930
df24931
df24932
df24933
df24934
df24935
df24936
df24937
df24938

df24939
df24940
df24941
df24942
df24943
df24944
df24945
df24946
df24947
df24948
df24949
df24950

df24951
df24952
df24953
df24954
df24955
df24956
df24957
df24958
df24959
df24960
df24961
df24962
df24963

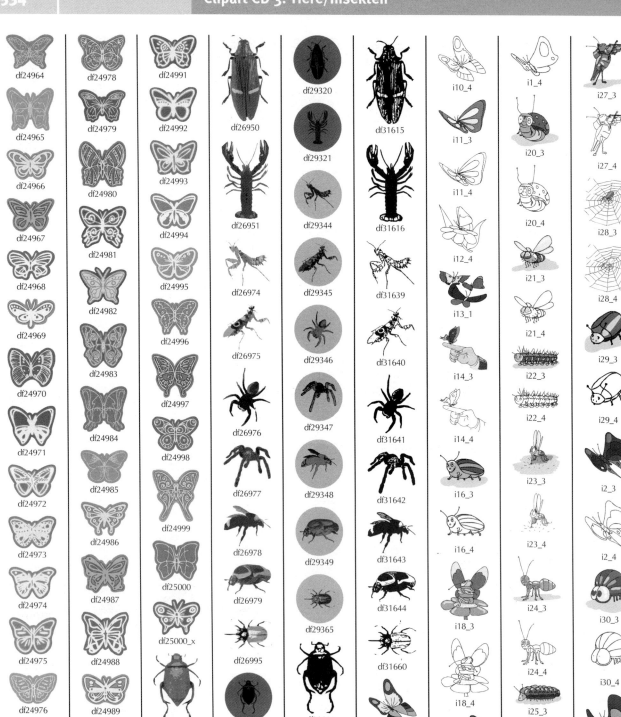

Clipart CD 3: Tiere/Insekten

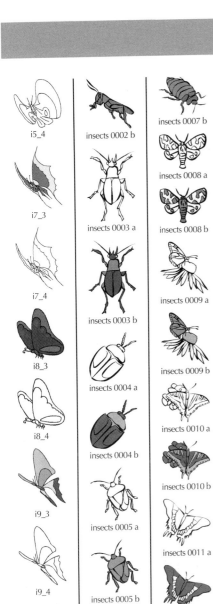
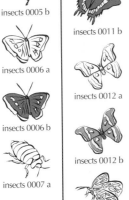

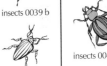

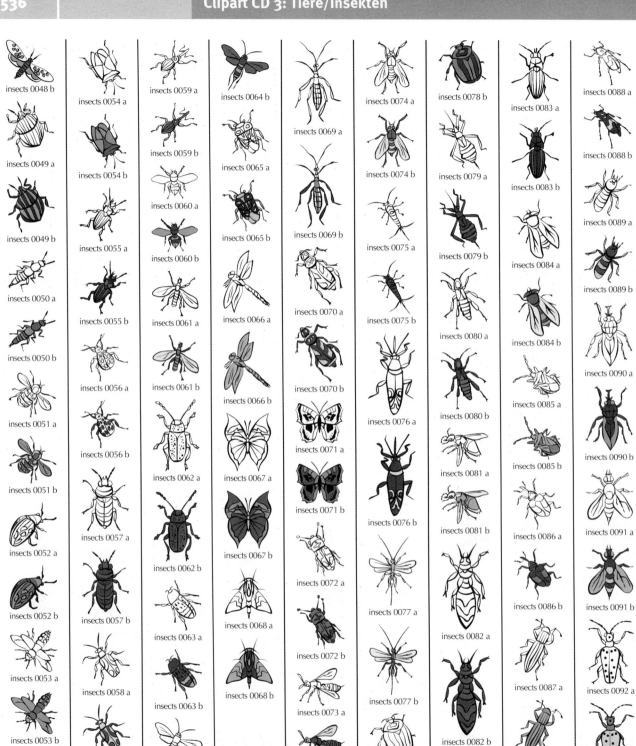

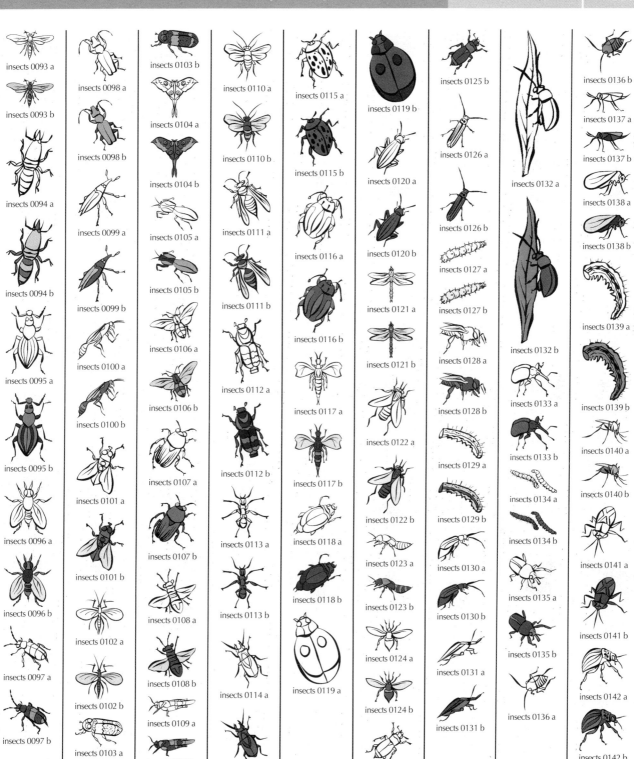

Clipart CD 3: Tiere/Insekten

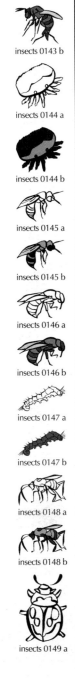

insects 0143 a
insects 0143 b
insects 0144 a
insects 0144 b
insects 0145 a
insects 0145 b
insects 0146 a
insects 0146 b
insects 0147 a
insects 0147 b
insects 0148 a
insects 0148 b
insects 0149 a

insects 0149 b
insects 0150 a
insects 0150 b
insects 0151 a
insects 0151 b
insects 0152 a
insects 0152 b
insects 0153 a
insects 0153 b
insects 0154 a
insects 0154 b
insects 0155 a
insects 0155 b
insects 0156 a

insects 0156 b
insects 0157 a
insects 0157 b
insects 0158 a
insects 0158 b
insects 0159 a
insects 0159 b
insects 0160 a
insects 0160 b
insects 0161 a
insects 0161 b
insects 0162 a

insects 0162 b
insects 0163 a
insects 0163 b
insects 0164 a
insects 0164 b
insects 0165 a
insects 0165 b
insects 0166 a
insects 0166 b
insects 0167 a
insects 0167 b
insects 0168 a

insects 0168 b
insects 0169 a
insects 0169 b
insects 0170 a
insects 0170 b
insects 0171 a
insects 0171 b
insects 0172 a
insects 0172 b
insects 0173 a
insects 0173 b

insects 0174 a
insects 0174 b
insects 0175 a
insects 0175 b
insects 0176 a
insects 0176 b
insects 0177 a
insects 0177 b
insects 0178 a

insects 0178 b
insects 0179 a
insects 0179 b
insects 0180 a
insects 0180 b
insects 0181 a
insects 0181 b
insects 0182 a
insects 0182 b
insects 0183 a
insects 0183 b

insects 0184 a
insects 0184 b
insects 0185 a
insects 0185 b
insects 0186 a
insects 0186 b
insects 0187 a
insects 0187 b
insects 0188 a
insects 0188 b
insects 0189 a
insects 0189 b
insects 0190 a

insects 0190 b
insects 0191 a
insects 0191 b
insects 0192 a
insects 0192 b
insects 0193 a
insects 0193 b
insects 0194 a
insects 0194 b
insects 0195 a
insects 0195 b
insects 0196 a

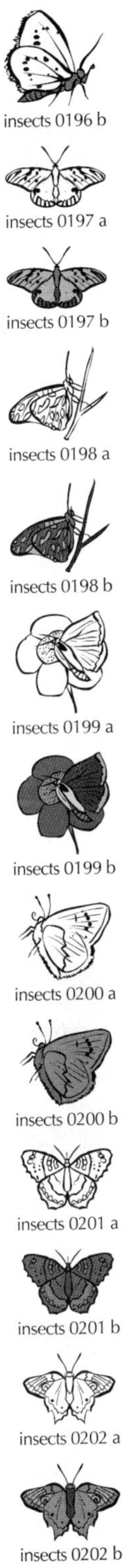

Clipart CD 3: Tiere/Insekten

insects 0196 b

insects 0197 a

insects 0197 b

insects 0198 a

insects 0198 b

insects 0199 a

insects 0199 b

insects 0200 a

insects 0200 b

insects 0201 a

insects 0201 b

insects 0202 a

insects 0202 b

insects 0203 a

insects 0203 b

insects 0204 a

insects 0204 b

insects 0205 a

insects 0205 b

insects 0206 a

insects 0206 b

insects 0207 a

insects 0207 b

insects 0208 a

insects 0208 b

insects 0209 a

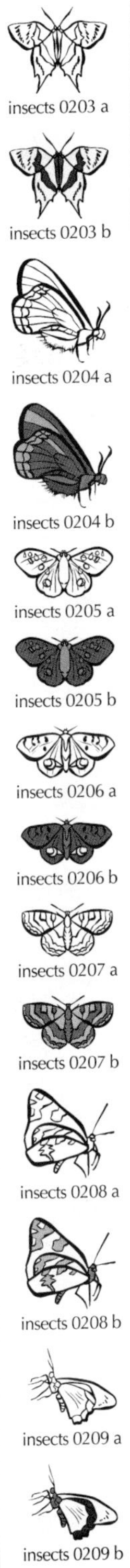

insects 0209 b

insects 0210 a

insects 0210 b

insects 0211 a

insects 0211 b

insects 0212 a

insects 0212 b

insects 0213 a

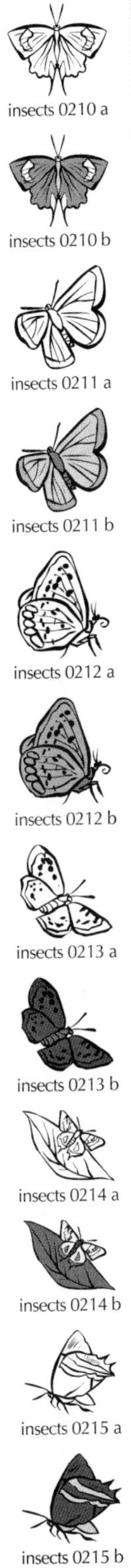

insects 0213 b

insects 0214 a

insects 0214 b

insects 0215 a

insects 0215 b

insects 0216 a

insects 0216 b

insects 0217 a

insects 0217 b

insects 0218 a

insects 0218 b

insects 0219 a

insects 0219 b

insects 0220 a

insects 0220 b

insects 0221 a

insects 0221 b

insects 0222 a

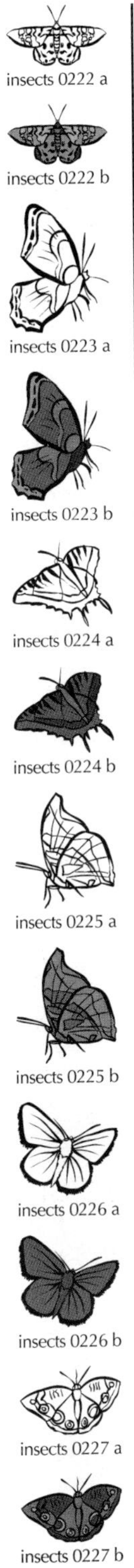

insects 0222 b

insects 0223 a

insects 0223 b

insects 0224 a

insects 0224 b

insects 0225 a

insects 0225 b

insects 0226 a

insects 0226 b

insects 0227 a

insects 0227 b

insects 0228 a

insects 0228 b

insects 0229 a

insects 0229 b

insects 0230 a

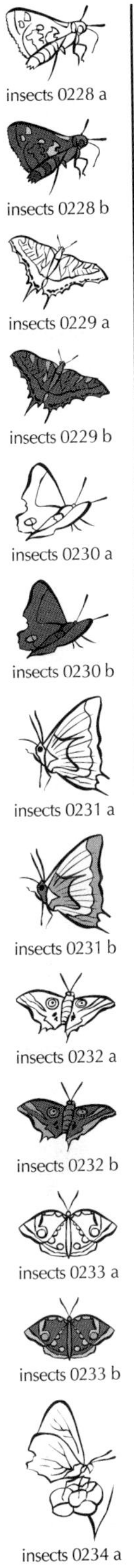

insects 0230 b

insects 0231 a

insects 0231 b

insects 0232 a

insects 0232 b

insects 0233 a

insects 0233 b

insects 0234 a

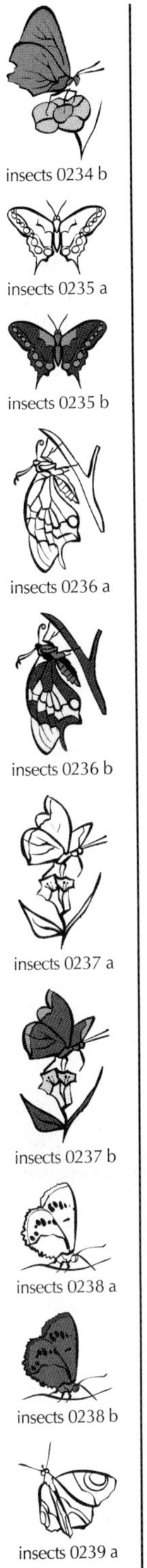

insects 0234 b

insects 0235 a

insects 0235 b

insects 0236 a

insects 0236 b

insects 0237 a

insects 0237 b

insects 0238 a

insects 0238 b

insects 0239 a

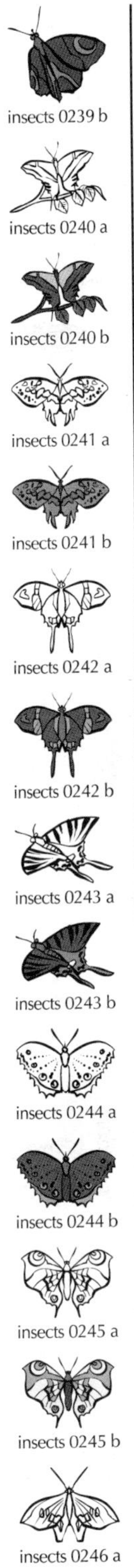

insects 0239 b

insects 0240 a

insects 0240 b

insects 0241 a

insects 0241 b

insects 0242 a

insects 0242 b

insects 0243 a

insects 0243 b

insects 0244 a

insects 0244 b

insects 0245 a

insects 0245 b

insects 0246 a

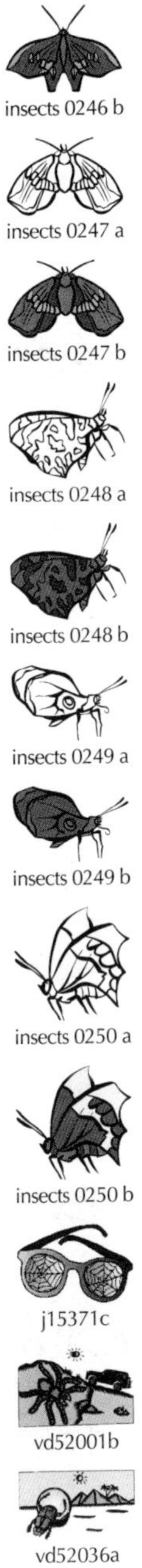

insects 0246 b

insects 0247 a

insects 0247 b

insects 0248 a

insects 0248 b

insects 0249 a

insects 0249 b

insects 0250 a

insects 0250 b

j15371c

vd52001b

vd52036a

Clipart CD 3: Tiere/Reptilien_und_Amphibien

Reptilien_und_Amphibien

Clipart CD 3: Tiere/Reptilien_und_Amphibien

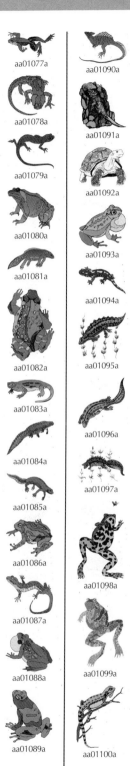
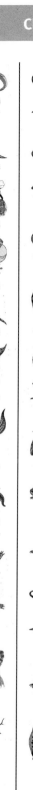

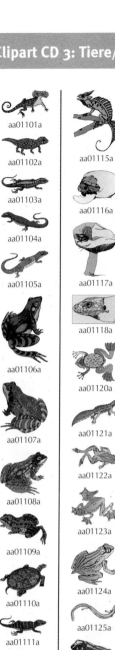

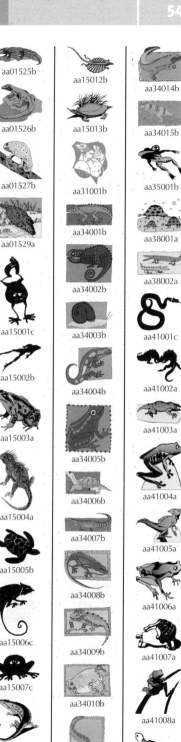
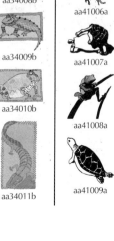

Clipart CD 3: Tiere/Reptilien_und_Amphibien

Clipart CD 3: Tiere/Unter_Wasser

Unter_Wasser

Clipart CD 3: Tiere/Unter_Wasser

545

a29_4	ab34001b	ah01011a	ah01025a	ah01037a	ah01500a	ah01513a	ah15006b	ah15021a
a2_1	ae47002c	ah01012a	ah01026b	ah01038a	ah01501a	ah01514a	ah15007a	ah23001a
a2_4	ag47001c	ah01013a	ah01027b	ah01039a	ah01502a	ah01515a	ah15008b	ah34001b
a3_3	ah01001a	ah01014a	ah01028b	ah01040a	ah01503a	ah01516a	ah15009a	ah34002b
a3_4	ah01002a	ah01015a	ah01029a	ah01041a	ah01504a	ah01518c	ah15010a	ah34003b
a5_3	ah01003a	ah01016a	ah01030a	ah01042a	ah01505a	ah01530c	ah15011c	ah34004b
a5_4	ah01004a	ah01017a	ah01031a	ah01043b	ah01506a	ah01531c	ah15012c	ah34005b
a6_1	ah01005a	ah01018a	ah01032a	ah01044a	ah01507a	ah06001b	ah15013c	ah34007b
a7_3	ah01006a	ah01019a	ah01033a	ah01044a	ah01508a	ah13001b	ah15014b	ah34008a
a7_4	ah01007a	ah01020a	ah01034a	ah01046a	ah01509a	ah13002a	ah15015b	ah34010a
a8_2	ah01008a	ah01021a	ah01035a	ah01051a	ah01510a	ah15001b	ah15016b	ah34011a
a8_4	ah01009a	ah01022a	ah01036a	ah01052a	ah01511a	ah15005b	ah15017b	ah34012a
a9_2	ah01010a	ah01024a			ah01512a		ah15018a	ah34013a
a9_4							ah15020a	

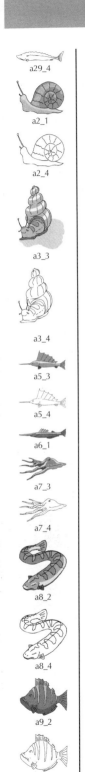

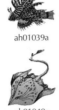

546 Clipart CD 3: Tiere/Unter_Wasser

ah34014a
ah34015b
ah34016b
ah34018c
ah34019b
ah35001b
ah35002b
ah35003a
ah35004c
ah43004a
ah43005a
ah43006a
ah43007a
ah43008a
ah43009a
ah43010a

ah43011a
ah43012a
ah43013a
ah44001b
ah45005a
ah45006a
ah45007a
ah45008a
ah45009a
ah45010a
ah45011a
ah45012a

ah45013a
ah45014a
ah45015a
ah45016a
ah45017a
ah45018a
ah45019a
ah45020a
ah45021a
ah45022a
ah45023a

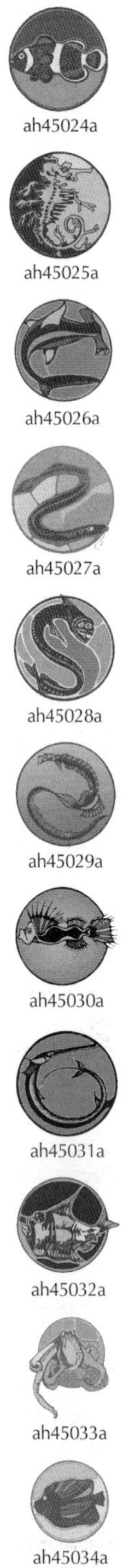

ah45024a
ah45025a
ah45026a
ah45027a
ah45028a
ah45029a
ah45030a
ah45031a
ah45032a
ah45033a
ah45034a

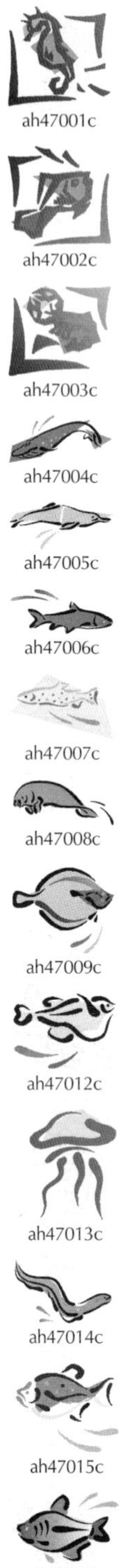

ah47001c
ah47002c
ah47003c
ah47004c
ah47005c
ah47006c
ah47007c
ah47008c
ah47009c
ah47012c
ah47013c
ah47014c
ah47015c
ah47016c

ah47017c
ah47018c
ah47020c
ah47022c
ah47023c
ah47024c
ah47025c
ah47026c
ah47027c
ah47029c
ah49001b
ah51001c
ai01058a
ai01063a

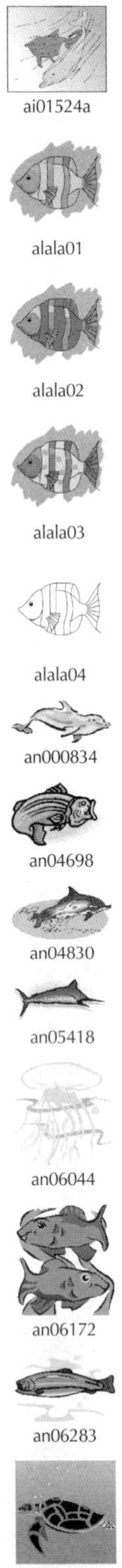

ai01524a
alala01
alala02
alala03
alala04
an000834
an04698
an04830
an05418
an06044
an06172
an06283
an07508

an07643
an07652
an07867
an07907
an07911
an07917
an07918
an07921
an08001
an08002
an08003
an08004

an08005
an08006
an08007
an08008
an08009
an08010
an08011
an08012
an08013
an08014
an08015
an08016
an08017

Clipart CD 3: Tiere/Unter_Wasser 547

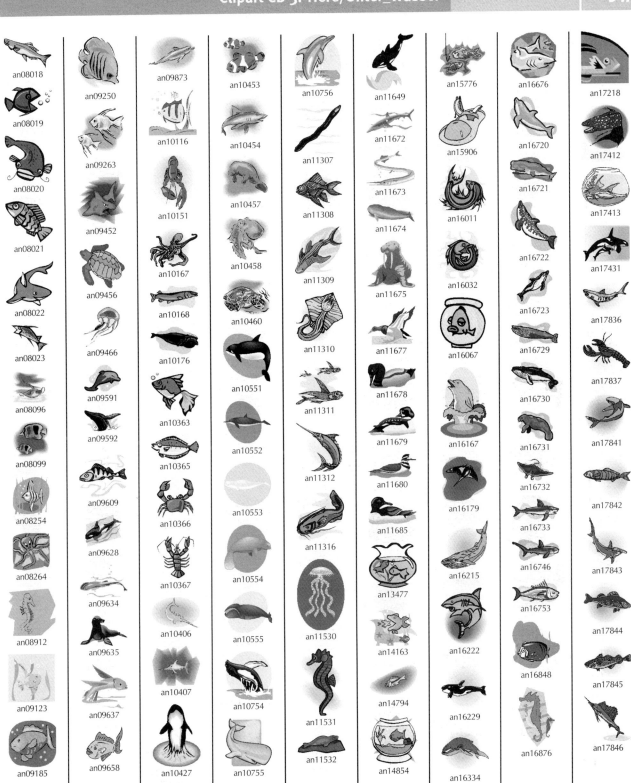

Clipart CD 3: Tiere/Unter_Wasser

 an17847
 an17848
 an17849
 an18029
 an19218
 an19222
 an19228
 an19239
 an19240
 an19262
 an19269
 an19614

 an19879
 an19880
 an19972
 an20350
 an20351
 barbus_barbus01
 barbus_barbus02
 barbus_barbus03
 barbus_barbus04
 betta01
 betta02

 betta03
 betta04
 c_gobio01
 c_gobio02
 c_gobio03
 c_gobio04
 carasius01
 carasius02
 carasius03
 carasius04
 carp01
 carp02
 carp03
 carp04
 cashalot01
cashalot02

 cashalot03
 cashalot04
 cb15077a
 clean01
 clean02
 clean03
 clean04
 coregon01
 coregon02
 coregon03
 coregon04
 df26996
 df27010
 df27020
df29366

 df29387
 df29388
 df29390
 df31661
 df31685
 dolphin1
 dolphin2
 dolphin3
 dolphin4
 essox1
essox2
 essox3
essox4
 f38004a

 fish 0001 a
 fish 0001 b
fish 0002 a
fish 0002 b
 fish 0003 a
fish 0003 b
 fish 0004 a
fish 0004 b
 fish 0005 a
 fish 0005 b
fish 0006 a
fish 0006 b
 fish 0007 a

 fish 0007 b
 fish 0008 a
 fish 0008 c
 fish 0009 a
fish 0009 d
 fish 0010 a
fish 0010 b
 fish 0011 a
fish 0011 c
 fish 0012 a
 fish 0012 b
 fish 0013 a
 fish 0013 c
 fish 0014 a

 fish 0014 d
 fish 0015 a
 fish 0015 e
 fish 0016 a
fish 0016 d
 fish 0017 a
fish 0017 c
 fish 0018 a
fish 0018 b
 fish 0019 a
fish 0019 c
 fish 0020 a
fish 0020 b
 fish 0021 a
 fish 0021 b

fish 0022 a
fish 0022 b
fish 0023 a
fish 0023 b
fish 0024 a
fish 0024 b
fish 0025 a
fish 0025 b
fish 0026 a
fish 0026 b
fish 0027 a
fish 0027 b
fish 0028 a
fish 0028 b
fish 0029 a

Clipart CD 3: Tiere/Unter_Wasser 549

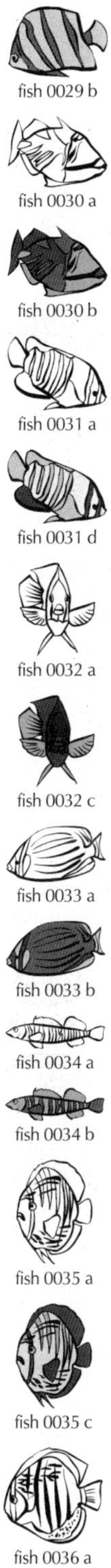

fish 0029 b
fish 0030 a
fish 0030 b
fish 0031 a
fish 0031 d
fish 0032 a
fish 0032 c
fish 0033 a
fish 0033 b
fish 0034 a
fish 0034 b
fish 0035 a
fish 0035 c
fish 0036 a

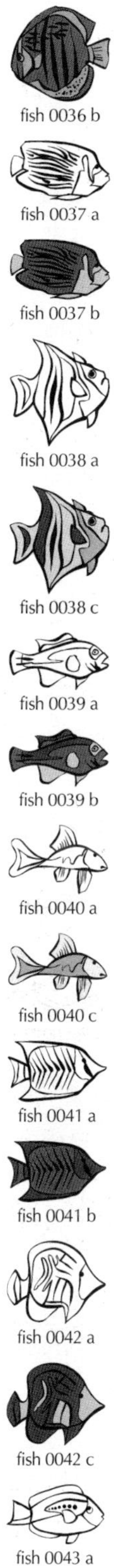

fish 0036 b
fish 0037 a
fish 0037 b
fish 0038 a
fish 0038 c
fish 0039 a
fish 0039 b
fish 0040 a
fish 0040 c
fish 0041 a
fish 0041 b
fish 0042 a
fish 0042 c
fish 0043 a

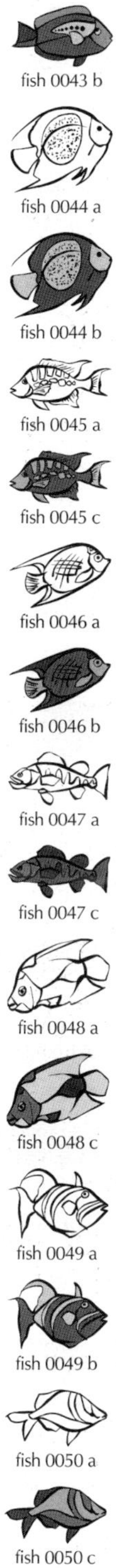

fish 0043 b
fish 0044 a
fish 0044 b
fish 0045 a
fish 0045 c
fish 0046 a
fish 0046 b
fish 0047 a
fish 0047 c
fish 0048 a
fish 0048 c
fish 0049 a
fish 0049 b
fish 0050 a
fish 0050 c

fish 0051 a
fish 0051 b
fish 0052 a
fish 0052 c
fish 0053 a
fish 0053 b
fish 0054 a
fish 0054 c
fish 0055 a
fish 0055 b
fish 0056 a
fish 0056 c
fish 0057 a

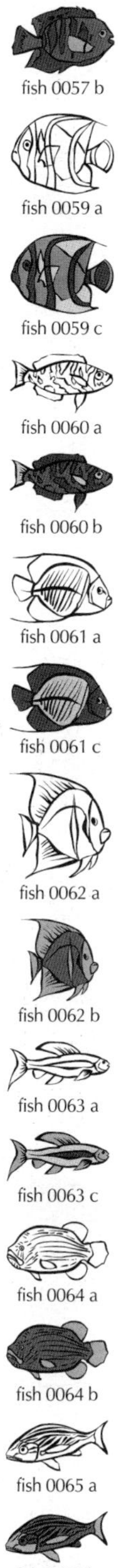

fish 0057 b
fish 0059 a
fish 0059 c
fish 0060 a
fish 0060 b
fish 0061 a
fish 0061 c
fish 0062 a
fish 0062 b
fish 0063 a
fish 0063 c
fish 0064 a
fish 0064 b
fish 0065 a
fish 0065 b

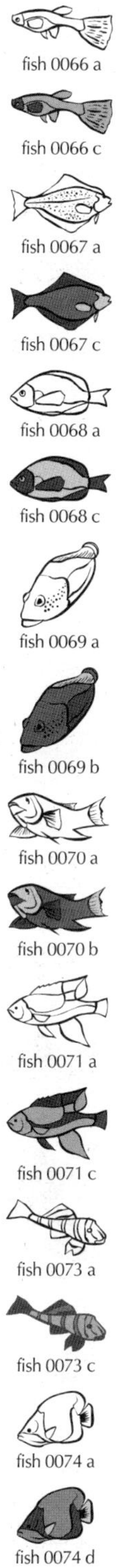

fish 0066 a
fish 0066 c
fish 0067 a
fish 0067 c
fish 0068 a
fish 0068 c
fish 0069 a
fish 0069 b
fish 0070 a
fish 0070 b
fish 0071 a
fish 0071 c
fish 0073 a
fish 0073 c
fish 0074 a
fish 0074 d

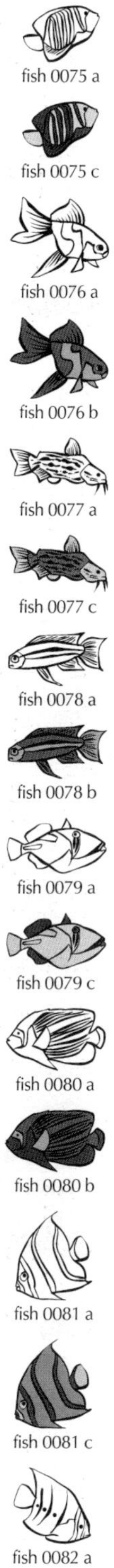

fish 0075 a
fish 0075 c
fish 0076 a
fish 0076 b
fish 0077 a
fish 0077 c
fish 0078 a
fish 0078 b
fish 0079 a
fish 0079 c
fish 0080 a
fish 0080 b
fish 0081 a
fish 0081 c
fish 0082 a

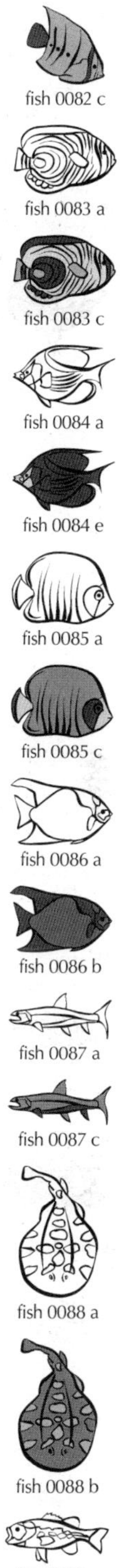

fish 0082 c
fish 0083 a
fish 0083 c
fish 0084 a
fish 0084 e
fish 0085 a
fish 0085 c
fish 0086 a
fish 0086 b
fish 0087 a
fish 0087 c
fish 0088 a
fish 0088 b
fish 0089 a

fish 0089 c
fish 0090 a
fish 0090 c
fish 0091 a
fish 0091 b
fish 0092 a
fish 0092 b
fish 0093 a
fish 0093 d
fish 0094 a
fish 0094 d
fish 0095 a
fish 0095 c
fish 0096 a
fish 0096 c

550 Clipart CD 3: Tiere/Unter_Wasser

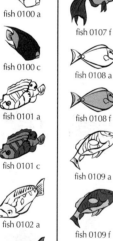
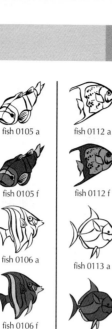

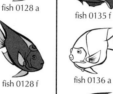

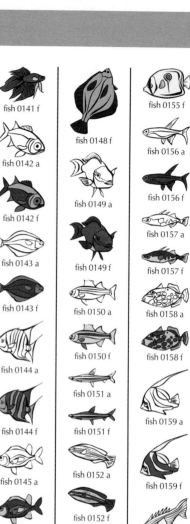

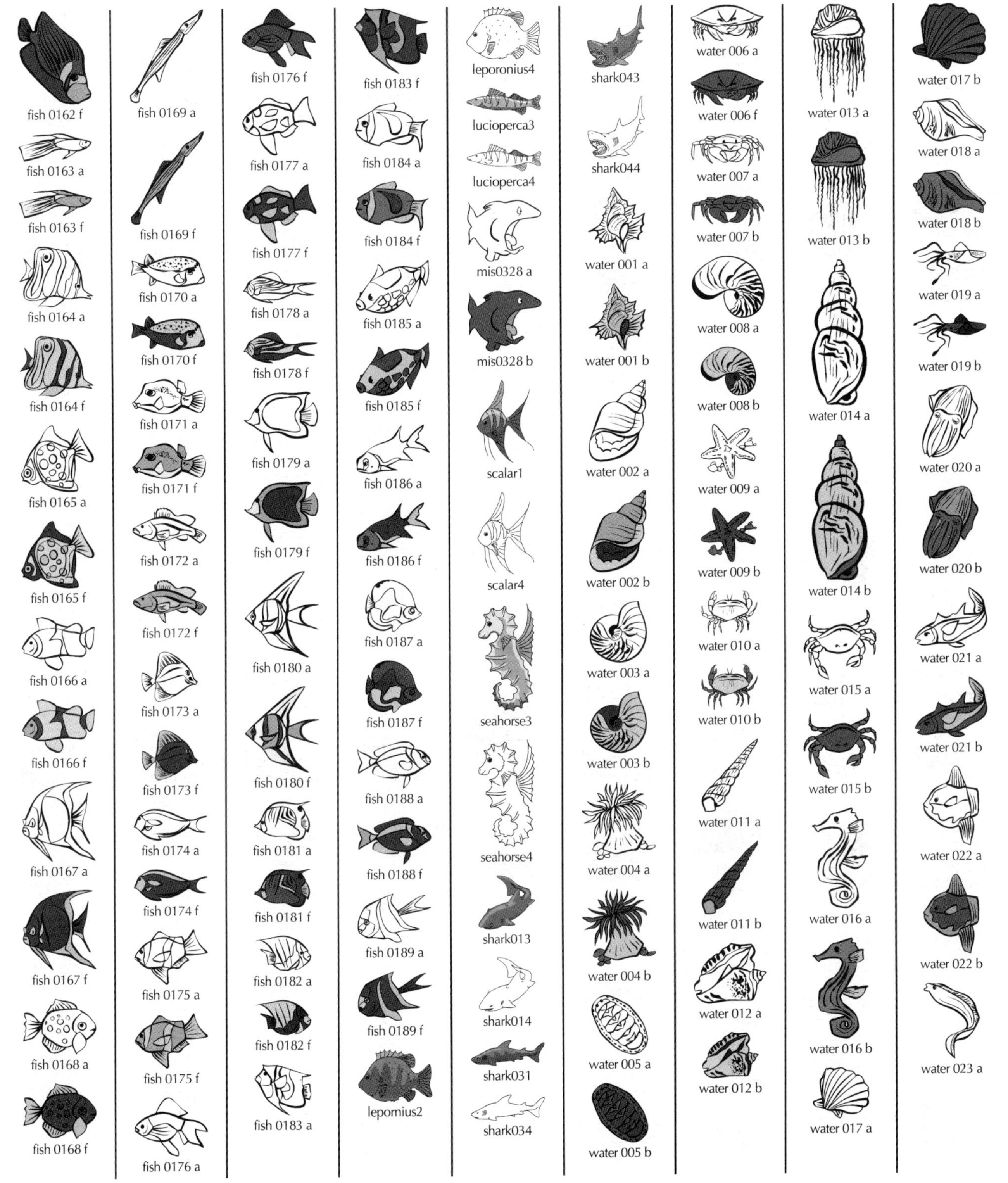

Clipart CD 3: Tiere/Unter_Wasser

551

fish 0162 f

fish 0163 a

fish 0163 f

fish 0164 a

fish 0164 f

fish 0165 a

fish 0165 f

fish 0166 a

fish 0166 f

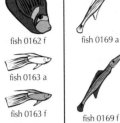
fish 0167 a

fish 0167 f

fish 0168 a

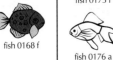
fish 0168 f

fish 0169 a

fish 0169 f

fish 0170 a

fish 0170 f

fish 0171 a

fish 0171 f

fish 0172 a

fish 0172 f

fish 0173 a

fish 0173 f

fish 0174 a

fish 0174 f

fish 0175 a

fish 0175 f

fish 0176 a

fish 0176 f

fish 0177 a

fish 0177 f

fish 0178 a

fish 0178 f

fish 0179 a

fish 0179 f

fish 0180 a

fish 0180 f

fish 0181 a

fish 0181 f

fish 0182 a

fish 0182 f

fish 0183 a

fish 0183 f

fish 0184 a

fish 0184 f

fish 0185 a

fish 0185 f

fish 0186 a

fish 0186 f

fish 0187 a

fish 0187 f

fish 0188 a

fish 0188 f

fish 0189 a

fish 0189 f

lepornius2

leporonius4

lucioperca3

lucioperca4

mis0328 a

mis0328 b

scalar1

scalar4

seahorse3

seahorse4

shark013

shark014

shark031

shark034

shark043

shark044

water 001 a

water 001 b

water 002 a

water 002 b

water 003 a

water 003 b

water 004 a

water 004 b

water 005 a

water 005 b

water 006 a

water 006 f

water 007 a

water 007 b

water 008 a

water 008 b

water 009 a

water 009 b

water 010 a

water 010 b

water 011 a

water 011 b

water 012 a

water 012 b

water 013 a

water 013 b

water 014 a

water 014 b

water 015 a

water 015 b

water 016 a

water 016 b

water 017 a

water 017 b

water 018 a

water 018 b

water 019 a

water 019 b

water 020 a

water 020 b

water 021 a

water 021 b

water 022 a

water 022 b

water 023 a

Clipart CD 3: Tiere/Voegel

Voegel

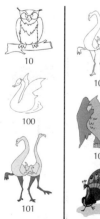

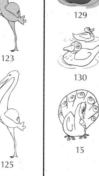

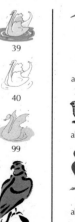

Clipart CD 3: Tiere/Voegel

554 Clipart CD 3: Tiere/Voegel

Clipart CD 3: Tiere/Voegel

555

ab01603b

ab01604b

ab01605b

ab01606b

ab01608b

ab01609b

ab01610b

ab01611b

ab01612b

ab01613b

ab01614b

ab01615b

ab01616b

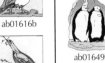
ab01617b

ab01620b

ab01622a

ab01623a

ab01626a

ab01627a

ab01628a

ab01630a

ab01639a

ab01647b

ab01648b

ab01649b

ab01650b

ab01654b

ab01656b

ab01664c

ab01669a

ab01670a

ab01671c

ab01672c
ab01673c

ab01674c

ab01676c

ab01683c

ab01685c

ab01687c

ab01688b
ab01689b

ab12001c

ab13002b

ab13003c
ab13004c

ab13005a

ab13006b

ab13006c
ab13007b

ab15015b

ab15017b
ab15018b

ab15019a

ab15020c

ab15021c

ab15022c

ab15023b

ab15024b

ab15025b

ab15026b

ab15027b

ab15028c
ab15029c

ab15030b

ab15032b

ab15033b
ab15034a

ab15035a

ab15036c
ab15037c

ab15038c

ab15039c

ab15040c

ab15041c
ab15042c
ab15043b
ab15044a
ab15045a
ab15046a

ab15047a

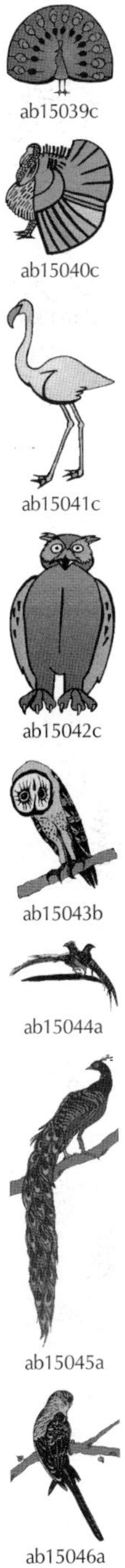

ab15048a

ab15049a

ab15050a

ab15052a

ab15053b

ab15054b

ab15055b

ab15056b

ab15057b

Clipart CD 3: Tiere/Voegel

Clipart CD 3: Tiere/Voegel

an09097, an09137, an09143, an09180, an09182, an09184, an09251, an09477, an09496, an09520, an09521

an09587, an09610, an09612, an09613, an09623, an09633, an09636, an09689, an09763, an09800, an09802, an09803

an09804, an09805, an09806, an09808, an09816, an09817, an09818, an09872, an09874, an09879, an09882, an09915

an09938, an09944, an10161, an10163, an10172, an10409, an10459, an14155, an14178, an14181, an14630

an14810, an15907, an15917, an16017, an16019, an16083, an16316, an16337, an16340, an16448, an16667

an16766, an17419, an17652, an17653, an17655, an17656, an17657, an17658, an17659, an17660, an17661, an17662

an17663, an17664, an17665, an17666, an17667, an17669, an17670, an17671, an17672, an17673, an17674, an17675, an17676

an17677, an17678, an17679, an17681, an17682, an17683, an17685, an17686, an17687, an17826, an17830, an18033

an18042, an18044, an18400, an18473, an18474, an18475, an18477, an18505, an18529, an18537, an18547, an18573

Clipart CD 3: Verkehrsmittel/Automobil

Verkehrsmittel

Automobil

Clipart CD 3: Verkehrsmittel/Automobil

Clipart CD 3: Verkehrsmittel/Automobil

Clipart CD 3: Verkehrsmittel/Automobil

td01274a td01293a td01310a td01358a td15005b th01003a tn13952 tn20035 tn23456
td01275a td01294a td01311a td01362a td35001c th01004a tn13953 tn20036 tn23457
td01276a td01295a td01312a td01364a td36001b th01005a tn13957 tn20037 tn23458
td01277a td01296a td01313a td01366a td42002b th01006a tn13958 tn20039 tn23459
td01278a td01297a td01314a td01373a td43001c th01007a tn17025 tn20041 tn23460
td01279a td01298a td01315a td01375a td43002c th01008a tn17035 tn20042 tn23461
td01280a td01299a td01316a td01376a td47001c tn04743 tn17048 tn20061 tn23462
td01281a td01300a td01317a td01383a te01002a tn05124 tn17108 tn20070 tn23463
td01282a td01301a td01331a td01393a te15012a tn05159 tn17112 tn20631 tn23464
td01283a td01302a td01332a td01394a te28001b tn07363 tn17227 tn20988 tn23465
td01284a td01303a td01334a td01397a te28002b tn07365 tn17234 tn22015 tn23466
td01285a td01304a td01335a td01399a te28003b tn07366 tn17253 tn22539 tn23467
td01286a td01305a td01337a td01402a tf15001a tn07439 tn17257 tn22550 tn23468
td01287a td01306a td01338a td01413a th01001a tn07467 tn17348 tn22623 tn23472
td01288a td01307a td01340a td01414a th01002a tn09399 tn18905 tn22624 tn23473
td01289a td01308a td01342a td01422a tn19554 tn22828 tn23474
td01290a td01309a td01347a td01423a tn19555 tn23455
td01291a td01351a td15004a
td01292a td01357a

Clipart CD 3: Verkehrsmittel/Fahrrad

tn23475

tn23476

tn23477

tn23478

tn23479

tn23480

tn23481

tn23482

tn23483

tr07637

tr19499

tr24781

tr24782

tr24783

tr24785

tr24786

tr24787

tr24788

tr24789

tr24790

tr24792

tr24794

tr24795

tr24796

vd52014b

vd52025b

z3464

z3465

z3466

z3471

z3472

z3474

z3476

z3477

z3492

z3494

z3498

z3522

Fahrrad

10
16
17
18
19

20
6
7
8

9

msc 00289 a
msc 00289 b
msc 00289 c

msc 00289 d
msc 00289 e
msc 00289 f
msc 00301 a
msc 00301 b

msc 00301 c
msc 00301 d
msc 00301 e
msc 00301 f
msc 00310 a

msc 00310 b
msc 00310 c
msc 00310 d
msc 00310 e
msc 00310 f

msc 00358 a
msc 00358 b
msc 00358 c
msc 00358 d
msc 00358 e

msc 00358 f
msc 00542 a
msc 00542 b
msc 00542 c

msc 00542 d
msc 00542 e
msc 00542 f

Luft

1

10

100

11

12

13

14

15

16

Clipart CD 3: Verkehrsmittel/Luft

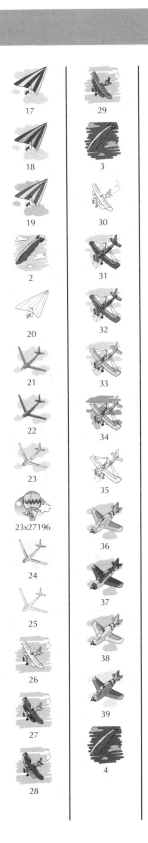

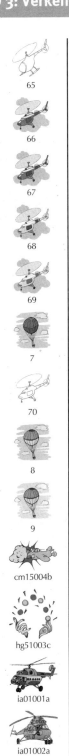

566 Clipart CD 3: Verkehrsmittel/Motorrad

tn11926
tn11962
tn11970
tn11991

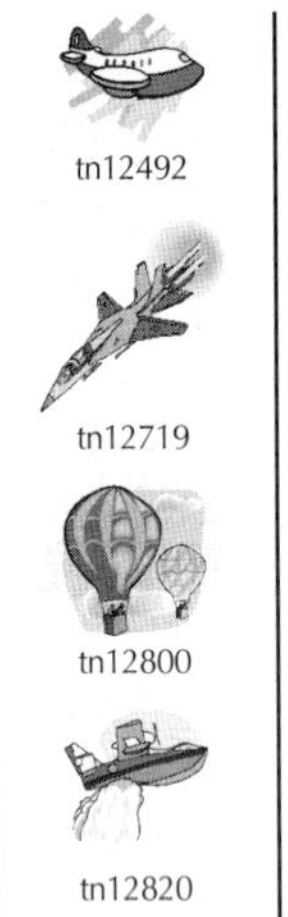
tn12492
tn12719
tn12800
tn12820

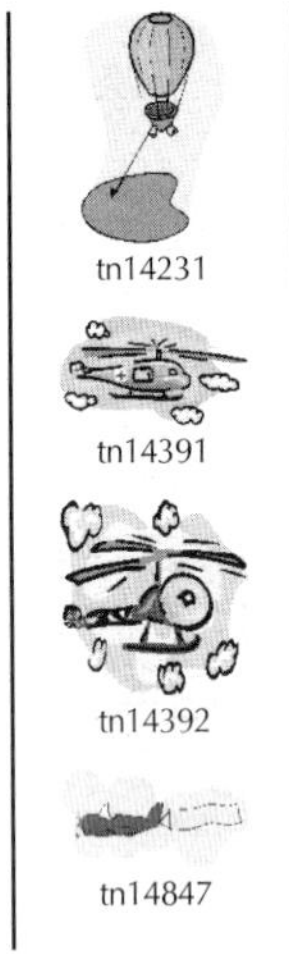
tn14231
tn14391
tn14392
tn14847

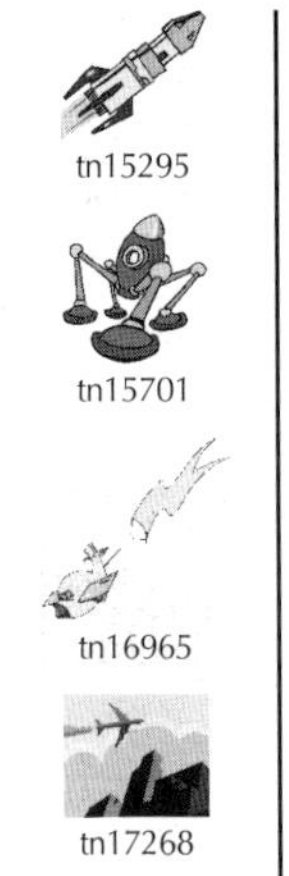
tn15295
tn15701
tn16965
tn17268

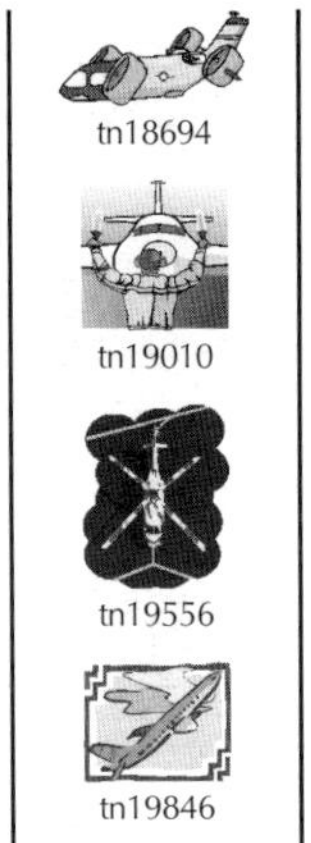
tn18694
tn19010
tn19556
tn19846

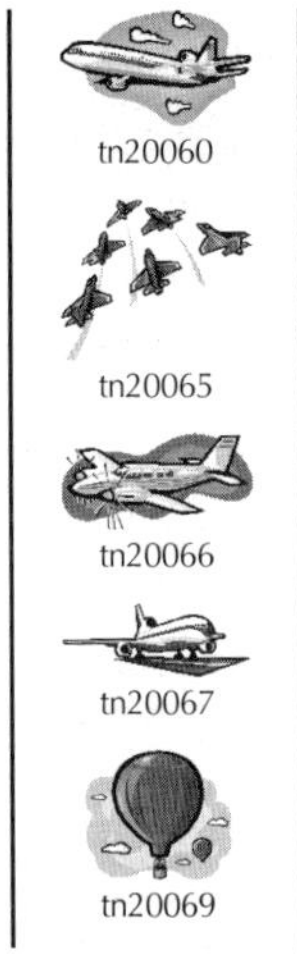
tn20060
tn20065
tn20066
tn20067
tn20069

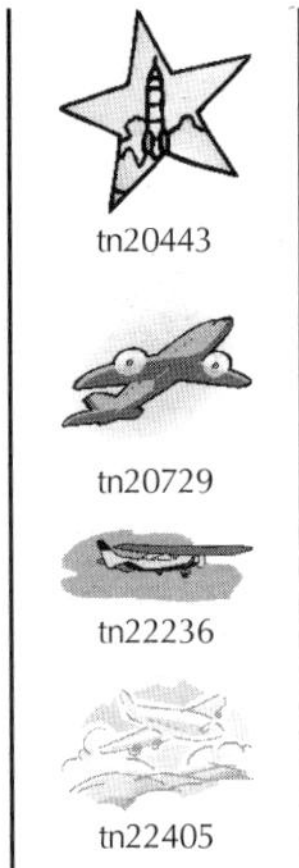
tn20443
tn20729
tn22236
tn22405

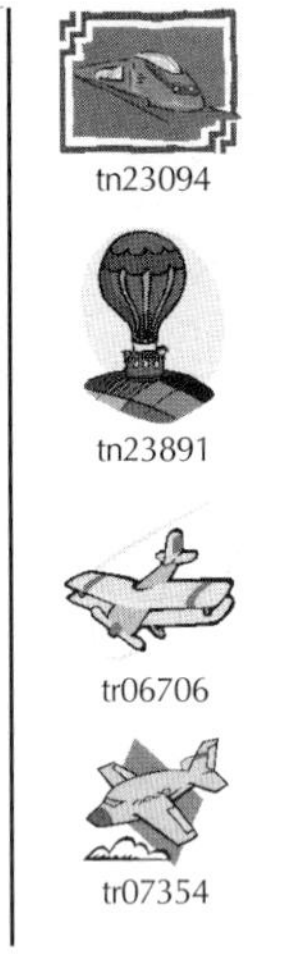
tn23094
tn23891
tr06706
tr07354

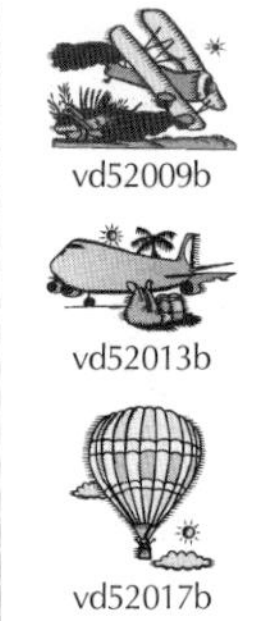
vd52009b
vd52013b
vd52017b

Motorrad

1
11
12
13
14
15

2
21
22
23
24
25
3

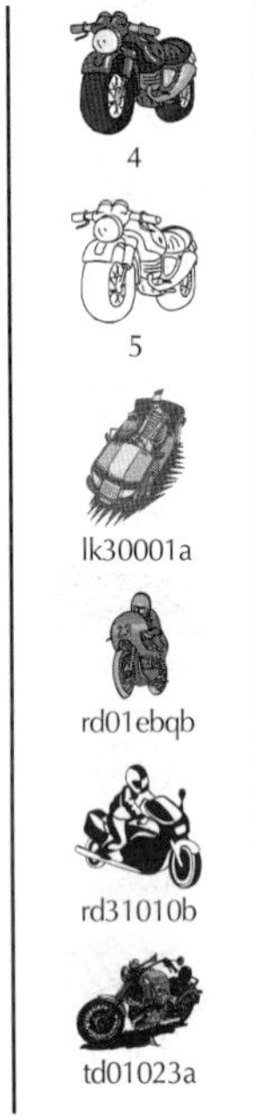
4
5
lk30001a
rd01ebqb
rd31010b
td01023a

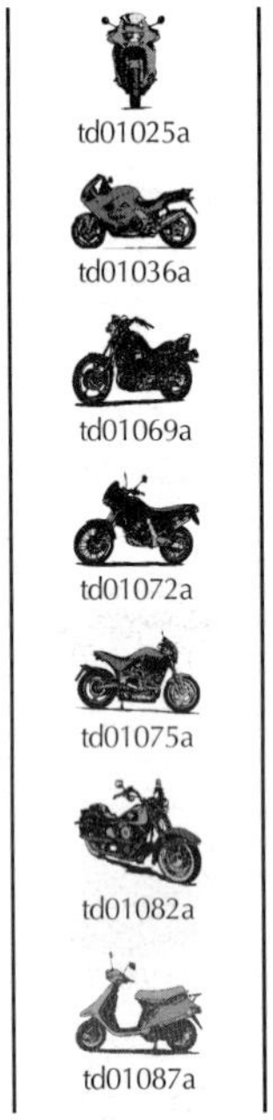
td01025a
td01036a
td01069a
td01072a
td01075a
td01082a
td01087a

td01097a
td01120a
td01194a
td01204a
tf01002a
tn06929

tn06933
tn06937
tn06948
tn06949
tn06950
tn06954
tn06955

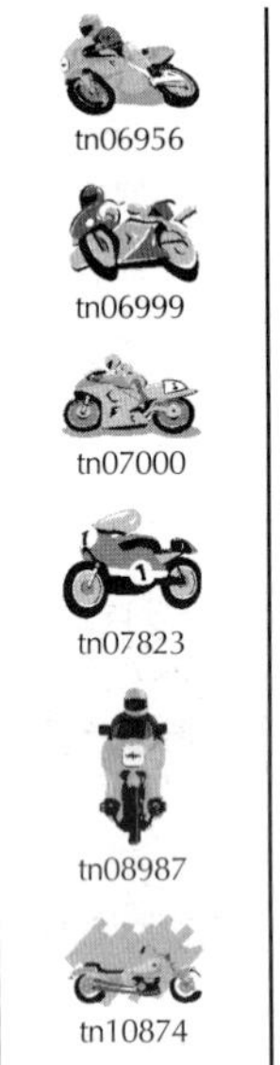
tn06956
tn06999
tn07000
tn07823
tn08987
tn10874

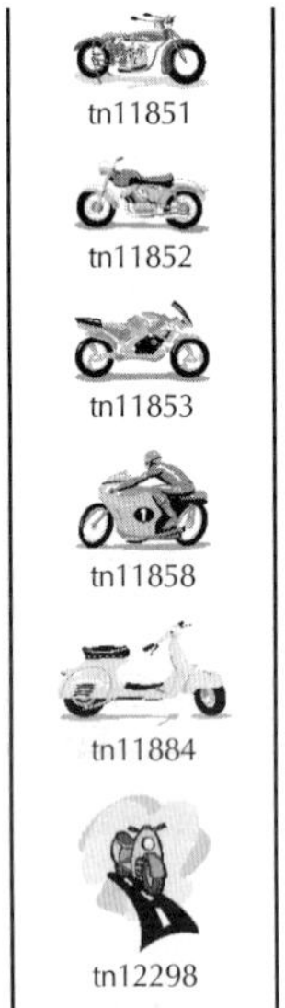
tn11851
tn11852
tn11853
tn11858
tn11884
tn12298

tn12330
tn14111
tn18472
tn20062
tn20071

Wasser

01x22965

1

10

12

13

15

17

20

24

Clipart CD 3: Verkehrsmittel/Wasser

25	49	msc 00232 a	tf51002b	tn05554	tn07550	tn11608	tn15452	vd52040a
29	5	msc 00232 f	tf51003c	tn05596	tn08172	tn12843	tn17256	vd52057a
291	50	msc 00566 a	tf52001b	tn05703	tn08785	tn12846	tn19788	z10003
295	53	msc 00566 f	tn000553	tn05904	tn08795	tn13101	tn19845	z10004
30	55	ne01z63a	tn000836	tn06022	tn08812	tn13102	tn20141	z10005
314	59	p28011b	tn002397	tn06035	tn09379	tn13103	tr05096	z10006
315	60	sl09757	tn003291	tn06525	tn09492	tn13104	tr05097	z10007
33	9	sl11003	tn04108	tn06794	tn09831	tn13204	tr05163	z10008
35	i28008b	sl11023	tn04236	tn07072	tn10025	tn13675	tr05301	z10009
39	le01607a	tf01001a	tn04679	tn07093	tn10114	tn14054	tr05466	z10010
40	lk01049a	tf15002c	tn04722	tn07095	tn10869	tn15339	tr22332	z10011
42	ls15022c	tf47001c	tn05156	tn07099	tn10944	tn15450		z10012
45	ls15026c	tf51001c		tn07368				

568 Clipart CD 3: Verkehrsmittel/Wasser

Clipart CD 3: Wissenschaft/Gesundheit

Wissenschaft

Gesundheit

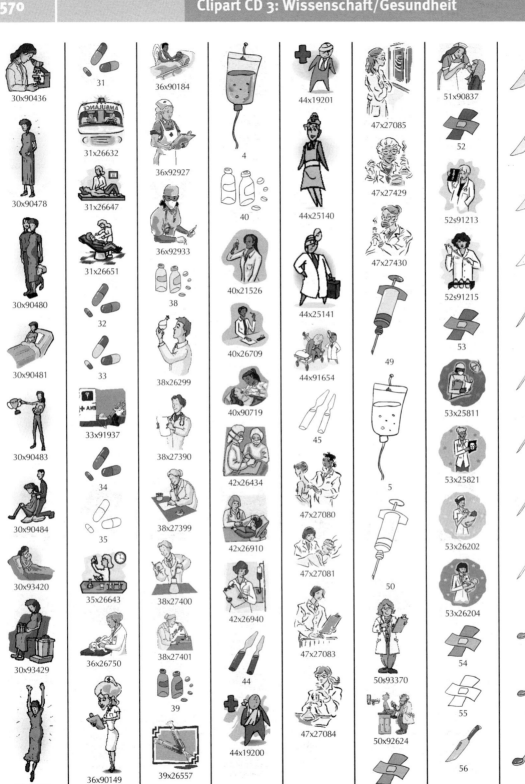

Clipart CD 3: Wissenschaft/Gesundheit

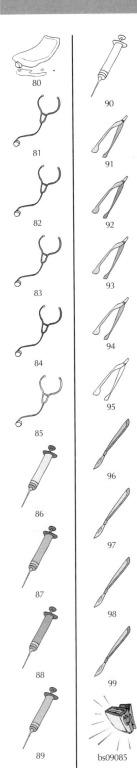

80
81
82
83
84
85
86
87
88
89

90
91
92
93
94
95
96
97
98
99

fd05126
hh06059
hh10490
hm002820
hm04102
hm04170
hm04410
hm04505
hm04506
hm04507
hm04742

hm04870
hm05086
hm05087
hm05088
hm05480
hm05568
hm05595
hm05789
hm05870
hm06252

hm06343

hm06737
hm06776

hm07111
hm07116
hm07117
hm07119
hm07122

hm07250
hm07254

hm07255

hm07260

hm07270

hm07377

hm07381
hm07382

hm07383

hm07882

hm07885

hm08739

hm08767
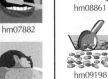
hm08768

hm08769
hm08770

hm08771

hm08772
hm08773

hm08792

hm08861

hm09198
hm09199

hm09278

hm09657

hm09660
hm09690
hm09943
hm10379
hm10461
hm10462
hm10496
hm10768
hm11082
hm11245
hm11330
hm11542

hm11724
hm11788
hm11859
hm11871
hm11916
hm11917
hm11939
hm11959
hm11965
hm11966
hm11967

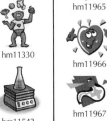

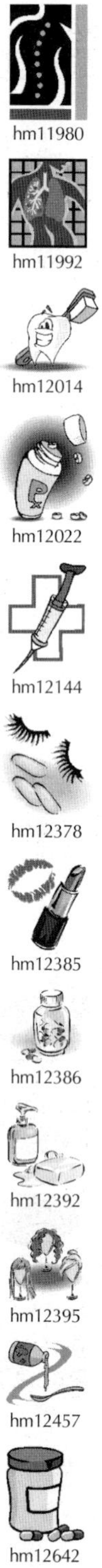

572 — Clipart CD 3: Wissenschaft/Gesundheit

 hm11980
 hm11992
 hm12014
 hm12022
 hm12144
 hm12378
 hm12385
 hm12386
 hm12392
 hm12395
 hm12457
 hm12642

 hm12687
 hm12801
 hm12802
 hm13059
 hm13330
 hm13334
 hm13884
 hm13924
 hm13925
 hm14097
 hm14098
hm14711

 hm14731
 hm14744
 hm14754
 hm14762
 hm14839
 hm15170
 hm15299
 hm15329
 hm15484
hm15554
hm15676
hm15925

 hm16091
 hm17146
 hm17214
 hm17250
 hm17346
 hm17390
 hm18605
 hm18812
 hm19133
 hm19287
 hm19704
 hm19878

 hm20733
 hm20747
 hm20749
 hm20752
 hm20753
 hm21077
 hm21620
 hm21775
 hm22409
hm22411
 hm24851
in04127

 in07635
 jg15021c
 jg15031c
 jg15042c
 jg15045c
jg15046c
 jg15059c
 jg15068c
 jg15079c

 jg15080c

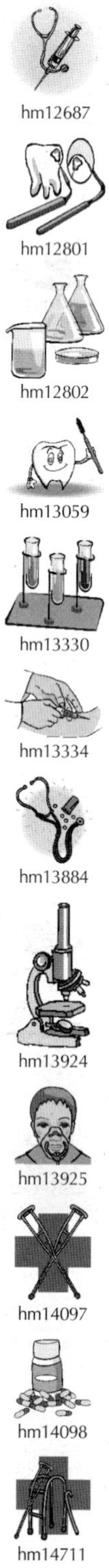

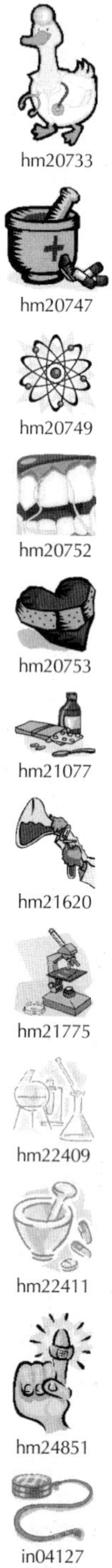

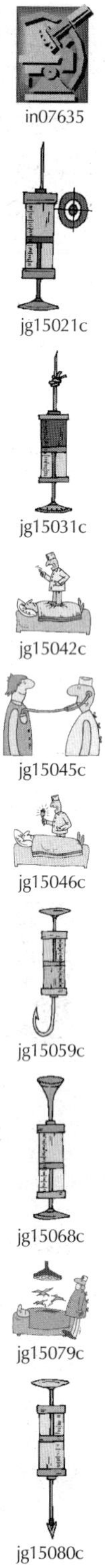

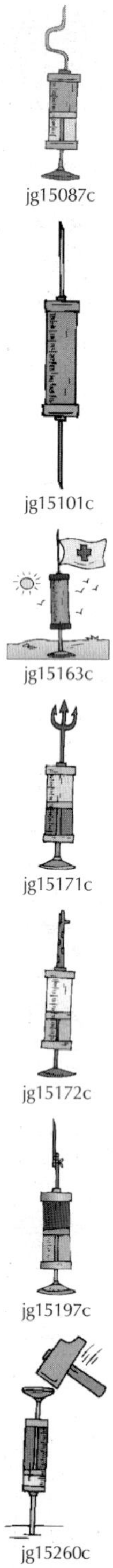

jg15087c
 jg15101c
 jg15163c
 jg15171c
 jg15172c
 jg15197c
 jg15260c
 lf01997a 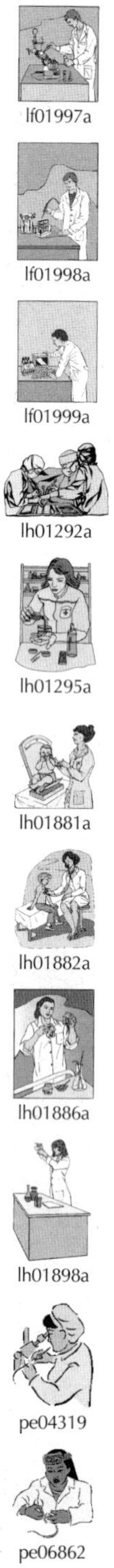
 lf01998a
 lf01999a
 lh01292a
lh01295a
lh01881a
lh01882a
lh01886a
lh01898a
pe04319
pe06862

 pe06867
 pe06868
 pe06869
 pe07112
 pe07113
 pe07114
 pe07115
 pe07118
 pe07120
 pe07128
 pe07453
pe08228
 pe11945

Clipart CD 3: Wissenschaft/Science_Fiction

Science_Fiction

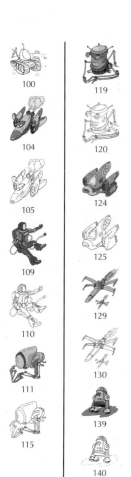
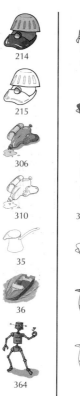

Clipart CD 3: Wissenschaft/Weltraum

Weltraum

134

135

23x20548

28x91870

29x26770

30x24690

30x24693

30x24694

30x24707

30x24712

30x24713

30x24715

341

345

349

350

354

355

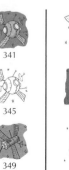
359

360

bl06260

ed04290

ed05826

in05547

in05548

in06799

Clipart CD 3: Wissenschaft/Weltraum